Hannes Androsch
Anton Pelinka
Manfred Zollinger
Herausgeber

Karl Waldbrunner

Pragmatischer Visionär für das neue Österreich

Carl Gerold's Sohn Verlagsbuchhandlung

Karl Waldbrunner

Pragmatischer Visionär für das neue Österreich

Hannes Androsch
Anton Pelinka
Manfred Zollinger
Herausgeber

Inhaltsverzeichnis

Analysen zur Waldbrunner-Zeit

Erinnerungen an Karl Waldbrunner

Impressum: © 2006 by Carl Gerold's Sohn Verlagsbuchhandlung KG, 1080 Wien
Herausgeber: Hannes Androsch, Anton Pelinka, Manfred Zollinger
Lektorat: Irmgard Dober; Layout: Klara Königswieser, 1080 Wien; Druck: Druckerei Berger, 3580 Horn. ISBN 3-900812-13-6.

Hannes Androsch

Geleitwort

Karl Waldbrunner zählt zu den Spitzenpolitikern der Zweiten Republik, die wesentlich dazu beigetragen haben, dass diese zur Erfolgsstory wurde.

Der hundertste Geburtstag von Karl Waldbrunner war daher willkommener Anlass, um seine Person und seine Leistungen nicht nur im historischen Kontext zu würdigen, sondern deren Relevanz auch für gegenwärtige und zukünftige Aufgabenstellungen zu hinterfragen.

Karl Waldbrunner wurde am 25. November 1906 in Wien in einen Arbeiterhaushalt hineingeboren. Seine Eltern brachten große Opfer, um ihrem einzigen Kind eine höhere Bildung zu ermöglichen. Nach dem Besuch der Bundesrealschule in der Radetzkystraße im dritten Bezirk in Wien, wo wenige Jahre später auch Bruno Kreisky maturierte, studierte Karl Waldbrunner Elektrotechnik an der Technischen Hochschule in Wien. Während dieser Zeit arbeitete er als Fremdenführer und verdiente nebenbei mit Lichtbildvorträgen an der Volkshochschule Brigittenau Geld. Sein Studium schloss er im April 1930 mit dem Diplom-Ingenieur ab.

Vor diesem Hintergrund überrascht nicht, dass Karl Waldbrunner in seinem späteren politischen Wirken bildungspolitischen Fragen großes Interesse entgegenbrachte und sich zugunsten der Öffnung des Bildungszuganges auch für Arbeiterkinder einsetzte. So verhandelte er Ende der 1950er- und Anfang der 1960er-Jahre als Vertreter seiner Partei mit dem damaligen Unterrichtsminister Heinrich Drimmel die Schul- und Hochschulgesetze. Auch die von Hertha Firnberg getragene Universitätsreform hat er im Rahmen seiner politischen Funktionen besonders unterstützt. Im Wissenschaftsbereich hat er mit der Schaffung des Österreichischen Forschungsrates eine wichtige Initiative gesetzt.

Das politische Weltbild von Karl Waldbrunner war stark von seinem Vater, einem Metallarbeiter bei der Firma Siemens & Halske, beeinflusst, der als überzeugter Sozialdemokrat auch gewerkschaftlich und politisch tätig war. Mit dem Freund und Arbeitskollegen seines Vaters, Karl Maisel, der den Österreichischen Gewerkschaftsbund mitbegründete und unter anderem Abgeordneter zum Nationalrat, Bundesminister für Soziale Verwaltung, Präsident des Österreichischen Arbeiterkammertages und von 1945 bis 1962 Obmann der Gewerkschaft der Metall- und Bergarbeiter war, verband Karl Waldbrunner eine lebenslange Freundschaft. Karl Maisel war Karl Waldbrunner nicht nur ein politischer Weggefährte, sondern auch ein wichtiger Ratgeber. Waldbrunner besprach sich mit ihm immer wieder gerne bei einem gemeinsamen Mittagessen im ersten Stock im Restaurant „Gösser Bierklinik“ im ersten Wiener Gemeindebezirk.

Bereits in jungen Jahren war Karl Waldbrunner politisch engagiert. Mit fünfzehn Jahren trat er dem Verband Sozialdemokratischer Mittelschüler und mit achtzehn Jahren dem Verband Sozialistischer Studenten bei, in dessen Vorstand er bald aufrückte. In seinem Heimatbezirk, wo bereits sein Vater als Bezirksrat tätig war, gehörte Waldbrunner bereits 1930 dem Bezirksvorstand der SPÖ Landstraße an. In der Zwischenkriegszeit war er Mitglied der Akademischen Legion des Republikanischen Schutzbundes und nach dessen Verbot durch den Ständestaat Mitglied der illegalen Revolutionären Sozialisten.

Nach 1945 wurde Waldbrunner zum Mitglied des Parteivorstandes der SPÖ gewählt. Zwischen 1946 und 1956 war Waldbrunner Zentralsekretär der SPÖ, von 1956 bis 1967 Mitglied der Parteiexekutive der SPÖ und von 1965 bis 1974 Stellvertretender Parteiobmann bzw. -vorsitzender. Diese Funktion ging in der Folge auf Vorschlag von Bruno Kreisky auf mich über, wobei mich Waldbrunner darin bestärkte, diese auch anzunehmen. Waldbrunner war von 1962 bis 1970 weiters stellvertretender Klubobmann der sozialistischen Parlamentsfraktion und von 1966 bis 1973 Mitglied des Vorstandes der SPÖ Wien.

Auf Waldbrunner geht auch die Gründung des Bundes Sozialistischer Akademiker und des Wiener Wirtschaftsklubs zurück. Beiden Institutionen, die für die Partei sowohl als intellektuelle Diskussionsforen als auch zur Nachwuchsförderung dienen sollten, stand Waldbrunner auch als Präsident vor.

Als junger Mensch hat Karl Waldbrunner mit wachsendem Bewusstsein das politisch gespaltene Armenhaus der Ersten Republik mit der entsetzlichen Arbeitslosigkeit im Gefolge der Weltwirtschaftskrise erlebt. Für das politische Wirken von Karl Waldbrunner war diese bittere, von Entbehrungen und Not geprägte Zeit, die auch seine Familie in existenzielle Nöte brachte, nachdem der Vater 1930 arbeitslos geworden war, von nachhaltigem Einfluss. Dazu kam, dass er selbst nach Abschluss seines Studiums die Erfahrung machen musste, keine Arbeit zu finden.

Dieser Umstand bewirkte, dass Karl Waldbrunner 1932 das Angebot trotz der damit verbundenen harten Bedingungen aufgriff, in die Sowjetunion zu gehen und im Ural beim Bau von Kraftwerken mitzuarbeiten. 1937 konnte er durch einen Hinweis knapp den stalinistischen Säuberungen entkommen. Es verwundert nicht, dass Waldbrunner auch aus dieser lebensbedrohenden Erfahrung heraus zu einem entschiedenen Gegner des Bolschewismus und des Kommunismus wurde.

Das Elternhaus und die eigenen Lebenserfahrungen haben Karl Waldbrunner zu einem ideologischen Pragmatiker zugunsten der sozialdemokratischen Zielsetzung einer demokratischen Gesellschaft werden lassen, wobei ihm vor allem die Chancengleichheit und die Aufstiegsmöglichkeiten der unterprivilegierten Arbeiterklasse eine wichtige politische Zielsetzung waren.

Waldbrunner trat für eine Gesellschaft ein, in der nicht nur soziale Gerechtigkeit, sondern auch Chancengleichheit zugunsten eines hohen Bildungsstandards verwirklicht sind. Diese Zielsetzung wird in unserem Land inzwischen zunehmend vernachlässigt, wie die jüngste PISA-Studie in einem erschreckenden Ausmaß erneut verdeutlicht. Österreich droht seine Zukunftschancen zu verspielen, wenn nicht umgehend massiv in Bildung, Wissenschaft und Forschung investiert wird, wobei vor allem die technischen und naturwissenschaftlichen Fächer nicht länger vernachlässigt werden dürfen.

Karl Waldbrunner war ein pragmatischer Visionär, der weit in die Zukunft gedacht und dementsprechend viele Weichen gestellt hat. Vor allem aber war er ein Mann der Tat, wie viele Begebenheiten aus seinem Leben zeigen.

So hat er bei Kriegsende bei seinem Arbeitgeber Schoeller-Bleckmann entgegen dem ergangenen Befehl unter Lebensgefahr die Maschinen nicht nach Deutschland verlagern lassen. Durch besonnenes Handeln gelang ihm weiters, die Beschießung und Zerstörung des Werkes durch die herannahenden russischen Truppen zu verhindern.

Mutige Eigeninitiative bewies Waldbrunner auch, als er sich aufgrund seiner guten Sprachkenntnisse selbst einen russischen Passierschein nach Gloggnitz ausstellte, wo er mit Karl Renner zusammentraf, um ihm seine Mithilfe anzubieten. Renner beauftragte Waldbrunner umgehend mit der Wiederinstandsetzung der Industrie im Osten Österreichs und nahm ihn im April 1945 als Unterstaatssekretär in seine Provisorische Staatsregierung auf.

Im November 1945 wurde Karl Waldbrunner in den Nationalrat gewählt, dem er bis 1971 angehörte. Von 1962 bis 1970 war Waldbrunner Zweiter Präsident und von 1970 bis 1971 Erster Präsident des Nationalrates. Er war ein so ausgewiesener Kenner der Geschäftsordnung des Nationalrates, dass er bei turbulenten Sitzungen auf die angebotene Hilfe der Parlamentsdirektion mit deutlicher Geste verzichten konnte.

Waldbrunner war ein Mann der ersten Stunde der Zweiten Republik, der den Werdegang unseres Landes entscheidend mitbestimmt hat.

Nachdem der Alliierte Rat 1946 der Entsendung diplomatischer Vertreter Österreichs in die Hauptstädte der vier alliierten Besatzungsmächte zugestimmt hatte, wurde Karl Waldbrunner auf ausdrücklichen Wunsch von Karl Renner österreichischer Gesandter in Moskau. Da es ihm jedoch nicht gelang, bei der sowjetischen Regierung Beachtung für die Anliegen des besetzten Österreich zu erlangen und bei den Entscheidungsträgern vorgelassen zu werden, entschied er nach drei Monaten, nach Österreich zurückzukehren. Nach eigener Aussage konnte er so seinem Land besser dienen.

Sein vorrangiges Einsatzgebiet war der Wiederaufbau, wo er seine Wirtschaftskompetenz auch in enger Zusammenarbeit mit dem Wiener Bürgermeister und späteren Bundespräsidenten Theodor Körner unter Beweis stellte. Als Staatssekretär im Bundesministerium für Vermögenssicherung und Wirtschaftsplanung (1945–1946) und als Bundesminister für Verkehr und verstaatlichte Betriebe (1949–1956) bzw. als Bundesminister für Verkehr und Elektrizitätswirtschaft (1956–1962) hat er sich nach Abschluss des Wiederaufbaues vor allem für den Ausbau der Energieversorgung und des Verkehrsnetzes eingesetzt und die Entwicklung von Österreich als Industriestandort energisch vorangetrieben. Dabei hat er bei seinen Vorgaben oftmals großen Weitblick unter Beweis gestellt, lassen doch viele der von ihm favorisierten, forcierten und oft gegen hartnäckige Widerstände durchgesetzten Entscheidungen ein bis in die Gegenwart nachwirkendes Modernitätsprinzip erkennen.

So hat Waldbrunner trotz heftiger Kritik des Rechnungshofes, der Ablehnung durch die ÖVP und sogar Widerstand aus den Reihen der eigenen Partei den Ausbau der Schnellbahn in Wien durchgesetzt. Den Bau von Wasserkraftwerken, die Elektrifizierung der Bundesbahnen und die flächendeckende Verbreitung des Telefonnetzes hat er mit Nachdruck betrieben. Gleiches gilt im besonderen Maße für den Ausbau der verstaatlichten Betriebe, die lange Zeit günstige Vorleistungen für die gesamte österreichische Wirtschaft erbrachten.

Waldbrunner hat entgegen den populistisch verbrämten Vorhaltungen des politischen Gegners die verstaatlichte Industrie, die lange in seiner Regierungsverantwortung stand, nie als persönliche Spielwiese beansprucht. Die von allen politischen Parteien beschlossene Verstaatlichung betrachtete Waldbrunner als pragmatische Notwendigkeit aufgrund der spezifischen Gegebenheiten nach dem Zweiten Weltkrieg. Er verstand seine Verantwortung aber auch als vorausschauende Wirtschaftsgestaltung.

Bei den Staatsvertragsverhandlungen, an denen er auch mehrmals in den Jahren 1947 bis 1949 in London teilnahm, war es ihm wie vor allem auch Vizekanzler Adolf Schärf ein besonderes Anliegen, die USIA-Betriebe für Österreich zu erhalten bzw. das Erdöl oder die DDSG wieder in österreichisches Eigentum überzuführen, was schließlich nicht zuletzt aufgrund der hohen Überzeugungsarbeit von Waldbrunner gelang.

Bei den Unternehmen, die zu ihm ressortierten, achtete Waldbrunner immer auf deren wirtschaftliche Leitungsstärke und deren zukunftsorientierte Ausrichtung. Dabei war ihm die Qualifikation des Managements – zahlreiche Topmanager zählten zum bürgerlichen Lager – immer wichtiger als die parteipolitische Zugehörigkeit. Der Vorwurf der politischen Einfärbung kann daher gegen Waldbrunner – ein wohltuender Unterschied im Vergleich zur jüngsten Zeit – nicht erhoben werden.

Karl Waldbrunner verfügte selbst über ausgezeichnete Management-Qualitäten. Nach seiner Rückkehr aus der Sowjetunion war er zunächst bei Siemens und dann bei Schoeller-Bleckmann als Betriebsingenieur tätig. Aufgrund seiner politischen Vergangenheit war er zunächst „wehrunwürdig" und später aufgrund seines Russlandaufenthaltes spionageverdächtig. Nach Abschluss des Hitler-Stalin-Paktes wollte man ihn zur Wehrmacht einziehen, doch der Direktor von Schoeller-Bleckmann konnte ihn als unabkömmlich dem Unternehmen erhalten, obwohl Waldbrunner trotz mehrfachen Drängens nie der NSDAP beigetreten war. Nach Kriegsende wäre Waldbrunner auch eine steile Karriere als Manager offengestanden, wenn er sich nicht für die Politik entschieden hätte.

Waldbrunner bewies immer Mut zum aufrechten Gang. Sein Lebenswerk stellt seine persönliche Integrität außer Zweifel. Er hat in der Zeit der Wirren und Verwirrungen, deren Bogen sich vom Zerfall der Donaumonarchie über die Erste Republik – ein Staat, den keiner wollte –, den Austrofaschismus, den Nationalsozialismus und den Zweiten Weltkrieg bis zur Besatzungszeit spannt, und schließlich in der Zweiten Republik großartige Leistungen vollbracht.

Es hat ihn schwer getroffen, dass er 1956, als die ÖVP im Wahlkampf gegen das „Königreich Waldbrunner" zu Felde zog, nicht ausreichend Rückendeckung von seiner Partei erhielt. Er hat auch nie verwunden, dass die ÖVP den damals erfolgreichen Wirtschaftskurs, an dem er wichtigen Anteil hatte, unter dem Slogan „Raab-Kamitz-Kurs" für sich vereinnahmte, ohne dass die SPÖ dagegen öffentlichkeitswirksam aufgetreten wäre. Bei einem Mittagessen, das ich zum 70. Geburtstag von Reinhard Kamitz gegeben habe, zu dem auch Karl Waldbrunner geladen war, habe ich das Thema angesprochen, dass die Wirtschaftspolitik in den 1950er-Jahren eigentlich ein „Kamitz-Waldbrunner-Kurs" war, was von beiden bestätigt wurde.

Auch in seiner letzten beruflichen Lebensstation als Vizepräsident der Oesterreichischen Nationalbank von 1972 bis 1980 hat Waldbrunner wirtschaftspolitische Weichenstellungen unterstützt, insbesondere die Hartwährungspolitik, unter deren Einfluss die österreichische Wirtschaft leistungs- und wettbewerbsfähiger sowie die Wirtschafts- und Währungsunion mit dem Euro vorweggenommen wurde.

Diese Währungspolitik wurde vom Finanzminister mit Unterstützung der Notenbank und des Österreichischen Gewerkschaftsbundes unter der Präsidentschaft von Anton Benya gegen den Widerstand der ÖVP und der Wirtschaft, vor allem der Industriellenvereinigung, aber auch gegen die Bedenken des Bundeskanzlers verfolgt.

Waldbrunner hat auch andere innenpolitische Entscheidungen wesentlich beeinflusst, die für den Gang der Geschichte in der Zweiten Republik ausschlaggebend waren: In der Olah-Krise hat sich Waldbrunner für die Bereinigung der Situation und für den Ausschluss von Franz Olah aus der SPÖ ausgesprochen. 1966 hat er, entgegen den Intentionen von Bruno Kreisky, den Gang der SPÖ in die Opposition befürwortet. 1967 hat er mit seiner Entscheidung, nicht für den Parteivorsitz der SPÖ zu kandidieren, den Weg für Bruno Kreisky geebnet. 1970 hat er den Schritt der SPÖ, eine Minderheitsregierung zu wagen, befürwortet und war dabei Bruno Kreisky eine wertvolle Stütze.

Karl Waldbrunner war ein politisch scharf analysierender Kopf und ungemein konsequent in der Umsetzung seiner Ziele. Zur Kumpelei hat er nie geneigt. In guter Erinnerung ist mir sein Rat geblieben, nicht zu viel Zeitung zu lesen, um sich nicht ärgern zu müssen, obwohl er selbst ein sehr genauer Zeitungsleser war.

Mir war Waldbrunner immer ein Vorbild, in meiner Regierungszeit auch ein wichtiger und wertvoller Ratgeber. Vor allem aber war er mir ein väterlicher Freund und ich erinnere mich gerne an unsere ausführlichen Gespräche bei unseren stundenlangen Spaziergängen um den Grundlsee während unserer Sommerurlaube, die wir beide in den 1970er-Jahren mit unseren Familien dort verbrachten.

Ich bin Karl Waldbrunner über seinen Tod hinaus verbunden geblieben. Es ist mir nicht nur ihm, sondern auch seiner Familie gegenüber ein besonderes Anliegen, sein vielfältiges und für die Entwicklung von Österreich von einem Armenhaus zu einem der wohlhabendsten Länder der Welt entscheidendes Wirken anlässlich seines 100. Geburtstages in Erinnerung zu rufen.

Mit diesem Buch soll Karl Waldbrunner als einer der historischen Väter des neuen Österreich wieder in das öffentliche Bewusstsein gerückt und sein Platz in der österreichischen Geschichte gewürdigt werden.

Ich möchte an dieser Stelle auch allen jenen sehr herzlich danken, die dieses Buch ermöglicht und an seiner Gestaltung mitgewirkt haben. Mein besonderer Dank gilt Dr. Manfred Zollinger, der den Nachlass von Karl Waldbrunner unter der Projektführung von Univ.-Prof. Dr. Anton Pelinka wissenschaftlich aufgearbeitet hat, Mag. Walter Fend, der an der Durchführung der Interviews mit den Zeitzeugen maßgeblich beteiligt war, den einzelnen Autorinnen und Autoren, den Sponsoren, dem Verleger KR Eduard Harant und seinem Team sowie Renate Platzer, die zur Umsetzung dieses Buchprojektes ebenfalls wesentlich beigetragen hat.

Stationen eines Lebens

25.11.1906	Geboren in Wien
1921	Mitglied der Sozialdemokratischen Mittelschüler
1924	Matura in Wien 3, Radetzkystraße
1924–1930	Studium an der TH Wien (Dipl.-Ing. im April 1930); Mitglied des Verbandes Sozialistischer Studenten; Mitarbeiter der Sozialdemokratischen Partei/Bezirksorganisation Wien-Landstraße; Mitglied der Akademischen Legion
1930–1932	Obmann der Ingenieurgruppe im Bund der Industrieangestellten; Volontariat; Arbeitslosigkeit
1932–1937	Arbeit bei Kraftwerksbauten in der Sowjetunion
1937–1945	Angestellter bei Siemens-Schuckert und Schoeller-Bleckmann
1945	Unterstaatssekretär im Staatsamt für Industrie, Gewerbe, Handel und Verkehr
1945–1946	Staatssekretär im Ministerium für Vermögenssicherung und Wirtschaftsplanung
1945–1971	Abgeordneter zum Nationalrat
1945–1974	Mitglied des Parteivorstandes der SPÖ
1946	Politischer Vertreter Österreichs in Moskau
1946–1956	Zentralsekretär der SPÖ
1949–1962	Bundesminister für Verkehr und verstaatlichte Betriebe; ab 1956 für Verkehr und Elektrizitätswirtschaft
1951–1972	Präsident des BSA
1956–1967	Mitglied der Parteiexekutive der SPÖ
1962–1970	Zweiter Präsident des Nationalrats; Stellvertretender Klubobmann der sozialistischen Parlamentsfraktion
1965–1974	Stellvertretender Parteivorsitzender der SPÖ
1966–1973	Mitglied des Vorstands der SPÖ Wien
1970–1971	Präsident des Nationalrats
1972–1980	Vizepräsident der Oesterreichischen Nationalbank
5.6.1980	Gestorben in Wien

Manfred Zollinger

Karl Waldbrunner – Schnittstellen eines Lebens zwischen Industrie und Politik

Manfred Zollinger

Vorbemerkung

Leben lassen sich nur unzureichend beschreiben. Tun es Zeitgenossen, droht die Verzerrung aus der Perspektive der Nähe, auch wenn sie „Authentizität" verheißt. Setzen sich Nachgeborene ans Werk, kann die distanzierte Beobachtung des Faktischen und Objektivierbaren leicht in moralisierende Richterschaft umschlagen. Sind andere Interessen im Spiel, bietet sich die hagiografische Glorifizierung an, wächst das Risiko, sich in den Höhen der Heroisierung zu verlieren oder sich lächerlich zu machen. Vollends problematisch ist schließlich das Unterfangen, ein ungebrochenes Individuum zu konstruieren und es am erzählerischen Faden entlangzuführen. Spätestens seit Robert Musil wissen wir, dass nicht nur der Einwohner Kakaniens, sondern jeder Mensch mindestens neun Charaktere hat, die er in sich vereinigt, die ihn aber auflösen; und auch der zehnte Charakter ist nichts als „ein leerer, unsichtbarer Raum, in dem die Wirklichkeit darinsteht wie eine von der Phantasie verlassene kleine Steinbaukastenstadt" (Der Mann ohne Eigenschaften, 1. Buch, 8. Kapitel). Zu Recht warnt Pierre Bourdieu vor der „biografischen Illusion", die darin besteht, „ein Leben" nur als eine mit logischer Konsequenz und Telos ablaufende Folge kohärenter Ereignisse zu sehen, die als einzigen Bezugspunkt das „Subjekt" habe, anstatt als Wege zwischen verschiedenen Feldern des sozialen Raums im Ensemble der gegebenen objektiven Beziehungen und in ständiger Konfrontation mit dem Möglichen, in dessen Räumen der soziale Akteur intervenieren kann, je nachdem, wie er sein erworbenes soziales und kulturelles Kapital einsetzen kann.[1]

Ist also Biografie möglich, fragte schon Wilhelm Dilthey und antwortete: „Nur annähernd." Biografische Annäherungen können demnach nur versuchen, den Beziehungen zwischen Menschen und den sozialen, wirtschaftlichen und politischen Systemen nachzugehen, „den Wirkungszusammenhang zu verstehen, in welchem ein Individuum von seinem Milieu bestimmt wird und auf dieses reagiert". Das Individuum ist also „Durchgangspunkt" oder „Kreuzungspunkt für Kultursysteme, Organisationen, in die sein Dasein verwoben ist".[2] Nichts anderes bezeichnet der Begriff Schnittstellen[3], der hier nicht gewählt wurde, um eine „klassische" Biografie vorzulegen, sondern um über das Wirken Karl Waldbrunners einen Zugang zu Stationen und markanten Entwicklungsverläufen, Brüchen und Kontinuitäten der österreichischen Geschichte zu versuchen, in denen er – als Ingenieur – geformt wurde und denen er – als Politiker – Richtung und Gehalt verlieh. Dass zu diesen „Als" noch ein sozialdemokratisches, eines der Herkunft und Sozialisation hinzutritt und alle miteinander verwoben sind, liegt diesem Versuch zugrunde.

1 Pierre Bourdieu, L'illusion biographique, in: Actes RSS 62/63 (1986) 69–72.

2 Wilhelm Dilthey, Die Biographie, in: Ders., Der Aufbau der geschichtlichen Welt in den Geisteswissenschaften, Frankfurt a. M. 1981, 303–310, 304 und 310.

3 Für eine biographische Zugangsweise findet er sich auch in Barbara Serloth, Kampf wider die „Normalisierung", in: Franz Richard Reiter (Hrsg.), Wer war Rosa Jochmann? (Dokumente, Berichte, Analysen 9), Wien 1997, 149–164, 149.

Dem Dank der Herausgeber an Personen und Institutionen, die zum Gelingen dieses Buches beigetragen haben, füge ich gerne den an Karl Bachinger hinzu. Seine freundschaftliche Bereitschaft zur aufmerksamen Lektüre und zu kritischen Kommentaren brachte wertvolle Anregungen und half zahlreiche Irrtümer und Fehler zu vermeiden. Wenn solche dennoch vorhanden sind, habe ich sie alleine zu verantworten.

Der Ingenieur

Arbeiterkind und sozialistischer Student

„In Wien am 25. November 1906 als Sohn eines Metallformers geboren, der selber ein Wiener Kind war, bin ich unter der fast ausschließlichen Obhut meiner Mutter, die aus einer niederösterreichischen Bauernfamilie stammte, herangewachsen, denn mein Vater hat zeit seines Lebens für das Wohl seiner Arbeitskollegen in der sozialdemokratischen Partei und in der Metallarbeitergewerkschaft mit der größten Opferbereitschaft gewirkt.“[1]

Vor dem Ersten Weltkrieg als Proletarierkind geboren zu sein, verhieß eine nur geringe Chance, jemals etwas anderes als ein Leben in Lohnabhängigkeit kennenzulernen oder gar die Aussicht auf eine weiterführende Bildung zu haben. Es war aber gerade die organisierte Arbeiterschaft, die in jenen Jahren für die Überwindung der aus Herkunft und ökonomischer Lage resultierenden sozialen und politischen Schranken besonders stark kämpfte. Der industrielle Aufstieg, der Österreich vor dem Ersten Weltkrieg allmählich an das Wohlstandsniveau westeuropäischer Länder heranführte, sollte sich auch in einer Verbesserung der Lebensverhältnisse und vermehrter Mitsprache derer niederschlagen, die ihn durch ihre Arbeit ermöglichten. Das Eintreten für das Wohl aller Arbeitenden erforderte oft jene Opferbereitschaft, die Karl Waldbrunner seinem Vater attestierte und die er wohl als Maßstab für sein eigenes Handeln ansetzte.

Karl Waldbrunner wuchs in einer Welt heran, die urban-industriell, materiell bescheiden und in seiner nächsten Umgebung sozialdemokratisch war. Wie aus den eingangs zitierten Worten hervorgeht, maß er der organisierten Arbeiterschaft, der institutionellen Verankerung dieses Wirkens, bei der Erreichung der gesetzten Ziele offenbar ein besonderes Gewicht bei. Die Gewerkschaften, die organisatorische Kraft der Partei, vertraten dabei schon vor dem Ersten Weltkrieg Positionen, deren Umsetzung zu einem Merkmal sozialdemokratischer Politik nach 1945 werden sollte. In ihrem Eintreten für den industriell-technischen Fortschritt und die Ausweitung des Massenkonsums als Voraussetzung für den gesellschaftlichen Fortschritt setzten sie auf einen Kompromiss zwischen Kapital und Arbeit und wiesen dabei ein stark mechanistisches Verständnis von Modernisierung auf, demzufolge Kapitalismus und Technik sich streng gesetzmäßig und logisch entwickelten.[2] Diese gewerkschaftliche Grundhaltung blieb in der sozialistisch geprägten Sozialisa-

1 Wiener Zeitung, 15.11.1945, 4. – Alle Quellenzitate wurden der derzeit gültigen Rechtschreibung angepasst.

2 Meißl Gerhard, Klassenkampf oder Harmonieduselei? Auf dem österreichischen Weg zur Massengewerkschaft (1890 bis 1914), in: Erich Fröschl/Maria Mesner/Helge Zoitl (Hrsg.), Die Bewegung. Hundert Jahre Sozialdemokratie in Österreich, Wien 1990, 95–103, 100.

tion Karl Waldbrunners nicht ohne Einfluss. Dies umso mehr, als auch der große Gewerkschafter Karl Maisel in seinem Leben eine wichtige Rolle spielte. Der Metallarbeiter und spätere Bundesminister für soziale Verwaltung und Präsident der Arbeiterkammer kannte die Familie und stand nicht nur mit Waldbrunners Vater in enger freundschaftlicher Verbindung – besonders nachdem dieser nach 1918 sozialdemokratischer Vertrauensmann bei Siemens & Halske und Bezirksvertrauensmann der Metallarbeitergewerkschaft geworden war[3] –, er wurde auch dem Sohn ein enger Freund. Mit Maisel verband Waldbrunner das Andenken an seinen Vater und die Nähe zur Gewerkschaft wurde Waldbrunner zu einem Stützpunkt seiner späteren politischen Tätigkeit: „Die Gewerkschaft der Metall- und Bergarbeiter ist für mich immer eine Art Elternhaus gewesen. Schon als Junge habe ich für meinen Vater in seinen Funktionen innerhalb dieser Gewerkschaft Hilfs- und Botendienste geleistet. Dort habe ich auch die Freunde kennengelernt, mit denen ich in schlechten und in guten Zeiten aufs Engste verbunden blieb und zusammenarbeitete."[4]

Als die „Tragödie der Erschöpfung"[5], das Ende des ersten „totalen Krieges"[6], sich abzuzeichnen begann, Hungerkrawalle, Streiks und soziale Protestbewegungen Wien und andere Teile der noch bestehenden Monarchie erfassten, ermöglichte ihm der Vater einen ersten Schritt aus den gewöhnlichen Bahnen eines Arbeiterkindes hinaus: 1917 trat Karl Waldbrunner in die Realschule ein. Für die Familie bedeutete das in den schweren Kriegs- und Nachkriegsjahren zusätzliche Entbehrungen. Doch die materielle Belastung war nur eine Seite des Problems. Viele Jahre danach wies Waldbrunner darauf hin, wie schwer es Arbeiterkinder hatten, die nötige Unterstützung beim Lernen und Studieren zu bekommen, weil die Eltern meist nicht die entsprechende Bildung mitbrachten und das für den Lernerfolg so wichtige stimulierende Milieu nicht ausreichend vorhanden war. Wenn er daher in späten Jahren einem vom Zusperren bedrohten Lernklub für Arbeiterkinder einmal einen größeren Geldbetrag zukommen lässt, tut er dies im Bewusstsein seiner eigenen Erfahrungen.[7]

Das Ende des Ersten Weltkriegs brachte tief greifende politische Umwälzungen, die die Sozialdemokratische Arbeiterpartei erstmals zu einem bestimmenden innenpolitischen Faktor machten und in die Regierungsverantwortung brachten. Die neue politische Rolle der Partei verlieh aber auch der internen Diskussion um den Verbleib in der Regierung, der bekanntlich nur bis 1920 dauerte, und um die weitere Haltung der Partei zum staatlichen Gefüge Auftrieb. Innerparteiliche Differenzen hielten die Partei jedoch nicht davon ab, beispielsweise 1921 einen finanzpolitischen

3 Wilhelm Rosenzweig, Die Zeit bis 1945, in: Festschrift für Karl Waldbrunner zum 65. Geburtstag, Wien 1971, 23–37, 24.

4 Karl Waldbrunner, Begrüßungsworte anlässlich des 6. Gewerkschaftstages der Metall- und Bergarbeiter, 24. Mai 1962, Typoskript, Nachlass Karl Waldbrunner #36.

5 Gusztáv Gratz/Richard Schüller, Der wirtschaftliche Zusammenbruch Österreich-Ungarns: die Tragödie der Erschöpfung, Wien/New Haven 1930.

6 Eric Hobsbawm, Das Zeitalter der Extreme. Weltgeschichte des 20. Jahrhunderts, München 1998, Kapitel „Das Zeitalter des totalen Krieges".

7 Tagebuch Josef Staribacher, 25. November 1971, Bruno-Kreisky-Archiv. – Ich danke Maria Steiner und Remigio Gazzari für ihre freundliche Hilfe.

Sanierungsplan vorzulegen, der von staatspolitischem Verantwortungsbewusstsein zeugte und auch im nichtsozialistischen Lager ein positives Echo fand. Die Partei kam aber nicht mehr aus ihrer Oppositionsrolle heraus, auch nicht, als sie in der finanziell dramatischen Lage des Sommers 1922 unter bestimmten Bedingungen den Eintritt in eine Konzentrationsregierung anbot. Die bürgerlich-konservative Gegenoffensive war bereits wieder erstarkt. An ihr scheiterten auch weiter reichende gesellschaftspolitische Eingriffe oder wurden zu fast folgenlosen Kompromissen.[8] Dieses Erlahmen des revolutionären Anfangsschwungs zeigt sich ebenso am Abflauen der Arbeiterrätebewegung,[9] an der auch Waldbrunnners Vater teilhatte.

Die Folgen des Kriegs waren für den Großteil der Bevölkerung desaströs und die Nachkriegszeit wurde von anhaltender Not geprägt. „Ich erinnere mich noch gut der letzten Jahre des Weltkrieges und der Zeit unmittelbar nach Kriegsende, wo wir in den ärmlichsten Verhältnissen, nicht selten weinend vor Kälte und Hunger, uns durchbringen mussten", beschreibt Karl Waldbrunner eine Situation, die für viele zur Alltagsrealität wurde. Erleichterungen boten vor allem Organisationen wie die sozialistischen Kinderfreunde, in deren Betreuung der unterernährte und kränkliche Bub 1920 zu einem kurzen Aufenthalt in der Schweiz kam.[10]

Schon im Krieg hatte die Geldentwertung eingesetzt, die sich zur Hyperinflation der Jahre 1921/22 auswuchs, begleitet von einer drastischen Verminderung der Realeinkommen um rund die Hälfte. Die Einführung der „Indexlöhne" kam zwar der Arbeiterschaft zugute, brachte aber eine Beschleunigung der Lohn-Preis-Spirale und damit des inflationären Auftriebs, der schließlich im inflationären Fiasko von 1922 mündete. Die auch in der Arbeiterbewegung häufig vertretene Parole von der „Lebensunfähigkeit" des Kleinstaates wurde strategisch eingesetzt, um den Anschluss an die Weimarer Republik, von dem man sich eine raschere Verwirklichung der sozialistischen Gesellschaftsordnung versprach, als Notwendigkeit darzustellen. Trotz der gestärkten Rolle der Sozialdemokratie nach dem Umbruch kamen aber ihre Versuche, die Wirtschaftsordnung nach ihren Vorstellungen durch Sozialisierung und Sozialpolitik umzuformen, über Ansätze nicht hinaus. Während in der Sozialgesetzgebung binnen kürzester Zeit im internationalen Vergleich beachtliche Fortschritte zugunsten der arbeitenden Bevölkerung erzielt werden konnten (Achtstundentag, Arbeitslosenversicherung, Arbeiterurlaub, Jugend- und Frauenschutz, Einrichtung der Betriebsräte und Arbeiterkammern),

8 Karl Bachinger, Eine stabile Währung in einer instabilen Zeit – Der Schilling in der Ersten Republik, in: Ders./Felix Butschek/Herbert Matis/Dieter Stiefel, Abschied vom Schilling. Eine österreichische Wirtschaftsgeschichte, Graz/Wien/Köln 2001, 11–134, 29–30, 36–37 und 45; für einen Überblick siehe auch Karl Bachinger/Herbert Matis/Andreas Resch/Manfred Zollinger, Der lange Weg zum Wohlstand, in: Günter Düriegl/Gerbert Frodl (Hrsg.), Das neue Österreich, Katalog zur Ausstellung im Oberen Belvedere, Wien 2005, 287–300. Zum Sanierungsplan siehe auch Karl Haas, Das Ende des Austromarxismus. Sozialdemokratische Politik 1933/34, in: Erich Fröschl/Maria Mesner/Helge Zoitl (Hrsg.), Die Bewegung. Hundert Jahre Sozialdemokratie in Österreich, Wien 1990, 424.

9 Hans Hautmann, Die Institution der Arbeiterräte in der Ersten Republik, in: Erich Fröschl/Maria Mesner/Helge Zoitl (Hrsg.), Die Bewegung. Hundert Jahre Sozialdemokratie in Österreich, Wien 1990, 341–352.

10 Waldbrunner an die Österr. Kinderfreunde, 13. Dezember 1971, Nachlass #25; Rosenzweig, Zeit bis 1945, 25 (wie Fn. 3).

blieb es – anders als nach dem Zweiten Weltkrieg – bei den Sozialisierungsgesetzen beim rudimentären Experiment.[11] Und ein Grundübel der Ersten Republik etablierte sich ebenfalls: die hohe Arbeitslosigkeit.[12]

Die Sozialdemokratie geriet in die Defensive. Auch ihre Propagandatätigkeit brachte keine Erfolge. Massenaktionen als „Kampf um die Seelen der deutschnationalen Intellektuellen, die Beamten, Angestellten, Lehrer" (Otto Bauer) und der fast demagogische Einsatz von Klassenkampfparolen konterkarierten ihre Erfolge, ihr staatspolitisches Verantwortungsbewusstsein und die immer wieder bekundete grundsätzliche Kompromissbereitschaft. So konnte Gustav Stolper der Sozialdemokratie im Herbst 1922 vorwerfen: „Klassenkampf und Staatspolitik sind einander ausschließende Begriffe." Aber auch den Scharfmachern der Gegenseite, deren Führer Ignaz Seipel mit dem Alleingang der Genfer Anleihe eine deutliche Weichenstellung in Richtung diktatorischer Entwicklung vorgenommen hatte, stellte Stolper die prophetisch anmutende Gefahr eines „Schlachtfeldes" vor Augen, wenn sie meine, auf die Zerschlagung der Sozialdemokratischen Arbeiterpartei und der Gewerkschaften setzen zu müssen.[13]

Im Jahr 1924, als der österreichische Schilling eingeführt wurde, legte Karl Waldbrunner die Matura ab und begann das Studium als Hörer der Maschinenbauschule, Unterabteilung für Elektrotechnik, an der Technischen Hochschule in Wien. In diesen Jahren festigte sich seine Zugehörigkeit zur Sozialdemokratie so entscheidend, dass man diese Zeit als Schlüsselperiode der Herausformung des Sozialdemokraten und späteren Politikers bezeichnen müssen wird. Er selbst beschrieb seine Entwicklung als zwangsläufig: „Es war kein Wunder, dass ich, dem Vorbild meines Vaters folgend, in verschiedenen sozialistischen Organisationen die ganzen Ideale meiner Jugend zu verwirklichen suchte."[14] Hier, im Feld der Partei, akkumulierte er soziales Kapital. Und es waren vor allem die Jahre der Studentenbewegung, „die uns geformt haben".[15] Bereits in der Realschule gehörte er der Vereinigung Sozialistischer Mittelschüler an. Nun trat er dem Verband Sozialistischer Studenten bei, dessen Vorstand er angehörte, und im Jänner 1925 der Sozialdemokratischen Arbeiterpartei, für die er in der Bezirksorganisation Landstraße mitarbeitete. Aus dieser Zeit stammt auch seine Bekanntschaft mit Wilhelm Rosenzweig, dem 1938 ins Exil vertriebenen späteren Mitglied des Österreichischen Verfassungsgerichtshofs, aus der nach 1945 eine lebenslange Freundschaft wurde.[16] Außerdem wurde er im Oktober 1924 Mitglied der Hospitantengruppe im Bund der Industrieangestell-

11 Bachinger, Währung, 12–19 (wie Fn. 8).

12 Felix Butschek, Vom Konflikt zur Konsensorientierung. Die Kammer für Arbeiter und Angestellte und die Wirtschaftspolitik Österreichs 1920–1995, Wien 1996, 239.

13 Bachinger, Währung, 47–50, Zitat 53 (wie Fn. 8).

14 Karl Waldbrunner, Wiener Zeitung, 15.11.1945.

15 Waldbrunner an Stefan Demuth, 7. Dezember 1971, Nachlass #25.

16 Rosenzweig, Zeit bis 1945, 26–29 (wie Fn. 3). Zum Exil siehe Österreicher im Exil. Großbritannien 1938–1945. Eine Dokumentation, hrsg. v. Dokumentationsarchiv des österreichischen Widerstandes. Einleitungen, Auswahl und Bearbeitung: Wolfgang Muchitsch, Wien 1992.

ten und ab Juni 1930 bis 1932 Obmann der Ingenieurgruppe in dieser Gewerkschaft.[17] Die pekuniäre Belastung eines Hochschulstudiums trug Waldbrunner zu einem Großteil selbst, durch Nebenarbeiten wie Ferialpraxis, Fremdenführungen und Lichtbildervorträge. Von August bis Mitte Oktober 1927 fand er als Ferialtechniker in der Abteilung für öffentliche Beleuchtung, Licht- und Kraftanlagen und allgemeine Angelegenheiten des Wiener Stadtbauamtes eine Anstellung.[18] Im Sommer 1928 arbeitete er für zwei Monate in der Hauptwerkstätte der Städtischen Straßenbahnen.[19] Eine wichtige Finanzierungshilfe für das Studium bot beispielsweise die Mitarbeit in der Bildungszentrale.[20] Denen, die ihm dabei – materiell oder psychologisch – geholfen hatten, etwa Franz Senghofer, Karl Holoubek, Hans Riemer oder Josef Rois, vergaß er dies nie.

Im Gegensatz zu Wilhelm Rosenzweig gehörte Karl Waldbrunner der Fraktion der „Arbeiterstudenten" an. Als stärkste Gruppierung des Verbandes bildete sie den von Partei und Gewerkschaft unterstützten rechten Flügel der sozialdemokratischen Studentenbewegung. Die so genannten „D'Orsayisten", benannt nach dem in der D'Orsaygasse gelegenen Heim der Wihast („Wirtschaftshilfe der Arbeiterstudenten Österreichs"), galten als die pragmatischen „Reformisten", als gemäßigte Elemente. Für Otto Bauer, den Theoretiker, waren es diejenigen, „die an der lebendigen Praxis der Arbeiterbewegung Anteil" nahmen.[21] Es waren meist Kinder aus Arbeiterfamilien, deren politisch-gesellschaftliches Selbstverständnis durch das Faktum mitgeprägt war, dass der Besuch einer Mittelschule bereits eine Stufe im sozialen Aufstieg bedeutete und die Hochschule auch materielle Besserstellung verhieß.[22] Zu den führenden Funktionären gehörten Eduard Stark, Rudolf Bohmann, Walter Hitzinger, Stefan Demuth und Karl Waldbrunner. Auf der anderen Seite standen die oppositionellen „Anti-D'Orsayisten", die sich an Otto und Helene Bauer, Max Adler und Käthe Leichter orientierten. Zu ihnen zählten beispielsweise Paul Lazarsfeld, Marie und Fritz Jahoda, Hertha Firnberg und Walter Wodak, ein Wortführer der Linken nach 1930[23] und nach 1945 in engem Kontakt mit Karl Waldbrunner. Im Jänner 1931 schrieb Walter Wodak: „Zweifach ist die Aufgabe der sozialistischen Studentenbewegung. Die Hochschule im Sinne des Proletariats umzugestalten, ihr die Funktion, den Studenten zu einem willigen Herrschaftsinstrument im Dienste der Bourgeoisie zu machen, zu entreißen, ist unser Ziel. Den Studenten, der unter der Unsicherheit seiner Zukunft leidet, der der Illusion folgt, die Niederwerfung der Arbeiterklasse könnte seine Lage bessern, für den Sozialis-

17 Rosenzweig, Zeit bis 1945, 29 (wie Fn. 3). Ergänzende Informationen finden sich in der Bestätigung für die Anrechnung von Vormitgliedsschaftszeiten zum Österr. Gewerkschaftsbund, 2. Juni 1949, Nachlass #2.

18 Stadtbauamts-Direktion, Amtsbestätigung, 15. Oktober 1927, Privatarchiv Martha Messeritsch.

19 Gemeinde Wien – Städtische Straßenbahnen, Zeugnis, 8. Februar 1929, Privatarchiv Martha Messeritsch.

20 Waldbrunner an Josef Rois, 8. Dezember 1971, Nachlass #25.

21 Die sozialdemokratischen Studenten, in: Arbeiter-Zeitung, 8. April 1925.

22 Bernhard Kraller, Selbstbehauptung und Anpassung. Ein Beitrag zur Geschichte der sozialistischen Studentenbewegung der Ersten Republik, dargestellt an der Wirtschaftshilfe der Arbeiterstudenten Österreichs und dem Verband Sozialistischer Studenten Österreichs unter besonderer Berücksichtigung der Europäischen Studentenhilfe Genf, Diss., Wien 2002, I, 202.

23 Kraller, Selbstbehauptung, I, 207 (wie Fn. 22); Helge Zoitl, Kampf um Gleichberechtigung, Diss., Salzburg 1976.

mus zu gewinnen, ist unsere Pflicht."[24] Etwas nüchterner sieht Karl Waldbrunner rückblickend die Bedeutung der studentischen Aktivzeit: „Damals haben wir die Grundlagen für unsere heutige Arbeit geschaffen."[25]

Das „Bollwerk" der Arbeiterstudenten war die Sektion Technik, wo sich um Karl Waldbrunner, Walter Hitzinger und Rudolf Bohmann der „Technikerkreis" formierte, während in einigen Fachverbänden der Sektion Universität die „Anti-D'Orsayisten" dominierten. Zwischen den Technikern und den „Universitätlern" gab es Fraktionskämpfe und Auseinandersetzungen. Bei diesen, die vonseiten der D'Orsayisten nicht immer frei von antisemitischen Untertönen waren, zeichnete sich nach Angaben eines Mitstudenten Waldbrunner unter anderem dadurch aus, dass er „immer auf der Seite der Juden" gewesen sei und dafür sogar „von seinen eigenen Kameraden Hiebe einstecken" habe müssen.[26] Die internen Divergenzen traten jedoch weit hinter die gemeinsame Gegnerschaft zu den dominierenden Deutschnationalen bzw. Deutschvölkischen, den „Hakenkreuzlern", zurück, die ihrer geistigen Überlegenheit gerne mit roher Gewalt Nachdruck verliehen. Blutige Kämpfe waren nicht selten. Die Sozialistischen Studenten reagierten mit der Gründung der „Akademischen Legion", einer Sektion des Republikanischen Schutzbundes, der auch Waldbrunner angehörte.[27]

Die ökonomische Basis hatte der rechte Flügel in der 1923 von Eduard Stark und Wilhelm Maresch gegründeten Wihast. Deren Mitbegründer, der Wiener Anatom und Fürsorge-Stadtrat Julius Tandler, war auch ihr Förderer in wirtschaftlichen und sozialen Fragen. Adolf Schärf war langjähriger geschäftsführender Obmann und, neben Karl Renner, auch der politische Berater der Fraktion der Arbeiterstudenten. Schärfs Einfluss auf die Wihast dürfte vor allem in der Zeit nach 1928/29, als die Wihast in eine schwere finanzielle Krise geraten war, bestimmend geworden sein.[28] Aus ihr gingen nach 1945 zahlreiche Vertreter von Wirtschaft, Forschung und Verwaltung sowie führende Politiker der Zweiten Republik wie Bruno Pittermann und Otto Tschadek hervor. Karl Altmann, der allerdings zur KPÖ gewechselt hatte, übernahm das Energieministerium.[29]

Die „Kampfjahre"[30] beim Studentenverband waren stürmische Jahre, die erst viel später Früchte tragen durften. „Damals waren wir voll von Ideen und Hoffnungen, aber keiner von uns hätte sich träumen lassen, dass wir so viel und so lange für un-

24 Walter Wodak, Das Ziel unserer Hochschulpolitik, in: SAR Nr. 1/1931, 9f., zit. nach: Kraller, Selbstbehauptung, I, 218 (wie Fn. 22).

25 Waldbrunner an die Wirtschaftshilfe der Arbeiterstudenten Österreichs, 27. November 1956, Nachlass #22.

26 Stellungnahme des Ortsgruppenleiters F. Schiemer in: Politisches Gutachten des Personalamtes der NSDAP, Kreisleitung Wien, 12. September 1939, ÖstA/AdR, Gauakt (GSA) 84559. Die besondere Situation, in der diese Aussage zustande kam, lässt sie zumindest relativieren.

27 Wilhelm Stemmer an Friedl Waldbrunner, 6. Juni 1980, Nachlass #67; Rosenzweig, Zeit bis 1945, 28–29 (wie Fn. 3); Kraller, Selbstbehauptung, I, 73–81 (wie Fn. 22).

28 Kraller, Selbstbehauptung, I, 8f. und 71; 156–162 (wie Fn. 22).

29 Kraller, Selbstbehauptung, I, 9 (wie Fn. 22).

30 Bruno Kepnik an Waldbrunner, 9. November 1971, Nachlass #27.

sere Idee tätig sein können und auch so viel erreichen würden", schreibt Waldbrunner 1969 an Stella Klein-Löw, mit der er in den 1920er-Jahren gemeinsam in der Studentenorganisation tätig war.[31] 1945 kamen seine Funktionen in der Studentenbewegung auch dadurch zum Tragen, dass er vom Parteivorstand ersucht wurde, die Sozialistischen Studenten zu betreuen. Deren Obmann, der spätere Minister Josef Staribacher, lernte dabei Karl Waldbrunner kennen.[32]

Leitbild Ingenieur

Waldbrunner wurde 1930 zum Ingenieur diplomiert und gehörte damit einer Berufsgruppe an, deren Bedeutung mit der Entwicklung der Industrialisierung deutlich gewachsen war. Die so genannte zweite industrielle Revolution seit dem ausgehenden 19. Jahrhundert erhöhte mit ihren Leitsektoren Chemie, Elektrotechnik und modernem Maschinenbau die Nachfrage nach geschulten Fachkräften und Ingenieuren. In Deutschland verdoppelte sich nach dem Ersten Weltkrieg die Zahl der Studenten an Technischen Hochschulen, wobei Arbeitersöhne immer mehr vertreten waren.[33] Auch in Österreich boten die genannten Sektoren, in denen deutsche Firmen tonangebend waren, begabten Arbeiterkindern Aussichten auf ein Erwerbsleben in qualifizierten Positionen. Dabei erhielt Qualifikation in der Bildungstradition der Sozialdemokratie auch ihren wirtschafts- und gesellschaftspolitischen Stellenwert. Die Zielsetzungen der sozialistischen Studentenschaft der Ersten Republik waren davon geprägt. Letzten Endes verstand sie es als ihr Programm, in dem „als Aufgabe der Bewegung gesetzt war", die „Kinder" (gemeint waren damals überwiegend die Söhne) „des Proletariats beruflich zu schulen, damit sie in der Lage sind, in der Wirtschaft führende Stellungen einzunehmen".[34] Das Bild des Ingenieurs als eines Gestalters der Moderne war ideologisch geprägt von Versuchen, ihn zum Mittler zwischen Kapital und Arbeit hochzustilisieren, und von einer gleichsam apolitischen Versachlichung in Verbindung mit einer technokratischen Denkweise, die zweierlei transportieren konnte: die Vorstellung der Technikentwicklung als Motor der Gesellschaft, wobei dem Ingenieur politische und sachtechnische Entscheidungskompetenz zugeschrieben wurde, und das Bild der Technokratie im Sinne der Übernahme führender Positionen in Staat und Gesellschaft durch Ingenieure.[35] Jürgen Habermas zufolge ergibt sich aus der Abhängigkeit des wirtschaftlichen Wachstums vom „quasi-autonomen Fortschritt von Wissenschaft und Technik" „eine Perspektive, in der die Entwicklung des gesellschaftlichen Systems durch

31 Waldbrunner an Stella Klein-Löw, 27. Jänner 1969, Nachlass #4.

32 Josef Staribacher an Waldbrunner, 24. November 1971, Nachlass #25.

33 Wolfgang König, Vom Staatsdiener zum Industrieangestellten: Die Ingenieure in Frankreich und Deutschland 1750–1945, in: Ders./Walter Kaiser (Hrsg.), Geschichte des Ingenieurs, München 2006, 179–232, 218–219.

34 Walter Hitzinger an Theodor Körner, 24. Juli 1945, Nachlass #10. Ingenieur Hitzinger verteidigte sich damals gegen Vorwürfe, er sei ein Nazi gewesen.

35 König, Staatsdiener, 223–224 (wie Fn. 33).

die Logik des wissenschaftlich-technischen Fortschritts bestimmt zu sein scheint".[36] Durchaus in kritischer Distanz und mit kulturpessimistischem Unterton bemerkte Otto Bauer: „Das ingenieursmäßige Denken wird zum vorherrschenden Denken der Zeit."[37] Jenseits der technisch-rationalen Funktion, die dem Ingenieur aus der zunehmenden Trennung von Eigentümer- und Unternehmerfunktion im modernen Kapitalismus zukam, war die gesellschaftspolitische Dimension von Belang. Karl Renner wies 1924 in einem Vortrag zur Gründungsversammlung der Berufsgruppe Ingenieure im Bund der Industrieangestellten Österreichs auf diesbezügliche Defizite in einem Land hin, in dem Kapläne noch immer ein höheres Sozialprestige genossen als Ingenieure, obwohl diese für Entwicklung und Reichtum des Landes und der Bevölkerung wichtiger seien. Österreich vertue seine Chance, indem es die vorhandenen intellektuellen Kapazitäten nicht nütze: „Wir sollen ein Kulturstaat, ein Staat der Wissenschaft sein, ein Staat, der aller Welt voranleuchtet, den jeder sucht und braucht, von dem alle anderen die Ärzte und Techniker beziehen, und siehe da, wir werden nicht mit der Methode der wissenschaftlichen Institute, sondern mit der Methode der Sakristei regiert."[38] Dass sich diese gedruckte Rede über „Die Geltung der Ingenieurarbeit in Wirtschaft und Gesellschaft" als eine der sehr wenigen Publikationen im Nachlass Karl Waldbrunners findet, darf wohl als Indiz für die Bedeutung gelten, die er seinem künftigen Beruf beimaß.

Für Waldbrunners späteren Werdegang wurde der Konnex von technischer Intelligenz und sozialistischer Gesinnung zum wesentlichen Faktor im Rahmen seiner Gestaltungsmöglichkeiten. Besonders ausgeprägt ist die lebenslange enge Bindung an seinen erlernten Beruf und die Kollegen mit der gleichen parteilichen Orientierung. Unter ihnen herrschte eine Art Standesbewusstsein, ein Zusammenhalt, der Persönliches mit Beruflichem und Politischem verband und eine „starke Verbundenheit über die Jahrzehnte hinaus erhalten"[39] ließ. In seiner einflussreichen politischen Stellung nach 1945 spielte Waldbrunner dabei eine Führungsrolle. Dazu gehörten selbstverständlich auch personalpolitische Entscheidungen in der Zeit des Wiederaufbaus, die die österreichische Wirtschaft sachlich und politisch in die gewünschte Richtung bringen sollten. Der 1938 in die USA emigrierte jüdische Techniker Gerold Tennenhäuser (Gerold H. Tenney), in der Ersten Republik aktiver Sozialist, studierter Elektrotechniker und später Atomphysiker (Manhattan Project), attestierte Waldbrunner nach einem Besuch in Wien anerkennend: „Wie gut du es verstanden hattest, die richtigen Leute in den richtigen Posten zu setzen!"[40] Richtig

36 Jürgen Habermas, Technik und Wissenschaft als „Ideologie", in: Dirk Käsler (Hrsg.), Max Weber. Sein Werk und seine Wirkung, München 1972, 89–127, 111.

37 Otto Bauer, Geistige Weltkrise, in: Der Kampf 23 (November 1930) 11, 449–454, 449.

38 Karl Renner, Die Geltung der Ingenieurarbeit in Wirtschaft und Gesellschaft (Schriftenreihe des Bundes der Industrieangestellten Österreichs 3), 19–20.

39 Waldbrunner an Walter Hitzinger, 11. Dezember 1971, Nachlass # 10.

40 Dr. Gerold H. Tenney an Waldbrunner, 27. Mai 1965, Nachlass #7. Ähnlich äußert sich auch Dkfm. Dr. Hans Singer, Direktor und Mitglied des Vorstands der Ennskraftwerke: „Soviel ich weiß, warst es du, als du nach dem Zweiten Weltkrieg in das politische Leben getreten bist, der sich dafür eingesetzt hat, seine Freunde aus dem sozialistischen Studentenverband in jene Positionen zu bringen, in welchen sie sich jetzt befinden." (Singer an Waldbrunner, 20. Dezember 1962; Nachlass #27)

waren sie nicht nur parteipolitisch und als Freunde aus dem sozialistischen Studentenverband – beides hätte sich als Entscheidungsgrundlage nicht von den Praktiken der ÖVP unterschieden –, sondern vor allem auch fachlich. (Damit entsprach er übrigens den Koalitionsvereinbarungen.)

Der Wiener Landtagspräsident Wilhelm Stemmer bezeichnete ihn einmal als den „guten Sachwalter unseres Berufes mit sozialistischem Profil".[41] Das schließt aber aus, dass sich Waldbrunner als Sachwalter der reinen Technokratie ohne politische Rücksichten verstand. Er selbst war sich des Zusammenhangs bewusst: „Wir sind auf unsere Technikerbewegung immer stolz gewesen und haben bestimmt ein Recht dazu. Aber wenn wir etwas erreicht haben, dann gerade durch unser Zusammenhalten und das unentwegte Eintreten für unsere Bewegung, der wir seit Jugend dienen."[42] Wenn Paul Lazarsfeld in den 1930er-Jahren mit Blick auf die Sowjetunion gemeint hatte: „Eine siegreiche Revolution braucht vor allem Ingenieure",[43] war für Karl Waldbrunner der Ingenieur zur Sicherung des auf evolutionärem Wege zu Schaffenden wichtig. Zur Durchsetzung seiner gesellschaftspolitischen Zielvorstellungen bedurfte es der praktischen Basis, die ihm – der selbst durch diese Schule gegangen und von ihr geprägt worden war – vor allem die technische Intelligenz, personifiziert in seinen Ingenieurskollegen, zu gewährleisten schien. So war für Waldbrunner der freundschaftliche Gruppenzusammenhalt auch Rückhalt für seine Tätigkeit, in gewissem Sinn die industriell messbare Basis seines politischen Erfolgs.

In der Weltwirtschaftskrise

Waldbrunnners Studentenjahre decken sich chronologisch mit der „Blütezeit des Kommunalsozialismus". Während die gesamtösterreichische Wirtschaftspolitik der bürgerlichen Regierung seit der Währungsstabilisierung hartnäckig einen Restriktionskurs verfolgte, gingen sozialdemokratische Gemeinden einen expansiven Weg, wobei das „Rote Wien" mit seinen Gemeindebauten und der Wohnraumverteilung nach dem Kriterium der sozialen Bedürftigkeit, mit dem Ausbau der sozialen Dienste, der Schulreform, den so genannten „Breitner-Steuern" u.a. das herausragendste und von den Konservativen angefeindetste Beispiel ist. Der Konjunkturverfall der Weltwirtschaftskrise mit einem deutlichen Rückgang der Steuereinnahmen, aber auch die zunehmende Beschneidung der fiskalpolitischen Souveränität der Kommunen und Länder vor allem im Rahmen des Finanzausgleichs von 1931 brachte allerdings die einst so imposante kommunalsozialistische Aufbauarbeit Wiens, als

41 Wilhelm Stemmer an Waldbrunner, August 1969, Nachlass #7. Stemmer wurde 1909 geboren.

42 Waldbrunner an den Verband sozialistischer Ingenieure im BSA, 27. November 1956, Nachlass #22.

43 Paul Lazarsfeld, Eine Episode in der Geschichte der europäischen Sozialforschung, in: ders./Talcott Parsons/Edward Shils (Hrsg.), Soziologie – autobiographisch. Drei kritische Berichte zur Entwicklung einer Wissenschaft, Stuttgart 1975, 174–225, 194.

deren Leitgestalt Robert Danneberg gelten kann, zum Erliegen.[44] Der Eindruck, den die augenfälligen großartigen Leistungen auf das Selbstwertgefühl zumal der sozialdemokratischen Zeitgenossen gemacht haben müssen, darf wohl nicht unterschätzt werden. Außerdem waren in der Wiener Kommunalpolitik Ansätze zu jener pragmatischen Integration angelegt, die nach 1945 auf der Bundesebene zum Tragen kam.[45] In der Tat waren die Leistungen Wiens in der Ersten Republik ein Vorbild. So sagte Waldbrunner im November 1945 über „Sozialistische Politik und Wiederaufbau“: „Programm, Entwicklung und Durchführung sozialistischer Politik in der Wiener Gemeindeverwaltung bis 1934, die über Österreich hinaus von der ganzen Welt anerkannt und bewundert wurde, müssen als Grundlage dienen für den Wiederaufbau der durch Faschismus und Krieg zerschlagenen Wirtschaft.“[46]

Waldbrunners Studienjahre waren aber auch von einer sich verschärfenden politischen Lage geprägt. Allmählich wurden die Auseinandersetzungen über die für große Teile der Bevölkerung unbefriedigende österreichische Wirtschaftssituation von den sich zuspitzenden innenpolitischen Gegensätzen überlagert. Die Ereignisse von Schattendorf und der skandalöse Freispruch kulminierten im Justizpalastbrand 1927 und in blutigen Aktionen der Polizei. Die antidemokratischen Tendenzen verstärkten sich, die rechtsextremen Heimwehren fanden in Ignaz Seipel einen Förderer, der auch nach seinem Rücktritt als Bundeskanzler 1929 eifrig den geistigen Boden für den Austrofaschismus bereitete. Paramilitarisierung und bewaffnete Zusammenstöße bestimmten das Bild. Die Spitzen der Wirtschaft unterstützten die Heimwehren massiv – und diese Tatsache vergaß die Sozialdemokratie auch nach 1945 lange nicht. Zu den Finanziers gehörte auch die Österreichische Bodencreditanstalt, deren Krach eine riesige und bleibende Belastung für den Finanzsektor darstellte und in den die Bank groteskerweise schlitterte, nachdem Heimwehraktivitäten eine Kreditpanik hervorgerufen hatten.[47]

Als Karl Waldbrunner 1930 sein Studium abschloss, stand die Welt bereits im Zeichen der „Großen Depression“. Sie traf die noch unter Anpassungsdefiziten leidende österreichische Wirtschaft und löste einen Konjunkturabschwung mit Produktionsrückgängen und rasch wachsender Arbeitslosigkeit aus. Anfangs vertraute man noch dem liberalen „Dogma der Krisenautomatik“, demzufolge die Krise einen „natürlichen“ Reinigungsprozess darstelle, der in einen baldigen neuen Aufschwung münden würde. Nur langsam dämmerte die Erkenntnis, mit einem historisch beispiellosen Ereignis konfrontiert zu sein.[48] Der Zusammenbruch der

---

44 Robert Schediwy, Die Blütezeit des Kommunalsozialismus, in: Erich Fröschl/Maria Mesner/Helge Zoitl (Hrsg.), Die Bewegung. Hundert Jahre Sozialdemokratie in Österreich, Wien 1990, 364–378, 374–377.

45 Schediwy, Blütezeit, 364–365 (wie Fn. 44).

46 Sozialistische Ingenieure nehmen Stellung zu den Wahlen [November 1945], Auszüge aus der Rede Waldbrunners, Typoskript, Nachlass #32.

47 Bachinger, Währung, 88–92 (wie Fn. 8); Haas, Ende, 421 (wie Fn. 8).

48 Bachinger, Währung, 95 (wie Fn. 8); Kurt Rothschild, Wurzeln und Triebkräfte der Entwicklung der österreichischen Industrie, in: Wilhelm Weber (Hrsg.), Österreichs Wirtschaftsstruktur. gestern – heute – morgen, Berlin 1961, 1. Bd., 1–157, 88.

Creditanstalt, des größten Aktionärs und Kreditgebers der österreichischen Wirtschaft, leitete im Frühjahr 1931 die eigentliche ökonomische Katastrophe ein.[49] Die Industrieproduktion betrug 1932 61 Prozent des Standes von 1929, die Arbeitslosigkeit stieg auf jenes erschreckende Ausmaß, das den sozialen und politischen Niedergang begleitete. Fast weltweit galt: „Die kapitalistische Wirtschaft schien zwischen den Kriegen völlig zusammenzubrechen. Und niemand wusste, wie sie sich wieder erholen könnte."[50] Als krisenverschärfend erwiesen sich die von wirtschaftsliberalen Doktrinen geleiteten wirtschaftspolitischen Fehlentscheidungen, die Präferenz für einen Sparkurs, ein ausgeglichenes Budget und eine stabile Währung, die mit der Zerschlagung der organisierten Arbeiterbewegung durch das Dollfuß- und Schuschnigg-Regime noch leichter umgesetzt werden konnten. Eine äußerst konservative Beschäftigungs-, Lohn- und Sozialpolitik drückte die Massenkaufkraft auf ein sehr niedriges Niveau.[51] Wie Karl Bachinger festhält, fehlte bis zum Ende der Ersten Republik für eine Politik der Konjunkturbelebung „so gut wie jegliches Verständnis". Ökonomen wie Ludwig Mises oder Friedrich Hayek, der auch heute noch als einer der Ahnherren des Neoliberalismus einen wichtigen Einfluss besitzt, verstellten mit ihren Wortmeldungen zusätzlich den Weg zu einer aktiven Wirtschaftspolitik. Aber auch die Krisenlösungsstrategie der Sozialdemokratie, vor allem die Otto Bauers, folgte dem Pfad der orthodoxen Austeritätspolitik.[52] So trug sie auch das Budgetsanierungsgesetz von 1931 mit, wobei sie sich zu diesem Zeitpunkt, durchaus einem staatspolitischen Loyalitätsdenken verpflichtet, die Option einer Koalition mit den Bürgerlichen – allerdings unter Ausschluss der Heimwehren – offenhielt.[53] Der Gewerkschafter Johann Schorsch, der den „neuen Weg" der antideflationären Konjunkturpolitik nach dem Vorbild des WTB (Woytinsky-Tarnow-Baade)-Plans der deutschen Gewerkschaften vorschlug, blieb ein „rara avis".[54] Doch markiert andererseits die Weltwirtschaftskrise den Wendepunkt in der wirtschaftspolitischen Geschichte des 20. Jahrhunderts, der den „New Deal" eines Franklin D. Roosevelt – und leider auch einen Hitler – emporgebracht hat und den Ideen eines John Maynard Keynes zum Durchbruch verhalf. Nach 1945 sollte sich dieses Umdenken auch beim Erreichen der europäischen Prosperität bezahlt machen. Doch in den 1930er-Jahren paarte sich der Wirtschaftsliberalismus mit den Vorstellungen einer immer lauter geforderten „Finanz-" oder „Wirtschaftsdiktatur".[55] Ihre innenpolitische Stoßrichtung war ebenfalls evident: die Ausschaltung der Gewerkschaften und sozialistischen Parteien, somit die Beseitigung der parlamentarischen Demokratie – vorgezeichnet in Italien und Deutschland, exekutiert von Dollfuß, verfestigt von Schuschnigg. Die bis Februar 1934 bekundete Verständigungsbereitschaft der Sozialdemokratie auf demokratischem Boden war obsolet

49 Bachinger, Währung, 101 (wie Fn. 8).
50 Hobsbawm, Das Zeitalter der Extreme, 116 (wie Fn. 6).
51 Rothschild, Wurzeln, 94–95 (wie Fn. 48); Bachinger/Matis/Resch/Zollinger, Der lange Weg, 288–289 (wie Fn. 8).
52 Ulrike Weber-Felber, Wirtschaftspolitische Strategien der Freien Gewerkschaften in der Ersten Republik, phil. Diss., Wien 1986, 302; vgl. Bachinger, Währung, 118–119 (wie Fn. 8); Butschek, Konflikt, 59 (wie Fn. 12).
53 Haas, Ende, 422 (wie Fn. 8).
54 Bachinger, Währung, 118 (wie Fn. 8); Butschek, Konflikt, 59–63 (wie Fn. 12).
55 Haas, Ende, 422 (wie Fn. 8); Bachinger, Währung, 120–121 (wie Fn. 8).

geworden, der gleichzeitig bekundete Wille zum kämpferischen Widerstand endete in Verhaftungen und Hinrichtungen; das Verbot der Partei und die Auflösung ihrer Organisationen trieb viele ins Exil und in die Illegalität.

Mit dem Übergreifen der Weltwirtschaftskrise auf Österreich, den Produktionsrückgängen und Entlassungen, stand Waldbrunners Studienabschluss unter einer schweren Hypothek. Arbeit zu finden war auch für einen diplomierten Absolventen der Technischen Hochschule ein schwieriges, für Karl Waldbrunner letztlich aussichtloses Unterfangen. In der schwersten und anhaltendsten Krise des industriekapitalistischen Systems schwanden auch die Märkte zur Verwertung des kulturellen Kapitals. Mehr als kurzfristige Beschäftigungen fand der junge Ingenieur nicht. Von 1. September 1930 bis Ende Februar 1931 kam er als Volontär bei den Wiener Städtischen Straßenbahnen unter und erhielt dafür eine „Spesenvergütung" von fünf Schilling pro Tag.[56] Ab 12. März 1931 bezog er vom Bund der Industrieangestellten eine „Ordentliche Stellenlosenunterstützung" für 60 Tage in der Gesamthöhe von 28,50 Schilling.[57] Über seine Kontakte zur Bildungszentrale betätigte er sich als Reiseleiter und betreute beispielsweise im April 1931 eine Gruppe der Schweizerischen Sozialistischen Eisenbahner, in der sich vermutlich seine spätere Gattin befand.[58] Ebenfalls ab 1931 war er Kursleiter im gewerkschaftlichen Bildungshaus Anton Hueber.[59] Seine Tätigkeit als Obmann der Ingenieurgruppe des Bundes der Industrieangestellten wurde bereits erwähnt. Im Juli 1931 bewarb er sich beim Arbeiter-Radiobund Österreichs erfolglos um eine Anstellung.[60] Arbeit gab es offenbar nur anderswo.

Arbeitsmigrant in der Sowjetunion

Der dramatische Verlust an Arbeitsmöglichkeiten während der Weltwirtschaftskrise in den kapitalistischen Ländern stand in augenfälligem Kontrast zum wachsenden Arbeitskräftebedarf im Zeichen der forcierten Industrialisierung und des ersten Fünfjahresplanes in der UdSSR. Vor der Katastrophenfolie der westlichen kapitalistischen Länder musste das dort Geleistete über ideologische Grenzen hinweg glanzvoll erscheinen. „Das Trauma der Weltwirtschaftskrise wurde noch von der Tatsache verstärkt, dass sich das einzige Land, das lautstark mit dem Kapitalismus gebrochen hatte, als immun gegen sie zu erweisen schien: die Sowjetunion. Während der Rest

56 Gemeinde Wien – Städtische Straßenbahnen, Zeugnis, 3. März 1931, und Vormerkblatt der Personalverrechnung, 2. März 1931, Privatarchiv Martha Waldbrunner.

57 Bund der Industrieangestellten Österreichs, Ordentliche Stellenlosenunterstützung, 10. März 1931, Privatarchiv Martha Waldbrunner.

58 Hs. Felber-Mähli an Waldbrunner, 6. Juni 1958, Nachlass #2. Walter Szevera, Interview mit Martha Waldbrunner, freundlicherweise zur Verfügung gestellt von Walter Szevera und Barry McLoughlin (Kopie der Abschrift in meinem Besitz).

59 Franz Senghofer an Waldbrunner, 29. Oktober 1970, Nachlass #2.

60 Arbeiter-Radiobund Österreichs an Waldbrunner, 17. Juli 1931, Privatarchiv Martha Messeritsch.

der Welt stagnierte, jedenfalls überall dort im Westen, wo der liberale Kapitalismus herrschte, war die Sowjetunion mit den massiven und rasanten Industrialisierungsmaßnahmen ihres neuen Fünfjahresplans beschäftigt."[61]

Otto Bauer hielt es bereits 1925 für möglich oder gar wahrscheinlich, dass in Sowjetrussland bald eine sozialistische Gesellschaft entstehen könnte, wenngleich er stets kritische Distanz zum Bolschewismus als despotischem Sozialismus im Gegensatz zu „unserem" demokratischen bewahrte.[62] Der erste Fünfjahresplan erregte die Aufmerksamkeit der Welt auch deswegen, weil er in der Kombination von Wissenschaftlichkeit und Marxismus eine Blaupause für die neue Gesellschaft abgab.[63] Enthusiastischer, zum Teil propagandistisch überhöhter Überschwang machte aus Russland die Versuchsstation einer zukünftigen besseren Welt. Die katastrophale Wirtschaftskrise, das Vordringen der militanten Rechten, gesellschaftliche und ökonomische Perspektivenlosigkeit in den kapitalistischen Ländern trugen ihr Übriges dazu bei, Hoffnungen auf die Sowjetunion zu projizieren und die dortige „kühne Aufbauleistung" unter teils bewusster Ignorierung des Terrors und der Menschenopfer als Ausweg aus der kapitalistischen Misere zu bewundern.[64] 1932 hieß es in einem Leitartikel der „Sozialistisch-Akademischen Rundschau": „Die österreichische Arbeiterklasse [ist] außerordentlich positiv zu dem sozialistischen Aufbauwerk in Sowjetrussland eingestellt. In diesen Jahren, wo (...) die kapitalistische Welle (...) so hoch geht, ist es besonders wichtig, zu wissen, dass in Russland ein Teil unserer Welt gezimmert wird, ein Bau, auf den wir unsere Hoffnungen konzentrieren können. (...) Die österreichischen Arbeiter, die von Russland zurückkommen, berichten uns über das Aufbauwerk, an dem sie mitgeschaffen. Sie erzählen über die gigantischen Werke, die die Russen aus dem Boden stampfen, über die Begeisterung der Arbeiter, die die tägliche Not zu vergessen suchen im Glauben an das bessere Morgen."[65] Die Kehrseite solcher „Berichte himmelaufjuchzender Begeisterung" waren „Berichte der Entrüstung und Verzweiflung"; den Projektionen von Technikern, Nationalökonomen und Arbeitslosen stand das Wissen um den Raubbau an Menschenleben und um Repressionen gegenüber.[66] Keineswegs war das „Stalinsche Experiment" in der österreichischen Sozialdemokratie unumstritten.

Eines hielt jedoch einem Vergleich mit der „täglichen Not" daheim stand, war wesentlich existenznaher und, so Eric Hobsbawm, „viel gewichtiger" als die gewaltigen kolportierten industriellen Leistungen: „In der Sowjetunion gab es keine

61 Hobsbawm, Das Zeitalter der Extreme, 128 (wie Fn. 6).

62 Otto Bauer, Der Kongress in Marseille, in: Der Kampf 18 (Aug.–Sept. 1925) 8/9, 281–285, 284.

63 Stephen Kotkin, Magnetic Mountain. Stalinism as a Civilization, Berkeley/Los Angeles/London 1997, 30.

64 Freilich wurde auch Kritik am blinden Glauben – vor allem Bauers – laut. Vom Führer der russischen Sozialdemokratie, Theodor Dan, erntete Bauer Kritik wegen dessen Ungereimtheiten. Gerd Storm/Franz Walter, Weimarer Linkssozialismus und Austromarxismus. Historische Vorbilder für einen „Dritten Weg" zum Sozialismus?, Berlin 1984, bes. 100–102, 110. Aber Bauer war nicht blind gegenüber dem stalinistischen Terror, der „nicht nur dem Ansehen der SU in der Welt", sondern „der Sache des Sozialismus überhaupt unsäglichen Schaden zugefügt" habe. Otto Bauer, Aus der Sowjetunion, Februar 1938, in: ders., Werkausgabe, 9, Wien 1980, 1020–1022.

65 Walter Hitzinger, Gegen den Pessimismus!, in: SAR 4 (1932) 1–3, zit. nach: Kraller, Selbstbehauptung, I, 220–221 (wie Fn. 22).

66 Friedrich Adler, Das Stalinsche Experiment und der Sozialismus, in: Der Kampf 25 (1932) 1, 4–16, 4.

Arbeitslosigkeit."[67] Es gab Arbeit und, so Karl Waldbrunner, es ergaben sich „für jeden Ingenieur interessante Aufgaben im Aufbau der russischen Industrie".[68]

Im Gegensatz zu den unter der Depression leidenden Staaten, die ihre Grenzen vor der Arbeitsmigration schlossen, hatte das Land einen hohen Bedarf an Fachkräften und technischen Spezialisten und warb im Ausland um sie. Mit Erfolg: 1931 und 1932 löste die UdSSR die bis dahin führenden Zielländer der österreichischen Emigration, USA, Kanada, Brasilien und Argentinien, ab.[69] Nach sowjetischen Statistiken befanden sich im zweiten Quartal 1932 über 40.000 ausländische Arbeiter in der UdSSR. Ungefähr die Hälfte davon waren Deutsche und Österreicher, je ein Viertel Amerikaner und Kanadier.[70] Seit 1929 gab es Kontakte der russischen Außenhandelsvertretung mit den österreichischen Behörden, für hochqualifiziertes Personal wurde 1931 bei der Vertretung ein „Spezialisten-Büro" eingerichtet. Das SPEZ-Büro bzw. der Bevollmächtigte des Obersten Volkswirtschaftsrates bei der Handelsvertretung der UdSSR in Österreich übersandte dem Bundeskanzleramt spezifizierte Bedarfslisten sowjetischer Unternehmen, das sie an die Arbeiterkammer, die Vereinigung der Ingenieure und Architekten und den Bund der Industrieangestellten mit dem Ersuchen weiterleitete, „entsprechend qualifizierte Bewerber einladen zu wollen, bei der russ. Handelsvertretung (...) vorzusprechen".[71] Auch die Russisch-Österreichische Handelsgesellschaft RATAO, eine Aktiengesellschaft zur Finanzierung der „Russengeschäfte", in der der 49-prozentige österreichische Anteil je zur Hälfte von der Arbeiterbank und der Creditanstalt gehalten wurde, vermittelte Arbeitskräfte.[72] Angeblich machte Johann Gorski, der leitende Funktionär der Gesellschaft und in der Bezirksorganisation Landstraße der Sozialdemokratischen Arbeiterpartei, Karl Waldbrunner auf die Arbeitsmöglichkeit in der Sowjetunion aufmerksam.[73] Letztlich gelangte Waldbrunner aber über Vermittlung des Bundes der Industrieangestellten in die Sowjetunion.[74]

67 Hobsbawm, Zeitalter der Extreme, 128 (wie Fn. 6).

68 Karl Waldbrunner, Wiener Zeitung, 15.11.1945.

69 Walter Szevera, Österreichische Facharbeiteremigration in den 30er Jahren in die Sowjetunion, in: Barry McLoughlin/Hans Schafranek/Walter Szevera, Aufbruch – Hoffnung – Endstation. Österreicherinnen und Österreicher in der Sowjetunion 1925–1945 (Österreichische Texte zur Gesellschaftskritik 64), Wien 1997, 71–158, 71–72.

70 Szevera, Facharbeiteremigration, 74 (wie Fn. 69). Andere Zahlen bei Kotkin, Magnetic Mountain, 432 (wie Fn. 63).

71 Vermittlung österreichischer Ingenieure und Arbeiter, Stellenausschreibung, 15. Jänner 1932, ÖStA/AdR, BKA-Innneres, W.A., Kt. 2236/375, Russland 1932–1934, 8/4, Zl. 60–802/32. Szevera, Facharbeiteremigration, 80–83 (wie Fn. 69).

72 Anonymes Schreiben vom Juli 1956 im Nachlass Waldbrunner, #60. Zur RATAO siehe auch Josef Hindels, Der lange Weg. Von der Arbeiterbank zur Bank für Arbeit und Wirtschaft, Wien 1973, 59–63. Szevera, Facharbeiteremigration, 76 (wie Fn. 69). Andreas Korp, Arbeiterbank. Ein Beitrag zur Geschichte des österreichischen Bankwesens, Wien [1947], 17–18. Szevera und Korp erwähnen auch die Beteiligung der Großeinkaufsgesellschaft österreichischer Consumvereine, die sich mit der Gewerkschaft an der Gründung der Arbeiterbank beteiligt hatte. Gertrude Enderle-Burcel, Die österreichische Arbeiterbank. Soziales Kreditinstitut oder bürgerliches Bankwesen?, in: Zeitgeschichte 18 (1990/91) 11/12, 337–350, 342–344.

73 Rosenzweig, Zeit bis 1945, 30 (wie Fn. 3).

74 Waldbrunner Karl, Waldbrunner Martha und Stein Jakob; Rückkehr aus Sowjetrussland, Bundes-Polizeidirektion in Wien, 22. November 1937, ÖStA/AdR, BKA Inneres, Karton 5000, 22/gen., Zl. 332.585-StB/1937.

Über die russische Handelsvertretung kam es am 24. Februar 1932 zur schriftlichen „Vereinbarung“ zwischen dem Arbeitnehmer, dem Elektro- und Maschineningenieur Karl Waldbrunner, und dem Arbeitgeber, der Staatlichen Zentral-Vereinigung „Sojusselmasch“ in Moskau, der konzernartigen, vorgesetzten Stelle.[75] Über Moskau gelangte Waldbrunner mit einem mitgereisten österreichischen Ingenieurskollegen nach Swerdlowsk (Jekaterinburg) und von dort an seine Arbeitsstätte, die im Südural gelegene Simsker Staatliche Landwirtschaftsmaschinenfabrik. Ab 1. April stand „der ausländische Spezialist“ als Oberingenieur der Bauabteilung für die Errichtung des Elektrizitätswerks und die elektrische Einrichtung der Werkstätte sowie des Dampfteiles des Kraftwerkes in Dienst. Zweimal, im Mai und Juni 1934 sowie von Ende August bis September 1935,[76] nutzte Waldbrunner seinen Urlaub für Reisen nach Österreich, wo sich sowohl private als auch politische Erschütterungen ereignet hatten: 1933 der Tod seines Vaters und die Ausschaltung des Parlaments und 1934 die Zerschlagung der Demokratie mit dem Verbot und der Verfolgung der aktiven Sozialdemokraten. Sein väterlicher Freund Karl Maisel, mit dem Waldbrunner korrespondierte, war einer der von den Austrofaschisten in Wöllersdorf Internierten. 1934 reiste Waldbrunner auch in die Schweiz zu seiner zukünftigen Frau, die ihm im September in die Sowjetunion nachfolgte[77]. Die Hochzeit fand in Moskau statt, wo die beiden mit Hilfe des ebenfalls 1932 mitgereisten Ingenieurs Emanuel Wassermann unterkamen und die Zeit sogar für Opernbesuche nutzten,[78] bevor die Arbeit im Simsker Werk wieder aufgenommen wurde. Laut Arbeitsvertrag von 1934 erhielt Waldbrunner ein festes Gehalt von 700 Rubel monatlich plus einer 25-prozentigen „Zulage für beständige Beschäftigung auch an freien Tagen“. Zumindest einmal kam Waldbrunner „für die hohen technischen Eigenschaften und die tüchtige Führung der Montierungsarbeiten des Simsker Heizkraftwerkes“ in den Genuss einer Prämie von 500 Rubel. Außerdem stellte ihm das Werk „eine Wohnung bestehend aus 2 Zimmern und Küche mit Beheizung, Beleuchtung und Bedienung unentgeltlich zur Verfügung“. Im März 1935 avancierte Waldbrunner zum leitenden Maschineningenieur, sein Gehalt erhöhte sich auf 900 Rubel. Auch war in dieser Position die regelmäßige Gehaltsauszahlung üblich.[79] Bei einem 1932 für eine zweiköpfige ausländische Arbeiterfamilie mit 250 bis 300 Rubel und 1933 für Ingenieure mit 450 bis 500 angesetzten Mindesteinkommen[80] befand sich das Ehepaar Waldbrunner in guten Verhältnissen. 1935 wurde ihm in der Fremde ein Sohn geboren. Die Lebenshaltungskosten konnten durch Einkaufsmöglichkeiten

75 Vereinbarung vom 24. Februar 1932, Nachlass. Das Folgende stützt sich auf Dokumente im Nachlass.

76 Das geht aus den Melderegistern der Stadt Wien hervor. Ich danke Herrn Erich Denk vom Meldearchiv für die freundliche Auskunft.

77 Zum Zeitpunkt der Reise der künftigen Gattin siehe Waldbrunner Karl, Waldbrunner Martha und Stein Jakob; Rückkehr aus Sowjetrussland, Bundes-Polizeidirektion in Wien, 22. November 1937, ÖstA/AdR, BKA Inneres, Karton 5000, 22/gen., Zl. 332.585-StB/1937. Ihr Reisepass wurde am 19. November 1934 von der österreichischen Gesandtschaft in Moskau ausgestellt. Ebd., Verkehr österreichischer Staatsbürger aus Russland, Lundenburg, 23. Mai 1937.

78 Szevera, Interview mit Frau Martha Waldbrunner (wie Fn. 58).

79 Szevera, Interview mit Frau Martha Waldbrunner (wie Fn. 58).

80 ÖstA/AdR, BKA Inneres, W.A., Kt. 2236/375, Russland 1932–1934, 8/4, Zl. 60–802/32, Zl. 69.646-WA/32. Szevera, Facharbeiteremigration, 99 (wie Fn. 69).

in den für Ausländer reservierten INSNAB-Läden relativ gering gehalten werden. (Ob es einen solchen in Simsk/Simskaja gab, ist allerdings nicht bekannt.) Die meisten Güter waren dort zwischen 50 und 70 Prozent billiger als in Inländermagazinen. So kostete 1933 ein Kilo Schweinefleisch 3,5 Rubel, ein Kilo Zucker 2,4 und ein Paar Schuhe 30 Rubel. 1935 wurden diese Läden allerdings abgeschafft, was die Reallöhne sinken ließ. Laut Volkskommissariat erwuchsen ausländischen Arbeitern und Spezialisten nun Mehrkosten zwischen 250 und 400 Rubel. Teilweise gab es Kompensationen durch die Firmenleitungen oder die Möglichkeit (wie sie die Gewerkschaften nach der Schließung der INSNAB österreichischen Schutzbündlern gewährte), in Kooperativen einzukaufen, die Partei- und Gewerkschaftsfunktionären vorbehalten waren.[81] Ob ausländische Spezialisten von den ihnen zustehenden Sonderzuteilungen an Lebensmitteln angesichts der grassierenden Armut etwas an die Einheimischen abgaben, blieb ihnen überlassen. Wie Hilde Koplenig berichtete, war Karl Waldbrunner deshalb sehr beliebt, weil er mit seinen Mitarbeitern teilte.[82]

Waldbrunner stand an der dritten Stelle in der Betriebshierarchie und war „verantwortlich für die Instandhaltung aller Einrichtungen, der Dampf- und Kraftwirtschaft sowie aller Anlagen des Werkes im Interesse des Betriebs und der Volkswirtschaft“. Er verwaltete die gesamte Energieversorgung, die Werkseinrichtung und die Bauabteilung des Werks. Offenbar ergab sich aus dieser Position auch die Verpflichtung zu Dienstreisen, die den Obermechaniker nach Charkow, Leningrad, Kiew und zu Behörden nach Moskau führten. Dort lernte er unter anderem den Außenhandelsminister Anastas Ivanowitsch Mikojan kennen, den er Jahre später nach Kaprun begleiten sollte. Darüber hinaus erteilte er Unterricht in technischen Fächern.[83]

Noch vor Ablauf der vertraglich vereinbarten Dauer beendete Waldbrunner im August 1935 seine Tätigkeit in Simsk „über eigenen Wunsch“ und begann am 1. Oktober als Obermechaniker in der Eisengießerei von Kasli im Tscheljabinsker Oblast im Mittelural. In diesem Jahr erlebten die österreichischen Schutzbundemigranten in Leningrad eine erste Verhaftungswelle.[84] Aus Briefen an seine Mutter geht hervor, dass Waldbrunner im Betrieb auf zunehmende Ablehnung stieß und es „unheimlich“ geworden sei.[85] Vor allem ab dem Sommer 1936 nahm die Radikalisierung der „Säuberungen“ und der Terror, begleitet von wachsender Xenophobie und Hysterie gegen Ausländer, zu. Der neue „Tatbestand“ der „Industriesabotage“ sollte die zahlreichen Betriebsunfälle, verursacht vor allem durch erhöhten Planerfüllungsdruck und Stachanovismus, „erklären“.

81 Szevera, Facharbeiteremigration, 103 und 106 (wie Fn. 69). Barry McLoughlin, Die Schutzbund-Emigration, in: Barry McLoughlin/Hans Schafranek/Walter Szevera, Aufbruch – Hoffnung – Endstation. Österreicherinnen und Österreicher in der Sowjetunion 1925–1945 (Österreichische Texte zur Gesellschaftskritik 64), Wien 1997, 159–434, 206–208.

82 Hilde Koplenig, Emigration in die Sowjetunion, in: Friedrich Stadler (Hrsg.), Vertriebene Vernunft II. Emigration und Exil österreichischer Wissenschaft, Internationales Symposion 19. bis 23. Oktober in Wien, Wien/München 1988, 976–979, 977.

83 Rosenzweig, Zeit bis 1945, 32 (wie Fn. 3).

84 McLoughlin, Die Schutzbund-Emigration, 367 (wie Fn. 81).

85 Szevera, Interview mit Frau Martha Waldbrunner (wie Fn. 58).

Kein Ingenieur oder Manager war unter diesen Umständen frei von Verdacht.[86] Überall wurden Feinde und Saboteure geortet. Offenbar bekam auch Karl Waldbrunner als Hauptverantwortlicher für alle Maschinen diese Stimmung zu spüren. Zwar weniger durch die Tatsache, dass ein 1936 geplanter Urlaub in einem Gewerkschaftshaus an einem See gestrichen wurde, weil das Plansoll nicht erfüllt worden war (immerhin gab es eine Abgeltung durch ein Monatsgehalt), aber dutzende Male geflickte Riemen und fehlendes Schmieröl drohten die Lage prekär werden zu lassen. Bevor sich solche Befürchtungen bewahrheiten konnten, wurde der Ingenieur im Februar 1937 entlassen. Eine Fahrt nach Moskau, wo er sich darüber beschweren wollte, fruchtete nichts.[87] Da ihm die Leitung kein Zeugnis ausstellen wollte, schrieb er sich selbst eines und ließ es von der Polizei bestätigen, berichtet Wilhelm Rosenzweig.[88] Es gibt aber eine Bescheinigung der Verwaltung vom April, in der es heißt, dass Waldbrunner „alle Arbeiten mit der Fabrik (…) durchgeführt und beendet" und alle Arbeiten „in voller Ordnung abgeliefert" habe. Sie spricht freilich auch davon, dass er die Fabrik „über eigenes Ansuchen verlässt". Interessant ist in diesem Zusammenhang das Schreiben eines Werkshallenleiters vom 4. Mai 1937 an einen anderen Werkshallenleiter, mit dem diesem der Überbringer, Karl Waldbrunner, empfohlen wird. Darin heißt es, dass Waldbrunner zuvor in Simsk und Kasli gearbeitet habe und wegen des Direktors weggegangen sei. Nach Meinung des Schreibers würde Waldbrunner gut in die vom Adressaten geleitete Werkshalle passen, da er sich bei Kalkulationen und in der Elektroenergie gut auskenne. Ein persönliches Gespräch werde die Eignung sofort erkennen lassen.[89]

Hatte Waldbrunner demnach gar nicht vor, die Sowjetunion zu verlassen? Das und die Frage, was wirklich geschehen ist, wird sich wohl nicht mehr beantworten lassen. Am 19. Mai 1937 jedenfalls bestätigt die Österreichische Gesandtschaft in Moskau, dass die von ihr angefertigte Übersetzung der oben erwähnten Bescheinigung der Fabriksverwaltung mit dem in russischer Sprache vorliegenden Original wort- und sinngetreu übereinstimme. Die Rückreise in das faschistische Österreich, in dem die Sozialdemokratische Arbeiterpartei verboten und nur in der Illegalität tätig war, musste angetreten werden, womit Karl Waldbrunner das Schicksal anderer Berufskollegen teilte.[90]

Am 23. Mai 1937 meldete die österreichische Grenzkontrollstelle Lundenburg (Břeclav), dass mit dem Schnellzug Nr. D-98 „drei österreichische Bundesbürger, von Sowjetrussland kommend, nach Österreich eingereist" seien: Karl Waldbrunner, seine Frau und ein Kaufmann. Da die autoritären Machthaber Heimkehrern aus der Sowjetunion stets argwöhnisch gegenüberstanden, wurde die Bundespolizeidirektion angewiesen, zu erheben, „ob über die Genannten in polizeilicher Hin-

86 Kotkin, Magnetic Mountain, 316–320 und 345 (wie Fn. 63). McLoughlin, Die Schutzbund-Emigration, 364 (wie Fn. 81).

87 Szevera, Interview mit Frau Martha Waldbrunner (wie Fn. 58).

88 Rosenzweig, Zeit bis 1945, 34 (wie Fn. 3).

89 Ich danke Charlotte Khan für die Übersetzung.

90 Wilhelm Frank, Technik. Einleitende Bemerkungen, in: Friedrich Stadler (Hrsg.), Vertriebene Vernunft II. Emigration und Exil österreichischer Wissenschaft, Internationales Symposion 19. bis 23. Oktober in Wien, Wien/München 1988, 734–739, 736.

sicht etwas Nachteiliges bekannt ist". Diese berichtete dem Bundeskanzleramt, dass Waldbrunner „während seiner Studentenzeit Mitglied der Sozialdemokratischen Arbeiterpartei" war, „jedoch aktiv nicht hervorgetreten" sei. „Er wie auch seine Gattin erscheinen hier nicht nachteilig verzeichnet."[91]

Überleben im Nationalsozialismus und das Ende des Krieges

Ab 24. Mai 1937 war Waldbrunner wieder in Wien III, Dietrichgasse gemeldet und konnte zumindest vom ständestaatlichen Regime unbehelligt in Österreich leben. Doch die Konjunktur in Österreich hatte sich noch nicht so weit erholt, dass leicht Arbeit zu finden war. Das Beharren der österreichischen Wirtschaftspolitik auf ihrem deflationären Sparkurs trug nichts zur Besserung bei. Die offizielle Arbeitslosenquote in Prozent des Angebots an Unselbstständigen betrug 21,7 und zählte damit zu den höchsten in Europa.[92] Der Beschäftigtenstand lag nur bei 78 Prozent des Standes von 1929, das reale BIP 1937 unter dem Stand von 1913 und bei 86 Prozent des Standes von 1929.[93] Der Abstand zum westeuropäischen Wohlstandsniveau, der 1913 nur 6 Prozent betragen hatte, war auf 33 Prozent angewachsen.[94] So traf Waldbrunner wieder das bekannte Los der Arbeitslosigkeit, nachdem er sich für zwei Monate in der Heimat seiner Frau aufgehalten hatte und Offerte nach Deutschland erfolglos geblieben waren.[95] Da während seiner Berufstätigkeit in der Sowjetunion seine Mitgliedsbeiträge beim Bund der Industrieangestellten weiter bezahlt wurden, erhielt er nach eigenen Angaben von der Gewerkschaft Arbeitslosenunterstützung[96], bis er am 18. Oktober 1937 bei Siemens-Schuckert als Referent für Arbeitsvorbereitung und Zeitstudien eine Anstellung fand.[97] Dabei war der gute Ruf seines Vaters hilfreich.[98] Offenbar wenig befriedigt und unterfordert, beendete er seine Tätigkeit mit 31. August 1938, um bei der Schoeller-Bleckmann Stahlwerke A.G. in Ternitz zu arbeiten. Das Ternitzer Werk[99] setzte auf die Rüstungskonjunktur, die in Österreich bereits gegriffen hatte, und baute ab 1938 den

91 Waldbrunner Karl, Waldbrunner Martha und Stein Jakob; Rückkehr aus Sowjetrussland, Bundes-Polizeidirektion in Wien, 22. November 1937, ÖstA/AdR, BKA Inneres, Karton 5000, 22/gen., Zl. 332.585-StB/1937.

92 Butschek, Konflikt, 239 und 68 (wie Fn. 12).

93 Rothschild, Wurzeln, 88 (wie Fn. 48).

94 Bachinger/Matis/Resch/Zollinger, Der lange Weg, 289 (wie Fn. 8).

95 Szevera, Interview mit Frau Martha Waldbrunner (wie Fn. 58).

96 Waldbrunner an den Sekretär der Gewerkschaft der Privatangestellten Ing. Karl Hedrich, 20. Juni 1949, Nachlass #2. Warum die Gewerkschaft Arbeitslosenunterstützung gewährt haben soll, ist nicht leicht nachzuvollziehen und bedürfte einer eingehenderen Untersuchung.

97 Österreichische Siemens-Schuckert-Werke, Zeugnis, 21. September 1938, Privatarchiv Martha Messeritsch.

98 Rosenzweig, Zeit bis 1945, 35 (wie Fn. 3).

99 René Harather, Die Geschichte der Region und Stadt Ternitz von den Anfängen bis zur Gegenwart unter besonderer Berücksichtigung sozialgeschichtlicher Aspekte, Ternitz 1998, 284–289. Andrea Pühringer, Von der „Theresienhütte am Ternitz" zur Schoeller-Bleckmann Ges.m.b.H. Ternitzer Industriegeschichte im Verlauf der letzten 150 Jahre, in: Helmut Brenner/Wolfgang Nagele/Andrea Pühringer, Im Schatten des Phönix, Gnas 1993, 227–302, 270–271.

Produktionsapparat großzügig aus. Schon im Frühjahr 1938 stieg der Personalstand deutlich an. Während des Krieges setzte die Leitung vermehrt und in hohem Ausmaß Fremd- und Zwangsarbeiter ein. Obwohl nicht deutsch, dienten sich die Eigentümer dem nationalsozialistischen Regime vielleicht um so bereitwilliger an, als sie bereits den Austrofaschismus unterstützt hatten.

Das Angebot eines nach dem „Anschluss“ der NSDAP beigetretenen Freundes, in einer Nebenorganisation der Partei tätig zu werden, schlug Waldbrunner aus.[100] Auch gibt es keinerlei Indizien dafür, dass er die verbreitete Affinität der technischen Intelligenz zum „Dritten Reich“ aufgrund der dort offenbaren technischen Entwicklungen und Betätigungsmöglichkeiten geteilt hätte.[101] Aber nicht deswegen, sondern wegen seiner Zugehörigkeit zur Sozialdemokratie und seiner russischen Vergangenheit geriet er ins Blickfeld der Nazis, die unmittelbar nach dem „Anschluss“, am 14. März 1938, mit ersten Verhaftungen von ehemaligen Sozialdemokraten, Schutzbündlern und Revolutionären Sozialisten begannen.[102] Wilhelm Rosenzweig berichtet das Folgende: Zunächst ordnete die Abwehrstelle bei der Firmenleitung seine Entlassung an. Bevor er aber die Möglichkeit, bei Elin zu arbeiten, ergreifen konnte – wieder scheint die frühere Bekanntschaft des Vaters mit einem nun in der Gauleitung Tätigen ausschlaggebend gewesen zu sein –, überwand Schoeller-Bleckmann die Schwierigkeiten mit der Abwehrstelle und Waldbrunner konnte bleiben.[103] Die Akten des Österreichischen Staatsarchivs enthalten keine Hinweise auf diese Entwicklung. Sehr wohl aber enthüllen sie, dass die Nazibehörden Waldbrunner durchaus im Visier hatten.[104] Am 21. März 1939 empfahl die Staatspolizeileitstelle der Gestapo dem Gauamtspersonalleiter der Gauleitung Wien der NSDAP zum Betreff „Russlandrückkehrer“, Karl Waldbrunner „besondere Beobachtung zu schenken und ihm die notwendige weltanschauliche Schulung angedeihen zu lassen“. Außerdem wurde gewünscht, „nach Ablauf von 5 Monaten über das Verhalten des Russlandrückkehrers Bericht“ zu erstatten und Stellung zu nehmen, „ob eine weitere Überwachung und Beschulung für notwendig erachtet wird“. Die Überwachung und Durchleuchtung Waldbrunners erachteten die Nazis für notwendig, da er, wie es im Juli hieß, „in einem geschützten Betrieb“ beschäftigt werden solle bzw. erwogen wurde, ihn „dem Arbeitsprozess in gesch. Betrieben zuzuführen“. Der Grund für diese Erwägung war der „Mangel an tüchtigen Fachleuten“ und der Umstand, dass Waldbrunner „als tüchtige Arbeitskraft beschrieben“ wurde. Doch nach den Richtlinien des Geheimen Staatspolizeiamtes Berlin „müsste er infolge seiner Funktionärstätigkeit bei einer marxistischen Partei und wegen seines Russlandaufenthaltes von einer solchen Beschäftigung ausgeschlossen werden“. Daher urgierte die Gestapo die „Übersendung eines entspre-

100 Rosenzweig, Zeit bis 1945, 34 (wie Fn. 3). Rosenzweig berichtet, Waldbrunner hätte sich nach dem „Anschluss“ wieder auf Stellensuche gemacht. Das Zeugnis der Siemens-Schuckert-Werke bescheinigt seine Tätigkeit jedoch bis 31. August 1938.

101 Wilhelm Frank, Technik. Einleitende Bemerkungen, in: Vertriebene Vernunft, II, 734–739, 736 (wie Fn. 82).

102 Harather, Ternitz, 298 (wie Fn. 99).

103 Rosenzweig, Zeit bis 1945, 34–35 (wie Fn. 3).

104 Das Folgende nach ÖstA/AdR, Gauakt (GSA) 84559.

chenden Gutachtens, aus dem zu ersehen ist, dass in politischer Hinsicht gegen eine ev. Beschäftigung in einem geschützten Betrieb keine Bedenken bestehen".

Das eilig angeforderte Gutachten zeichnet das Bild eines Menschen, der tunlichst alles vermied, politisch aufzufallen, gleichzeitig aber Distanz zum System hielt. „Bei Sammlungen spendet er nicht immer, obwohl seine wirtschaftlichen Verhältnisse gut sind." Die wirtschaftliche Lage wurde auch 1943 als „sehr gut" beschrieben, doch die Spendenfreudigkeit Waldbrunners blieb „mäßig", wenn er auch „nach einem gewissen Druck jetzt 3 RM" gebe. Er sei kein Parteimitglied und habe sich während der Verbotszeit „ablehnend zur NSDAP" verhalten. Seine derzeitige Einstellung zu dieser Partei sei „abwartend". Waldbrunner lebe seit seiner Rückkehr aus der Sowjetunion „nur für seine Familie" in Wien, arbeite von Montag bis Freitag in Ternitz, und „wegen seiner strengen Zurückgezogenheit kann man über seine heutige Gesinnung nicht urteilen". Die „Tatsache allein, dass er in Russland war, kann ihn nicht ewig zum Kommunisten stempeln", heißt es etwas überraschend, der Logik des Regimes aber entsprechend. Für diese positive Beurteilung, die Waldbrunners „Charakter nach außen hin gut" schildert, war die Stellungnahme des Gruppenleiters der Ortsgruppe Erdbergerlände maßgeblich, der Waldbrunner von der Realschule und der Technischen Hochschule persönlich kannte und ihn auch während seiner Wienurlaube getroffen hatte. Waldbrunner „ist als anständiger Kerl in der ganzen Umgebung bekannt und weiß auch ich über ihn nur dasselbe zu sagen". Wie sein Vater sei er in der Jugend „schwerer Sozialdemokrat" gewesen und – in offenbarer Verkennung der Wirklichkeit – „später Kommunist". Nach 1938 „zeigte er sich natürlich nicht mehr als Kommunist, weil er ja wusste, dass ich in der Partei als Ortsgruppenleiter tätig bin". Der Funktionär bemühte sich, der auskunftheischenden Stelle über die weitere mögliche Entwicklung Waldbrunners ein hoffnungsträchtiges Bild zu zeichnen, verstrickte sich aber in Widersprüche, die nicht zuletzt durch den guten Charakter des Angefragten gegeben waren. So werde er „nach einiger Zeit, bis er sich zu unserer Idee vollkommen durchgerungen hat, ein guter Nationalsozialist werden". Doch sei „ein Umschwenken nicht so rasch möglich", weil er „von Kindheit auf immer nur Sozialist und dann Kommunist war". Als vollends nichtig mussten sich die Hoffnungen, aus Waldbrunner einen Nazi zu machen, gerade angesichts der ihm attestierten Gesinnungstreue herausstellen – „denn als Gesinnungslump war er nie bekannt". Insgesamt dürfte Waldbrunner bestimmt keine „Gefahr für uns" sein. (Der Auskunftgeber dürfte übrigens vom Typ des opportunistischen Mitläufers gewesen sein, denn nach dem Krieg genoss er die selbstlose Hilfe Waldbrunners, dem er sich freundschaftlich verbunden zeigte.)

Das Gaupersonalamt bestätigte also der Gestapo, dass von Waldbrunner „weder politische Aktion noch Sabotage zu befürchten ist". Aber der Schatten der Sowjetunion lastete weiterhin auf ihm. Im Oktober 1941, wenige Monate nach dem Überfall auf die Sowjetunion, ging es erneut um die „politische Beurteilung" Waldbrunners durch das Rückwanderer-Amt. Da die „inzwischen abgeschlossene Überprüfung" nichts „Nachteiliges" im Ausland ergeben habe, sei der „Freigabe für geschützte Betriebe" seitens der Staatspolizei „nunmehr zugestimmt" worden. Doch der Überwachungsstaat ließ nicht locker, umso weniger, als sein Ende näher rückte. Im Dezember 1942 wurde vom Personalamt der Gauleitung Wien ein weiteres Mal eine politische Beurteilung angefordert, weil eben Waldbrunner Betriebsleiter bei den Schoeller-Bleckmann-Werken,[105] aber noch immer kein Mitglied der Partei oder einer ihrer Gliederungen und angeschlossenen Verbände war. Die Auskunft der Ortsgruppe Erdbergerlände vom Jänner 1943 fiel zwar letztlich wie gehabt aus, war aber offenbar nicht mehr die des Bekannten. „Obwohl uns politisch Nachteiliges nicht bekannt ist, können wir entgültig [sic!] noch nicht feststellen, ob er tatsächlich sich zum Nationalsozialismus schon durchgerungen hat. Neben mehreren Aussagen, dass er politisch tragbar wäre, steht die gegensätzliche Aussage des P.G. Kropatsch, Zellenleiters der Ortsgruppe Rabenhof, der ihn politisch nicht einwandfrei bezeichnet, insbesondere nicht dessen Ehefrau, die eine geborene Schweizerin ist." Auch sprachlich hatte sich Waldbrunner noch nicht durchgerungen und blieb auf Distanz zu den Geschmacklosigkeiten: „Den Gruß ‚Heil Hitler' kennt er in seiner Familie nicht."

Waldbrunner blieb Sozialist und war beileibe nicht so unpolitisch, wie ihn die Nazis sahen. Oscar Pollak zufolge gehörte er mit Genossen wie Karl Czernetz, Karl Holoubek, Karl Ausch, Rosa Jochmann, Franz Jonas, Bruno Kreisky, Karl Maisel, Franz Olah, Otto Probst, Felix Slavik, Walter Wodak, Stefan Wirlandner und vielen anderen zu jenen, „die an der illegalen sozialistischen Bewegung nach 1934 aktiv mitgewirkt haben",[106] von denen aber bekanntlich viele 1938 exilieren mussten. Seine Freunde und Gönner Maisel und Holoubek wurden auf der letzten Parteikonferenz der Revolutionären Sozialisten im November 1937 in das Führungsgremium wiedergewählt.[107] Er selbst hält fest, dass er für „meine Partei (...) all die Jahre weiterhin in der Illegalität gearbeitet" hat.[108] Mit welchen Sozialisten er in der Zeit der Illegalität Kontakt und welche Möglichkeiten der Betätigung er hatte, ist leider so gut wie nicht dokumentiert. 1939 begegnete er Karl Holoubek wieder, den er seit der Studentenzeit aus den Augen verloren hatte, und um 1940 muss er auch Franz Popp kennengelernt haben. Ohne entscheidende Aktivitäten für die Revolutionären Sozialisten nachweisen zu können, seien hier zumindest zwei Urteile angeführt. Ein ehemaliger Mitarbeiter bei Schoeller-Bleckmann bekundet ihm die „aufrechte und unbeirrbare Gesinnung (...) auch zu Zeiten, wo dies nicht ohne Gefahr war".[109] Und der Bund sozialistischer Freiheitskämpfer und Opfer des Fa-

105 Die hohe Position im Werk belegt ein Schriftsück (Notizblatt) mit dem Briefkopf „DIPL.-Ing. Karl Waldbrunner | OB.-ING. | DER SCHOELLER-BLECKMANN STAHLWERKE | TERNITZ, N. D." (Nachlass #16)

106 Oscar Pollak, Die Sozialisten in der zweiten Republik, in: Jacques Hannak (Hrsg.), Bestandsaufnahme Österreich 1945–1963, Wien/Hannover/Bern 1963, 46–62, 47–48. Zu seiner Zugehörigkeit zu den RS siehe auch den Bericht Ernst Lembergers vor dem Pariser Klub, nach seiner zweiten Reise nach Wien, undatiert [1945?], Dokumentationsarchiv des Österreichischen Widerstands, 18904/4.

107 Peter Pelinka, Erbe und Neubeginn. Die Revolutionären Sozialisten in Österreich 1934–1938 (Materialien zur Arbeiterbewegung 20), Wien 1981, 242; Robert Kriechbaumer, Die Ära Kreisky. Österreich 1970–1983, Wien/Köln/Weimar 2004, 416;

108 Karl Waldbrunnner, in: Wiener Zeitung, 15.11.1945, 4.

109 Franz Bimashofer an Waldbrunner, ohne Datum, aber 1971, Nachlass #27.

schismus fühlte sich mit Waldbrunner durch die Tatsache verbunden, dass er „die Fahne des Sozialismus auch durch die dunkelste Nacht getragen hat".[110]

Elisabeth Lafite, nach 1945 Herausgeberin der „Österreichischen Musikzeitschrift", begann 1941 bei Schoeller-Bleckmann zu arbeiten und hatte Kontakt zu Karl Waldbrunner. Über das Verbindende in der Zeit der Luftangriffe, den „Stunden des Bangens, die gemeinsam im Luftschutzkeller verbracht wurden", schreibt sie: „Stunden, in denen auch die gemeinsame Gegnerschaft zum Hitlerregime klar wurde."[111] Auch für Waldbrunner war es eine „Zeit, wo ich mit den Arbeitern von Ternitz in einer engen Schicksalsgemeinschaft verbunden war", die auch weiterhin anhielt.[112] Geschätzt wurde Waldbrunner von den Mitarbeitern wegen seiner Ratschläge und seinem „Weitblick in allen beruflichen und persönlichen Fragen".[113] Eine besondere Rolle spielte er jedoch für das Werk selbst.

Als sich das Ende abzuzeichnen begann, wurde zu Jahresbeginnn 1945 ein „Lahmlegungstrupp" unter der Leitung von Oberingenieur Waldbrunner gebildet. Am 31. März wurde im Werk der Betrieb eingestellt, die Werksanlagen sollten für die heranrückende Rote Armee unbrauchbar gemacht werden. Der Trupp verzögerte jedoch die Lahmlegung. Auf die Aufforderung, sie zu beschleunigen, reagierte Waldbrunner nicht, auch nicht auf die Aufforderung, sich bei der Direktion zu melden. Die zu Hilfe gerufene Ortspolizei richtete ebenfalls nichts aus. Am 1. April entwaffnete der Trupp den „Werksschutz" und übernahm die Werksverteidigung. Selbstverständlich hatte die braune Werksleitung bereits das Weite gesucht und damit einen jener zahlreichen „herrenlosen Betriebe" geschaffen, die der neue Staat verwalten sollte. Die Werkschronik: „Ingenieur Waldbrunner übernimmt die Werksleitung. Über seine Anordnung bleibt das Kesselhaus in Betrieb, um die Versorgung des Werkes und Ortes mit Strom und Wasser sicherzustellen." Am 2. April übergab Waldbrunner das unbeschädigte Werk dem Kommandanten des ersten russischen Stoßtrupps. In dieser kritischen Phase, die durch Untaten der siegreichen Soldaten ja hinlänglich bekannt ist, unternahm es Waldbrunner, junge Frauen durch Unterbringung in der elektrischen Zentrale zu schützen.[114] Der Ingenieur hatte jedoch nie Interesse an einer Heroisierung. Jahre später wollte Adolf Schärf eine Darstellung darüber, wie es bei der Rettung der Frauen in Neunkirchen im April 1945 herging. Waldbrunner wollte lieber eine andere Quelle empfehlen, weil er ohnehin nur für Ternitz eine authentische Schilderung geben könne und „weil ich persönlich bei der Sache sehr engagiert war".[115]

110 Bund sozialistischer Freiheitskämpfer und Opfer des Faschismus an Friedl Waldbrunner, 25. Juni 1980, Nachlass #67.

111 Elisabeth Lafite an Friedl Waldbrunner, 19. Juni 1980, Nachlass #67.

112 Waldbrunner an Kammerrat Franz Bauer, 6. Dezember 1971, Nachlass #25.

113 Erich Smital an Friedl Waldbrunner, 8. Juni 1980, Nachlass #67. Ingenieur Smital war 1941 bis 1945 Assistent von Karl Waldbrunner.

114 Franz Bimashofer an Waldbrunner, 2. Dezember 1971, Nachlass #27.

115 Adolf Schärf an Waldbrunner, 25. September 1953; Waldbrunner an Schärf, 5. Jänner 1954, Privatarchiv Martha Messeritsch.

Einen Monat später begannen die Demontagen. Waldbrunner übergab seine provisorische Werksleitung an den bald darauf zum öffentlichen Verwalter ernannten Ludwig Grassinger, während die provisorische Regierung bemüht war, die Demontageaktionen der Roten Armee wenn nicht zu verhindern, so doch zu limitieren.[116] Die Sicherung des Werks, die Waldbrunner und seinen Mitarbeitern gegen den nationalsozialistischen Zerstörungswillen im April gelungen war, war von einem einfachen, aber wirkungsvollen Motiv getragen. In den Worten Waldbrunners war es die „Überzeugung, dass es ein besseres Nachher geben wird". Sie „ließ den Entschluss reifen, alles zu erhalten zu versuchen".[117]

116 Pühringer, Theresienhütte, 271–272; Zitat aus der ebd. zitierten Werkschronik (wie Fn. 99).

117 Karl Waldbrunner, Dankrede in Ternitz am 4. Dezember 1971, handschriftliches Redekonzept im Nachlass #38.

Der Minister

1945 – von der Industrie in die Politik

„Die Ereignisse nach 1945 haben mich mitten in das politische Leben hineingezogen“, schrieb Karl Waldbrunner 1947 an einen Freund aus der Studentenzeit.[1] Aus der Distanz besehen, spricht indes einiges dafür, dass man in Abwandlung Goethes der Sache näher kommt: Halb zog es ihn, halb sank er hin. Doch anders als der Fischer in Goethes Gedicht, der nicht mehr gesehen wurde, trat Waldbrunner von da an erst richtig ans Licht der Öffentlichkeit. Entscheidend dafür war die Begegnung mit Karl Renner.

Als Waldbrunner das Ternitzer Werk der Roten Armee übergab, hatte sich Stalin bereits Gedanken über eine geeignete integrative Persönlichkeit zur Führung der zu bildenden österreichischen Regierung gemacht und sich für Karl Renner entschieden, der seinerseits schon am 3. April mit den sowjetischen Truppen in Kontakt getreten war.[2] Karl Waldbrunner erfuhr davon durch einen sowjetischen Offizier, beschloss „so rasch wie möglich“ zu Renner zu gelangen, stellte sich selbst einen Passierschein in russischer Sprache aus und begab sich am 8. April 1945 in Begleitung ins nahe gelegene Gloggnitz. „In dieser Situation arbeitete Dr. Renner schon an dem Aufbau einer neuen österreichischen Staatsverwaltung. Die Schriftstücke auf seinem Schreibtisch waren Entwürfe für die verschiedenen Zweige einer solchen Verwaltung und Aufrufe an die Bevölkerung. Sie sollten als Grundlage für die Verhandlung mit dem Oberkommando der russischen Armee dienen. Das Schriftstück, an dem er bei meinem Eintritt gearbeitet hatte, behandelte das Geldwesen und geplante Sofortmaßnahmen auf diesem Gebiet. Er zeigte mir einige Entwürfe, war voller Ideen und sichtlich froh, darüber mit jemandem sprechen zu können.“[3]

---

1 Waldbrunner an R. A. Beran-Frisch, 22. Juli 1947, Nachlass #1. Bei Beran-Frisch handelt es sich möglicherweise um Adolf Beran, einen Studenten der TH und Teilnehmer an der Wirtschaftshilfe der Arbeiterstudenten Österreichs. Siehe Bernhard Kraller, Selbstbehauptung und Anpassung. Ein Beitrag zur Geschichte der sozialistischen Studentenbewegung der Ersten Republik, dargestellt an der Wirtschaftshilfe der Arbeiterstudenten Österreichs und dem Verband Sozialistischer Studenten Österreichs unter besonderer Berücksichtigung der Europäischen Studentenhilfe Genf, Diss., Wien 2002, II, 637.

2 Stefan Karner, Zu den Anfängen der sowjetischen Besatzung in Österreich 1945/46, in: Manfried Rauchensteiner/Robert Kriechbaumer (Hrsg.), Die Gunst des Augenblicks. Neuere Forschungen zu Staatsvertrag und Neutralität (Schriftenreihe des Forschungsinstitutes für politisch-historische Studien der Dr.-Wilfried-Haslauer-Bibliothek, Salzburg 24), Wien/Köln/Weimar 2005, 139–136, 143–145.

3 Karl Waldbrunner, Aus der Werkstatt Dr. Karl Renners, Typoskript, Oktober 1970, Nachlass #15. Zu Renners wirtschaftspolitischen Konzeptionen vom April 1945 siehe Oliver Rathkolb, Die paradoxe Republik: Österreich 1945 bis 2005, Wien 2005, 99–102.

Auftrag

an Genossen Dipl.Ing.Karl Waldbrunner, Ternitz.

Sie haben sich unter Einsatz Ihrer ganzen Existenz durch Erhaltung des grössten Stahlwerkes unseres Industriegebietes ein einzigartiges Verdienst um den wirtschaftlichen Wiederaufbau unseres Landes Österreich erworben und dabei solche Fachkenntnis, Umsicht und Tatkraft bewiesen, dass ich mich veranlasst sehe, Sie zu beauftragen:

1.) Alle technischen Fachkräfte, die sich als Nichtfaschisten bewährt haben, zu sammeln, ihre Fähigkeiten festzustellen und einzuschätzen und für den Wiederaufbau bereitzumachen und in Anspruch zu nehmen.

2.) Zunächst im Werke Ternitz alle Voraussetzungen für die baldigste Wiederinbetriebnahme, soweit sie ausschliesslich für die Friedenstwirtschaft des Landes notwendig ist, zu schaffen.

3.) Darüberhinaus für Wien und das Wiener Becken und nach gegebenen Umständen für das ganze Industriegebiet Österreichs, soweit es erfassbar ist, in erster Linie die Wiederingangsetzung der Energieversorgung sicherzustellen, da dies für die Wiederaufnahme aller industriellen Tätigkeit die nächste, dringendste und unerlässlichste Voraussetzung ist.

4.) Nach Massgabe der weiteren Gestaltung der politischen und wirtschaftlichen Dinge die Wiederingangsetzung der einzelnen Industrien im ausschliesslichen Dienste für die Friedenswirtschaft zu organisieren.

All dies in selbstverständlicher Zusammenarbeit mit den besetzenden Mächten. Um diese zu bewerkstelligen, wird gleichzeitig von mir an die besetzende Macht herangetreten, damit diese diesen Auftrag zur Kenntnis nähme und dessen Durchführung unterstütze.

In Ausführung dieser Aufträge sind Sie mir direkt verantwortlich. Der Auftrag kann von mir jederzeit ergänzt, beschränkt, geteilt oder widerrufen werden.

Staatskanzler a. D.
Dr. Karl Renner
GLOGGNITZ.

Gloggnitz, den 8.April 1945

Dr. Karl Renner

Informiert über das Verdienst Waldbrunners bei der Erhaltung des größten Stahlwerks der Industrieregion, waren dem Staatskanzler a.D. und in spe die Kenntnisse und Erfahrungen des Ingenieurs bei seinen Wiederaufbauplänen willkommen, und er stattete den Genossen mit jenem ambitionierten schriftlichen Auftrag aus, der diesem gleichsam zum Passierschein ins öffentliche Leben wurde und den Einstieg in eine Laufbahn markierte, die von Beginn an den Stempel seiner beruflichen Qualifikation und Erfahrung trug. Waldbrunner, so Renner, habe erstens „alle technischen Fachkräfte, die sich als Nichtfaschisten bewährt haben, zu sammeln, ihre Fähigkeiten festzustellen und einzuschätzen und für den Wiederaufbau bereit zu machen und in Anspruch zu nehmen". Zunächst seien für das Werk Ternitz alle Voraussetzungen für die Wiederaufnahme der Produktion zu Friedenszwecken zu schaffen. Darüber hinaus sei nicht nur für Wien und das Wiener Becken, sondern „nach gegebenen Umständen für das ganze Industriegebiet Österreichs, soweit es erfassbar ist, in erster Linie die Wiederingangsetzung der Energieversorgung sicherzustellen", da dies die unerlässlichste Voraussetzung für die Wiederaufnahme der industriellen Tätigkeit sei. Schließlich habe er „nach Maßgabe der weiteren Gestaltung der politischen und wirtschaftlichen Dinge die Wiederingangsetzung der einzelnen Industrien im ausschließlichen Dienste für die Friedenswirtschaft zu organisieren". Damit machte Renner zu einer Zeit, als in Wien noch gekämpft wurde und von Gloggnitz aus keine verlässliche Einschätzung der Lage in Österreich zu gewinnen war, Waldbrunner zu einer Art Generalbeauftragten für die Industrie des künftigen Österreich. Und in Ausführung dieser Aufträge war dieser dem Staatskanzler „direkt verantwortlich". „Der Auftrag kann von mir jederzeit ergänzt, beschränkt, geteilt oder widerrufen werden." Und bereits wieder ganz in staatsmännischer Manier hielt Renner fest, dass er „an die besetzende Macht' herantreten werde, „damit diese diesen Auftrag zur Kenntnis nähme und dessen Durchführung unterstütze".[4]

Eine nachhaltige Weichenstellung, zu der Waldbrunner selbst aktiv beigetragen hatte, war erfolgt. Am 23. April 1945 erhielt er von Theodor Körner, damals provisorischer Bürgermeister der Stadt Wien, die Bescheinigung, dass er „für den Aufbau der Energieversorgung tätig" sei und „zu diesem Zweck zwischen Ternitz und Wien wiederholt passieren" müsse. Um diese Zeit könnte Waldbrunner bereits vorübergehend in Wien gewesen sein und auch mit Adolf Schärf gesprochen haben.[5] Am 27. April bestätigte ihm der Stadtkommandant von Neunkirchen, Major Wassanko, dass er Direktor des Stahlwerkes Ternitz und beauftragt sei, „die Energieversorgung des Kohlenschachtes Grünbach und die Kohlenversorgung" des Ternitzer Werkes „raschestens zu organisieren".[6] Während es Waldbrunner und den Leuten im Werk gelang, dieses wieder betriebsbereit zu machen, wurde in Wien am 27. April mit der Bildung der Provisorischen Regierung unter Staatskanzler Renner der offizielle Grundstein für die Zweite Republik gelegt. Dass der Ingenieur im Staats-

4 Karl Renner, Auftrag an Genossen Dipl.-Ing. Karl Waldbrunner, Ternitz, Gloggnitz, 8. April 1945, Privatarchiv Martha Messeritsch.

5 Karl Waldbrunner, Meine Tätigkeit in der provisorischen Regierung 1945, Privatarchiv Martha Messeritsch.

6 Beide Schriftstücke im Privatarchiv Martha Messeritsch.

amt für Industrie, Gewerbe, Handel und Verkehr als Unterstaatssekretär fungieren sollte, erfuhr er aus der Zeitung. Noch am 3. Mai informierte Renner den Staatssekretär Eduard Heinl, dass Waldbrunner „der für Ihr Staatsamt von uns nominierte Unterstaatssekretär" sei, „aber bisher nicht hieher geführt werden" konnte, „weil es uns an Fuhrwerk fehlt". Basis der Bestellung war tatsächlich der Auftrag vom 8. April, aufgrund dessen Renner Heinl bat, „den Mann bei der Wiederherstellung der Energiewerke heranzuziehen".[7] Ein Homo novus der österreichischen Politik war geboren. Und die Entscheidung, gerade Karl Waldbrunner einzusetzen, war – abgesehen von der situationsgebundenen Konstellation – typisch für die neue, stark praktisch und empirisch ausgerichtete Linie, die die Politik der neu konstituierten Sozialdemokratie im Unterschied zum theoretischen Übergewicht in der Ersten Republik prägen sollte.[8]

Als Waldbrunner kurz darauf in Wien war, berichtete ihm Ludwig Grassinger aus Ternitz, dass das Werk möglicherweise keinen Bestand mehr haben werde. Den Betrieb ereilte jenes Schicksal, das viele Produktionsstandorte in Österreich schwerer treffen sollte als die unmittelbaren Kriegszerstörungen, die einer Nachkriegsschätzung zufolge etwa 10 Prozent der Schwerindustrie vernichteten: Die vor allem im Mai und Juni 1945 forcierten Beschlagnahmungen und Demontagen in großem Stil gefährdeten das Wirtschaftspotenzial ernsthaft. Im Osten Österreichs wurden bis zu 80 Prozent des schwerindustriellen Bestandes abtransportiert;[9] der Wert der Requirierungen des Jahres 1945 belief sich auf 1,2 Milliarden Reichsmark.[10] Den größten Anteil daran hatte die Sowjetunion, die allerdings auch schwere ökonomische Substanzverluste und einen hohen Blutzoll im Gefolge des Krieges zu tragen hatte. Während etwa Schoeller-Bleckmann mit zwei Prozent Kapazitätsausfall nur leichte Kriegsschäden erlitten hatte, bewirkten die systematisch vorangetriebenen Demontagen, dass bald „wohl kaum mehr so viel stehen wird, dass damit noch ein halbwegs wirtschaftlicher Betrieb aufgezogen werden kann". Bemühungen um eine „Milderung der Demontierung" blieben vorerst erfolglos.[11] Noch waren die westlichen Alliierten nicht in Wien und die Sowjets die Einzigen, mit denen die Provisorische Regierung verhandeln musste (was sich retrospektiv als vielfach einfacher erwies, als sich bei vier Besatzungsmächten durchzusetzen). Die Sprachkenntnisse Waldbrunners waren dabei von hohem Nutzen. Mehrfach setzte ihn Renner als Mittelsmann zu den sowjetischen Stellen ein. Bei Rettungsaktionen für Maschi-

7 Karl Renner an Eduard Heinl, 3. Mai 1945, Privatarchiv Martha Messeritsch.

8 Eduard März, „Wirtschaftswunder" Österreich, in: Jacques Hannak (Hrsg.), Bestandsaufnahme Österreich 1945–1963, Wien/Hannover/Berlin 1963, 112–141, 116.

9 Kriegs- und Nachkriegsschäden der Schwerindustrie, undatiertes, anonymes hektographiertes Blatt, ÖstA/AdR, AA, II-pol. 1946, Karton 20, Ö 21.

10 Hans Seidel, Österreichs Wirtschaft und Wirtschaftspolitik nach dem Zweiten Weltkrieg, Wien 2005, 393–397; vgl. Rathkolb, Republik, 120–121 (wie Fn. 3); Beispiele für Demontagen in der sowjetisch beherrschten Zone auch bei Karner, Zu den Anfängen, 175–178 (wie Fn. 2).

11 Ludwig Grassinger an Waldbrunner, 6. Mai 1945 und 11. Mai 1945, Privatarchiv Martha Messeritsch. – Die Erzeugungskapazität des Ternitzer Werks wurde durch die Demontagen um 60 Prozent vermindert. Rede Karl Waldbrunners in Mürzzuschlag am 14. Juli 1951, Nachlass #32.

nen wirkte Waldbrunner erfolgreich mit, so an denen der Wiener Radiowerke.[12] „Dadurch, dass ich den russischen Stellen, mit denen ich ein durchaus loyales, ja oft sogar freundschaftliches Verhältnis herzustellen vermochte, in sehr vielen Fällen die Lebensnotwendigkeit der von ihnen beschlagnahmten Maschinen und Einrichtungen nachwies, ihnen oft auch die Sinnlosigkeit ihres Beginnens bewies und in anderen Fällen wieder die Entscheidung hinauszog, hat die russische Besatzungsmacht sehr oft vom Abtransport der beschlagnahmten Teile Abstand genommen."[13] Schließlich konnte er Mitte Juli berichten, dass in Verhandlungen mit der Roten Armee „zugesagt wurde, dass Maschinen-Abtransporte und dgl. endgültig gestoppt werden".[14] Auf Österreich sollte aber ungeachtet der Zusage, die Demontagen zu stoppen, eine weitere schwere Hypothek im Gefolge des Potsdamer Abkommens vom 2. August 1945 zukommen, mit dem sich die Alliierten den Zugriff auf das so genannte „Deutsche Eigentum" sicherten. Waldbrunner musste dann auch die US-Amerikaner daran erinnern, dass vielleicht der Produktionsstand von 1938 erreicht werden könnte, wenn in den amerikanischen, britischen und französischen Zonen keine weiteren Abtransporte mehr stattfänden.[15]

Bei den erwähnten Interventionen ging es um die Lösung der grundlegendsten Probleme der Wirtschaft. Das Land lag darnieder. Das Bruttoinlandsprodukt pro Kopf sollte 1945 nur etwas mehr als die Hälfte des ohnehin niederen Standes von 1937 erreichen, und noch nie war Österreich so weit vom durchschnittlichen europäischen Wohlstandsniveau entfernt, das der Krieg doch generell nach unten gezogen hatte.[16] Es war „rundum nichts vorhanden". Das betraf auch den neu ernannten Politiker. „Als ich in den ersten Maitagen nach Wien kam, musste ich mir alles selber machen, wusste kaum wie und was essen, fand nur für ganz wenige Nachtstunden Ruhe." Dazu kamen die Sorgen um die in Reichenau verbliebene Familie, über deren Schicksal Waldbrunner vorerst nichts wusste und wo er „auf das Böseste gefasst sein" musste.[17] Chaos, Zerstörungen und existenzielle Nöte waren zunächst vor allem zu bewältigen, was angesichts der eingeschränkten Souveränität und Handlungsfähigkeit der Provisorischen Regierung doppelt schwierig war. So hatte Waldbrunner Anfang Juni im Auftrag Renners wieder einmal ein Gespräch mit dem für Wirtschaftsfragen zuständigen Generalleutnant Morosov zu führen und ihm mehrere dringliche Anliegen vorzubringen. Er sollte sondieren, ob Österreich vor der Anerkennung der Regierung durch die Westmächte sich bloß an die

12 Robert Ettenreich an Waldbrunner, 9. November 1949, Nachlass #2; Details zu Demontagen in Wien bei Karner, Zu den Anfängen, 176–177 (wie Fn. 2).

13 Karl Waldbrunner, Bericht über die Arbeit im Staatsamte für Industrie, Gewerbe, Handel und Verkehr, von 1. Mai – 15. Sept. 1945, 4–5, Nachlass #32.

14 Parteivorstandsprotokoll (im Folgenden PV), 16. Juli 1945, Kopien im Bruno-Kreisky-Archiv.

15 Edgar N. Johnson/Paul R. Sweet/Leonard J. Hankin, Interview with Karl Waldbrunner, 31. August 1945, zit. nach: Oliver Rathkolb (Hrsg.), Gesellschaft und Politik am Beginn der Zweiten Republik. Vertrauliche Berichte der US-Militäradministration aus Österreich 1945 in englischer Originalfassung, Wien/Köln/Graz 1985, 120.

16 Karl Bachinger/Herbert Matis/Andreas Resch/Manfred Zollinger, Der lange Weg zum Wohlstand, in: Günter Düriegl/Gerbert Frodl (Hrsg.), Das neue Österreich, Katalog zur Ausstellung im Oberen Belvedere, Wien 2005, 287–300, 290.

17 Karl Waldbrunner an „Liebe Freunde" [in der SPÖ], Moskau, 3. Mai 1946, Nachlass #61.

Rote Armee oder „in Gestalt eines Alarmrufes" an die Adresse der gerade in Wien tagenden Interalliierten Militärkommission wenden solle bzw. könne. Was Waldbrunner bei Morosov vorbringen sollte, skizziert die Bedürfnislage Österreichs aus der Sicht der Regierung in Wien recht gut: eine Handelsdelegation nach Budapest zu schicken, um für ganz Österreich, wie Renner betont, Brotgetreide gegen Salz und andere Produkte zu erlangen, die ebenfalls nur ganz Österreich aufbringen könne; eine Delegation nach Prag, um die für die Wiener Gaswerke und die „Wiederbelebung unserer Industrie" dringendst benötigte Ostrauer Kohle zu erhalten; für den früher aus den nun russischen Gruben Galiziens bezogenen Treibstoff eine Handelsdelegation in die Sowjetunion zu entsenden und Kompensationen durch Produkte der österreichischen Industrie anzubieten; schließlich durch eine der „Weltmächte" den großen Bedarf an Lastautos und Personenwagen zu decken, weil Österreichs Wirtschaft „augenblicklich im stärksten Maße immobilisiert" sei und „die Wiederherstellung des vielfach zerstörten Eisenbahnnetzes viel längere Zeit in Anspruch nimmt, als vorhergesehen werden konnte, und noch dazu Reparatur oder Erzeugung von Lokomotiven und Waggons voraussetzt"; auch diese Lieferungen könnte das Land „durch eigene Erzeugnisse in kurzer Zeit bezahlen (...), wenn seine Industrie in Gang käme".[18]

„Weiterkommen wollten und mussten wir"

Zu Recht wurde geschrieben, dass 1945 nicht „Theoretiker der politischen Demokratie, sondern Praktiker zur Organisation des Überlebens" gefragt waren.[19] Zählt man zum Überleben auch die langfristig konzipierte Sicherung einer wirtschaftlichen Existenzbasis, so war Waldbrunner zweifelsohne einer ihrer Protagonisten. Den Fährnissen und Unzulänglichkeiten des Aufbaus in vielen Detailfragen begegnete er mit dynamischem Konstruktionseifer und Optimismus. So bemerkte er im Kabinettsrat vom 22. Mai 1945: „Wir müssen eben ganz von unten anfangen und mit nichts arbeiten. Den Russen gegenüber müsse man immer auf die eigene Initiative hinweisen und dürfe nicht fortwährend als Bittsteller auftreten. (...) Es werde im Allgemeinen das, was wir gemacht haben, zu wenig herausgestrichen. Nach der Energieversorgung der Industrie werde der größere Teil der unversehrten Betriebe, unbekümmert darum, wie die Zahlungsfrage gelöst werden wird, in Schwung gebracht werden können."[20] In der gleichen Sitzung erbat er vom Staatskanzler die

18 Karl Renner an Waldbrunner, 8. Juni 1945, Nachlass #15. Vgl. Herbert Matis, Vom Nachkriegselend zum Wirtschaftswunder – Der Schilling im „goldenen Zeitalter", in: Karl Bachinger/Felix Butschek/Herbert Matis/Dieter Stiefel, Abschied vom Schilling. Eine österreichische Wirtschaftsgeschichte, Graz/Wien/Köln 2001, 156–286, 158.

19 Rathkolb, Republik, 165 (wie Fn. 3).

20 Protokolle des Kabinettsrates der Provisorischen Regierung Karl Renner 1945, hrsg. v. d. Österreichischen Gesellschaft für historische Quellenstudien, Bd. 1: „... im eigenen Haus Ordnung schaffen" – Protokolle des Kabinettsrates 29. April 1945 bis 10. Juli 1945, hrsg. v. Gertrude Enderle-Burcel/Rudolf Jeřábek/Leopold Kammerhofer, Horn/Wien 1995, 121.

Zustimmung zur „Beschlagnahme sämtlicher Autos und der Autoreste, damit man hier großzügig organisieren könne". Angesichts der unsicheren Verhältnisse und der teilweisen Intransigenz der Sowjets hieß es für ihn, jede noch so geringe günstige Gelegenheit als Chance zu nutzen. Als sich im Juli ein kalkulierbareres Verhältnis zu den sowjetischen Stellen abzeichnete, war das für ihn ein Signal zum wirtschaftlichen Aufbruch. Zwar möge es anfänglich Schwierigkeiten geben, „aber wir dürfen nicht wieder zu raunzen und zu schimpfen beginnen, sondern müssen energisch darangehen, diese Schwierigkeiten aus der Welt zu schaffen". Das von Marschall Ivan S. Konev signalisierte Entgegenkommen dürfe nicht durch Untätigkeit verspielt werden.[21]

Außerordentlich besorgniserregend, ja katastrophal war die Ernährungslage. Im August zeichneten sich erneut Engpässe ab, die „Russenhilfe" ging zu Ende. Die Brotversorgung schien bei strenger Bewirtschaftung möglich, doch gab es kein Fett, kein Fleisch, keine Kartoffeln. Die eigene Landwirtschaft konnte die Versorgung der Bevölkerung nicht gewährleisten, die anarchischen Verhältnisse im Transportwesen trugen das Ihre zu den Schwierigkeiten bei. Der junge Staat war von Destabilisierungstendenzen bedroht und das Problem zunächst nur mit Hilfe der Alliierten zu lösen. Das sah auch Karl Waldbrunner so. Doch setzte er nicht auf unmittelbare Versorgung durch einfache Hilfslieferungen, sondern zeigte sich auch hier als Planer des künftigen Österreich, das aus eigener Kraft und mit den vorhandenen Ressourcen zu sich selbst kommen sollte. Natürlich brauche man Handelsverträge mit der Sowjetunion und allen anderen in Frage kommenden Staaten, „wir benötigen selbstverständlich Hilfe durch die UNRRA, aber wir könnten uns in der Zwischenzeit selbst beträchtlich besser helfen, wenn wir die im eigenen Lande vorhandenen Möglichkeiten ausnützen könnten. Wir haben in den abgeschnittenen Gebieten Holz, Kohle, Salz, Autos usw." Aus seiner Sicht sollte die Hilfe der Alliierten darin bestehen, durch Aufhebung der Zonengrenzen, „durch Öffnung der Demarkationslinie die Möglichkeit zu einem einheitlichen Wirtschaftsgebiet Österreich [zu] geben". Um dieser Forderung Nachdruck zu verleihen, wollte Waldbrunner die Gewerkschaften beiziehen: „Wir müssten eine Bewegung der gesamten Arbeiterschaft einsetzen."[22] Österreich verfüge über genügend Ressourcen, um eine leistungsfähige Wirtschaft aufzubauen, nur müsse der vorhandene Kapitalstock optimal genutzt werden. Dafür aber fehlten zu Beginn wichtige Voraussetzungen wie Rohstoffe, Kohle, eine intakte Infrastruktur und eben ein einheitliches Wirtschaftsgebiet.[23] Die weitere Entwicklung sollte jedoch vorerst die Abhängigkeit von ausländischer Hilfe verstärken.

Es war klar, dass die Ernährungslage im Zusammenhang mit der Lage der Industrie zu sehen war. Und hier lag eben das Hauptbetätigungsfeld für Karl Waldbrunner. Dabei war er sich stets bewusst, dass der eigentliche Wiederaufbau von der Arbeiterschaft geleistet wurde und ihre Versorgung die Voraussetzung dafür war. So meldete er sich im Kabinettsrat zu Wort, als über die Verteilung eines kleinen Kontingents

21 Protokolle 1, 363 (wie Fn. 20).
22 Parteivorstandsprotokoll, 21. August 1945.
23 Seidel, Wirtschaft, 32–34 (wie Fn. 10).

an Zigaretten, die man mit einem Aufschlag für den Wiederaufbau verkaufen wollte, eine Debatte entstand. Waldbrunner schlug vor, „die Zigaretten, da die Menge nicht für die ganze Bevölkerung reicht, den in den Betrieben beschäftigten Arbeitern, in erster Linie Schwerarbeitern, zur Verfügung zu stellen, u. zw. auch in den Industriegebieten".[24] Der Vorschlag fand Zustimmung. Auch auf anderen Gebieten erwies er sich als Praktiker, dessen Erfahrungen zunehmend Gehör fanden. So war die Frage der Arbeitsdienstpflicht aufgrund der besonderen Verhältnisse vor allem in Wien virulent. Schutt und Mist mussten weggeräumt werden, das forderten auch die Alliierten. Doch war dies nicht ausschließlich von den Frauen zu bewerkstelligen, die zwar 61 Prozent der vorhandenen Arbeitskräfte ausmachten, aber unter extremer Arbeitsbelastung standen. Andererseits konnte auf eine Rückkehr der Kriegsgefangenen nicht gewartet werden. Ein Plan für ein Arbeitspflichtgesetz lag bereits vor, zu dem Waldbrunner jedoch bemerkte, dass er „auch in Moskau entstanden sein könnte". Man merke, „dass er unter dem Druck der Russen entstanden ist". Was davon zu halten sei, legte er illusionslos dar und sprach dabei aus eigener Erfahrung: Er habe „bei seinem Aufenthalt in Russland viele solche Aktionen mitgemacht und musste feststellen, dass selbst wenn alle Voraussetzungen wie Einheit, Organisation, Überwachungs-Apparat usw. gegeben sind, es niemals restlos gelingt. Man muss in dieser Beziehung anspruchslos sein." Praktiker genug, verwies er auf das Transportproblem, „das für diesen Fall hochwichtig ist", und schlug vor, „an die Besatzungsmächte heranzutreten und dort Baumaschinen und alle nötigen technischen Hilfsmittel zu verlangen und erst dann an ein derartiges Gesetz heranzugehen".[25]

Neben solchen, aus heutiger Sicht fast nebensächlich anmutenden Belangen, um die sich Waldbrunner kümmerte, bildete sich seine Rolle als kommender „Wirtschaftsexperte" der Partei heraus. Im Juli wurde er sowohl Mitglied einer Kommission, die Richtlinien für die weitere Entwicklung der Konsumgenossenschaften ausarbeiten sollte, als auch der Wirtschaftskommission zur Ausarbeitung des „Sofortprogramms".[26] Im Kabinettsrat legte Waldbrunner bereits am 10. Mai drei Gesetzesentwürfe vor: das Repatriierungsgesetz (Renostrifizierungsgesetz) zur „Rückgabe der an das Reich gezogenen Vermögenschaften", das Gesetz zur „Erfassung arisierter und anderer im Zusammenhang mit der nationalsozialistischen Machtübernahme entzogenen Vermögenschaften" und das Verwaltergesetz über die Verwaltung von „herrenlosem Vermögen".[27] Seinen primären Tätigkeitsbereich hatte er im Staatsamt für Industrie, Gewerbe, Handel und Verkehr, wo ihm als Unterstaatssekretär Industrie und Energiewirtschaft, Post und Telegraf oblagen. Neben der Eindämmung der Konfiskationen und Demontagen, bei der, wie erwähnt, Waldbrunner Erfolge erzielen konnte, war die zweite große Aufgabe die Sicherung der

24 Protokolle des Kabinettsrates der Provisorischen Regierung Karl Renner 1945, hrsg. v. d. Österreichischen Gesellschaft für historische Quellenstudien, Bd. 2: „Right or wrong – my country!" Protokolle des Kabinettsrates 17. Juli 1945 bis 5. September 1945, hrsg. v. Gertrude Enderle-Burcel/Rudolf Jeřábek, Wien 1999, 16 (17. Juli 1945).

25 PV, 13. August 1945.

26 PV, 9. Juli 1945.

27 Protokolle 1, 6–7, 38–41 (wie Fn. 20).

vielen herrenlosen Unternehmungen und Betriebe, die in großer Zahl unter reichsdeutschem Einfluss gestanden waren. „Die Reichsdeutschen", so Waldbrunner zur Lage unmittelbar nach der Befreiung, „waren zumeist geflüchtet, ebenso die exponierten Nazi österreichischer Herkunft in der Mehrzahl der großen und mittleren Betriebe. Die wilden Besetzungen der Werksleitungen in den ersten Wochen des Zusammenbruches durch Polizeileiter, Bürgermeister, Wirtschaftsgruppen, Kammern, militärische Behörden etc. mussten unbedingt in eine Ordnung gebracht werden, wenn nicht ein völliges Chaos die durch die Kriegsereignisse und durch die Konfiskationen sowieso schon schwer getroffenen Unternehmungen vollständig ruinieren sollte." Eine der wesentlichen Aktivitäten Waldbrunners bestand darin, an der Ausarbeitung des Verwaltergesetzes über die Einsetzung von öffentlichen Verwaltern und Aufsichtspersonen in den Wirtschaftsunternehmungen des Landes mitzuwirken und zur Durchführung des Gesetzes ein eigenes Referat im Staatsamt einzurichten – für den Unterstaatssekretär ein „Schlüssel zur Wirtschaft". Bis Mitte September 1945 wurden an die 4.000 Unternehmungen, Gewerbe- und Handelsbetriebe von diesem Referat bearbeitet. „Es ist Tatsache, dass dadurch dem wilden Treiben in Industrie und Gewerbe weitgehendst Einhalt geboten wurde, wenn auch natürlich immer wieder vereinzelte Auswüchse dabei aufscheinen werden, was ja in der Natur der Sache und in der Eigenart der Zeit gelegen ist."[28] Die Institution der öffentlichen Verwalter war ein hervorragendes Instrument, gerade in dieser Zeit Fuß zu fassen und Terrain zu besetzen. „Im Allgemeinen", so Waldbrunner, hätte die SPÖ auf diesem Weg „einen bisher nie gehabten Einfluss in den Führungspositionen unserer Industrie gewonnen, der weit über das Verhältnis unseres Anhanges in den Intelligenzkreisen der Wirtschaft geht".[29] Anfang 1946 standen über 6.000 Betriebe unter öffentlicher Verwaltung.[30] Gleichzeitig profilierte sich Waldbrunner in diesem Ressort als treibende Kraft in Angelegenheiten der Planung und Verstaatlichung.

Zur Lösung der drängendsten Probleme folgte Karl Waldbrunner immer einer klaren Linie. Mit unüberhörbarer Ungeduld legt Karl Waldbrunner in der Kabinettsratssitzung vom 26. Juli 1945 seine Sicht der Dinge dar: „Ich möchte vor allem die Tatsache unterstreichen, dass wir nicht leben können, ohne unsere Industrie in eine wirklich lebensfähige Situation zu bringen. Dazu brauchen wir vor allem eine einheitliche Auffassung über die Arbeiten der Industrie, eine wirkliche Zusammenfassung sämtlicher Kräfte, die wir in diesen Wirtschaftszweigen haben, eine einheitliche Auffassung über die Verwertung der uns verbliebenen Teile. Dass es uns daran mangelt, ist eine der wesentlichen Ursachen, warum es nicht weitergeht. Wir können nach außen hin nie nachweisen, dass wir für die verlangten Lebensmittellieferungen in absehbarer Zeit eine nennenswerte Kom-

28 Karl Waldbrunner, Bericht über die Arbeit im Staatsamte für Industrie, Gewerbe, Handel und Verkehr, von 1. Mai – 15. Sept. 1945, 7–9, Nachlass #32.

29 Karl Waldbrunner, Bericht über die Personalpolitik des Unterstaatssekretariats in Staatsamt für Industrie, Gewerbe, Handel und Verkehr, [1945], Nachlass #32.

30 Eduard März/Fritz Weber, Verstaatlichung und Sozialisierung nach dem Ersten und Zweiten Weltkrieg – eine vergleichende Studie, in: Wirtschaft und Gesellschaft 4 (1978) 2, 115–141, 126.

pensation aufzubringen in der Lage sind, bevor wir nicht zeigen, dass wir über die Verwertung der uns verbliebenen Einrichtungen und über die Art der Produktion überhaupt eine gemeinsame Auffassung im Lande haben. Daher halte ich es für notwendig, dass wir mit diesem Interregnum Schluss machen und dass wir uns darüber klar werden, was wir mit den herrenlosen Betrieben machen, wie wir die Produktion lenken und wie wir die wertvollen Güter schaffen, die uns die notwendigen Güter hereinbringen sollen. Wir müssen im industriellen Sektor der Wirtschaft so rasch als möglich zu endgültigen Entscheidungen kommen. Zu diesem Zwecke ist ein Zusammengehen aller beteiligten Kreise notwendig. Es soll dabei niemand versuchen, den anderen zu übervorteilen, wir müssen vielmehr eine einheitliche Methode schaffen, die uns zum Ziele führt."[31] Noch deutlicher hatte er dies drei Tage zuvor im Parteivorstand vorgebracht und darauf verwiesen, „dass wir die Unterstützung der Roten Armee vor allem deshalb nicht erhalten, weil wir in der Wirtschaft keine Einheitlichkeit zeigen. Auf dem Boden der Wirtschaft spielt sich ein unerhörter Interessenkampf ab. Der politische Kampf hat sich auf den wirtschaftlichen Sektor verlagert. Es ist das Wichtigste, dass wir mit den übrigen Parteien zu einer einheitlichen Auffassung über Sofort-Maßnahmen in der Industrie gelangen."[32]

Dieses Bekenntnis zur politischen Zusammenarbeit vertrat Waldbrunner in den folgenden Jahren immer wieder mit Nachdruck. Die Überzeugung, dass nur ein konzertiertes Vorgehen den gewünschten Erfolg bringen konnte, bedeutete aber vor allem eine Absage an wirtschaftlichen Partikularismus. Und wenn er dabei dem Staat, vertreten durch die politisch Verantwortlichen, eine entscheidende Rolle einräumte, so deckten sich diese Forderungen mit neuen wirtschaftspolitischen Sichtweisen, die nach 1945 in zahlreichen Ländern zum Durchbruch gelangten. Ihr Tenor lautete: Die Privatwirtschaft könne nicht sich selbst überlassen werden.

Gemischte Wirtschaftsordnung und Planung als neue Wege

Die Weltwirtschaftskrise mit ihren desaströsen Begleit- und Folgeerscheinungen sowie das Versagen der dem damaligen ökonomischen Mainstream verpflichteten wirtschaftspolitischen „Remeduren" hatten den wirtschaftlichen Liberalismus weitestgehend diskreditiert. Österreich hatte in besonderem Maße die tödliche Mixtur von doktrinärem Liberalismus und politischem Autoritarismus erfahren, und besonders die damals ausgeschaltete Sozialdemokratie und der von ihr vertretene Teil der Bevölkerung standen mit ihrer nach dem Zweiten Weltkrieg wiedergewonnenen Verantwortung für einen Kurswechsel. Da zu Kriegsende die Grundlagen

31 Protokolle 2, 145 (wie Fn. 24).
32 PV, 23. Juli 1945.

des kapitalistischen Wirtschaftssystems „an ziemlich dünnen Fäden" hingen, war der Gedanke an eine Neuordnung der politischen, ökonomischen und sozialen Strukturen, an eine Einschränkung des Kapitalismus in allen Lagern verbreitet.[33] Der Leiter des Wirtschaftsforschungsinstituts Franz Nemschak, der nicht im Verdacht stand, „linken" wirtschaftspolitischen Ideen zu huldigen, schrieb 1947: „Eine Politik des ‚Laisser-faire' wäre unter den gegebenen Verhältnissen in Österreich der sicherste Weg, die Idee der freien Wirtschaft endgültig zu diskreditieren."[34] Es herrschte Konsens darüber, „dass die Wirtschaft des privaten Unternehmertums (‚freies Unternehmertum' war der bevorzugte Begriff) vor sich selbst gerettet werden musste" – und dieser Konsens machte das Goldene Zeitalter des Kapitalismus möglich.[35] Was gelang, war eine Modifikation des prinzipiell kapitalistischen Wiederaufbauprozesses.[36] Die Suche nach Instrumentarien zur Schaffung einer krisenfesten Wirtschaft, das Ziel, Vollbeschäftigung in Friedenszeiten zu erreichen, und die Absicht, wohlfahrtsstaatliche Krisensicherungen einzubauen, legitimierten den staatlichen Interventionismus. Das kapitalistische System sollte erhalten bleiben, aber sich in einem regulierten Umfeld bewegen. Planung und Lenkung der Wirtschaft, Verstaatlichung und Sozialisierung stießen sowohl international als auch im österreichischen bürgerlichen Lager auf – zumindest verbale – Akzeptanz. Wiederum war es Franz Nemschak, der meinte: „Die Notwendigkeit einer Planung und Lenkung der Wirtschaft wird heute auch von überzeugten Anhängern einer freien Wirtschaft nicht bestritten." Auch Peter Krauland von der ÖVP, Minister für Vermögenssicherung und Wirtschaftsplanung, räumte dem Staat die Entscheidungsbefugnis über die Produktionsrichtung und Größenorientierung der Volkswirtschaft ein und sprach sich für Kapazitätsplanung aus.[37]

Die kriegswirtschaftlichen Eingriffe und die Notlage unmittelbar nach dem Krieg erleichterten solche Bekenntnisse und Maßnahmen umso mehr, als sich noch kaum Alternativen anboten. Der Übergang von der Kriegs- zur Friedenswirtschaft vollzog sich langsam, Elemente einer staatlichen „Kommandowirtschaft" mit Kontingentierungen, Rationierungen und Bewirtschaftungsmethoden erschienen unverzichtbar.[38] Allerdings wird aus den Worten etwa Nemschaks schon deutlich, dass das Ziel für das bürgerliche Lager immer noch „freie Wirtschaft" hieß und die Abkehr vom Laisser-faire einen Situationskonsens bedeutete. Auf der anderen Seite hatte die Führung der Sozialdemokratie auch nur vage Vorstellungen von den unmittelbaren wirtschaftlichen Umgestaltungen.[39] Konzepte auf der ideologischen Basis des Austromarxismus waren vorhanden, doch konnten und wollten sie angesichts der

33 Kurt Rothschild, Wurzeln und Triebkräfte der Entwicklung der österreichischen Industrie, in: Wilhelm Weber (Hrsg.), Österreichs Wirtschaftsstruktur. gestern – heute – morgen, Berlin 1961, 1. Bd., 1–157, 128; März/Weber, Verstaatlichung, 127 u. 129 (wie Fn. 30).

34 Zit. nach: Rothschild, Wurzeln, 130 (wie Fn. 33).

35 Eric Hobsbawm, Das Zeitalter der Extreme. Weltgeschichte des 20. Jahrhunderts, München 1998, 344–345.

36 Rothschild, Wurzeln, 129 (wie Fn. 33).

37 Seidel, Wirtschaft, 105 (wie Fn. 10).

38 Matis, Nachkriegselend, 157 (wie Fn. 18).

39 Rothschild, Wurzeln, 128 (wie Fn. 33).

innen- und weltpolitischen Konstellationen und der Dominanz des pragmatischen Flügels der SPÖ nicht in ihrer radikalsten Form umgesetzt werden; keynesianisches Gedankengut wurde durch zurückkehrende Emigranten aus England importiert, doch gab es vorerst nur spärliche Äußerungen bzw. keynesianische Argumente.[40]

1944 hatte das „Londoner Büro" der exilierten österreichischen Sozialdemokraten eine Broschüre mit dem Titel „Die zweite Republik" vorgelegt, die Auskunft darüber gab, wie sich die dortigen Sozialisten den Wiederaufbau Österreichs vorstellten. Die Grundtendenz, die sich an den von der britischen Labour Party erarbeiteten Richtlinien orientierte, war die einer reformistischen und evolutionären Transformation, den demokratischen Institutionen verpflichtet, die die Freiheit des Individuums garantieren sollten. Planwirtschaftliche Organisation der Wirtschaft sollte den Zielvorstellungen dienen, die Ressourcen optimal zu nützen, dadurch die Produktion systematisch zu steigern, um den allgemeinen Lebensstandard anzuheben. Die Nationalisierung der wichtigsten Produktionsmittel war ebenfalls als Voraussetzung einer „neuen Gesellschaft" gedacht.[41] Karl Ausch zeichnete für das Wirtschaftskonzept des Londoner Büros verantwortlich. Für Ausch stand fest, dass eine uneingeschränkte kapitalistische Marktwirtschaft, die eine Mitverantwortung für den Aufstieg des Faschismus trage, nach dem Weltkrieg nicht mehr in Frage käme. Sein Konzept orientierte sich an planwirtschaftlichen Modellen, denn der vermeintlich „freie" Kapitalismus sei mit Krisen und Arbeitslosigkeit – seinen inneren Widersprüchen – nicht fertig geworden und habe als Monopolkapitalismus Machtmissbrauch betrieben. Die gesamte österreichische Wirtschaft sollte von einem Wirtschaftsministerium zentral geführt werden. Während Ausch für die Verstaatlichung der Schlüsselindustrien, der Banken und Versicherungen als Voraussetzung für eine staatliche Planung eintrat, empfahl er die Beibehaltung privatwirtschaftlicher Strukturen in den Bereichen Landwirtschaft, Handwerk und Gewerbe. Als vordringlichste Aufgabe sah er die rasche Wiederindustrialisierung der österreichischen Wirtschaft, wobei die Produktion von Produktionsgütern über die von Konsumgütern zu stellen sei. Für die staatliche Finanzpolitik zog er die Theorien von Keynes und Beveridge heran, indem er die Ankurbelung der Wirtschaft über die „Nachfrageseite" durch Investitionen der öffentlichen Hand nahe legte und zur Reduktion der Arbeitslosigkeit sinngemäß „deficit spending" propagierte. Fernziel aller wirtschaftspolitischen Maßnahmen sei der Übergang zu einem sozialistischen Gesellschaftssystem, das er langfristig über die Verstaatlichung der Schlüsselindustrien zu erreichen meinte.[42] Der Einfluss der Vertreter des Londoner Büros, die „jahrelang dem gemäßigten politischen Klima Großbritanniens ausgesetzt waren", auf die Nachkriegsentwicklung der Sozialistischen Partei ist nicht von der Hand zu

40 Seidel, Wirtschaft, 95–97 (wie Fn. 10).

41 Helene Maimann, Politik im Wartesaal. Österreichische Exilpolitik in Großbritannien 1938–1945 (Veröffentlichungen der Kommission für Neuere Geschichte Österreichs 62), Wien/Köln/Graz 1975, 241–215.

42 Maimann, Politik im Wartesaal, 221–223 (wie Fn. 41). Ein Auszug aus der vom Londoner Büro der österreichischen Sozialisten veröffentlichten Broschüre Auschs „Die neue Wirtschaft im neuen Österreich" wurde unter der Überschrift „Verstaatlichung und Planwirtschaft" in der Arbeiter-Zeitung am 22. September 1945 abgedruckt.

weisen.[43] Ebenso erwähnenswert scheint die Tatsache, dass sowohl Wilhelm Rosenzweig, einer der Autoren der Broschüre „Die zweite Republik“, als auch Karl Ausch in den Nachkriegsjahren eine enge Freundschaft zu Karl Waldbrunner entwickelten, wobei Ausch durch seine Tätigkeit in der „Arbeiter-Zeitung“ Waldbrunner publizistischen Rückhalt bot.

Karl Waldbrunners Standpunkt zu den Kernpunkten Verstaatlichung und Planung war ganz offenkundig den skizzierten Konzeptionen verpflichtet. Wie und in welchem Maße eine Veränderung der Wirtschaftsstruktur angestrebt und umgesetzt werden sollte, war aber keineswegs eindeutig. Eindeutig schienen nur die objektiven Gegebenheiten, die zunächst alle Parteien der Idee des Gemeineigentums zustimmen ließ. Im Wesentlichen bestimmten drei Motive die Verstaatlichungsdiskussion: der Mangel an privatem Kapital, das bereit und imstande gewesen wäre, in die großen, zum Teil zerstörten Betriebe zu investieren; das Problem des „Deutschen Eigentums“, das nur den Staat als Akteur wirksam erscheinen ließ; schließlich die sozialistischen „Traditionen“ ihrer theoretischen Konzepte zu Verstaatlichung und Sozialisierung. Während die historischen Bestände eines staatlichen Wirtschaftssektors in Österreich (Eisenbahnen; die Creditanstalt nach der Rettung durch den Staat 1931) eine geringere Rolle gespielt haben dürften, war die historische Erfahrung der Weltwirtschaftskrise, des Austrofaschismus und des Nationalsozialismus umso präsenter. Ein staatlicher Sektor versprach eine gefestigtere, im Idealfall krisenfreie Wirtschaft, hatte aber auch politische Implikationen: „Wir haben nicht vergessen“, so Karl Waldbrunner 1945, „dass aus den größten Unternehmen dieser Republik Österreich der Heimwehrfaschismus seine größte Förderung fand und so erst zum Wegbereiter des Nationalsozialismus in Österreich wurde.“ Man müsse also „mit anderen Methoden und größerer Energie“ als in der Ersten Republik „an den Wiederaufbau unserer Wirtschaft gehen, weil wir nicht wieder nach wenigen Jahren einen Faschismus vor uns haben wollen, der willens ist, den durch unermüdlichen Fleiß unseres Volkes mühselig errungenen Erfolg zu vernichten“. Daher müssten die „dem deutschen Kapital und den Nationalsozialisten weggenommenen Vermögen (...) nicht nur jetzt, sondern auch in Zukunft von alleinigem Staatsinteresse verwaltet werden“.[44] Das staatliche Eigentum an bestimmten Betrieben und Unternehmungen wurde somit auch zu einem Machtfaktor, durch den die Sozialistische Partei sich gegen einen eventuellen Rückfall des gegnerischen Lagers in autoritäre Bestrebungen versichern wollte. Auch sei die öffentliche Verwaltung nur eine aus der Not geborene Lösung: „Für eine ganze Reihe von Unternehmungen bzw. ganze Industriezweige wird dies die Verstaatlichung bedeuten, denn private Interessenten können, soferne sich solche überhaupt finden, den Aufgaben nicht gerecht werden.“ Zum Willen, unerwünschte politische Entwicklungen zu verhindern, gesellte sich also der Zwang zum aktiven Einschreiten, dem sich der Staat durch die Macht der Verhältnisse ausgesetzt sah. Deswegen sei nach Waldbrunner

43 Kurt L. Shell, Jenseits der Klassen? Österreichs Sozialdemokratie seit 1934, Wien/Frankfurt/Zürich 1969, 38.
44 Karl Waldbrunner, Die Wirtschaft Österreichs vor neuen Aufgaben, Nachlass #32.

ein direkter Vergleich mit den „Sozialisierungsbestrebungen von damals“, gemeint ist die Erste Republik, nicht zulässig: „Was man damals im Interesse einer privaten Wirtschaft verhindern konnte, ist heute nicht wieder möglich.“ Waldbrunner spielt hier auf die unüberwindlichen innenpolitischen Schwierigkeiten für die Sozialisierungsbestrebungen an, denen bereits 1919 mit der Übernahme der Alpine Montan durch italienisches Privatkapital der entscheidende Schlag versetzt wurde.[45] „Jetzt ist der Staat gezwungen, in eine Führung einzutreten, die ihm damals niemand zuerkennen wollte.“ Die Forderung nach Verstaatlichung der Schlüsselindustrien leite sich von der „Verpflichtung“ ab, „unseren zerschlagenen und zum Großteil herrenlosen Betrieben im Bergbau, in der Erdölproduktion, in der Energiewirtschaft, in der Hütten-, Elektro- und Fahrzeugindustrie einen Halt zu bieten im ungehemmten Abgleiten“. Zur Legitimierung verwies Waldbrunner sowohl auf internationale Beispiele (wobei Russland „mit seiner staatlichen Wirtschaft allen diesen Bestrebungen ein dauerndes Vorbild bleibt“) als auch auf die Funktion, die dem verstaatlichten Sektor in Österreich tatsächlich primär zukommen sollte, nämlich „mit den staatlichen Schlüsselindustrien unserer gesamten industriellen Wirtschaft ein festes Rückgrat zu geben“.[46]

Waldbrunners Ausführungen zu den Verstaatlichungsforderungen standen im Einklang mit jenen der Gewerkschaftsorganisationen, in denen der väterliche Freund und führende Gewerkschafter Karl Maisel selbst Wortführer der Sache war. Mit dem gewerkschaftlichen Gleichgang verband sich auch der Rückhalt in der Arbeiterschaft und der Verweis darauf, dass es vielfach die Belegschaften waren, die die Betriebe vor Zerstörungen gerettet und unter großen Entbehrungen in Gang gesetzt hatten.[47] Karl Maisel meinte im Parteivorstand vom 26. Juli 1945, die „stärkste treibende Kraft für die Verstaatlichung der Industrie“ gehe „aus den Betrieben selbst“ heraus.[48] Waldbrunner sagt später von sich selbst, „von den ersten Tagen an“ einer Wirtschaftslenkung und Verstaatlichung das Wort geredet zu haben, und setzte dabei auf „die für diese Frage ausschlaggebende Stimmung der Arbeiterschaft“. Sein Wirken habe entscheidende Impulse ausgestrahlt: „Meine ersten öffentlichen Versammlungen und Ansprachen in Steyr, Leoben, Graz, Ternitz, mein Vortrag im Radio Wien etc. haben dazu geführt, dass ab Juni in dieser Frage keine Ruhe mehr eingetreten ist und es wurde dieses Problem von allen Belegschaften der großen Betriebe, von den wichtigsten Gewerkschaften und auch von einer ganzen Zahl von Genossenschaften in der Partei aufgegriffen.“[49] Aller Wahrscheinlichkeit nach gingen die entscheidenden Impulse zur Realisierung von Verstaatlichungs- bzw. Sozialisierungsplänen von (sozialdemokratischen) Gewerkschaftern – Maisel gehörte prominent dazu – aus. Das stellte auch Karl

45 März/Weber, Verstaatlichung, 122 (wie Fn. 30).

46 Karl Waldbrunner, Staatliche Industrie und wirtschaftlicher Wiederaufbau, [1945], Nachlass #32.

47 Vgl. Renate Deutsch, Chronologie eines Kampfes. Geschichte der Verstaatlichung in Österreich I, in: Sachen 4 (1978) 5, 37–41.

48 PV, 26. Juli 1945.

49 Karl Waldbrunner, Bericht über die Arbeit im Staatsamte für Industrie, Gewerbe, Handel und Verkehr, vom 1. Mai – 15. Sept. 1945, 11, Nachlass #32.

Waldbrunner so dar.[50] Andererseits soll nicht vergessen werden, dass auch einem von Karl Renner bereits um den 21. April verfassten Memorandum zufolge die zu erwartenden wirtschaftlichen und finanziellen Belastungen für die zu errichtende Republik „die radikalsten Sozialisierungsmaßnahmen" erzwangen.[51]

In der Frage der Verstaatlichung gehörte Karl Waldbrunner von Anfang an zur Führungsriege: Er bereitete den Boden, wirkte bei der Gesetzwerdung mit und blieb stets ein Verfechter der Idee. Und er war eine treibende Kraft. Angesichts des bereits erwähnten Potsdamer Abkommens berichtete er am 6. August im Parteivorstand über das „Gesetz zur Nationalisierung der Schlüssel-Industrie": „Im Hinblick auf die Potsdamer Besprechung, nach welcher Deutsches Kapital und Deutsche Industrie-Betriebe zur Kriegsentschädigung herangezogen werden, ist es zweckmäßig, sich bei den Bestrebungen zur Sozialisierung resp. Nationalisierung nicht auf das Argument der Deutschen Industrie einzulassen, sondern darauf zu dringen, dass die Schlüssel-Industrie unabhängig von den Besitz-Verhältnissen verstaatlicht wird." Da im Interesse des Wiederaufbaus alle Faktoren in die Pflicht genommen werden sollten, sahen die Maßnahmen darüber hinausgehende staatliche Interventionen vor: „Weiters soll der übrigen Industrie eine Frist von sechs Wochen gegeben werden, ihre Betriebe wieder in Gang zu setzen. Widrigenfalls der Staat das Eingriffsrecht hat. Im Notfalle soll diese Frist verlängert, aber nicht über drei Monate erstreckt werden." Dazu kam es bekanntlich nicht.

Es ist bekannt, welche Schwierigkeiten die Gesetzwerdung des ersten Verstaatlichungsgesetzes vom 26. Juli 1946 begleiteten. Schon am 21. August 1945 musste Waldbrunner im Parteivorstand berichten: „Das Gesetz über Maßnahmen für eine Verstaatlichung wirtschaftlicher Unternehmungen hat eine starke Eingrenzung erfahren." Dazu trug die gespaltene Haltung der ÖVP einiges bei, die zwischen der Einsicht in die Notwendigkeit aufgrund der wirtschaftlichen Lage und dem gleichzeitigen apodiktischen Bekenntnis zur „Entfaltung der Privatinitiative" schwankte.[52] Im Kabinett gehe „der zähe Kampf um die Verstaatlichung weiter", notierte der im Außenamt tätige spätere Botschafter Josef Schöner am 3. September.[53] Im Jänner 1946 wird Waldbrunner zu diesem Punkt deutlicher: „Der Einfluss des kapitalistischen Flügels der Österr. Volkspartei wusste es aber zu verhindern, dass dieses Gesetz auch auf Banken und Versicherungen ausgedehnt wurde."[54] Doch auch in der Sozialistischen Partei gab es – zumal nach Potsdam – gewichtige Zweifler. Karl Renner schien zu resig-

50 Deutsch, Chronologie, 41–42 (wie Fn. 47). Zur Rolle der Gewerkschaften siehe auch März/Weber, Verstaatlichung, 127 (wie Fn. 30); Karl Waldbrunner, Ausführungen zur Entstehung des Verstaatlichungsgesetzes in Österreich, [vermutlich Jänner 1946], Typoskript im Nachlass #32.

51 Zit. nach Rathkolb, Republik, 99 (wie Fn. 3).

52 Deutsch, Chronologie, 49 (wie Fn. 47).

53 Josef Schöner, Wiener Tagebuch 1944/1945, hrsg. v. Eva-Maria Csáky/Franz Matscher/Gerald Stourzh, Wien/Köln/Weimar 1992, 366.

54 Karl Waldbrunner, Ausführungen zur Entstehung des Verstaatlichungsgesetzes in Österreich, [vermutlich Jänner 1946], 3, Typoskript im Nachlass #32.

nieren, als er die Frage aufwarf, was Österreich noch an volkswirtschaftlichem Vermögen bleiben werde und „ob es unter diesen Umständen einen Sinn habe, Nazi-Vermögen zu sammeln, zu verstaatlichen, um es unter Umständen geordnet zu übergeben".[55] Zu dieser Zeit lag aber der erste Gesetzesentwurf zur Verstaatlichung verschiedener industrieller Unternehmungen bereits vor. Er wurde am 5. September im Kabinettsrat präsentiert und war eine Reaktion auf die sowjetischen Forderungen und ihre Versuche, eine österreichisch-sowjetische Gesellschaft zur Ausbeutung der Zistersdorfer Erdölvorkommen zu gründen.[56] Obwohl von der Provisorischen Regierung angenommen, blieb das Gesetz wirkungslos, weil die sowjetische Besatzungsbehörde seine Veröffentlichung im Staatsgesetzblatt untersagte.[57] Die Zusage der Länderkonferenzen und das auch von der ÖVP getragene Übereinkommen, Verstaatlichungen vorzunehmen (bei gleichzeitiger Ausschlachtung ihres Wahlsieges als Entscheidung gegen die Sozialisierung), führten in der Folge zu weiteren Initiativen der SPÖ und einem Gesetzesantrag im Jänner 1946, dessen Endredaktion Waldbrunner vorgenommen hatte.[58] Der Entwurf sah gegenüber dem ersten Gesetz vor, die Betriebe nicht nur zur Verstaatlichung bereitzustellen, „sondern bereits die praktische Verstaatlichung" zu beschließen. Es enthielt auch wieder die Banken und Versicherungen. Getragen war er von dem festen Willen, „dass wir an der Frage der Verstaatlichung unbedingt festhalten", und zwar umso mehr, als die Alliierten gerade die Aufhebung des Gesetzes über öffentliche Verwaltung gefordert hatten.[59] Zusammen mit einer Neufassung dieses Gesetzes kam es dann zum Verstaatlichungsgesetz vom Juli 1946. Ludwig Kostroun sprach damals im Parteivorstand vom „Zeitalter der Sozialisierung".[60] Das war gewiss übertrieben, denn die Situation erlaubte nur, „vorläufig den Weg der Verstaatlichung" zu beschreiten, ohne die für die Sozialisierung notwendigen neuen Rechtsformen erarbeiten und im Parlament durchsetzen zu können.[61]

Bei den Verstaatlichungsinitiativen der SPÖ standen zwar die Ideen Otto Bauers Pate, das Gesetz selbst war jedoch ein Kompromiss.[62] Otto Bauer hatte von Sozialisierung gesprochen (womit freilich nicht jene gemeint ist, mit der die ÖVP ihre Privatisierungsvorstellungen einbringen wollte), was in Österreich nach 1945 realisierbar war und zustande kam, war die Nationalisierung. Der aufgezwungene Pragmatismus schlug sich in einer gewissen unscharfen Verwendung der Begriffe in den Reihen der SPÖ nieder. Sachzwänge drängten vor allem beim „rechten" Flügel der SPÖ theoretische Einsichten und ideologische Veran-

55 PV, 3. September 1945.
56 Deutsch, Chronologie, 51 (wie Fn. 47).
57 Adolf Schärf, Österreichs Erneuerung 1945–1955. Das erste Jahrzehnt der Zweiten Republik, Wien 1955, 115. Siehe auch den Bericht Karl Waldbrunners in der Parteivorstandssitzung vom 10. September 1945.
58 März/Weber, Verstaatlichung, 131 (wie Fn. 30); Deutsch, Chronologie, 54–62 (wie Fn. 47).
59 PV, 27. Jänner 1946.
60 PV, 22. Juli 1946.
61 Karl Waldbrunner, Österreichs Erfahrungen und Fortschritte auf dem Gebiete der Sozialisierung und Planwirtschaft, Rede auf der Internationalen Konferenz in Wien, 1948, Nachlass #32.
62 März/Weber, Verstaatlichung, 131–132 (wie Fn. 30).

kerungen in den Hintergrund, wie Karl Renner deutlich machte: „Sozialisierung der großen Betriebe ist Volksnotwendigkeit, weil mangels eigenen Kapitals und einer leistungsfähigen Kapitalistenklasse kapitalistische Führung versagen müsste. Sozialisierung ist daher nicht Prinzipiensache, sondern praktische Gebotenheit."[63] Im August 1945 hatte Waldbrunner von „Sozialisierung resp. Nationalisierung" gesprochen, damit aber wohl noch beide Möglichkeiten avisiert. Der Unterschied war ihm sehr wohl klar. Nationalisierung bedeutete für ihn zunächst keine dogmatische Voraussetzung für die Frage der Eigentümerschaft.[64] Ohne vielleicht wirklich „Bauer-Schüler"[65] gewesen zu sein, schloss sich Waldbrunner den „linken" sozialdemokratischen Vorstellungen an und trat für eine Sozialisierung nach den Bauer'schen Konzepten mit drittelparitätischer Besetzung der Betriebsverwaltung (Vertreter der Belegschaft, der „Konsumenten" und der zuständigen Ministerien) ein.[66] Mit der Verstaatlichung der Schlüsselindustrien sah Waldbrunner nicht nur nicht alle Probleme gelöst, sondern noch weitere kommen, die „von der Schaffung einer geeigneten Unternehmungsform über die Produktionslenkung bis zum finanziellen Ertrag" zu lösen sein würden.[67] Die Konzeptionen entsprachen dem von der SPÖ im April 1946 beschlossenen „Wirtschaftsprogramm", das unter anderem forderte „Planung und Demokratisierung der Volkswirtschaft; Verstaatlichung bzw. Kommunalisierung oder Vergenossenschaftlichung von Banken, Versicherungsanstalten etc.; Mitwirkung der Arbeiter- und Angestelltenschaft an der Wirtschaftsplanung und der Führung der Betriebe; Mitwirkung der wirtschaftlichen Interessenvertretungen an der Wirtschaftsverwaltung zur Vermeidung bürokratischer Fesseln".[68] Wie Otto Bauer vertrat Karl Waldbrunner die sozialistische Umwälzung der Gesellschaft als ein Langzeitprogramm, als einen evolutionären, nicht revolutionären Prozess, was sowohl das Nebeneinander von staatlichen und kapitalistischen Betrieben voraussetzte, als auch eine Möglichkeit für die Sozialisten bedeutete, möglichst starke und dauerhafte Machtpositionen in der Gesellschaft zu erringen.[69]

In den wirtschaftlichen Überlegungen der SPÖ spielten Verstaatlichung und Planung zusammen. 1933, als sich Plädoyers für eine planmäßige Organisation der Wirtschaft häuften, schrieb Käthe Leichter, dass Planwirtschaft „ohne den realen Unterbau des öffentlichen Besitzes an den Produktionsmitteln undenkbar" blei-

63 Karl Renner an Walter Wodak, 1. November 1945, zit. nach: Reinhold Wagnleitner (Hrsg.), Diplomatie zwischen Parteiproporz und Weltpolitik. Briefe, Dokumente und Memoranden aus dem Nachlass Walter Wodaks 1945–1950 (Quellen zur Geschichte des 19. und 20. Jahrhunderts 3), Salzburg 1980, 185.

64 Johnson/Sweet/Hankin, Interview, 122 (wie Fn. 15).

65 März/Weber, Verstaatlichung, 132 (wie Fn. 30).

66 Karl Waldbrunner, Die Organisation der verstaatlichten Betriebe, in: AZ, 13.3.1947, 1–2.

67 Karl Waldbrunner, Wirtschaftslenkung und Verstaatlichung, Typoskript [vermutlich Anfang September 1945], 6, Nachlass #32.

68 PV, 25. April 1946.

69 Eduard März/Fritz Weber, Sozialdemokratie und Verstaatlichung nach dem Ersten Weltkrieg, in: Österreich November 1918. Die Entstehung der Ersten Republik, Protokoll des Symposiums in Wien am 24. und 25. Oktober 1978, Wien 1986, 101–123, 112–115.

be.[70] Nach dem Krieg profilierten sich Karl Ausch, Alfred Migsch[71], Gustav Wihrheim und Karl Waldbrunner als prononcierte und maßgebliche Befürworter einer Wirtschaftsplanung.[72] Waldbrunner sei nicht nur ein „Anhänger", sondern sogar ein „Bekenner" der Idee der Planwirtschaft, meinte später Bruno Kreisky anerkennend.[73] Ob Planung oder Verstaatlichung, Karl Waldbrunner befürwortete staatliche Eingriffe in den Wirtschaftsablauf als Mittel zur gerechteren Verteilung der Güter.[74] Letztlich ging es auch um die Erreichung weiterer wohlfahrtsstaatlicher Zielsetzungen, wie Waldbrunner – in Übereinstimmung mit den von Karl Ausch 1945 erarbeiteten Vorstellungen – festhält: um Vollbeschäftigung, Produktionssteigerung, stetige Erhöhung des Wohlstands und soziale Sicherheit.[75] Zugleich war er aber auch Ingenieur genug, um die verbreitete Vorliebe dieser Berufsgruppe für eine geplante Wirtschaft, unabhängig von Fragen des Eigentums, zu teilen.[76] Ein ziel- und planloses Dahintreiben der wichtigsten Sektoren der Industrie, wie er es im Herbst 1945 sah, konnte seine Sache nicht sein.[77] Darüber vergaß er jedoch nicht, die sozialistische Gesinnung in Verbindung mit den technokratischen Gestaltungsmöglichkeiten zur Basis des zu Erreichenden, der Wirtschaftsdemokratie, zu machen. „Die Sozialisten sind die Kämpfer für diese Ideale, die Ingenieure sind die Planer, Lenker und Leiter der Wirtschaft."[78] Wenngleich der pathetischen Rhetorik des Wahlkampfs und dem Adressat, dem Verband Sozialistischer Ingenieure, geschuldet, entsprechen diese Worte sicher dem Selbstverständnis Waldbrunners als Sozialist und Ingenieur – nunmehr in der Rolle des Politikers. Ziel der Planung und damit des Staates sollte es sein, „die Wirtschaft effizient und zugleich sozial zu gestalten".[79] Diesem Ziel können nun aber im Zeichen der modernen Funktionstrennung zwischen Unternehmern und Eigentümern alle Fachleute dienen, sofern sie imstande sind, sich „vom Dienste für das Profitinteresse einiger Privater auf das Gemeinschaftsinteresse der betreffenden öffentlichen Körperschaft" umzustellen.[80]

70 Käthe Leichter, Rezension zu Publikationen von Walter Schiff und Otto Frieder, in: Der Kampf 26 (1933), 7, 306–308, 307. Vgl. Benedikt Kautsky, Möglichkeiten und Aussichten der Planwirtschaft in Österreich, in: Der Kampf 24 (1931) 12, 520–534. In der Weltwirtschaftskrise wurden, z.B. auf dem Amsterdamer Planwirtschaftskongress, Möglichkeiten eines Weltwirtschaftsplanes erörtert und der Völkerbund befasste sich mit Wirtschaftsplänen für Kohle und Zucker. Albert Lauterbach, Autarkie und Planwirtschaft, in: Der Kampf 25 (1932), 358–364.

71 Migsch war einer der Energie- und Wirtschaftsfachleute der SPÖ und wurde im November 1947 Nachfolger des zurückgetretenen Ministers für Elektrifizierung und Energiewirtschaft, Karl Altmann.

72 Renate Deutsch, Chance auf Veränderung. Geschichte der Verstaatlichung in Österreich II, in: Sachen 5 (1979) 7, 56–67.

73 Bruno Kreisky, Statt eines Vorworts, in: Festschrift für Karl Waldbrunner zum 65. Geburtstag, Wien 1971, 13–19, 17.

74 PTP 1947.

75 Karl Waldbrunner, Sozialisierung und Verstaatlichung – wie und wie weit, in: Die Zukunft, H. 2, Februar 1952, 36–42, 36.

76 Johnson/Sweet/Hankin, Interview, 122 (wie Fn. 15).

77 Karl Waldbrunner, Was soll aus unserer Industrie werden?, Typoskript [November 1945?], Nachlass #32.

78 Sozialistische Ingenieure nehmen Stellung zu den Wahlen, Typoskript, [November 1945], Nachlass #32. Auszüge aus einer Rede Waldbrunners bei der ersten öffentlichen Versammlung des Verbandes Sozialistischer Ingenieure, der in der ersten Novemberhälfte gegründet und auf Antrag Waldbrunners in die Partei eingegliedert wurde. Vgl. auch PV, 12. November 1945.

79 Seidel, Wirtschaft, 88 (wie Fn. 10).

80 Karl Waldbrunner, Österreichs Erfahrungen und Fortschritte auf dem Gebiete der Sozialisierung und Planwirtschaft, Rede auf der Internationalen Konferenz in Wien, 1948, Nachlass #32.

Die Notlage des Jahres 1945 schien eine demokratisch gelenkte Wirtschaftsführung mehr als nahe zu legen: „Eine staatliche Planung muss unsere Landwirtschaft wieder auf die Bedürfnisse des Staates Österreich ausrichten, muss den Wiederaufbau unserer zerstörten Wohnstätten und Betriebe lenken, muss vor allem dafür sorgen, dass nicht der Eigennutz weniger spekulativer Elemente das Wenige verschwendet, das uns zum Leben geblieben ist. Diese Planung muss dafür sorgen, dass die lebensnotwendigen Güter den Bedürfnissen des Volkes entsprechend erzeugt werden und nicht um des Profites Einzelner willen. Es kann dabei für jede freie Initiative Raum gefunden werden."[81] Dies war zur Beruhigung der selbstständig Erwerbstätigen in Handel und Gewerbe gedacht, denen das historische Schreckgespenst der Planwirtschaft als sozialistisches Gegenstück zum monopolkapitalistischen Großbetrieb oder zu den Großhandelsgesellschaften vor Augen schwebte. Waldbrunners Vorstellungen zeichneten dagegen das ziemlich harmonische Bild eines organischen Wirtschaftsganzen, das durch optimale Planung erreicht werden könne: „Einen gleichmäßigen Pulsschlag bis in die feinsten Äderchen unseres Wirtschaftslebens aufrechtzuerhalten und damit den ganzen Körper zu beleben, wird Aufgabe einer richtigen sinnvollen Planwirtschaft sein. Mit der Wirtschaftslenkung braucht die wertvolle Initiative des Einzelnen nicht erdrückt zu werden, und es wird auch der kleinste Betrieb in Handel und Gewerbe eine lebensfähige und lebensnotwendige Zelle im Wirtschaftskörper unseres Landes sein."[82] Die weitere Entwicklung Österreichs sollte aber eben nicht die Umgestaltung der kapitalistischen Marktwirtschaft in eine sozialistische Planwirtschaft bringen, sondern die möglichst organische Einbettung des gemeinwirtschaftlichen Sektors in die Privatwirtschaft.[83] Die auch von Waldbrunner konzipierte Rolle des staatlichen Sektors als Rückgrat der gesamten Volkswirtschaft hatte diese Entwicklung unterstützt.

Doch 1945 schien die Privatinitiative in vielen wichtigen Bereichen „zu schwach und unzulänglich", als dass sie eine befriedigende Lösung hätte herbeiführen können. In Anlehnung an die Lenkungserfahrungen der Kriegswirtschaft, aber auch vor dem Hintergrund der Bewirtschaftungsmaßnahmen der Provisorischen Regierung müsse also die Lenkung wieder aufgenommen werden, „um dem drohenden Chaos zu steuern [sic!] und dem Volke eine rasch fühlbar werdende Entlastung zu bringen". Und auch hier vergaß Waldbrunner nicht, darauf hinzuweisen, dass eine der Vorausetzungen dafür „die einheitliche Verfügungsgewalt" sei, also eine zentrale Lenkung der Wirtschaft und der gesamtstaatlichen Verwaltung. Im Unterschied zur deutschen „Wirtschaftsdiktatur" müssten die „Arbeiter und Angestellten bei diesem Aufbau und der planmäßigen Führung maßgeblich mitzureden haben". Ihr Einfluss müsse „sowohl im Betriebe wie auch in Wirtschaftskörperschaften und staatlichen Stellen zur Geltung kommen". Das gelte auch – und damit steht Waldbrunner in der Bauer'schen Tradition – für das Recht der Verbraucher auf Vertretung ihrer Interessen. Eine Wirtschaftslenkung könne nur Erfolg haben und sei nur

81 Karl Waldbrunner, Die Wirtschaft Österreichs vor neuen Aufgaben, Nachlass #32.

82 Karl Waldbrunner, Gewerbe und Handel in der gelenkten Wirtschaft, in Die Wirtschaftswoche, 2.2.1946, 3.

83 Seidel, Wirtschaft, 73 (wie Fn. 10).

möglich, „wenn alle maßgeblichen Faktoren, vom Betriebsmann über die Vertreter der Kammern und der Länder bis zur Staatsverwaltung, daran teilhaben". Und schließlich skizziert er das übergeordnete Ziel: „Wenn die Betriebsdemokratie im einzelnen Unternehmen erforderlich sein wird, so wird die Wirtschaftsdemokratie ein wesentlicher Teil unserer staatlichen Ordnung sein müssen."[84] Wirtschaftsdemokratie, bereits in der Ersten Republik eine Forderung der Freien Gewerkschaften – diesen stand Waldbrunner ja nahe –, bezeichnet eben die Forderung nach Mitgestaltung und Mitverantwortung im Kapitalismus und war à la longue ein Modell der konsensualen Beziehung zwischen Arbeit und Kapital, ohne den Kapitalismus grundsätzlich in Frage zu stellen.[85]

Praktisch war auf dem Gebiet der Wirtschaftslenkung bis Mitte September 1945 nicht viel geschehen. Der erste und einzige Ansatz zur Industrielenkung und Industrieplanung war die Schaffung eines Referates für die Ingangsetzung der Industriebetriebe Anfang Juni. Der von Waldbrunner mit der Leitung betraute Stanislaus Stegu sollte Waldbrunners Vorschläge, Produktionsausschüsse in jeder Wirtschaftsgruppe zu bilden, umsetzen. Diese Ausschüsse wollte Waldbrunner mit Vertretern der Unternehmer und der Gewerkschaften, „die in erster Linie fachlich geeignet sein müssten", besetzen. Sie sollten Maßnahmen wie Rohstoffbeschaffung, Maschinenausgleich, Fusion von Betrieben, Energieversorgung etc. beraten, „um einen Wirtschaftszweig nach dem anderen, soweit es die Umstände gestatten, in Arbeit und Produktion zu bringen". Das Ergebnis war bescheiden, weil der Widerstand der Unternehmerseite groß war und die Demarkationslinie, die einzelnen Verfügungen der Besatzungsmächte und die fehlende Anordnungsautorität den Erfolg verhinderten.[86]

Bestärkt durch die Resolution der Länderkonferenzen zur Industriepolitik bestätigte Waldbrunner die Dringlichkeit, die dort vorgeschlagene Planungsstelle beim Staatsamt für Industrie, Gewerbe, Handel und Verkehr zu errichten. Im Hinblick auf Industrie und Bergbau meinte er: Die herrenlosen Betriebe könnten nicht sich selbst überlassen werden, zerstörte oder schwer beschädigte Werke bedürften einer Entscheidung über Umfang und Zeitpunkt der erforderlichen Investitionen, Rohstoffe, Halbfabrikate, Maschinen und Einrichtungen verlangten nach einer vernünftigen Bewirtschaftung und einem planmäßigen Einsatz. „Wenn man noch den Mangel an Kohle, Energie, Transportmittel und vor allem an geschulten Arbeitskräften berücksichtigt, so wird einem der Zwang zu

84 Karl Waldbrunner, Wirtschaftslenkung und Verstaatlichung, Typoskript [vermutlich Anfang September 1945], Nachlass #32.

85 Klaus-Dieter Mulley, Der Österreichische Gewerkschaftsbund 1945–1955, in: Wolfgang Maderthaner (Hrsg.), Auf dem Weg zur Macht. Integration in den Staat, Sozialpartnerschaft und Regierungspartei (Sozialistische Bibliothek 1/1), Wien 1992, 73–106, 81.

86 Karl Waldbrunner, Bericht über die Arbeit im Staatsamte für Industrie, Gewerbe, Handel und Verkehr, von 1. Mai – 15. Sept. 1945, 4–5, Nachlass #32. Vgl. Deutsch, Chronologie, 37 (wie Fn. 47); siehe auch OSS, Interview with Ing. Stegu, der Beauftragte für Industrie, 8. Oktober 1945, in: Rathkolb (Hrsg.), Gesellschaft, 96–97 (wie Fn. 15).

einer einheitlichen Planung und Produktionslenkung in Industrie und Bergbau völlig klar." Die Provisorische Regierung solle die Planungsstelle beauftragen, bis Ende 1945 der neu gewählten Volksvertretung einen vorläufig auf die Dauer eines Jahres abgestellten Plan vorzulegen, „der den Wiederaufbau, die stufenweise Ingangsetzung und die Produktionslenkung von Industrie und Bergbau" umfasst. Die Stelle solle in der Zwischenzeit „besonders drängende Fragen einzelner Unternehmungen im Hinblick auf den zu schaffenden Gesamtplan" lösen und die Überführung all jener herrenlosen Betriebe, die den zur Verstaatlichung bestimmten Schlüsselindustrien und dem Bergbau angehören, in staatliche Verwaltung „beschleunigen". Außerdem solle sie Vollmachten erhalten, „damit ihren Arbeiten keine Hindernisse in den Weg gelegt werden und ihre Anordnungen in den Wirtschaftskreisen befolgt werden". Vom Gelingen dieser „Gemeinschaftsarbeit" versprach sich Waldbrunner „einen wesentlichen Beitrag zur raschen Gesundung unserer Wirtschaft".[87] War nun für Waldbrunner die Forderung nach Wirtschaftsplanung mit der nach Wirtschaftsdemokratie verbunden, so hatte dies auch einen eminent politischen Aspekt. Über den demokratischen Einfluss auf die Wirtschaftslenkung sollte das einstige „Monopol des Kapitals" aufgehoben und der Sozialistischen Partei ein Weg zur Mitbestimmung ermöglicht werden. Doch gerade die politisch maßgeblichen Fürsprecher des Privatkapitals, Handelskammern, Wirtschaftsbund und die von der ÖVP dominierten wirtschaftlichen Staatsämter, zeigten sich alles andere denn geneigt, diese Gestaltungsmöglichkeit wirklich zu fördern.[88] Dabei konnte er zu Recht darauf hinweisen, dass auch die Alliierten ein geordnetes, planmäßiges Vorgehen beim Wiederaufbau als Voraussetzung für die – Ende 1945 mit aller Zuversicht bald erwartete – Unabhängigkeit Österreichs sehen wollten.[89] In der Folge, auch nach den Wahlen vom November 1945 und der Einrichtung eines neuen Ministeriums für Wirtschaftsplanung, wurde Karl Waldbrunner nicht müde, seine Vorstellungen weiterzuentwickeln und sie für Verhandlungen mit dem zuständigen Minister Krauland vorzulegen. Dabei konzedierte er, dass gerade die Fragmentierung des Landes in Besatzungszonen Ursache einer mangelnden Planwirtschaft sein mochte, Österreich jedoch darüber hinaus kein einheitliches Vorgehen zeige.[90] Und er sah sich weiterhin gezwungen, die diesbezügliche Säumigkeit des Planungsministeriums anzuprangern. Der politische Kampf, insofern traf seine Diagnose vom Juli des Jahres völlig zu, hatte sich auf das wirtschaftliche Gebiet verlagert.

Wenn wir uns etwas länger mit den wenigen Monaten nach Kriegsende beschäftigt haben, so deswegen, weil es sich um eine entscheidende Zeit für Karl Waldbrunner gehandelt hat. In ihr trat der erst 39-Jährige in die Politik ein und leistete als

87 Karl Waldbrunner, Vorschlag zur Entwicklung einer Planungsstelle für Industrie und Bergbau, Typoskript [1945], Nachlass #32.
88 Karl Waldbrunner, Wo bleibt die Industrieplanung?, Typoskript [November 1945], Nachlass #32.
89 Karl Waldbrunner, Was soll aus unserer Industrie werden?, Typoskript [November 1945?], Nachlass #32.
90 Karl Waldbrunner, Überlegungen zum Aufbau der Wirtschafts-Planung, 15. Januar 1946, Nachlass #32; als Verhandlungsbasis mit Dr. Krauland auch an Karl Mantler, Präsident der AK, übermittelt.

vorausdenkender Planer bereits wichtige Beiträge zu den Konzeptionen des Wiederaufbaus und ihrer Umsetzung. Er war einer jener Menschen, an denen es der SPÖ nach 1945 mangelte. Der Bedarf an fähigen Leuten, an Führungstalenten, intellektuellen Kräften und politischem Nachwuchs war groß. Ernst Fischer, der oft brillante Analytiker, hielt in dieser Situation Waldbrunner für den einzigen vielversprechenden jüngeren Mann.[91] Und dieser erkannte, dass der Mangel an qualifizierten, aber nicht kompromittierten Leuten in allen Bereichen starke Einflussmöglichkeiten bot – zumindest anfangs, als sich das bürgerliche Lager noch nicht konsolidiert hatte. Seine Tätigkeit in diesem Bereich war Teil einer umfassenden Dynamik, die er an den Tag legte. So lernten ihn auch die Vertreter der Alliierten kennen. Die drei Vertreter der US-Militäradministration, die ihn im August 1945 interviewten, beschrieben ihn als „alert, a person of keen perception, often anticipating the implication of a question and starting his wary and calculated answer before the question itself has been fully stated". Im Übrigen sahen sie in ihm „primarily an engineer who happens also to call himself a socialist", dessen Gesichtspunkt weit mehr der eines Managers als eines Sozialisten sei.[92] Die Amerikaner hatten sichtlich Schwierigkeiten, den alerten Mann in ein simples Klassifikationsschema zu bringen. Eine „generally energetic manner" attestierte ihm auch der politische US-Offizier Martin F. Herz.[93] Von sowjetischer Seite wurde ihm bescheinigt, was er in der Tat unter Beweis gestellt hatte, nämlich „ein guter und fähiger Organisator" zu sein. Und in einer von Kiselev und Scheltov im November 1945 verfassten Charakterisierung heißt es, dass „seine Ehrlichkeit und Aufrichtigkeit (…) sehr hoch geschätzt" würden. Sein „politischer Weitblick" sei allerdings „nicht sehr groß", in politischen Fragen „ist er schwach orientiert" – was immer das heißen mochte. Während die KPÖ an ihm eine „pro-russische Orientierung" ausmachte, meinten Kiselev und Scheltov: „Reaktionäre Kreise betrachten ihn als einen moderaten Kommunisten."[94] Damit dürfte aber mehr über die Urteilskraft der reaktionären Kreise als Treffendes über Karl Waldbrunner gesagt sein. Oder war diese Einschätzung etwa dem Umstand zu verdanken, dass Waldbrunners Vorstellungen von Wirtschaftsdemokratie nicht mit der Stellenbesetzungspolitik der immer noch dominierenden bürgerlichen Kräfte in Österreich und auch der US-amerikanischen Besatzungstruppen kompatibel waren? Wiederholt und teilweise erfolgreich hatten er und sein Kollege Hermann Lichtenegger als Unterstaatssekretäre im Staatsamt von Eduard Heinl dafür gekämpft, dass dort sowie in der Industrie und in der Handelskammer „verbliebene oder neu eingestellte Nationalsozialisten zum größten Teil ausgeschieden wurden". Restlos sei dies aber

91 Reinhold Wagnleitner (Hrsg.), Understanding Austria. The Political reports and Analyses of Martin F. Herz, Political Officer of the US Legation in Vienna 1945–1948 (Quellen zur Geschichte des 19. und 20. Jahrhunderts 4), Salzburg 1984, 34.

92 Johnson/Sweet/Hankin, Interview, 120 und 122 (wie Fn. 15).

93 Wagnleitner (Hrsg.), Understanding Austria, 35 (wie Fn. 91).

94 Zit. nach Robert Kriechbaumer, „… dass der Einfluss der Kommunisten beseitigt wird." Sowjetische Meinungen über die politische Lage sowie über österreichische Politiker 1945/46, in: Siegfried Beer/Edith Marko-Stöckl/Marlies Raffler/Felix Schneider (Hrsg.), Focus Austria. Vom Vielvölkerstaat zum EU-Staat. Festschrift für Alfred Ableitinger zum 65. Geburtstag, Graz 2003, 417–433, 427.

nicht geschehen, „da verschiedene solcher Persönlichkeiten dem extremen Flügel der ÖVP zu brauchbare und wichtige Vertreter sind".[95] Unter diesen Umständen konnte es kaum verwundern, dass Heinl über Waldbrunner als einen „aggressiven Sozialisten vom linken Flügel" klagte.[96] Im Kabinettsrat machte er unmissverständlich klar, es sei untragbar, wenn schwer belastete Nazis und Heimwehrler wie Hans Malzacher und Josef Oberegger führende Posten in großen, zur Verstaatlichung bestimmten Betrieben einnahmen.[97] In diesem Sinne ist sein Plädoyer vom 2. Juli 1945 zu verstehen: „Man darf den einhelligen Wunsch des Volkes nach Verstaatlichung der Betriebe und Banken, nach Ausschaltung aller faschistischen Wirtschaftskräfte und nach Ausschaltung fremder Einflüsse nicht übergehen."[98] Ebenso nahm er gegen den, wie es Karl Maisel einmal ausdrückte, „alten Geist" in der ÖVP Stellung: „Wir müssen fordern, dass das Hinsetzen der austrofaschistischen Leute aufhört."[99] Es hörte aber nicht auf, wie aus den zum Teil prominenten Beispielen für Kontinuitäten im rechten österreichischen Lager ersichtlich ist.[100]

Doch wurde Waldbrunner nicht selbst nachgesagt, Personen zu protegieren, die in der Zeit des Nationalsozialismus eine zumindest zweifelhafte Rolle gespielt hatten?[101] Gemeint war in diesem Fall der Freund und Ingenieur Walter Hitzinger, wobei unterstellt wurde, dass Ingenieure eine besondere Affinität zum Nationalsozialismus besessen hätten. Tatsächlich machte Hitzinger, vor 1934 Obmann der Sozialistischen Studenten, im Nationalsozialismus Karriere, ohne Mitglied der NSDAP zu sein. Er hatte zudem während dieser Zeit mit Adolf Schärf und Theodor Körner Kontakt gehalten. 1945 setzte ihn Waldbrunner nach Rücksprache mit der Parteileitung bei den Saurer-Werken ein, wo Hitzinger schon früher leitender Direktor war, hatte sich allerdings zuvor Unterlagen verschafft, „die mir seine politische Unbescholtenheit glaubhaft erscheinen ließen". Da es nicht ruhig um die Person Hitzinger wurde und er gehen musste, versuchte Waldbrunner eine Klärung herbeizuführen und beantragte ein Parteischiedsgericht, wozu er sich als Obmann der Vereinigung Sozialistischer Ingenieure veranlasst sah: „Ist Ing. Hitzinger wirklich schuldig der Zusammenarbeit und Förderung der Faschisten bzw. selbst Faschist, dann bitte schalte man ihn aus; ist er es aber nicht, dann muss man energisch gegen solche Machinationen Stellung nehmen und dem Mann in der Partei einen Verbleib und einen Halt sichern, wenn wir nicht in wenigen Monaten

95 Karl Waldbrunner, Bericht über die Arbeit im Staatsamte für Industrie, Gewerbe, Handel und Verkehr, von 1. Mai – 15. Sept. 1945, 2, Nachlass #32.

96 Interview mit Eduard Heinl, 27. August 1945, in: Rathkolb (Hrsg.), Gesellschaft, 140 (wie Fn. 15). Übers. MZ.

97 Protokolle 2, 257 (15. August 1945) (wie Fn. 24). Zu den Personen siehe ebd. (wie Fn. 24); zu Malzacher und der US-amerikanischen Stellenbesetzung vgl. Rathkolb (Hrsg.), Gesellschaft, 45–46 (wie Fn. 15).

98 PV, 2. Juli 1945.

99 PV, 30. Juli 1945. Diese Forderung schlug sich jedoch mit der Personalpolitik des Innenministers Oskar Helmer. Am Parteitag 1946 wurde dieser von der Parteilinken kritisiert, weil er austrofaschistische Leute wieder auf leitende Posten berufen hatte. Wolfgang C. Müller, SPÖ und große Koalition. Zur innerparteilichen Begründung und Diskussion der Regierungsbeteiligung (1945–1966), in: Peter Pelinka/Gerhard Steger (Hrsg.), Auf dem Weg zur Staatspartei. Zur Geschichte und Politik der SPÖ seit 1945, Wien 1988, 23–46, 26.

100 Zu denken ist etwa an Julius Raab. Auch Josef Oberegger blieb und machte in der Österreichisch-Alpine Montangesellschaft Karriere. Vgl. Josef Oberegger an Waldbrunner, 4. Februar 1966, Nachlass #45.

101 Johnson/Sweet/Hankin, Interview, 122 (wie Fn. 15).

mit Schrecken bemerken sollen, wie sehr die staatliche Verwaltung und die Wirtschaftsführung mit Austrofaschisten besetzt sind und wie wenig Einfluss wir dort haben."[102] Das Ehrengericht entlastete ihn schließlich von den Anschuldigungen. Hitzinger wurde 1952 öffentlicher Verwalter der VÖEST, nachdem schon zuvor Rufe nach ihm laut geworden waren. Im Sinne der SPÖ sollte er dafür sorgen, gegen die 700 „schweren Fälle" von „Ehemaligen" und „Jetzigen" vorzugehen, die 1949 die wirtschaftliche Krise des Unternehmens zu verschärfen drohten. Vor allem aber sollte die betriebswirtschaftliche Leistung, die man sich von ihm erwartete, auch die innerparteiliche Gegnerschaft zum Verstummen bringen.[103]

Wie sah es aber um die weitere Karriere des „guten und fähigen Organisators" Karl Waldbrunner aus, der bei der Nationalratswahl als Kandidat für den Wahlkreis I (1., 3. und 4. Bezirk in Wien) an zweiter Stelle hinter Karl Maisel und vor dem Gewerkschafter Friedrich Hillegeist aufgestellt war? Die Klärung war natürlich vom Wahlausgang abhängig, der der SPÖ zwar einen Erfolg, aber keinen Sieg brachte. Der Entscheidung zur Zusammenarbeit der Parlamentsparteien in einer Regierung waren Verhandlungen vorausgegangen, in denen die SPÖ versuchte, ihre relativ gute Position nach Möglichkeit auszubauen. Karl Maisel forderte im Namen der Gewerkschaft die Schaffung eines einzigen Wirtschaftsministeriums, wie es im Konzept von Karl Ausch für die neue Zweite Republik vorgesehen war, das von der SPÖ besetzt werden sollte. Renner sah in einem zentralen Wirtschaftsministerium Gefahren, falls dieses dann von der ÖVP übernommen werde. Aber bei den Verhandlungen sei das „Hauptgewicht auf Wirtschaftspositionen" zu legen, wobei ihm als wichtigstes Ministerium das für Vermögenssicherung und Wirtschaftsplanung schien.[104]

In dieser Situation tat der „junge Genosse" Karl Waldbrunner Karl Renner und Adolf Schärf in einem bemerkenswerten Brief seine Meinung kund. Waldbrunner sprach für die Kreise der Sozialisten, die in der Wirtschaft stünden, für die Funktionäre aus Industrie, Handel und Gewerbe, die mit der Ansicht der beiden Parteiführer über die Aufteilung der Mandate nicht einverstanden seien. Geschwiegen habe er, weil er als Mandatar, der aus diesen Kreisen komme, den Eindruck habe vermeiden wollen, für seine Person zu sprechen. Im Wesentlichen nimmt er die Position der Gewerkschaften ein und verlangt zur Realisierung sozialistischer Zielsetzungen, dass von den Schlüsselministerien das für Industrie, Gewerbe, Handel und Verkehr „unbedingt von uns erreicht werden muss" – obwohl in den Verhandlungen bereits angeregt worden war, dieses zu trennen. Von diesem gehe der größte Einfluss auf die Wirtschaft aus, von hier aus habe man – in Zusammenarbeit mit den Gewerkschaften – Einfluss nehmen können, über dieses Ressort ließen sich Sozialisierung und Wirtschaftsplanung am ehesten leiten bzw. lenken, so Waldbrunners Erwartung. Waldbrunner hielt fest, er glaube keineswegs daran, dass ihm

102 Karl Waldbrunner an das Parteischiedsgericht der SPÖ, 23. Februar 1946, Nachlass 10.
103 Stefan Demuth an Waldbrunner, 13. November 1949, Nachlass #2.
104 PV, 3. Dezember 1945.

die Leitung des Ministeriums übertragen werde, „denn ich weiß genau, dass ich noch sehr jung und politisch noch lange nicht ausgereift bin". Er werde dort arbeiten, wo ihn Renner und Schärf hinstellten, und mit Freuden seine Arbeit leisten. Allerdings schien zu diesem Zeitpunkt der weitere Lebensweg noch keineswegs vorgezeichnet: „Ich habe sogar an einer völlig freien Arbeit in der Wirtschaft die größte Lust und würde auch mit Freuden wieder in die Wirtschaft zurückgehen, wenn ihr mich nicht in den politischen Funktionen notwendig brauchen würdet, denn dort bin ich zu Hause und kann nebenbei meiner Familie wahrscheinlich auch ein wohlhabenderes und ruhigeres Leben sichern als in den politischen Stellungen, die mir die Partei zuweist."[105] Andererseits zog es ihn immer noch halb. Hatte er doch im November in einer in der „Wiener Zeitung" erschienenen biografischen Skizze am Schluss geschrieben: „Meine Hoffnung geht dahin, dass ich mein Können und meine Arbeitsfreude noch viele Jahre in den Dienst der Arbeiterbewegung und des österreichischen Volkes stellen kann und damit zur Wiederaufrichtung des ganzen Staates beitragen darf."[106] Renner antwortete: „Jedenfalls werden wir nicht auf Ihre Arbeitskraft verzichten."[107]

Als nach den ersten Verhandlungen von den Wirtschaftsressorts nur der Verkehr (Bahn, Post, Telefon und Telegraf) für die SPÖ herausgesondert wurde, herrschte im Parteivorstand allgemeine Unzufriedenheit mit den Verhandlungsergebnissen. Renner und Schärf gaben einer Tätigkeit im Planungs- und Verstaatlichungsbereich wegen der Alliierten kaum Chancen. Johann Böhm, der in diesem Punkt beipflichtete, beharrte dennoch auf einem wichtigen Wirtschaftsministerium für die SPÖ. Man solle das Planwirtschaftsministerium fordern und den Verkehr aufgeben. Auch Karl Maisel äußerte Unzufriedenheit über die Aufteilung der Wirtschaftsministerien und setzte weiterhin auf die Möglichkeit der Verstaatlichung. „Wir dürfen die zusammengebrochene Wirtschaft nicht ohne Weiteres aus der Hand geben." Helmer meinte, der Widerstand der ÖVP beim Ministerium für Vermögenssicherung und Wirtschaftsplanung sei unüberwindbar. Darüber wolle sie nicht reden und er sah im Falle des Beharrens die Gefahr des Scheiterns eines Regierungseintritts. Schärf war der Meinung, die SPÖ sei mit dem Sozialisierungsprogramm in die Wahl gegangen und sei mit diesem Wahlprogramm unterlegen. „Wirtschaftsmachtpolitische Aufgaben" könne die SPÖ in der derzeitigen Stärke nicht erfüllen.[108] Nach dem Beschluss, die Verhandlungen im Sinne der Gewerkschaft weiterzuführen, erhob die Gewerkschaft als Mindestforderung einen Staatssekretär im Ministerium für Vermögenssicherung und Wirtschaftsplanung und schlug dafür Karl Waldbrunner vor.[109] Bekanntlich kam es denn auch so. Und man wird annehmen dürfen, dass die Hand des väterlichen Freundes Maisel dabei mitgewirkt hatte.

105 Karl Waldbrunner an Dr. Renner und Dr. Schärf, 5. Dezember 1945, Nachlass #15.
106 Wiener Zeitung, 15.11.1945, 4.
107 Karl Renner an Waldbrunner, 8. Dezember 1945, Privatarchiv Martha Messeritsch.
108 PV, 6. Dezember 1945.
109 PV, 7. und 8. Dezember 1945.

Noch vor der Anerkennung der Regierung Figl I hielt Karl Renner im Kabinettsrat Rückschau über die Provisorische Regierung und hielt fest, dass für die meisten der Mitarbeiter die parlamentarische und ministerielle Tätigkeit neu war. „Es war ungewiss, wie sich die Menschen bewähren werden“, sagte er, um seiner Genugtuung darüber Ausdruck zu verleihen, „so tüchtige Mitarbeiter gefunden zu haben, die sich rasch eingearbeitet und sich in der Zusammenarbeit bewährt haben“.[110] Karl Waldbrunner konnte sich angesprochen fühlen und sollte sich auf dem politischen Parkett noch weiterhin bewähren.

Diplomatisches Intermezzo

Einige der Aktivitäten Karl Waldbrunners als Staatssekretär im Ministerium für Vermögenssicherung und Wirtschaftsplanung wurden bereits erwähnt. Für diese Aufgaben blieben ihm allerdings nur drei Monate, denn in der Zwischenzeit war eine – nicht ganz unerwartete – Entscheidung gefallen. Sie führte ihn in ein ganz anderes Feld, und doch in vertraute Sphären. Waldbrunner wurde zum ersten Politischen Vertreter der Zweiten Republik in Moskau.

Sehr bald nach der Befreiung kam es, wie erwähnt, zu Versuchen, eine Handelsdelegation in die Sowjetunion zu entsenden, in der auch Waldbrunner vorgesehen war. Diese verliefen im September jedoch im Sand. Die strikte Ablehnung einer österreichisch-sowjetischen Erdölgesellschaft durch die SPÖ, wobei auch massiver Druck der USA und Großbritanniens eine Rolle gespielt hatte, ließ die ursprüngliche Geneigtheit der Sowjetunion kippen.[111] Hingegen stand die Frage einer Gesandtschaft an. Noch vor der Anerkennung der Provisorischen Regierung durch die westlichen Alliierten am 20. Oktober beschloss das Zentralkomitee der KPdSU, diplomatische Beziehungen mit Wien aufzunehmen.[112] Da sich Moskau keinen Berufsdiplomaten, sondern einen Politiker, und keinen Kommunisten, sondern einen Sozialisten wünschte, wurden noch im Oktober vom Außenamt Julius Deutsch (der allerdings noch gar nicht in Österreich war) und Karl Waldbrunner vorgeschlagen.[113] Dieser war nicht nur wegen des Personalmangels im

110 Protokolle des Kabinettsrates der Provisorischen Regierung Karl Renner 1945, hrsg. v. d. Österreichischen Gesellschaft für historische Quellenstudien, Bd. 3: Protokolle des Kabinettsrates 12. September 1945 bis 17. Dezember 1945, hrsg. v. Gertrude Enderle-Burcel/Rudolf Jeřábek, Wien 2003, 406.

111 Alfons Schilcher, Österreich und die Großmächte. Dokumente zur österreichischen Außenpolitik 1945–1955 (Materialien zur Zeitgeschichte 2), Wien/Salzburg 1980, 17–31; vgl. PV, 13. September 1945; Rathkolb (Hrsg.), Gesellschaft, 186 (Bericht vom 26. September 1945), (wie Fn. 15).

112 Karner, Zu den Anfängen, 183 (wie Fn. 2); Oliver Rathkolb, Der Wiederbeginn der diplomatischen Beziehungen zwischen Österreich und der Sowjetunion 1945–1947 zwischen Kaltem Krieg und österreichischer Innenpolitik, in: Mitteilungen des Österreichischen Staatsarchivs 50/2003 (200 Jahre Russisches Außenministerium) 157–166.

113 Schöner, Tagebuch, 416–417 (wie Fn. 53); zu J. Deutsch vgl. Manfred Marschalek, Der Fall Julius Deutsch. Ein sozialdemokratischer Generationskonflikt im Schatten des Kalten Krieges, in: Wolfgang Maderthaner (Hrsg.), Auf dem Weg zur Macht. Integration in den Staat, Sozialpartnerschaft und Regierungspartei (Sozialistische Bibliothek 1/1), Wien 1992, 11–50, 24.

Außenamt besonders für die ÖVP ein Wunschkandidat, denn „er hat unseren [Staatssekretär] Heinl genug geärgert, indem er im Staatsamt für Industrie stets mehr die russischen als die österreichischen Interessen bei allen Verhandlungen wegen unserer Industrie vertrat". Seine Qualifikation aufgrund der Sprachkenntnisse und Erfahrungen in der Sowjetunion fanden allerdings auch Erwähnung.[114] War die ÖVP froh, so vertrat die SPÖ den Standpunkt, „dass nur ein Sozialist Außenpolitik in der S.U. führen könne".[115] Auch sprachen die eher ökonomisch als politisch-diplomatisch ausgerichtete Prioritätenliste der Partei und die Bemühungen Renners um gute wirtschaftliche Beziehungen zur Sowjetunion für den in wirtschaftlichen Fragen bewährten Mann.[116] In der späteren Literatur wurde Karl Waldbrunner mit Ludwig Kleinwächter, Ernst Lemberger, Hans Thalberg, Norbert Bischoff, Karl Hartl und Lothar Wimmer als „Vorzeigediplomaten des österreichischen Opferstaates" in eine Reihe gestellt. Es wurde argumentiert, die Bundesregierung habe diese „ganz bewusst auf diese Positionen platziert", um „die individuelle Opferrolle von Österreichern auf der diplomatischen Vertretungsebene wirksam herausstellen" zu können. Diese Interpretation erscheint im Licht der Kenntnisse über Waldbrunners Person und Bestellung jedoch zumindest überzogen.[117]

Bald war nur noch von Waldbrunner die Rede, und Renner bemühte sich für die Provisorische Regierung, von der sowjetischen Regierung so bald wie möglich eine positive Antwort auf die Anfrage betreffend die Bestellung Waldbrunners zum Gesandten und bevollmächtigten Minister zu erhalten. Renners Drängen hatte im November auch einen innenpolitischen Hintergrund. Zumindest argumentierte er Kiselev gegenüber damit, dass die ÖVP in Erwartung eines Wahlsieges und noch vor der Bildung einer neuen Regierung fordern könnte, „professionelle Diplomaten, d.h. Reaktionäre, Anhänger der Katholiken", zu entsenden. Dieses Argument bewog Kiselev, dem Vorschlag zuzustimmen.[118] Obwohl sich die Befürchtungen Renners nicht bewahrheiteten und die SPÖ – wenngleich als „Juniorpartner" – ihren Einfluss bei der Bestellung von Vertretungspersonal auf der Basis der vereinbarten Einvernehmlichkeit geltend machen konnte, war Anfang Dezember noch nicht klar, ob Waldbrunners Berufung nach Moskau von der Sowjetunion akzeptiert würde – Renner urgierte bei Scheltov.[119]

---

114 Schöner, Tagebuch, 417 (wie Fn. 53).

115 PV, 5. September 1946.

116 Die ersten österreichischen Diplomaten, in: Arbeiter-Zeitung, Schaffhausen, 31. Januar 1946; vgl. dazu auch Oliver Rathkolb, Sozialistische Außenpolitik(er) 1945 bis 1959, in: Erich Fröschl/Maria Mesner/Helge Zoitl (Hrsg.), Die Bewegung. Hundert Jahre Sozialdemokratie in Österreich, Wien 1990, 499–514, 501.

117 Michael Gehler, Österreichs Außenpolitik der Zweiten Republik. Von der alliierten Besatzung bis zum Europa des 21. Jahrhunderts, Innsbruck/Wien/Bozen 2005, 389. Eine differenziertere Sicht bietet Rathkolb, Wiederbeginn, 158 (wie Fn. 112).

118 Zit. nach Stefan Karner/Barbara Stelz-Marx/Alexander Tschubarjan (Hrsg.), Die Rote Armee in Österreich. Sowjetische Besatzung 1945–1955. Dokumente, Graz/Wien/München 2005, 249 (Mitteilung vom 24. November 1945).

119 Rathkolb, Außenpolitik(er), 499 (wie Fn. 116); Karl Renner an Waldbrunner, 8. Dezember 1945, Privatarchiv Martha Messeritsch.

Am 27. Jänner 1946 berichtete Schärf im Parteivorstand (da stand es aber auch schon in der „Wiener Zeitung") über Waldbrunners Agrément als Gesandter in Moskau.[120] Seine Ernennung mit Entschließung des Bundespräsidenten erfolgte am 9. Februar.[121] Dann folgten weitere Verzögerungen, die vor allem den ungeklärten materiellen Bedingungen geschuldet waren, unter denen der Homo novus[122] diplomaticus seinen Dienst antreten konnte. Während die Unterbringung bis zum Freiwerden des Gesandtschaftsgebäudes im Hotel National vorgesehen war, sollte zur Finanzierung die österreichische bei der Sowjetregierung einen Rubel-Kredit beantragen, der in Form von Kompensationen, sei es durch Sachlieferungen, sei es durch in Russland marktgängige Devisen, zurückzuzahlen wäre. Bei einem vorbereitenden Gespräch mit sowjetischen Vertretern brachte Waldbrunner auch die Hauptaufgaben vor: Obenan stand die Frage der österreichischen Kriegsgefangenen. Zweitens ging es um die wirtschaftlichen Beziehungen, wobei die noch nicht zustande gekommene Handelsdelegation ein gewisses Reizthema war. Außerdem brachte Waldbrunner die wirtschaftlichen Behinderungen aufgrund der Zonen vor. Hier wie auch bei der Frage des so genannten „Deutschen Eigentums" in Österreich „und den Südoststaaten" zeigte sich das sowjetische Gegenüber „weniger interessiert und informiert" und verwies auf die zuständigen Stellen in Moskau.[123]

Noch vor seiner Abreise erschien es dem designierten Geschäftsträger wichtig, den zu vertretenden Anliegen Österreichs einen günstigen Boden zu bereiten. In dieser Absicht verfasste er am 19. März 1946 den Artikel „Was wird aus Österreich?" über die Gestaltung der Beziehungen zur Sowjetunion, in dem er – übrigens völlig zu Recht – diesen Staat als größten Leidtragenden des Nationalsozialismus, aber auch als Hoffnungsträger der Arbeiterklasse darstellte, die die Errungenschaften des Sozialismus zu würdigen wisse. Gleichzeitig machte er klar, welches die Forderungen Österreichs seien: die Rückkehr der Kriegsgefangenen, die Verfügungsgewalt über Rohstoffe und Unternehmungen, der ungehinderte freie Warenaustausch, eine feste Währung, die Reduzierung der Besatzungstruppen und natürlich der Staatsvertrag. Der Tenor verstieß offenbar gegen die Linie der „Arbeiter-Zeitung", die den Alliierten gegenüber eine „neutrale", ausgleichend-lavierende Haltung einzunehmen bestrebt war. Chefredakteur Oscar Pollak, der schon früh für die Beendigung der „pro-sowjetischen" Periode der Partei eintrat, lehnte die Veröffentlichung – für deren Fall Waldbrunner die Anonymität gewünscht hatte – ab: „Kritik müssen wir vermeiden; den Anschein der Anbiederung sollen wir vermeiden."[124] Wenige Wochen später sollte der Stellvertreter in Moskau allerdings genau diese Punkte vorbringen.

120 PV, 27. Jänner 1946.
121 Waldbrunner an Adolf Schärf, 5. Jänner 1954, Nachlass #15.
122 Die ersten österreichischen Diplomaten, in: Arbeiter-Zeitung, Schaffhausen, 31. Januar 1946.
123 Aufzeichnung [über die Aussprache Waldbrunners mit dem Gesandten Kiselev am 15. Februar 1946 in Wien], Nachlass.
124 Pollak an Waldbrunner, Nachlass #32. Zu Pollak siehe Marschalek, Fall, 23 (wie Fn. 113).

Ohne definitive Zusagen vonseiten der Sowjets über die materielle Basis der Gesandtschaft in der Tasche zu haben, reiste Waldbrunner in Begleitung ab und traf am 5. April 1946 ein. In einer Vielzahl von Berichten an Außenminister Karl Gruber berichtete er über Unterredungen mit sowjetischen Ministern, seine Kontakte zu den anderen ausländischen Diplomaten und über das Geschehen in Moskau. Die bereits erwähnten Themen bildeten den Kern seiner politischen Gespräche. Die Reaktion der sowjetischen Stellen lässt sich zusammenfassend als hinhaltend bezeichnen. Österreich müsse sich mit der Erledigung seiner Anliegen gedulden, weil hiefür – so etwa Molotov – „die Lösung der internationalen Fragen eine Rolle spielt".[125] Waldbrunner stieß auf eine „auffallende Zurückhaltung in allen Österreich betreffenden Fragen",[126] was zwar nicht seine Bemühungen, aber doch seine Erfolgsaussichten schmälerte. Daran änderte auch der zuweilen freundliche Diplomatenton nichts, mit dem man ihm begegnete. „Man kenne ja meine frühere Tätigkeit", so Waldbrunner über sein Gespräch mit Molotov, „auch meine politische Betätigung in Österreich und demokratische Gesinnung; meine Kenntnisse der russischen Sprache und meine Sympathien für das russische Volk seien ja besonders erfreulich und erfolgversprechend." Nicht nur Molotov stimmte – im Einklang mit der Moskauer Deklaration – der „Opferthese" zu, dass Österreich 1938 von den Großmächten keine Unterstützung erhalten habe. Auch in der Frage der Entnazifizierung zeigte man Verständnis für die Schwierigkeiten Österreichs, dass „wir bei gewissen Intelligenzberufen nicht so strenge Maßnahmen ergreifen konnten". Der stellvertretende Außenminister Wyschinskij etwa meinte, dass es in Russland nach der Revolution ja ähnlich gewesen sei, „und man müsse eben sehen, wer noch imstande wäre, für eine zweckmäßige Arbeit unter den gegebenen Voraussetzungen verwendet zu werden".[127] Andererseits hörte Waldbrunner auch „Vorwürfe mangelnder Demokratie, fehlenden Arbeitswillens, schlechter Organisation" und Ähnliches.[128] In Sachen Staatsvertrag kamen ebenfalls keine Illusionen auf. Die Sowjetunion hatte es abgelehnt, auf der gerade stattfindenden Pariser Konferenz der Außenminister den Vertrag mit Österreich zu diskutieren. Ausführlich legte ihm der stellvertretende Außenminister Dekanassov dar, dass die Frage Österreich derzeit hinter „den ganzen Schwierigkeiten Europas" zurückzustehen habe.[129]

Waldbrunner hatte kaum Kontakte zu Österreich und war so gut wie ohne Nachrichten. Auch materiell blieben die Bedingungen unzulänglich. Noch Ende Mai

125 Besuch bei Außenminister Molotov, 12. April 1946, Zl. 1 pol./46, Nachlass; die Berichte finden sich, verstreut in diversen Kartons und Faszikeln, (zum Teil?) auch im ÖstA/AdR. Siehe z.B. ÖstA/AdR, AA, II-pol. 1946, Kt. 20, Russland 3, Russland 5, Russland 6, Russland 49: AA, II-pol 1946, Kt. 17, 1946 Ö 2, Grundzahl 111.105-pol./46.

126 Antrittsbesuch beim stellvertretenden Außenminister Losovskij, 30. April 1946, Zl. 10 pol./46, Nachlass.

127 Besuch beim stellvertretenden Außenminister Wyschinskij, 27. April 1946, Zl.5 pol./46, Nachlass.

128 Gespräch mit dem stellvertretenden Außenminister Dekanassov, 23. Mai 1946, Zl. 19 pol./46, Nachlass.

129 Gespräch mit dem stellvertretenden Außenminister Dekanassov, 23. Mai 1946, Zl. 19 pol./46, Nachlass; vgl. Gerald Stourzh, Um Einheit und Freiheit: Staatsvertrag, Neutralität und das Ende der Ost-West-Besetzung Österreichs 1945–1955 (Studien zu Politik und Verwaltung 62), Wien/Köln/Graz 1998, 40.

hatte er „keine einzige Kopeke“ erhalten, die Gesandtschaft lebte auf Kredit.[130] Seine Schreiben blieben unbeantwortet, was zum Teil auch auf die unzulänglichen Kommunikationsbedingungen zurückzuführen war. Ebenso hatte er von seinen Parteifreunden nach einem Monat noch immer keine Zeile erhalten. In einem Brief von Anfang Mai beschrieb er seine Lage als schwierig. Mit einem „Anfang aus dem Nichts“ gehe es ihm wie vor einem Jahr, als er in die Regierung eintrat und „auch rundum nichts vorhanden“ war. Obwohl es ihm verglichen mit damals besser gehe, habe er die meisten Sorgen „wegen zu Hause, da von neuen großen Versorgungsschwierigkeiten hier berichtet wird“. Trotz seiner „wenig hoffnungsvollen Situation“ gab er sich jedoch zuversichtlich und trat nach sieben Wochen seine geplante Informationsreise nach Wien an.[131]

Waldbrunner kümmerte sich von Wien aus weiterhin um die Erledigung von Gesandtschaftssachen, doch die Rückkehr zog sich hinaus und fand schließlich gar nicht mehr statt. Die Frage der Alimentierung wurde vom Außenamt nicht gelöst und politisch war das Scheitern der Mission der zunehmenden Verhärtung der Positionen der Sowjetunion gegenüber Österreich zuzuschreiben. Waldbrunner konnte einfach nichts ausrichten, so wenig, wie jeder andere auch noch so geschulte Berufsdiplomat es vermocht hätte.[132] Wie Adolf Schärf es formulierte: „Die Russen haben ihn auf dem Trockenen sitzen lassen.“[133] Schließlich legte auch die Partei keinen Wert mehr auf einen zweiten Versuch Waldbrunners.

Um die Gründe seines Rücktritts vom 18. Oktober entspann sich – ausgelöst durch eine Presseaussendung Waldbrunners – eine publizistische Polemik, in der selbstverständlich parteipolitisches Kleingeld geschlagen werden sollte und die auch von persönlichen Untergriffen nicht frei war. Sie nahm zunehmend den Charakter einer Offenbachiade an, brachte eine amtliche Darstellung des Auswärtigen Amtes in die Zeitung, beschäftigte den Ministerrat und endete schließlich mit einer Erklärung des Außenministers im Nationalrat.[134]

Waldbrunner hatte sich mit seiner diplomatischen Mission der Parteidisziplin untergeordnet und war nicht aus eigenem Antrieb nach Moskau gegangen. Im Gegenteil, hatte ihm doch seine Ernennung zum Staatssekretär Chancen für ein weiteres Wirken im Sinne einer sozialistisch geprägten Wirtschaftsordnung und des Aufbaus eröffnet. Im Protokoll des Parteivorstands findet sich die Bemerkung, „dass er gerade in dem Augenblick, wo die Positionen, die wir mühsam in seinem Ressort

130 Kosten der Moskauer Gesandtschaft, Waldbrunner an Karl Gruber, 28. Mai 1946, Zl. 20 pol./46, Nachlass.

131 Karl Waldbrunner an „Liebe Freunde“ [in der SPÖ], Moskau, 3. Mai 1946, Nachlass #61.

132 Rathkolb, Wiederbeginn, 165 (wie Fn. 112).

133 PV, 15. Oktober 1946.

134 Siehe Tagblattarchiv in der Wiener Stadt- und Landesbibliothek, Mappe Waldbrunner; Die Geschichte unserer ersten Vertretung in Moskau. Eine amtliche Darstellug des Auswärtigen Amtes, in: Neues Österreich, 1.12.1946; Replik in Arbeiter-Zeitung, 1.12.1946; Welt am Abend, 4.12.1946; Verhandlungsschrift Nr. 48 über die Sitzung des Ministerrates am 3. Dezember 1946, Kopie in Bruno-Kreisky-Archiv, Ordner Ministerratsprotokolle 1946, Nr. 24–51; Neues Österreich, 6.12.1946; A-Z, 6.12.1946.

geschaffen haben, zu wanken beginnen, nur sehr schwer hier weggeht".[135] Auch Anton Proksch hatte den Abgang Waldbrunners aus diesem Ministerium bedauert, weil er darin einen Verlust der Wirtschaftskompetenz der SPÖ erblickte.

Nach seiner Rückkehr fand er sich wieder mitten in den wirtschaftlich drängenden Fragen. Im Juli war das Erste Verstaatlichungsgesetz verabschiedet worden, woraufhin die Alliierten ihre Forderungen geltend zu machen versuchten. Es ging um Erdölinteressen westlicher Firmen, aber auch um die Länderbank und Elin. Ein Gefühl des Scheiterns machte sich breit und die Furcht, dass damit „unsere Verstaatlichung ein Begräbnis erster Klasse erhalten" habe, so Felix Stika im Parteivorstand. Waldbrunner selbst warf die Frage auf, „was von der Verstaatlichung überbleibt", und verwies auf die 5-Millionen-Dollar-Anleihe, die bei der Alpine Montan stehe. Obwohl ein beträchtlicher Substanzverlust drohte, waren die Forderungen für Waldbrunner kein völliges Scheitern, sondern eine Einschränkung des ursprünglichen Programms.[136] Doch bezüglich der Realisierung des Programms wie auch anderer wirtschaftlicher Fragen herrschte in der Partei eine gewisse Verunsicherung. Wirtschaftspolitisch kompetente Leute waren gefragt, wenn man vermeiden wolle, dass die Verstaatlichung zur Farce werde (Fritz Matzner im Parteivorstand). Das betraf auch die Bildung einer Kommission zur Ausarbeitung eines Zweijahreswirtschaftsprogramms, die aus den „Fachleuten" Waldbrunner, Wendelin Schöpf, Anton Proksch und Stefan Wirlandner gebildet wurde.[137] Anfang Oktober, als seine Rückkehr nach Moskau schon nicht mehr wahrscheinlich war, wurden seine diesbezüglichen Qualitäten erneut zum Thema des Parteivorstands. Es zeigte sich dabei, dass Waldbrunner immer noch zwischen Industrie und Politik Möglichkeiten offenstanden. Als über die Vorarbeiten für die Umbildung der Aufsichtsräte und Vorstände in den verstaatlichten Betrieben berichtet wurde und eine Reihe von Namen fiel, stellte Bruno Pittermann fest, „dass ihm ein Name, und zwar Waldbrunner, fehlt". Noch vor der Entscheidung, ob Waldbrunner sein Amt als Diplomat wirklich niederlegen würde, war dies eine von zwei Möglichkeiten für seine Verwendung. Denn gleichzeitig schlug Proksch vor, „dass wir im Parteisekretariat einen Mann haben müssten, der sich mit Wirtschaftsfragen beschäftigt". Auch hiefür kam Waldbrunner in Frage.[138] Wenn schon nicht Generaldirektor der Bundesbahn oder Präsident der Alpine Montan, dann sei es „vorzuziehen, dass er die Führung der Wirtschaftspolitik in der Partei übernimmt", meinte Julius Deutsch.[139] Karl Waldbrunner erhielt eine wichtige parteipolitische Aufgabe: Er wurde im November wirtschaftspolitischer Sekretär der SPÖ,[140] war Nationalratsabgeordneter und sollte sogar noch in einigen diplomatischen Missionen für Österreich zum Einsatz kommen.

135 PV, 27. Jänner 1946.
136 PV, 6. September 1946.
137 PV, 19. September 1946.
138 PV, 7. Oktober 1946.
139 PV, 15. Oktober 1946.
140 PV, 17. November 1946.

Wegbereiter des Wiederaufbaus

Ein Jahr nach dem Ende des Krieges war die Lage zwar in vielen Belangen noch immer prekär. Im Mai 1945 wäre, so erinnert sich Waldbrunner, „rundum nichts vorhanden" gewesen. Doch gemessen an diesem Zustand „ist schon ein ganz wesentlicher Fortschritt zu verzeichnen. Es hat daher – so überlegt – die Arbeit des verstrichenen Jahres doch Sinn und auch Erfolg gehabt."[141] Kaum zum Wirtschaftsfachmann der Partei und – neben Otto Probst und Erwin Scharf – einem der Zentralsekretäre der SPÖ avanciert, setzte Waldbrunner alles daran, den wirtschaftspolitischen Vorstellungen der Sozialdemokratie Nachdruck zu verleihen. Die Voraussetzung dafür war, dass ihn Körner zum persönlichen Berater für Wirtschaftsangelegenheiten bestellte, offiziell: zum Vertreter der Stadt Wien im Planungsbeirat beim Bundesministerium für Vermögenssicherung und Wirtschaftsplanung.[142]

Eine der Stoßrichtungen galt vor allem dem Ministerium Krauland, dessen Geschäftsführung die jahrelange Kritik Waldbrunners herausforderte. Bereits Anfang Dezember 1946 griff er im Nationalrat die oftmalige Missachtung der Mitbestimmungsrechte der Arbeiterschaft sowie die Politik der Einsetzung von öffentlichen Verwaltern aus der Beamtenschaft des Ministeriums an.[143] Vor allem wurde Krauland zum Planungsminister, der Planung verhinderte – ein Vorwurf, der angesichts der weltanschaulichen Heimat des Ministers, der aus dem Austrofaschismus kam, gerechtfertigt war. Andererseits hatte die SPÖ selbst kein homogenes Planungskonzept und war außerdem nicht „doktrinär dem Prinzip der überspitzten Planung", sondern der Entwicklung einer regulierten Marktwirtschaft verpflichtet.[144] Da aber dem Ministerium auch die verstaatlichten Betriebe unterstanden, war die Forderung nach Anwendung der Wirtschaftspläne zumindest in diesem Bereich verständlich.[145] Und hier entstanden denn auch im Jahr 1948 Aufbau-, Rahmen- oder „Konstitutionspläne" für einzelne Branchen.[146] Wie es um die Planung stand, illustriert das Beispiel der Kreditlenkung, die Waldbrunner einmal als „ungewollte Planwirtschaft" bezeichnete.[147] Erst mit dem Marshallplan kam es, vor allem in der Eisen- und Stahlindustrie, aber auch auf dem Energiesektor, zu Planungsmaßnahmen, die diesen Namen auch verdienten.[148] Die Hoffnungen auf eine gesamt-

141 Karl Waldbrunner an „Liebe Freunde" [in der SPÖ], Moskau, 3. Mai 1946, Nachlass #61.

142 Bürgermeister der Stadt Wien an Waldbrunner, 25. Oktober 1946; Dekret vom 13. November 1946, Zl. M.D.–2611/46; Bürgermeister der Stadt Wien an Waldbrunner, 8. Februar 1947, alle Nachlass #11.

143 A-Z, 6.12.1946; zur Wahl zum Zentralsekretär auf dem Parteitag 1946 siehe A-Z, 19.11.1946.

144 Karl Waldbrunner, Der wirtschaftliche Wiederaufbau Österreichs, Vortrag gehalten in Schweden im Jänner 1952, Typoskript, 4, Nachlass #45; vgl. auch A-Z, 21.11.1946; Deutsch, Chance, 88–95 (wie Fn. 72).

145 A-Z, 6.12.1946.

146 Hans Seidel, Österreichs Wirtschaftspolitik und der Marshall-Plan, in: Günther Bischof/Dieter Stiefel (Hrsg.), 80 Dollar. 50 Jahre ERP-Fonds und Marshall-Plan in Österreich 1948–1998, Wien/Frankfurt 1999, 63–102, 79; vgl. auch Ralf Kronberger/Robert Schediwy, Zeitzeugen und Gestalter: Hans Seidel – ein konstruktiver Mittler, in: Wirtschaftspolitische Blätter 1 (2005) 137–144, 138.

147 Karl Waldbrunner, Rededisposition, 1948, Nachlass #32.

148 Kurt Tweraser, Der Marshall-Plan und die österreichische Stahlindustrie: VÖEST, in: Günther Bischof/Dieter Stiefel (Hrsg.), 80 Dollar. 50 Jahre ERP-Fonds und Marshall-Plan in Österreich 1948–1998, Wien/Frankfurt 1999, 217–248, 231–232.

wirtschaftliche Planung, die manche in den Planungsbeirat gesetzt hatten, erfüllten sich allerdings nicht. Dieses im Mai 1946 ins Leben gerufene Gremium trat erst im Februar 1949 zu seiner ersten Sitzung zusammen und konnte bis zu seiner Auflösung im selben Jahr den erwünschten Beitrag nicht leisten.[149] Es bestand also, wie Waldbrunner 1947 anmerkte, Handlungsbedarf für die österreichische Wirtschaft und Politik, wollte man die Zukunft „nicht wieder wie nach 1918" verscherzen.[150]

Geleitet waren die Polemiken Waldbrunners von der Erkenntnis, dass sich der politische Kampf auf den wirtschaftlichen Sektor verlagert habe: „Wirtschaftliche Entscheidungen sind politische Entscheidungen."[151] Das bedeutete, den wirtschaftlichen Hegemoniebestrebungen der ÖVP, der „Wirtschaftsfront der Bourgeoisie"[152], entgegenzutreten, Positionen zu erringen und zu behaupten. Denn Mitverantwortung hieß Mitbestimmung. Die „offizielle" Linie[153] des vielbeschworenen Konsenses zwischen den beiden großen Parteien, dem sich Waldbrunner immer verpflichtet fühlte, fand hier seine Grenzen. Die Erfahrungen mit dem „Ständestaat" blieben lange Zeit präsent und hielten vor allem bei der SPÖ ein ständiges Misstrauen gegenüber dem Koalitionspartner (die KPÖ schied 1947 aus der Konzentrationsregierung aus) wach. Nicht einmal der Antikommunismus, der bei der ÖVP naturgemäß vorausgesetzt werden konnte und den sich die SPÖ zum distinktiven Merkmal machte, war ein unverbrüchliches Bindeglied. Das bewies der durch eine gezielte Indiskretion Karl Grubers bekannt gewordene Versuch Leopold Figls, mit dem Kommunisten Ernst Fischer 1947 eine Neuaufteilung der politischen Macht zu vereinbaren. Dieses „sonderbare Liebesspiel (...), diese so genannte Untreue der Führer der ÖVP" habe ihn „eigentlich nicht enttäuscht, denn ich war nie auf eine Treue gefasst".[154] Vielmehr hielt er es für bezeichnend, dass die ÖVP bereit sei, „alles über Bord zu werfen, um sich selber am Ruder zu erhalten", und setzte hinzu: „Die Methode ist uns ja zur Genüge aus den Jahren vor 1938 bekannt."[155] Vor allem aber waren es Fragen der wirtschaftspolitischen Weichenstellungen und Entscheidungen, an denen die Gegensätze aufbrachen. Die ökonomischen Verhältnisse Österreichs boten dafür genügend Anlässe.

Die Lage war in den ersten Nachkriegsjahren noch immer nicht sehr ermutigend. Der Aufbau wie die Verwaltung waren mühselig und von ständigen Rückschlägen begleitet. Mangelnde Souveränität bei anhaltenden Differenzen in der alliierten Militärverwaltung erschwerten die Situation. Die politische Arbeit erfordere viel Ausdauer und Verantwortung, schrieb Waldbrunner 1947 an einen Ingenieursfreund in den USA, „und du kannst dir vorstellen, dass wir alle unser Letztes ge-

149 Deutsch, Chance, 91–93 (wie Fn. 72); Karl Waldbrunner, Wirtschaftsplanung und Planungsministerium, in: A-Z, 6.2.1949, 2.
150 Waldbrunner an Norbert Bischoff, 29. September 1947, Nachlass #52.
151 Karl Waldbrunner im PV, 2. Juli 1945.
152 Karl Waldbrunner, Die Wirtschaftskammern, in: SPÖ-Vertrauensmann, 8. November 1946.
153 Matis, Nachkriegselend, 158 (wie Fn. 18).
154 Waldbrunner an Bruno Kreisky, 17. Juni 1947, Nachlass #11.
155 Waldbrunner an Erich Wang, 17. Juni 1947, Nachlass #17.

ben, um durchzukommen". Entscheidend aber war, dass die gemäßigte und staatstragende Linie der SPÖ es ausschloss, „in dieser Situation zu experimentieren". Die Sozialisten seiner Orientierung richteten ihre „Blicke in erster Linie auf die Erhaltung des kleinen, neu aufgerichteten Staates".[156] „Keine Experimente" hieß damals innerparteilich wohl schon der Bruch mit den Linkssozialisten, der 1948 bekanntlich im Ausschluss Erwin Scharfs – und im traurigen Freitod von Hilde Krones – gipfelte.[157] Der Verzicht auf Experimente bedeutete in den innen- wie weltpolitisch entscheidenden Jahren 1947 und 1948 ein Bekenntnis zur westlichen Demokratie, dessen greifbarster politischer und ökonomischer Ausdruck dann die Teilnahme am ERP-Programm war. Zur Frage der „angeblichen Westorientierung" antwortete Waldbrunner im September 1947 dem Botschafter Norbert Bischoff in Moskau, er könne sich nur an die Tatsachen halten: Österreich habe nur politisch und wirtschaftlich überleben können, weil es von Amerika Hilfslieferungen im Ausmaß von nahezu 200 Millionen Dollar erhalten habe, ohne den USA gegenüber eine Verpflichtung eingegangen zu sein. Da sich die Lage wieder verschärfe, sei weitere Hilfe unverzichtbar. „Den österreichischen Politiker, sofern er nicht wie die Kommunisten ein Hausknecht einer fremden Macht ist, musst du mir zeigen, der in solch einer Lage gegen die Amerikaner Stellung nimmt und ihre Hilfe ablehnt."[158] Waldbrunner als scharfmachenden „Kalten Krieger" auf der Seite des Kapitalismus zu sehen, wäre jedoch nicht zutreffend. Denn seine bestimmte Ablehnung des Kommunismus erwuchs aus seinem Selbstverständnis als Sozialist, dessen reformerisches Wirken durch eine „konservative Reaktion" auf einen bolschewistischen „Extremismus", wie er ihn in der Politik der KPÖ verkörpert sah, gefährdet werden könnte.[159] Daher auch sein immer wieder vorgebrachtes Anliegen, die soziale Ruhe im Land zu erhalten, Streiks und Demonstrationen trotz der großen Not und der zusätzlich abverlangten Opfer zu vermeiden. Die dafür notwendige „Disziplin" werde wiederum nur durch die „Einheit der Arbeiterschaft in der Sozialistischen Partei" ermöglicht.[160] Davon schien das Überleben der Partei abzuhängen. Wollte sie reüssieren, musste sie sich integrativ positionieren und eine eigene Linie aufbauen. Das hatte Adolf Schärf schon 1946 klar gemacht: „Ich glaube, auch die Politik auf Verschmelzung [mit der Kommunistischen Partei] würde zu nichts anderem führen als zu einer vollständigen Identifizierung der beiden Linksparteien zum Vorteile der Rechten."[161]

156 Waldbrunner an Erich Wang, 17. Juni 1947, Nachlass #17; zur Rolle der SPÖ als staatstragende Partei vgl. Elisabeth Klamper, „Ein einig Volk von Brüdern". Vergessen und Erinnern im Zeichen des Burgfriedens, in: zeitgeschichte 24 (1997) 5–6, 170–185, 174.

157 Fritz Weber, Der kalte Krieg in der SPÖ. Koalitionswächter, Pragmatiker und Revolutionäre Sozialisten 1945–1950 (Österreichische Texte zur Gesellschaftskritik 25), Wien 1986; ders., Die Angst der Parteiführung vorm Klassenkampf. Die SPÖ 1945–1950, in: Peter Pelinka/Gerhard Steger (Hrsg.), Auf dem Weg zur Staatspartei. Zur Geschichte und Politik der SPÖ seit 1945, Wien 1988, 11–22.

158 Waldbrunner an Norbert Bischoff, 29. September 1947, Nachlass #53.

159 Waldbrunner an J. Szekfü, Ungarische Gesandtschaft in Moskau, 29. September 1947, Nachlass #6. Zum Antikommunismus vgl. Anton Pelinka, Auseinandersetzungen mit dem Kommunismus, in: Erika Weinzierl/Kurt Skalnik (Hrsg.), Österreich. Die Zweite Republik, Band 1, Graz/Wien/Köln 1972, 169–202.

160 Waldbrunner an Bruno Kreisky, 5, Jänner 1948, Nachlass #53.

161 Adolf Schärf an Waldbrunner, 11. Mai 1946, Nachlass #53.

Andererseits unterlag Waldbrunner auch der – 1947 verbreiteten – Furcht vor einem Expansionsstreben der Sowjetunion. Auch daher das Beharren auf der festen Linie der Partei, die „Abweichungen" wie jene von Scharf nicht zuließ, aber auch die Haltung der Regierung nach den gescheiterten Londoner Staatsvertragsverhandlungen bestimmte. So schrieb er im Jänner 1948 an Bruno Kreisky: „Für uns gilt absoluter Realismus, um angesichts der Gefahr von Osten nicht ähnlich verschlungen zu werden wie unsere unglücklichen Nachbarn. Dieser Gefahr zu begegnen und ihr mit Geschick und Entschlossenheit auszuweichen, ist unser oberstes Ziel, das wir anerkannterweise mit mehr Ruhe und Besonnenheit anstreben, als es irgendjemand unter den gegebenen Umständen erwarten konnte."[162] Wenn nun aber die „Furcht vor der Volksdemokratie" real existierend war, so bedeutete sie nicht, vorbehaltlos der ÖVP in die Hände zu arbeiten, und schon gar nicht, ihre wirtschaftspolitischen Alleingänge hinzunehmen.[163] Konsens- und Kompromissbereitschaft zum Erhalt der über alles gestellten und unablässig beschworenen „sozialen Ruhe" blieben aber die tragende Säule der politischen Haltung des dominierenden Flügels der SPÖ, der sich auch Waldbrunner zugehörig fühlte.

Die wirtschaftliche Lage besserte sich zwar, aber noch 1948 blieb das BIP pro Kopf unter dem Stand von 1933, dem Tiefpunkt der Weltwirtschaftskrise, und als es 1949 das Niveau von 1937 leicht überschritt, bildete Österreich nach wie vor das Schlusslicht der Industrieländer.[164] 1947, nach dem Auslaufen der UNRRA-Hilfe, war das Land in der Ernährung noch immer auf ausländische Hilfe angewiesen, die überwiegend aus den USA kam – für Waldbrunner Anlass, etwas aufzuatmen, aber auch gegenüber Bruno Kreisky zu äußern: „Ich persönlich glaube, dass die Amerikaner genau wissen, dass man uns wenigstens vor dem Verhungern und dem Erfrieren sichern muss, wenn man will, dass wir bis zur Erlangung unserer Unabhängigkeit durchhalten sollen. Der Wille zu diesem Durchhalten ist jedenfalls ungebrochen, und ich kann mit Stolz sagen, dass der Träger dieses Willens in Österreich unsere Partei ist."[165] Damit unterstrich er einmal mehr, wie sehr sich die SPÖ als Staatspartei verstand. Bei der Kohleversorgung befürchtete Waldbrunner eine Wiederholung der Situation des Winters 1946/47, als Industriebetriebe monatelang stillstanden. Österreichische Vertreter verhandelten daher in den USA wegen Kohlekrediten.[166] Gleichzeitig lag aber hier ein Anreiz zum Ausbau anderer Energiekräfte. Neben den groß angelegten Hilfsaktionen halfen kleine Spenden aus Privatinitiative, sei es Zucker, den Bruno Kreisky der Familie Waldbrunner aus Schweden zukommen ließ, sei es Kleidung, „weil wir genug Bedürftige im Lande haben, die um jedes Stück, das wir ihnen geben können, froh sind".[167]

162 Waldbrunner an Bruno Kreisky, 5. Jänner 1948, Nachlass #53.
163 Waldbrunner an Walter Wodak, 23. September 1948, Nachlass #17.
164 Seidel, Wirtschaft, 36 (wie Fn. 10).
165 Waldbrunner an Bruno Kreisky, 17. Juni 1947, Nachlass #11. Zu den Hilfsprogrammen vgl. Matis, Nachkriegselend, 184–185 (wie Fn. 18).
166 Waldbrunner an Erich Wang, 17. Juni 1947, Nachlass #17; ders. an C. Buchberger, 20. Jänner 1947, Nachlass #1.
167 Waldbrunner an Gerold H. Tenney, 3. Jänner 1948, Nachlass #7.

In der Industrie wiederum waren viele Betriebe in der russischen Zone der Verfügungsgewalt Österreichs entzogen. Nach der Ablehnung des bilateralen Erdölvertrags übernahm die Sowjetunion ab Oktober 1945 „Deutsches Eigentum" – die Erdölindustrie, die DDSG und zahlreiche andere Industrie- und Gewerbebetriebe – in ihre Verwaltung (SMV, DDSG und USIA). „Ihre Produktionen", so Waldbrunner, „kommen nicht uns zugute, sondern gehen über unsere Grenzen oder werden entgegen unseren Bewirtschaftungsbestimmungen zu Schleichhandelspreisen im eigenen Lande vertrieben." Außerdem wickelten die USIA-Betriebe nicht der österreichischen Kontrolle unterliegende Außenhandelsgeschäfte ab und zahlten keine Steuern.[168] Der notorische Zankapfel Erdöl sollte, wie bekannt, Österreich bis über den Abschluss des Staatsvertrags hinaus beschäftigen.

Völlig ungeordnet waren die Währungsverhältnisse. Zwar war die Wiedereinführung des Schillings im Dezember 1945 mit einer Blockierung von Geldvermögen verbunden, doch weitere Reformen des Geldwesens unterblieben und das Missverhältnis zwischen Geldvolumen und Gütermenge blieb beträchtlich. Karl Waldbrunner erläuterte im Juni 1947 Bruno Kreisky die Situation: „Die Geldfülle bei der verschwindend kleinen Produktion scheint jedes Wirtschaftsleben zu erdrücken. Die bescheidenen Mittel, die dem Staate zur Lenkung der Preise und Löhne und zur Bewirtschaftung der wichtigsten Verbrauchsgüter verfügbar sind, reichen nicht aus, um dem Druck dieser großen Geldmenge noch lange standzuhalten. Jede Durchbrechung dieser Ordnung muss aber unweigerlich zu einer immer rascher sich steigernden Inflation führen." Es gelte jetzt, dies zu verhindern und Stabilisierungsmaßnahmen zu treffen, die aber noch keine endgültige Währungsreform sein könnten. Wie die Stabilisierung aussehen müsse, machte er ebenfalls klar: „Meiner Überzeugung ist dies nur mit einer sehr energischen und möglichst gerechten Abschöpfung des Geldüberhanges möglich." Ob die Regierung dazu imstande sei und vor allem die Alliierten ihre Zustimmung geben würden, müsse die nahe Zukunft zeigen.[169] Sie tat es, nachdem der Widerstand der bürgerlichen Seite überwunden worden war, im November, als das „Währungsschutzgesetz" verlautbart wurde, und im Dezember, als es die Alliierten billigten. Bis auf einen Betrag von 150 Schilling pro Kopf wurde der Nennwert aller Schillingnoten auf ein Drittel reduziert. Das Gesetz „wollte einerseits die andauernde Notenflut eindämmen (…), die Bankguthaben weiter reduzieren und die Bundesschuld an die Nationalbank verringern, andererseits den bisherigen Kontenwirrwarr mit unterschiedlichen Verfügungsberechtigungen entflechten und einen gerechten Lastenausgleich zwischen Geld- und Sachwertbesitzern erzielen".[170] Diese Zielsetzung eines Ausgleichs durch Abgaben auf Sachvermögen wurde nur teilweise erreicht, denn die Unternehmen liefen dagegen Sturm.[171] Vor allem die kleinen Sparer leisteten schon wieder einen überdurchschnittlichen Bei-

168 Waldbrunner an Erich Wang, 17. Juni 1947, Nachlass #17; Seidel, Wirtschaft, 197, 401–412 (wie Fn. 10).
169 Waldbrunner an Bruno Kreisky, 17. Juni 1947, Nachlass #11.
170 Matis, Nachkriegselend, 171–177, Zitat 175 (wie Fn. 18); Seidel, Wirtschaft, 157 (wie Fn. 10).
171 Seidel, Wirtschaft 162–163 (wie Fn. 10).

trag zur Geldabschöpfung, während Wertpapier- und Versicherungssparer „relativ ungeschoren blieben".[172] Allerdings begannen als Folge dieses unpopulären Währungsschnitts die Schwarzmarktpreise sofort zu sinken, bis sie 1949 mit den legalen Preisen zusammenliefen.[173]

Dem Gesetz war das erste von fünf Lohn- und Preisabkommen vorausgegangen, mit dem die „Sozialpartner" versuchten, die Preis-Lohn-Relation der ökonomischen Realität anzupassen und für die drohende inflationäre Beschleunigung eine zumindest vorübergehende Bremse zu finden. Das Abkommen lief aber, wie die folgenden vier, darauf hinaus, Preise und Löhne auf jeweils höherem Niveau zu stabilisieren. Dabei zogen die Löhne den Kürzeren, da eine wirkungsvolle Preiskontrolle nicht möglich war.[174] Das Ziel der Sozialisten war zwar, Waldbrunner zufolge, „trotz allem politischen Zwange eine halbwegs gerechte Verteilung des Sozialproduktes".[175] Aber trotz einer Preissenkungsaktion überstieg der Index der Lebenshaltungskosten den Preisindex bis Dezember um 10 Prozent.[176] „Die Gegenseite", so Waldbrunner im September 1948, „hat in den letzten Monaten begonnen, über alle Stränge zu schlagen. Die Bauern vor allem drohten, nichts mehr abliefern zu wollen, wenn nicht die Agrarpreise namhaft erhöht würden."[177] Den Landwirten wurden die geforderten „kostendeckenden" Preise zuerkannt, und um die Verbraucher nicht zu belasten, aber auch weil der Fiskus die außerordentliche Belastung nicht tragen konnte, griff man zur Subvention aus den Schilling-Erlösen der ERP-Dollarhilfe. Dieses Mittel blieb in der Folge ein wesentliches Element in der Lohn- und Preispolitik. Zur teilweisen Deckung der gestiegenen Lebenshaltungskosten wurden im zweiten Abkommen vom September 1948 die Löhne bescheiden erhöht. Volkswirtschaftlich hätte es bei diesen beiden Übereinkommen bleiben können und – so Waldbrunner[178] – voraussichtlich auch sollen. Doch war das System offenbar bereits als „probates Mittel sozialer Konfliktregulierung" erkannt worden. Das dritte Abkommen vom Mai 1949 war denn auch zum Ausgleich für die erhöhten Belastungen der Bevölkerung durch den Budgetausgleich gedacht und brachte gleichzeitig eine gewisse Beruhigung der Inflationsspirale. Das vierte – um vorauszugreifen – vom Oktober 1950 wurde zum Anlass bzw. Vorwand für eine groß angelegte Streikbewegung und das letzte von 1951 stand im Zeichen der durch den Koreakrieg ausgelösten Hochkonjunktur und der damit verbundenen „importierten" Inflation.[179]

172 Bachinger/Matis/Resch/Zollinger, Der lange Weg, 292 (wie Fn. 16).
173 Seidel, Wirtschaft, 237 (Tabelle), (wie Fn. 10).
174 Matis, Nachkriegselend, 193 (wie Fn. 18).
175 Waldbrunner an Walter Wodak, 23. September 1948, Nachlass #17.
176 Matis, Nachkriegselend, 193 (wie Fn. 18).
177 Waldbrunner an Walter Wodak, 23. September 1948, Nachlass #17.
178 Karl Waldbrunner, Übergangsprobleme der österreichischen Wirtschaft, Referat auf der Parlamentsklubtagung in Ischl, 22.9.1948, Nachlass #32.
179 Matis, Nachkriegselend, 194–200 (wie Fn. 18); Felix Butschek, Vom Konflikt zur Konsensorientierung. Die Kammer für Arbeiter und Angestellte und die Wirtschaftspolitik Österreichs 1920–1995, Wien 1996, 112–116, Zitat 114.

Zurück in die zweite Hälfte der 1940er-Jahre, die noch andere wirtschaftspolitische Weichenstellungen hervorbrachte. Die Verstaatlichungsgesetze gehören dabei sicher zu den bedeutendsten. Die grundsätzlichen Überlegungen, aber auch die Mühen und Fährnisse beim Zustandekommen des ersten Verstaatlichungsgesetzes vom 26. Juli 1946 sowie die Tatsache, dass dieses Gesetz ein Kompromiss zwischen den Ansprüchen der ÖVP und denen der SPÖ war, wurden bereits erwähnt. 70 Unternehmungen der Schlüsselindustrie (Grundstoff-, Elektro- und Chemische Industrie) sowie die drei größten Banken des Landes (und so indirekt auch deren Konzernbetriebe) wurden nationalisiert. Unter ihnen waren auch solche, deren Verstaatlichung als „Deutsches Eigentum" in der sowjetischen Zone der berühmte Befehl Nr. 17 des Generaloberst Kurasov untersagt hatte. Hingegen hatten die USA wenige Tage vor der Gesetzwerdung das in ihrer Zone liegende „Deutsche Eigentum" der Republik zur treuhändischen Verwaltung übergeben. Die ehemaligen Hermann-Göring-Werke waren ein wichtiger Teil davon.[180] Der erste verstaatlichte Betrieb Österreichs war aber – Schoeller-Bleckmann in Ternitz.[181]

Das Erste Verstaatlichungsgesetz wurde zwar als „der revolutionärste Schritt in unserer Wirtschaftspolitik nach 1945" gesehen, bedeutete aber zunächst nur die rein juristische Übertragung der Besitztitel auf den Staat. Was fehlte, war die Durchführung, die eine Veränderung in der Geschäftsführung bringen sollte. Ein wichtiges Moment dabei war die Zusammenlegung der Betriebe ein- und desselben Wirtschaftszweiges, „um eine einheitliche Lenkung, gründliche Rationalisierung und Investitionslenkung für den Wiederaufbau sicherzustellen". Die Aufsichtsräte sollten – wie bereits erwähnt – drittelparitätisch besetzt sein, die Vorstände aus drei bis vier Fachleuten bestehen, die der Aufsichtsrat zu bestimmen hatte und die der Bestätigung durch die Regierung bedurften.[182]

Von besonderer Bedeutung für den Aufbau Österreichs war die Verstaatlichung der Elektrizitätswirtschaft. Die Energieversorgung als Basis für die Wiederingangsetzung der Industrie war bei Kriegsende in einer höchst prekären Situation. Österreich sah sich in einer tiefen Energieversorgungskrise.[183] Unter der Leitung von Waldbrunner war es eine der vordringlichsten Aufgaben der vom Industriebeauftragten Stanislaus Stegu geführten Industriekommission (Ingenieurkommission), die Elektrizitätsindustrie wieder aufzubauen. Auch dabei bot sich Gelegenheit, Fehlentwicklungen der Ersten Republik nicht zu wiederholen. Deshalb genossen die Bestrebungen, Österreich so weit wie möglich von Kohleimporten unabhängig zu machen, hohe Priorität. Und der einzige Weg schien die Elektrifizierung des Transportnetzes sowie der industriellen Anlagen zu sein. Firmen, die Generatoren

180 Tweraser, Marshall-Plan, 217–223 (wie Fn. 148).

181 Die erste Verstaatlichung. Eine Feier in Ternitz, in: A-Z, 10.9.46, 2.

182 Die Wirtschaftsgesetze, Typoskript, Nachlass #32; Karl Waldbrunner, Die Organisation der verstaatlichten Betriebe, in: A-Z, 13.3.1947, 1–2.

183 Wilhelm Frank, Zur Geschichte der Energieplanung in Österreich, in: Wirtschaft und Gesellschaft 8 (1982) 235–270, 241.

und andere elektrische Ausrüstungen herstellten, sollten dafür vorrangig wieder in Betrieb genommen werden.[184] In der Ersten Republik war die Nutzung des hydroelektrischen Potenzials nicht über Ansätze hinausgekommen und die Kohleabhängigkeit hoch geblieben, weil das dafür notwendige Kapital nicht aufgebracht werden konnte, aber auch weil es wegen der stark übernationalen Ausrichtung der Großbanken zu Interessenskollisionen kam. Alle Bemühungen um solche Investitionen scheiterten an deren Desinteresse. Sie verweigerten Kredite, weil sie selbst hohe Beteiligungen an den mährisch-schlesischen Bergwerken besaßen.[185] Die unter dem Nationalsozialismus in Angriff genommenen, aber unvollendet gebliebenen Wasserkraftprojekte bildeten nun einen Sockel für die energiepolitische Neuorientierung. Hier bot sich eine Chance, die umso besser genutzt werden konnte, als dieser Sektor weniger von der alliierten Interessenspolitik berührt schien. Franz Rauscher gab dies im Dezember 1945 zu bedenken, als er darauf verwies, dass die alliierten Beschlagnahmungen großer Werke nicht bei der Wasserkraft zutreffen, „die von ungeheurer Wichtigkeit für unser Land ist. Hier könnte wohl etwas geschehen."[186] Gemeint waren Maßnahmen in Richtung Verstaatlichung.[187]

Begünstigt wurde die Verstaatlichung der Elektrizitätswirtschaft, weil bereits ein Großteil der elektrischen Energieanlagen in öffentlichem Besitz stand. Die Krux bestand darin, dass die Bundesländer teilweise Eigentümer von Elektrizitätswerksgesellschaften waren.[188] Deren Interessen mit denen des Bundes in Ausgleich zu bringen, war denn auch eines der größten Hindernisse für das Gesetz, das auch genau die Charakteristika dieses Kompromisses trug. Es gab Gemeindeunternehmungen, Landesgesellschaften, Sondergesellschaften für die einzelnen Kraftwerke und eine Verbundgesellschaft, die sämtliche Bundesanteile der vorgenannten Gesellschaften verwaltete (mindestens 50 Prozent bei den Sondergesellschaften) und das Höchstspannungsnetz in ihrem Besitz hatte. Der Verbundgesellschaft war der Ausbau und Vertrieb des Verbundnetzes, der Ausbau von Großkraftwerken und das Monopol für Export und Import elektrischer Energie vorbehalten. Organisatorisch bedeutete dieses Gesetz einen Fortschritt gegenüber dem Ersten Verstaatlichungsgesetz, da die Organisation und die Zusammensetzung der Organe ohne umfangreiche Durchführungsverordnungen vorweggenommen waren.[189] Die Sozialisten waren mit dieser Lösung nicht restlos zufrieden, wie Waldbrunner im Nationalrat einräumte. Vor allem die Errichtung von Sondergesellschaften, auf die die Länder und die ÖVP gedrängt hatten, erschien ihm „überflüssig und der Ent-

184 Bericht des OSS vom 8. Oktober 1945, in: Rathkolb (Hrsg.), Gesellschaft, 97 (wie Fn. 15).

185 Karl Bachinger, Umbruch und Desintegration nach dem Ersten Weltkrieg. Österreichs wirtschaftliche und soziale Ausgangssituation in ihren Folgewirkungen auf die Erste Republik, Habilitationsschrift, Wien 1981, 961; siehe auch Alois Brusatti, Die Wirtschaft, in: Zwei Jahrzehnte Zweite Republik, hrsg. v. Institut für Österreichkunde, Graz 1965, 103–126, 106.

186 PV, 6. Dezember 1945.

187 PV, 15. Dezember 1945.

188 Siegfried Hollerer, Verstaatlichung und Wirtschaftsplanung in Österreich (1946–1949) (Dissertationen der Hochschule für Welthandel in Wien 15), Wien 1974, 70–73.

189 Die Wirtschaftsgesetze, Typoskript, Nachlass #32.

wicklung nicht förderlich".[190] Fast dreißig Jahre später gab er zu, „er hätte das Elektrizitätswesen zentraler gestaltet, wenn er dazu in der Nachkriegszeit 1947 imstande gewesen wäre". Andererseits sah er angesichts des damals (1975) beschlossenen Elektrizitätswirtschaftsgesetzes „eine Bestätigung seiner Politik".[191] 1947 war mit dem Zweiten Verstaatlichungsgesetz dem wegweisenden Ausbau der Wasserkraft Richtung gegeben worden. Energieverbrauch und Energiegewinnung wurden zur Chiffre des Wiederaufbaus und des Fortschritts, das Kraftwerk Kaprun zu ihrem Symbol. Was Waldbrunner bei diesem Gesetz geleistet hatte, setzte er später als zuständiger Ressortminister zielstrebig fort. Die größte Unterstützung hierbei kam anfangs von außen.

„Initialzündung" für die Erholung der österreichischen Wirtschaft war die Auslandshilfe: zunächst in Form eines Pfund-Kredits Großbritanniens (der später überwiegend in Geschenke umgewandelt wurde), dann vor allem durch die amerikanischen Lieferungen des Jahres 1947. Der weitaus größte Teil der Dollarhilfe wurde zunächst für Lebensmittelkäufe verwendet; große Beträge fielen auf den Ankauf von Kohle und industriellen Rohstoffen. Ein verhältnismäßig geringer Teil blieb Investitionen vorbehalten. In dieser angespannten Frühzeit verteidigte Waldbrunner die Verwendung eines großen Teils für Konsumgüter, weil sie eine geregelte Ernährung als Voraussetzung für „soziale Ruhe" gewährleistete.[192] Tatsächlich bestätigen manche Autoren, dass die konsumtive Verwendung eines Teils der Auslandshilfe jene Lohnzurückhaltung ermöglichte, die zum kräftigen Wirtschaftswachstum beitrug und Arbeitskonflikte vermied.[193] Der Marshallplan, der 1948 anlief, war dann der „Treibstoff", der das Werk „in Schwung hielt". Im Rahmen des ERP erhielt Österreich pro Kopf und bezogen auf das BIP mehr Hilfe als die allermeisten europäischen Staaten.[194] Den US-amerikanischen Behörden war die strategische Bedeutung Österreichs überdeutlich bewusst und sie ließen es sogar zu, dass Marshallplanhilfe, wenn auch mit deutlichem Gefälle, in die östlichen, von der Sowjetunion besetzten Bundesländer floss. Die Hilfe diente vor allem dazu, die Dollarlücke für den hohen Importbedarf zu schließen, ohne die Zahlungsbilanz extrem zu belasten. Der Marshallplanadministration (ECA) wiederum waren zweckmäßige Investitionen ein Anliegen, denn die Empfängerländer sollten nach vier Jahren unabhängig werden. Die Schilling-Erlöse aus dem Verkauf der Hilfsgüter (Counterpart- oder Gegenwertmittel) sollten für den Wiederaufbau der Wirtschaft verwendet werden und nicht für konsumfördernde Subventionen. Oder, wie Karl Waldbrunner diesen Aspekt des Wiederaufbauprogramms, der auf einen Konsumverzicht der Bevölkerung abzielte, etwas drastisch formulierte: „Die Hilfen dürfen nicht verfressen werden." Das hieß aber auch, so

190 Stenographisches Protokoll, 49. Sitzung des Nationalrates, 26. März 1947, 1364.

191 Josef Staribacher, Tagebuch, 2. Juni 1975, Bruno-Kreisky-Archiv, Wien.

192 Karl Waldbrunner, Ein österreichischer Wirtschaftsplan, in: A-Z, 6.1.1949.

193 Seidel, Wirtschaft, 313 (wie Fn. 10), mit Verweis auf Barry Eichengreen, Institutional Prerequisites for Economic Growth: Europe after World War II, in: European Economic Review 38 (1994) 883–890.

194 Seidel, Wirtschaft, 34–35 (wie Fn. 10).

viele Lebensmittel wie möglich aus eigener Erzeugung aufzubringen, „da Amerika keine höhere Lebenshaltung kreditiert".[195]

Über die Verwendung der Mittel entschieden die ECA und Washington. Damit war ein weiterer Aspekt des Marshallplans verbunden: Die Länder mussten Pläne vorlegen.[196] Das war einerseits Wasser auf die Mühlen der Vertreter der Planwirtschaft, andererseits aber sofort Anlass für innenpolitische Querelen. Karl Waldbrunner war dabei der Meinung, dass solche Entscheidungen über den wirtschaftlichen Weg „naturgemäß" mit einer „Reihe von schwerwiegenden politischen Entscheidungen verbunden" seien und daher „nicht allein einer, wenn auch noch so willigen, Bürokratie überlassen" bleiben dürften, sondern die Einbeziehung der Interessenvertretungen und die parlamentarische Kontrolle erforderten.[197] Anlass für diese Bemerkung war die Veröffentlichung des ersten von Österreich vorgelegten langfristigen Wirtschaftsplans durch die OEEC, die Organisation zur Kooperation der Teilnehmerstaaten. Da die „zentrale Leitstelle" für ERP-Angelegenheiten im Außenministerium etabliert war, erblickte die SPÖ verständlicherweise die Gefahr, über dieses bürgerlich dominierte Amt von Mitentscheidungen ausgeschlossen zu werden. Die SPÖ hatte sich aber, wie bereits erwähnt, von Anbeginn zum US-amerikanischen Hilfsprogramm bekannt. Und dessen Forderungen bestanden ja – neben der Währungsstabilität, der Produktionssteigerung und der Forcierung des Außenhandels – in der Zusammenarbeit der beteiligten Länder. Doch der Einbau in das Wirtschaftssystem Westeuropas[198] sollte unter gleichzeitiger Ausnutzung der reduzierten Handelsmöglichkeiten mit den östlichen Nachbarländern vonstatten gehen.

Vor allem dem verstaatlichten Sektor boten die Gegenwertmittel die Möglichkeit, ihre ambitionierten Investitionsprogramme über mehrere Jahre zu finanzieren. 57 Prozent der Investitionsfinanzierung aus Counterpartmitteln zwischen 1948 und 1952 flossen in die Industrie einschließlich der Energiewirtschaft. Die Elektrizitätswirtschaft erhielt 23 Prozent, die Grundstoffindustrie 23,5 Prozent. Rechnet man die Bundesbetriebe hinzu, entfielen auf den gemeinwirtschaftlichen Sektor 62 Prozent der Counterpartmittel. Zwischen 1945 und 1951 (also mit Einschluss früherer amerikanischer Hilfslieferungen) finanzierte die verstaatlichte Industrie 54 Prozent ihrer Bruttoinvestitionen aus Counterparterlösen; bei der Elektrizitätswirtschaft waren es 70 Prozent. Die Beiträge des Bundes zur Investitionsfinanzierung des verstaatlichten Bereichs bewegten sich bei einigen wenigen Prozentsätzen der Bruttoinvestitionen.[199] Unter Ausnützung der während der nationalsozialistischen Zeit forcierten Strukturveränderungen erhielten die

195 Ms. Rededisposition, [vermutlich Frühjahr 1948], Nachlass #32.

196 Seidel, Wirtschaft, 206 und 316–317 (wie Fn. 10).

197 Karl Waldbrunner, Ein österreichischer Wirtschaftsplan, in: Arbeiter-Zeitung, 6.1.1949.

198 Karl Waldbrunner, Sozialisierung und Planwirtschaft in Österreich, in: Die Zukunft 7 (1948) 197–199, 199.

199 Seidel, Wirtschaft, 315–316, 324–325 und 328 (wie Fn. 10); Edmond Langer, Die Verstaatlichung in Österreich, Wien 1966, 270.

frühen wirtschaftspolitischen Entscheidungen in Richtung Verstaatlichung der Schlüsselindustrien damit ihr volles Gewicht. Zu Recht ist zu bedenken gegeben worden, dass die „Repräsentanten der ‚privatkapitalistischen' USA akzeptierten, dass mit ‚ihrem Geld' große Investitionen in der verstaatlichten Grundstoffindustrie getätigt wurden". Den pragmatisch denkenden maßgeblichen Stellen war jedoch die Erhaltung der politischen Stabilität wichtiger als das Beharren auf einem marktwirtschaftlichen Dogma.[200] Und bekanntlich schwebte über dieser Entscheidung der Roosevelt'sche Geist des „New Deal"[201] mit seiner stark staatsinterventionistischen Prägung – bei Erhalt des kapitalistischen Systems.

Das lange Ringen um den Staatsvertrag

Seit der Befreiung vom Hitlerfaschismus ging es Österreich um die Erlangung und vertragliche Absicherung seiner Souveränität durch die Siegermächte. Die wechselvolle Geschichte des Staatsvertrags ist Gegenstand unzähliger Untersuchungen geworden, sodass es hier genügt, Waldbrunners Berührungspunkte in den Jahren bis 1949 aufzuzeigen. Seine diplomatische „Vergangenheit" in Moskau, seine wirtschaftliche Kompetenz und die Nähe der österreichischen Sozialdemokratie zur britischen Labour Party waren Motive genug, ihn zu diversen Missionen beizuziehen.

1947 hieß die Parole: Durchhalten bis zur Erlangung eines Staatsvertrags. Im Jänner des Jahres eröffnete der britische Außenminister Ernest Bevin die Tagung der Sonderbeauftragten oder Stellvertreter der Außenminister für Deutschland und Österreich, womit die bis 1955 dauernde lange Serie von Sitzungen dieses Gremiums begann.[202] Die jahrelangen Bemühungen standen im Zeichen des Kalten Krieges und waren von den abwechselnd sich versteifenden konfliktuellen Konstellationen der Alliierten geprägt. Nach den im Frühjahr in Moskau fortgesetzten Beratungen, die bereits im Zeichen einer Truman-doktrinären und kompromisslosen USA standen und das Wechselbad der Hoffnungen unangenehm kalt werden ließen, konstituierte sich in Wien die dort beschlossene Vertragskommission. Außerdem wurde ein österreichisches Expertenkomitee gebildet, das die Verhandlungen der Sonderbeauftragten unterstützen sollte. Ihm gehörte auch Waldbrunner an, ohne aber eine zweckmäßige Betätigungsmöglichkeit zu finden. Im Juni beklagte er sich, dass das Komitee noch keine Möglichkeit gehabt habe, einzugreifen.[203] Bruno Kreisky berichtet er: „Seit Wochen sitze ich in der Experten-Kommission für den Staatsvertrag als Parteienvertreter. Die Kommission konnte praktisch bis zum heutigen Tage zu den Verhandlungen der Sonderbeauftragten überhaupt nichts beitragen, da die-

200 Seidel, Wirtschaft, 328 (wie Fn. 10).

201 „New Dealer" in der Marshall-Plan-Verwaltung sah auch Carlo Mötteli, Österreich zwischen Tür und Angel, in: Neue Zürcher Zeitung, 5.6.1952.

202 Das Folgende, wenn nicht anders angegeben, nach Stourzh, Einheit, 61 (wie Fn. 129).

203 Waldbrunner an Erich Wang, 17. Juni 1947, Nachlass #17.

se noch immer über die Formalitäten streiten. Ich für meine Person habe mir auch nichts anderes erwartet und erwarte mir auch für die kommenden Wochen keine Wendung. Mir war es schon bei Abschluss der Moskauer Verhandlungen klar, dass diese Sonderbeauftragten weder einen Teil noch die Gesamtheit der Probleme werden lösen können, über die die Außenminister sich in wochenlangen Auseinandersetzungen nicht einigen konnten. Gegenwärtig beschränkt man sich in unserer Experten-Kommission darauf, von Dr. Gruber Auskünfte und Aufklärungen über verschiedene Einzelfragen zu verlangen, die dieser anerkannterweise gut zu geben imstande ist, weil er meines Erachtens die Materie wirklich ausgezeichnet beherrscht. Für meinen Teil beteilige ich mich an diesem Frage- und Antwortspiel nicht, sondern bemühe mich, aus dem Tatsachenmaterial ein eigenes Urteil über die wichtigsten Objekte zu bekommen. Es wird ja doch zu gegebener Zeit darauf ankommen, wie weit wir bei diesen Objekten zu gehen entschlossen sind."[204] Seine Agenda betraf wirtschaftliche Aspekte des zu erwartenden Vertrags, so besonders auch die Eigentumsfragen der Versicherungsinstitute, der Erdölgewinnung oder der DDSG, deren österreichischer Anteil von etwas über 50 Prozent vor dem März 1938 auf 0,00015 Prozent im Jahre 1943 gesunken, der deutsche Aktienbesitz aber im gleichen Zeitraum von 0,028 auf 99,9 Prozent angestiegen war.[205]

Neben der ernüchternden Diagnose der Wirkungsmöglichkeiten in der Kommission fällt die aller parteipolitischen Verzerrung bare, objektive Beurteilung der Fähigkeiten Grubers auf, die einmal mehr Waldbrunners Potenzial zur Kooperation in Sachfragen unterstreicht. Doch Gruber war nicht immer jener Geradlinigkeit verpflichtet, die eine eindeutige Einschätzung ermöglicht hätte. Waldbrunner blieb eine gewisse Tendenz des Außenministers, auf allen Klaviaturen gleichzeitig solo zu spielen, nicht verborgen. Im September 1947 schreibt er an Norbert Bischoff: „Meine Mitarbeit in der Expertenkommission hat mich nur bestärkt in der Überzeugung, dass wir nicht imstande sind, die Dinge zum Besseren zu wenden. Zu glauben, dass wir mit einem und mehreren Vorschlägen den Streitern in dieser Frage einen Vermittler abgeben können, ist absurd. Gruber hat dies eine Zeit getan und, wie ich mit Recht vermute, es nicht dabei bewenden lassen, sondern nach allen Seiten solche Versuche unternommen." Angesichts der erfolglosen Sitzungen der Vertragssonderkommission fühlte sich Waldbrunner in seiner Haltung bestärkt. „In der Vertragsfrage war ich ja immer Pessimist und habe leider Recht behalten; auch jetzt kann ich keinen Grund finden zu einer anderen Einstellung." Mit Bischoff war er der Meinung, „dass die Russen sich aus ihren Positionen nicht herausboxen lassen". Umgekehrt wüssten sie aber auch, dass „ihre Bäume nicht in den Himmel wachsen. Es werden sich daher die beiden sicher finden in der Teilung ihrer Interessen und der weiteren Zusammenarbeit, weil sie sich eben finden müssen. Beide sind Realisten genug, um über ihre ideellen Gegensätze diese Tatsachen zu erkennen." Die Sinnhaftigkeit der viel disku-

204 Waldbrunner an Bruno Kreisky, 17. Juni 1947, Nachlass #11.
205 Abschlussblatt [zu Besitzverhältnissen bei der DDSG], BM für Vermögenssicherung und Wirtschaftsplanung, Abt. 14, undatiert [1947], Nachlass #53.

tierten europäischen Alternative einer sozialistischen „dritten Macht“ zwischen den Blöcken bezweifelte er, denn auf die Dauer sei keine Mächtegruppierung „ohne oder gegen Russland“ möglich. Für die österreichischen Sozialisten könne dies nur bedeuten, Österreich in die UNO zu bringen, „die nur so lange Bestand hat, als Russland in ihr vertreten ist“. In der gegebenen Lage solle man weder die Bedeutung des Wortes Österreichs noch Europas überschätzen, jenes Europas, „wie es heute nach diesem zermürbenden Krieg dasteht“.[206] Mit sachlicher Kompetenz und politischem Verantwortungsbewusstsein erkannte er die negativen Konsequenzen für Österreich. „Natürlich wirkt sich das alles auf unseren wirtschaftlichen und politischen Aufbau im Lande aus. Die letzten Wochen haben eine wirkliche Verschärfung gebracht, da sich die Gegensätze unter den Alliierten sichtlich verstärken. In einer solchen Zeit sollen wir große Aufgaben wie eine Stabilisierung unserer Währung, eine Steigerung der industriellen Produktion, eine größere Lebensmittelaufbringung aus der eigenen Landwirtschaft zur Besserung der Ernährungslage meistern.“[207]

Ende Oktober 1947 lud ihn Außenminister Gruber ein, für die Dauer der Londoner Außenministerkonferenz an der österreichischen Expertendelegation teilzunehmen.[208] Die Session des Außenministerrates dauerte von Ende November bis Mitte Dezember und war von der deutschen Frage beherrscht, doch eine überraschende Initiative Bevins („What about Austria?“) trug zu einer für Österreich vielversprechenden Wende bei. Die Sowjetunion zeigte sich zu Verhandlungen auf der Basis des Cherrière-Plans bereit. Dieser sah vor, die umstrittenen Besitztitel an „Deutschem Eigentum“ teilweise in Ablösen durch Lieferungen aus der laufenden Produktion umzuwandeln.[209] Wie Bevin in einem am 17. Dezember geführten Gespräch mit Waldbrunner und Walter Wodak verdeutlichte, waren es die USA in der Person George C. Marshalls, die die Konferenz zum Scheitern brachten. Bevin versuchte für Österreich so viel wie möglich zu retten und den Vertrag auf diplomatischer Ebene zu verankern. Auch für eine Verringerung der Besatzungskosten setzte sich der britische Außenminister ein.[210] Die österreichische Delegation zeigte in London ein „geschlossenes Auftreten“, wobei Waldbrunner auch „das sachliche Einvernehmen mit Gruber“ hervorhob.[211] „Mit allgemeinem Wohlwollen ist die loyale Zusammenarbeit von Gruber und mir aufgenommen worden, was für eine weitere Einschaltung unsererseits sicherlich

206 Waldbrunner an Norbert Bischoff, 29. September 1947, Nachlass #53.
207 Waldbrunner an J. Szekfü, Ungarische Gesandtschaft in Moskau, 29. September 1947, Nachlass #6.
208 Waldbrunner an Karl Gruber, 10. November 19467, Nachlass #53.
209 Stourzh, Einheit, 118–119 und 113–121 (wie Fn. 129).
210 Interview Mr. Bevin – Ing. Waldbrunner, [Aufzeichnung von] Dr. Wodak, am 17. Dezember 1947, Nachlass #53; eine Übersetzung der Aufzeichnung findet sich in Walter Wodak, Im Auswärtigen Dienst, in: Festschrift für Karl Waldbrunner zum 65. Geburtstag, Wien 1971, 41–53, 49–50; zu Marshalls Rolle siehe Walter Wodak, Zusammenfassende Darstellung der Staatsvertragsproblematik zwischen 1945 und 1950 für Adolf Schärf, Cap d'Antibes, Mai 1952, in: Reinhold Wagnleitner (Hrsg.), Diplomatie zwischen Parteiproporz und Weltpolitik. Briefe, Dokumente und Memoranden aus dem Nachlass Walter Wodaks 1945–1950 (Quellen zur Geschichte des 19. und 20. Jahrhunderts 3), Salzburg 1980, 961–979, 972
211 Waldbrunner an Bruno Kreisky, 5. Jänner 1948, Nachlass #53.

sehr zweckmäßig ist."[212] Die sich abzeichnende Wende veränderte auch die Sicht Waldbrunners: „Zum ersten Male bin ich nun etwas zuversichtlich in der Beurteilung unserer Aussichten auf einen Staatsvertrag. Was den Westmächten bisher nicht gelungen war, nämlich die österreichische Frage von der deutschen Frage zu trennen, ist nun als Ergebnis der Haltung Minister Molotovs am Ende der Londoner Konferenz erreicht worden. Vielleicht gelingt es doch, den schweren Vertrauensbruch, der in London zutage trat, durch einen Kompromiss in der österreichischen Frage wenigstens notdürftig zu leimen. Jedenfalls besteht erstmalig für uns eine wirkliche Chance auf einen erträglichen und endgültigen Staatsvertrag."[213] Auch im Ministerrat äußerte Waldbrunner Genugtuung über die sowjetische Verhandlungsbereitschaft, obwohl Moskaus Gegenvorschlag auf den Cherrière-Plan deutliche Einschränkungen des österreichischen Handlungsspielraums (etwa ein Verstaatlichungsverbot für das „Deutsche Eigentum" in ihrem Besitz ohne ihre Zustimmung) beinhaltete.[214]

Vor dem Hintergrund des Cherrière-Plans kam es von Februar bis Anfang Mai 1948 zu einer weiteren Konferenz der Sonderbeauftragten in London. Die Erwartungen waren optimistisch, doch die USA wollten zu diesem Zeitpunkt gar keinen Vertrag. Die Londoner Verhandlungsrunde fiel in eine Zeit wachsender internationaler Spannungen: die Ereignisse in der Č.S.R., der Brüsseler Verteidigungspakt, alliierte Differenzen über Deutschland, die zur Blockade Berlins im Juni führten. Letztlich waren die jugoslawischen Grenzfragen mit Österreich der geeignete Vorwand für die Westmächte, die Verhandlungen abzubrechen. Österreich war für die westlichen Alliierten ein strategisches Objekt gegen die Sowjetunion. Sie, wie auch Kreise der ÖVP, zeigten nun kein Interesse an einem Abzug der Truppen. Auch Gruber folgte dem amerikanischen Weg der Verzögerung eines Vertrags, während die Sozialdemokraten einen Abschluss wünschten.[215]

Bei dieser Konferenz trübte sich auch (deswegen?) das Verhältnis zwischen Waldbrunner und Gruber, denn dieser schloss Waldbrunner von der Zusammenarbeit aus. Adolf Schärf, von Waldbrunner über die Brüskierungen informiert, vermutete dahinter eine taktische Anweisung der ÖVP, was er Gruber auch mitteilte. Jedenfalls, so Schärf, habe die SPÖ „kein Interesse daran, Waldbrunner, den wir in Wien dringend benötigen, in London sitzen zu haben, damit es nur ausschaut, als ob er dabei wäre".[216] Immerhin konnte Waldbrunner am 5. März mit dem Gesandten Jevgenij D. Kiselev eine Aussprache über den sowjetischen Gegenvorschlag der Ablösen führen, wobei ihm dieser nicht vorenthielt, dass Pressemitteilungen über eine Teilnahme Grubers an Vorbesprechungen mit den Westmächten

212 Waldbrunner an Walter Wodak, 5. Jänner 1948, Nachlass #53.

213 Waldbrunner an Norbert Bischoff, 7. Jänner 1948, Nachlass #53.

214 Stourzh, Einheit, 118 (wie Fn. 129).

215 Stourzh, Einheit, 120–159 (wie Fn. 129).

216 Adolf Schärf an Karl Gruber, 26. Februar 1946, Nachlass #53. Im Verein für Geschichte der Arbeiterbewegung, Wien, Nachlass Schärf 22, Waldbrunner, liegt der Brief Waldbrunners an Schärf vom 24. Februar 1948; siehe Rathkolb, Außenpolitik(er), 504–505 (wie Fn. 116).

auf russischer Seite einen „unangenehmen Eindruck“ hinterlassen hätten.[217] In gewisser Weise kompromittierte Gruber Waldbrunner und die SPÖ, wie sich am Misstrauen, das der Vertreter der USA ihm und seinen Äußerungen bezüglich der Haltung zum Staatsvertrag entgegenbrachte, zeigte.[218] Nach einem Zwischenaufenthalt in Wien war Waldbrunner jedoch im April mit Gruber auf der Konferenz der Marshallplanländer in Paris und anschließend wieder in London.

Jugoslawien, oder genauer: der Bruch der UdSSR mit Jugoslawien im Juni 1948, erlaubte indes im Dezember ein Ersuchen Österreichs um Wiederaufnahme der Verhandlungen, die von Februar bis Mai 1949 zustande kam. Schon Ende September waren Signale aus Moskau gekommen. Der Gesandte Bischoff hatte sie übermittelt. Waldbrunner griff sie auf und schrieb an Wodak, dass vielleicht eine neue Initiative in den Vertragsverhandlungen notwendig werden könnte. Bischoffs „optimistische Beurteilung der russischen Haltung gegenüber Österreich“ sei „doch nicht völlig zu verwerfen. Es würde dies eigentlich sehr für die Aufnahme neuer Staatsvertragsverhandlungen sprechen. Wie man die Dinge hier sieht, dürften eigentlich nur die Amerikaner gegenwärtig dagegen sein.“[219]

Waldbrunner hatte eine zwiespältige Haltung gegenüber seinen diplomatischen Diensten. Einerseits zeigte er sich bereit, für allenfalls notwendige weitere Verhandlungen einer Delegation anzugehören.[220] Gleichzeitig waren ihm diese Verpflichtungen „bei der Fülle der Arbeit hier natürlich eine sehr große Belastung“.[221] Tatsächlich lagen die Schwerpunkte seines Arbeitseifers und Gestaltungswillens auf anderen Gebieten. Als Zentralsekretär der Partei und als Wirtschaftsberater der Stadt Wien nahm er entscheidenden Einfluss auf die Entwicklung des Landes, wobei er die Sorge hegte, dass in seiner Abwesenheit „eine Menge unangenehmer Dinge“ geschehen, „die man dann wieder gutzumachen hat“.[222]

Nun war Waldbrunner wieder Kandidat malgré lui. „Dr. Gruber will unbedingt noch vor Verhandlungsbeginn nach London kommen und wünscht, dass ich mitgehe“, schrieb er Anfang 1949.[223] Dies sei aber eine „zusätzliche Belastung in dieser Zeit“.[224] Außerdem sah er wenig Chancen auf Erfolg. Wenn auch die demokratische Festigung in Österreich eine Garantie für die Großmächte sei, dass nach Abzug der Truppen keine Gefahr für sie bestünde, habe das Land keinen Einfluss

217 Amtsvermerk, Aussprache Gesandten Ing. Waldbrunners mit Gesandten Kiselev, 5. März 1948, Nachlass #53. Auszüge aus dem Gespräch wiedergegeben in Wodak, Auswärtiger Dienst, 52–53 (wie Fn. 210). Ein Gespräch Grubers mit Kiselev fand am 22. März statt. Stourzh, Einheit, 120 (wie Fn. 129).
218 Walter Wodak an Adolf Schärf, 24. Jänner 1950, in: Wagnleitner (Hrsg.), Diplomatie, 876 (wie Fn. 63).
219 Waldbrunner an Walter Wodak, 1. Oktober 1948, Nachlass #17.
220 Waldbrunner an Norbert Bischoff, 7. Jänner 1948, Nachlass #53.
221 Waldbrunner an Adele Koschitschek, Legation d'Autriche in Brüssel, 5. Jänner 1948, Nachlass #4.
222 Waldbrunner an Erich Wang, 8. Mai 1948, Nachlass #8.
223 Waldbrunner an Walter Wodak, 13. Jänner 1949, Nachlass #17.
224 Waldbrunner an Milos Franc, 1. Februar 1949, Nachlass #12.

auf die internationalen Konstellationen, und „so müssen wir darauf gefasst sein, dass der jetzige Zustand fremder Vormundschaft noch eine Zeit anhält".[225]

Im Februar 1949 sind Gruber und Waldbrunner in London. Zeitungen meldeten aber bald darauf die „plötzliche Rückkehr" der beiden, wobei als Ursache der jugoslawische Kompromissvorschlag angegeben wurde.[226] Die in London vorgelegten, modifizierten Forderungen Jugoslawiens waren weder für Österreich noch für die Westmächte annehmbar, während die russische Seite die ursprünglichen vollen jugoslawischen Ansprüche aufrechterhielt.[227] Es kam zu keiner neuen Mission Waldbrunners mehr, obwohl man in London mit ihm rechnete. Walter Wodak schrieb im März: „Dein Fernbleiben von London hat einiges Aufsehen hervorgerufen; die Leute haben gefragt, ob das eine politische Bedeutung hat."[228] Eine Antwort ist nicht erhalten, aber das Jahr 1949 brachte ohnehin eine völlig andere Entscheidung.

Ein Schlüsselministerium

Es wurde bereits auf die wirtschaftliche Lage Österreichs im Jahr 1949 verwiesen und festgestellt, dass das Land immer noch an letzter Stelle der Industriestaaten stand. Verglichen mit 1945 war allerdings schon vieles erreicht. In den ersten beiden Nachkriegsjahren war es gelungen, die Produktionsbereitschaft der Wirtschaft wiederherzustellen,[229] die Inflation schien seit 1947 keine Gefahr mehr, das Lohn-Preis-System versprach zumindest eine vorläufige Stabilität. „In den nahezu vier Jahren seit Kriegsende sind wir im Aufbau unserer Wirtschaft und der politischen Entwicklung weit vorangekommen. Die ärgste Not ist gebannt, die Lebenshaltung der breiten Massen unserer Bevölkerung bessert sich ständig. Wir sind weiter als viele andere Völker Europas, denen es anfangs nicht so schlecht ging wie uns." Waldbrunners etwas beschönigende Diagnose enthielt aber auch Hinweise auf Probleme: Neben der Last der Besatzung war es der hohe Bedarf an Mitteln für Wiederherstellungsarbeiten und Investitionen, für den Ausbau von Industrie und Energiequellen, für den Wiederaufbau von Wohnungen und zur Deckung von Ansprüchen der öffentlichen Bediensteten. Dieser Bedarf konnte nicht zur Gänze aus der Hilfe des Westens, vorab des Marshallplans, gedeckt werden. Neue Belastungen für die Bevölkerung kündigten sich an. Gleichzeitig stellte die ÖVP Investitionsbegünstigungen, Tarifermäßigungen, Steuererleichterungen und Preiserhöhungen bei noch preisgebundenen Waren in Aussicht, weshalb ihr Waldbrunner ein „Glücks-

225 Karl Waldbrunner, Freiheit und Wahlen, Typoskript, 8. Jänner 1949, Nachlass #53.

226 Tagblatt am Montag, 21. Februar 1949; siehe auch „Neues Österreich", 16. Februar 1949: Rückkehr Waldbrunners wegen einer Influenza verzögert.

227 Walter Wodak an Adolf Schärf, 5. März 1949, Nachlass #53; Wodak, Staatsvertragsproblematik, 974 (wie Fn. 210); Stourzh, Einheit, 147–148 (wie Fn. 129).

228 Walter Wodak an Waldbrunner, 5. März 1949 (#53)

229 Seidel, Wirtschaft, 34 (wie Fn. 10).

spiel mit der Existenz des Volkes" unterstellte.[230] Die SPÖ drängte daher auf rasche Wahlen. Doch zuvor beschloss die Regierung – unter Druck der Amerikaner im Zusammenhang mit der Freigabe von Marshallplanmitteln – ein umfassendes Budgetsanierungsprogramm, das Steuer- und Tariferhöhungen beinhaltete.[231]

Trotz der ökonomischen Erfolge der Jahre seit dem Kriegsende und der grundsätzlichen Übereinkunft zur Zusammenarbeit der beiden großen Parteien (die KPÖ war, wie erwähnt, aus Anlass des Währungsschutzgesetzes von 1947 ausgeschieden) herrschte bei der SPÖ über die Erreichung zentraler wirtschaftspolitischer Ziele Misstrauen und Unzufriedenheit. Vor allem die Tatsache, dass alle Wirtschaftsministerien von der ÖVP besetzt waren, stellte eine Hypothek dar. Entscheidungen waren angesichts der heteroklitischen, bündischen Struktur der bürgerlichen Partei[232] oft nur nach langen Verzögerungen möglich. Andererseits erschwerte die Position der SPÖ als eine, wenn auch sehr starke, Minderheit die Durchsetzung eines konsequenten Aufbauprogramms. Der Ausgang der Herbstwahlen 1949 ermöglichte allerdings eine neue Akzentuierung.

Innenpolitisch war diese Wahl von der Zulassung ehemaliger Nationalsozialisten und einer vierten Partei, des VdU/WdU, geprägt. Ihre Gründung wurde seitens der SPÖ unterstützt, weil sie sich Stimmenverluste bei der ÖVP erhoffte. Diese Rechnung ging bekanntlich nicht auf.[233] Aber obwohl die SPÖ mehr Stimmen an dieses Sammelbecken der „Ehemaligen" verlor als die ÖVP, gingen die Sozialisten stark genug aus der Wahl hervor, um bei den Verhandlungen über die Regierungsbildung mit Forderungen auftreten zu können, denn die Volkspartei hatte ihre absolute Mehrheit im Nationalrat eingebüßt. Die Verhandlungen waren „außerordentlich hart", wobei sich die SPÖ bemühte, dort an Terrain zu gewinnen, wo sie nach den Wahlen von 1945 ins Hintertreffen geraten war. Tatsächlich, so ein in Wien damals geläufiges Wort, gewannen die Sozialisten bei den Verhandlungen mehr als bei den Wahlen.[234]

Adolf Schärf ging davon aus, dass es bei der Neubildung der Regierung zur Auflösung einzelner Ressorts und damit auch zu einer Neueinteilung der Kompetenzen von Ministerien kommen werde. Es sei daher „möglichst auf Vereinheitlichung der Kompetenzen zu drängen, derart, dass zusammengehörige Gegenstände in einem Ministerium behandelt werden".[235] Auf dem nach den Wahlen zur Diskussion des Ergebnisses und zur formellen Festlegung der Strategie der SPÖ anberaumten Par-

230 Karl Waldbrunner, Die Sozialisten rufen zur Besinnung, in: A-Z, 1. Februar 1949.
231 Seidel, Wirtschaft, 318 (wie Fn. 10); Butschek, Konflikt, 114 (wie Fn. 179).
232 Vgl. Anton Pelinka, Vom Glanz und Elend der Parteien. Struktur- und Funktionswandel des österreichischen Parteiensystems (Österreich – Zweite Republik. Befund, Kritik, Perspektive 6), Innsbruck/Wien/Bozen 2005, 38–39.
233 Rudolf Neck, Innenpolitische Entwicklung, in: Erika Weinzierl/Kurt Skalnik (Hrsg.), Österreich. Die Zweite Republik, Band 1, Graz/Wien/Köln 1972, 149–168, 164; vgl. auch Walter Wodak an Adolf Schärf, 20. November 1948, in: Wagnleitner (Hrsg.), Diplomatie, 687 und 731 (wie Fn. 63).
234 Adolf Schärf an Walter Wodak, 12. November 1949, in: Wagnleitner (Hrsg.), Diplomatie, 831 (wie Fn. 63).
235 Adolf Schärf an alle sozialistischen Bundesminister, 11. Oktober 1949.

teitag plädierte Schärf für die Fortsetzung der Koalition, forderte allerdings einen größeren Wirkungsbereich in der Wirtschaftsverwaltung, „und da wieder vor allem die Verwaltung der verstaatlichten Betriebe".[236] Karl Waldbrunner, der sich selbst bereits einen Einfluss auf die Wirtschaftspolitik der Partei zuschrieb, war Initiator dieser Forderung nach einem neuen Kräfteverhältnis.[237]

Die entscheidendste ministerielle Reorganisation erfuhr der wirtschaftliche Bereich, und hier errang die SPÖ den größten Gewinn mit der Schaffung des Bundesministeriums für Verkehr und verstaatlichte Betriebe und dessen Führung durch Karl Waldbrunner. Damit war die jahrelange Forderung nach Festigung und Ausbau der Positionen zu einem guten Teil verwirklicht. Das Bundesministerium für Vermögenssicherung und Wirtschaftsplanung wurde aufgelassen und „Planungsaufgaben entfallen überhaupt". Das war einerseits eine Konzession an die offenbar unauflöslichen Meinungsverschiedenheiten über das Verhältnis von Plan und Markt, bedeutete aber andererseits keine endgültige Verabschiedung von grundsätzlichen Planungsvorstellungen bei den Sozialisten. Die Angelegenheiten der verstaatlichten Betriebe mit Ausnahme der drei verstaatlichten Banken fielen an das neu geschaffene Ministerium. Auch industrielle Betriebe, die aufgrund noch zu schaffender Gesetze aus der Liquidation des „Deutschen Eigentums" und anderer verfallener Vermögen dem Staat verblieben, sollten in sein Ressort gehören. „Die Polarität zwischen Gemeinwirtschaft und Privatwirtschaft, die lange Zeit die österreichische Wirtschaftspolitik maßgeblich beeinflusste, wurde damit auch in der behördlichen Kompetenzverteilung verankert."[238] Waldbrunner wurde der Minister der verstaatlichten Industrie. Vom aufgeteilten Ministerium für Energiewirtschaft und Elektrifizierung kamen die Bereiche Elektrizität und deren Planung sowie die Bewirtschaftung von elektrischer Energie (Lastverteiler) ebenfalls in sein Ressort. Waldbrunner wurde zum Minister, in dessen Obhut unter anderem das Symbol des Aufbaus, Kaprun, stand. Dabei konnte er, wie er selbst einräumte, durchaus auf Vorleistungen aufbauen. Als Verkehrsminister holte ihn in gewisser Weise die Vergangenheit ein. „Sie sehen, dass ich von der Eisenbahn nicht mehr loskomme", antwortete er einer Teilnehmerin an jener Wienreisegruppe schweizerischer Eisenbahner, die er 1931 als Student betreut hatte.[239] Den Wirkungsbereichen Verkehr (zu dem die Post gehörte) und Elektrizitätswirtschaft sollte er in der Tat am längsten verbunden bleiben. Schließlich wurden noch die Kompetenzen des ehemaligen Planungsministeriums bezüglich der unter sowjetischem Einfluss stehenden Rundfunkanstalt RAVAG auf sein Ministerium übertragen. Der paktierte Parteienproporz sollte durch die Bildung je einer paritätischen Parteienkommission beim „Verkehrsministerium", wie es meist genannt wurde, und beim Finanzministeri-

236 Zit. nach Müller, SPÖ und große Koalition, 29 (wie Fn. 99).

237 Waldbrunner an Milos Franc, 15. November 1949, Nachlass #10: „Der Initiator dieser Forderung war ich, der aus der Kenntnis der Verhältnisse im engen Kreis der Freunde eine Kombination in der Mandatsverteilung der Regierung vorschlug, die ich unter den gegebenen Kräfteverhältnissen als durchsetzbar empfand."

238 Hans Seidel, Wirtschaftspolitik und Marshall-Plan, 98 (wie Fn. 146).

239 Waldbrunner an Hs. Felber-Mähli, 6. Juni 1958, Nachlass #3.

um (ÖVP) gewährleistet werden. Unter dem Vorsitz des Ministers hatte sich dieser „Sechserausschuss" mit dem organisatorischen Aufbau (Festlegung der Geschäftsordnung und der Statuten der Vorstände und der Aufsichtsräte; organisatorischer Zusammenschluss der Unternehmungen in übergeordnete Gesellschaftsorgane wie Holding oder Generaldirektion) und der personellen Besetzung der leitenden Organe der verstaatlichten Unternehmungen nach dem bei den Wahlen erzielten Proporz, jedoch unter Berücksichtigung der „fachlichen und sachlichen Eignung" zu befassen.[240] Es war dies theoretisch ein Kontrollorgan, um eigenmächtige Besetzungen ohne Einbindung des Ausschusses zu verhindern, aber gleich zu Beginn der Regierungstätigkeit auch Anlass zu Kompetenzstreitigkeiten.[241]

Zu Recht freute sich Walter Wodak in London darüber, dass Waldbrunner „ein wirklich großes Tätigkeitsgebiet gefunden hat, das ihm sehr am Herzen gelegen ist".[242] Auch Bruno Kreisky zeigte sich zufrieden. Ein bedeutendes Ministerium unter der Führung Waldbrunners sei Wirklichkeit geworden, „in dessen Kompetenz ja die entscheidendsten Fragen unserer Bewegung fallen. (…) Ich habe in der Vergangenheit oft Gelegenheit gehabt zu sehen, wie dringend ein Ministerium wie das nun geschaffene wäre, und im Stillen gehofft, dass, wenn es einmal dazu kommen wird, seine Leitung dir übertragen wird." Zur Freude über den „prinzipiellen Erfolg" gesellte sich bei Kreisky die, „dass die Wahl auf dich fiel, da ich mir keinen, der mehr für diese Aufgabe prädestiniert wäre, vorstellen kann".[243] Waldbrunner war sich der Errungenschaft ebenso wie der großen Verantwortung bewusst. „Natürlich war es nicht leicht, diese Forderung durchzusetzen, und es wird ebenso keine leichte Aufgabe sein, dieses Ministerium mit seinen Betrieben gegen seine Feinde zu einem Erfolg zu bringen." Das Ministerium bedeutete für ihn persönliche Anerkennung und Verpflichtung gegenüber der Partei. Denn nicht er hatte sich in dieses Amt gewünscht, sondern „man hat darauf bestanden, dass ich die Verantwortung dafür übernehme".[244] In Wahrheit resultierte daraus „der erste und harte Konflikt in meinem Leben mit Adolf Schärf", weil sein Unwillen, in die Regierung zu gehen, „auf den schärfsten Widerspruch aller meiner Freunde in der Parteiführung" stieß. Waldbrunners Widerstreben kam aus der Erfahrung als Zentralsekretär, „wie wichtig die vielseitige Arbeit in der Partei ist". Zur „Fülle der Arbeit" kam nun auch noch diese hinzu. „Ich übernahm sie, weil ich wirklich mit Leib und Seele für diese Sache lebe und weil ich mir bewusst bin, dass der Weg zum Sozialismus letzten Endes nicht von schönen Theorien, sondern vor allem durch die praktische Bewährung bestimmt ist."[245]

240 Vereinbarung zwischen der Österreichischen Volkspartei und der Sozialistischen Partei Österreichs vom 6. November 1949 anlässlich der Regierungsbildung, in: Manfried Rauchensteiner, Die Zwei. Die Große Koalition in Österreich 1945–1966, Wien 1987, 540–543. Auch in Nachlass #29.

241 Otto Sagmeister an Adolf Schärf, 13. April 1950; Eugen Margarétha an Leopold Figl (und zur Kenntnisnahme an Karl Waldbrunner), 28. April 1950; zur Kontrolle eigenmächtiger Besetzungen siehe Otto Sagmeister an Waldbrunner, 27. April 1950, alle in Nachlass #29.

242 Walter Wodak an Adolf Schärf, 8. November 1949, in: Wagnleitner, Diplomatie, 830 (wie Fn. 63).

243 Bruno Kreisky an Waldbrunner, Stockholm, 10. November 1949, Nachlass #11.

244 Waldbrunner an Bruno Kreisky, 17. November 1949, Nachlass #11.

245 Waldbrunner an Milos Franc, 15. November 1949, Nachlass #10.

Die Meisterung dieser Aufgabe, betonte Waldbrunner, könne „nicht das Werk eines Einzelnen sein (…), es ist eine sozialistische Gemeinschaftsarbeit".[246] Über das Hauptaugenmerk seiner sozialistischen Wirtschaftspolitik hielt er gegenüber dem französischen Innenminister Jules Moch fest: „Gerade die Führung der verstaatlichten Wirtschaft ist für uns eine wichtige Sache, weil wir die Sicherung dieser Unternehmungen vor neuem kapitalistischen Zugriff besonders im Auge haben."[247] Schon aus dieser Bemerkung wird ersichtlich, dass Waldbrunner keine zusätzlichen Verstaatlichungen intendierte. Entscheidend für ihn war vielmehr eine erfolgreiche Entwicklung des verstaatlichten Sektors, seine Bewährung, um das historisch einzigartig Erreichte zu sichern.

Waldbrunners Zielvorstellung war der „systematische Umbau unserer Wirtschaft durch Stärkung der Gemeinwirtschaft". Allerdings seien keine „schlagartigen Veränderungen möglich", sondern „zähe und mühselige Aufbauarbeit" notwendig.[248] Dazu gehörte sein entschlossenes Eintreten für den Ausbau der verstaatlichten Grundstoffindustrie, der sich ohnehin bereits in den von den beiden großen Parteien gemeinsam erstellten Plänen niederschlug. Schon die gleich nach dem Ende des Krieges umstrittene Entscheidung, die zum Teil in der Nazizeit begonnenen Großbetriebe weiterzuentwickeln, erhielt durch den damit angebahnten Strukturwandel der österreichischen Wirtschaft wegweisende Bedeutung. Die Schwerindustrie wurde die wahre Wiederaufbau-Industrie.[249] Der nachkriegsbedingten Knappheit an Energie und Rohstoffen folgte der Boom im Zeichen des Korea-Konflikts und die steigende Nachfrage nach technischen Gütern im „Golden Age". Es entstanden konkurrenz- und leistungsfähige Betriebe.[250] Trotz der Erlösverzichte dieser Unternehmungen zugunsten der Privatwirtschaft, deren Finalindustrien sie durch besonders billige Vorprodukte unterstützten bzw. subventionierten, und „trotz der Schrittmacherrolle, die die Verstaatlichte bei Löhnen wie in der Sozialpolitik leistete, sowie der arbeitsmarkt- und regionalpolitischen Auflagen, der sie nachgekommen ist und die sich in Mehrkosten niederschlugen", leistete dieser Sektor einen bedeutenden Beitrag zur Erfolgsgeschichte der Zweiten Republik.[251] Dass dies im selektiven historischen Gedächtnis Österreichs weitgehend verdrängt ist, wurde zu Recht moniert.[252]

246 Waldbrunner an Bruno Kreisky, 17. November 1949, Nachlass #11.

247 Waldbrunner an Jules Moch, Ministre de l'Interieur, 22. November 1949, Nachlass #5.

248 Karl Waldbrunner, Wirtschaftliche Entwicklung und Aufgaben auf gemeinwirtschaftlichem Sektor, handschriftliche Notizen zur Tagung auf dem Semmering am 23. September 1950, Nachlass #32.

249 Fritz Weber, Go Heavy Metal, Austria! Bemerkungen zur Rolle der verstaatlichten Industrie im Wiederaufbau, in: Wolfgang Kos/Georg Rigele (Hrsg.), Inventur 45/55. Österreich im ersten Jahrzehnt der Zweiten Republik, Wien 1996, 298–310, 307.

250 Seidel, Wirtschaft, 49 (wie Fn. 10).

251 Egon Matzner, Verstaatlichte Industrie und Innovation, in: Österreichs Verstaatlichte Industrie. Historische Entwicklung – Gesamtwirtschaftliche Bedeutung – Zukunftsperspektiven, Karl Waldbrunner Symposion, 12. Dezember 1986, Dr.-Karl-Renner-Institut (Bildungsinformation 6/87), Wien 1987, 29–40, 32. Vgl. Franz Mathis, Between Regulation and Laissez Faire: Austrian State Industries after World War II, in: Günter Bischof/Anton Pelinka, Austrian in the Nineteen Fifties (Contemporary Austrian Studies 3), New Brunswick/London 1994, 79–115, 81.

252 Rathkolb, Republik, 152–154 (wie Fn. 3).

Doch der „kapitalistische Zugriff" in Form von Attacken auf die verstaatlichte Industrie sollte schon unmittelbar nach der Amtsübernahme Waldbrunners einsetzen. Da er sich mit seinem Ressort in einem politisch höchst exponierten Bereich befand, wurde seine Person immer mehr zur Zielscheibe. Schon bei seiner Ernennung versuchte die ÖVP, das Finanzministerium unter der Leitung von Eugen Margarétha als Gegengewicht zu installieren. Darüber hinaus kam es auch zu Konflikten innerhalb der Partei. Krauland soll, wie Waldbrunner berichtet, „Figl ganz öffentlich für einen Trottel" erklärt haben, „dass er dieses [sic!] Kompromiss eingegangen ist". Waldbrunner hätte sich geehrt fühlen können, doch „ich weiß schon, dass es viel weniger um meine Person geht als um die Bedeutung, die der Gegner diesen Schlüsselstellungen der Wirtschaft beimisst".[253]

Wie bereits gezeigt, bezog der verstaatlichte Sektor einen guten Teil der Mittel aus dem ERP. Doch wenn Gegner aus dem bürgerlich-privatkapitalistischen Lager meinten, das ERP „baut allein unsere Betriebe auf", hielt ihnen Waldbrunner entgegen, die Verstaatlichung sei „die einzig mögliche Ausgangsbasis, dass diese ‚Kredithilfe' überhaupt richtig verwendet wird und Erfolg bringt".[254] Die Verstaatlichte, so der Minister 1950, nehme keine Sonderstellung im Rahmen der Marshallhilfe ein, „denn in allen Ländern hat die Grundindustrie im Wiederaufbau der Volkswirtschaften selbstverständlich diesen Vorzug genossen".[255] Waldbrunner verschwieg, dass in diesem Jahr der Anteil des verstaatlichten Sektors (ohne die staatlichen Anteile in der Elektro-, Chemischen sowie Eisen und Metall verarbeitenden Industrie) an den Counterpartkrediten für industrielle Investitionen gegenüber dem Vorjahr von fast 70 Prozent auf unter 65 Prozent gesunken war. Dieser Trend setzte sich bis 1953 (55 Prozent) fort. Im gleichen Zeitraum erhöhte die Privatindustrie ihren Anteil von 14 auf 28 Prozent. Die Trendumkehr von 1954 (70 : 18 Prozent) war dann der hohen Zuteilung von ERP-Krediten an die Elektrizitätswirtschaft geschuldet.[256] Ebenso hätte Waldbrunner sein Bemühen ins Treffen führen können, den USA mehr Mittel für den Aufbau der vom Marshallplan stark benachteiligten Gebiete der sowjetischen Zone abzuringen.[257]

Dem ÖVP-Wirtschaftsflügel ging es aber vorrangig darum, die krasse Benachteiligung der Privatindustrie gegenüber der Verstaatlichten aufzuzeigen, weshalb er schon 1950 einen neuen ERP-Verteilungsschlüssel forderte.[258] Auf der Gegenseite vertrat

253 Waldbrunner an Milos Franc, 15. November 1949, Nachlass #10. Auch Julius Raab soll sich in Schmähungen ergangen sein.

254 Rede in Mürzzuschlag, 14. Juli 1951, Manuskript, Nachlass #32.

255 Karl Waldbrunner, Rede am 2. Bundeskongress des ÖGB am 2. Oktober 1951, Nachlass #32.

256 Alexander Wolfgring, „Königreich Waldbrunner" (1949–1956): Die verstaatlichte Industrie und Elektrizitätswirtschaft Österreichs im Brennpunkt der wirtschaftspolitischen Diskussion, Diplomarbeit Wirtschaftsuniv. Wien 1985, 55; vgl. Franz Tinhof (Hrsg.), Zehn Jahre ERP in Österreich 1948/58 – Wirtschaftshilfe im Dienste der Völkerverständigung, Wien 1958, 54–55. Die Anteile der genannten „gemischten" Sektoren (staatliches und privates Eigentum) betrugen 1949 16 Prozent, 1952 zwölf, 1953 16 und 1954 elf Prozent.

257 Oliver Rathkolb, Hans J. Morgenthau und das Österreich-Problem in der letzten Phase der Truman-Administration 1951/52, in: Emil Brix/Thomas Fröschl/Josef Leidenfrost (Hrsg.), Geschichte zwischen Freiheit und Ordnung. Gerald Stourzh zum 60. Geburtstag, Graz/Wien/Köln 1991, 277–298, 280.

258 Wolfgring, Königreich (wie Fn. 256), 108.

Waldbrunner zutiefst überzeugt den Standpunkt, dass es „eine der wichtigsten sozialistischen Aufgaben" sei, den gemeinwirtschaftlichen Sektor auch „auf Kosten des Privatkapitals ganz entscheidend zu stärken", und das sei durch die beiden Verstaatlichungsgesetze möglich geworden. Der stärkere Einfluss auf diesen Wirtschaftssektor, den die Wahlen nun erlaubten, solle nicht dazu dienen, „dort alle Schützlinge unserer Parteifunktionäre unterzubringen", sondern die bis dahin herrschende, den Zielen zuwiderlaufende Verwaltung Kraulands zu neutralisieren: „Ich bin nämlich davon überzeugt, dass alle diese Unternehmungen trotz allem gut bestehen werden, wenn man nur verhindert, dass sie wesentlich schlechter gestellt werden als die private Wirtschaft, wenn man vor allem verhindert, dass der Staat – entgegen seinen eigenen Interessen – sie als Stiefkinder behandelt und unterdrückt."[259]

Mit zunehmender wirtschaftlicher Erholung und dem allmählichen Abschluss der Rekonstruktionsphase wurden die Polemiken gegen den Staat als Unternehmer lauter. Die Tatsache, dass 1945 kaum privates Kapital für die in Frage kommenden Betriebe vorhanden war und nur der Staat die Unternehmerfunktion ausüben konnte, verlor ebenso wie die anderen objektiven Umstände gegenüber der apodiktisch geforderten Reduktion staatlichen wirtschaftlichen Engagements an Bedeutung. Entgegen der tatsächlichen, positiven wirtschaftlichen Entwicklung der Unternehmen wurde aus ideologischer Überzeugung dem Privatkapitalismus gehuldigt. „Wer kennt nicht die immer wieder erhobenen Vorwürfe von Bürokratismus, fehlendem Unternehmersinn, Kostspieligkeit und Schwerfälligkeit des wirtschaftlichen Handelns, die sehr oft mit einem Glorienschein der Wissenschaft umgeben werden, ohne, wie es für die wirkliche Wissenschaft selbstverständlich ist, auch bewiesen zu werden."[260] Aber gerade die unverkennbare Prosperität der verstaatlichten Betriebe war den Gegnern eine Bestätigung dafür, dass eine weitere Ausdehnung und ein Vordringen in die Finalindustrie drohe, wobei der Anteil an der Volkswirtschaft ohnehin bereits zu hoch sei.[261]

Vor allem aber sei die Personalpolitik „immer wieder Anlass zur Kritik und sehr oft zu einer wirklich feindseligen Polemik", hielt der Minister im Oktober 1951 fest. Indes sei der Einfluss des Staates auf Bestellung der Organe eine „Selbstverständlichkeit, denn auch der private Besitz lässt sich dieses Recht in den ihm gehörenden Unternehmungen nicht nehmen". Dabei schließe die Handhabung in Österreich „Monopolbildungen" aus, „wie sie die Arbeiterbewegung aus der Ersten Republik in trauriger Erinnerung hat". Die Bestellung geschehe in der paritätisch besetzten Kommission, wobei unter Fachleuten ausgewählt werde.[262] In der Tat erscheinen die Attacken der ÖVP auf eine zu große Einflussnahme der SPÖ bei der Beset-

259 Waldbrunner an Milos Franc, 15. November 1949, Nachlass #10. Das zielte vor allem auf den Einfluss des Industriellenverbands und Franz Nemschaks. Waldbrunner an Milos Franc, 17. Dezember 1949, Nachlass #10.

260 Karl Waldbrunner, Rede am 2. Bundeskongress des ÖGB am 2. Oktober 1951, Nachlass #32.

261 Wolfgring, Königreich, 108–110 (wie Fn. 256).

262 Karl Waldbrunner, Rede am 2. Bundeskongress des ÖGB am 2. Oktober 1951, Nachlass #32; zur frühen Kritik an Personalentscheidungen bei der Eisenbahn und verstaatlichten Betrieben vgl. Adolf Schärf an Waldbrunner, Helmer, Pittermann und Körner, 11. September 1950, Nachlass #29.

zung im Management der verstaatlichten Unternehmen widersinnig, stellten doch die Volkspartei und ihre Organisationen zumindest bis zur Ära Kreisky stets mehr Führungskräfte. Waldbrunner schaltete die ÖVP in seiner praktischen Arbeit nicht aus. Bei allen Personalbestellungen, so der Minister noch 1954, seien ÖVP-Leute berücksichtigt worden, „und bei den verstaatlichten Betrieben kann man auch heute noch nicht behaupten, dass der Proporz in den Leitungen zu unseren Gunsten steht". Bei Bahn, Post und Rundfunk verhalte es sich ebenso.[263] 1952 waren 34 der 75 Mitglieder von Verwaltungsräten oder öffentlichen Verwalter und 116 der insgesamt 250 Direktoren von der SPÖ nominiert.[264] Das ideologische Geplänkel der ÖVP sollte somit den Blick auf die Tatsache verstellen, dass die ÖVP die verstaatlichte Industrie „realpolitisch" durchaus akzeptierte[265] – zumindest solange es ihr opportun erschien bzw. radikale Gruppen hintangehalten werden konnten. Selbstverständlich trachteten beide Parteien danach, den Einfluss in „ihren" jeweiligen Betrieben geltend zu machen. Aber institutionelle Einrichtungen wie der Sechserausschuss schränkten die Entscheidungsmöglichkeiten des Ministeriums stark ein. Einfluss war am ehesten über die öffentlichen Verwaltungen zu nehmen. Hier kam es denn auch kurz nach der Amtsübernahme durch Waldbrunner zu einem Eklat. Im August 1950 wurde der „reichsdeutsche" Generaldirektor der VÖEST, Heinrich Richter-Brohm – ein Mann mit NS-Vergangenheit, der offen die Entstaatlichung des Unternehmens begünstigte –, nach Unregelmäßigkeiten in der Devisengebarung abberufen. Das geschah nach Absprache zwischen Leopold Figl, Karl Gruber und Waldbrunner sowie auf Drängen der Amerikaner. Seine Ersetzung durch Walter Hitzinger geschah aber offenbar ohne Mitwirkung des Ausschusses.[266] In die Angelegenheit der Missstände bei der VÖEST war in gewisser Weise auch Minister a.D. Krauland verwickelt, der dann seine Funktion im Sechserausschuss niederlegte.[267] Die ÖVP versuchte jedenfalls, als Kontrolle einen Staatssekretär der Volkspartei im Ministerium für verstaatlichte Betriebe einzubauen. Das Verlangen wurde von der SPÖ als „Diskriminierung Waldbrunners" und unter Verweis auf den geltenden Koalitionspakt abgewiesen.[268] Waldbrunner selbst ging von anderen als den ihm unterstellten Prinzipien aus. Im Idealfall waren die sozialistischen Anliegen mit der zweckmäßigen Durchführbarkeit in Einklang zu bringen. Aber im Wissen um die „Personalnöte, die wir haben", bestand er nicht auf parteipolitischer Färbung um jeden Preis, sondern hatte schon bei der Neubildung des Ministeriums der ÖVP „alle Einsicht in die Geschäfte zugebilligt, weil ich der Meinung bin, dass wir nichts zu verbergen haben, und gar nicht glaube, dass diese große Aufgabe nur von Sozialisten allein gelöst werden kann".[269] Ganz unerträglich fand er jedoch den

263 Waldbrunner an Adolf Schärf, 7. Jänner 1954, Nachlass #30.

264 Shell, Jenseits der Klassen, 330 (wie Fn. 43)

265 Rathkolb, Republik, 79 (wie Fn. 3).

266 Wolfgring, Königreich (wie Fn. 256), 104–105; Tweraser, Marshall-Plan, 237 (wie Fn. 148); Waldbrunner an Milos Franc, 22. März 1954, Nachlass #10.

267 Adolf Schärf an Helmer, Waldbrunner, Pittermann und Körner, 11. September 1950; [Protokoll der] Parteienbesprechung vom 11. Juni 1951, beide Nachlass #29.

268 [Protokoll der] Parteienbesprechung vom 11. Juni 1951, Nachlass #29.

269 Waldbrunner an Milos Franc, 15. November 1949, Nachlass #10.

Gedanken, sich auf das System der „Freunderlwirtschaft" einzulassen, „dass man uns aus politischen Bindungen Geschäftemacherei nachweisen kann".[270]

Volkswirtschaftlich war die verstaatlichte Industrie ein Faktor ersten Ranges. Wie der Minister 1951 ausführte, machten ihre rund 100.000 Angestellten und Arbeiter ca. 22 Prozent der in der gesamten Industrie Beschäftigten aus; die produzierten Werte von ca. zehn Milliarden Schilling stellten rund ein Viertel der gesamten industriellen Wertschöpfung Österreichs dar, der Warenexport von 1,6 Milliarden Schilling etwa ein Viertel der Gesamtausfuhr Österreichs. War die Verstaatlichte neben dem Staat selber die größte Auftraggeberin der Privatwirtschaft, so war sie gleichzeitig „sicher der bedeutendste Steuerzahler".[271] Die Steuerleistung (ohne die E-Wirtschaft) wuchs von 1950 bis 1955 real um 103 Prozent, wobei auch noch der konjunkturelle Rückschlag von 1952/53 zu berücksichtigen ist.[272] In Bezug auf den Exportanteil profitierte die expandierende Stahlindustrie von der weltweiten Nachfrage: „Stahl war Export – nach dem Westen und später auch nach Osteuropa."[273] Und für die Frage der Beschäftigung schrieb sich die verstaatlichte Industrie unter ihrem Minister Waldbrunner eine tragende Rolle zu. Der Vorrang der Investitionen vor dem Konsum, bei gleichzeitiger allgemeiner Hebung des Wohlstands, sollte zur Vollbeschäftigung führen. Als im November 1950 mit der Inbetriebnahme der neuen Blockstrecke in Donawitz die erste Großinvestition der verstaatlichten Eisen- und Stahlindustrie nach dem Krieg planmäßig zum Abschluss gebracht wurde, lenkte Waldbrunner das Augemerk auf das „entscheidendste sozialpolitische Problem innerhalb der verstaatlichten Industrie": Es war dies „zweifellos die Erhaltung der Dauer- und Vollbeschäftigung". Freilich war damit der Appell an gewerkschaftliche Disziplin und soziale Ruhe verbunden, doch das Ziel war eine „bessere Wirtschaftsform", in der „der arbeitenden Bevölkerung in Zukunft Not und Elend erspart bleibt".[274] Obwohl damals die in deutlicher Abgrenzung zur Wirtschaftspolitik der Ersten Republik vorgenommene Zielsetzung keine unbedingte Garantie für den Erhalt von Arbeitsplätzen beinhaltete, betrieb die verstaatlichte Industrie beispielsweise im Rezessionsjahr 1953 (und auch 1958) eine veritable Beschäftigungspolitik.[275]

In den Jahren 1950 bis 1954 wiesen alle großen Unternehmen der Verstaatlichten nicht nur ein überdurchschnittlich schnelles Wachstum, sondern auch eine durchwegs aktive Gebarung auf. Dazu trugen die Schwerpunktsetzung der ERP-Politik, der vorhandene große Kapazitätsrahmen, die Verankerung in den Wachstumsindustrien Eisen und Stahl und ein ausgeprägter Verkäufermarkt für die Produkte der Verstaatlichten im In- und Ausland bei.[276] Maßgeblich war aber vor allem, dass das verantwortliche Ministerium in der „Erzielung einer aktiven Gebarung eigentlich

270 Waldbrunner an Milos Franc, 17. Dezember 1949, Nachlass #10.
271 Karl Waldbrunner, Rede am 2. Bundeskongress des ÖGB am 2. Oktober 1951, Nachlass #32.
272 Wolfgring, Königreich, 37 (wie Fn. 256).
273 Weber, Heavy Metal, 308 (wie Fn. 249).
274 Rede Waldbrunners in Donawitz, 22. November 1950, Nachlass #32.
275 Weber, Heavy Metal, 307 (wie Fn. 249).
276 Wolfgring, Königreich, 34–35 (wie Fn. 256).

die grundlegende Voraussetzung jeder auf Dauer gerichteten gesunden Wirtschaftsführung" sah.[277] In Waldbrunners Sicht stand eine betriebswirtschaftlich einwandfreie Führung ganz oben: „Für mein Ministerium gilt unbedingt das Prinzip, dass es in den verstaatlichten Unternehmungen kein Defizit geben darf. Wer mit Defizit wirtschaftet, hat in unseren Augen seine Aufgabe nicht erfüllt. Ohne diese gewiss harte Parole können aber verstaatlichte Unternehmungen nicht mit Erfolg geführt werden."[278] Wissend um die Endlichkeit der Marshallplangelder war diese Vorgabe durchaus weitsichtig. So erlaubten die erzielten Erträge die zunehmende Eigenfinanzierung. Zwischen 1953 und 1956 stieg sie stetig von 56 auf 88 Prozent, während die ERP-Mittel zwischen 1953 und 1955 von 40 auf 4 Prozent sanken und im Folgejahr knapp unter 10 Prozent betrugen. Der bescheidene Beitrag des Bundes wurde bereits erwähnt. Lediglich 1955 ist ein deutlicher Anstieg auf 10 Prozent zu verzeichnen (Staatsvertrag!), danach allerdings ein Rückgang auf 2,5.[279] Es kamen aber besonders den kapitalintensiven Betrieben steuerpolitische Maßnahmen stützend entgegen.[280] Mag der ökonomische Erfolg den Beifall des Rechnungshofes und sogar des bürgerlichen Lagers gefunden haben, so orteten Kritiker aus den eigenen Reihen, wie etwa Karl Ausch, in dieser Entwicklung den Primat des manageriellen Denkens der „Genossen Direktor" auf Kosten des gemeinwirtschaftlichen und sozialistischen Anspruchs auf Betriebs- und Wirtschaftsdemokratie.[281] In der konzeptuellen Spannung zwischen betriebswirtschaftlichen Erfordernissen und den Ansprüchen der organisierten Arbeiterschaft, in die auch die Richtlinien der USA für die Freigabe von Counterpartmitteln hineinspielten, geriet Waldbrunner, der technokratische Ingenieur und Zentralsekretär der Partei, bis zu einem gewissen Grad auch in Opposition zu Teilen der Gewerkschaft.[282]

Jedenfalls erschwerte die – vom Staat verordnete – marktorientierte Strategie die Möglichkeiten staatlicher Einflussnahme.[283] Und im gesamtstaatlichen Rahmen stand überdies fest, dass es „auf lange Sicht" zu keinen weiteren Verstaatlichungen kommen werde. So etablierte sich jenes System der „mixed economy", in dem Gemeinwirtschaft und Privatwirtschaft eine „Koexistenz"[284] eingingen und sie „durchaus zweckmäßig und friedlich nebeneinander leben" konnten, „wenn sich nicht manche Teile der privaten Wirtschaft, obwohl sie Vorteile aus der Sozialisierung ziehen, in politischer Verblen-

277 Bundesministerium für Verkehr und verstaatlichte Betriebe, Pressereferat, Die Entwicklung der verstaatlichten Industrie im Jahre 1950, in: Neue Technik und Wirtschaft 4 (1951) 61, zit. nach Wolfgring, Königreich, 76 (wie Fn. 256).

278 Die verstaatlichten Unternehmungen aktiv, in: Wiener Zeitung, 3.3.1950, 1–2.

279 Karl Waldbrunner, Das Problem der Finanzierung der nach dem 1. Verstaatlichungsgesetz verstaatlichten Unternehmen, 1958, Typoskript, Nachlass #33.

280 Wolfgring, Königreich, 40–42 (wie Fn. 256); Mathis, Regulation, 81 (wie Fn. 251).

281 Eduard März, Die Zukunft der österreichischen Gemeinwirtschaft, in: Arbeit und Wirtschaft 12 (1956) 439–442. Vgl. Wolfgring, Königreich, 80–81 (wie Fn. 256): Der „Genosse Direktor" wird in zwei Artikeln von Paul Blau evoziert.

282 Vgl. Salzburger Nachrichten, 9.6.1953; vgl. Shell, Jenseits der Klassen, 206–207 (wie Fn. 43); Mulley, Gewerkschaftsbund, 94–95 (wie Fn. 85).

283 Mathis, Regulation, 81 (wie Fn. 251).

284 Bruno Kreisky, Koexistenz von Privatwirtschaft und Gemeinwirtschaft, in: Neue Technik und Wirtschaft 12 (1954) 315–317.

dung von den kapitalistischen Nutznießern der Monopolunternehmungen im Kampfe gegen die Gemeinwirtschaft als Vorspann missbrauchen ließen".[285]

Wirtschaftspolitisch stand die neue Regierung von Beginn an unter hohem Druck. Als infolge der Krise des britischen Pfunds eine internationale Abwertungswelle einsetzte, zog schließlich auch der Schilling mit, woraufhin Finanzminister Margarétha einseitig eine Steuerermäßigung ankündigte. Es drohte eine erste ernste Krise der Koalition, die Waldbrunner – schon im Hinblick auf Fragen des künftigen Budgets – durch einen Kompromissvorschlag abzuwenden wusste.[286] Die Lage blieb jedoch instabil, die inflationären Tendenzen hielten hauptsächlich wegen der Schillingabwertung an. Ende September/Anfang Oktober 1950 kam es dann im Zusammenhang mit einem neuen (dem vierten) Lohn-Preis-Übereinkommen zu jener Streikbewegung, die sich nachgerade zum österreichischen Mythos auswuchs. Die führende Rolle der KPÖ bei der Streikbewegung wurde nachhaltig, wenn auch zu Unrecht, als kommunistischer Putschversuch bzw. als Versuch der sowjetischen Machtübernahme im Osten des Landes instrumentalisiert.[287] Die Sowjetunion hatte kein Interesse daran. Karl Waldbrunner, der sich an Ort und Stelle ein Bild machte, bestätigt das ungewollt: „Im Erdölgebiet konnte ich persönlich feststellen, dass in den dortigen Betrieben der russischen Erdöverwaltung strenger Auftrag gegeben war, dass die Erdölproduktion nicht leiden darf und dass sich an Streiks nur jene Kräfte beteiligen dürfen, die gerade schichtfrei sind oder im Betrieb nicht gebraucht werden." Dennoch machte er die „Terrorbanden der USIA" aus. Die Gelegenheit war – nach überstandener Gefahr – günstig, noch andere Feinde der verstaatlichten Betriebe anzuprangern und die Leistung der Sozialisten umso deutlicher herauszustellen. Mit dem Wortungeheuer „kommunofaschistische Allianz" zielte er auf jene, die vor allem in Linz die Streikbewegung getragen hätten.[288] Viele Zeitgenossen unterlagen gewiss einer Selbsttäuschung. So sah Karl Renner den „Bestand der Republik" in Gefahr und beglückwünschte jene, die dazu beigetragen hatten, diese abzuwenden. Zu ihnen zählte er Karl Waldbrunner, der in seiner Eigenschaft als Verkehrsminister dafür gesorgt habe, dass der Bahnbetrieb aufrechterhalten und die Versorgung der Hauptstadt gesichert worden sei. Für den Bundespräsidenten hatte sich Waldbrunner sowohl als Minister wie auch als „hervorragender Parteiorganisator mustergültig" bewährt. „Der Mut, den du in kritischen Stunden entfaltet hast, war bewundernswert, und ich kann zusammenfassend sagen, dass ich in dir einen Vertreter des jüngeren Nachwuchses unserer Partei, der die Feuerprobe glänzend bestanden hat, freudig begrüße."[289]

285 Karl Waldbrunner, Sozialisierung und Verstaatlichung – wie und wie weit, in: Die Zukunft 2 (Februar 1952), 36–42, 42.

286 Waldbrunner an Heinrich Standenat, 1. Dezember 1949, Nachlass #10; Waldbrunner an Milos Franc, 15. November 1949, Nachlass #10. Zur Abwertung siehe Matis, Nachkriegselend, 201–203 (wie Fn. 18).

287 Rathkolb, Republik, 33–34 (wie Fn. 3).

288 Karl Waldbrunner, Rede auf einer Bezirksrätekonferenz in Wien, 4. Oktober 1950, Nachlass #32; ders., Was geht in den verstaatlichten Betrieben vor?, in: Die Zukunft, 10/11 (Oktober/November 1950), 284–286.

289 Karl Renner an Waldbrunner, 7. Oktober 1950, Privatarchiv Martha Messeritsch.

Der so genannte „Raab-Kamitz-Kurs" als wirtschaftsliberale Offensive

Das Rückgang der Marshallhilfe, der anhaltende inflationäre Auftrieb durch eine lockere Geld- und Kreditpolitik und die expansive Lohn- und Preisbewegung zwangen die Regierung zum Handeln.[290] Das fünfte Lohn-Preis-Abkommen vom Juli 1951 verfehlte sein Ziel – der Lebenshaltungskostenindex stieg, auch infolge der Korea-Hausse, rasant an. Von 1948 bis 1951 hatte Österreich die höchste Inflationsrate unter den westlichen Industrieländern, doch wurde der Prozess Ende 1951 gestoppt.[291] Die wirtschaftliche Lage konsolidierte sich. Die Auslandshilfe floss, die Gewerkschaft übte sich in lohnpolitischer Zurückhaltung, es herrschte fast Vollbeschäftigung. Österreich, so Stefan Wirlandner, der Leiter der wissenschaftlichen Abteilung der Wiener Arbeiterkammer, hatte sich binnen drei Jahren „zu einer freien Marktwirtschaft entwickelt".[292]

Manchen schien sie noch nicht frei genug. Dazu kam von der USA und der Europäischen Zahlungsunion der Druck zur Stabilisierung.[293] Die USA vor allem verlagerten ihre „Hilfe" im Zuge des Koreakriegs und der anschwellenden antikommunistischen Paranoia auf die militärische Stärkung ihrer Verbündeten. Je mehr Österreich auf die eigene Wirtschaft zu setzen gezwungen war, desto schwieriger wurde der wirtschaftspolitische Interessensausgleich. In dieser Situation startete die ÖVP eine Offensive. Sie setzte auf eine harte Stabilisierungspolitik mit Budgetsanierung und Inflationsbekämpfung (bei stabilen Preisen und Löhnen), auf strikten Budgetausgleich, eine drastische Senkung der staatlichen Ausgaben und damit verbunden Steuersenkungen bzw. eine Verlagerung von direkten auf indirekte Steuern, eine restriktive Kreditvergabe. Die wirtschaftspolitische Intention dieses Konzepts war, die Wirtschaft von staatlichen und sozialpartnerschaftlichen Eingriffen zu „befreien". Es war im Wesentlichen ein Credo für eine „marktkonforme, widerspruchsfreie Wirtschaftspolitik als Voraussetzung der privatwirtschaftlichen Wirtschaftsform", eine Eloge auf das „freie" Unternehmertum, kurz: ein „neoliberales" Programm, wie Karl Waldbrunner richtig konstatierte, oder wie Hans Seidel feststellt: Reaganismus und Thatcherismus ante litteram. Es bedeutete eine Kampfansage an alle Ansätze zur Wohlfahrtsstaatlichkeit, die sich die Sozialdemokratie auf die Fahnen schreiben konnte.[294] Der Exponent dieses Programms war Reinhard Kamitz, der Ende Jänner 1952 zum Finanzminister gemacht wurde. Er stand für die „wahre Großoffensive" mit „dem ausgesprochenen Ziel, die gesetzlichen Bindungen abzuschütteln und Belastungen auf steuerlichem und sozialem Gebiet zu vermindern", wie Karl Waldbrunner schrieb. Waldbrunner entlarvte die angeblich

290 Matis, Nachkriegselend, 192–208 (wie Fn. 18).
291 Seidel, Wirtschaft, 108–109 und 162 (wie Fn. 10).
292 Mulley, Gewerkschaftsbund, 99–100 (wie Fn. 85); Zitat ebd., 100.
293 Seidel, Wirtschaft, 66 (wie Fn. 10).
294 Seidel, Wirtschaft, 66–67, 70–71, 496 (wie Fn. 10).

neuen Parolen als gar nicht so unbekannt, „sahen sie doch denen der Ersten Republik zum Verwechseln ähnlich“: „Damals war die Wirtschaftspolitik ein Monopol der Besitzenden, die diese Wirtschaft so lange und so ausgiebig sanierten, bis ein Heer von vielen hunderttausend Arbeitslosen vorhanden war.“ Nun würden die sozialpolitischen Errungenschaften nach 1945 „als ein Herd der Verschwendung denunziert“, die öffentlichen Unternehmungen, die mit ihren Tarifen noch weit unter den Kosten der Privatwirtschaft lägen, „als unfähige Defizitbetriebe hingestellt“ und jede wirtschaftliche Mitwirkung der organisierten Arbeiter- und Angestelltenschaft „als ein unerträgliches Hemmnis bezeichnet“. Waldbrunner evozierte die Gefahr der Deflation, die – wie in den 1930er-Jahren – Produktionsrückgänge und hohe Arbeitslosigkeit im Gefolge hatte.[295] Doch die Rezession wurde in Kauf genommen.[296]

Die SPÖ zählte nicht zu den Inflationsbefürwortern, sie war nicht schlechthin gegen die Stabilisierungspolitik. Aber die Art und Weise, wie dieser Weg beschritten wurde, bedrohte ihre grundsätzlichen wirtschafts- und gesellschaftspolitischen Anliegen. Und hier war es vor allem die Beschneidung der öffentlichen Investitionen, die den härtesten Widerstand hervorrief, zumal Kamitz die einnahmenseitigen Vereinbarungen hinauszögerte und gleichzeitig die Landwirtschaft subventionierte. An diesem Punkt prallten Kamitz und Waldbrunner aufeinander.[297] Die im Februar 1952 koalitionsmäßig festgelegten, aber von Kamitz nicht eingehaltenen Gütertariferhöhungen brachten die Bahn in ernste Schwierigkeiten und riefen eine Regierungskrise hervor. Weitere Fälle, in denen der Finanzminister eigenmächtig und unter Ignorierung von Vereinbarungen handelte, aber auch Kürzungen insbesondere bei Bahn und Post machten ihn zu einem wirklichen Gegner Waldbrunners, für den er nach einem Jahr auf diesem Platz „einfach unerträglich“ war.[298]

An weiter gehenden Streichungen und dem Beharren auf einem Sparbudget für 1953, das die sozialistisch verwalteten Ressorts deutlich benachteiligt hätte, zerbrach schließlich die Koalition. Ein Einlenken hätte die Gefährdung des Erreichten bedeutet. Bruno Kreisky schrieb zu Recht, dass die soeben zu Ende gegangene Regierungsperiode durch den Ausbau und die Stabilisierung des verstaatlichten Sektors gekennzeichnet war. „Die Lösung dieser Aufgabe ist in einer Weise gelungen, die, wie ich glaube, alle Erwartungen weit übertroffen hatte.“ Für Kreisky gehörten Kaprun, der Westbahnhof, die Vollendung der Elektrifizierung der Westbahn bis Wien, die VÖEST etc. „zu den markantesten Ereignissen unserer Wirtschaftsgeschichte“, die „alles, was von privatwirtschaftlicher Seite geschehen ist, weit in den Schatten gestellt haben“.[299] Der wirtschaftliche Wiederaufbau war im Allgemeinen abgeschlossen. Unmittelbare Lenkungsmaßnahmen und regulierende Ein-

295 Karl Waldbrunner, Ein erfolgreicher Kampf für die Stabilisierung der österreichischen Wirtschaft. Die Sozialistische Partei sichert die Vollbeschäftigung, in: Die Zukunft, H. 5, Mai 1952, 133–135.

296 Seidel, Wirtschaft, 487 (wie Fn. 10).

297 Seidel, Wirtschaft, 498–505 (wie Fn. 10).

298 Waldbrunner an Adolf Schärf, 18. Februar 1953, Nachlass #29.

299 Bruno Kreisky [Stellungnahme über die einzelnen Ressorts für eventuelle Koalitionsverhandlungen], Februar 1953, Nachlass #29.

griffe wurden zunehmend obsolet. 1953 endete die Lebensmittelbewirtschaftung; gleichzeitig ging der Anschluss an die Liberalisierungsmaßnahmen von GATT und OECD mit der Einführung des Systems des freien Außenhandels und der gesetzlichen Exportförderung einher.[300] Wie in anderen Ländern Westeuropas wurden Finanz- und Kreditpolitik zu immer entscheidenderen Faktoren. Nur gab es eben auch hier zwei grundsätzlich antagonistische Auffassungen: die keynesianisch inspirierte und die „klassische", wie sie in der Ersten Republik verfolgt wurde und dem Land den berüchtigten „Alpendollar" gebar. „Wir bekämpfen diese Politik seit etwa einem Jahr ebenso, wie wir sie in den 30er-Jahren bekämpft haben".[301]

Der Wahlausgang – die SPÖ wurde zur stimmenstärksten Partei – und die grundsätzliche Bereitschaft zur Weiterführung der Koalition ermöglichten einen Ausgleich dieser Positionen, nachdem Julius Raab von seiner Forderung nach einer Dreierkoalition mit dem WdU abgehen musste. Die Regierungsbildung bestätigte sowohl Waldbrunner als auch Kamitz in ihren Ämtern. Schon in den im Wahlkampf aufgetauchten „Kamitz-Plänen" schien die von der SPÖ geforderte Investitionspolitik auf, die der Finanzminister während der Budgetberatungen 1952 abgelehnt hatte. Kamitz konzedierte aber lediglich, dass er zwar „zu jeder Arbeitsbeschaffung zu haben" sei, die Finanzierung aber im Anleiheweg und nicht über die laufenden Einnahmen geschehen müsse. Dabei zeigte er sich bereit, mit Waldbrunner zu sprechen, „um ein gemeinsames Investitionsprogramm zu erstellen".[302] Die Wirtschaftspolitik der Folgejahre war denn auch geprägt von „klassischen" Stabilisierungsmaßnahmen, getragen von Investitionsbegünstigungen und Steuersenkungen, und expansiven Elementen, die besonders den Erfordernissen an Infrastrukturinvestitionen gerecht werden sollten.[303]

Auch in diesem Fall zeigt sich das historische Gedächtnis kurz, selektiv und einseitig. So wurde zwar eingeräumt, dass der gefeierte wirtschaftspolitische Kurs unter Kanzler Raab ohne die Unterstützung vonseiten der SPÖ nicht möglich gewesen wäre. Elogen auf den ÖVP-Kanzler sprachen von den „weisen Wirtschaftsführern der SPÖ", in denen er „schätzbare, unschätzbare Helfer" gefunden habe, und nannten vor allem Gewerkschaftspräsident Johann Böhm.[304] Das hat durchaus Berechtigung. Doch der propagandistischen Übermacht der ÖVP gelang es offenbar, das „Wirtschaftswunder" als alleinige Leistung von Raab und Kamitz darzustellen und, wie Waldbrunner feststellte, „alle Sünden der Volkspartei vergessen" zu machen und noch mehr „alle positive Aufbauarbeit der Sozialisten und

300 Seidel, Wirtschaft, 183 (wie Fn. 10); Butschek, Konflikt, 124–125 (wie Fn. 179).

301 Nicht identifiziertes Schreiben [von Karl Ausch? an Schärf? an Waldbrunner?] über ein künftiges Arbeitsprogramm, 21. Februar 1953, Nachlass #29. Siehe den Beitrag von Fritz Weber in diesem Band.

302 Oskar Helmer, Gedächtnisnotiz über eine Besprechung mit Reinhard Kamitz am 6. März 1953, Nachlass #29.

303 Hildegard Koller, Teil II, in: Fritz Diwok/Hildegard Koller, Reinhard Kamitz. Wegbereiter des Wohlstands, Wien/München/Zürich/Innsbruck 1977, 95–178, 139–144.

304 Otto Forst-Battaglia, Österreichische Köpfe, Köln 1959, 42; Franz Curt Fetzer, Reinhard Kamitz – Politiker, Mensch, Gelehrter, in: Christliche Demokratie 1 (1983) 4, 9–18, 9.

den ungeheuren Beitrag der Gewerkschaften".[305] In der damaligen Öffentlichkeit (und auch später) wurde zu wenig gewürdigt, dass die Sozialisten 1953/1954 das Zehn-Jahres-Investitionsprogramm durchgebracht hatten, das mit dem Ausbau der öffentlichen Infrastruktur ein beachtliches Arbeitsbeschaffungs- bzw. -sicherungsprogramm darstellte.[306] Ihm verdankte das Wirtschaftswachstum der 1950er-Jahre kräftige Impulse und einen wesentlichen Anteil daran hatte – auch wenn er sich damit nicht brüstete – Karl Waldbrunner.[307] So scheint es also angebracht, im Hinblick auf den notorischen „Raab-Kamitz-Kurs" zumindest für die Geschichtsschreibung einen Kurswechsel einzumahnen. Hannes Androsch hat dies schon vorgegeben und die enge wirtschaftspolitische Kooperation des Finanzministers mit dem Bundesminister für Verkehr und verstaatlichte Betriebe als „Kamitz-Waldbrunner-Kurs" apostrophiert.[308]

Wie Waldbrunner konstatierte, hatte das Wunder Makel. Die Stabilisierung forderte einen hohen Preis, den vor allem die Arbeiterschaft zu tragen hatte. „Das Stabilisierungswunder hat die größte Arbeitslosigkeit seit 1945 gebracht, die nur langsam zurückgeht", so Waldbrunner im Frühjahr 1954 leicht verbittert, denn für ihn musste die Arbeit in der Koalition fortgesetzt werden, „wenn sie auch keinem der Partner Freude macht und unter diesen Umständen heute schwieriger ist als jemals zuvor".[309] Zwar sei die Zahl der Beschäftigten gestiegen, was wohl besonders auf das Jugendeinstellungsgesetz zurückzuführen sei, „aber den Arbeitslosen sagt das wenig".[310] Die Budgetpolitik hatte in die Rezession hinein konsolidiert und sie damit verstärkt.[311] Der Aufholprozess erlitt einen schweren Rückschlag. Das österreichische Wohlstandsniveau ging zwischen 1951 und 1953 im Vergleich zu dem Westeuropas deutlich zurück.[312] Die hausgemachte Rezession war zwar kurz, aber schwer.[313] Erst danach setzte jene Entwicklung bis Ende der 1950er-Jahre ein, die man als „österreichisches Wirtschaftswunder" bezeichnet hat. Schon Ende 1954 warnten Institutionen wie die OEEC und die Europäische Zahlungsunion, die den „klassischen" Stabilitätsvorstellungen anhingen, vor Überkonjunktur und Inflationsgefahr.[314] Österreich rückte wieder etwas näher zum westeuropäischen Wohlstandsniveau auf.

305 Waldbrunner an Milos Franc, 22. März 1954, Nachlass #10.
306 Neck, Entwicklung, 168 (wie Fn. 233).
307 Hannes Androsch, Die politische Ökonomie der österreichischen Währung. Ein Überblick über die österreichische Währungspolitik von 1760 bis 1984 vor dem Hintergrund der internationalen Entwicklung, Wien 1985, 58–59.
308 Hannes Androsch, Der österreichische Weg – Reminiszenz und Prospektion, in: Robert Kriechbaumer (Hrsg.), Österreichische Nationalgeschichte nach 1945. Band I, Wien/Köln/Weimar 1998, 559–582, 564.
309 Waldbrunner an Milos Franc, 22. März 1954, Nachlass #10.
310 Waldbrunner an Adolf Schärf, 7. Jänner 1954, Nachlass 30.
311 Seidel, Wirtschaft, 524 (wie Fn. 10).
312 Bachinger/Matis/Resch/Zollinger, Der lange Weg (wie Fn. 16).
313 Seidel, Wirtschaft, 517 (wie Fn. 10).
314 Wirtschaftliche Verbindungsstelle Paris (Heinrich Standenat) an das Bundeskanzleramt, Sektion für wirtschaftliche Koordination, 3. Jänner 1955, Zl. 50.023/55, Nachlass #16.

Wiedererlangte Souveränität und Aufruhr gegen das „Königreich"

Wie beim Stabilisierungkurs gelang es der ÖVP, auch im Falle des Staatsvertrags in der Öffentlichkeit (und in der Geschichtsschreibung) österreichische Erfolge als die ihren zu verbuchen. Dabei hätte Waldbrunner noch einmal die österreichische Sache vertreten sollen, als die Bundesregierung 1952 eine Initiative startete, um mit Hilfe der Generalversammlung der Vereinten Nationen einen Appell an die Weltöffentlichkeit zu richten. „Beinahe wäre ich jetzt zur Behandlung der Österreich-Frage durch die UNO auf einige Zeit nach Amerika gekommen. Da sich aber die Sache so verzögert hat und wir unmittelbar vor Beginn der Wahlkampagne stehen, ist mir dies nun nicht mehr möglich."[315] Abgesehen von den beruflichen Verpflichtungen hätte es ihn schon interessiert, die amerikanischen Verhältnisse kennenzulernen. Andererseits reizte es ihn wenig, „mit einer politischen Verwaltung in Kontakt zu kommen, die mit einem McCarthy nicht fertig wird", schrieb er 1954.[316] Ein Jahr später besuchte er doch noch die USA – gerade in dieser Zeit kam es in Moskau zu den entscheidenden Verhandlungen, die schließlich den Staatsvertrag brachten.

Das State Department habe seinen Besuch als „Zeichen der Verbrüderung sichtlich sehr" begrüßt, schrieb er Ende April, zumal es den Eindruck „einer sehr prorussischen Stimmung in Österreich" hatte. Aus den Zeitungen erfuhr er vom guten Verlauf der Verhandlungen und hatte auch sonst keine Nachrichten von der Partei, sodass er keine Veranlassung sah, sein Reiseprogramm abzuändern oder abzukürzen.[317] In den USA war Waldbrunner politisch nicht untätig. Angeblich versuchte er, das State Department für die Vorstellungen seiner Partei zu gewinnen, vor allem was das Rückgabeverbot der von den vier Mächten an Österreich zu übergebenden Vermögenswerte über 10.000 Dollar an deutsche juristische Personen betraf.[318] Das kann nicht überprüft werden. Tatsächlich aber besprach er im State Department (in Anwesenheit Karl Grubers) Angelegenheiten, die für sein Ressort von außerordentlicher Relevanz waren. Zunächst berichtete er darüber, dass die US-amerikanischen Zentralstellen die Entwicklung zwar nicht aufhalten würden, sich aber „ungern in diesem Tempo zu Entscheidungen treiben lassen" wollten, zumal die Initiative nicht von den USA ausgegangen sei. Höchste Bedeutung messe man jedoch neben der Neutralitätserklärung den wirtschaftlichen Konsequenzen eines Vertrags bei. Waldbrunner regte an, „man möge zum Aufbau der von den Russen zu übergebenden Betriebe (inklusive Erdöl) den Rest der Counterparts und dazu die Zinsen und Rückflüsse aus den aushaftenden Counterpartkrediten verwenden". Dabei schmeichelte er damit, „dass sich die USA mit der Marshallhilfe in Österreich sichtbare

315 Waldbrunner an Erich Wang, 16. Dezember 1952, Nachlass #8. Zur Initiative vgl. Stourzh, Einheit, 187–192 (wie Fn. 129).
316 Waldbrunner an Milos Franc, 22. März 1954, Nachlass #10.
317 Brief Waldbrunners aus Washington, 30. April 1955, [an Schärf?], Nachlass #53.
318 Matthias Pape, Ungleiche Brüder. Österreich und Deutschland 1945–1965, Köln/Weimar/Wien 2000, 311.

Monumente (Kaprun, VÖEST etc.) geschaffen haben und die Wiederherstellung der von den Russen heruntergewirtschafteten Betriebe ein ebenso großes Monument wäre". Auch über dieser Frage lag der Schatten des Antagonisten Kamitz. Dieser wollte, dass die in Rede stehenden Öllieferungen an die Sowjetunion nicht vom Budget, sondern von der Erdölindustrie zu tragen seien. Das hielt Waldbrunner für „kindisch", denn die Erdölindustrie könne nicht einmal einen Bruchteil der Kosten verdienen, „ganz zu schweigen von den nötigen Investitionen". Mit Gruber war Waldbrunner der Meinung, „dass Kamitz vorderhand besser schweigen würde" – so wie Waldbrunner es in den USA tue und sich bisher allen Presseinterviews entzogen habe, um die Verhandlungen nicht zu stören.[319]

Eine der zentralen Fragen bei den bilateralen Gesprächen mit der Sowjetunion zur Vorbereitung des Staatsvertrags war die der sowjetischen Betriebe in Österreich. Dabei scheinen Schärfs, Kreiskys und Waldbrunners Vorstellungen über die Zukunft des so genannten „Deutschen Eigentums" in die sowjetischen Vorschläge eingeflossen zu sein. Um die Frage der Übernahme der „planwirtschaftlichen Enklaven" in österreichisches Eigentum entspannen sich in Moskau zwischen den Teilnehmern der Koalitionsdelegation beträchtliche Auseinandersetzungen, weil Raab sich zunächst desinteressiert zeigte und den Fortbestand russischer Betriebe in Österreich akzeptiert hätte. Für die Sozialisten war jedoch die politische nicht von der wirtschaftlichen Freiheit zu trennen. Die Übernahme erfolgte – wie seit längerem vorgesehen –, und die im „Moskauer Memorandum" vereinbarten Ablösezahlungen und Lieferverpflichtungen für die Erdölfelder, Raffinerien, die DDSG und die USIA-Betriebe bildeten einen wesentlichen Teil der wirtschaftlichen Kosten des Staatsvertrags. Weitere finanzielle Verpflichtungen erwuchsen aus den Entschädigungsansprüchen westlicher privater Erdölfirmen („Wiener Memorandum" und österreichisch-französisches Memorandum).[320] Waldbrunner, Kamitz und der stellvertretende Handelsminister Juschin unterzeichneten den Vertrag für die Übergabe der sowjetischen Betriebe, die im Sinne des ersten Verstaatlichungsgesetzes zu behandeln waren. Die Durchführung der Memoranden beschäftigte die österreichische Regierung noch Jahre danach und Karl Waldbrunner nahm daran regen Anteil.

Mit dem Ende der Besatzung war eine Zwangssäule der Koalitionsbereitschaft gefallen. Doch vorerst überwog noch die Einsicht, dass die Lasten des Staatsvertrages und der Aufbau der Wehrmacht die weitere Zusammenarbeit erforderten.[321] In einer Aussprache mit Julius Raab machte Waldbrunner noch im Mai 1955 „auf den Ernst der wirtschaftlichen Bestimmungen des Staatsvertrages aufmerksam und

319 Brief Waldbrunners aus Washington, 30. April 1955, [an Schärf?], Nachlass #53. Waldbrunner gab in der Folge einige Interviews. Zur Verzögerungstaktik der USA siehe Stourzh, Einheit, 386 (wie Fn. 129).

320 Stourzh, Einheit, 376–377, 406–411, 429–39, 512–515 (wie Fn. 129); Bachinger/Matis/Resch/Zollinger, Weg, 293 (wie Fn. 16).

321 Karl Waldbrunner, Die Wiedergeburt Österreichs, die Zweite Republik, 1945 bis heute, Referat an der Volkshochschule Favoriten, 9. Dezember 1963, Nachlass #36.

Der Mythos vom „Königreich";
Arbeiter-Zeitung, 22. April 1955

unterstrich die Notwendigkeit der Gemeinsamkeit der Durchführung". Die weitgehende Abneigung der auf einen „neoliberalen" Kurs eingeschworenen ÖVP gegen den verstaatlichten Sektor stellte aber eine schwere Hypothek für dieses Anliegen dar. In der USIA-Frage, so Waldbrunner über ein Gespräch mit Julius Raab, fürchte die ÖVP „eine zu große Machterweiterung des von mir verwalteten Ressorts".[322] Das Finanzministerium bereitete denn auch schon die Einsetzung öffentlicher Verwalter vor, und Kamitz zeigte sich nun sogar „begeistert" von Waldbrunners in Washington vorgebrachtem Vorschlag, Counterpartgelder für die Instandsetzung und Modernisierung der USIA-Betriebe zu verwenden. Bezüglich der Budgetbelastungen durch Sach- und Erdöllieferungen waren sich die beiden einig, dass wegen der guten Kassenlage des Bundes infolge der hohen Beschäftigung für die nächste Zeit wahrscheinlich keine ernsten Schwierigkeiten zu erwarten seien.[323] Auch wenn die ÖVP andererseits nur diejenigen USIA-Betriebe, die nicht im Verstaatlichungsgesetz aufgezählt waren, von einer Übernahme in Waldbrunners Ressort ausnehmen wollten,[324] so war das Problem ein grundsätzliches. Kamitz deutete es an. Die Erdölbetriebe würden „große Mittel erfordern und große Risken beinhalten, die der Staat nicht wird übernehmen können". Zwar denke er nicht an eine Veräußerung, aber eine Verpachtung sei in Betracht zu ziehen. Waldbrunner sah darin einen „Dreh". Er bestand darauf, dass die Erdölbetriebe in den Besitz der öffentlichen Hand zu kommen hätten und nicht an Fremde veräußert werden dürften. Alles andere erschien ihm vom wirtschaftlichen Standpunkt her „nicht notwendig und zweckmäßig".[325] Außerdem musste er an Julius Raabs und Alfred Maletas Mitwirkung beim Zustandekommen des Verstaatlichungsgesetzes erinnern. „Wenn ich nun diesen Besitz für den Staat in Anspruch nehme (...), dann stelle ich mich durchaus auf den Standpunkt der zusammen mit der ÖVP beschlossenen Gesetze und der von ihr unterschriebenen Koalitionsvereinbarungen."[326]

Es ging um eine Aufweichung der Verstaatlichung. Konsequenterweise benutzte die ÖVP den Wahlkampf zu Angriffen auf die Verstaatlichte und machte daraus eine gehässige Generaloffensive auf deren Minister, dessen Ressorterweiterung sie

322 Waldbrunner, Erinnerungsvermerk über eine Besprechung mit Ing. Raab am 25. Mai 1955, Nachlass #30.
323 Waldbrunner, Erinnerungsvermerk über eine Besprechung mit Dr. Kamitz am 25. Mai 1955, Nachlass #30.
324 Waldbrunner, Erinnerungsvermerk über eine Besprechung mit Nationalrat Alfred Maleta am 25. Mai 1955, Nachlass #30.
325 Waldbrunner, Erinnerungsvermerk über eine Besprechung mit Dr. Kamitz am 25. Mai 1955, Nachlass #30.
326 Karl Waldbrunner, Angriffe gegen die Verstaatlichung, in: A-Z, 21.2.1956, 1–2.

ja schon fürchtete. „Waldbrunner will alles einstecken“, plakatierte sie mit einer „SPÖ“-Figur, die einen Sack „Volksvermögen“ und einen Erdölturm davontrug.[327] Es entwickelte sich eine Propagandaschlacht, in der die Volkspartei mit allen erdenklichen Untergriffen gegen das „Königreich Waldbrunner“ herzog, das schon vor dem Staatsvertrag als Menetekel existierte. Sie popularisierte damit ein Schlagwort, das die Memoria Österreichs nachhaltig prägte. Paradoxerweise wurde der Begriff zwar von den Gegnern in pejorativer Bedeutung gebraucht, von Parteifreunden aber durchaus auch – sogar mit ironischer Überhöhung zum „Kaiserreich“ – in Anerkennung der Leistungen des Ministers. Überdies war das „Königreich“ nur eine Steigerungsform bereits verwendeter persönlicher Angriffsformeln, die bereits 1950/51 von der „Generaldirektion für verstaatlichte Betriebe“ über die „Domäne Waldbrunner“, das „Reich Waldbrunners“ bis zum „König“ reichten.[328] Möglicherweise ist diese „Royalisierung“ sogar der SPÖ entlehnt, die 1947 gegen Pläne der ÖVP auftrat, „das ‚Königreich Alpine‘ unangetastet mit seiner Allmacht über die steirische und die gesamte österreichische Wirtschaft zu erhalten“.[329]

Die „Erdölwahl“ vom 13. Mai 1956 wurde für die SPÖ zum Misserfolg. Aber „der eigentliche Verlierer dieser Wahl wurde, wohl unverdienterweise, Waldbrunner“.[330] Die ÖVP sah die Wahl als „Verstaatlichungswahl“ und interpretierte den Wahlausgang als Auftrag zur Entstaatlichung, als Votum gegen Waldbrunner, wie Lois Weinberger sagte, der in den Parteienverhandlungen noch Zeit für beleidigende Worte über den Minister fand.[331] Waldbrunner werde „man jetzt einmal die Fingernägel stutzen“, frohlockte Ministerkollege Ferdinand Graf.[332] Der „zentrale Punkt“ einer möglichen Zusammenarbeit, so Alfred Maleta, war „das Waldbrunner-Ministerium“, genauer: der Bereich der verstaatlichten Betriebe. Bei den Verhandlungen schlug die Volkspartei vor, das Verkehrsministerium auf Eisenbahn, Post und Energie zu beschränken, den verstaatlichten Sektor also abzutrennen.[333] So geschah es denn auch: Waldbrunner wurde Minister für Verkehr und Elektrizitätswirtschaft. Egon Matzner zufolge, der Waldbrunner gut kannte, geschah dies, „weil ihm die damals führenden ebenso wie die nachrückenden SPÖ-Spitzenpolitiker im entscheidenden Wahlkampf nicht die notwendige Unterstützung zuteil werden ließen“.[334] Ganz war ihm freilich die Verstaatlichte nicht abhanden gekommen, denn

327 Norbert Hölzl, Propagandaschlachten – Wahlkämpfe 1945–1971, Wien 1976, 119. Das noch zu Lebzeiten Waldbrunners erschienene Werk stattet ihn – vermutlich nicht in kabarettistischer Absicht – mit dem Vornamen „Ernst“ aus (69). Informelle Umfragen zur Zeit der Abfassung dieses Beitrags bestätigen diesen Fehler als Pioniertat.

328 Das Kleine Volksblatt, 21.6.1950; Neue Wiener Tageszeitung, 6.9.1950; Die Wirtschaft, 27.1.1951. Den frühesten Beleg für „Königreich Waldbrunner“ fand ich in der „Tages-Zeitung“, 29.4.1955.

329 Karl Mantler, Um die Durchführung der Verstaatlichung, in: A-Z, 17.8.1947, 2. Es ging dabei um Pläne des Planungsministeriums, durch Bildung von Dachgesellschaften die Zusammenfassung gleichartiger Unternehmungen der Verstaatlichten zu unterlaufen.

330 Neck, Entwicklung, 271 (wie Fn. 233).

331 Erinnerungsvermerk über die Parteienbesprechung am 2. Juni 1956, Nachlass #31; Parteienverhandlung vom 15. Juni 1956, ebd.

332 Das Kleine Volksblatt, 15.5.1956, zit. nach Hölzl, Propagandaschlachten, 80 (wie Fn. 327).

333 Erinnerungsvermerk über die Parteienbesprechung am 2. Juni 1956, Nachlass #31.

334 Matzner, Verstaatlichte, 31 (wie Fn. 251).

er war auch mit der Agenda der gegründeten „Industrie- und Bergbau-Verwaltung" (IBV) befasst, wobei er sein Bestes gab, die anhaltenden Entstaatlichungsversuche vonseiten der ÖVP einzubremsen. Was einen Teilaspekt dieser „Reprivatisierung" anbelangt, so hatte die ÖVP ihren Wahlsieg zu einer verstärkten Kampagne für die „Volksaktie" genutzt, einer Idee, die gleich nach Kriegsende propagiert worden war.[335] Durch Ausgabe von Aktien mit einem Nennwert von bis zu 500 Schilling sollte das Aktienkapital verstaatlichter Gesellschaften erhöht werden, wobei die Gesamtsumme ein Drittel des Gesamtkapitals nicht übersteigen sollte. Vorrangiges Ziel war aber – jenseits allen privatkapitalistischen ideologischen Getöses –, dem Bund Mittel für die Bedeckung der Valorisierung der Beamtengehälter zu verschaffen.[336] Es kam viel billiger. Bei der Länderbank und der Creditanstalt lauteten von 80.000 Kaufanträgen nur 10.000 auf 500 Schilling; ganze 1,27 Prozent waren als „Volksaktien" anzusehen. Nicht nur für Waldbrunner war die Aktion ein „Schwindel".[337] Dennoch sah er in diesen Bestrebungen eine schleichende Aushöhlung der Errungenschaften des Betriebsrätegesetzes, einen Angriff auf die in Europa fast einzigartige betriebliche Mitbestimmung, die er wesentlich initiiert hatte.[338]

Die Verwaltungsänderung des verstaatlichten Industriesektors in Form der IBV erlebten manche als Zäsur. Für Karl Ausch ging ein Abschnitt zu Ende, der „in die Geschichte der Zweiten Republik als einer der bedeutendsten, wenn nicht der bedeutendste gesellschaftliche und wirtschaftliche Fortschritt eingehen wird". Und Ausch präzisierte mit Emphase: „Ich meine die sieben Jahre, die du an der Spitze der verstaatlichten Betriebe standest – ein Bahnbrecher der Idee der Vergesellschaftung der Produktionsmittel."[339]

„Not even Mr. Waldbrunner!"

„Zum ersten Mal in meiner Regierungstätigkeit", so Waldbrunner im November 1955, „habe ich eine ernste Gefahr eines Streikes auf Eisenbahn und Post vor mir."[340] Fahnenträger der Bewegung waren der ÖAAB und ÖVP-Gewerkschafter, denen der Minister ihre Aggressivität vorwarf. Offenbar erhoben auch die sozia-

335 Franz Rauscher, Die Sozialisierung und die öffentliche Wirtschaft, in: Die Zukunft, 5 (1946), 8. Andreas Khol zufolge ist die Volksaktie eine „alte Forderung der Christlichsozialen" (Nationalratspräsident Andreas Khol am 28. Jänner 2006 in der „Pressestunde", ORF 1).

336 Koller, Teil II, 159 (wie Fn. 303).

337 Karl Waldbrunner, Unser Anteil an Österreichs Aufstieg, in: Der Sozialistische Akademiker 10 (1957) 5, 5.

338 Zur Mitbestimmung siehe Hubert Sickinger/Barbara Liegl, Politische Rahmenbedingungen für staatliche Industrieunternehmen im Wandel – ein internationaler Vergleich, in: Walter Fremuth/Christoph Parak (Hrsg.), Regulierung und Deregulierung von Infrastrukturmärkten, Wien 2002, 289–310, 303. Am 3. Juni 1980 schrieb Waldbrunner an Peter Ulrich Lehner, geschäftsführender Redakteur der „Zeitschrift für Demokratisierung der Arbeitswelt", „die Mitbestimmungspraxis in der verstaatlichten Industrie [wurde] seinerzeit von mir eingeführt". Nachlass #5.

339 Karl Ausch an Waldbrunner, 26. Juni 1956, Nachlass #10.

340 Waldbrunner an Milos Franc, 28. November 1955, Nachlass #10.

listischen Gewerkschafter entsprechende Forderungen, während Finanzminister Kamitz erklärte, „dass nichts da ist und daher auch nichts gegeben werden kann". Der Konflikt beschäftigte die Regierung.[341] Die Episode zeigt nicht nur eine Facette der wachsenden Opposition der Volkspartei gegen Waldbrunner; sie ist auch insofern signifikant, als Streiks zu den Raritäten der Geschichte der Zweiten Republik gehören. Diese zunehmende soziale Befriedung, die ja immer ein Hauptanliegen Waldbrunners war, verdankt sich vor allem dem institutionalisierten, wenngleich informellen Ausgleich von Lohn- und Preisforderungen. Am Anfang stand eine Initiative Karl Maisels, nunmehr Präsident der Arbeiterkammer, der im Frühjahr 1957 anregte, die Regierung möge eine Einrichtung zur Untersuchung der Preissteigerungen schaffen. Es folgten Vorschläge des ÖGB zur Bekämpfung der Inflation, die drei Kammern wurden eingeschaltet, und am Ende entstand die Paritätische Kommission für Preis- und Lohnfragen, der beabsichtigte Lohn- und Preiserhöhungen zur Untersuchung vorgelegt werden sollten. Die Kommission blieb bestehen und wurde zu einer der charakteristischsten Institutionen der Sozialpartnerschaft in Österreich. Ihr gehörten der Bundeskanzler und alle Minister mit Wirtschaftsressorts an, Stimmrecht hatten jedoch nur die vier Interessensvertretungen.[342]

Wie bereits erwähnt hatte Waldbrunner 1958 mit Augenzwinkern bemerkt, dass er von der Eisenbahn nicht mehr loskomme. Auch der Eisenbahnergewerkschaft fühlte er sich verbunden.[343] Sein Name wurde zum Synonym für den öffentlichen Verkehr, was einen bleibenden Ausdruck in Gerhard Bronners und Helmut Qualtingers „Bundesbahn-Blues" (1956) fand, dem die Überschrift zu diesem Abschnitt entnommen ist.[344] Auch in diesem Ressort schuf er Bleibendes. Er betrieb die Elektrifizierung der West- und der Südbahnstrecken, den Ausbau des Flughafens Schwechat, die Gründung einer österreichischen staatlichen Luftfahrtgesellschaft und für manche ist er der „Vater der Wiener Schnellbahn"[345]. Seine Leistungen bestanden im Bemühen um eine Zusammenfassung aller Verkehrsbelange in einem „echten" Verkehrsministerium und in der Einbremsung eines „übertriebenen Kommerzialismus" des öffentlichen Verkehrs.[346] Dabei räumte er die prinzipielle Sinnhaftigkeit einer (schon in den Zeiten des Marshallplans von der ECA geforderten[347]) Reorganisation der ÖBB nach privatwirtschaftlichen Grundsätzen – ohne an deren Privatisierung zu denken – ein, jedoch nur, wenn die wirtschaftlichen

341 Erinnerungsvermerk über Parteienverhandlungen am 26. November 1955, Nachlass #30.

342 Butschek, Konflikt, 132–133 (wie Fn. 179).

343 Gewerkschaft der Eisenbahner an Waldbrunner, 25. November 1957, Nachlass #22.

344 Es ist signifikant für die Kurzlebigkeit des historischen Erinnerns, allerdings auch für die Anpassungsfähigkeit des Genres, dass Bronner bei Neuaufführungen in den 1990er-Jahren Waldbrunner durch Jörg Haider ersetzte, „the man who knows everything".

345 Bruno Kepnik, Betriebsdirektor der ÖBB, 19. Februar 1963 an Waldbrunner, Nachlass #18; vgl. Wien aktuell, 21.1.1982, 7.

346 Kornel Wundsam, Fachzeitung „Verkehr", an Waldbrunner, 18. November 1971; H. Imhof, Internat. Transportarbeiter-Föderation, an Waldbrunner, 14. Dezember 1962, beide Nachlass #27.

347 Wilfried Mähr, Der Marshallplan in Österreich: Tanz nach einer ausländischen Pfeife?, in: Günter Bischof/ Josef Leidenfrost (Hrsg.), Die bevormundete Nation. Österreich und die Alliierten 1945–1949 (Innsbrucker Forschungen zur Zeitgeschichte 4), Innsbruck 1988, 244–272, 265–266.

Voraussetzungen dafür gegeben seien. Bei der anhaltenden Diskussion um die Errichtung eines selbstständigen „Wirtschaftskörpers“ Eisenbahn stützte sich die SPÖ noch 1967 auf die von Waldbrunner in seiner Ministerzeit erarbeiteten Richtlinien, wobei auch Stimmen auftraten, die an die mit beträchtlichen Entlassungen verbundene Eisenbahnpolitik der Regierung Seipel erinnerten.[348] Die wachsende Konkurrenz Schiene-Straße im Auge plädierte er bereits zu Beginn der 1950er-Jahre für eine angemessenere Besteuerung der Autofrächter, für Mindesttarife und für Kostenwahrheit im Verkehr.[349]

In den Jahren zwischen 1956 und 1962 baute Waldbrunner auf seinen davor erzielten Erfolgen auf. 1956, im Zuge der kommenden Parteienverhandlungen, schrieb er: „Am Verkehrssektor sollte unbedingt Wert gelegt werden, das langfristige Investitionsprogramm, das eine Lebensnotwendigkeit für das Land bedeutet, ungeschmälert fortzusetzen.“[350] Allerdings kam es hier zu Schieflagen, gegen die Waldbrunner heftig ankämpfte. Obwohl in den Jahren 1954 bis 1962 die im Investitionsprogramm beschlossenen Summen um 63 Prozent überschritten wurden, erhielten die ÖBB um 0,4 Prozent weniger als vorgesehen. Bezüglich eines für die Jahre 1959 bis 1968 ausgearbeiteten novellierten Investitionsprogrammes hatte sich der Finanzminister bis zum Ende der Amtszeit Waldbrunners noch nicht einmal zu einer Diskussion bereitgefunden.[351]

1959 betonte Waldbrunner erneut, wie wichtig es sei, die Modernisierung und Rationalisierung der Verkehrseinrichtungen, die „bereits auf breiter Front in Angriff genommen worden“ seien, zu beschleunigen: die weitere Elektrifizierung der Bundesbahnen, die Modernisierung ihres Wagenparkes, der Bau von Bahnhöfen und Postämtern, die Automatisierung des Telefonnetzes und sogar der Bau von Autobahnen. Dabei hatte er auch die internationale Koordinierung „im Zusammenhang mit dem wirtschaftlichen Zusammenschluss Europas“ im Auge, was ihm als zeitweiligen Präsidenten der CEMT (Conférence Européenne des Ministres des Transports) ein besonderes Anliegen sein musste.[352]

Nicht zu vergessen sind seine Pionierleistungen auf dem Gebiet des Rundfunkwesens. Seine persönlichen Vorlieben, die sich etwa im Versuch zeigen, nach dem Zweiten Weltkrieg den Arbeiter-Radiobund wiederzubeleben, mögen dabei mitgeschwungen haben. Bereits 1949 ordnete er die Einrichtung eines UKW- und Fernsehnetzes an, zu einer Zeit, als Not und Mangel herrschten und noch nicht

348 Sozialistische Korrespondenz, 14. April 1967.

349 Peter Staudacher, 1945–1980: Not der Nachkriegsjahre, Ideal und Wirklichkeit, in: Herbert Dachs/Ernst Hanisch/Robert Kriechbaumer (Hrsg.), Der Bund und die Länder. Über Dominanz, Kooperation und Konflikte im österreichischen Bundesstaat (Schriftenreihe des Forschungsinstitutes für politisch-historische Studien der Dr.-Wilfried-Haslauer-Bibliothek, Salzburg, 6/10), Wien/Köln/Weimar 2003, 337–359, 346–347.

350 Waldbrunner an Adolf Schärf, 17. Mai 1956, Nachlass #48.

351 Waldbrunner, Bericht an den Parteitag 1963, Nachlass #48.

352 Bericht über Rede Waldbrunners im „Klub zu Bremen“, 29. Jänner 1959, Typoskript, Nachlass #40; Europäische Verkehrsminister-Konferenz in Wien, in: Wirtschafts-Correspondent, 23, 8.6.1961, 27.

abzusehen war, ob und wann Österreich über derartige Einrichtungen würde frei verfügen können.[353] Die von ihm tatkräftig unterstützte Einrichtung des „Investitionsschillings“ aus einer Erhöhung der Teilnehmergebühr trug entschieden zur technischen Aufrüstung der Sendebetriebe bei. Schließlich waren neben dem Kapitalmangel seine Initiativen ausschlaggebend dafür, dass der unter US- und britischem Einfluss gestandene Sender „Rot-Weiß-Rot“ im Juli 1955 eingestellt wurde.[354] Wenn er sich bemühte, in diesen Anstalten den Proporz zu verankern, erscheint das angesichts des Übergewichts der ÖVP im Medienbereich und bei der Programmgestaltung verständlich.[355] Rundfunk und Fernsehen wurden zu Arenen parteipolitischer Auseinandersetzungen. Mit Unterrichtsminister Ernst Kolb kam es denn auch ab Beginn der 1950er-Jahre zu Diskussionen über die Kompetenzen beim Rundfunk. „Mich freut alles“, schrieb er 1963, „was ihr dort den Gegnern abtrotzt bzw. was ihr zu verhindern vermögt.“[356]

Auch im Energiebereich setzte Waldbrunner seine erfolgreiche Tätigkeit fort. In seiner Person liefen über den forcierten Ausbau der Wasserkraftwerke Ingenieursleistung und Elektrifizierungspolitik zusammen. Sein entscheidender Beitrag zum Zweiten Verstaatlichungsgesetz soll hier nur zur Erinnerung erwähnt werden. So forderte er 1956 ein: „Die Sicherung des Energieausbaues, die wesentlich von einer vernünftigen Anleihepolitik abhängt, sollte auch vereinbart werden.“[357] Die Finanzierung des weiteren Ausbaus der Elektrizitätswirtschaft war in der Tat ein zentrales Problem. In den 1950er-Jahren standen noch günstige ERP-Kredite zur Verfügung. Der Anteil dieser Gelder für die Energiewirtschaft war stets der höchste und Kaprun das größte aus Counterpartmitteln finanzierte Einzelprojekt sämtlicher Wirtschaftssektoren.[358] Diese Quelle versiegte aber allmählich und 1962 betrug der Beitrag der ERP-Gelder am Investitionsvolumen des Verbundkonzerns nur mehr rund 8 Prozent. Zu dieser Zeit nahm auch der Anteil der Weltbank- und anderer Auslandskredite ab, „weil man in gewissen Kreisen der Notwendigkeit einer billigen Finanzierung des Ausbaues unserer Elektrizitätswirtschaft vielfach noch immer nicht jenes Verständnis entgegenbringt, das man im Interesse einer gedeihlichen Entwicklung unserer gesamten Volkswirtschaft erwarten müsste“. Das 1953 beschlossene

353 SPÖ, Arbeiter-Radio-Bund Österreichs (ARABÖ), in: dasrotewien.at, Weblexikon der Wiener Sozialdemokratie (abgerufen am 2.3.2006); Theodor Venus, „Radio, das hat eingeschlagen, bei uns Arbeitern überhaupt …“ Notizen zur Arbeiterradiobewegung, in: Helene Maimann (Hrsg.), Die ersten 100 Jahre. Österreichische Sozialdemokratie 1888–1988, Wien/München 1988, 150–157, 157; Herbert Löwy, Der Fernsehsturm blieb aus, in: Jacques Hannak (Hrsg.), Bestandsaufnahme Österreich 1945–1963, Wien/Hannover/Berlin 1963, 462–471, 463.

354 Rathkolb, Republik, 249–250 (wie Fn. 3). Kurz zuvor hatte Kamitz noch eine Budgeterhöhung von über 9 Millionen Schilling für die Fortführung vorgesehen (Nachlass #30).

355 Vgl. Fritz Hausjell/Christian Schwarzenegger, Das Kasperltheater und die Staatsmänner, in: Der Standard, 15./16.1.2005.

356 Waldbrunner an Gemeinderat Willi Liwanec, 15. Jänner 1963, Nachlass #27.

357 Waldbrunner an Adolf Schärf, 17. Mai 1956, Nachlass #48.

358 Georg Rigele, Der Marshall-Plan und Österreichs Alpenwasserkräfte: Kaprun, in: Günther Bischof/Dieter Stiefel (Hrsg.), 80 Dollar. 50 Jahre ERP-Fonds und Marshall-Plan in Österreich 1948–1998, Wien/Frankfurt 1999, 183–216, 197–198.

Elektrizitätsförderungsgesetz erlaubte dann den Versorgungsunternehmen die Bildung steuerfreier Rücklagen mit der Auflage, einen echten Finanzierungsbeitrag für den Verbund zu leisten. Es gab jedoch genügend Möglichkeiten, sich dieser Verpflichtung zu entziehen.[359]

In der kritischen Lage Anfang der 1950er-Jahre kommt dem Energieanleihegesetz von 1953 (das auf Drängen des Finanzministers mit einem Sparbegünstigungsgesetz gekoppelt werden musste) besondere Bedeutung zu. Die Anleihe sollte der E-Wirtschaft die finanziellen Mittel zur Fortführung bereits begonnener Investitionen verschaffen, wobei neben energiewirtschaftlichen Überlegungen die Arbeitsschaffung ein vorrangiges Ziel war. Ziel der beiden Gesetze war es auch, die Entstehung eines Kapitalmarktes zu begünstigen und das Budget von außerordentlichen Investitionsaufwendungen zu entlasten. Interessant sind in diesem Zusammenhang Überlegungen, zusätzlich zum gegebenen hohen Energieverbrauch der Industrie (besonders des Aluminiumwerks Ranshofen) die Elektrifizierung der Haushalte und damit den privaten Stromverbrauch zu steigern. Elektrogeräte sollten durch Ratenkäufe etc. gezielt populär gemacht werden.[360] In diese Entwicklung, die von der Erwartung eines ständig zunehmenden Energieverbrauchs ausging, gehören auch die ersten Schritte für Forschungsprogramme zur friedlichen Nutzung der Nuklearenergie. Waldbrunner regte eine Initiative der verstaatlichten Industrie zusammen mit der verstaatlichten Industriewirtschaft „für den Bau eines solchen Reaktors" an.[361]

Wie sehr sich die Situation seit der Energieversorgungskrise der unmittelbaren Nachkriegszeit geändert hatte, zeigen Strategien, die Waldbrunner bereits 1951 in Richtung Exportkraftwerke führte. Eine einseitige Bindung an bestimmte Abnehmergruppen, wie dies praktisch bei den Illwerken der Fall war, sollte dabei jedoch vermieden werden.[362] Der inländische Energieverbrauch stieg zwar weiterhin, doch verringerte sich ab der zweiten Hälfte der 1950er-Jahre die ursprünglich hohe Korrelation zwischen dem Wachstum des Sozialprodukts bzw. der Industrieproduktion und der Expansion des Energieverbrauchs. Aufschlussreich ist beispielsweise, dass trotz der verstärkten Elektrifizierung der Bahn ihr Energiebedarf von 1937 bis 1959 um nur neun Prozent stieg, während sie ihre Verkehrsleistung um annähernd

359 Waldbrunner, Bericht an den Parteitag 1963, Nachlass #48.

360 [Ministerialrat Fürst], Vorschläge zur Steigerung des Energiekonsums [im Rahmen des Wirtschaftsprogramms], 1953, Nachlass #17. Vgl. Susanne Breuss/Karin Liebhart/Andreas Pribersky, Land des Stroms. „Heimische Energie" für den österreichischen Wiederaufbau, in: Emil Brix/Ernst Bruckmüller/Hannes Stekl (Hrsg.), Memoria Austriae I. Menschen, Mythen, Zeiten, Wien 2004, 505–529, 515–524.

361 Milos Franc an das Bundeskanzleramt, Sektion für wirtschaftliche Koordination, 24. Februar 1955; Milos Franc an Waldbrunner, 22. Jänner 1955, beide Nachlass #10. Zur Nuklearenergie und -forschung vgl. Alexander Zauner, Sozialismus und zweite industrielle Revolution. Ein Rückblick auf Fortschritts- und Zukunftserwartungen in den späten 50er-Jahren. Mit besonderer Berücksichtigung der Automations- und Atomkraftdiskussion innerhalb der SPÖ, Dipl.-Arb., Salzburg 1996.

362 Waldbrunner an Milos Franc, 13. Dezember 1951, Nachlass #10.

zwei Drittel steigerte.[363] Wollte man eine Zwischenbilanz des Wirkens von Karl Waldbrunner ziehen, müsste man dies mit seinen Worten tun: „Es ist doch das Schönste für einen Ingenieur, mitarbeiten zu können am Aufbau eines Landes und auch noch den Erfolg seiner Arbeit sehen zu können."[364]

Ein politischer Generationenwechsel kündigt sich an

Den Wahlen von 1956 folgten Jahre des relativen Rückzugs. Im Herbst legte Waldbrunner seine Funktion als Zentralsekretär zurück, der er 1953 Theodor Körner gegenüber noch so viel Wert beigemessen hatte. Nun meinte er: „Ich konnte auf die Dauer diese größeren Funktionen zusammen so nicht betreuen, wie ich es gerne gewollt hätte, und habe daher diese eine zurückgelegt."[365] Anderen gegenüber begründete Waldbrunner seinen Entschluss damit, „beim Einsatz meiner Kräfte vorsichtiger zu werden und mir nicht anzumaßen, alles machen zu können". Der erste Schritt sei eben jetzt erfolgt.[366] Otto Probst schrieb er: „Mein Entschluss, der dir seltsam und in mancher Hinsicht auch belastend für dich erscheinen mag, ist nicht zuletzt durch den Fünfziger hervorgerufen worden. Ich glaube wirklich zu spüren, dass ich nicht mehr, so wie bisher, alles machen kann, wenn ich will, dass ich noch länger für unsere Bewegung einsatzfähig sein soll."[367] Im Frühjahr 1957 wurde Adolf Schärf zum Nachfolger des verstorbenen Bundespräsidenten Theodor Körner gewählt. Karl Waldbrunner hatte zu Körner ein ausgeprägt freundschaftliches und privates Naheverhältnis – man sprach nicht zu Unrecht von einem „Vater-Sohn-Verhältnis" – und hatte sich seinerzeit auch für die Nominierung Körners zum Kandidaten für das Amt des Bundespräsidenten eingesetzt. Für Körner kam der „junge" Waldbrunner (1951), den er „sehr" schätzte, gleich nach seiner Bewunderung für Schärf, welcher ihn von der theoretischen Beschäftigung mit der Welt des Sozialismus in das „reale Leben und Verständnis des Lebens" gebracht habe.[368] Nun legte Schärf den Parteivorsitz zurück. In den innerparteilichen Diskussionen um die Nachfolge gab es Stimmen für Waldbrunner, doch die Entscheidung fiel auf Bruno Pittermann.[369]

Innenpolitisch spitzten sich die Gegensätze immer mehr zu. Schon die Kandidatur des „überparteilichen" Präsidentschaftskandidaten, des 75-jährigen Chirurgen Wolfgang Denk, hatte ein Zusammengehen von ÖVP und FPÖ zuwege gebracht,

363 Stephan Koren, Struktur und Nutzung der Energiequellen Österreichs, in: Wilhelm Weber (Hrsg.), Österreichs Wirtschaftsstruktur. gestern – heute – morgen, Berlin 1961, 1. Bd., 159–222, 160–161, 393.

364 Karl Waldbrunner in einem Gespräch mit Resa Pahlawi, 24. April 1960, Nachlass #44.

365 Waldbrunner an Erich Wang, 12. März 1957, Nachlass #8.

366 Waldbrunner an Fritz Matzner, 1. Dezember 1956, Nachlass #22.

367 Waldbrunner an Otto Probst, 1. Dezember 1956, Nachlass #22.

368 Eric C. Kollman, Theodor Körner. Militär und Politik, Wien 1973, 347, 363, 368; Theodor Körner an Adolf Schärf, 14. Mai 1957, Kopie in Sammlung Androsch.

369 Kurt Skalnik, Parteien, in: Erika Weinzierl/Kurt Skalnik (Hrsg.), Österreich. Die Zweite Republik, Band 2, Graz/Wien/Köln 1972, 197–228, 218.

was Bilder eines „Bürgerblocks" hervorrief.[370] Die ÖVP wurde nicht müde, ihren „Raab-Kamitz-Kurs" zu preisen. Waldbrunner, ein guter Taktiker, konnte zwar mit Kamitz ein durchaus sachlich fundiertes Arbeitsverhältnis herstellen und mit ihm zu Einigungen kommen, wusste aber die sozialistischen Positionen hart zu vertreten. Angesichts der Tatsache, dass die SPÖ geschwächt war und nicht mehr so viele Erfolge erzielen konnte, versuchte er in seinem Ressort alle Möglichkeiten auszuschöpfen. Das provozierte den nicht gerade für durchgängige Konzilianz bekannten Julius Raab gelegentlich zu Wutausbrüchen gegen Waldbrunner als denjenigen, der die Koalition zum Scheitern bringe.[371] Andererseits wollte die ÖVP ihre starke Stellung ausbauen. Sie trug zum Koalitionsbruch und zur vorzeitigen Auflösung des Nationalrats bei, der 1959 zu Wahlen führte. Waldbrunners Analyse ist bemerkenswert. Er verortete die Aktion der ÖVP in einem allgemeinen konservativen Trend, sah darin ein „Konzept", das auch in anderen europäischen Staaten darauf hinauszulaufen schien, „die Sozialisten aus der Regierung zu drängen".[372] Dabei bezog er sich auf Luxemburg, wo mit den dortigen Sozialdemokraten die letzte sozialistische Partei aus den Regierungen der EWG-Länder ausgeschieden war und – so der luxemburgische Minister Victor Bodson – „jetzt überall die so genannten Vatikan-Parteien mit ihren Anhängseln" regierten.[373] Der Wahlkampf wurde so, wie ihn Waldbrunner erwartet hatte: „Wieder werde ich Zielscheibe harter und wahrscheinlich auch recht unsauberer Angriffe sein."[374] Leicht nahm er das nicht. Er habe sich zwar „vehement und nicht ohne Erfolg" gegen die persönlichen Angriffe zur Wehr gesetzt, schrieb er an Bodson, doch heiße das nicht, „dass ich das Ganze schon wieder vergessen hätte oder es mir gleichgültig ist. Dazu nehmen wir ja die Dinge doch viel zu ernst."[375] Sein (gedämpfter) Optimismus bezüglich des Wahlausgangs sollte sich bestätigen: Die SPÖ wurde wieder stimmenstärkste Partei, erreichte aber ein Mandat weniger als die ÖVP; die FPÖ stabilisierte sich und die KPÖ schied aus dem Nationalrat aus. Bewunderer Waldbrunners äußerten ihre Genugtuung darüber, dass die „perfide Kampfweise gegen Sie und Ihr Ministerium diesmal so eindeutig durch die Wähler ad absurdum geführt wurde".[376] Auch Waldbrunner zeigte sich zufrieden: „Wir dürfen sehr froh sein, dass nunmehr die Anmaßung der ÖVP einen Dämpfer bekommen hat. Hoffen wir, dass wieder eine vernünftige und erfolgreiche Arbeit möglich sein wird."[377] Bruno Kreisky wurde Außenminister, Waldbrunner behielt seine Ressorts. Bei den Koalitionsverhandlungen war es natürlich auch um den verstaatlichten Sektor gegangen. Die SPÖ schlug eine Holding nach Art der IBV für die verstaatlichten Banken, die als „Deutsches Eigentum" dem Staat

370 Waldbrunner an Erich Wang, 12. März 1957, Nachlass #10.

371 Beispiele in Erinnerungsvermerken über Parteienverhandlungen und Gesprächen, Nachlass #31. Als nicht angemessen erscheint die Darstellung bei Rauchensteiner, Die Zwei, 305–306 (wie Fn. 240), die sich ausgerechnet auf Franz Olah stützt.

372 Waldbrunner an Vic Bodson, 26. März 1959, Nachlass #9.

373 Vic Bodson an Waldbrunner, 28. Februar 1959, Nachlass #9.

374 Waldbrunner an Vic Bodson, 26. März 1959, Nachlass #9.

375 Waldbrunner an Vic Bodson, 6. Mai 1959, Nachlass #9.

376 Hans Androsch an Waldbrunner, 12. Mai 1959, Nachlass #1.

377 Waldbrunner an Hans Androsch, 14. Mai 1959, Nachlass #1.

übergebenen Betriebe und die Austria Tabak AG vor. Die ÖVP lehnte strikt ab. Sie sah in einer solchen Holding „eine grundlegende Änderung der Verfassung der bisherigen Finanz- und Wirtschaftspolitik und darüber hinaus der gesamten Gesellschaftsordnung".[378] „Wenn Sie mich fragen", so Kamitz, „was ich will, ich will die Reprivatisierung der Banken."[379] Als Maleta fragte: „Soll die Verstaatlichung wieder zu Waldbrunner?", meinte Waldbrunner „unter großem Schmunzeln der Verhandlungsteilnehmer: ‚Wir wollen schließlich die von uns abgelegten Kleider wieder zurückhaben.'"[380] Die verstaatlichten Industriebetriebe kamen in das Ressort von Vizekanzler Bruno Pittermann.

Das Land baute das Erreichte weiterhin aus. Zwischen 1953 und 1962 wuchs das reale Bruttoinlandsprodukt im Jahresdurchschnitt um 6,1 Prozent, was unter allen OECD-Staaten nur von der Bundesrepublik Deutschland übertroffen wurde.[381] Hatte das Wohlstandsniveau (gemessen am BIP pro Kopf) 1953 noch 72,8 Prozent des westeuropäischen Durchschnitts betragen, so rückte es bis 1961 auf 85,8 heran.[382] „In Österreich", so Waldbrunner im Dezember des Hochkonjunkturjahrs 1960, „ist es wirklich, seit wir denken können, wirtschaftlich noch nie so gut gegangen wie jetzt." Doch sofort knüpfte er an diesen Umstand Forderungen. Die Sozialisten meinten, „dass es an der Zeit wäre, nunmehr den Alten, die nicht mehr arbeiten können, wesentliche wirtschaftliche Verbesserungen zu geben, weil sie ja das Fundament dazu gelegt haben". Auch in der „Familienhilfe" herrsche Nachholbedarf. Das habe zu einer Regierungskrise geführt, „um den Ernst dieser Forderung all denen begreiflich zu machen, die über dem Verdienen die Solidarität vergessen haben".[383] Die Fortschritte auf sozialpolitischem Feld mussten mit höheren Subventionen für die Landwirtschaft, teils höheren Preisen, teils Aufrechterhaltung von Steuererleichterungen für das Gewerbe erkauft werden. Waldbrunner befürchtete, dass bei einem konjunkturellen Rückschlag die Masse bezahlen müsse und die Gefahr bestehe, „diese sozialen Errungenschaften nicht aufrecht halten zu können". Schon sei die „große Sparparole" ausgerufen, und „wie immer in solchen Fällen schreien die am meisten, die am wenigsten sparen".[384] Das Sparprogramm (Kamitz war zu diesem Zeitpunkt schon nicht mehr Finanzminister) traf selbstverständlich auch seine Ressorts. Es drohte die Einstellung von Bauten und Investitionen, die dann später viel teurer fortgesetzt werden müssten; er war angehalten, Personal bei Bahn und Post einzusparen und zu rationalisieren, doch die Investitionen dafür wurden eingespart. „So sparen wir, damit wir nichts ersparen können."[385]

378 Koalitionsbesprechung vom 24. Juni 1959, Nachlass #31.
379 Koalitionsbesprechung vom 24. Juni 1959, Nachlass #31.
380 Koalitionsbesprechung vom 1. Juli 1959, Nachlass #31.
381 Butschek, Konflikt, 121 (wie Fn. 179).
382 Bachinger/Matis/Resch/Zollinger, Der lange Weg, Grafik (wie Fn. 16).
383 Waldbrunner an Erich Wang, 9. Dezember 1960, Nachlass #8.
384 Waldbrunner an Fritz Kolb, 14. Dezember 1960, Nachlass #10.
385 Waldbrunner an Karl Hartl, 17. Februar 1961, Nachlass #3.

Die Kehrseite der Konjunktur war auch der zunehmende Verlust an konzisen wirtschaftspolitischen Vorstellungen. Waldbrunner beklagte die Ansprüche aller Interessengruppen – „voran die, die besitzende Schichten vertreten“ – und die Verfolgung dieser Ansprüche „unbekümmert um das Ganze, um den Staat und seinen Bestand“. Steuerbegünstigungen und Subventionen, die in der Zeit der Not eine wichtige Funktion gehabt hätten, würden nun, in der Hochkonjunktur, fortgesetzt „zum Schaden des Staates, der dadurch wichtige Aufgaben wie z.B. im Erziehungswesen oder in seinen Betrieben Bahn und Post nicht erfüllen kann“. Es sei „nicht durchzusetzen, dass hier Vernunft einkehrt, um das Notwendige für spätere, kritische Tage vorzusorgen“. Im Gegenteil: Die Parteien suchten Augenblickserfolge. Sie „lizitieren sich gegenseitig“ und ringen „um einige Prozent Stimmen, damit sie die andere Partei überholen können“.[386] Man müsse also „aufpassen, dass nicht allzu große Dummheiten geschehen, die den Erfolg der Opfer und Mühen vergangener Jahrzehnte nicht wieder hinfällig machen“.[387]

Wirtschaftspolitische Entscheidungen wurden zunehmend „unter dem Gesichtspunkt des politischen Effekts und oft ohne entsprechende sachliche Fundierung getroffen“. Initiativen kamen von den Sozialpartnern. Zur Eindämmung neuerlicher inflationärer Tendenzen schloss die Paritätische Kommission im Februar 1962 ein Abkommen („Raab-Olah-Abkommen“), das im Wesentlichen den preispolitischen Vorstellungen früherer Vereinbarungen folgte, einen Unterausschuss für Lohnfragen schuf und die bisher vom ÖGB abgelehnte Zulassung ausländischer Arbeitskräfte ermöglichte. Ende 1963 wurde bei der Kommission von den Kammern und dem ÖGB der „Beirat für Wirtschafts- und Sozialfragen gegründet“.[388] Die wirtschaftspolitische Kompetenz der Regierung schien durch diese Entwicklung tatsächlich in Frage gestellt. Inwiefern ihr Manko auf personelle Wechsel zurückzuführen war, ist kaum zu beantworten. Waldbrunner stellte zwar auch keinen ursächlichen Zusammenhang her, konstatierte aber schon 1961, dass in der SPÖ „der Generationenwechsel weitgehend vollzogen“ und in der ÖVP im Gange sei. Im April dieses Jahres trat Raab zurück und überließ den Platz Alfons Gorbach, „einem steirischen Heimwehrler“, seit einem Jahr Parteiobmann. Der Wandel mache „momentan dem ganzen Staate Schwierigkeiten“, und die Sozialisten seien der Meinung, dass das Klima dadurch nicht besser werde – „wollen wir hoffen, dass es nicht schlechter wird“.[389]

Aber schon im Zusammenhang mit den sozialpolitischen Verbesserungen kam aus den „extremen Rechtskreisen“ der ÖVP das Verlangen nach Beendigung der Koalition. Denn diese fürchteten, im Falle einer Konjunkturschwäche und bei Fortbestehen der Koalition „mehr zu Zahlungen herangezogen zu werden als ohne solch eine

386 Waldbrunner an Federico [Fritz] Quastler, 13. März 1961, Nachlass #6.
387 Waldbrunner an Erich Wang, 9. Dezember 1960, Nachlass #8.
388 Butschek, Konflikt, 145, nach P. Feldl, Österreich ohne Konzept, Wien 1966, und 146 (wie Fn. 179).
389 Waldbrunner an Federico [Fritz] Quastler, 13. März 1961, Nachlass #6.

Bindung. Das Beispiel im übrigen Europa scheint ihnen Recht zu geben."[390] Im Juli 1962 drohte ausgerechnet bei der Post ein Streik und der Bruch der Koalition. Der große Antagonist Waldbrunners war der neue Finanzminister Josef Klaus.[391] Für Waldbrunner hatte die ÖVP „zweifellos im Sinne, durch die Provokation eines so ernsten Streikes" die Koalition zu sprengen und Neuwahlen herbeizuführen. Die Absicht sei vereitelt worden und nun richte sich die Wut der ÖVP „wieder einmal voll und ganz gegen mich".[392] Es herrschten „große politische Gegensätze im Land", und er habe schon kurz nach den letzten Wahlen nicht zu sagen gewagt, „wie lange die Zusammenarbeit der beiden großen Parteien in der Regierung und damit unsere Regierungsfunktion noch halten wird".[393]

Was hieß das für Waldbrunner? Den Generationenwechsel hatte er bereits diagnostiziert. „Ich selber", schrieb er im Frühjahr 1961, „bin nach wie vor Regierungsmitglied, wie lange noch, weiß ich nicht."[394] Die Wahl vom 18. November 1962 brachte die Entscheidung. Die SPÖ verlor zwei Mandate, die so genannten „Reformer" in der ÖVP erhielten Auftrieb. Als die ÖVP die Präsidentschaftswahl von 1963 verlor und Gorbach als dem Koalitionspartner gegenüber zu nachgiebig kritisiert wurde, wählte der Parteitag Ex-Finanzminister Klaus zum Bundesparteiobmann, der 1964 auch zum Kanzler avancierte.[395] In kämpferischer Stimmung erklärte Waldbrunner vor der Wiener SP-Frauenkonferenz, was davon zu halten sei: „Die Reformerbewegung ist ein Wiederaufleben der klassenkämpferischen, kapitalistischen Kräfte einschließlich faschistischer Elemente." Gemeint seien jene Rechten, die in der ÖVP mehr Erfolgsmöglichkeiten sähen „als in einer extremistischen, neofaschistischen Partei".[396]

Das Ende der Nachkriegskoalition zeichnete sich ab. Und der für viele überraschende Rücktritt Waldbrunners von weiteren Regierungsfunktionen war ein deutliches Signal dafür.

390 Waldbrunner an Fritz Kolb, 14. Dezember 1960, Nachlass #10.
391 Kurier, 2.7.1962 und 3.7.1962.
392 Waldbrunner an Vic Bodson, 12. Juli 1962.
393 Waldbrunner an Erich Wang, 9. Dezember 1960, Nachlass #8.
394 Waldbrunner an Federico [Fritz] Quastler, 13. März 1961, Nachlass #6.
395 Skalnik, Parteien, 211–213 (wie Fn. 369).
396 Waldbrunner bei der Wiener Frauenkonferenz, 18. März 1963, Manuskript, Nachlass #36. Zur „Rechtsöffnung" der „Reformer" siehe Skalnik, Parteien, 212–213 (wie Fn. 369).

Exkurs: Karl Waldbrunner als Präsident des BSA

Entnazifizierung zwischen Antifaschismus und Pragmatismus

Von 1950 bis 1973 war Karl Waldbrunner Präsident des Bundes Sozialistischer Akademiker, Intellektueller und Künstler (BSA). Die Organisation sollte ein Gegengewicht zur Übermacht des konservativen Cartellverbands (CV) ermöglichen, aus dem heraus die ÖVP die meisten zur Verfügung stehenden Verwaltungsstellen besetzte, und sie sollte ein strukturelles Defizit wettmachen, das sich bereits 1945 in aller Deutlichkeit gezeigt hatte. Karl Renner meinte damals: „Wir müssen die Tatsache hinnehmen, dass die überwiegende Anzahl der höheren Beamten nur einer Partei, der Volkspartei, angehört."[397] Und Oscar Pollak verwies auf den viel stärkeren „Aderlass" der Linken, „den der faschistische Terror verursacht hat" und der den Leuten des CV faktisch „ein Monopol auf alle akademischen Berufe und alle höheren Verwaltungsstellen" verschafft habe. „Das Ergebnis ist ein Zustand, der die Linke benachteiligt, misstrauisch macht und ständig reizt, während er die Rechte herausfordernd bevorzugt und Machtstellung und Machtbewusstsein der Bourgeoisie erhöht."[398] In der Zielsetzung der SPÖ, „die Staatspartei des Landes zu werden", beanspruchte der BSA eine führende Rolle.[399]

Die Defizite der Sozialdemokratie im akademischen und gehobenen Verwaltungsbereich beeinflussten auch ihre Haltung zur Entnazifizierung. Sie war eine „der wesentlichen Fragen für die politischen Eliten der Nachkriegszeit"[400], eine Herausforderung, der sich diese aber nur mit geringer Konsequenz stellten. Alle Parteien bemühten sich um eine rasche Reintegration ehemaliger nationalsozialistischer Parteigänger, zumindest um jene, die weniger belastet erschienen. Dies wurde aus parteipolitischen, aber auch aus rein praktischen Erwägungen für sinnvoll erachtet. So führte schon im Oktober 1945 der stets besonnene Walter Wodak in einer Londoner Unterredung mit John Hynd, dem Leiter des britischen „Office for Germany and Austria", aus, „dass schon aus verwaltungstechnischen Gründen es notwendig sein werde, gewisse Gruppen von Nazis, so genannte ‚Mussnazis', in Zukunft wieder zu beschäftigen, da der Mangel an geschultem Personal in der Verwaltung außerordentlich groß sei". Er verwies darauf, „dass ein großer Teil der so genannten

397 Protokolle 2, 291 (wie Fn. 24).
398 Oscar Pollak, Österreich heute, in: Die Zukunft 1 (1946), 3.
399 Alfred Migsch bei der Gründungsversammlung des BSA am 2. Juni 1946, Arbeiter-Zeitung, 4.6.1946.
400 Rathkolb, Republik, 164 (wie Fn. 3).

arischen Intelligenz im Nazilager gestanden sei und dass die jüdische Intelligenz nicht mehr existiere". Es müsse „daher irgendwo eine Grenze gezogen werden".[401]

Wo die Grenze lag, war indes schwieriger zu entscheiden. Karl Waldbrunner machte einen Versuch. In einem Artikel, mit dem er die Angehörigen der freien Berufe für die sozialistische Sache gewinnen wollte, führte er 1948 aus, dass die Lebensbedingungen der vielen Advokaten, Ärzte, Zivilingenieure, Architekten und Künstler „schon vor 1938 bescheiden genug" gewesen seien. Der Nationalsozialismus habe dann die meisten der Freiberufler „noch um das Letzte, nämlich um ihre Selbstständigkeit, gebracht". Viele seien „in die Rüstungsindustrie gezwungen" worden, und der „Rest musste schwer kämpfen, um sich am Leben zu erhalten". Das sei „den meisten nur dadurch gelungen, dass sie sich der NSDAP angeschlossen haben, da sie sonst überhaupt nicht beschäftigt worden wären". So sei es „nicht verwunderlich, dass man gerade unter den freien Berufen viele NSDAP-Mitglieder oder Anwärter gefunden hat, die natürlich unter den Auswirkungen der Verbotsgesetze nicht wenig zu leiden hatten". Unter diesen Umständen seien „diese Berufe in den Notzeiten seit 1945 praktisch immer die Stiefkinder geblieben".[402] Die Integration ehemaliger Nationalsozialisten in den BSA hatte begonnen.

Dass die Grenze immer weiter hinausgeschoben wurde und sich auch die SPÖ diesem Trend nicht entzog, ist bekannt.[403] Der nachmalige Sozialminister Rudolf Häuser, ehemaliger KZ-Häftling und Vorstandsmitglied des Dokumentationsarchivs des Österreichischen Widerstands, hielt 1949 für seinen Fachverband fest: „Die Ingenieure haben seit ihrem Bestehen in der Aufnahme ‚belasteter' Nationalsozialisten vielleicht die extremste Haltung eingenommen. Trotzdem kann das Problem der Aufnahme ‚belasteter' Nationalsozialisten nur individuell gelöst werden, weil die Partei in den Ländern verschiedene Standpunkte einnimmt."[404] Das Resultat dieser „wahlmathematisch und proporzorganisch" determinierten Politik durfte Karl Hartl, Widerstandskämpfer, NS-Verfolgter, Exulant und Freund Waldbrunners, diesem unter die Nase reiben: „Denkst du, denkt ihr nicht, wie viel potenzielle Nazi – in deinem BSA unter anderem – bei uns sind, weil die FPÖ nichts bieten kann?"[405] Andere hohe Funktionäre des BSA, wie der aus dem Exil zurückgekehrte Wilhelm Rosenzweig, ebenfalls ein enger Freund Waldbrunners, wandten sich entschieden dagegen, Prinzipien und die „politische Reinheit" hinter den

401 Walter Wodak, Diplomatie zwischen Ost und West, Graz/Wien/Köln 1976, 174–175. Zu der Tatsache, dass die SPÖ in der Folge keine systematische Remigration ihrer vertriebenen jüdischen Intelligenz betrieb, steht diese im Oktober 1945 getätigte Feststellung nicht im Gegensatz.

402 Karl Waldbrunner, Was wird aus den freien Berufen?, Artikel für den „Sozialistischen Akademiker", 30. Oktober 1948, Typoskript, Nachlass #32.

403 Vgl. Maria Mesner (Hrsg.), Entnazifizierung zwischen politischem Anspruch, Parteienkonkurrenz und Kaltem Krieg. Das Beispiel der SPÖ, Wien 2005.

404 Zit. nach: Wolfgang Neugebauer/Peter Schwarz, Der Wille zum aufrechten Gang – Offenlegung der Rolle des BSA bei der gesellschaftlichen Reintegration ehemaliger Nationalsozialisten, hrsg. vom Bund sozialdemokratischer AkademikerInnen, Intellektueller und KünstlerInnen (BSA), Wien 2005, 75.

405 Karl Hartl an Waldbrunner, 24. Juni 1963, Nachlass #3.

Wunsch zu stellen, mehr Mitglieder zu gewinnen und stärker zu werden.[406] Waldbrunner hatte hier eine heikle Aufgabe zu lösen und war offensichtlich bestrebt, ein seiner Gesinnung entsprechendes vertretbares Maß zu finden, ausgleichend zu wirken und partikularistische Bestrebungen in den (nicht sowjetisch besetzten) Bundesländern hintanzuhalten. „Ich bleibe ja ständig bemüht, diesen Verband nicht in die Extreme gehen zu lassen, auch nicht in das Naziextrem, wie es einige unserer Landesorganisationen ja gerne hätten.“[407] Genau dem wird die 2005 erschienene Studie zur Reintegrationspolitik des BSA nicht gerecht. Im Bemühen, nachzuweisen, dass der BSA nichts unterließ, um der Gegenseite Nazis abzutrotzen, bleiben Differenzierungen auf der Strecke. Die methodische Vorgangsweise und die Art der Darstellung sind so angelegt, dass unterschwellig – nie explizit – der Eindruck vermittelt wird, als ob Karl Waldbrunner der Exponent einer bewussten Nazifizierungspolitik des BSA gewesen wäre. Dieser Eindruck wird – zumal bei oberflächlicher Lektüre – auch dadurch nicht gemildert, dass alle in dem Werk verwendeten Zitate von Karl Waldbrunner gerade das Gegenteil belegen können. Wenn etwa Rosenzweigs entschiedene Haltung gegen ein Naheverhältnis zu Nationalsozialisten als Beleg dafür angesehen wird, dass es im BSA „auch“ Kräfte gegeben habe, „für die in der Frage der Auseinandersetzung mit der NS-Vergangenheit noch lange kein Schlussstrich gezogen war“,[408] so ist dies geradezu verharmlosend gefährlich. Es soll freilich nicht geleugnet werden, dass die BSA-Zugehörigkeit zum Teil sogar schwerst krimineller Nazis ein Skandalon war, das in manchen Fällen viel zu spät erkannt und bereinigt wurde. Andererseits lässt die Studie bezüglich der Zugehörigkeit zur Nationalsozialistischen Partei oder einer ihrer Organisationen jedes Augenmaß vermissen und verzichtet weitgehend auf historische Bedachtnahme. Was Waldbrunner im oben angeführten Zitat zu den Zwängen der Existenzsicherung sagte, aber auch die Erfahrungen des Bürgerkriegs, die auch echte Demokraten den Nazis zutrieben, bleibt – wenngleich in diesen Fällen die Grenze zum reinen Opportunismus nicht immer klar zu ziehen ist – ausgespart.

Was bleibt, ist selbstverständlich die Frage nach den bis in die Gegenwart präsenten braunen Restbeständen in der österreichischen Gesellschaft.[409] Wie bereits erwähnt, durften 1949 in Österreich Nationalsozialisten erstmals wieder wählen. Damit wurde von den beiden großen Parteien offiziell „das Buhlen um die Nazistimmen“ eingeläutet. Denn, so Peter Huemer in erstaunlicher Übereinstimmung mit der Diagnose Karl Hartls, „schlaue Nazi-Opportunisten“ hätten sich nicht dem VdU angeschlossen, sondern seien „gleich zu ÖVP und SPÖ gegangen“. Mit dieser Integration habe „gleichzeitig so etwas wie ein Vergiftungsprozess“ begonnen. Zu

406 Zit. nach Neugebauer/Schwarz, Wille, 76 (wie Fn 404); vgl. auch 72, 210–212. Das BSA-Präsidium unterstützte 1961 übrigens die Haltung Rosenzweigs, dass sozialistische Rechtsanwälte keine Verteidigung schwer belasteter Nazis übernehmen sollen.

407 Waldbrunner an Adolf Schärf, 6. November 1950, VGA, Wien, BSA-Aktienbestand 1949/50, zit. nach: Neugebauer/Schwarz, Wille, 92 (wie Fn. 404).

408 Neugebauer/Schwarz, Wille, 212 (wie Fn. 404).

409 Vgl. Peter Huemer, Erinnern und Vergessen, in: Hannes Androsch/Herbert Krejci/Peter Weiser (Hrsg.), Das Neue Österreich. Denkanstöße, Wien 2006, 91–105.

diesem Urteil wirft der deutsche Historiker Hans Mommsen die Frage auf, „wie dieser konkret ausgesehen" habe. Es sei nämlich „ein Unterschied, ob man Leuten die Möglichkeit gibt, ihre Meinung zu ändern, oder ob Leute ihre älteren Auffassungen dann in den konkreten politischen Prozess hineintragen". Insofern sei es schwierig, diesen Vergiftungsprozess „politisch zu präzisieren".[410]

Bildungspolitik als Moment des Modernisierungsprozesses

Konnte Österreich auf ökonomische Erfolge verweisen, so wies der Bildungsbereich große Defizite auf. Es bestand ein Reformbedarf, für den sich die SPÖ in den frühen Jahren der Zweiten Republik nicht nur aus Tradition, sondern auch zur Eindämmung der bildungspolitischen Dominanz der ÖVP starkmachte. Renners Kritik an der „Methode der Sakristei" (siehe Seite 26) mag noch in manchen Ohren geklungen haben. Schon 1948 brachte die SPÖ einen Initiativantrag auf ein neues Schulgesetz ein. Dabei musste sie sich bereits gegen den Vorwurf des Antikonfessionalismus verwahren. Sie lehne aber nur die Erhaltung privater konfessioneller Schulen aus staatlichen Mitteln ab, so Waldbrunner.[411] Doch die ideologischen Fronten waren vorhanden. Die SPÖ kämpfte gegen das Beharren der ÖVP auf der konfessionellen Lehrerbildung und kritisierte die Situation an den Hochschulen, die sie als „Hort der Reaktion" identifizierte.[412] Diese Kontroversen bestimmten auch die Verhandlungen über die Schulgesetze seit den 1950er-Jahren, die Waldbrunner ständig mitverfolgte. An Parteienverhandlungen zu diesen Themen nahm er aktiv teil.[413] Als es Anfang der 1960er-Jahre zu einer Lösung kam, dankte ihm Max Neugebauer, der Präsident des Wiener Stadtschulrats, für „dein großes Verständnis gegenüber den Schulfragen und vor allem für dein entschiedenes Eintreten, das Problem Kirche-Schule zu lösen".[414] Schul- und Hochschulpolitik blieb lange Jahre eines der großen Anliegen Waldbrunners. Um in der Chronologie etwas vorzugreifen: Als Mitglied der schulpolitischen Kommission des Bundesparteivorstandes vertrat er Ende der 1960er-Jahre die Ansicht, dass die Frage eines neuen Schulgesetzes „über detaillierte Fachfragen hinaus ein Teil einer kulturpolitischen Offensive der Partei sein müsse".[415] Die Aktion „Mehr Kinder an höhere Schulen", eine deutliche Absage an das konservativ-elitäre Bildungskonzept der ÖVP, genoss

410 Hans Mommsen, Österreich als Modellfall? Im Gespräch mit Peter Huemer, in: Wolfgang Kos/Georg Rigele (Hrsg.), Inventur 45/55. Österreich im ersten Jahrzehnt der Zweiten Republik, Wien 1996, 251–267, 259–260.

411 Karl Waldbrunner, Erfolge parlamentarischer Arbeit, in: Arbeiter-Zeitung, 13. Juli 1948.

412 Susanne Preglau-Hämmerle, Von der Ordinarien- zur Gruppenuniversität. Die Hochschulpolitik der SPÖ nach 1945, in: Peter Pelinka/Gerhard Steger (Hrsg.), Auf dem Weg zur Staatspartei. Zur Geschichte und Politik der SPÖ seit 1945, Wien 1988, 339–351, 339; nach Marina Fischer-Kowalski/Hermann Strasser, Gesellschaftliche Entwicklung und Hochschulreform in Österreich I. Eine soziologische Analyse der Veränderungen im Hochschulsektor seit dem Zweiten Weltkrieg, Wien 1974.

413 Siehe die Protokolle im Nachlass #51.

414 Max Neugebauer an Waldbrunner, 26. September 1965, Nachlass #5.

415 Aktenvermerk Leopold Gratz, 27. März 1968, Nachlass #52.

wesentliche Unterstützung durch ihn. Ohne seine Initiative wäre es „niemals gelungen“, die Aktion zu starten.[416] Wer die Protokolle der Parteienverhandlungen liest, erlebt einen sehr engagierten Waldbrunner. Als das Hochschulstudiengesetz immerhin 1966 vorlag, kritisierte Waldbrunner die Verzögerungspolitik der ÖVP.[417] Der Akademikermangel wurde bereits in den 1950er-Jahren diskutiert. Waldbrunner hielt die gesetzliche Verankerung der Studienförderung für prioritär und bestand dabei auf dem von der ÖVP abgelehnten Rechtsanspruch.[418] Dabei war er sich des Zusammenhangs zwischen ökonomischer Entwicklung und Bildungsbedarf bewusst. Zum einen gibt es in entwickelten Industriegesellschaften einen vermehrten Zulauf zur höheren Bildung, denn, wie John Kenneth Galbraith feststellt, „wenn unser Wirtschaftssystem lediglich Millionen ungebildeter Proletarier benötigte, dann würde unsere Gesellschaft vermutlich auch nur diese liefern“.[419] Andererseits verwies Waldbrunner auf die Folgen des Strukturwandels und der Hochkonjunktur. Sie seien auch dazu angetan, „fähige junge Menschen vom Studium abzubringen, da sie leicht rascher ins Verdienen kommen“.[420]

Dem Argument, dass der Mangel an gut ausgebildeten Arbeitskräften eine Gefahr für das Wirtschaftswachstum darstellen könne, verschlossen sich die Unternehmerkreise (und damit die ÖVP) nicht. Die Zahl der Schülerinnen und Schüler sowie der an Universitäten Immatrikulierten stieg signifikant. Doch schon 1964 hatte Waldbrunner gefordert, den quantitativen Aspekt steigender Studierendenzahlen mit dem qualitativen besserer Lehrkräfte gemeinsam zu behandeln und sich überdies bei der Lösung des Problems das relativ schlechte Abschneiden Österreichs in international vergleichenden Studien vor Augen zu halten.[421] Zunehmend wurde die Relevanz der Bildung im strukturellen Prozess der Modernisierung erkannt. „Bildungskapital“ kam als Wachstumsfaktor ins Spiel.[422] Die „economics of education“ gewannen in Österreich aber erst gegen Ende der 1960er-Jahre an Bedeutung, Forschung und Entwicklung werden „erst in den 70er-Jahren zu einem wirtschaftspolitischen Thema von einiger Bedeutung“. Die Dominanz multinationaler Unternehmen zeichnete sich ab.[423] Ende der 1960er-Jahre wurde das Problem aber vorrangig in nationalstaatlichen Kategorien gesehen, wie der Erfolg von Jean-Jacques Servan-Schreibers „Die amerikanische Herausforderung“[424] beweist, auf die sich Waldbrunner stützte. Er warnte vor der drohenden Abhängigkeit, die aus Rückständigkeit resultiert, wenn er 1969 auf die „katastrophale Situation der

416 Franz Buchegger an Waldbrunner, 20. Dezember 1972, Nachlass #1.
417 Karl Waldbrunner, Schneckenpost kam endlich an (Aus einem Referat), in: Arbeiter-Zeitung, 21.7.1966.
418 Sitzungsprotkoll der Parteienverhandlung, 10. Oktober 1959, Nachlass #50. Zur Gesetzwerdung siehe Karl Waldbrunner, Auf dem Weg zum Bundesministerium für Wissenschaft und Forschung, in: Wolf Frühauf (Hrsg.), Wissenschaft und Weltbild. Festschrift für Hertha Firnberg, Wien 1975, 217–234.
419 John Kenneth Galbraith, Die moderne Industriegesellschaft, München 1968, 16.
420 Interview Kurt Grotter mit Waldbrunner, 30. November 1960 (Typoskript), Nachlass #50.
421 Karl Waldbrunner, Die Fortschritte in der Schulgesetzgebung, Rede vor BSA-Journalisten, 26. Jänner 1964, Nachlass #36.
422 Fritz Klenner, Weil wir immer besser leben wollen, in: Zukunft 11 (1964).
423 Seidel, Wirtschaft, 47–48 (wie Fn. 10).
424 Erstausgabe „Le défi americain“, Paris 1967; erste deutsche Übersetzung 1968.

Forschung" hinwies. Der Aufwand für Forschung und Entwicklung (0,5 Prozent des Bruttonationalprodukts) stelle Österreich auf eine Stufe mit Entwicklungsländern wie Ghana und Indien. Der Staat habe primär die Aufgabe, die Infrastruktur bereitzustellen: ein gutes Schulwesen und ein leistungsfähiges Gesundheitswesen, Verkehr, Nachrichtenwesen und Energieversorgung. Auch die ÖVP müsse wissen, „dass die Voraussetzungen für einen höheren Lebensstandard des Volkes und die wirkliche Unabhängigkeit des Landes eine forcierte Hebung des Bildungsniveaus der Bevölkerung und eine außerordentliche Intensivierung der Forschungs- und Entwicklungsarbeit, besonders im industriellen Bereich, sind". Damit spielte er auf den großen verstaatlichten Industrie- und Bankensektor in Österreich an. Und im damaligen Wirtschaftskonzept setzte die SPÖ auf eine neue Industrialisierungswelle. Nur gelte es eben, die Industriesparten mit besonderen Wachstumschancen „aufzuspüren" und sie dann gezielt zu fördern. Bildung und Forschung wären dabei notwendige Elemente.[425]

425 Karl Waldbrunner, Politische Perspektiven, Rede vor oberösterreichischen Gewerkschaftern, 29. Jänner 1969, Nachlass #38. Auszüge aus dieser Rede erschienen in „Welt der Arbeit", März 1969.

Das „Gewissen der Partei"

Waldbrunners Ausscheiden aus der Regierung und die innerparteiliche Krise der SPÖ

Die Entwicklung des Jahres 1962 ging nicht spurlos an Karl Waldbrunner vorüber. Von Krise zu sprechen scheint angemessen. Er schreibt von „Enttäuschungen" und: „Den meisten Kummer machen mir die Menschen, die schnell vergessen, woher sie kommen und was man für sie getan hat."[1] Meinte er auch politische Weggefährten? Für viele kam der Verzicht auf eine weitere Ministertätigkeit zumindest überraschend. Konsul Karl Hartl war das Ausscheiden Waldbrunners aus der Regierung sogar „zuwider", denn „bei dir hatte ich das sichere Gefühl, mit einem Menschen und Mann zu tun zu haben, dem die Sache gilt".[2] Waldbrunner pflichtete ihm bei: „Wir kommen tatsächlich immer weiter weg von den Menschen, die wir lange eines Sinnes mit uns wähnten." Ein gewisses Gefühl der Entfremdung von den Repräsentanten der Partei, ein Missbehagen am eigenen Regierungsteam beschlich ihn. All das artikulierte er auch in ernüchternder Offenheit. Hinter den „Vernunftgründen", die er seiner Umgebung, der Partei und der Öffentlichkeit gegenüber als Motiv für seinen Rücktritt angegeben hatte, gab es noch etwas: „Wenn ich zu mir selber ehrlich bin, dann liegt darin auch der eigentliche Grund für meinen Austritt aus der Regierung. Ich hatte es einfach restlos satt, sosehr ich die Arbeit in dieser Funktion wirklich gern hatte." Dies vertraute er einem fernen Freund unter dem Siegel der Verschwiegenheit an, denn: „Ich will und kann meiner Partei, für die ich mein ganzes Leben gearbeitet habe und die mein Sinnen und Trachten seit meiner Jugend erfüllte, nicht schaden. Ich will dieser Partei auch weiter helfen, wenn es sein soll, auch diese Partei bewahren helfen vor falschen Ratschlägen. Darum werde ich, solange ich kann – es auch verantworten kann –, mit dabei sein im ehrlichen Ringen."[3] Als er dies schrieb, war er bereits offiziell Zweiter Präsident des Nationalrats.

Die Koalitionsverhandlungen dauerten bis Ende März 1963. Dabei vertrat Waldbunner wie stets den Standpunkt, die Zusammenarbeit der beiden Großparteien sei fortzusetzen. Doch die Partei war nicht mehr die des Wiederaufbaus, selbst wenn Karl Waldbrunner durchaus in den Zug zur „Versachlichung der Politik" zu reihen war, der die SPÖ schon Jahre vor Bruno Kreiskys Parteiführung mitprägte.[4] Eine unbedingte Abkehr vom Charakter der Partei als Klassenpartei schien für ihn

1 Waldbrunner an Dipl.-Ing. Rudolf Trimmel, 18. Oktober 1962, Nachlass #7.

2 Karl Hartl an Waldbrunner, 14. Dezember 1962, Nachlass #3. Originalbrief grammatikalisch von mir korrigiert.

3 Waldbrunner an Karl Hartl, 23. Jänner 1963, Nachlass #3.

4 Julian Uher, Entstehung und politische Durchsetzung des Wirtschaftsprogramms 1968, in: Fritz Weber (Hrsg.), Austro-Keynesianismus in Theorie und Praxis, Wien 1993, 37–62, 39.

zwangsläufig nur unter schweren Verlusten möglich. Völlig undenkbar war für ihn jedoch eine Preisgabe der sozialistischen Überzeugung. Dass diese Äußerungen nicht als „Dogmatismus" zu verstehen waren, sollte sich bald zeigen.[5] Parallel zu den Bemühungen der ÖVP, den „koalitionsfreien Raum", also Abstimmungen mit der FPÖ, durchzusetzen, dachten die „Praktiker" der SPÖ in dieselbe Richtung. 1963 und 1964 gab es informelle Kontakte zwischen SPÖ und FPÖ mit der Tendenz, die Weichen in Richtung einer Koalition, zumindest aber für ein Zusammenwirken auf legislativer Ebene zu stellen.[6] Dieser „Flirt mit der FPÖ"[7] stieß auf Ablehnung. Besonders angewidert gab sich Karl Hartl. War ihm schon „dieses ‚Verdampfen' der Ideologie" zuwider, so schien ihm jetzt eine Grenze überschritten: „Und nun auch noch das mögliche Taktieren mit FPÖ – ja gar Koalition!" Für Hartl wäre ein solches Zusammengehen aktive Beihilfe zum „großen Vergessen", sohin wäre „das Martyrium Dannebergs eine historische Unzukömmlichkeit, das Erschlagen Oswald Richters ein Akzident (...) und das Zutodequälen Sperbers, des Parteianwaltes, [wöge] nichts gegen das Bombardement von Dresden". Er wolle gar nicht davon sprechen, „dass die Herren, mit denen man in Koalition gehen will, Söhne und Erben derer sind, die Österreich verraten haben". Davon abgesehen mache eine solche Koalition die FPÖ „regierungsfähig", und wenn „sie einmal den braunen Schorf in der Koalition mit uns abgebadet" habe, hindere sie nichts, mit der ÖVP, „die ihr doch weltanschaulich viel näher" stehe, „den Bürgerblock zu machen".[8] Noch – wenngleich auch nicht mehr lange – war die FPÖ wegen ihrer Verwurzelung in der nationalsozialistischen Vergangenheit „nicht voll akzeptiert".[9] Waldbrunner wandte in der Partei zunächst noch sachlich ein, dass durch eine Kooperation die „Gesetzesarbeit keineswegs leichter" werden würde, appellierte dann „Wir dürfen unseren Standpunkt nicht aufgeben!" und stellte sich letztlich einem solchen Weg mit immer stärkerem Widerstand entgegen.[10] Alexander Otto, Botschaftsrat in London, erinnerte sich ein Jahr später, wie ihm Waldbrunner seine Ansichten auseinandergesetzt hatte – „wie ein (damals ziemlich einsamer) Fels in der Brandung ‚kleine Koalition'".[11]

Unmittelbar nach der Nationalratswahl vom November 1962 hatte Karl Hartl fast prophetisch vor Fehlentwicklungen in der Partei gewarnt: „Wenn wir uns weiter durch schlechte Tricks und Improvisationen durchschwindeln wollen, wird das einmal richtig schief ausgehen."[12] In der Tat spielte der „Flirt" bei der

5 Vgl. Kurt Skalnik, Parteien, in: Erika Weinzierl/Kurt Skalnik (Hrsg.), Österreich. Die Zweite Republik, Band 2, Graz/Wien/Köln 1972, 197–228, 220.

6 Anton Pelinka, Die Kleine Koalition, in: Reinhard Sieder/Heinz Steinert/Emmerich Tálos (Hrsg.), Österreich 1945–1955. Gesellschaft, Politik, Kultur (Österreichische Texte zur Gesellschaftskritik 60), Wien 1995, 279–289, 280; Waldbrunner in einem Diskussionsbeitrag zum Fall Habsburg, Nachlass #3.

7 Alexander Otto an Waldbrunner, London, 9. November 1964, Nachlass #5.

8 Karl Hartl an Waldbrunner, 24. Juni 1963, Nachlass #3.

9 Pelinka, Koalition, 281 (wie Fn. 6).

10 Waldbrunner in einem Diskussionsbeitrag zum Fall Habsburg, Nachlass #3; Rudolf Kolb an Waldbrunner, 10. Dezember 1964, Nachlass #4; vgl. Skalnik, Parteien, 220 (wie Fn. 5).

11 Alexander Otto an Waldbrunner, London, 9. November 1964, Nachlass #5.

12 Karl Hartl an Waldbrunner, 14. Dezember 1962, Nachlass #3.

bald folgenden größten Krise der SPÖ eine Rolle. Im Zentrum stand Franz Olah. Als Vorsitzender der Gewerkschaft der Bau- und Holzarbeiter hatte er sich 1950 bei der Niederschlagung der Oktoberstreiks einen Namen gemacht und schickte sich an, in der politischen Hierarchie immer höher zu steigen. Dabei stieß er auf innerparteilichen Widerstand. Schon 1953 war Karl Waldbrunner maßgeblich an der Verhinderung einer Ministerschaft Olahs beteiligt, was diesen aber nicht hinderte, in den folgenden Jahren an die Schalthebel der Macht zu gelangen und zu einer der dominanten Personen der österreichischen Politik zu werden.[13] 1955 wurde er Vizepräsident des ÖGB und 1959 dessen Präsident. Auch in dieser Funktion steckte das Potenzial für eine Gegnerschaft zu Waldbrunner. Ein Motiv für die konfliktuelle Entwicklung lag im provokativen Abweichen Olahs vom koalitionären und – ungeachtet des bekannten „Raab-Olah-Abkommens"[14] – sozialpartnerschaftlichen Weg. Denn als ÖGB-Präsident setzte er auf Streiks, wie der Ausstand der Metallarbeiter im Mai 1962, die größte gewerkschaftliche Kampfmaßnahme seit 1945, bewies.[15] Damit verstieß er aber gegen die vor allem von Karl Waldbrunner vertretene Linie, der in Verfolgung seines Zieles, Wohlstand mit sozialem Frieden zu vereinen, unbotmäßiges Handeln „radikaler" Gewerkschaftsgruppen nicht dulden wollte. Von 1959 bis Oktober 1961 Zweiter Präsident des Nationalrats, wurde Olah 1963 Innenminister und war der Hauptexponent der Strategie eines Zusammengehens mit der FPÖ. Offenbar hatte er den Freiheitlichen „mit einigen anderen Genossen" in der Frage einer Wahlgesetzänderung bereits konkrete Zusagen gemacht (auf die sich dann die Freiheitlichen 1970 berufen sollten).[16] Neben grundsätzlichen Bedenken einer Gruppe der Parteiführung aus den negativen Erfahrungen der Ersten Republik und einer starken Gegnerschaft des linken Parteiflügels hätte die FPÖ-Option die Position von Olah zusätzlich gestärkt.[17] Dazu kamen finanzielle Transaktionen, wobei die eigenmächtige Alimentierung der FPÖ aus ÖGB-Geldern letztlich den Anlass zu Olahs Sturz bot. Im Herbst 1964 brach die Krise offen aus und im November wurde Olah aus der Partei ausgeschlossen. Die tieferen Ursachen für seinen Fall lagen freilich auch in seinem demagogischen und populistischen „Führer"-Stil, seinen eigenmächtigen Entscheidungen unter Missachtung demokratischer Strukturen und Kontrollinstanzen. Das musste Widerstand bei jenen hervorrufen, „für die Inhalte bedeutsamer waren als das Charisma der Leitfigur".[18]

13 Konrad Helmut, Die Olah-Krise. Eine Krise der Sozialdemokratie?, in: Peter Pelinka/Gerhard Steger (Hrsg.), Auf dem Weg zur Staatspartei. Zur Geschichte und Politik der SPÖ seit 1945, Wien 1988, 47–56, 49.

14 Preiserhöhungen unter Umgehung der Paritätischen Kommissionen wurden mit amtlichen Preisregelungen geahndet.

15 Fritz Keller, Streiken für die Sozialpartnerschaft. Der Ausstand der Metallarbeiter 1962, in: Wolfgang Maderthaner (Hrsg.), Auf dem Weg zur Macht. Integration in den Staat, Sozialpartnerschaft und Regierungspartei (Sozialistische Bibliothek 1/1), Wien 1992, 107–116.

16 Josef Staribacher, Tagebücher, 9. Juni 1970, Bruno-Kreisky-Archiv, Wien.

17 Wolfgang C. Müller, SPÖ und große Koalition. Zur innerparteilichen Begründung und Diskussion der Regierungsbeteiligung (1945–1966), in: Peter Pelinka/Gerhard Steger (Hrsg.), Auf dem Weg zur Staatspartei. Zur Geschichte und Politik der SPÖ seit 1945, Wien 1988, 23–46, 40.

18 Helmut, Olah-Krise, 49–56 (wie Fn. 13).

Waldbrunner war einer der prononciertesten Antagonisten Olahs. Zum einen verschlechterte sich dadurch das Verhältnis zu Bruno Kreisky, der als einer der letzten Funktionäre auf Distanz zu Olah ging. Gleichzeitig ergab sich daraus eine Art festerer Zusammenhalt mit den Olah-Gegnern Christian Broda und Anton Benya, ein Einverständnis, das noch lange zu spüren war: bei der Wahl Kreiskys zum Parteivorsitzenden 1967 ebenso wie beim Kreisky-Androsch-Konflikt der 1970er-Jahre.[19] Zweifellos genoss Olah an der Basis große Popularität. Und Waldbrunner stieß bei seinen teils heftigen Versuchen, den Standpunkt der Partei unnachgiebig zu verteidigen, auf Unverständnis und sogar Ablehnung bei Genossen in „seinem“ 3. Wiener Bezirk.[20] Andererseits verbreiteten sich in der Öffentlichkeit Signale für eine Wende zugunsten der „Traditionalisten“. Im Schatten der Olah-Krise kolportieren die Medien die Möglichkeit einer Ablösung Pittermanns durch Waldbrunner, der im Dezember 1964 schon „vielfach als kommender Mann der SPÖ“ galt.[21] Manchen galt er als die Autorität eines Kreises in der SPÖ, der man zutraute, die Partei zu konsolidieren.[22] Waldbrunner sah es realistischer. „So sind die Jungen“, schrieb er ein Jahr vor seinem 60. Geburtstag, „zu den Alten geworden, neue Kräfte rühren sich.“ Einfacher wurde die Sache dadurch jedoch auch nicht. „So gut das an sich ist, so wird es damit aber nicht leichter, umso mehr, als den Jungen viele böse Erfahrungen, die wir machen mussten, erspart blieben und sie daher die Probleme anders sehen, vieles nicht verstehen von dem, was uns bei unseren Entschlüssen und Handlungen bewegt.“[23]

In den Augen Waldbrunners hatte Olah einen Verrat begangen und den „Stachel“ hinterlassen, „dass in einer sozialistischen Partei von verantwortlichster Stelle her solche Unredlichkeiten geschehen können“. Betroffenheit und Schuldgefühle, das zugelassen zu haben, waren groß.[24] Außerdem stellte der Fall eine innenpolitische Hypothek für die SPÖ dar. Sie wog umso schwerer, als sich die innerparteiliche Krise als zusätzliche Belastung für die Arbeit der Koalition darstellte, die ohnehin mit wirtschaftlichen Problemen konfrontiert war. Mit der Rezession des Jahres 1962 ging die erste Phase des österreichischen „Wirtschaftswunders“ zu Ende und das Land durchlebte eine Strukturkrise. Die Wachstumsrate sank unter den OECD-Durchschnitt. Von Industrie und Bauwirtschaft gingen deutlich weniger Wachstumsimpulse aus, der Anteil der Beschäftigten in der Industrie stagnierte. Die Geldentwertung beschleunigte sich, der Außenhandelszuwachs ging zurück.[25] Die verringerte Wirtschaftsdynamik spiegelt sich auch darin, dass sich das Pro-Kopf-Einkommmen während der 1960er-Jahre auf etwa 85 Prozent des westeuro-

19 Vgl. Barbara Liegl/Anton Pelinka, Chronos und Ödipus. Der Kreisky-Androsch-Konflikt, Wien 2004.
20 Josef Staribacher, Tagebücher, 13. Juli 1971, Bruno-Kreisky-Archiv, Wien.
21 Georg Nowotny, Die Initiative blieb aus, in: Die Presse, 12./13.12.1964.
22 Rudolf Kolb an Waldbrunner, 10. Dezember 1964, Nachlass #4.
23 Waldbrunner an Fritz Quastler, 25. August 1965, Nachlass #6.
24 Waldbrunner an Rudolf Baumann, 11. Jänner 1965, Nachlass #1.
25 Felix Butschek, Vom Konflikt zur Konsensorientierung. Die Kammer für Arbeiter und Angestellte und die Wirtschaftspolitik Österreichs 1920–1995, Wien 1996, 139–141.

päischen Wohlstandsniveaus einzupendeln schien.[26] In dieser Periode griff man in Österreich international diskutierte und praktizierte konjunkturpolitische Überlegungen auf, die auf eine Steuerung der wirtschaftlichen Dynamik abzielten und deren Eckpunkte Sicherung der Vollbeschäftigung, Preisstabilität bzw. Sicherung der Kaufkraft und „Festsetzung und Sicherung einer bestimmten Wachstumsrate des Nationaleinkommens" bildeten.[27] In diese Richtung ging auch der Antrag der Parteivertretung von 1963, der die Handschrift Waldbrunners trug. Er forderte ein langfristiges Wirtschaftskonzept und eine Wirtschaftspolitik, „die ein ständiges Wachstum und eine gerechte Verteilung des Volkseinkommens sichert". Dass eine gesetzlich gesicherte „moderne Berufsausbildung" als Grundlage des Wirtschaftswachstums erkannt wurde und die Bildungspolitik – von den Schulgesetzen bis zur „Beseitigung der geistigen und materiellen Krise von Wissenschaft und Forschung" – breiten Raum einnahm, soll ebenfalls nicht unerwähnt bleiben. Wichtig waren aber auch die Aspekte einer „aktiven Arbeitsmarktpolitik" und eine umfassende „zweckmäßige Programmierung".[28] Der ÖGB ortete in diesen Belangen eine „Orientierungslosigkeit".[29] Nicht zufällig lebten in dieser Zeit Planungskonzeptionen wieder auf.[30] 1963 – vor dem Hintergrund der festgefahrenen Koalitionsverhandlungen – reiste eine Delegation der Sozialpartner nach Paris, um die Transplantationsmöglichkeit der französischen indikativen „planification" auf österreichische Verhältnisse zu prüfen. Eines der Ergebnisse war die Gründung des Beirates für Wirtschafts- und Sozialfragen.[31] „Wirtschaftsplanung ist heute nicht mehr so ganz verpönt in Österreich", freute sich Waldbrunner.[32]

Prinzipientreue blieb ein entscheidender Gesichtspunkt bei Waldbrunner. Das galt auch für die verstaatlichte Wirtschaft, die es gegen die anhaltenden Versuche der ÖVP zur Entstaatlichung zu verteidigen galt. Auch der ständige Wechsel in der Organisation – bis 1956 in staatlicher Verwaltung, 1956 privatrechtliche Konzernverwaltung, seit 1959 dem Vizekanzler unterstellt – wurde als schädlich erachtet. Da nach den Wahlen von 1962 wieder eine Änderung drohte, hielt die SPÖ fest: „Es muss mit aller Entschiedenheit abgelehnt werden, dass nach jeder Wahl über das Schicksal von rund 130.000 Beschäftigten und ihrer Familien ein politisches Würfelspiel betrieben wird, in dem die Arbeitsplätze der Einsatz sind."[33] Offenbar litt die SPÖ aber an grundsätzlichen Defiziten insbesondere

26 Karl Bachinger/Herbert Matis/Andreas Resch/Manfred Zollinger, Der lange Weg zum Wohlstand, in: Günter Düriegl/Gerbert Frodl (Hrsg.), Das neue Österreich, Katalog zur Ausstellung im Oberen Belvedere, Wien 2005, 287–300, 294.

27 Schaffung eines Wirtschaftsrates der Bundesregierung, [Vorschlag der SPÖ bei Koalitionsverhandlungen 1962], Nachlass #48.

28 Antrag der Parteivertretung an den Parteitag, Juni 1963, Nachlass #48.

29 Schwerpunkte der Wirtschaft, 27. April 1965, von Anton Benya an Waldbrunner als Dikussionsbeitrag für das „Programm für Österreich" übermittelt, Nachlass #48.

30 Keller, Streiken, 116 (wie Fn. 15).

31 Uher, Entstehung, 55 (wie Fn. 4).

32 Karl Waldbrunner, 20 Jahre österreichische Wirtschaftspolitik, Rede am Gewerkschaftstag der Metall- und Bergarbeiter, 25. Mai 1965, Nachlass #37.

33 Neuordnung im Bereich der verstaatlichten Industrieunternehmungen, 15. Jänner 1963, Nachlass #48.

bei der Industriepolitik. So ließ der für das Ressort verantwortliche Bruno Pittermann ein Konzept für diesen Sektor vermissen. Auch Karl Waldbrunner räumte ein, dass die SPÖ noch immer die Fiktion vom „Gleichgewicht der Kräfte" vertrete, während die ÖVP in Wirtschaft und Bildung dominiere. Die Abstinenz der Sozialisten erinnerte ihn an die Situation von 1945, als Renner und Schärf erst davon überzeugt werden mussten, dass auch Sozialisten zum Aufbau und zur Leitung von Betrieben befähigt seien.[34]

„Das Regierungsklima ist ein sehr schlechtes", stellte Waldbrunner im August 1965 fest.[35] Die ÖVP witterte ihre Chancen und zog die Wahlen – nicht unerwartet – auf das Frühjahr 1966 vor. Sie ergaben „einen kleinen Erdrutsch", wie Claus Gatterer in einer luziden Analyse schrieb. Das Wahlergebnis sei „die Todesurkunde der alten Koalition", die „schon seit Jahren im Koma" liege. Der Sieg der Volkspartei – sie errang vier Mandate mehr, während die Sozialisten und die Freiheitlichen je zwei verloren – sei „schon eine Leistung", weil „nur mit der Angst und praktisch ohne Programm" erreicht. Er sei zudem „ausschließlich das Resultat der Fehler, die von den Sozialisten gemacht wurden: die Missachtung des Föderalismus, der zwar gerechtfertigte, aber in der Methode fragwürdige Ausschluss von Olah, der Flirt mit der Rechten und die stillschweigende Hinnahme der KP-Stimmen, die Missachtung des Rundfunk-Volksbegehrens und schließlich der Handstreich gegen ‚Die Kronen-Zeitung'". Ob Josef Klaus nun die Sozialisten für eine Koalition neuer Art gewinnen könne, werde davon abhängen, „welche Demütigungen er ihnen zumuten will".[36]

Das war in der Tat der ausschlaggebende Punkt. Trotz des aufrechterhaltenen Willens zur Koalition wäre ein Mitregieren äußerst schwer geworden. Das erkannte Waldbrunner: „Was sie in die Regierung bringen und wir ablehnen, setzen sie im Parlament durch."[37] Die Alternative schien zunächst nur strategischen Wert zu haben. Am 14. April 1966 meinte Bruno Kreisky: „Voraussetzung für maximalen Erfolg der Verhandlung ist die Oppositionsbereitschaft der SPÖ."[38] Zunächst konzedierte die Partei eine Zusammenarbeit für eineinhalb Jahre und beschloss, Waldbrunner und Anton Benya in die letzten Verhandlungen einzuschalten.[39] Doch die Forderungen der ÖVP erwiesen sich als unannehmbar. Ein Eingehen auf sie hätte Waldbrunner zufolge bedeutet, dass sich die SPÖ „um Verwaltungsstellen willen als

34 Egon Matzner, Eine merkwürdige Frage eines Abgeordneten von Floridsdorf, Typoskript eines Artikels für „Die Zukunft" (4, 1968), Nachlass #5.

35 Waldbrunner an Fritz Quastler, 25. August 1965, Nachlass #6.

36 Claus Gatterer, In Wien wackelt die Große Koalition, in: Die Zeit 11 (1966). „Föderalismus" spielt auf die „Fußach-Affäre" um die Benennung eines Bodenseeschiffes an. Bei der „Kronen Zeitung" ist der Kampf um die Eigentumsrechte und eine Beschlagnahmung gemeint. Vgl. Konrad Helmut, Politische Weichenstellungen in den sechziger Jahren. Zwischen Weltanschauung und Populismus, in: Wolfgang Maderthaner (Hrsg.), Auf dem Weg zur Macht. Integration in den Staat, Sozialpartnerschaft und Regierungspartei (Sozialistische Bibliothek 1/1), Wien 1992, 133–146, 134.

37 Notizzettel zu Gesprächen mit Bezirksvertretern und Betriebsräten, Nachlass #49.

38 Sitzung der Parteivertretung am 14. April 1966, Nachlass #49.

39 Protokoll über den außerordentlichen Parteitag vom 15. April 1966, Nachlass #49.

Anhängsel und Erfüllungsgehilfe der Österreichischen Volkspartei abwerten" ließ.[40] Schließlich fiel die Entscheidung für den Gang in die Opposition – „aufgrund der eindeutigen Position Waldbrunners", auf dessen Seite Benya stand, während etwa Kreisky, Walter Schachner-Blazizek, Karl Maisel und Felix Slavik prinzipiell für die weitere Zusammenarbeit gewesen wären.[41] 21 Jahre Koalition (die Konzentrationsregierung eingerechnet) waren zu Ende.

In der Partei selbst kündigten sich Veränderungen an. Nicht zuletzt deswegen, weil der Vorsitzende und bisherige Vizekanzler Bruno Pittermann gesundheitlich beeinträchtigt war, und wohl auch weil Benya, „immer ein treuer Gefolgsmann von Waldbrunner", diesen in die Führungsposition bringen wollte.[42] Schon bei der Entscheidung für die Opposition schien Waldbrunner, seit 1965 stellvertretender Parteivorsitzender, die „De-facto-Führung der Partei" übernommen zu haben.[43] Für viele war die logische Konsquenz daraus: „Du stehst jetzt zum Parteiobmann an."[44] Karl Ausch hielt ihn für diese Funktion „geschaffen".[45] Aus gesundheitlichen und privaten Gründen lehnte Waldbrunner jedoch eine Kandidatur ab.[46] Der Weg für Kreisky war frei. Vorerst gab es allerdings noch ein Hindernis zu überwinden, das in der von Benya forcierten und von Waldbrunner unterstützten Aufstellung des Gewerkschafters Hans Czettel auftrat.[47] 1967 zum Parteivorsitzenden gewählt, bemühte sich Kreisky rasch und mit Erfolg, die innerparteiliche und gewerkschaftliche Opposition auf einen gemeinsamen Kurs umzustimmen.[48] Die Loyalität Waldbrunners und sein Bekenntnis zur Einheit der Partei half dabei sicher mit, der SPÖ ein neues Profil zu ermöglichen. „Reformer" machten sich umgehend an die Umbenennung von „sozialistisch" zu „sozialdemokratisch".[49]

Mitverantwortung zu übernehmen, ohne ein entsprechendes Maß an Mitbestimmung zu bekommen, und ständig damit rechnen zu müssen, dass die ÖVP eine Koalition jederzeit und einseitig aufkündigen könnte, hatte für Waldbrunner ein Zusammengehen ausgeschlossen.[50] In diesem Sinn setzte er sich in der Partei auch durch und bewahrte sie beispielsweise 1967 vor dem politischen Fehler, ein Alter-

40 Waldbrunner an Alexander Otto, 28. April 1966, Nachlass #5.
41 Robert Kriechbaumer, Die Ära Kreisky. Österreich 1970–1983, Wien/Köln/Weimar 2004, 36–37; Müller, SPÖ, 40–41 (wie Fn. 17).
42 Josef Staribacher, Tagebücher, 7. Oktober 1972, Bruno-Kreisky-Archiv, Wien.
43 Kriechbaumer, Kreisky, 37 (wie Fn. 41).
44 Karl Ernst Newole an Waldbrunner, 5. Oktober 1966, Nachlass #5. Die „Wochenpresse" titelte: „Warten auf Waldbrunner".
45 Karl Ausch an Waldbrunner, 24. November 1966, Nachlass #10.
46 Waldbrunner an Fritz Quastler, 25. Oktober 1966, Nachlass #6; an Ernst Lemberger, 13. Dezember 1966, Nachlass #12; an Gerold H. Tenney, 30. November 1967, Nachlass #7; Erich Werner an Friedl Waldbrunner, 1. Juli 1980, Nachlass #67.
47 Kriechbaumer, Kreisky, 38 (wie Fn. 41).
48 Oliver Rathkolb, Die paradoxe Republik: Österreich 1945 bis 2005, Wien 2005, 189.
49 Alexander Otto an Waldbrunner, 21. Juni 1966; ders. an dens., 8. September 1966, beide Nachlass #5.
50 Waldbrunner an Alexander Otto, 28. April 1966, Nachlass #5.

nativbudget vorzulegen – ein Fehler, den übrigens die ÖVP 1978 begehen sollte.[51] Andererseits bot die Oppositionsrolle die Chance, parteiinterne Fragen zu klären, eine politische Alternative zur ÖVP zu bieten, „eine Politik der Beständigkeit und Glaubwürdigkeit“ zu führen, „um einen neuen Wahlgang zu bestehen“.[52] Schon bald sollten ihm erste Erfolge bei Landtags- und Kommunalwahlen Recht geben. Botschafter Ernst Lemberger gegenüber, den dies „immerhin die Möglichkeit einer zukünftigen Majorität ahnen“ ließ, antwortete Waldbrunner jedoch als überzeugter Großkoalitionär, dass das Volk hoffentlich „in seiner Mehrheit auch eine Alleinherrschaft ablehnt“. Er teilte allerdings Lembergers Befürchtung vor einem teilweisen Rückfall in die autoritären 1930er-Jahre, je mehr „sich die ÖVP-Regierung in Widersprüche und in Schwierigkeiten verstrickt“.[53] Gleichzeitig richtete er sein Hauptaugenmerk darauf, „jüngere, kräftigere Leute in die Führung zu bringen“, die erfahren sein und auch „Selbstdisziplin für solche verantwortungsvolle Aufgaben“ mitbringen müssten.[54] Diesen Kurs verfolgte ja auch Kreisky mit seinen jungen „hungrigen Löwen“, die maßgeblich an der Ausarbeitung der theoretischen Grundlagen eines modernen Interventions- und Sozialstaats beteiligt waren. Sie flossen in das Wirtschaftsprogramm von 1968 ein und verschafften der SPÖ die Gelegenheit, ihre wirtschaftspolitische Kompetenz glaubhaft zu machen.[55] Selbst das christlich-soziale „Luxemburger Wort“ hielt das Vorgelegte für eine „realistische wirtschaftspolitische Offensive“.[56]

Die ÖVP-Alleinregierung sei schwach und führe eine „Klassenpolitik auf Kosten der Arbeitnehmer“.[57] Damit spielte Waldbrunner auf die „Wachstumsgesetze“ der ÖVP von 1966 an – für Waldbrunner eine aus politischem Kalkül geborene Täuschung. Denn während man die Anträge der SPÖ auf eine fühlbare Senkung der Lohnsteuer für Arbeitnehmer abgelehnt habe, seien „unter der irreführenden Bezeichnung von Wirtschaftswachstumsgesetzen namhafte Steuergeschenke für die Unternehmer“ beschlossen worden.[58] Jedenfalls war Waldbrunner davon überzeugt, die SPÖ werde bei einem künftigen Wahlerfolg – den er für durchaus möglich hielt – ein schweres wirtschaftliches Erbe antreten müssen.[59] Hier sollte er irren. Zwar verlor Österreich in den Jahren 1967 und 1968 an Terrain, doch legte Stephan Koren, seit 1967 Finanzminister, einen wirtschaftspolitischen Plan

51 Josef Staribacher, Tagebücher, 25. Oktober 1978, Bruno-Kreisky-Archiv, Wien; Hannes Androsch zit. nach Christian Dirninger (Bearb.), Politik und Wirtschaft in Österreich nach 1945, in: ders. (Hrsg.), Wirtschaftspolitik zwischen Konsens und Konflikt. Einsichten und Einblicke in die Strukturen und Abläufe der Wirtschaftspolitik der Zweiten Republik (Schriftenreihe des Forschungsinstitutes für politisch-historische Studien der Dr.-Wilfried-Haslauer-Bibliothek, Salzburg, 4), Wien/Köln/Weimar 1995, 87–184, 147.

52 Notizzettel zu Gesprächen mit Bezirksvertretern und Betriebsräten, Nachlass #49.

53 Ernst Lemberger an Waldbrunner, 28. November 1967; Waldbrunner an Lemberger, 5. Dezember 1967, Nachlass #12.

54 Waldbrunner an Fritz Quastler, 25. Oktober 1966, Nachlass #6.

55 Uher, Entstehung (wie Fn. 4); Ferdinand Lacina, Austro-Keynesianismus, in: Fritz Weber (Hrsg.), Austro-Keynesianismus in Theorie und Praxis, Wien 1993, 15–20, 15.

56 Der Bundesparteitag der SPÖ, in: Luxemburger Wort, 7.10.1968.

57 Waldbrunner an Gerold H. Tenney, 30. November 1967, Nachlass #7.

58 Waldbrunner an Hans Thür, Redakteur der „Presse“, 19. Juli 1966, Nachlass #28.

59 Waldbrunner an Josef Dultinger, 29. Mai 1968, Nachlass #2.

vor, der in gewisser Weise die Basis für den ökonomischen Aufschwung bildete, der bereits 1969 einsetzte. Die nachfolgende SPÖ-Regierung profitierte nicht unwesentlich von der positiven Budgetlage, die mit Hilfe des „Koren-Plans", aber auch der internationalen Konjunktur ermöglicht wurde. Außerdem festigten sich die sozialpartnerschaftlichen Institutionen, denen beim Fehlen einer Koalition zunehmende Bedeutung erwuchs.[60] So mussten die Gewerkschaften die zahlenmäßige Unterlegenheit der Sozialisten im Parlament ausgleichen.[61] Bis zur Erdölpreiskrise „bewegte sich die wirtschaftspolitische Konzeption im Rahmen von Koren-Plan und SPÖ-Wirtschaftsprogramm".[62]

Angesichts dieser Entwicklungen trat in der innenpolitischen Wahrnehmung Waldbrunners Tätigkeit als Zweiter Nationalratspräsident zwangsläufig in den Hintergrund. Dabei war diese ein Bruch mit der seit 1945 geübten „Tradition", die höchste der SPÖ im Nationalratspräsidium zustehende Funktion mit einem Vertreter der sozialistischen Gewerkschafter zu besetzen.[63] Die Nominierung eines Vertreters der Parteizentrale war zwar für die Fraktion sozialistischer Gewerkschafter eine Ausnahmesituation, jedoch unterstützte sie die Kandidatur Waldbrunners.[64] Waldbrunner war nun in der Oppositionszeit der SPÖ der einzige sozialistische Würdenträger und so eine „unentbehrliche Stütze".[65] Sein Aktionsradius war allerdings durch den institutionellen Rahmen vorgegeben. Eine Episode wirft jedoch ein Schlaglicht auf seine ungebrochene demokratische Gesinnungs- und Grundsatztreue. Im Juni 1967 dankte ihm das „Österreichische Nationalinstitut" dafür, dass er die ÖVP-Bundesministerin für Soziale Verwaltung, Grete Rehor, entschieden gegen die Angriffe freiheitlicher Abgeordneter verteidigte.[66] In diesen Jahren, vermutlich aufgrund seiner festen Haltung in der Frage einer Kleinen Koalition, galt er bereits als das „Gewissen der Partei".[67]

60 Christian Dirninger, Entwicklungslinien und Strukturelemente der österreichischen Wirtschaftspolitik in der Zweiten Republik, in: ders. (Hrsg.), Wirtschaftspolitik, 10–57, 45–47 (wie Fn. 51), mit Verweis auf Gabriele Pfeifer, Stephan Koren. Wirtschaft im Spannungsfeld von Wissenschaft und Politik, Salzburg 1993. Werner Clement/Klaus Glaser, Der Koren-Plan, in: ders./Karl Socher (Hrsg.), Stephan Koren. Wirtschaftsforscher und Wirtschaftspolitiker in Österreich, Wien 1989, 49–71.

61 Karl Waldbrunner, Begrüßungsansprache an den Parteitag der Sozialdemokratischen Partei Schwedens, 28. September 1969, Typoskript, Nachlass #47.

62 Hannes Androsch zit. nach Christian Dirninger (Bearb.), Politik und Wirtschaft in Österreich nach 1945, in: ders. (Hrsg.), Wirtschaftspolitik, 87–184, 157 (wie Fn. 51).

63 Günther Schefbeck, Anton Benya, in: Herbert Dachs/Peter Gerlich/Wolfgang C. Müller (Hrsg.), Die Politiker. Karrieren und Wirken bedeutender Repräsentanten der Zweiten Republik, Wien 1995, 48–57, 53.

64 Anton Pelinka, Gewerkschaften im Parteienstaat. Ein Vergleich zwischen dem Deutschen und dem Österreichischen Gewerkschaftsbund (Beiträge zur Politischen Wissenschaft 37), Berlin 1980, 111; Bruno Pittermann, der Präsident des Nationalrates, in: Festschrift für Karl Waldbrunner zum 65. Geburtstag, Wien 1971, 129–136.

65 Bruno Kreisky, Im Strom der Politik. Der Memoiren zweiter Teil, Berlin 1988, 399.

66 Walter Jambor an Waldbrunner, 29. Juni 1967, Nachlass #3.

67 Der Begriff wurde bereits 1964 von der „gegnerischen Presse" verwendet. Rudolf Kolb an Waldbrunner, 10. Dezember 1964, Nachlass #4. Jacques Hannak, Das Gewissen der Partei, in: Arbeiter-Zeitung, 25. November 1966.

Waldbrunners letzte Lebensdekade in der Zeit der SPÖ-Alleinregierung

Zu Beginn der 1970er-Jahre trat Österreich endgültig in die Phase der Modernisierung ein. Das gilt gesellschafts- und kulturpolitisch ebenso wie für die Wirtschaftspolitik, die den international bewunderten „Sonderfall Österreich" hervorbrachte. Obwohl Karl Waldbrunner generationenmäßig bereits zu einer Minderheit gehörte – von den 165 im Jahr 1945 angelobten Abgeordneten waren 1970 nur mehr sieben im Nationalrat[68] –, blieb er ein gewichtiger Faktor. Er nahm für sich in Anspruch, noch immer „für einen bedeutenden Teil unserer Sozialistischen Partei" sprechen zu können, und meinte damit „vor allem für unsere Intellektuellen-Gruppe".[69] Voraussetzung für den Erfolg war die endgültige Überwindung innerparteilicher Divergenzen. „Die Zeit, der wir entgegensehen, wird uns vor viele Probleme stellen, deren Lösung uns nicht nur Anstrengung kosten, sondern auch unsere innere Zusammengehörigkeit erproben wird", schrieb ihm Bruno Kreisky im Jänner 1970.[70]

Die Wahlen vom März 1970 brachten der SPÖ zwar keine Parlamentsmehrheit, aber eine einmalige Chance. Da sich die ÖVP bei den Verhandlungen zu sehr zierte und wohl auch vor sehr weitreichende Forderungen Kreiskys gestellt wurde, kam es zu einer Übereinkunft mit der FPÖ. Diese hatte sich wohl im Wahlkampf durch ihre Absage an einen „roten" Bundeskanzler ihre große Chance selbst vertan, musste aber danach trachten, durch eine Wahlrechtsreform (Erhöhung der Mandatszahl) ihr parlamentarisches Überleben zu sichern. Dies war der größte Preis für ihre Unterstützung der Minderheitsregierung. Dass diese Lösung, sich bei Gesetzesanträgen der Zustimmung der FPÖ zu versichern, nicht ohne innerparteiliche Turbulenzen vonstatten ging, ist angesichts der konträren politischen Überzeugung Waldbrunners evident. Jedenfalls wurde Waldbrunner Ende März zum Ersten Präsidenten des Nationalrats gewählt. Für ihn war es „eine der Konsequenzen unseres großen Erfolges, zu dem die jahrelange, unermüdliche Arbeit der vielen Mitarbeiter unserer Partei beigetragen hat".[71] Objektiv war es die Krönung seiner politischen Laufbahn. So sah es beispielsweise Alfred Maleta, der als junger Abgeordneter zum Sturz des „Königreichs Waldbrunner" angetreten war, mit Waldbrunner aber über alle ideologischen Antagonismen und Parteischranken hinweg später zu einem letzlich fast freundschaftlichen Verhältnis, gewiss aber zu einer tiefen Wertschätzung fand.[72]

68 Karl Waldbrunner, Geleitworte, in: Fünfundzwanzig Jahre Parlament 1945–1970, Wien 1970.
69 Waldbrunner an Stella Klein-Löw, 27. Jänner 1970, Nachlass #4; an Gottfried Krajca, 27. März 1970, Nachlass #3.
70 Bruno Kreisky an Waldbrunner, 20. Jänner 1970, Nachlass #11.
71 Waldbrunner an Fritz Kolb, 19. März 1970, Nachlass #10.
72 Alfred Maleta an Waldbrunner, 2. Juli 1975 und 21. Jänner 1976; Typoskript der Abschiedsrede Maletas im Parlament, Juli 1975, alle Nachlass #28.

Aufgrund von Unregelmäßigkeiten bei der Stimmenauszählung kam es jedoch zu einer Wahlanfechtung. Für einige Wahlkreise wurden Nachwahlen im Herbst beschlossen. Bis dahin musste Waldbrunner sein Amt ruhen lassen und an den Vorgänger, Alfred Maleta, übergeben. Nun zögerte Waldbrunner, wieder als Spitzenkandidat zur Verfügung zu stehen, gab aber wohl auf Drängen Christian Brodas und Anton Benyas nach. Im Oktober wurde er vom Nationalrat als Präsident wiedergewählt.[73] Die „Säule, die kaum ersetzt werden kann", trug wieder den österreichischen Parlamentarismus.[74] Dieses Amt eröffnete ihm eine neue politische Rolle. An Alphonse Delmas, den er aus der Besatzungszeit kannte, schrieb er: Er habe als Nationalratspräsident „viel mehr Arbeit und Verantwortung als früher. Aber ich kann in dieser Funktion auch recht ausgleichend wirken, umso mehr, als ich ja der einzige Spitzenfunktionär bin, der mit den Stimmen aller Fraktionen des Parlaments gewählt worden ist. Das verpflichtet mich zu einer objektiven Haltung, die auch meiner politischen Einstellung heute entspricht. Man wird eben auch älter."[75] Das biologische Faktum hinderte ihn jedoch nicht daran, im Hohen Haus auch auf Nebenschauplätzen nach seinen Vorstellungen einzugreifen. Offenbar war es ihm „seit jeher ein Greuel, dass die Redakteure und Journalisten in den Couloirs sich frei bewegen konnten" und so interne Gespräche störten. Diese Usancen schaffte er nun ab.[76]

In seiner Amtszeit durfte Waldbrunner den bisher größten Triumph der Sozialdemokraten erleben – die Erringung der ersten absoluten Mehrheit bei den Wahlen vom Oktober 1971. Der Historiker Charles Gulick schrieb ihm: „Frankly, I had not expected to live long enough to see that majority; consequently, my solid satisfaction is all the greater."[77] Willy Brandt, dessen SPD 1969 sozusagen die Vorreiterrolle übernommen hatte, antwortete Waldbrunner: „Für meine Generation ist es die Erfüllung unseres Lebens, mitanzusehen, wie die sozialdemokratischen Parteien Ihres Landes und unseres Landes zum Erfolg gekommen sind."[78] Zu dieser Zeit – Waldbrunner näherte sich seinem 65. Geburtstag – hatte er jedoch bereits beschlossen, für sich geltend zu machen, was er anderen schon immer empfohlen hatte – die Altersgrenze für politische Funktionäre aus eigenen Stücken einzuhalten. Es sei „doch viel zielführender (...) wenn sie sich selbst zurückziehen". Das sei nun auch seine Absicht, „bevor irgendjemand behauptet, dass er bis zum letzten Moment unbedingt seinen Platz behalten wollte". Josef Staribacher, der dies berichtet, fügt hinzu: „Es wird für Kreisky nicht leicht sein und vor allem für das Parlament, erst einen entsprechenden Ersatz zu finden."[79] Waldbrunner war nun Pensionist, aber einer, der keiner sein konnte. „Nun, es ist mir seither zwar gelungen, meine parlamentarische Funktion weiterzugeben und mich in das Privatleben zurückzu-

73 Josef Staribacher, Tagebücher, 20., 23. und 30. Juni 1970, Bruno-Kreisky-Archiv, Wien.
74 Josef Staribacher, Tagebücher, 14. Juli 1971, Bruno-Kreisky-Archiv, Wien.
75 Waldbrunner an Alphonse Delmas, 26. Jänner 1971, Nachlass #2.
76 Josef Staribacher, Tagebücher, 17. März 1971, Bruno-Kreisky-Archiv, Wien.
77 Charles A. Gulick an Waldbrunner, 8. November 1971, Nachlass #27.
78 Waldbrunner an Willy Brandt, 6. Dezember 1971, Nachlass #25.
79 Josef Staribacher, Tagebücher, 14., 21. und 22. Juli 1971, Bruno-Kreisky-Archiv, Wien.

ziehen, doch der ‚Ruhestand' lässt, was die Ruhe betrifft, noch auf sich warten."[80] War dies zwar auf die Funktionen bezogen, die er weiterhin innehatte (Stellvertreter des Parteivorsitzenden, Präsident des BSA, im Wiener Parteivorstand), so sollte es sich bald noch mehr bewahrheiten: Im Frühjahr 1972 wurde er Vizepräsident der Oesterreichischen Nationalbank.

Die geldpolitische Materie war ihm alles andere als fremd, hatte er sich doch bereits in der Währungsreform von 1947 engagiert. Auch auf der Expertenkonferenz zur internationalen Zahlungsmittelkrise (Rückgang der Dollareinnahmen der OEEC-Staaten) und über Wechselkurse, die im September 1949 in Schweden tagte, wurde Waldbrunner mit der Thematik konfrontiert. In diesem Jahr befasste er sich mit dem Problem der Kursfestsetzung des Schillings und erhielt 1952 von der Nationalbank zum Teil vertrauliche Schriften über die Einführung einheitlicher Wechselkurse (statt des Doppelkurssystems). Ebenfalls in der ersten Phase seiner Ministerschaft war er mit der Bankenreorganisation und Bankenrekonstruktion beschäftigt und hatte einen Sitz in der für die Vergabe von ERP-Mitteln entscheidenden Kreditlenkungskommission. Die Frage der von der Europäischen Zahlungsunion vorgebrachten Gefahr der Inflation durch übergroße Geldschöpfung der österreichischen Notenbank diskutierte er beispielsweise 1954 mit Bruno Kreisky.[81] Die Entscheidung des Parteipräsidiums war aber auch eine eminent politische. Karl Waldbrunner sollte ein Gegengewicht zu Notenbankpräsident Wolfgang Schmitz, einem Handelskämmerer, bilden. Und dieser, so Kreisky, „würde die Währung gerne nach seinem Gesichtspunkt gestalten".[82]

Das berührte den Gestaltungsspielraum der Regierung im Innersten. Denn gerade in diesen Jahren standen währungspolitische, vor allem Wechselkursfragen im Mittelpunkt wirtschaftspolitischer Auseinandersetzungen. Die Nachkriegsordnung der westlichen Welt war, nicht zuletzt in Erkenntnis der desaströsen Folgen des allgemeinen Abwertungswettlaufs im Zuge der Weltwirtschaftskrise, von einer neuen stabilen Währungsordnung geprägt. Als System von Bretton Woods bekannt, basierte sie auf dem Dollar als Leitwährung und fixen Wechselkursen. Der Dollar wurde wegen seiner Goldeinlösepflicht zur internationalen Reservewährung. Dieses System kam aber durch einen wachsenden Dollarüberschuss und den damit verbundenen Abwertungsdruck in Turbulenzen und zerbrach mit der Dollarkrise und der Aufhebung der Goldeinlösepflicht im August 1971. Mehrere Abwertungen des Dollars folgten. Der allmähliche Übergang zu flexiblen Wechselkursen war für Österreich deswegen zentral, weil seine Wirtschaft stark außenhandelsabhängig war. Wechselkurse waren die bestimmende Größe für Export/Import, für Preis-Kosten-Relationen und für die Konkurrenzfähigkeit. Die Frage, ob Österreich sich an

80 Waldbrunner an André Chandernagor, Président du Conseil Interparlementaire, 9. Dezember 1971, Nachlass #28.

81 Waldbrunner an Bruno Kreisky, 3. September 1954, Bruno-Kreisky-Archiv, Wien, Box VII.2, BKAA, Wirtschaft 1953–65 I, Mappe EPU.

82 Josef Staribacher, Tagebücher, 6. April 1972, Bruno-Kreisky-Archiv, Wien.

aufwertenden Währungen orientieren sollte oder abwerten, war eine primordiale. Zusammen mit der weltweit auflebenden Inflation sah sich die Republik dabei in einem Dilemma. Einerseits war die Inflation zu bekämpfen, andererseits durfte die Konkurrenzfähigkeit der Exportindustrie nicht zu sehr durch Aufwertungen belastet werden.[83]

Österreich wählte die Stabilisierung und griff zum einen zu Kreditrestriktionen.[84] Als Josef Taus, der Leiter der Girozentrale, 1973 annoncieren ließ, dass die Industriefinanzierung durch ihn gesichert sei, witterte Waldbrunner Gefahr. Wenn einzelne Kreditinstitute mit Kreditoperationen eine eigene Politik betrieben, werde „die gesamte Regierungspolitik konterkariert".[85] Die Regierung beschritt den „virtous circle" aber noch mit anderen Maßnahmen: Zunächst mit der Anbindung des Schillings an die D-Mark und der damit verbundenen Aufwertung; die durch die Sozialpartnerschaft ermöglichte Lohn-Preis-Mäßigung „sanierte" dann die Zahlungsbilanz und begünstigte weitere Aufwertungen.[86] Die Hartwährungspolitik war, wie bereits angedeutet, naturgemäß nicht unumstritten. Die unterschiedlichen Interessenvertretungsgruppen vertraten kontroversielle Meinungen, die auch quer durch die SPÖ gingen.[87] Als nach dem endgültigen Ende des Bretton-Woods-Systems 1973 Österreich mit der D-Mark aufwertete, um eine importierte Inflation abzuwenden, warnte Kreisky vor Nachteilen für den Export und einem neuen „Alpen-Dollar". Auch Benya hatte Bedenken.[88] Nationalbank und Finanzministerium gingen in dieser Zeit bereits konform. So bekräftigte Waldbrunner im Jänner 1974, dass die Notenbank am Indikatorensystem, der Orientierung des Schillings an den Kursen der wichtigsten bzw. währungsstärksten Außenhandelspartner, gegen die Wünsche der Bundeskammer der gewerblichen Wirtschaft und der Industriellenvereinigung festhalten werde.[89] Nach dem ersten Ölpreisschock 1973/74 wurde die außenwirtschaftliche Situation drückender. Als sich 1977 die Leistungsbilanz weiter verschlechterte, stand wieder die Währungsfrage zur Diskussion. Während Kreisky dafür plädierte, den Schilling weicher zu machen, wollte Androsch den Hartwährungskurs fortsetzen. Unterstützung fand er bei ÖGB-Präsident Benya und Vizepräsident Waldbrunner.[90] Eine Hauptschwierigkeit war das Defizit in der Handels- und Zahlungsbilanz, das Waldbrunner auf die deutschlastige Orientierung zurückführte, wie Josef Staribacher in seinen Tagebüchern ausführt: „Der deutsche Einfluss wird immer stärker und fast die Hälfte des deutschen Zahlungs-

83 Herbert Matis, Vom Nachkriegselend zum Wirtschaftswunder – Der Schilling im „goldenen Zeitalter", in: Karl Bachinger/Felix Butschek/Herbert Matis/Dieter Stiefel, Abschied vom Schilling. Eine österreichische Wirtschaftsgeschichte, Graz/Wien/Köln 2001, 156–286, 269–275.

84 Matis, Nachkriegselend, 272 (wie Fn. 83).

85 Josef Staribacher, Tagebücher, 16. März 1973, Bruno-Kreisky-Archiv, Wien.

86 Kurt W. Rothschild, Austro-Keynesianismus aus ökonomischer Sicht, in: Fritz Weber (Hrsg.), Austro-Keynesianismus in Theorie und Praxis, Wien 1993, 135–144, 142.

87 Matis, Nachkriegselend, 274–275 (wie Fn. 83).

88 Josef Staribacher, Tagebücher, 13. März 1973, Bruno-Kreisky-Archiv, Wien.

89 Josef Staribacher, Tagebücher, 23. Jänner 1974, Bruno-Kreisky-Archiv, Wien. Vgl. Hannes Androsch, Die politische Ökonomie der österreichischen Währung. Ein Überblick über die österreichische Währungspolitik von 1760 bis 1984 vor dem Hintergrund der internationalen Entwicklung, Wien 1985, 78–79 und 91.

90 Androsch, Politische Ökonomie, 103 (wie Fn. 89).

bilanzüberschusses zahlen wir durch unser Handelsbilanzdefizit. Auch wenn wir die Einnahmen aus dem Fremdenverkehr abziehen. Waldbrunner sieht darin sogar eine Gefährdung unserer Unabhängigkeit."[91] Tatsächlich lässt sich seit den späten 1960er-Jahren ein stärkerer Integrations- bzw. Durchdringungsprozess feststellen: Um die Zollschranken zu überwinden, gründeten Firmen aus der EWG Zweigniederlassungen in Österreich, wie überhaupt ausländische Unternehmungen die hohe soziale Stabilität und das immer noch relativ niedrige Lohnniveau ausnützten.[92]

Zur Verbesserung der Handels- und Zahlungsbilanz und zur Entlastung des Budgets nahm die Regierung ein umfangreiches Maßnahmenpaket in Angriff, dessen Ausarbeitung Waldbrunner auf Wunsch des Bundeskanzlers maßgeblich mitgestaltete.[93] Es zielte vor allem auf eine Nachfragedämpfung des privaten Konsums durch eine Mehrwertsteuer auf importierte „Luxusgüter", eine höhere Vermögenssteuer, höhere Gebühren etc.[94] Schon bei der vorbereitenden Klausur hielt Waldbrunner Äquidistanz zu einigen der Kommentare. Zu Androschs Feststellung, die defizitäre Handels- und Leistungsbilanz sei eine „Folge der Einkommensentwicklung", notierte er: „?". Und zu Kreiskys Bemerkung: „Niemand wird eine echte Einbuße in Kauf nehmen müssen", setzte der Realist ein „?". Aber sowohl Kreisky als auch Waldbrunner traten gegen Abwertungsgerüchte auf.[95] Als dennoch eine Lockerung der Bindung an die D-Mark erwogen wurde, kam es Ende September/Anfang Oktober 1977 zu einer Spekulationswelle gegen den Schilling. In wenigen Tagen flossen Milliarden Schilling in Devisen ab. Die österreichischen Banken steuerten offenbar nicht dagegen. Josef Staribacher notiert dazu, Waldbrunner habe gerade als einziger Hauptverantwortlicher Dienst versehen und interveniert. „Wäre in der OeNB nicht Waldbrunner gewesen", meinte Kreisky laut Staribacher, „wäre es noch schlimmer geworden."[96]

1977 war ein ausgesprochenes Krisenjahr mit budgetären Problemen sowie einer Industriekrise mit Entlassungen, wobei die Textilindustrie besonders schwer betroffen war, aber auch in den Sektoren Eisen und Stahl Arbeitsplätze verloren gingen; politisch war das Kernkraftwerk Zwentendorf ein Problem; Hoffnung setzte man in das Austro-Porsche-Projekt. Der Bundeskanzler und Benya „kooperieren wie noch nie in unserer Geschichte", notierte Staribacher.[97] Die internationale Krise der Grundstoffindustrie, die sich auf die Verstaatlichte auswirkte, und eine Politik der Strukturerhaltung statt eines Strukturwandels waren aber auch Ursachen für die Differenzen in der Währungskursdebatte.[98] Expansive Maßnahmen der öf-

91 Josef Staribacher, Tagebücher, 19. September 1977, Bruno-Kreisky-Archiv, Wien.
92 Butschek, Konflikt, 178–179 (wie Fn. 25).
93 Waldbrunner an Vic Bodson, 17. Oktober 1977, Nachlass #9.
94 Butschek, Konflikt, 193 (wie Fn. 25).
95 Handschriftliche Notizen Waldbrunners zur Regierungsklausur auf dem Kahlenberg 1977, Nachlass #14.
96 Josef Staribacher, Tagebücher, 4. Oktober 1977, Bruno-Kreisky-Archiv, Wien.
97 Josef Staribacher, Tagebücher, 18. September 1977, Bruno-Kreisky-Archiv, Wien.
98 Julian Uher, Fortschritt und Machtspiel, in: Fritz Weber (Hrsg.), Austro-Keynesianismus in Theorie und Praxis, Wien 1993, 78–100, 85–86.

fentlichen Hand sollten dazu dienen, ein hohes Beschäftigungsniveau zu erhalten. Inflation und Zahlungsbilanzprobleme wurden zwar nicht vernachlässigt, standen aber diesem aus der historischen Erfahrung geprägten Ziel nach.[99] Die internationale Stahlkrise ließ den Entschluss reifen, die verstaatlichte Industrie zu unterstützen. In dieser brisanten Situation gewannen die früheren Leistungen Waldbrunners als Minister an Aktualität. Kreisky meinte, dass Vorkehrungen getroffen werden müssten. „Als erster Punkt“, so Kreisky, „müsste jetzt der Staat wieder eine sinnvolle öffentliche Investition einleiten.“ Und er verwies auf das 10-Milliarden-Investitionsprogramm, das Waldbrunner seinerzeit durchgesetzt habe. Dem stehe aber die Notenbankpolitik entgegen. Der einzige Mann, der in der Nationalbank die Regierungsinteressen vertrete, sei Waldbrunner. Aber dieser war schwer erkrankt.[100]

Waldbrunner personifizierte auch jenen typisch österreichischen „policy-mix“ der 1970er-Jahre, der als „Austro-Keynesianismus“ (Hans Seidel) auch im Ausland Beachtung fand.[101] Als Vizepräsident der Notenbank durfte er nicht nur erleben, dass die SPÖ noch zweimal die absolute Mehrheit erreichte. Er war Zeuge eines nochmaligen wirtschaftlichen Aufschwungs. Das österreichische Bruttoinlandsprodukt wuchs zwischen 1967 und 1981 jährlich real stärker als das der europäischen OECD-Staaten.[102] 1980 war das österreichische Wohlstandsniveau auf fast 98 Prozent des westeuropäischen herangekommen – 1983 sollte es zum ersten Mal leicht darüber liegen. Der sehr spezielle österreichische Weg steht in deutlichem Kontrast zum ökonomisch turbulenten Klima in fast allen westlichen Industrieländern. Es gelang, die wirtschaftspolitischen Zielvorgaben Wirtschaftswachstum, Vollbeschäftigung (bis 1981) und Preisstabilität zu meistern.[103] Die Entwicklung äußerte sich nicht zuletzt im Fallen der Arbeitslosenrate unter den westeuropäischen Durchschnitt.[104] Gegen die Politik der Vollbeschäftigung polemisierte die gegnerische wirtschaftspolitische Fraktion des Landes mit der Parole der „Schuldenmacherei“. Nun stieg zwar die Staatsverschuldung von 1970 bis 1983 von 19,4 Prozent auf 46,5 Prozent des BIP, sie lag aber im gesamten Zeitraum zum Beispiel unter dem Durchschnitt der (späteren) EU-15-Staaten.[105] Als besonderer Faktor für das außerordentliche Wachstum sei hier die Annäherung Österreichs (und anderer EFTA-Länder) an die EG durch den Freihandelsvertrag von 1972 und die damit verbundenen Zollsenkungen genannt. Das Übereinkommen mit der Gemeinschaft hatte übrigens auch eine Steuerreform zur Voraussetzung. Die Errungenschaften und der weitere Ausbau auf sozialpolitischem und kulturellem Gebiet, im Justizsektor und in der Bildungspolitik sollen nur erwähnt werden. Die Ära Kreisky setzte

99 Rothschild, Austro-Keynesianismus, 138 (wie Fn. 86).
100 Josef Staribacher, Tagebücher, 8. November 1977, Bruno-Kreisky-Archiv, Wien.
101 Rothschild, Austro-Keynesianismus, 138 (wie Fn. 86).
102 Butschek, Konflikt, 177 und 194 (wie Fn. 25).
103 Bachinger/Matis/Resch/Zollinger, Weg, 295 (wie Fn. 26).
104 Rotschild, Austro-Keynesianismus, 135 (wie Fn. 86)
105 Karl Bachinger, „Ein paar Milliarden mehr Schulden sind weniger schlimm als ein paar hunderttausend Arbeitslose“ – Ökonomie und Beschäftigung, in: Bruno Kreisky. Seine Zeit und mehr (Wissenschaftliche Begleitpublikation zur 240. Sonderausstellung des Historischen Museums der Stadt Wien), Wien 1998, 71–85, 76–77.

auf die Modernisierung und Liberalisierung einer Konsumgesellschaft im Rahmen des Wohlfahrtsstaats. Nicht vergessen werden sollte dabei der Umstand, dass der zunehmende Wohlstand nicht im Gleichschritt mit einer größeren Verteilungsgerechtigkeit ging.[106]

Als Vermittler in wirtschaftspolitisch divergierenden Positionen, als Befürworter einer Hartwährungspolitik und einer expansiven öffentlichen Hand geriet Waldbrunner aber in seiner Funktion zwischen die sich allmählich abzeichnenden Fronten einer der „dramatischsten innerparteilichen Auseinandersetzungen der Zweiten Republik", des Konflikts zwischen Kreisky und Androsch.[107] Wie hoch der Anteil der Differenzen über die Hartwährungspolitik an der wachsenden Entfremdung zwischen Kanzler und Vizekanzler war,[108] lässt sich schwer ermessen. Aber in dieser Tragödie gab es ja schon seit längerem herausgebildete Allianzen, wobei Waldbrunner, Benya, Broda und Hertha Firnberg vieles miteinander und mit Androsch verband. Andererseits waren sie schon als Antagonisten Kreiskys aufgetreten. Androsch holte sich bei Waldbrunner Rat, und dieser empfahl ihm am Höhepunkt der Krise, von selbst zu gehen.[109] Seine Vermittlungsversuche waren, wie die anderer, vergebens.

Waldbrunner war viel daran gelegen, die Verstimmungen mit Kreisky beizulegen. Er erkannte in ihm „ein Symbol des Erfolges und der Hoffnungen für die Zukunft" und war redlich um eine echte freundschaftliche Beziehung bemüht.[110] Versicherungen einer solchen waren gegenseitig.[111] Umgekehrt hörte Kreisky in politischen Angelegenheiten auf Waldbrunner. Für zeitgenössische Beobachter aus nächster Nähe war er der Mann, „der am meisten Einfluss hat". Wichtige Entscheidungen fielen in Einzelaussprachen etwa zwischen Benya, Kreisky und Waldbrunner. Wie gezeigt war Waldbrunner in der Investitionspolitik ein Vorbild. Man erkannte, dass er Weichen für die Zukunft gestellt hatte.[112] Dankbarkeit ist aber bekanntlich keine politische Kategorie. Und da vieles, was seither über die Beziehungen der handelnden Personen an die Öffentlichkeit gelangte, von persönlichen Animositäten und Kränkungen geprägt ist, gehört eine Erörterung nicht in diesen Rahmen.

106 Fritz W. Scharpf, Sozialdemokratische Krisenpolitik in Europa (Theorie und Gesellschaft 7), Frankfurt a.M./New York 1987; vgl. Anton Pelinka, Chronos und Ödipus. Der Konflikt Kreisky-Androsch in theoretischer und vergleichender Perspektive, in: Barbara Liegl/Anton Pelinka, Chronos und Ödipus. Der Kreisky-Androsch-Konflikt, Wien 2004, 87–181, 130–131.

107 Barbara Liegl, Der Konflikt: Ablauf und Bewertung aus der Sicht der ZeitzeugInnen, in: dies./Anton Pelinka, Chronos und Ödipus. Der Kreisky-Androsch-Konflikt, Wien 2004, 1–86.

108 Pelinka, Chronos, 165 (wie Fn. 106).

109 Stellungnahme Martha M. Waldbrunner [Messeritsch], in: Liegl, Konflikt, 58 (wie Fn. 107).

110 Waldbrunner an Bruno Kreisky, 21. Jänner 1971, Bruno-Kreisky-Archiv, Wien, Karton Promi W 1; ders. an dens., 3. Dezember 1971, Nachlass #11.

111 Bruno Kreisky an Waldbrunner, 5. März 1971, Bruno-Kreisky-Archiv, Wien, Karton Promi W 1.

112 Josef Staribacher, Tagebücher, 10. Februar 1972; 11. September 1972; 23. Februar 1973; 22. Jänner 1979; Zitat: 13. Mai 1972, Bruno-Kreisky-Archiv, Wien.

Waldbrunner blieb ein politisches Aktivum der 1970er-Jahre. So kamen für Kreisky Anfang 1978 drei Kandidaten als Notenbankpräsident in Frage: Waldbrunner, der aber immer noch krank war; Androsch, „der aber aus der Politik nicht wegkann"; und Koren, denn: „Die Nationalbank braucht eine starke Führung." Außerdem konnte Kreisky mit Koren der ÖVP den wirtschaftspolitischen Sprecher entziehen und hatte sich dann nur noch mit Taus auseinanderzusetzen. Umgehend vereinbarte Androsch mit Koren, „alles im Einvernehmen mit dem Kontaktmann Vizepräsident Waldbrunner durchzuführen".[113] Kaum genesen, stellte er seine Kräfte wieder in den Dienst der gemeinsamen Sache und trug zur Besserung des Schillingkurses gegenüber der D-Mark bei.[114] Doch die Krankheit holte ihn wieder ein. Er erlag ihr am 5. Juni 1980.

Ein arbeitsreiches Leben war zu Ende gegangen, geprägt von Gestaltungswillen und Pflichtbewusstsein, Kooperationsbereitschaft und Loyalität. Es war aber auch eine Ära zu Ende gegangen, für die er mit vielen anderen nach 1945 die Brücke geschlagen hatte. Fritz Quastler, der den Fallbeilen des Faschismus entkommen konnte, schrieb aus der Fremde: „Nicht wenige haben als Mann gehalten, was sie als Student versprochen ..."[115] Konnte es überhaupt etwas anderes als diese Hingabe sein? Als Waldbrunner 1971 einem französischen Freund aus der Besatzungszeit bekannte, er sei nicht unglücklich über sein altersbedingtes Ausscheiden aus den öffentlichen Funktionen, konnte er sich ein Privatleben vorstellen – „denn das Leben ist nicht so lang und auch nicht so schlecht, dass man es nur der Politik widmen soll".[116] Nur in diesem Punkt ist er sich untreu geworden. Oder doch nicht? „Ich schalte mich nicht aus, ich dränge mich nicht auf. Wenn ich gerufen werde, helfe ich allen gerne. Mehr kann man nicht ..."[117] Es war viel.

113 Josef Staribacher, Tagebücher, 10. Jänner 1978, Bruno-Kreisky-Archiv, Wien.
114 Androsch, Politische Ökonomie, 199 (wie Fn. 89).
115 Fritz Quastler an Waldbrunner, 17. November 1975, Nachlass #6.
116 Waldbrunner an Alphonse Delmas, 26. Jänner 1971, Nachlass #2.
117 Zit. nach Arnold Klima, Pensionisten ohne Ruhe, in: Kurier, 26.7.1973.

Legitimation
für den Schüler Karl Waldbrunner, 1919

Der Student

Reiseleiter einer Gruppe schweizerischer abstinenter Eisenbahner, darunter seine zukünftige Gattin, 1931 (oben)

Vor der Abreise in die Sowjetunion (rechts)

Arbeitsvertrag, 1932 (unten)

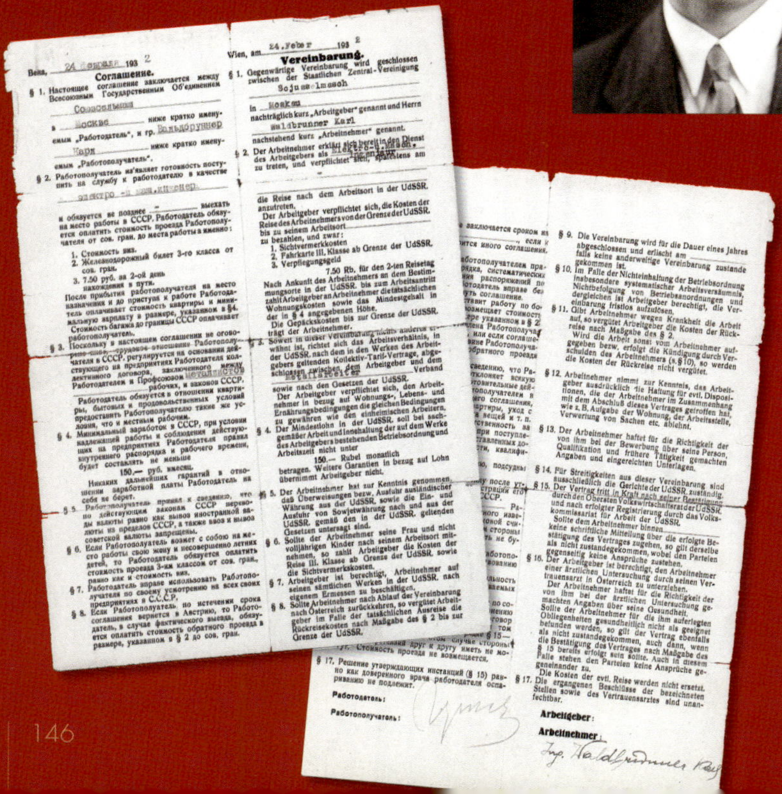

Вена, 24 Февраля 1932

Соглашение.

§ 1. Настоящее соглашение заключается между Всесоюзным Государственным Об'единением Союзсельмаш в Москве ниже кратко именуемым „Работодатель", и гр. Вальдбруннер Карл ниже кратко именуемым „Работополучатель".

§ 2. Работополучатель на'являет готовность поступить на службу к работодателю в качестве электро-и маш. инженер.

и обязуется не позднее — выехать на место работы в СССР. Работодатель обязуется оплатить стоимость проезда Работополучателя от сов. гран. до места работы а именно:

1. Стоимость виз.
2. Железнодорожный билет 3-го класса от сов. гран.
3. 7.50 руб. за 2-ой день нахождения в пути.

После прибытия работополучателя на место назначения и до приступа к работе Работодатель оплачивает стоимость квартиры и минимальную зарплату в размере, указанном в §4. Стоимость багажа до границы СССР оплачивает работополучатель.

§ 3. Поскольку в настоящем соглашении не оговорено иное, трудовое отношение Работополучателя в СССР, регулируется на основании действующего на предприятиях Работодателя коллективного договора, заключенного между Работодателем и Профсоюзом металлистов рабочих, и законов СССР.

Работодатель обязуется в отношении квартиры, бытовых и продовольственных условий предоставить Работополучателю такие же условия, что и местным рабочим.

§ 4. Минимальный заработок в СССР, при условии надлежащей работы и соблюдения действующих на предприятиях Работодателя правил внутреннего распорядка и рабочего времени, будет составлять не меньше

150.— руб. в месяц.

Никаких дальнейших гарантий в отношении заработной платы Работодатель на себя не берет.

§ 5. Работополучатель принял к сведению, что по действующим законам СССР перевод валюты равно как вывоз иностранной валюты из пределов СССР, а также ввоз и вывоз советской валюты запрещены.

§ 6. Если Работополучатель возьмет с собою на место работы свою жену и несовершенно летних детей, то Работодатель обязуется оплатить стоимость проезда 3-им классом от сов. гран., равно как и стоимость виз.

§ 7. Работодатель вправе использовать Работополучателя по своему усмотрению на всех своих предприятиях в С.С.С.Р.

§ 8. Если Работополучатель по истечении срока соглашения вернется в Австрию, то Работодатель, в случае фактического выезда, обязуется оплатить стоимость обратного проезда в размере, указанном в § 2 до сов. гран.

Wien, am 24. Feber 1932

Vereinbarung.

§ 1. Gegenwärtige Vereinbarung wird geschlossen zwischen der Staatlichen Zentral-Vereinigung Sojusselmasch in Moskau nachträglich kurz „Arbeitgeber" genannt und Herrn Waldbrunner Karl nachstehend kurz „Arbeitnehmer" genannt.

§ 2. Der Arbeitnehmer erklärt sich bereit in den Dienst des Arbeitgebers als Elektro-u. Masch. Ingenieur zu treten, und verpflichtet sich, spätestens am — die Reise nach dem Arbeitsort in der UdSSR anzutreten.

Der Arbeitgeber verpflichtet sich, die Kosten der Reise des Arbeitnehmers von der Grenze der UdSSR bis zu seinem Arbeitsort zu bezahlen, und zwar:

1. Sichtvermerkkosten
2. Fahrkarte III. Klasse ab Grenze der UdSSR.
3. Verpflegungsgeld 7.50 Rb. für den 2-ten Reisetag

Nach Ankunft des Arbeitnehmers an dem Bestimmungsorte in der UdSSR. bis zum Arbeitsantritt zahlt Arbeitgeber an Arbeitnehmer die tatsächlichen Wohnungskosten sowie das Mindestgehalt in der in § 4 angegebenen Höhe.

Die Gepäckskosten bis zur Grenze der UdSSR. trägt der Arbeitnehmer.

§ 3. Soweit in dieser Vereinbarung nichts anderes erwähnt ist, richtet sich das Arbeitsverhältnis, in der UdSSR. nach dem in den Werken des Arbeitgebers geltenden Kollektiv-Tarif-Vertrage, abgeschlossen zwischen dem Arbeitgeber und dem Metallarbeiter Verband sowie nach den Gesetzen der UdSSR.

Der Arbeitgeber verpflichtet sich, den Arbeitnehmer in bezug auf Wohnungs-, Lebens- und Ernährungsbedingungen die gleichen Bedingungen zu gewähren wie den einheimischen Arbeitern.

§ 4. Der Mindestlohn in der UdSSR. soll bei sachgemäßer Arbeit und Innehaltung der auf dem Werke des Arbeitgebers bestehenden Betriebsordnung und Arbeitszeit nicht unter

150.— Rubel monatlich

betragen. Weitere Garantien in bezug auf Lohn übernimmt Arbeitgeber nicht.

§ 5. Der Arbeitnehmer hat zur Kenntnis genommen, daß Überweisungen bezw. Ausfuhr ausländischer Währung aus der UdSSR. sowie die Ein- und Ausfuhr von Sowjetwährung nach und aus der UdSSR. gemäß den in der UdSSR. geltenden Gesetzen untersagt sind.

§ 6. Sollte der Arbeitnehmer seine Frau und nicht volljährigen Kinder nach seinem Arbeitsort mitnehmen, so zahlt Arbeitgeber die Kosten der Reise III. Klasse ab Grenze der UdSSR. sowie die Sichtvermerkskosten.

§ 7. Arbeitgeber ist berechtigt, Arbeitnehmer auf seinen sämtlichen Werken in der UdSSR. nach eigenem Ermessen zu beschäftigen.

§ 8. Sollte Arbeitnehmer nach Ablauf der Vereinbarung nach Österreich zurückkehren, so vergütet Arbeitgeber im Falle der tatsächlichen Ausreise die Rückreisekosten nach Maßgabe des § 2 bis zur Grenze der UdSSR.

§ 17. Решение утверждающих инстанций (§ 15) равно как доверенного врача работодателя оспариванию не подлежит.

Работодатель:

Работополучатель:

§ 9. Die Vereinbarung wird für die Dauer eines Jahres abgeschlossen und erlischt am — falls keine anderweitige Vereinbarung zustande gekommen ist.

§ 10. Im Falle der Nichteinhaltung der Betriebsordnung insbesondere systematischer Arbeitsversäumnis, Nichtbefolgung von Betriebsanordnungen und dergleichen ist Arbeitgeber berechtigt, die Vereinbarung fristlos aufzulösen.

§ 11. Gibt Arbeitnehmer wegen Krankheit die Arbeit auf, so vergütet Arbeitgeber die Kosten der Rückreise nach Maßgabe des § 2.

Wird die Arbeit sonst vom Arbeitnehmer aufgegeben bezw. erfolgt die Kündigung durch Verschulden des Arbeitnehmers (s. § 10), so werden die Kosten der Rückreise nicht vergütet.

§ 12. Arbeitnehmer nimmt zur Kenntnis, das Arbeitgeber ausdrücklich die Haftung für evtl. Dispositionen, die der Arbeitnehmer im Zusammenhang mit dem Abschluß dieses Vertrages getroffen hat, wie z. B. Aufgabe der Wohnung, der Arbeitsstelle, Verwertung von Sachen etc. ablehnt.

§ 13. Der Arbeitnehmer haftet für die Richtigkeit der von ihm bei der Bewerbung über seine Person, Qualifikation und frühere Tätigkeit gemachten Angaben und eingereichten Unterlagen.

§ 14. Für Streitigkeiten aus dieser Vereinbarung sind ausschließlich die Gerichte der UdSSR. zuständig.

§ 15. Der Vertrag tritt in Kraft nach seiner Bestätigung durch den Obersten Volkswirtschaftsrat der UdSSR. und nach erfolgter Registrierung durch das Volkskommissariat für Arbeit der UdSSR.

Sollte dem Arbeitnehmer binnen — keine schriftliche Mitteilung über die erfolgte Bestätigung des Vertrages zugehen, so gilt derselbe als nicht zustandegekommen, wobei den Parteien gegenseitig keine Ansprüche zustehen.

§ 16. Der Arbeitgeber ist berechtigt, den Arbeitnehmer einer ärztlichen Untersuchung durch seinen Vertrauensarzt in Österreich zu unterziehen.

Der Arbeitnehmer haftet für die Richtigkeit der von ihm bei der ärztlichen Untersuchung gemachten Angaben über seine Gesundheit.

Sollte der Arbeitnehmer für die ihm auferlegten Obliegenheiten gesundheitlich nicht als geeignet befunden werden, so gilt der Vertrag ebenfalls als nicht zustandegekommen, auch dann, wenn die Bestätigung des Vertrages nach Maßgabe des § 15 bereits erfolgt sein sollte. Auch in diesem Falle stehen den Parteien keine Ansprüche gegeneinander zu.

Die Kosten der evtl. Reise werden nicht ersetzt.

§ 17. Die ergangenen Beschlüsse der bezeichneten Stellen sowie des Vertrauensarztes sind unanfechtbar.

Arbeitgeber:

Arbeitnehmer: Ing. Waldbrunner Karl

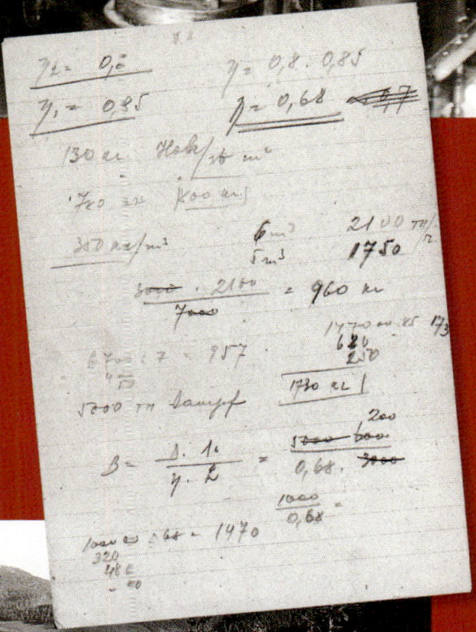

In der Simsker Fabrik, ca. 1934 (oben)

Aufzeichnungen des Ingenieurs, 1934 (rechts)

Ansicht von Simsk, ca. 1934 (unten)

Mit der Gattin in Simsk,
ca. 1934 (oben)

Mit Gattin und Sohn in Kasli,
ca. 1937 (rechts)

Mit dem Sohn in Kasli,
1937 (unten)

In einer Sitzung mit SPÖ-Granden der ersten Stunde mit Theodor Körner und Karl Seitz, 1945 (oben)

Zwischen Ternitz und Wien, April/Mai 1945 (rechts)

Bei Dr. Ludwig Grassinger in Ternitz, September 1946 (unten)

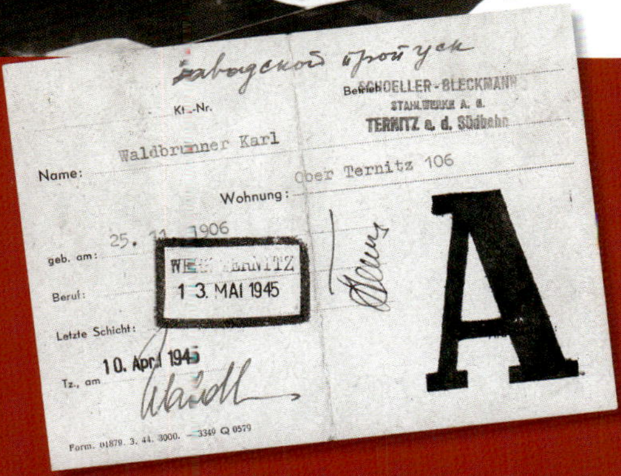
заводской пропуск
Kt.-Nr.
Betrieb: SCHOELLER-BLECKMANN STAHLWERKE A. G. TERNITZ a. d. Südbahn
Name: Waldbrunner Karl
Wohnung: Ober Ternitz 106
geb. am: 25. 11. 1906
Beruf:
Letzte Schicht: 10. April 1945
Tz., am
1 3. MAI 1945
A
Form. 01879. 3. 44. 3000. — 3349 Q 0579

Mit der Tochter bei der **Gartenarbeit**, 1949 (oben und unten)

Parteitag der SPÖ, 1948 (linke Seite)

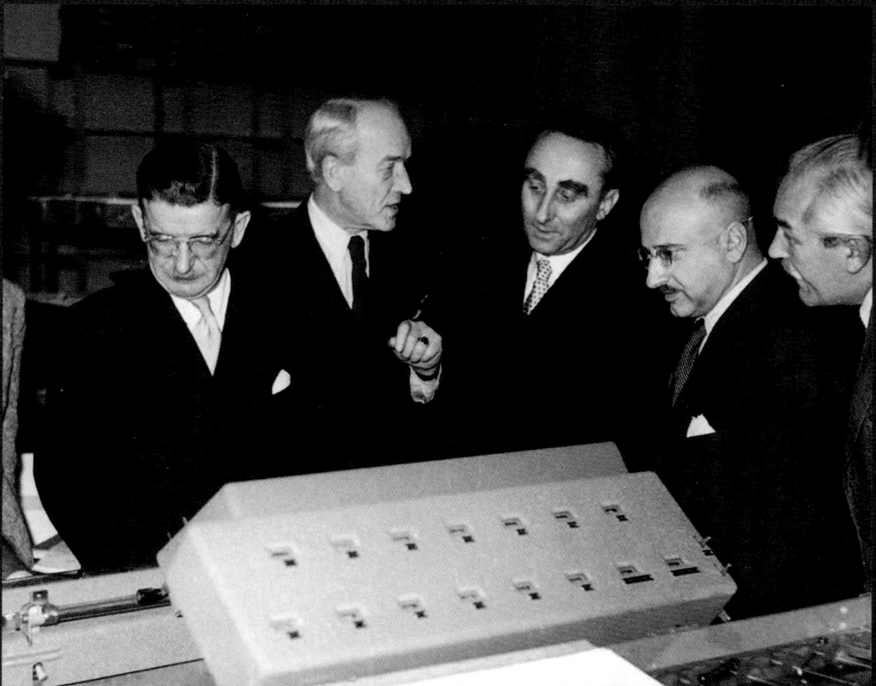

Eröffnung der Radiostation in Linz mit US-Hochkommissar Geoffrey Keyes und Karl Honay, Vizebürgermeister von Wien, Jänner 1950 (oben)

Feierliche Eröffnung der Limberg-Sperre (Kaprun) mit Bundespräsident Theodor Körner, September 1951 (rechts)

Besuch der VÖEST, 1950 (linke Seite oben)

Im Statistischen Zentralamt mit Bundeskanzler Leopold Figl, 1950 (linke Seite unten)

Bei den Ennskraftwerken, 1950 (oben und unten)

Feierliche Eröffnung der Limberg-Sperre (Kaprun) mit Bundespräsident Theodor Körner, September 1951 (linke Seite)

Gleichenfeier am Wiener Westbahnhof, 1951 (oben)

Besichtigung der Aspernbrücke in Wien,
November 1951 (links unten)

Aufnahme des elektrischen Betriebs Linz-Amstetten,
Juni 1951 (rechts unten)

Elektrifizierung Wien-Amstetten, mit Bundespräsident Körner
und Bundeskanzler Figl am Wiener Westbahnhof,
Dezember 1952 (rechte Seite)

Elektrifizierung Wien-Amstetten, mit Bundeskanzler Figl
in der Wachau, Dezember 1952 (rechte Seite)

Besuch einer Kugellagerfabrik in Schweden mit Legationsrat Dr. Kreisky, Jänner 1952 (oben)

Feier in Ternitz, März 1952 (unten)

Mit Bruno Kreisky in Schweden, Jänner 1952 (linke Seite)

Besuch der Illwerke, Juni 1952 (oben und unten)

Baustelle Kraftwerk Jochenstein, 1953 (rechte Seite oben)

Baustelle des österr.-bayer. Kraftwerks in Braunau am Inn, Juni 1953 (rechte Seite unten)

Bundestreffen des BSA, 1950 (oben)

Bundestag des BSA, 1950 (unten)

Bundestreffen des BSA, 1950 (rechte Seite oben)

Schulungsseminar des BSA in Zell/See, 1951 (rechte Seite unten)

Konferenz der europ. Verkehrsminister (links: Victor Bodson), Brüssel 1953 (oben)

1.-Mai-Feier 1953 mit Bundespräsident Körner und Vizekanzler Schärf im Wiener Praterstadion (unten)

Besuch des Kraftwerks Aura in Norwegen, Juli 1953 (rechte Seite oben)

Mit Adolf Schärf am Sozialistischen Kongress Stockholm, Juli 1953 (rechte Seite unten)

INTERNATION
JEWISH BUN

Funktionärsschulung des BSA, am Pult Adolf Schärf, Hirschwang 1952 (oben)

Bundestreffen des BSA, Salzburg 1954 (rechts und rechte Seite oben, unten mit Oskar Helmer)

Wiener Frühjahrsmesse 1955 (oben)

Wiener Frühjahrsmesse 1954 (unten)

Verkehrstagung 1955 (rechte Seite)

Feier der Naturfreunde in Graz, Juli 1955 (oben)

125-Jahr-Feier der DDSG, 1954 (unten)

Eröffnung der elektrischen Strecke Villach-Rosenbach, Juni 1955 (rechte Seite)

Elektrifizierung der Strecke St. Veit-Feldkirchen-Villach, 1956 (oben links)

Ball des Österr. Rundfunks mit BM a.D. Erwin Altenburger und einer Unbekannten, 1956 (oben rechts)

BSA-Ball 1956 (unten)

Bundestreffen des BSA, September 1958 (oben)
Gesellschaftsabend im Wiener Wirtschaftsklub, März 1958 (unten)

Eröffnung des Lünersee-Kraftwerks, März 1958

Bundestreffen des BSA, Graz 1960 (oben)

Jubiläumstreffen des VSStÖ mit dem Wiener Obmann Hannes Androsch, 1960 (unten)

Dienstreise nach Persien, 1960 (links)

Waldbrunners Passion, Persien 1960 (unten)

Auf dem Tejo in Lissabon mit Minister Pereiro, 1963 (oben)

Bei der Staustufe Ybbs-Persenbeug mit Königin Juliana und Bundespräsident Schärf, 1962 (unten)

Baustelle für die Olympischen Spiele auf der Axamer Lizum, 1962

In einer Galerie, 1965 (oben)

Pressekonferenz mit Hans Czettel und Felix Slavik, 1966 (unten)

Klubtagung der SPÖ mit Hannes Androsch, Bruno Pittermann, Hans Czettel und Heinz Fischer (oben)

80. Geburtstag von Karl Maisel mit Anton Benya, Bruno Kreisky und Frau Maisel, 1970 (unten)

Der Präsident des Nationalrats mit Heinz Fischer (linke Seite)

Ehrenzeichenverleihung im Parlament mit Stephan Koren, Bruno Pittermann, Christian Broda und Alfred Maleta, Juli 1970 (oben)

Mit Bruno Pittermann auf dem Kongress der Sozialistischen Internationale, Wien 1972 (unten)

Gewerkschaftstagung der Post-&-Telegrafen-Bediensteten im Vordergrund Otto Probst, 1971 (linke Seite)

Analysen zur Waldbrunner-Zeit

Anton Pelinka

Österreich im 20. Jahrhundert – im Prisma eines politischen Lebens

Karl Waldbrunner als Repräsentant seiner Zeit

Vorbemerkung: Dieser Aufsatz stützt sich, was seine biographischen Aspekte betrifft, auf die in diesem Buch veröffentlichte Arbeit „Karl Waldbrunner: Schnittstellen eines Lebens zwischen Industrie und Politik" von Manfred Zollinger. Die biographischen Hinweise folgen Zollingers umfassender Darstellung.

Karl Waldbrunner war österreichischer Sozialdemokrat. Als Arbeiterkind wurde er nach seinem Studium Repräsentant der „technischen Intelligenz" der Partei. Ab 1945 prägte er – als Zentralsekretär und als Bundesminister – die SPÖ, die Bundesregierung und damit auch die Nachkriegszeit. Er steht, neben anderen, für den sozialdemokratischen Anteil an dem, was als Erfolgsgeschichte der Zweiten Republik gilt. Sein Leben und seine Politik reflektieren das Auf und Ab, das Österreich im 20. Jahrhundert durchzumachen hatte.

Karl Waldbrunners politische Karriere war in vielerlei Hinsicht ungewöhnlich. Viele Aspekte seiner Laufbahn wichen von den herrschenden Mustern ab.

1. Er war Angehöriger der „technischen Intelligenz", Akademiker. In seiner Generation, die ihre entscheidende Prägung in der Ersten Republik erhielt, waren Personen mit diesem Hintergrund nur selten Sozialisten – wenn nicht der deutschnationale und der christlichsoziale Antisemitismus sie, ihrer jüdischen Herkunft wegen, zu Sozialisten machte. Waldbrunner repräsentierte die kleine Minderheit der nichtjüdischen sozialistischen Intelligenz.

Wer war, wer wurde am Beginn des 20. Jahrhunderts in Österreich Sozialdemokrat, Sozialdemokratin? Die große Mehrheit der Arbeiterschaft identifizierte sich mit dem sozialistischen Lager. Für das Proletariat waren die Sozialdemokratische Arbeiterpartei und die Freien Gewerkschaften – Victor Adlers „siamesische Zwillinge" – so etwas wie eine Heimat. Man wählte die Partei – und war auch in vielen Fällen deren Mitglied. Und man sah in den sozialdemokratischen Richtungsgewerkschaften, den „Freien", den bestmöglichen Schutz am Arbeitsplatz.

Höhere Bildung, dieser Einstieg in ein – mögliches – bürgerliches Leben, wurde zwar propagiert. Die Sozialdemokratie hatte auch ihre Gegenkultur – Volkshochschulen, die Arbeiter-Hochschule und andere Einrichtungen, die dem Proletariat Bildungschancen eröffnen sollten. Doch von denjenigen, die nicht in der Gegenkultur, sondern in der herrschenden – bürgerlichen – Kultur ihre höhere Bildung erwarben, ihre Matura und ihren Hochschulabschluss, ging kaum jemand zur Sozialdemokratie. Zu sehr waren im Österreich des frühen 20. Jahrhunderts die Stätten höherer Bildung den Angehörigen der beiden bürgerlichen Lager vorbehalten. Zu sehr war höhere Bildung „bürgerlich“ besetzt.

Diejenigen, die trotz der bürgerlichen Hegemonie im Bildungssektor nach einem akademischen Abschluss zur Sozialdemokratie fanden, waren vor allem Angehörige der jüdischen Bourgeoisie. Diesen verwehrte der rabiate Antisemitismus vor allem des deutschnationalen, aber auch des katholisch-konservativen Lagers die Integration in die politische Landschaft des österreichischen Bürgertums. Abgestoßen von den politischen Bewegungen, die eigentlich ihrem ökonomischen Status entsprochen hätten, wurde die „jüdische Intelligenz“ zu einem erheblichen Teil in der Sozialdemokratie heimisch.

Karl Waldbrunner war, als Nicht-Jude, in diesem Sinn atypisch: Wie der deutlich ältere Karl Renner, wie der ebenfalls ältere Adolf Schärf fand er zur Sozialdemokratie, ohne durch die persönliche Erfahrung der Entfremdung durch den Antisemitismus gehen zu müssen. Als Arbeiterkind, das allen Wahrscheinlichkeiten zum Trotz zur höheren Bildung fand, neigte er – Renner und Schärf nicht unähnlich – zu einem pragmatischen Politikverständnis, das ihn zur Zeit der Theoriedebatten rund um Renner, Otto Bauer und Max Adler eher zu einem „Rechten“ innerhalb der Sozialdemokratie machte.

Dem späteren Waldbrunner sagte zwar niemand nach, ein „Rechter“ zu sein. Aber in den Programm- und Ideologiedebatten der Zweiten Republik war er, eine Schlüsselfigur seiner Partei, eher abstinent.

2.

Waldbrunner war, als politisch insgesamt links einzuordnender Techniker, mehrere Jahre in der Sowjetunion tätig – und das, ohne Kommunist zu sein; auch ohne die Sowjetunion als Exilland gewählt zu haben, wie das viele der nach dem 12. Februar 1934 Emigrierten getan hatten. Waldbrunner war, innerhalb seines Lagers und seiner Partei, gegenüber der Kommunistischen Partei ganz offensichtlich immun.

Die zunächst extrem kleine Kommunistische Partei hatte am Ende der Ersten Republik und insbesondere nach dem Bürgerkrieg des Februar 1934 an Anziehungskraft gegenüber der von den Misserfolgen der Sozialdemokratie enttäuschten Linken gewonnen. Intellektuelle wie Ernst Fischer und proletarische Kämpfer des 12. Februar sahen in der Sowjetunion die einzige Kraft, die den Aufstieg des Faschismus brechen könnte.

In der Illegalität nach dem Februar 1934 und im Exil wurde die KPÖ zu einem ernst zu nehmenden Rivalen der Sozialdemokratie und ihrer illegalen bzw. im Ausland etablierten Organisationen. Es sollte die einzige Periode der österreichischen Kommunisten sein, in der ihre Attraktivität der der Sozialdemokratie wirklich Konkurrenz zu machen in der Lage war. Die Hoffnung, dies auch nach der Wiederherstellung der Demokratie fortsetzen zu können, wurde dann ab 1945 zerstört. Die Sozialdemokratie konnte überraschend schnell ihr De-facto-Monopol innerhalb der Linken wiederherstellen.

Für Österreicher, die in den 1930er-Jahren längere Zeit in der Sowjetunion verbrachten, ist eine politische Interpretation naheliegend: Angezogen vom Aufbau einer sozialistischen Gesellschaft und eingeladen von der antifaschistischen Politik der Sowjetregierung fanden sich Menschen aus Österreich in einer Gesellschaft, die hinter der heroischen Fassade von einer sich rasch steigernden totalitären Repression gekennzeichnet war. Viele, die vor der austrofaschistischen Diktatur geflohen waren, wurden zu Opfern der kommunistischen Diktatur. Ein besonders tragisches Schicksal traf diejenigen, die zur Zeit der engen Kooperation der UdSSR mit dem Hitler-Regime von Stalin an die Todesschergen Hitlers ausgeliefert wurden.

Die von der Sowjetunion angezogenen Sozialdemokraten konnten sich auch auf Otto Bauers Konzept vom „integralen Sozialismus" berufen. Bauer hatte, unter dem Schock des Endes der Republik, der Sowjetunion ausdrücklich das Markenzeichen „Sozialismus" zuerkannt – ohne selbst Kommunist zu werden. Das allein erklärt den Mythos Sowjetunion: Während in weiten Teilen Europas der Faschismus im Vormarsch war und die westlichen Demokratien sich – zunächst – zu ernsthaftem Widerstand als unfähig erwiesen, schien im Osten eine neue, starke Gesellschaftsordnung heraufzudämmern, deren Methoden Bauer keineswegs propagierte, deren Resultate aber einladend genug waren, um die Rivalität zwischen Sozialdemokratie und Kommunismus für sekundär zu erklären.

Das alles liest sich in der Biographie Karl Waldbrunners ganz anders. Er ging 1932 in die Sowjetunion – aus eindeutig wirtschaftlichen Gründen. Dass er die Zerschlagung der Republik und der Sozialdemokratie nicht persönlich erleben konnte, mag eine Rolle gespielt haben, dass das sowjetische Experiment keineswegs so attraktiv wirkte wie auf diejenigen, für die der Februar 1934 ein unmittelbares Erlebnis war. Auch sein Abschied aus der Sowjetunion, 1937, war frei von der Dramatik, die das Leben derjenigen Österreicher bestimmte, die von den Massensäuberungen des Stalinismus unmittelbar bedroht waren.

3. Waldbrunner war – bei seiner Rückkehr aus der Sowjetunion – der Polizei der ständestaatlichen Diktatur als Gegner bekannt, ohne aber als Aktivist im Widerstand aufzufallen. Nach dem „Anschluss" im März 1938 blieb er auch dem neuen Regime gegenüber distanziert. Weder versuchte er, sich rhetorisch anzupassen – wie der Karl Renner des Jahres 1938; noch war er im Widerstand aktiv – in diesem Punkt war er dem Renner der Jahre 1938 bis 1945 gleich.

Karl Waldbrunner hatte sich gegenüber der Ausstrahlungskraft des sowjetischen Modells immun erwiesen. Er sollte sich ebenso immun gegenüber den Einladungen der beiden Konkurrenzfaschismen erweisen, die in dem Österreich, in das Waldbrunner zurückkehrte, gegeneinander kämpften und daher interessiert waren, enttäuschte Linke für sich zu gewinnen.

Es war weniger der autoritäre Ständestaat, der sich erfolgreich um heimatlos gewordene Linke bemühte; es war vor allem die NSDAP. Diese wurde zwar in einem vulgärmarxistischen Kurzschluss als „bürgerlich" abgetan. Die NSDAP war aber – in Deutschland und in Österreich – eine moderne „catch all"-Partei, vielleicht der erste Typus einer Volkspartei in Europa, wie er nach 1945 unter dem Stichwort „Amerikanisierung" seinen Siegeszug antreten und auch die Sozialdemokratie verwandeln sollte.

Die NSDAP war von Anfang an auch eine Arbeiterpartei. Und als im Gefolge der von der Weltwirtschaftskrise ausgelösten Massenarbeitslosigkeit das sozialdemokratische Konzept der Eroberung der Staatsmacht mit dem Stimmzettel in einer Sackgasse schien, da war es keineswegs nur die KPÖ, die von der Desillusionierung vieler Linker profitierte. Auch und mehr noch konnte die NSDAP ihre sozialistische Etikette erfolgreich für einen Einbruch in die Anhängerschaft der Sozialdemokratie nutzen.

Anders als die KPÖ verlangte die NSDAP aber eine besondere Qualität: Juden durften die Linken nicht sein, die sie zu gewinnen versuchte. Dass Richard Bernaschek, der prominente oberösterreichische Sozialdemokrat, mit Hilfe nationalsozialistischer Aktivisten aus der Haft des Ständestaates befreit wurde – nur um Jahre später vom NS-Regime ermordet zu werden –, hatte wohl eine entscheidende Voraussetzung: Bernaschek war nicht Jude.

Was immer an der NSDAP attraktiv war – für diejenigen, die sich zu ihr hingezogen fühlten, musste klar sein, dass internationale Solidarität, dass universelle Menschenrechte, dass demokratische Grundwerte sich zum Nationalsozialismus wie Feuer und Wasser verhielten. Dass die Verführbarkeit so vieler im sozialistischen Lager sozialisierter Österreicherinnen und Österreicher dennoch gegeben war, sollte nach 1945 lange Zeit tabuisiert werden.

Karl Waldbrunner spürte offenkundig diese Attraktivität der NSDAP nicht. Als „arischer" leitender Angestellter in einem auch für die Kriegswirtschaft wichtigen

Industrieunternehmen wäre er, rückblickend, einer gewesen, von dem man eine individuelle Versuchbarkeit annehmen hätte können. Er selbst folgte den vielfältigen Einladungen zur Anpassung an die NS-Herrschaft nicht. Aber vielleicht wuchs in ihm ein Verständnis für ein Anpassungsverhalten – das ihm auch, Jahrzehnte später, zum Vorwurf gemacht werden sollte.

4. In der (wieder) gegründeten SPÖ war Waldbrunner von Anfang an ein Mann des Zentrums; ein Pragmatiker, dessen Technik- und Wirtschaftskompetenz sehr gefragt war. Er war auch der Mann, der für die Integration vieler „ehemaliger" Nationalsozialisten in den BSA (Bund Sozialistischer Akademiker) Verantwortung übernehmen konnte – gerade weil seine eigene Vergangenheit ihn nach allen Seiten unverdächtig machte.

Die SPÖ, die mit Berufung auf die Sozialdemokratische Arbeiterpartei und die Revolutionären Sozialisten (wieder) gegründet worden war hatte mit einer für sie ungewohnten Herausforderung umgehen zu lernen: Sie war Regierungspartei. Und als solche hatte sie, gerade vor dem Hintergrund des radikalen Neubeginns in Politik und Wirtschaft, Positionen zu besetzen: in Regierung und Verwaltung, in den Betrieben und im Erziehungswesen. Der angesichts der wirtschaftlichen Situation der unmittelbaren Nachkriegszeit zwingende Staatseinfluss auf die Wirtschaft – wer, wenn nicht der Staat, sollte sich um die Ankurbelung der Produktion kümmern – brachte es mit sich, dass die Regierungsparteien direkte wirtschaftliche Verantwortung zu übernehmen hatten.

Die Sozialdemokratie hatte mit dieser Aufgabe ein strukturelles Problem: Als Arbeiterpartei hatte sie, im Gegensatz zur ÖVP, nur wenige Expertinnen und Experten, die sie – ausgestattet mit dem Vertrauen der Partei – in Schlüsselpositionen bringen konnte. Die jüdische akademische Elite der Partei stand, dank der Vertreibungs- und Vernichtungspolitik des NS-Regimes, kaum zur Verfügung. Die Partei betrieb auch nur punktuell (Beispiele waren Oscar Pollak und Bruno Kreisky), nicht generell eine Politik der Rückholung des jüdischen Exils. Personen wie Waldbrunner waren eine Seltenheit – der Sozialdemokratie loyal verbunden, ohne schwarzen (oder braunen) Fleck aus der Vergangenheit, durch sein Studium und seine beruflichen Erfahrungen für wirtschaftliche Führungspositionen qualifiziert.

Durch dieses Defizit an Führungspersonal erklärt sich auch die Neigung der SPÖ, Personen zu rekrutieren, die – anders als Waldbrunner – sehr wohl „braune Flecken" aufwiesen. Dass für diese Rekrutierung auch Waldbrunner selbst – als Verkehrs- und Verstaatlichtenminister und als Vorsitzender des „Bundes Sozialistischer Akademiker" (BSA) – Verantwortung hatte, wurde erst lange nach seinem Tod wirksam problematisiert.

Waldbrunner wurde sehr schnell in politische Führungspositionen gebracht. Dabei spielte, neben seiner politischen Loyalität, offenkundig auch seine fachliche Qualifikation eine wesentliche Rolle. In der Parteizentrale vertrat er jedenfalls eine Politik, wie sie zunächst Renner und dann vor allem Schärf formulierten – eine Politik des unbedingten Festhaltens an einem Regierungsbündnis mit der ÖVP; eine Politik der deutlichen Absage gegenüber der Variante, gegen die ÖVP nötigenfalls auch eine Allianz mit der KPÖ einzugehen. Mit deren entscheidenden Schwächung schon im November 1945 war allerdings diese Alternative zur Koalitionspräferenz nicht mehr wirklich gegeben.

Die Option, ein Bündnis mit der KPÖ gegen die ÖVP anzustreben, wurde innerhalb der SPÖ nur von wenigen vertreten – von Erwin Scharf etwa, der auch folgerichtig bei den Kommunisten seine zweite politische Heimat finden sollte. Der Vorrang des Bündnisses mit der ÖVP hatte mehrere Gründe – doch entscheidend war wohl, dass Sozialisten und Kommunisten, unter Einhaltung der Spielregeln des demokratischen Parlamentarismus, gegen die ÖVP keine Mehrheit bilden konnten. Dieses strategische Grundmuster der Zweiten Republik – das Fehlen einer Mehrheit links von der ÖVP – sollte nur für die Zeit der „Ära Kreisky" durchbrochen werden.

5. In der Zeit der (ersten) Großen Koalition stand Waldbrunner für einen pragmatischen Umgang mit den Vermögenswerten, die der Republik 1945 quasi in den Schoß gefallen waren. Die Schwerindustrie und die Eisenbahnen wurden unter seiner Kompetenz zu einem Faktor wirtschaftlicher und politischer Stabilität der ersten Jahrzehnte der Zweiten Republik. Das alles geschah ohne große Worte von seiner Seite, ohne programmatische Entwürfe.

Nach dem kurzen Zwischenspiel als Gesandter in Moskau wurde Waldbrunner bald zum Mann der SPÖ in der Regierung mit ausgeprägter Wirtschaftskompetenz. Damit stand er – ohne dass er dies in große programmatische Formeln gebracht hätte – für das, was später oft der „österreichische Weg" oder auch der „Austro-Keynesianismus" genannt wurde: eine Mischform aus markt- und planwirtschaftlichen Politikformen, ein Nebeneinander aus Privat- und aus Staatswirtschaft – und ein Politikverständnis, das die Regierung gegenüber der Wirtschaft nicht als neutral einstuft, sondern als verantwortliche Gestalterin der wirtschaftlichen Rahmenbedingungen.

Österreich ging eine Art von „drittem Weg" – mehr Sozialismus, als es der reinen Lehre der Marktwirtschaft entsprochen hätte; und mehr Kapitalismus, als dies den marxistischen Orthodoxien demokratischer oder anderer Provenienz recht gewesen wäre.

Dieser „dritte Weg" stand hinter dem Wirtschaftsaufschwung der 1950er-Jahre. Überdurchschnittliche Wachstumsraten, eine an Vollbeschäftigung grenzende Arbeitsmarktsituation und ein schnell steigender individueller Wohlstand kennzeichneten diese Jahre. Die ÖVP beanspruchte – aus guten Gründen – die marktwirtschaftliche Komponente dieses Erfolgsrezepts für sich und personalisierte es mit dem Begriff „Raab-Kamitz-Kurs". Das sozialistische Gegenstück war Waldbrunner: Als Minister, der lange Jahre für die verstaatlichte Industrie und auch für den Eisenbahnsektor Verantwortung hatte, repräsentierte er wie kein Zweiter die sozialistische Seite des wirtschaftspolitischen Januskopfes.

Die hohen Anteile des Staatseigentums waren in Österreich nicht das Produkt einer sozialistischen Gesellschaftspolitik. Sie waren das Ergebnis eines Notstandes: Wer, wenn nicht der Bund und die Länder, hätte sich der herrenlosen Industrie, der herrenlosen Banken, der herrenlosen Energiewirtschaft annehmen sollen? Inländisches Privatkapital war nicht vorhanden – und für ausländisches Privatkapital fehlten über viele Jahre hinweg die Anreize, um in Österreich zu investieren.

In dieser Zeit wurde, insbesondere auch für die Jahre nach dem Staatsvertrag, der Begriff der „permanenten Koalition" geprägt. Karl-Heinz Naßmacher wollte damit beschreiben, dass das Regierungsbündnis der beiden Großparteien – für das es bis 1955 gute außenpolitische Gründe gegeben hatte – sich von seiner ursprünglichen Motivation emanzipiert hatte und zum Selbstzweck geworden war. Gerhard Lehmbruch sah dieses System positiv: als „amicabilis compositio", als eine besondere Form der Verhandlungsdemokratie, deren wichtigster Grundsatz die wechselseitigen Machtbeteiligungsgarantien der Bürgerkriegsgegner von einst waren. Fred Engelmann deutete die „permanente" Zusammenarbeit von SPÖ und ÖVP als ein besonderes Element der Konfliktregelung – die Übernahme von Mustern der Außenpolitik, der Diplomatie, auf die Ebene der Innenpolitik.

Doch es gab nicht nur einen Konsens des Machtkalküls, es gab auch einen inhaltlichen Konsens. Und dieser war bald stabil genug, um von einem gesicherten österreichischen Selbstbewusstsein, von einem österreichischen Nationalbewusstsein sprechen zu können. Vor dem Hintergrund der Erfahrungen mit dem Scheitern der Ersten Republik war dies wohl ein besonderer Erfolg, an dem beide Großparteien und die mit ihnen verflochtenen Sozialpartner Anteil hatten.

6. In den 1960er- und 1970er-Jahren, als er nicht mehr in vorderster Reihe politisch tätig war, war Waldbrunner vor allem einer, der sich als innerparteilicher Stabilisator versuchte; der zu verhindern trachtete, dass die Partei sich in von außen erkennbare Flügel ausdifferenzierte. Eben deshalb galt er als strukturkonservativ, eben deshalb stand er den Öffnungs- und Reformtendenzen in den Anfängen der „Ära Kreisky" eher skeptisch gegenüber.

Die Sozialdemokratie hatte ihre austromarxistische Perspektive schrittweise aufgegeben. Ausgestattet mit einem Teil der Regierungsmacht, vermochte die SPÖ vieles umzusetzen, was ihren Reformvorstellungen entsprach und was die Machtteilungsregeln der Großen Koalition und der Sozialpartnerschaft zuließen: ein umfassendes System der Sozialversicherungen etwa, das den Kern des österreichischen Sozial- und Wohlfahrtsstaates ausmachte. In der Politik des „piecemeal engineering“, des pragmatischen Bemühens um schrittweise Verbesserungen, blieb für die große Perspektive, für die Vision einer klassenlosen Gesellschaft wenig Platz.

Dass die Klassenunterschiede abgebaut wurden – ökonomisch durch die Verbesserung der Lebenschancen der sozial Schwachen, psychologisch durch die stärkere Wahrnehmung der Durchlässigkeit der Gesellschaft –, das war die eine Bilanz der Sozialdemokratie am Ende der Nachkriegszeit. Dass soziale Differenzen bestehen blieben, dass der auch von Austromarxisten für möglich gehaltene „Neue Mensch“ sich nicht abzuzeichnen schien – das war die andere Bilanz.

Für diejenigen in der Sozialdemokratie, die das tragische Ende der Ersten Republik erlebt hatten, war die positive Seite der Bilanz zumeist deutlicher – aus nachvollziehbaren Gründen. Die Zweite Republik brachte zwar nicht das Heraufkommen einer „sozialistischen Gesellschaft“, sie brachte aber soziale Sicherheit und politische Stabilität. Daher gab es in der SPÖ auch – als nach 1955 die Große Koalition eine ihrer Funktionen, die Erringung des Staatsvertrages und der vollen Souveränität, erreicht hatte – die Neigung, die Große Koalition weiterhin als bestmögliche Form des Regierens zu sehen. Das „Experimentieren“ mit dem nach 1945 Bewährten schien vielen gefährlich. Die Öffnung zu neuen Formen der Mehrheits- und Regierungsbildung war, wegen des damit verbundenen Risikos des Machtverlustes, gerade vielen Sozialdemokraten eine Bedrohung.

Waldbrunner zählte zu diesen „Strukturkonservativen“ in der Partei, die sich den 1963 vor allem von Franz Olah, aber auch von Bruno Kreisky ausgestreckten Koalitionsfühlern gegenüber der FPÖ widersetzten. Und Waldbrunner zählte auch zu denen, die 1967 sich dem Aufstieg Kreiskys zum Parteivorsitzenden entgegenzustellen versuchten.

Kreiskys vielschichtige Politik der Öffnung – der Öffnung zu neuen Regierungsformen, der Öffnung zu neuen Wählerschichten, der Öffnung zu neuen Methoden der Selbstdarstellung – war ein Programm, das einer neuen Generation innerhalb der SPÖ, aber auch außerhalb der Partei höchst attraktiv schien. Waldbrunner, derselben Generation wie Kreisky angehörend, gehörte zu den Skeptikern. In diesem Sinne stand Waldbrunner in diesem innerparteilichen Generationenkonflikt auf der anderen Seite – jedenfalls nicht dort, wo die Jüngeren zumeist hindrängten. Waldbrunner stand freilich loyal zu Kreisky, als sich dieser 1967 innerparteilich durchsetzte; erst recht, als Kreisky 1970 mit dem ersten seiner Wahlerfolge eine Ära einleitete. Aber Waldbrunner gehörte zweifellos nicht zum engeren Kreis um Kreisky. Er war kein primärer Akteur der Ära Kreisky – die Zeit, die er prägte, waren die Jahrzehnte davor. Aber seine Präsenz war auch in dieser Ära noch sichtbar.

7. Als Präsident des Nationalrates und als Vizepräsident der Nationalbank war Waldbrunner gerade wegen seiner strukturkonservativen Neigung gefragt. In einem nach dem Ende der Großen Koalition viel konfliktfreudigeren Parlament und in der gegenüber spektakulärer Rhetorik prinzipiell skeptischen Notenbank war er ganz offenkundig der richtige Mann am richtigen Platz.

Die SPÖ der Ära Kreisky hatte Bedarf an „elder statesmen", die nicht in der vordersten Front der Regierungsverantwortung standen. Waldbrunner, der bereits Jahre zuvor sich aus persönlichen Gründen aus der Bundesregierung zurückgezogen hatte, war einer von denen, die diesem Bedarf entgegenkamen. Kreisky hatte freilich für die wichtigste dieser auch, aber nicht nur symbolischen Funktionen, die einem solchen „elder statesman" zukommen konnten – für die Funktion des Bundespräsidenten –, den parteilosen Katholiken Rudolf Kirchschläger vorgesehen. Aber das Amt des Staatsoberhauptes wäre wohl ohnehin keines gewesen, das dem Repräsentationsaufgaben eher nicht zuneigenden Waldbrunner entsprochen hätte. Als Präsident des Nationalrates und Vizepräsident der Nationalbank jedoch hatte er sehr wohl Anteil an der Erfüllung wichtiger Funktionen außerhalb der Regierung und der eigentlichen Parteiführung.

Die SPÖ der Ära Kreisky war in jeder nur denkbaren Hinsicht die staatstragende Partei schlechthin. Zwischen 1970 und 1983 regierte sie allein, ab 1971 gestützt auf eine absolute Mehrheit im Nationalrat. Die SPÖ hatte ihre dominante Position auch dem Umstand zu verdanken, dass sie von einer Klassen- zu einer Volkspartei geworden war. Längst bestimmte das Innenleben der Partei nicht nur der Typus des gewerkschaftlich organisierten Industriearbeiters. Die SPÖ war erfolgreich, weil sie sich zunehmend den „neuen Mittelschichten" zu öffnen verstand – den Lehrerinnen und Lehrern, den mittleren und auch den leitenden Angestellten. Die SPÖ dieser Zeit war keine von „blue collar"-Interessen allein bestimmte Partei. Sie repräsentierte einen erfolgreichen Mix aus „blue" und „white collar", aus dem „roten Wien" und Bastionen in anderen Bundesländern, aus Jung und Alt, aus Frauen und Männern. Erst in den 1980er-Jahren sollte sich dieser ausgewogene Mix verschieben – als die Partei vor allem bei den Jüngeren zunehmend Probleme bekam.

Ein Aspekt dieses Erfolges war, dass in dieser Phase ihrer Entwicklung die Partei sich als „offen" definierte: Die Formel, die Bruno Kreisky gefunden hatte, die Einladung nämlich, ein „Stück des Weges gemeinsam zu gehen", richtete sich an Katholiken und Liberale, also an traditionell rechts der Sozialdemokratie eingeordnete gesellschaftliche Segmente. Links von der SPÖ gab es eigentlich nichts zu gewinnen: Der Niedergang der KPÖ hatte das Monopol der Sozialdemokratie auf die österreichische Linke zunächst einmal festgeschrieben – bis das Aufkommen der Grünen dieses Monopol wirksam in Frage stellen sollte.

Jede „Ära" geht zu Ende; und in der Demokratie ist davon auszugehen, dass die Endlichkeit einer „Ära" prinzipiell auch ein demokratisches Qualitätsmerkmal ist. Am Ende der Ära Kreisky stand ein komplexer Generationenkonflikt, von vielen als Richtungskonflikt wahrgenommen: Der Konflikt zwischen Kreisky und Hannes Androsch. Androsch, Angehöriger der jungen Generation, wurde vor allem von den prominenten Vertretern der älteren Generation gestützt. Dass Hertha Firnberg, Christian Broda, Anton Benya, aber auch Karl Waldbrunner in diesem Konflikt für Androsch – jedenfalls aber nicht für Kreisky – Partei ergriffen, demonstriert, wie wenig hinter dieser Auseinandersetzung ein mit den Begriffen „links" und „rechts" benennbarer Richtungsstreit stand.

Die Ära Kreisky war möglich, weil die österreichische Gesellschaft nach 1945 integrierter und durchlässiger geworden war. Die scharfen Grenzen zwischen den politisch-weltanschaulichen Lagern waren porös geworden – Ausdruck dessen, dass „Klasse" und „Weltanschauung" nach 1945 nicht mehr den gleichen gesellschaftlichen und damit politischen Stellenwert hatten wie am Beginn des Jahrhunderts. Der soziale Aufstieg war in der zweiten Hälfte des 20. Jahrhunderts leichter als am Beginn desselben.

Dieser Wandel war auch ein Resultat sozialdemokratischer Politik. Doch dieser Wandel implizierte auch neue Ausdifferenzierungen und neue Beweglichkeit. Die Sozialdemokratie hatte am Ende der Ära Kreisky damit zu kämpfen – und sollte dafür schließlich mit dem Verlust der politischen Hegemonie bezahlen. Die SPÖ als Volkspartei musste „Modernisierungsgewinner" politisch ebenso bedienen wie „Modernisierungsverlierer". Sie musste für die sprechen, die sich von der Öffnung zu Europa und zur Welt Vorteile versprachen – und für die, die sich durch eine solche Öffnung bedroht fühlten.

Dieses Spannungsverhältnis nahm die SPÖ ins 21. Jahrhundert mit.

Literatur

Detlev Albers/Josef Hindels/Kucio Lombardo Radice, (Hrsg.), Otto Bauer und der „Dritte Weg". Die Wiederentdeckung des Austromarxismus durch Linkssozialisten und Eurokommunisten, Frankfurt am Main 1979.

Pascale Delwit (Hrsg.), Social Democracy in Europe, Brüssel 2005.

Geoff Eley, Forging Democracy. The History of the Left in Europe, 1850–2000, Oxford 2002.

Frederick C. Engelmann, Government by Diplomacy. The Austrian Coalition 1945–1966, Wien 2001.

Jürgen W. Falter, Hitlers Wähler, München 1991.

Heinz Fischer, Die Kreisky-Jahre. 1967–1983, Wien 1993.

Dirk Hänisch, Die österreichischen NSDAP-Wähler. Eine empirische Analyse ihrer politischen Herkunft und ihres Sozialprofils, Wien 1998.

Inez Kykal/Karl R. Stadler, Richard Bernaschek – Odyssee eines Rebellen, Wien 1976.

Gerhard Lehmbruch, Proporzdemokratie. Politisches System und politische Kultur in der Schweiz und in Österreich, Tübingen 1967.

Norbert Leser, Zwischen Reformismus und Bolschewismus. Der Austromarxismus als Theorie und Praxis, Wien 1968.

Barbara Liegl/Anton Pelinka, Chronos und Ödipus. Der Kreisky-Androsch-Konflikt, Wien 2004.

Karl-Heinz Naßmacher, Das österreichische Regierungssystem. Große Koalition oder alternierende Regierung, Opladen 1968.

Wolfgang Neugebauer/Peter Schwarz, Der Wille zum aufrechten Gang. Offenlegung der Rolle des BSA bei der gesellschaftlichen Reintegration ehemaliger Nationalsozialisten, Wien 2005.

Anton Pelinka, Karl Renner zur Einführung, Hamburg 1989.

Anton Pelinka, Vom Glanz und Elend der Parteien. Struktur- und Funktionswandel des österreichischen Parteiensystems, Innsbruck 2005.

Karl R. Stadler, Adolf Schärf
Mensch, Politiker, Staatsmann, Wien 1982.

Günther Chaloupek

Plan versus Markt

Wirtschaftspolitische Grundsatzpositionen in den ersten Jahrzehnten der Zweiten Republik

Die politische und wirtschaftliche Success Story, als die sich Österreichs Entwicklung nach dem Zweiten Weltkrieg präsentiert, wird zu Recht als Ergebnis maßgeblicher Weichenstellungen gesehen, die es ermöglicht haben, nicht nur dass Österreichs Wirtschaft an der allgemeinen Prosperität der westeuropäischen Wirtschaft partizipierte, sondern auch dass Österreich in einem bemerkenswerten Auf- und Überholprozess in den 1980er-Jahren zu einem der wohlhabendsten Länder Europas werden konnte. In diesem Beitrag soll in Erinnerung gerufen werden, dass die wesentlichen Elemente der nachkriegszeitlichen Wirtschaftspolitik, die binnen weniger Jahrzehnte eine Vervierfachung des Lebensstandards ermöglicht hat, dazu die nachhaltige Erreichung einer echten Vollbeschäftigung in vorher und nachher nicht gekanntem Maße sowie der Ausbau eines umfassenden Systems der sozialen Sicherung einerseits das Ergebnis einer bewussten Neuorientierung sind. Gleichzeitig wird sich dabei aber auch zeigen, dass diese neue Wirtschaftspolitik in bedeutender Hinsicht nicht den Vorstellungen der unmittelbaren Nachkriegszeit entsprach, sondern erst in einem Wechselspiel von Theorie und Praxis entwickelt worden ist.

Sozialdemokratische Planungskonzeptionen in Europa um 1945

Die wirtschaftliche Entwicklung Europas in der Zwischenkriegszeit, insbesondere die lange Depression der 1930er-Jahre, als maßgebliche Ursache der politischen Katastrophe Europas hatte zu Kriegsende zu der weit über die sozialdemokratischen Parteien hinaus geteilten Einschätzung geführt, dass ein sich selbst überlassener Marktkapitalismus als Modell der Nachkriegswirtschaft nicht mehr in Frage kam – in bewusster Abkehr von einer Wirtschaftspolitik, die sich nach 1918 durchgesetzt und vergeblich eine „Rückkehr zur Normalität" der Vorkriegszeit angestrebt hatte. In den sozialdemokratischen Parteien der europäischen Staaten bedeutete dies nach vorherrschender Auffassung nicht bloß, dass der Staat eine größere Verantwortung für den Wirtschaftsablauf zu übernehmen hätte, sondern dass Modelle einer geplanten Wirtschaft an die Stelle der „anarchischen Marktkoordination" treten sollten. Wichtig ist dabei die Unterscheidung zwischen umfassender Planung der Wirtschaft in ihrer Gesamtheit und bloßem Interventionismus. Während Letzterer im Allgemeinen auf die Marktkoordination vertraut und bestimmte Ziele bei Beschäftigung, Wachstum, Inflation etc. durch Interventionen in das Marktgeschehen anstrebt, will die Wirtschaftsplanung die Ziele durch eine möglichst umfassende und systematische Kontrolle des Gesamtprozesses über die einzelnen Teilprozesse und Teilaggregate realisieren.

Als ordnungspolitisches Modell war die Wirtschaftsplanung nicht primär für die Rekonstruktion der Wirtschaft unmittelbar nach dem Krieg intendiert, sondern für die Zeit danach, für die man nach den Erfahrungen der 1930er-Jahre die Wiederkehr der Krisen befürchtete. Planung sollte die Voraussetzungen für dauerhafte Prosperität, für die nachhaltige Realisierung aller produktiven Potenziale der Wirtschaft schaffen.[1] Wenn Keynes in seiner „General Theory" für die Aufrechterhaltung einer ausreichenden Gesamtnachfrage eine „Sozialisierung der Investitionen" gefordert hatte[2], so ging das im Beveridge-Report „Full Employment in a Free Society" (1944) entwickelte Modell beträchtlich darüber hinaus. Detaillierte Sektorpläne, für deren Implementierung die Verstaatlichung von großen Unternehmungen die Grundlage bildete, sollten eine direkte Beeinflussung des gesamten Wirtschaftsablaufs möglich machen. Gunnar Myrdal[3] betonte später die Regelung von Preisen und Einkommen und eine international zu koordinierende Planung des Außenhandels zur Vermeidung von Ungleichgewichten.

Die geplante Wirtschaft war ein Kernbestandteil des von der Sozialdemokratie angestrebten „Dritten Weges", der sich nicht nur durch das konsequente Festhalten an der parlamentarischen Demokratie vom „Sozialismus" sowjetkommunistischer Prägung abhob. Programme zur Verstaatlichung wichtiger Teile der Wirtschaft nahmen in den meisten Ländern einen wichtigen Platz ein[4], jedoch wurde nie das Privateigentum an den Produktionsmitteln als solches in Frage gestellt und die weitere Existenz privater Unternehmungen, und zwar nicht nur von Kleinunternehmungen, wurde als gegeben angenommen.

Trotz dieser scharfen Distanz zum Kommunismus glaubten Vertreter des Liberalismus traditioneller Prägung, in den sozialdemokratischen Forderungen nach einer Wirtschaftsplanung Gefahren für die politischen und wirtschaftlichen Freiheitsrechte zu erkennen. Dies kommt bereits im Titel von Friedrich August Hayeks 1944 zuerst in den USA erschienenem Buch „Der Weg zur Knechtschaft"[5] zum Ausdruck. Hayek warnte darin vor einem Verlust der Freiheit, den er – ungeachtet der zumindest partiell lauteren Absichten, die er den sozialdemokratischen Theo-

1 Über Konzeptionen gesamtwirtschaftlicher Planung nach dem Zweiten Weltkrieg siehe Günther Chaloupek, Gesamtwirtschaftliche Planung, Interventionismus und Marktwirtschaft, in: Ewald Nowotny (Hrsg.), Sozialdemokratische Wirtschaftspolitik, Wien 1992, 154–163.

2 John Maynard Keynes, The General Theory of Employment, Interest, and Money, London 1936, 319.

3 Gunnar Myrdal, The Trend Towards Economic Planning, in: The Manchester School of Economic and Social Studies XIX (1951) 1–42.

4 Eine Ausnahme in dieser Hinsicht sind Schweden bzw. die skandinavischen Länder.

5 Friedrich A. Hayek, The Road to Serfdom, Chicago 1944 (deutsche Übersetzung: Der Weg zur Knechtschaft, Erlenbach/Zürich o.J. (1945)). Dagegen wandte sich Barbara Woottons Buch Freiheit in der Planwirtschaft, Hamburg 1947.

retikern und Politikern zugestand – mit dem von vielen damals als unwiderstehlich betrachteten „Trend zum Sozialismus“ unausweichlich verbunden sah.[6]

Entsprechend der führenden Stellung, welche die englische ökonomische Theorie damals innehatte, ging von der in England entwickelten Theorie der Wirtschaftsplanung großer Einfluss auf die Diskussion in den kontinentaleuropäischen Ländern aus. Die Wirtschaftsplanung war aber nicht nur ein Anliegen der Sozialdemokratie. Das ambitionierteste Modell gesamtwirtschaftlicher Planung, die französische „planification“, wurde überwiegend unter nicht-sozialistischen Regierungen entwickelt und zog in den 1950er- und 1960er-Jahren großes internationales Interesse auf sich.

Die Diskussionen über Wirtschaftsplanung in Österreich in den ersten Nachkriegsjahren

Die Rückkehr zu einer Marktwirtschaft mit freier Preis- und Lohnbildung wurde in den ersten Jahren nach dem Weltkrieg überhaupt nicht als reale Möglichkeit gesehen. Es war mehr oder weniger selbstverständlich, dass das von der Kriegswirtschaft übernommene System der Rationierung und Bewirtschaftung von Lebensmitteln, Rohstoffen und Energie ebenso beibehalten wurde wie die Genehmigungspflicht von Importen und Exporten und die Devisenbewirtschaftung. Auch in Österreich stellte sich die Frage nach der Wirtschaftsplanung erst in Zukunft nach einer Beseitigung der extremen Knappheit und Not, die mit der Erreichung des Vorkriegsniveaus, also um 1950, datiert werden kann. Im Prozess der allmählichen, aus damaliger Sicht überraschend schnell erreichten Normalisierung wurden Erfahrungen gesammelt, die dazu beitrugen, dass sich ursprünglich gegensätzliche Positionen annäherten.

Sowohl in der unmittelbaren Nachkriegszeit wie auch in späteren Jahrzehnten ist die ordnungspolitische Diskussion über die Wirtschaftsplanung eng verwoben mit der Diskussion über die Verstaatlichung bzw. über die Bedeutung der verstaatlichten Unternehmungen, die schon von Beginn an viel stärker als die Planung zum Gegenstand einer politischen Auseinandersetzung wurde und es bis in die Gegenwart geblieben ist. Wenn der Aufbau eines großen Bereichs an staatlichen Unternehmungen in der Industrie und im Bankensektor dabei ursprünglich nur als Instrument einer umfassenden Planung der gesamten Wirtschaft gesehen wurde, so blieb die Rolle der Staatsunternehmungen und ihre Organisation ein kontroversielles Thema der österreichischen Wirtschaftspolitik auch dann noch, als die Planung längst von der Agenda verschwunden war. Die Frage der Staatsunternehmungen ist allerdings nicht Thema dieses Beitrags und wird hier nur insofern berührt, als sie in die Planungsdiskussion hineinspielt.

6 Exemplarisch für den Pessimismus vieler Konservativen gegenüber der Unaufhaltsamkeit des Sozialismus sind die Einschätzungen Schumpeters, der nicht nur in „Kapitalismus, Sozialismus und Demokratie“ (1942) schrieb, dass der Kapitalismus nicht überleben könne, sondern auch noch 1950 vom „Marsch in den Sozialismus“ sprach.

Die Positionen der SPÖ

Wenn Fritz Weber in seinem Überblick über sozialdemokratische Wirtschaftspolitik 1880 bis 1950 festgestellt hat, dass es nicht einfach war, „dem keynesianischen Kurs nach 1945 zum Durchbruch zu verhelfen“, weil die SPÖ „das marxistische Erbe in einem viel größeren Ausmaß bewahrt hatte“[7], so trifft dies auch auf die keynesianisch inspirierte Theorie der Wirtschaftsplanung zu. Wenn das im Oktober 1947 beschlossene „Aktionsprogramm“ der SPÖ bewusst auf ausführlichere theoretische Darlegungen nach dem Vorbild des Linzer Programms (1926) verzichtete, so kommt darin vor allem eine pragmatische Haltung zum Ausdruck, die sich auf die Aufgaben des Wiederaufbaus und der Beseitigung von Not und Knappheit konzentriert. Ein Blick auf die Beiträge zur Konzipierung eines planwirtschaftlichen Systems für die Zeit nach dem Wiederaufbau lässt allerdings kaum eine systematische Arbeit an der grundsätzlich im Aktionsprogramm 1947 proklamierten ordnungspolitischen Alternative erkennen, in dem sich im Abschnitt „Leitende Grundsätze“ der Satz findet: „Die Sozialistische Partei wird Österreich den Bedingungen des Landes entsprechend aufbauen: sozialisierte Schlüsselindustrien, die übrige öffentliche Wirtschaft und die Genossenschaften werden mit der Privatindustrie, dem Gewerbe, dem Handel und der Bauernwirtschaft im Rahmen der staatlichen Planung und Lenkung zusammenwirken.“[8]

Der theoretischen Einheit von Verstaatlichung und Wirtschaftsplanung entsprach die Anfang 1946 erfolgte Etablierung eines „Bundesministeriums für Vermögenssicherung und Wirtschaftsplanung“. Nach der Erringung der absoluten Mehrheit in den Parlamentswahlen vom Dezember 1945 hatte die ÖVP die Führung dieses Ministeriums für sich beansprucht. Die SPÖ konnte einen – allerdings von der Verfassung her nur mit schwachen Kompetenzen ausgestatteten – Staatssekretär nominieren. Diese Position wurde zuerst von Karl Waldbrunner (bis Ende März 1946), später von Franz Rauscher und vom März 1947 bis zur Auflösung des Ministeriums nach den Wahlen vom Herbst 1949 von Karl Mantler besetzt. Die Aktivitäten dieses Ministeriums boten für die SPÖ die Gelegenheit, parallel zur theoretischen Diskussion über Wirtschaftsplanung praktische Erfahrungen zu sammeln und so für die neu gestalteten Verhältnisse in Österreich ein Modell der gesamtwirtschaftlichen Planung und Lenkung zu entwickeln.

7 Fritz Weber, Von der Utopie der sozialen Freiheit zum Reich der wirtschaftlichen Notwendigkeit, in: Anton Pelinka (Hrsg.), Zwischen Austromarxismus und Katholizismus. Festschrift für Norbert Leser, Wien 1993, 68.

8 Aktionsprogramm der SPÖ, beschlossen am Parteitag 23.–26. Oktober 1947, abgedruckt in: Ernst Winkler (Hrsg.), Die österreichische Sozialdemokratie im Spiegel ihrer Programme, Wien 1964, 61.

Die theoretische Diskussion in der SPÖ[9] war stark vom englischen Vorbild geprägt. Maßgebliche Beiträge kamen von den aus der Emigration zurückkehrenden Ökonomen Karl Ausch, Peter Milford(-Hilferding) und Stefan Wirlandner, weiters von Alfred Migsch, Hans Bayer und Gustav Wihrheim. Auschs Überlegungen[10] sahen die Einrichtung einer Planungskommission zur Planung von Produktion und Arbeitskräfteeinsatz vor. Zu den wichtigsten Instrumenten zur laufenden Kontrolle über den Produktionsprozess gehörten die verstaatlichte Industrie, aber auch eine straffe Lenkung des Imports und Exports im Sinne der Planerfüllung. Im Interesse einer ausreichenden Gesamtnachfrage zur Erreichung von Vollbeschäftigung sollten niedrige Einkommen durch steuerliche Umverteilung relativ angehoben werden. – Im Unterschied zu Auschs stark vom Keynesianismus geprägter Argumentation bilden den theoretischen Bezugsrahmen von Hans Bayers Broschüre über die Möglichkeit einer gesamtwirtschaftlichen Planung[11] die Österreichische Schule, Hayeks „Weg zur Knechtschaft" und der Eucken-Röpke'sche Ordoliberalismus. Für eine Planwirtschaft mit gemischter Eigentumsordnung, in der der Wettbewerb nicht ausgeschaltet ist, verwirft Bayer die liberalen Thesen von der Unmöglichkeit einer rationalen Wirtschaftsrechnung, der Unausweichlichkeit von Bürokratisierung und Erstarrung und des Verlustes der Freiheit. Bayer erachtet einen bloßen Interventionismus als „zum Scheitern verurteilt" und kommt zur Konklusion, dass das Ordnungsprinzip der Planwirtschaft „dem reinen Wirtschaftsziel besser (entspricht) als das der freien Verkehrswirtschaft".[12]

Die einzigen Beiträge eines Ökonomen mit praktischer Erfahrung kamen von Gustav Wihrheim, der in der Planungssektion des Ministeriums für Vermögenssicherung und Wirtschaftsplanung tätig war. In einer Reihe von Artikeln[13] stellte Wihrheim detailliertere Überlegungen an, wie von einem Gesamtziel her im Wirtschaftsplan die einzelnen Teilpläne aufeinander abgestimmt werden und welche Instrumente bei der Implementierung des Planes im Sektor der staatlichen Unternehmungen und im privaten Sektor zum Einsatz kommen sollten.

Insgesamt entsteht bei Betrachtung der in der SPÖ nicht mit großer Intensität geführten Diskussion über Wirtschaftsplanung der Eindruck, dass parallel zum schrittweisen Abbau der Bewirtschaftungsmaßnahmen der unmittelbaren Nachkriegsjahre die Bereitschaft, sich eines solchen Projektes anzunehmen, das eine gewaltige technokratische Apparatur sowie die Schaffung weiterer Steuerungsinstrumente und die Koordinierung von wirtschaftlichen und sozialen Interessenverbänden zur Erreichung der Ziele erforderte, in der SPÖ in

9 Siehe dazu die überblicksartige Darstellung bei Renate Deutsch, Chance auf Veränderung. Geschichte der Verstaatlichung in Österreich II, Wien 1979, 56ff.

10 Karl Ausch, Die Neue Wirtschaft im neuen Österreich, Wien 1947².

11 Hans Bayer, Sozialisierung und Planwirtschaft, Wien 1947.

12 Ebd., 54.

13 Gustav Wihrheim, Grundsätzliches zur Wirtschaftsplanung, in: Arbeit und Wirtschaft Nr. 10 – Mai 1948, 6–9; ders., Erfahrungen der österreichischen Planungsarbeit, in: Arbeit und Wirtschaft Nr. 3 – Mai 1949, 3–7 und weitere Beiträge in derselben Zeitschrift.

dem Maße abnahm, als sich zeigte, dass die großen Ziele Einkommenserhöhung und Wachstum, Vollbeschäftigung und Ausbau der sozialen Sicherheit auch ohne kompliziertes System der gesamtwirtschaftlichen Planung erreichbar sein könnten.

Eher kontraproduktiv für die Einführung einer Wirtschaftsplanung waren auch jene Beiträge, die an Otto Bauers Vorschläge aus der Sozialisierungsdebatte nach dem Ersten Weltkrieg[14] zur Organisation der gemeinwirtschaftlichen Unternehmungen anzuknüpfen versuchten. Nicht nur ging dieser Teil der Diskussion an der Problematik der Planung vorbei – es wurde auch deutlich, dass das von Bauer vorgeschlagene Modell der Dreiteilung der Interessen in Staat, Arbeitnehmer und Konsumenten für die Organisation der verstaatlichten Industrie nicht brauchbar war.

Positionen in der ÖVP zur Frage der Wirtschaftsplanung

In der von früheren christlichsozialen Politikern 1945 neu gegründeten „Volkspartei" bestand nach dem Krieg ein breiter Konsens darüber, dass der Staat in der Wirtschaftspolitik eine aktivere Rolle zu übernehmen hätte als in der Zwischenkriegszeit. Dies betraf nicht nur die unmittelbare Notwendigkeit der Beibehaltung der Bewirtschaftungsmaßnahmen. Die Verstaatlichung eines großen Unternehmensbereichs, die zwar dem Umfang nach, aber damals nicht an sich zwischen den Großparteien umstritten war, hatte ebenso neue Strukturen geschaffen wie die Neukonstitution starker Arbeitnehmerverbände (ÖGB als Einheitsgewerkschaft und Arbeiterkammern) und die paritätische Beteiligung der Arbeitnehmer an den Entscheidungen der Wirtschafts- und Sozialpolitik. Als Gegengewicht wurde auf Forderung der ÖVP mit dem neuen Handelskammergesetz ein einheitlicher starker Unternehmerverband etabliert. Auch nach erfolgtem Wiederaufbau war daher eine Wirtschaftspolitik neuen Stils gefordert. Gegenüber einer erhöhten Verantwortung des Staates wollte die ÖVP die Rolle einer Hüterin der Freiheitsrechte übernehmen: „Es kann nicht in Zweifel gezogen werden, dass es vollkommen unmöglich ist, zur ungehemmten Freiheit der hochkapitalistischen Wirtschaft zurückzukehren. Auf der anderen Seite ist niemand von uns bereit, die Unterjochung der freien Persönlichkeit hinzunehmen, die sich aus der Erreichung eines wirtschaftlichen Kollektivismus ergeben würde. Sie müsste ja sofort zwangsläufig zum nächsten Schritt führen, zum politischen Kollektivismus. Wir haben Grundüberzeugungen, von denen wir nie abgehen können, und eine ist die vom Rechte der freien menschlichen Persönlichkeit."[15]

14 Otto Bauer, Der Weg zum Sozialismus, Wien 1919, 9–13.

15 Aus einem Grundsatzartikel von Minister Krauland, zitiert bei Siegfried Hollerer, Verstaatlichung und Wirtschaftsplanung in Österreich 1946–1949 (Dissertationen der Hochschule für Welthandel in Wien 15), Wien 1974, 143–144.

Wenn im zweiten Teil dieser Grundsatzerklärung der Widerhall von Hayeks „Weg zur Knechtschaft" unüberhörbar ist, so bezeugt gleichzeitig ihr erster Teil die Abkehr vom Wirtschaftsliberalismus alter Prägung. In der damals stark durch die Existenz von drei Bünden (Wirtschaftsbund, Arbeiter- und Angestelltenbund, Bauernbund) geprägten Volkspartei war auch ein deutlicher Unterschied zwischen den mehr wirtschaftsliberal orientierten Auffassungen des Wirtschaftsbundes und den mehr interventionistischen des Arbeiter- und Angestelltenbundes und des Bauernbundes zu erkennen.[16] Die Vorbehalte gegenüber Konzepten einer gesamtwirtschaftlichen Planung waren in der ÖVP weniger stark als gegenüber der verstaatlichten Industrie, die zwar als Faktum akzeptiert, aber in Unternehmer- und Industriellenkreisen immer mit Misstrauen angesehen wurde.

Eine wichtige Aufgabe der Planung wurde in der Beeinflussung der Entwicklung der Wirtschafts- und insbesondere der Industriestruktur Österreichs gesehen.[17] Über die Phase des unmittelbaren Wiederaufbaues hinaus betrachtet sollte durch eine entsprechende Planung der Investitionen die Herausbildung von Strukturen verhindert werden, welche in der Zeit zwischen den Weltkriegen zu großen Problemen geführt hatten. Diesem Ziel sollten die sektoralen Teilpläne, die im Ministerium für Vermögenssicherung und Wirtschaftsplanung erstellt wurden, Rechnung tragen. In einer heute seltsam anmutenden Terminologie wurde in den Planungsaktivitäten dieses Ministeriums zwischen „Kernplanung" und „Konstitutionsplanung" unterschieden. Die sektoral ausgerichtete Kernplanung bildete eine, wenn auch nicht die einzige Grundlage für die Bewirtschaftung im jeweiligen Sektor, d.h. für die Zuteilung von Rohstoffen, Investitionsgütern – beides häufig mit Importgenehmigungen verbunden –, Arbeitskräften, finanziellen Ressourcen, Zahlungsmitteln in internationaler Währung etc. Im Vergleich dazu war die Konstitutionsplanung (siehe dazu auch den folgenden Abschnitt) ein planerischer Gesamtrahmen von unklarer, tatsächlich kaum greifbarer Verbindlichkeit. Nach Abbau des Bewirtschaftungssystems sollte „als Planungseinrichtung von dauernder Bedeutung und als unentbehrliches Requisit für eine moderne Volkswirtschaft überhaupt (...) nur der Konstitutionsplan (verbleiben), d.h. ein Plan für die Gestaltung der Wirtschaft überhaupt"[18]. Unverkennbar ist hier eine Ähnlichkeit zum französischen Modell der Planification mit seinem indikativen Charakter, aber ebenso der Unterschied zu dem in Westdeutschland mit der Währungsreform 1948 installierten Modell der „Sozialen Marktwirtschaft", an das sich der spätere „Raab-Kamitz-Kurs" anzulehnen trachtete.

16 Siehe dazu Zitate bei Deutsch, Chance auf Veränderung, 70ff (wie Fn. 9).

17 Über Konzeption und Organisation der Planung in Österreich in den Jahren 1946 bis 1949 siehe Hollerer, Verstaatlichung und Wirtschaftsplanung, 130–145 (wie Fn. 15).

18 Krauland zitiert bei Hollerer, Verstaatlichung und Wirtschaftsplanung, 144–145 (wie Fn. 15).

Wirtschaftsplanung und reale Wirtschaftsentwicklung bis zur Mitte der 1950er-Jahre

Wirtschaftsplanung in der Praxis

Das Ministerium für Vermögenssicherung und Wirtschaftsplanung hat in der Zeit seines Bestehens (1946–1949) die konzeptuellen Grundlagen für die Kernplanung erstellt, darunter die Rangordnung der verschiedenen Bedarfskategorien, welche als Grundlage für die Bewirtschaftung dienten.[19] Darüber hinaus wurden über den Zeithorizont des unmittelbaren Wiederaufbaus hinaus vier Sektorpläne vom Typ des „Konstitutionsplanes“ erstellt: für die Bereiche Eisen und Stahl, Elektrizitätserzeugung, Kohle sowie ein „Metallplan“, der die Nichteisenmetallbranchen umfasste.[20] Der Zeithorizont dieser Pläne betrug grundsätzlich zehn Jahre, in dem Sinn, dass z.B. im Eisen- und Stahlplan die Erfordernisse an Investitionen samt dem sich daraus ergebenden Finanzierungsbedarf für ein angestrebtes Produktionsvolumen von 1,070 Millionen Tonnen Stahl (das entsprach 165 Prozent des Niveaus von 1937) dargestellt wurden. Es handelte sich dabei nicht um strikte, jährlich zu verstehende Planziele, sondern um flexible Zielvorstellungen, die vorsichtig gewählt waren.

Nach der Erstellung der „Konstitutionspläne“ – der letzte Plan wurde Anfang 1949 von der interministeriellen Planungskommission genehmigt – und angesichts des absehbaren Endes der Wiederaufbauperiode stellte sich für die weitere Entwicklung der Planung die entscheidende Frage der Erstellung eines gesamtwirtschaftlichen Rahmenplanes, ohne den die sektoralen Planungen zunehmend „in der Luft zu hängen“ drohten. In diesem Sinne unternahm Karl Waldbrunner einen Vorstoß, als er Anfang 1949 in einem in der „Arbeiter-Zeitung“ veröffentlichten Beitrag eine „Übereinstimmung der vorgelegten Pläne mit der Gesamtwirtschaft“ forderte, „die herzustellen in erster Linie der Planungsbeirat berufen ist. (...) Der Beirat wird darauf sehen müssen, dass in unserem Wirtschaftsaufbau nunmehr nachgeholt wird, was an Zeit und Kraft durch Unentschlossenheit in den vergangenen Jahren versäumt worden ist. Die wirtschaftlichen und politischen Interessenvertretungen, die sich in diesem Beirat finden, müssen schon in der Vorbereitung des wirtschaftlichen Aufbaus für den unbedingt erforderlichen Interessenausgleich sorgen.“[21]

Die Hoffnung, der Planung durch eine Aktivierung des Planungsbeirats einen Anschub zu geben, erfüllten sich allerdings nicht, da dort die Meinungsunterschiede zu groß waren, um eine Einigung auf gesamtwirtschaftliche Planziele zu ermöglichen.

---

19 Hollerer, Verstaatlichung und Wirtschaftsplanung, 149ff (wie Fn. 15).

20 Siehe dazu ausführlich Hollerer, Verstaatlichung und Wirtschaftsplanung, 166–180 (wie Fn. 15). Die Leitung über die Erstellung der Pläne hatte Margarethe Ottilinger, die seit August 1947 als Geschäftsführerin des Planungsbüros fungierte. Ottilinger wurde am 5. November 1948 unter dem Vorwand der Spionage von Organen der sowjetischen Militärverwaltung verhaftet und in die Sowjetunion verschleppt. Sie konnte erst nach dem Abschluss des Staatsvertrages 1955 nach Österreich zurückkehren.

21 Zitiert bei Deutsch, Chance auf Veränderung, 92 (wie Fn. 9).

Die Wirtschaftsplanung im Rahmen des ERP-Programmes

Die sektoralen Wirtschaftspläne erwiesen sich als wertvolle Vorarbeit für die Teilnahme Österreichs an dem von den USA 1948 zur Beschleunigung des Wiederaufbaus in Europa aufgelegten ERP-Programm („Marshallplan").[22] Die eingereichten Projekte und die dabei gewählten Prioritäten mussten auch mit volkswirtschaftlichen Überlegungen begründet werden, insbesondere, inwieweit sie auch geeignet waren, zur Eliminierung des Leistungsbilanzdefizits beizutragen. Es waren Jahrespläne, Investitionspläne und ein so genanntes „Longterm-Programm" zu erstellen. Nach der Auflösung des Planungsministeriums wurde im Bundeskanzleramt ein eigenes „ERP-Büro" eingerichtet, in dem die Referenten für Wirtschaftsplanung ihre Tätigkeit fortsetzten. Die für die Beteiligung am ERP-Programm erforderlichen Programme bedeuteten einen Schritt in Richtung volkswirtschaftliche Rahmenplanung, da die – zum Teil schon vorhandenen – sektoralen Analysen in makroökonomische Größen eingebettet werden mussten. Dazu versicherte sich das ERP-Büro der Mitwirkung des Instituts für Wirtschaftsforschung.[23] Über die Steuerung der Finanzierungsströme erfolgte eine starke Lenkung der Investitionen, die dem noch von der „New Deal"-Ideologie der Roosevelt-Ära geprägten Marshallplan entsprach. Im Effekt aber förderte der Marshallplan einen schrittweisen Übergang von der behördlichen Lenkung zu einer marktwirtschaftlichen Ordnung in Österreich bzw. in Westeuropa.[24]

Das Ende der planerischen Aktivitäten

Der unerwartet rasche Wiederaufbau führte dazu, dass die zeitlichen Zielvorstellungen der Konstitutionspläne meist erheblich unterschritten wurden. So etwa wurde das Ziel bei der Stahlerzeugung bereits nach vier Jahren erreicht.[25] Das reale Wachstum des Bruttonationalprodukts erreichte mit 17 Prozent p.a. im Durchschnitt der Jahre 1946/50 Werte, welche selbst die kühnsten Planungen obsolet gemacht hätten. Ein Zustand der Vollbeschäftigung war zwar noch nicht erreicht, aber selbst bei etwas geringerem Wachstumstempo in greifbare Nähe gerückt. Die Perspektive wirtschaftlicher Prosperität und steigenden Lebensstandards erschien auch ohne gesamtwirtschaftliche Planung plausibel. Zu einer möglichst raschen Lösung des zu Beginn der 1950er-Jahre nach mehreren Lohn-Preis-Abkommen in Österreich immer noch akuten Problems der Inflation konnte die Wirtschaftsplanung wenig beitragen.

Politisch war die Forderung nach Einführung einer gesamtwirtschaftlichen Planung nach den Wahlen 1949 schwerer durchsetzbar geworden, da in der ÖVP jene Stimmen an Gewicht gewannen, die für das Modell der Sozialen Marktwirtschaft plä-

22 Siehe dazu Hollerer, Verstaatlichung und Wirtschaftsplanung, 162–170 (wie Fn. 15).
23 Hans Seidel, Österreichs Wirtschaft und Wirtschaftspolitik nach dem Zweiten Weltkrieg, Wien 2005, 297–298.
24 Ebd., 338.
25 Hollerer, Verstaatlichung und Wirtschaftsplanung, 186 (wie Fn. 15).

dierten und die Situation für eine Zurückdrängung des Staatseinflusses nutzen wollten. In den Koalitionsverhandlungen setzte sich die ÖVP mit der Forderung durch, das Ministerium für Vermögenssicherung und Wirtschaftsplanung aufzulösen, und die Rechtsgrundlagen für eine „zusammenfassende Behandlung der Wirtschaftsplanung und Wirtschaftslenkung" wurden für entfallen erklärt. Die Wahrnehmung der Eigentümerfunktion für die verstaatlichte Industrie ging an das von 1949 bis 1956 unter Leitung von Karl Waldbrunner stehende Ministerium für Verkehr und verstaatlichte Betriebe über. An die Stelle der Diskussion über die sektorale Planung in diesem Unternehmensbereich trat eine Diskussion über Organisationsform und Finanzierung der verstaatlichten Industrie.

Die Anforderungen für die Teilnahme Österreichs am Marshallplan hatten zwar noch einmal einen Impuls für eine mittelfristige Planung gebracht. Diese Ansätze wurden nach dem Auslaufen des Programms 1952 jedoch nicht weiterverfolgt. Die zu diesem Zeitpunkt bereits eindeutig ablehnende Haltung der ÖVP zur Wirtschaftsplanung war dafür allerdings nicht der einzige Grund. Auch bei den maßgeblichen Politikern der SPÖ hatte die Wirtschaftsplanung ihre ursprünglich so hohe Priorität eingebüßt. Den Umstand, „dass auch die Sozialisten keinen fühlbaren Druck in dieser Richtung ausübten", erklärte Eduard März mit einem „Hang zum Pragmatismus"[26]. Die pragmatische Orientierung wurde besonders von Wirtschaftspolitikern des Gewerkschaftsbundes und der Arbeiterkammer befürwortet. Die Gewerkschaften sahen zunehmend in der Steigerung von Produktivität und Produktion als Grundlage für regelmäßige Reallohnerhöhungen ihre wichtigste Zielsetzung. Für eine interventionistische Marktwirtschaft statt einer geplanten Wirtschaft plädierte Stefan Wirlandner in seinem Grundsatzreferat beim Zweiten ÖGB-Bundeskongress (1951): „Wir werden größere Erfolge erzielen, wenn wir schädlichen Auswirkungen der Marktwirtschaft mit geeigneten marktwirtschaftlichen Maßnahmen entgegentreten."[27]

Das Programm der SPÖ 1958, das erste Grundsatzprogramm, in dem die veränderten wirtschaftlichen und gesellschaftlichen Verhältnisse der Nachkriegszeit theoretisch reflektiert wurden, enthält noch einmal ein starkes Plädoyer für Wirtschaftsplanung. Gefordert wird nicht nur die Schaffung einer Plankommission, die Ausarbeitung von mittelfristigen Rahmenprogrammen und jährlichen Nationalbudgets, sondern auch „eine zweckmäßige Verbindung der Produktionsfaktoren, gestützt auf ein System langfristiger Liefer- und Dienstleistungsverträge mit stabilen Preisen und Tarifen" zur Planrealisierung.[28] Vorstellungen dieser Art blieben

26 Eduard März, Österreichs Wirtschaft zwischen Ost und West, Wien/Frankfurt/Zürich 1965, 21.

27 Zitiert in Fritz Klenner, Die österreichischen Gewerkschaften, Band II, Wien 1953, 1654.

28 Winkler, Sozialdemokratie im Spiegel ihrer Programme, 85 (wie Fn. 8). Dass dieser Gedanke nicht unumstritten war, zeigt die Verwässerung der Formulierung gegenüber dem ersten Programmentwurf 1957, wo es heißt: „Wenn dieser umfangreiche Ausschnitt (der Bereich der staatlich gelenkten Wirtschaft, insbes. Landwirtschaft, der verstaatlichten Industrie und der genossenschaftlich organisierte Bereich – Konsum, Wohnbau) nach einheitlichen Gesichtspunkten gelenkt wird, ist eine weitgehende Ausschaltung von Konjunktur- und Preisschwankungen zu erzielen. Zu diesem Zweck sind die einzelnen Unternehmungen dazu anzuhalten, im Rahmen der von der Planungskommission ausgearbeiteten Richtlinien miteinander langfristige Liefer- und Dienstleistungsverträge zu festen Preisen abzuschließen." (Das neue Programm der SPÖ Wien 1957, 26)

jedoch ohne Bedeutung für die Praxis der Wirtschaftspolitik, in der in den 1950er-Jahren eine Synthese zwischen Marktwirtschaft und wirtschaftspolitischer Steuerung zunehmend Gestalt annahm, die zur Grundlage des „goldenen Zeitalters" der österreichischen Wirtschaftsentwicklung wurde.

Das Resultat des Suchprozesses: Grundzüge des österreichischen Modells der gesamtwirtschaftlichen Steuerung

Vom Ergebnis her betrachtet erscheinen die ordnungspolitischen Diskussionen der ersten Nachkriegsjahre wenig folgerichtig und konsequent – um nicht zu sagen: unlogisch. Man sollte sich dabei jedoch die Ausgangssituation vor Augen halten, und zwar nicht nur die Notlage bei Kriegsende, sondern auch die Erfahrungen der Zwischenkriegszeit. „Aus der Sicht dieser Jahre präsentierte sich die Marktwirtschaft häufig als System, das nicht in der Lage war, die ökonomischen Probleme der Zeit zu lösen. Als Symbol dafür stand die Weltwirtschaftskrise. Hinweise auf diese Einstellung gibt die wirtschaftspolitische Diskussion unter sozialistischen Politikern und Gewerkschaftern, die sich auf irgendeine Form von Planwirtschaft konzentrierte. Selbst jene Ökonomen, die den Keynesianismus rezipiert hatten, wie Ausch, konnten sich dessen Verwirklichung auch nur unter planwirtschaftlichen Aspekten vorstellen."[29]

Die De-facto-Abkehr von Modellen einer gesamtwirtschaftlichen Planung erwies sich im Rückblick nicht als Nachteil. Zwar galt das französische Modell der indikativen Planung in den 1960er-Jahren als erfolgreich, unterlag jedoch danach einer zunehmenden Erosion und war zur Bedeutungslosigkeit degeneriert, bevor es in den 1990er-Jahren formal sistiert wurde[30]. Auch wenn sich die Wirtschaftspolitik in Österreich so von umfassenden planerischen Ambitionen verabschiedet hatte, unterschied sich das wirtschaftspolitische Modell der folgenden Jahrzehnte dennoch deutlich vom Modell der „Sozialen Marktwirtschaft" der Bundesrepublik Deutschland in der Ära Ludwig Erhards durch eine stärkere Betonung der auf dem Keynesianismus beruhenden Globalsteuerung sowie – vor allem – durch ein größeres Gewicht interventionistischer Regelungen gegenüber dem Marktmechanismus.

Im Gegensatz zu damals nicht seltenen Behauptungen konservativer Universitätslehrer, die Bedeutung des Keynesianismus sei in Österreich gering, wurde seit der Stabilisierungskrise 1952/53 – also bereits unter den von der ÖVP gestellten

29 Felix Butschek, Vom Konflikt zur Konsensorientierung. Die Kammer für Arbeiter und Angestellte und die Wirtschaftspolitik Österreichs 1920–1995, Wien 1996, 105.

30 In den 1960er-Jahren unter der Labour-Regierung begonnene Initiativen nahmen eine ähnliche Entwicklung. Zur Rolle der gesamtwirtschaftlichen Planung in der Phase ihres Niedergangs siehe Günther Chaloupek/Werner Teufelsbauer, Gesamtwirtschaftliche Planung in Westeuropa, Frankfurt a. M. 1987.

Finanzministern – eine antizyklische Budgetpolitik betrieben. Das Steuersystem enthielt massive Begünstigungen von Investitionen in Maschinen und Anlagen, die Subventionierung der privaten sowie ausreichende Finanzierungsmittel für die öffentlichen Investitionen genossen weiterhin eine hohe Priorität. Mit der Einführung einer regelmäßig erstellten und revidierten Konjunkturprognose Anfang der 1960er-Jahre wurde die moderne Makroökonomie auch formal in den Status der Entscheidungsgrundlage für die Wirtschaftspolitik von Regierung und Sozialpartnern erhoben. Zu nennen ist in diesem Zusammenhang auch der Ausbau der sozialstaatlichen Einrichtungen, beginnend mit dem ASVG 1956, mit seinen positiven Wirkungen der Verstetigung der Einkommen und der Verringerung von Unsicherheit.

Schon Anfang der 1950er-Jahre wurde auch klar, dass die kleine, durch einen zunehmenden Außenhandelsanteil erst allmählich zur offenen Volkswirtschaft sich entwickelnde Wirtschaft Österreichs auch stärkerer interventionistischer Regelungsmechanismen bedurfte als die BRD. Entgegen der von ÖVP-Seite vorschnell erhobenen Forderung nach Abschaffung aller Bewirtschaftungsgesetze wurden insbesondere die Instrumente der Preisregelung beibehalten[31]. Sie bildeten direkt und indirekt das legale Fundament des mit der 1957 eingesetzten Paritätischen Kommission geschaffenen Instrumentariums einer stabilitäts- und produktivitätsorientierten Preis- und Lohnpolitik, mit dem die internationale Wettbewerbsfähigkeit der österreichischen Wirtschaft nicht nur während der Zeit fester Wechselkurse, sondern auch nach dem Ende des Bretton-Woods-Systems nachhaltig gesichert wurde.

Auf der Grundlage dieses in den 1950er-Jahren geschaffenen Systems entwickelte sich Österreich in den folgenden Jahrzehnten „vom Nachzügler zum Vorbild“[32]: in der Phase des raschen Wachstums bis 1975, und danach mit der Wirtschaftspolitik des „Austrokeynesianismus“, mit der sich Österreich mit beachtlichem Erfolg den zunehmend fühlbaren internationalen Krisentendenzen entgegengestemmt hat.

---

31 Es war wohl die Notwendigkeit, die Regulierungen des landwirtschaftlichen Sektors durch entsprechende Verfassungsgesetze aufrechterhalten zu können, welche die ÖVP zu einer Kehrtwende veranlasste. „Trotz aller Propagandaartikel und -reden sah die Volkspartei im Jahre 1952 ein, dass die von ihr so bekämpften, aus der ersten Nachkriegsnot herrührenden Bewirtschaftungsgesetze angesichts der durch den Koreakrieg geschaffenen Weltlage auch weiterhin nötig seien. So wurde am 27. Mai 1952 das Gesetz über das Wirtschaftsdirektorium (...) verlängert und durch Sonderbestimmungen die Fortdauer des Preisregelungsgesetzes, des Rohstofflenkungsgesetzes, des Außenhandelsverkehrsgesetzes, des Lebensmittelbewirtschaftungsgesetzes sowie des Preistreibereigesetzes herbeigeführt.“ Adolf Schärf, Österreichs Erneuerung 1945–1955, Wien 19607, 31.

32 Vgl. Helmut Kramer/Felix Butschek (Hrsg.), Vom Nachzügler zum Vorbild. Österreichs Wirtschaft 1945–1985, Wien 1985.

Ulrike Felber

„Öffentliche Verwalter"

– Instrument der Verstaatlichung?[1]

In der Auseinandersetzung mit dem Wirken Karl Waldbrunners blieb dessen Zeit als (Unter-)Staatssekretär im Staatsamt für Industrie, Gewerbe, Handel und Verkehr und im Bundesministerium für Vermögenssicherung und Wirtschaftsplanung vom 27. April 1945 bis zum 28. März 1946 eine bisher häufig nur mit knappen Worten vermerkte Episode.[2] Die Übernahme einer leitenden Funktion in der Provisorischen Regierung durch den, mit heutiger Diktion als „Quereinsteiger" zu bezeichnenden, 38-jährigen Ingenieur bedeutete weit mehr als einen unverhofften Karrieresprung. Im Unterschied zur Mehrheit seiner Regierungskollegen, die aus den Funktionärseliten der politischen Parteien der Zwischenkriegszeit stammten, hatte Waldbrunner zuvor zwar bei der Sozialistischen Studenten und bei der Ingenieurgruppe des Bundes der Industrieangestellten Vorstandsfunktionen innegehabt[3], noch nie jedoch ein höheres politisches oder öffentliches Amt. Von Karl Renner mit dem „Auftrag" betraut, Industrieproduktion und Energieversorgung wieder herzustellen[4], betrat Waldbrunner in einer absoluten Ausnahmesituation ein für ihn unbekanntes Terrain. Mit seinen politischen Konzepten und Strategien, auf die der Fokus in diesem Beitrag gerichtet werden soll, gelang es ihm, in der Zeit im Staatsamt Weichen für die wirtschaftliche Rekonstruktion Österreichs zu stellen und sich als sozialistischer Wirtschaftspolitiker zu profilieren.[5]

Nicht als Bittsteller – der „Staatskapitalist" Waldbrunner

Priorität hatte 1945 unter den gegebenen Bedingungen die Wiederherstellung der zerstörten Infrastruktur und die Wiederingangsetzung der Produktion. Vor allem musste es gelingen, die sowjetische Besatzungsmacht von ihren Plänen weitgehender Demontagen von Industrieanlagen abzubringen. Waldbrunner konnte in Verhandlungen mit den sowjetischen Besatzern seine Erfahrungen als Ingenieur im

1 Der Beitrag beruht auf Forschungen im Rahmen eines vom Jubiläumsfonds der Oesterreichischen Nationalbank geförderten Projektes der Österreichischen Gesellschaft für Zeitgeschichte mit dem Titel: Öffentliche Verwaltung von Unternehmen. „Vermögenssicherung" und wirtschaftliche Rekonstruktion in Österreich nach 1945.

2 Zur politischen Biographie Waldbrunners siehe den Beitrag von Manfred Zollinger in diesem Band.

3 Wilhelm Rosenzweig, Die Zeit bis 1945, in: Festschrift für Karl Waldbrunner zum 65. Geburtstag, Wien 1971, 21–37, 27–30.

4 Ebd., 37.

5 Die Quellenlage zu dieser Periode ist schwierig, da ein dem Unterstaatssekretariat direkt zuordenbarer Bestand nicht zur Verfügung steht. Neben den wenigen persönlichen Zeugnissen aus dieser Zeit (SPÖ-Parteiarchiv, Stiftung Bruno Kreisky Archiv) lässt sich die Tätigkeit Waldbrunners nur indirekt, anhand der Akten anderer Abteilungen des Staatsamtes, und aus sekundären Quellen, wie Erinnerungen von Zeitzeugen, rekonstruieren.

sowjetischen Kraftwerksbau und seine Russischkenntnisse einbringen.[6] Mehrfach verbuchte er Erfolge, so auch die Freigabe einer Autoreparaturwerkstätte und eine Spende von Marschall Fjodor Tolbuchin in Form von „150 Autos".[7] Gegenüber seinen Regierungskollegen betonte er in diesem Zusammenhang die Notwendigkeit einer selbstbewussten Demonstration des Wiederaufbauwillens Österreichs. Man müsse „den Russen gegenüber (...) immer auf die eigene Initiative hinweisen und dürfe nicht fortwährend als Bittsteller auftreten".[8] Als Kenner der sowjetischen Verhältnisse war ihm dies möglich, da er allein durch den Wegfall der Sprachbarriere seine russischen Verhandlungspartner leichter „verstehen" und besser einschätzen konnte. Bedingt durch seine Zuständigkeit für Industrie und Energieversorgung im Staatsamt pflegte Waldbrunner intensive Beziehungen zur sowjetischen Besatzungsmacht. Sein Bemühen, eine gute Gesprächsbasis zu erhalten, trug ihm Vorhaltungen ein, mit den Sowjets zu paktieren. Eugen Margarétha, der damalige Leiter der Industriesektion der Handelskammer und spätere Finanzminister, über dessen mangelnde Kooperationsbereitschaft sich Waldbrunner beklagte[9], ortete in Waldbrunners Politik „Ideenkonformität" mit dem sowjetischen Modell. Er warf ihm vor, zu „jenen österreichischen Politikern (sozialdemokratische Linke und Kommunisten)" zu gehören, „die über eine russische Beteiligung eine Sozialisierung erhoffen".[10] Waldbrunners Vorstellungen von Sozialisierung speisten sich jedoch nicht aus einem dogmatischen Antikapitalismus. Es sind vielmehr die politischen Erfahrungen der Zwischenkriegszeit, die Waldbrunner zu einem vehementen Verfechter der Verstaatlichung werden ließen und sein Agieren als Staatssekretär und später als Verstaatlichtenminister bestimmten.

Angesichts verwaister Betriebe, Demontagen und fehlenden privaten Kapitals war die Politik der Verstaatlichung[11] für Waldbrunner ein Gebot der Stunde, um das „Deutsche Eigentum" für Österreich zu sichern und so eine rasche wirtschaftliche Rekonstruktion zu gewährleisten. In diesem Sinne bedeutete sie für ihn auch eine

6 Karl Waldbrunner, Bericht über die Arbeit im Staatsamte für Industrie, Gewerbe, Handel und Verkehr (Sta-IGHV) vom 1. Mai – 15. September 1945, Kopie, dankenswerterweise zur Verfügung gestellt von der Stiftung Bruno Kreisky Archiv.

7 Vermutlich hat es sich um Lastkraftwagen gehandelt; zwar dürfte nur einer dieser Wagen fahrbereit gewesen sein, dennoch bedeutete diese Spende angesichts des völlig zusammengebrochenen Transportwesens eine Hilfe, siehe Kabinettsratsprotokoll (KRP), 8, 22.5.1945, 121, in: Protokolle des Kabinettsrats der Provisorischen Regierung Karl Renner, hrsg. von der Österreichischen Gesellschaft für historische Quellenforschung, Bd. 1–3, Wien 1995, 1999, 2003.

8 KRP, 8, 22.5.1945, 121.

9 Waldbrunner, Bericht, 6 (wie Fn. 6), beklagt sich, dass leitende Sekretäre der Kammer nicht bereit gewesen wären, „auch nur einigermaßen richtige zahlenmäßige Unterlagen" für die Verhandlungen seines Ressorts mit den sowjetischen Besatzern zur Verfügung zu stellen.

10 Alois Brusatti (Hrsg.), Zeuge der Stunde Null. Das Tagebuch Eugen Margaréthas 1945–1947, bearbeitet von Hildegard Hemetsberger-Koller, Linz 1990, 73 (15.5.1945) und 131 (28.10.1945) – konkret nimmt Margarétha auf die Bestellung des öffentlichen Verwalters bei den Saurer-Werken Bezug – siehe dazu weiter unten.

11 Siehe dazu u.a.: Siegfried Hollerer, Verstaatlichung und Wirtschaftsplanung in Österreich (1946–1949), Diss. Hochschule für Welthandel, Wien 1974; Otto Klambauer, Die Frage des deutschen Eigentums in Österreich, in: Jahrbuch für Zeitgeschichte 1978, 127–174; Renate Deutsch, Geschichte der Verstaatlichung in Österreich, 2 Bde., Wien 1978/79; Robert Stöger, Die Verstaatlichungsdiskussion in der SPÖ 1945–1970, Diss. Univ. Wien, Wien 1988.

Weichenstellung, durch die Krisenszenarien wie in der Ersten Republik vermieden werden sollten. Das wirtschaftliche und politische Scheitern der Ersten Republik interpretierte Waldbrunner als Resultat der „Herrschaft der Monopole", die es mit der Sozialisierung der „Schlüsselindustrien" zu verhindern gelte: „Für uns waren die Erfahrungen der ersten Republik ausschlaggebend. Monopolbetriebe können sich die ganze übrige Wirtschaft tributpflichtig machen und werden in der Hand der Kapitalisten nur zu leicht zum Totengräber der Demokratie, zum Wegbereiter des Faschismus."[12] Durch Otto Bauer, dessen Vorträge er als Vertrauensmann der Bezirksorganisation Landstraße (Otto Bauer war der Abgeordnete des Bezirks) gehört hatte[13], in austromarxistischer Wirtschaftstheorie geschult, und in Kenntnis der abgebrochenen Sozialisierungsmaßnahmen der Ersten Republik, aber auch vor dem Hintergrund der Erfahrungen mit dem Wirtschaftssystem stalinscher Prägung fand er die Antwort in einer pragmatischen, auf realwirtschaftliche Umsetzung ausgerichteten Politik der „Sozialisierung und Wirtschaftsplanung".[14] Deklariertes Ziel war es, durch Verstaatlichung im Rahmen eines demokratischen politischen Systems Kontrolle über die Großindustrie, die Energiewirtschaft und den Verkehr zu erhalten. „Ich (...) habe von den ersten Tagen an", so Waldbrunner über seine programmatischen Intentionen, „einer Wirtschaftslenkung, die sich auf demokratischer Form aufbaut und einer Verstaatlichung der Schlüsselindustrien, das Wort geredet."[15] Walther Kastner, einer derer, die über die politischen Systeme hinweg in der bzw. für die staatliche Verwaltung tätig waren, schreibt in seinen Memoiren: „Waldbrunner war staatskapitalistisch orientiert, in Einzelfragen jeder sachlichen Überlegung zugänglich, hielt aber streng seine Linie ein."[16]

Pragmatisch in Sachfragen, kompromisslos und offensiv in der Verfolgung seiner wirtschaftspolitischen Ziele, eine Haltung, mit der sich Waldbrunner bereits in seiner ersten Zeit im Staatsamt profilierte. Das Bekenntnis zur parlamentarischen Demokratie stand für ihn außer Zweifel, denn „nur im demokratischen Zusammenwirken aller interessierten Kreise"[17] könne, wie er wiederholt betonte, eine erfolgreiche Wirtschaftspolitik umgesetzt werden. Ebenso außer Streit stand für ihn das marktwirtschaftliche System, innerhalb dessen die verstaatlichten, gemeinwirtschaftlichen Unternehmen die Rolle eines Korrektivs monopolkapitalistischer Fehlentwicklungen einnehmen sollten. Festzuhalten sei, so Waldbrunner, dass „die verstaatlichte Wirtschaft, in der Form der Gemeinschaft, nicht außerhalb der Wirtschaft stehen soll", denn es dürfe nicht übersehen werden, „dass beide Wirtschafts-

12 Karl Waldbrunner, Sozialisierung und Planwirtschaft in Österreich, in: Die Zukunft. Sozialistische Monatsschrift für Politik und Kultur, (1948)7, 198.

13 Rosenzweig, Zeit bis 1945, 29 (wie Fn. 3).

14 Der US-Geheimdienst qualifizierte Waldbrunners Haltung als „far more managerial than socialistic", siehe: Edgar N. Johnson/Paul R. Sweet/Leonard J. Hankin (OSS), Interview with Karl Waldbrunner, 31.8.1945, in: Oliver Rathkolb (Hrsg.), Gesellschaft und Politik am Beginn der Zweiten Republik. Vertrauliche Berichte der US-Militäradministration aus Österreich 1945, Wien/Köln/Graz 1985, 120–122, 122.

15 Waldbrunner, Bericht, 11 (siehe Fn. 6).

16 Walther Kastner, Mein Leben – kein Traum. Aus dem Leben eines österreichischen Juristen, Wien (o.J.), 155.

17 Waldbrunner, Sozialisierung, 199 (wie Fn. 12).

formen ja denselben Marktgesetzen unterworfen sind".[18] Waldbrunners „Staatskapitalismus" stand in der Tradition der auf Rudolf Hilferding zurückgehenden Theorie der zunehmenden Kapitalkonzentration und der allmählichen Transformation der kapitalistischen Konkurrenz durch staatliche Wirtschaftspolitik unter sozialdemokratischer Regie. Diese „Hinwendung zum wirtschaftspolitischen Pragmatismus" vollzog die SPÖ auf programmatischer Ebene jedoch erst mit dem unter maßgeblicher Beteiligung von Waldbrunner erarbeiteten „Aktionsprogramm" von 1947.[19] Waldbrunner hatte dieses Ziel von Beginn seiner Tätigkeit in der Provisorischen Regierung an verfolgt, zu einem Zeitpunkt, in dem die Auseinandersetzung um die Gestaltung der Wirtschafts- und Industriepolitik noch von den drängenden existenziellen Fragen der Versorgung der Bevölkerung und der Wiederankurbelung der Produktion überlagert wurde. Noch bevor er das Bundesministerium für Verkehr und Verstaatlichte Betriebe übernahm, konnte er als wichtigstes Ergebnis der sozialistischen Verstaatlichungspolitik resümieren: Wir haben „verhindert, dass die Schlüsselstellungen unserer Wirtschaft wieder restlos in die Hand unserer politischen und wirtschaftlichen Gegner gefallen sind. Damit glauben wir eine Entwicklung, wie sie zwischen 1918 und 1934 der Fall war, unmöglich gemacht zu haben. Diese Unternehmungen der Alpine, der Böhler und Schoeller und diese Banken, die heute verstaatlicht sind, werden nie mehr einen Faschismus finanzieren können."[20]

Strategische Provisorien – die öffentlichen Verwalter

Zu den ersten von der Provisorischen Regierung beschlossenen Gesetzen zählten jene über die Ausschaltung des NS-Einflusses auf die Wirtschaft: das Gesetz über die „Bestellung von öffentlichen Verwaltern und öffentlichen Aufsichtspersonen" (StGBl. Nr. 9/1945), das Gesetz über die „Erfassung arisierter und anderer im Zusammenhang mit der nationalsozialistischen Machtübernahme entzogenen Vermögenschaften" (StGBl. Nr. 10/1945) sowie das „Repatriierungsgesetz" (StGBl. Nr. 11/1945). Alle drei Gesetze, am 10. Mai 1945 beschlossen, erlangten mangels Anerkennung der Regierung Renner in den westlichen Besatzungszonen zunächst nur in der sowjetischen Zone Wirksamkeit. Mit dem Gesetz über die öffentlichen

18 Referat Waldbrunners im Rahmen der Funktionärsschulung des Bundes Sozialistischer Akademiker „Die Theorie des Sozialismus und die Praxis der Wirtschaft", in: Der Sozialistische Akademiker, Juni 1954, 2, zit. nach: Christian Broda, Karl Waldbrunner – Intellektueller, Sozialist, Mensch, in: Festschrift, 139–153, 148 (wie Fn. 3).

19 Günther Chaloupek, Gesamtwirtschaftliche Planung, Interventionismus und Marktwirtschaft, in: Ewald Nowotny (Hrsg.), Sozialdemokratische Wirtschaftspolitik. Die solidarische Leistungsgesellschaft, Wien 1992, 153–173, 161; das Zentralorgan der ÖVP, die „Wiener Tageszeitung", 5.11.1947, kommentierte wenige Tage nach der Beschlussfassung des „Aktionsprogramms", dass maßgebliche Kreise in der SPÖ auf eine „Reaktivierung der Marktwirtschaft (...) unter sozialistischer Fahne" hinarbeiteten, zit. nach: Fritz Weber, Der Kalte Krieg in der SPÖ. Koalitionswächter, Pragmatiker und Revolutionäre Sozialisten 1945–1950, Wien 1986, 152.

20 Waldbrunner, Sozialisierung, 199 (wie Fn. 12). Nahezu gleichlautend auch: Franz Rauscher, Die Verstaatlichung in Österreich (= Die neue Wirtschaft, Heft 1), Wien 1949, 9; darin heißt es, „dass es nach der Verstaatlichung Einzelnen nicht mehr wie einmal möglich sein wird, aus schwerindustriellen Profiten Kampforganisationen gegen die demokratische Republik zu finanzieren".

Verwalter hatte die Regierung ein Instrument geschaffen, um die Kontrolle über so genannte „herrenlose" Unternehmen – vor allem die in deutschem Besitz befindlichen Betriebe sowie „arisierte" Unternehmen – zu übernehmen. Waldbrunner, der maßgeblich an der Ausarbeitung dieses Gesetzes beteiligt war[21] und im Kabinettsrat darüber referierte, drängte auf eine rasche Besetzung der Führungspositionen mit vom Staat ernannten Verwaltern, um den österreichischen Anspruch auf diese Unternehmen zu demonstrieren und so alliierten Reparationsforderungen zuvorzukommen. Er sah die öffentlichen Verwalter auch als ein strategisches Instrument sozialistischer Interessen- und Industriepolitik, was u.a. durch die Verankerung der Mitwirkung der Gewerkschaften beim Bestellverfahren gesichert war. Zudem hatte er die Agenda Öffentliche Verwaltung im Staatsamt in seinen Ressortbereich übernommen.

An dem von Waldbrunner vorgelegten Entwurf für das Verwaltergesetz wurden im Kabinettsrat jedoch noch mehrere Abänderungen eingefordert.[22] Bereits hier zeigte sich, dass nicht alle in der Regierung mit der Auffassung des Unterstaatssekretärs konform gingen und vor allem die potenzielle staatliche Ingerenz auf die Unternehmen skeptisch beurteilten. Die ÖVP machte Bedenken hinsichtlich einer zu weit gehenden Einschränkung des Eigentumsrechts geltend und drängte auf eine Regelung, die die Verhängung einer öffentlichen Verwaltung stärker dem Ermessensspielraum der zuständigen Stellen überlassen sollte. Sie verstand die öffentlichen Verwalter mehr im Sinne einer Treuhandschaft bis zur Rückführung der Unternehmen in private Hände. Auch die KPÖ plädierte, mit Rücksicht auf die sowjetischen Reparationsforderungen, für eine stärkere Betonung der Kann-Bestimmung im Gesetz. Die SPÖ hingegen vertrat eine deutlich weiter gehende Interpretation. Karl Renner etwa bemerkte anlässlich einer Diskussion im Kabinettsrat um die Frage des „Deutschen Eigentums", dass Österreich „durch die öffentlichen Verwalter Hand auf alle diese Unternehmungen gelegt und sie als Staatseigentum behandelt" habe, eine Position, die der Vertreter der KPÖ aus den genannten Gründen vehement zurückwies.[23] Waldbrunner verstand die öffentlichen Verwalter – zumindest was die Großindustrie, Energie- und Verkehrsunternehmen betraf – als eine Übergangslösung auf dem Weg zu einer möglichst rasch vorzunehmenden Verstaatlichung. Er wollte die Gunst der Stunde nutzen und mit auf kurzem Weg erlassenen Gesetzen die Phase der öffentlichen Verwaltung in einen definitiven Status der Verstaatlichung überführen. In diesem Sinne drängte er im Kabinettsrat auf eine Entscheidung in der „Industriefrage": „(B)evor wir nicht zeigen, dass wir (...) über die Art der Produktion überhaupt eine gemeinsame Auffassung im Lande haben", seien rasche Fortschritte beim Wiederaufbau nicht zu erwarten. Erst „eine wirkliche Zusammenfassung sämtlicher Kräfte" – gemeint waren staatliche Produktionslenkung und Wirtschaftsplanung auf Basis einer verstaatlichten Großindustrie – würde Österreichs Position gegenüber den Alliierten stärken. Bezug nehmend auf die öf-

21 Waldbrunner, Bericht, 7 (wie Fn. 6); darin bezeichnet er die Mitwirkung an diesem Gesetz als „eine meiner wesentlichsten Arbeiten".

22 KRP, 5, 10.5.1945, 40.

23 KRP, 24, 15.8.1945, 255.

fentlichen Verwalter, forderte er die Regierungspartner auf, „dass wir mit diesem Interregnum Schluss machen und dass wir uns darüber klar werden, was wir mit den herrenlosen Betrieben machen, wie wir die Produktion lenken (...) sollen“.[24] Großindustrie, Energiewirtschaft und Banken sollten unter staatliche Kontrolle gestellt werden. Kein Thema war für Waldbrunner in diesem Zusammenhang die Restitution entzogener, „arisierter“ Unternehmen.

Waldbrunner scheiterte mit diesem Anliegen. Rückblickend beklagte er sich, dass die SPÖ zu schwach gewesen sei, ihre Vorstellungen restlos durchzusetzen, und man sich mangels parlamentarischer Möglichkeiten mit Übergangslösungen behelfen hätte müssen: „Während die Volkspartei und Kommunisten, unsere Partner in der provisorischen Regierung, gegen jeden Schritt auf dem Wege der Sozialisierung und Planwirtschaft waren, haben wir die ersten Maßnahmen erzwungen. (...) Wir haben damals kein Parlament zur Verfügung gehabt, das entsprechende Gesetze hätte schaffen können. (...) Wir haben uns daher mit Provisorien geholfen. In die wichtigsten Industrieunternehmungen und in die Banken, Sparkassen, Versicherungsanstalten wurden öffentliche Verwalter gesetzt.“[25]

Einfluss auf die Wirtschaft – Positionen besetzen

Das Gesetz über die Bestellung von öffentlichen Verwaltern ermächtigte die „zuständigen Staatsämter“, Unternehmen und andere Vermögenschaften unter öffentliche Verwaltung zu stellen, „wenn es wichtige öffentliche Interessen erfordern“[26]. Abgesehen von der in § 4 des Gesetzes festgelegten „Anhörung der zuständigen Kammer und der zuständigen Berufsvertretung der Arbeiter und Angestellten“[27], waren Zuständigkeit und Verfahren bei der Bestellung im Gesetz nicht näher spezifiziert. Dies führte in der Praxis zu Problemen, da in jedem Staatsamt unterschiedliche Verfahren entwickelt und auch die Kriterien für die Bestellung von öffentlichen Verwaltern unterschiedlich gehandhabt wurden. Im Staatsamt für Industrie, Gewerbe, Handel und Verkehr (StA-IGHV), zuständig für Verwalterbestellungen in allen Industrie-, Gewerbe- und Handelsunternehmungen (mit Ausnahme der Sparte Lebensmittel, die dem Staatsamt für Volksernährung übertragen worden war), hatte Waldbrunner eine eigene Abteilung für die Agenda Öffentliche Verwaltung geschaffen. Er holte sich für diese Aufgabe einen Freund aus Studienta-

24 KRP, 20, 26.5.1945, 145.

25 Waldbrunner, Sozialisierung, 198 (wie Fn. 12). Zu den Positionen der ÖVP und der KPÖ in der Verstaatlichungsfrage siehe: Hollerer, Verstaatlichung, 12–28 (wie Fn. 11).

26 StGBl. Nr. 9, 10.5.1945. Zum Verwaltergesetz siehe: Georg Graf, Die österreichische Rückstellungsgesetzgebung. Eine juristische Analyse (= Veröffentlichungen der Österreichischen Historikerkommission. Vermögensentzug während der NS-Zeit sowie Rückstellungen und Entschädigungen seit 1945 in Österreich, Bd. 2), 32–39; sowie: Peter Böhmer, Wer konnte, griff zu. „Arisierte“ Güter und NS-Vermögen im Krauland-Ministerium (1945–1949), Wien/Köln/Weimar 1999, 52–91.

27 Waldbrunner reklamierte es als sein Verdienst, die Mitwirkung der Gewerkschaften im Gesetz verankert zu haben, siehe: Waldbrunner, Bericht, 9 (wie Fn. 6).

gen, Raimund Gehart, zunächst als Referent, dann als Leiter der „Abteilung 7".[28] Gehart hatte sich in den 1930er-Jahren gemeinsam mit Waldbrunner in der sozialistischen Studentenvereinigung „Akademische Legion" engagiert und war bis zur Befreiung 1945 bei der Firma Kapsch & Söhne in führender Position tätig gewesen. In erster Linie galt es, durch Autorisierung der provisorisch bestellten Verwalter eine Normalisierung der chaotischen Verhältnisse und die Wiederaufnahme der Produktion einzuleiten. Rasches Handeln war allein deshalb angesagt, weil „eine Welle von mehr oder minder berechtigten Betriebsübernahmen durch von irgendwelchen Stellen ermächtigte ‚Verwalter'" eingesetzt hatte und „diese ‚Verwaltungen' (...) bald die üble Erinnerung an die ‚kommissarischen Verwaltungen' der Naziära zu überbieten" begannen.[29]

Die Bemühungen des StA-IGHV, bereits vorgenommene provisorische Bestellungen zu überprüfen und rasche Entscheidungen bei neuen Anträgen zu treffen, erwiesen sich als administrative Herausforderung. Allein in den ersten drei Monaten musste die Abteilung 7 rund 4.000 Fälle bearbeiten.[30] Die Bestellungen wurden auf Basis von Vorschlägen der zuständigen Berufsverbände und Gewerkschaften durchgeführt, wobei das Staatsamt meist auch deren Angaben zur politischen Vergangenheit des Bewerbers ohne weitere Prüfung vertraute. Das im StA-IGHV gewählte Verfahren, Bewerbungen um Verwalterstellen in Verbindung mit Anträgen auf die Bestellung einer öffentlichen Verwaltung für ein Unternehmen entgegenzunehmen, hat, wie man später eingestehen musste, „eine gewisse Unsicherheit in das Bestellungsverfahren hineingetragen, weil manche Anträge aus Konkurrenzgründen oder in der Absicht, sich eine Existenz zu verschaffen, gestellt worden waren".[31] Tatsache ist, dass die Institution der öffentlichen Verwalter vor allem in den Bereichen Handel und Gewerbe seitens der Bewerber häufig, ähnlich der bei den NS-„Arisierungen" eingesetzten „kommissarischen Verwalter", als sozial- bzw. strukturpolitisches Instrument zur Existenzsicherung bzw. Eliminierung der Konkurrenz verstanden wurde. Diesen Intentionen wurde seitens der Interessenverbände und auch des Staatsamtes Verständnis entgegengebracht. Widerspruch erregte aber Waldbrunners Strategie, über die Institution der öffentlichen Verwaltungen Fachleute aus den Reihen der SPÖ zu positionieren und so den sozialistischen Einfluss auf die Industrie nachhaltig zu verankern.

Die vor allem vonseiten der Handelskammersektionen einsetzende massive Kritik an der von Gehart geführten Abteilung schrieb Waldbrunner dem Umstand

28 Gehart war am 7.6.1945 in das StA-IGHV eingetreten, zunächst als Referent, dann als Leiter der Abteilung 7/Sektion V im StA-IGHV, deren Personal, wie Waldbrunner betonte, „restlos aus von uns eingesetzten Leuten besteht". Siehe: Waldbrunner, Bericht, 7 (wie Fn. 6). Zur Geschäftseinteilung des StA-IGHV: Vorläufige Geschäftseinteilung, 25.8.1945, ÖStA, AdR, BKA, Kt. 13.

29 Information betreffend Angelegenheit des Übereinkommens mit der Treuhand-Arbeitsgemeinschaft Rois-Wihrheim (o.D.), ÖStA, AdR, BMVS, Zl. 61.074–6/46, Kt. 681.

30 Waldbrunner, Bericht, 9 (wie Fn. 6).

31 R(einhard) Kövary, Die Institution der öffentlichen Verwalter, in: Die Zukunft. Sozialistische Monatsschrift für Politik und Kultur, Heft 1, 1946, 12–14, 12.

zu, „dass die Handhabung (des Verwaltergesetzes, d. A.) durch uns zumindest eine Waffe bedeutet, die die kontrolllose Besetzung durch Angehörige der ÖVP erschwert oder überhaupt unmöglich macht".[32] Mit der Schaffung einer eigenen Abteilung war es gelungen, die anfänglich von der Sektion Industrie der Kammer oft im Alleingang getätigten Verwalternominierungen[33] in ein Verfahren überzuführen, das auch den Gewerkschaften eine Mitsprache sicherte. Besonders wichtig war Waldbrunner, dass jene, die sich vor 1938 als „Scharfmacher" gegen Sozialdemokratie und Gewerkschaften profiliert hatten, nicht wieder über den Umweg der öffentlichen Verwaltung in ihre Funktionen in der Industrie zurückkehrten. Scharf protestierte er etwa gegen die Einsetzung von Hans Malzacher (Hermann-Göring-Werke, Stickstoffwerke Linz), Josef Oberegger (Alpine Montan AG) und Franz Leitner (Böhler Werke AG) als (öffentliche) Verwalter durch die amerikanische bzw. die britische Besatzungsmacht. Zu verhindern, dass sich „Leute wieder hervortun, die auf der anderen Seite gestanden sind (...), die nun die Industrieführung übernehmen wollen"[34], war aus seiner Perspektive ein vorrangiges demokratiepolitisches Anliegen. Über seine Leistungen in Sachen öffentliche Verwalter berichtete Waldbrunner an den SPÖ-Parteivorstand: „Dadurch, dass wir die Handhabung dieses Gesetzes völlig beherrschten, ist es uns auch gelungen, bedeutende Unternehmungen durch einwandfreie, allerdings auch fachlich geeignete Genossen zu besetzen."[35] Er erwähnt in diesem Zusammenhang u.a. die Alpen-Elektro-Werke, den Siemens-Konzern, die A.E.G.-Union, die Schoeller-Bleckmann-Werke, Böhler, Saurer-Werke, Simmeringer Waggon-Fabrik und die Porr AG.[36] Gegen dieses Eindringen der „roten Wirtschaft"[37] in die Domänen der traditionell ÖVP-nahen Industrieeliten wehrten sich diese u.a. mit der Forderung nach einer Änderung des Verwaltergesetzes und einer radikalen Einschränkung der Zahl der öffentlichen Verwaltungen.

32 Waldbrunner, Bericht, 9 (wie Fn. 6).

33 Eugen Margarétha verzeichnete in seinen Besprechungsnotizen in den ersten Tagen nach der Verabschiedung des Verwaltergesetzes eine Vielzahl von Anfragen und Bewerbungen um eine Verwalterstelle, siehe: Besprechungsnotizen 14.5. bis 27.5.1945, IfZG, Nachlass, Mappe 13.

34 KRP, 24, 15.8.1945, 256/257. Hans Malzacher war ab 1929 stellvertretender Direktor der Schoeller-Bleckmann-Sahlwerke AG in Ternitz und von 15.2.1938 bis 31.12.1941 Generaldirektor der Österreichischen Alpine Montan gewesen, Unternehmen, die zur Finanzierung der Gelben Gewerkschaften beigetragen hatten und offensiv gegen die Freien Gewerkschaften vorgegangen waren. Malzacher wurde im Juni von der US-Besatzungsmacht als Generaldirektor der ehemaligen Hermann-Göring-Werke, die er bereits während der NS-Zeit geleitet hatte, und der Stickstoffwerke Linz nominiert. Die amerikanische Central Intelligence Agency verhaftete ihn am 15.10.1946 als Kriegsverbrecher. Kurz davor hatte sich Franz Dinghofer, Obmann der ehemaligen Großdeutschen Partei, Vizekanzler und Justizminister, für Malzacher bei Staatskanzler Karl Renner eingesetzt. Renner hatte das Schreiben an Staatssekretär Eduard Heinl weitergeleitet mit der Bemerkung: „Es (das Schreiben, d. A.) ist für Sie gewiss von Interesse. Ich selbst bin nicht in der Stimmung, für Malzacher eine Lanze zu brechen." Renner an Heinl, 12.10.1945, ÖStA, AdR, BMHW, GZ 134, Zl. 25.458–4/1945, Kt. 37; siehe auch: Hans Malzacher, Begegnungen. Auf meinem Lebensweg, Villach 1967, 96–100.

35 Waldbrunner, Bericht, 8 (wie Fn. 6).

36 Ein Beispiel für die Akkordierung der Nominierung eines öffentlichen Verwalters zwischen den Industriebetrieben und dem Unterstaatssekretariat ist das Bestellungsverfahren im Fall der beim Bau des Kraftwerks Ybbs-Persenbeug tätigen Rhein-Main-Donau A.G., siehe: ÖStA, AdR, Bundesministerium für Handel und Wiederaufbau, GZ 562, Zl. 20.516–12/45, Kt. 40.

37 Lt. Waldbrunner die von den leitenden Sekretären der Handelskammer für sozialistisch orientierte Eliten in der Industrie verwendete Bezeichnung, siehe: Waldbrunner, Bericht, 6 (wie Fn. 6).

Der Sicherung sozialistischer Einflussnahme diente neben dem Instrument der öffentlichen Verwalter auch das von Waldbrunner initiierte „Sonderreferat für die Wiederinbetriebnahme der österreichischen Industrie".[38] Zum Vorstand dieser im „Haus der Industrie" am Schwarzenbergplatz 4 untergebrachten Außenstelle des Staatsamtes war der ehemalige Gewerkschafts- und Arbeiterkammerfunktionär sowie Industrieexperte Stanislaus Stegu[39] berufen worden. Mit der Bildung paritätisch besetzter Produktions-Ausschüsse in den verschiedenen Wirtschaftsgruppen sollten die Gewerkschaften direkt in den Prozess des Wiederaufbaus der Industrie eingebunden und dieser in planwirtschaftliche Bahnen gelenkt werden. Es ging, so Stegu, um die Zurückdrängung des „abgestandenen Geist(es)" jener, die glaubten, „dass sie einfach beim Jahre 1934 oder 1938 fortsetzen können, als ob nichts geschehen wäre".[40] Die Wirkungsmöglichkeiten dieser Stelle waren jedoch, wie Waldbrunner selbst eingestehen musste, eher bescheiden. Als einen Erfolg des Sonderreferats verbuchte Waldbrunner den „freiwillige(n) Zusammenschluss der Wiener Auto-Industrie zu einer Arbeitsgemeinschaft, die unter der Führung eines bekannten Technikers und guten Genossen steht".[41] Derartige von der „sozialistischen" Koordinationsstelle ausgehenden Initiativen wurden von der Industrie zwar als marktbereinigende Maßnahme mitgetragen, nicht jedoch als Vorstufe zu Sozialisierungen akzeptiert und – wie im konkreten Fall – mit massiven Abwehrreaktionen beantwortet. Ein weiterer Vorstoß Waldbrunners, den Einfluss der SPÖ und der Gewerkschaften auf die Wirtschaft nachhaltig zu verankern, richtete sich an die Wirtschaftskammer. Durch Kooptation von sozialistischen Vertretern in die Beiräte der Industrie-, der Handels- und der Gewerbesektion hoffte er, die ÖVP-Dominanz in den Interessenverbänden der Wirtschaft aufzubrechen.[42]

Grundlagen für Verstaatlichung

Die öffentlichen Verwalter waren für Waldbrunner nicht nur ein personalpolitisches Instrument, um eine neue Führungselite zu installieren, er sah in dieser Institution staatlicher Unternehmenskontrolle auch eine Chance, Weichenstellungen in Hinblick auf eine spätere Sozialisierung vorzunehmen. Zwei Tage nach dem Beschluss des Verwaltergesetzes war es ihm gelungen, Eduard Heinls Einverständnis für die Vergabe eines

38 Staatsamt für Industrie, Gewerbe, Handel und Verkehr – Präsidium, Vorläufige Geschäftseinteilung, 25.8.1945, ÖStA, AdR, BKA, Kt. 13.

39 Stanislaus Stegu, Jahrgang 1895, war Anfang der 1920er-Jahre Sekretär des österreichischen Metallarbeiterverbandes der Landesleitung Steiermark, dann bis 1934 Sekretär der Arbeiterkammer Steiermark gewesen und hatte während der NS-Zeit, nach eineinhalbjähriger KZ-Haft, einen Posten u.a. in der Gauwirtschaftskammer Wien bekleidet. Vom 5.6.1945 bis zum 15.11.1946 war er Leiter des Sonderreferats, danach Beamter im Bundesministerium für Vermögenssicherung und Wirtschaftsplanung, siehe: KRP, Bd. 1, 452.

40 St(anislaus) Stegu, Die inneren Feinde des Wiederaufbaus, Arbeiter-Zeitung. Zentralorgan der Sozialistischen Partei Österreichs, 29.9.1945.

41 Waldbrunner, Bericht, 14 (wie Fn. 6). Gemeint war Walter Hitzinger, der spätere Generaldirektor der VÖEST, der den Produktionsausschuss Automobilindustrie als Vorsitzender leitete; zu Hitzinger siehe unten den Fall Saurer-Werke.

42 Waldbrunner, Bericht, 15 (wie Fn. 6); siehe dazu auch: Besprechungsnotiz Margarétha, 5.6.1945, 2.7.1945, Institut für Zeitgeschichte (IfZG), Nachlass Eugen Margarétha, Mappe 13, Karton 907.

Auftrags an Gustav Wihrheim zu erwirken. Wihrheim sollte, in Zusammenarbeit mit dem Bevollmächtigten der Kammer für Wirtschaftstreuhänder, Heinz Huber, einen Organisationsplan für die Erfassung der Unternehmen unter öffentlicher Verwaltung ausarbeiten und Richtlinien für die Prüfung der Gebarung dieser Unternehmen erstellen. Nach Abschluss der ersten Vorarbeiten durch Wihrheim, der inzwischen eine Arbeitsgemeinschaft mit Josef Carl Rois[43] eingegangen war, und Besprechungen zwischen Heinl, Waldbrunner und Gehart schloss das Staatsamt, vertreten durch Waldbrunner, am 20. Juli 1945 einen Vertrag mit der Treuhand-Arbeitsgemeinschaft Dipl.-Kfm. Josef Carl Rois & Gustav Wihrheim ab und übertrug dieser nun auch „die Überprüfung einzelner unter öffentl. Verwaltung bezw. öffentl. Aufsicht stehender Unternehmungen".[44] Der Vertrag enthielt weitgehende Kompetenzen für die Treuhand-AG, so z.B. wurde deren Prüfern zugestanden, „in besonderen Fällen Einspruch (zu) erheben gegen Maßnahmen der öffentl. Verwalter oder Aufsichtspersonen" und zu überprüfen, „ob die vom Staatsamte an die öffentl. Verwalter bezw. Aufsichtspersonen ergangenen Weisungen und Gesetzesvorschriften befolgt werden". Eine Mitwirkung der Kammer der Treuhänder war in diesem Vertrag nicht (mehr) vorgesehen, mangels Rückmeldung von Huber, wie es in einer späteren Darstellung der Treuhand-AG hieß.[45]

Der Auftrag an die Treuhand-AG hatte zunächst zum Ziel, die Prüfung der öffentlich verwalteten Unternehmen zu beschleunigen und eine, mehrfach eingeforderte, effiziente Kontrolle zu ermöglichen. Darüber hinaus sollten Informationen über die geprüften Unternehmen gesammelt und durch Entwicklung standardisierter Verfahren für die Prüfung der Unternehmen eine Art Datenbank angelegt werden, die die administrativen Voraussetzungen für eine spätere staatliche Lenkungspolitik bilden sollte. Die Treuhand-AG entwickelte ein Schema, mit dem die Angaben über den rechtlichen und wirtschaftlichen Aufbau des Unternehmens sowie den Bereich des öffentlichen Verwalters und die Stellungnahme des Prüfers sowie das Prüfungsergebnis normiert werden konnten.[46] Die Daten sollten für eine maschinelle Auswertung geeignet sein, ein Vorhaben, das klar die Absicht einer auf lange Frist geplanten Verwaltung der Unternehmen erkennen lässt.[47] Im Rahmen der Vorarbeiten waren zehn Prüfungen sofort, noch vor Abschluss des Vertrages vom 20. Juli 1945, durchgeführt worden.[48]

43 Josef Carl Rois, geb. 1901, hatte wie Waldbrunner an der Technischen Hochschule Wien studiert, war Absolvent der Hochschule für Welthandel und als Wirtschaftsprüfer nach 1945 im österreichischen Genossenschaftsverband tätig; er war SPÖ-Mitglied und später u.a. Mitglied im Arbeitskreis Benedikt Kautsky, einem informellen Forum sozialistischer Wirtschaftsfachleute und Ökonomen.

44 Abschrift des Vertrages, ÖStA, AdR, BMVS, Zl. 65.438–6/46, Kt. 685.

45 Die Kammer der Wirtschaftstreuhänder befand sich zu dieser Zeit erst in Gründung. Im August 1945 wurde die Bezirksstelle Wien der Reichskammer der Wirtschaftstreuhänder aufgelöst und eine provisorische Österreichische Kammer der Wirtschaftstreuhänder errichtet, als deren Vizepräsident Heinz Huber fungierte. Erst im Dezember 1945 eröffnete die Kammer ihr Büro in der Seilerstätte, Wien 1. Siehe dazu: Karl Ponath, Die historische Entwicklung der Kammer der Wirtschaftstreuhänder und ihre Bedeutung für die Wirtschaft Österreichs, Dipl. Wirtschaftsuniversität Wien, 1976, 19–26.

46 Als Beispiel: Prüfbericht betreffend die Kur- und Badeanstalt Clusiusbad, Wien 9, Clusiusgasse 12, ÖStA, AdR, BMVS 118.854–6/48, Kt. 801.

47 Ein Indiz dafür ist auch ein von Gustav Wihrheim verfasster „Entwurf eines Sozialisierungsplanes", 1.6.1945, Verein für Geschichte der Arbeiterbewegung, Personenmappe Gustav Wihrheim.

48 Treuhand-Arbeitsgemeinschaft Dkfm. Josef Rois & Gustav Wihrheim an Bundesministerium für Vermögenssicherung und Wirtschaftsplanung, 19.3.1946, ÖStA, AdR, BMVS,Zl. 63.244–6/46, Kt. 683.

Bei der Vergabe des Prüfauftrags für weitere 240 Unternehmen spielte vermutlich auch eine Rolle, dass die personellen Kapazitäten im Staatsamt begrenzt waren, Waldbrunner zudem dem Beamtenapparat des Staatsamtes mit Skepsis gegenüberstand.[49] Wihrheim war Mitglied der SPÖ und mit Waldbrunner seit Studientagen bekannt. Rois, während der NS-Herrschaft als Wirtschaftsprüfer bei der Donauländischen Treuhandgesellschaft tätig, galt – nach Angaben des ÖVP-Verbandes der Wirtschaftstreuhänder – als „fanatischer Nazi", war jedoch kein Parteimitglied gewesen.[50] Die vom Staatsamt beigestellte Liste der zu überprüfenden öffentlichen Verwaltungen enthielt in erster Linie Betriebe der Großindustrie, aber auch kleinere Firmen und Dienstleistungsunternehmen.[51] 130 dieser Unternehmen kontaktierte die Treuhand-AG bis Herbst 1945 in Hinblick auf die bevorstehenden Prüfungen, die in den meisten Betrieben erst ab Anfang Oktober einsetzten. Um den Auftrag rasch bewältigen zu können, zog die Treuhand-AG eine Reihe von Wirtschaftsprüfern bei, insgesamt ca. 40 Prüfer bis Jänner 1946. Nach Angaben der Treuhand-AG sollten die Prüfungen bis Ende März 1946 abgeschlossen sein und dann sollte mit der Auswertung begonnen werden.[52] Waldbrunner plante, die von der Treuhand-AG erstellten Unterlagen über öffentlich verwaltete Betriebe im Rahmen eines rasch zu realisierenden Verstaatlichungsprogramms als Orientierungsgrundlage über den Stand der österreichischen Industrie zu verwenden. Der Auftrag war als ein erster Schritt zur Auslagerung der Kontrolle aller unter öffentlicher Verwaltung stehenden Unternehmen an eine „Revisions- und Organisationsgesellschaft gemeinschaftlichen Charakters" gedacht, „deren leitende Männer, soferne uns noch die Möglichkeit einer Einflussnahme in den nächsten Wochen bleiben wird, von uns gestellt werden sollen". Konkret nannte Waldbrunner „Dr. Fritz, Dipl.-Kfm. Rois, Genossen Wihrheim u.a., die alle dafür notwendigen fachlichen Voraussetzungen haben und uns über diese Stelle die für die kommenden Verstaatlichungs- und Lenkungsaufgaben notwendigen Unterlagen beschaffen sollen".[53] Dieser Vorstoß wurde im eigenen Ressort wie u.a. auch vom kommunistisch geführten Staatsamt für Volksaufklärung, Unterricht und Erziehung zurückgewiesen.[54]

49 Waldbrunner sprach von einer „erdrückenden Mehrheit der Gegner in unserer Bürokratie", siehe: Waldbrunner, Bericht, 21 (wie Fn. 6).

50 Vereinigung Österreichischer Wirtschaftstreuhänder, Österreichischer Wirtschaftsbund an Staatsamt für Vermögenssicherung und Wirtschaftsplanung, 30.11.1945, ÖStA, AdR, BMVS, Zl. 2292–Pr./45, Kt. 2458; die „Vereinigung" informierte das Staatsamt weiters, dass Rois und Wihrheim, „als Nachfolger der ‚Renta' Treuhandgesellschaft m.b.H., welche die Zweigstelle einer Berliner Treuhandgesellschaft gewesen ist", von Waldbrunner „ein Monopol hinsichtlich der Überprüfung der unter öffentlicher Verwaltung stehenden Unternehmungen übertragen" bekommen hätten. Beide, Rois und Wihrheim, engagierten sich im Rahmen der SPÖ, u.a. forderten sie im August 1945 (gemeinsam mit Alfred Migsch und Stephan Wirlandner) eine Weiterführung der aufgelösten Kommission zur Ausarbeitung der wirtschaftlichen Forderungen für das Sofortprogramm der SPÖ.

51 Treuhand-AG Rois & Wihrheim, Liste der durchgeführten, der nicht durchgeführten und der in Arbeit befindlichen Aufträge, ÖStA, AdR, BMVS, 61.074–6/46, Kt. 681.

52 Treuhand-AG Rois & Wihrheim an Bundesministerium für Vermögenssicherung und Wirtschaftsplanung, 19.3.1946, ÖStA, AdR, BMVS, 63.244–6/46, Kt. 683. Die Treuhand-AG hatte die Aufträge nach Angaben des Referenten im Vermögenssicherungsministerium angeblich gegen Provision weitergegeben; der Referent sprach in diesem Zusammenhang von einer „Kontrollfabrik".

53 Waldbrunner, Bericht, 10 (wie Fn. 6).

54 Stellungnahme des Staatsamtes für Volksaufklärung, Unterricht und Erziehung vom 10.9.1945, ÖStA, AdR, BMHW, GZ 133, Zl. 28.655/1945.

Angesichts des gescheiterten Verstaatlichungsgesetzes vom September 1945 schienen die Sozialisierungspläne vorerst aber blockiert. Auch innerhalb der Provisorischen Regierung ergab sich eine Pattsituation, da die ÖVP mit Blick auf die bevorstehenden Wahlen und die erhoffte Verschiebung der Machtverhältnisse zu ihren Gunsten Entscheidungen hinauszögert hatte. In diesem Kontext begann sich im Herbst 1945 auch der Widerstand aus den Reihen der Wirtschaft gegen staatliche Eingriffe in das Eigentumsrecht, wie sie die Institution der öffentlichen Verwalter darstellte, zu formieren.

Neuordnung der öffentlichen Verwalter

Schon im Sommer 1945 hatte es innerhalb des Kabinettsrates Diskussionen über eine Neuordnung der öffentlichen Verwalter gegeben.[55] Wie oben erwähnt, waren aufgrund der Zuständigkeit mehrerer Staatsämter Kompetenzschwierigkeiten aufgetreten und man war grundsätzlich übereingekommen, eine „eigene Instanz für die öffentlichen Verwaltungen zu schaffen".[56] Staatssekretär Heinl arbeitete zu diesem Zeitpunkt bereits an einem neuen Gesetzentwurf, der aber aufgrund des späteren Einspruchs der Alliierten gegen das Verwaltergesetz[57] nicht mehr zur Beschlussfassung gelangte. Waldbrunner, der einen eigenen Entwurf vorgelegt hatte, war nicht in die Arbeiten einbezogen worden.[58] Wie er selbst schreibt, hatte sich in Reaktion auf seine offensive Vorgangsweise bei der Administration der öffentlichen Verwaltungen im Staatsamt eine Koalition von ÖVP (Staatssekretär Eduard Heinl) und KPÖ (Unterstaatssekretär Hermann Lichtenegger) gebildet.[59] Die Kritik dürfte insbesondere den Verwalterbestellungen in den gewerblichen Betrieben und im Handel gegolten haben, auf die die SPÖ u.a. über ihre in den Sektionen der Kammer vertretenen Exponenten Einfluss ausübte.[60] Den Vorwurf einseitiger parteipolitischer Besetzungen hoffte Waldbrunner mit der Delegierung der Administration der öffentlichen Verwaltungen in Handels-

55 In einer von Heinl u.a. verfassten Denkschrift der Niederösterreichischen Handelskammer vom Juli 1945 wird ein rasches Ende der „so genannten Verwaltungswirtschaft" und die Rückkehr zur freien Verfügung der Unternehmer über ihr Eigentum gefordert, ÖStA, AdR, BMVS, 1148–Präs/1946, Kt. 2463. Als erster Schritt war eine Durchführungs-Verordnung geplant, mit der wirksame Maßnahmen zur Kontrolle der öffentlichen Verwaltungen getroffen werden sollten. Im Motivenbericht zur geplanten Verordnung, die dann lediglich in Form einer Dienstinstruktion ausgegeben wurde, heißt es: „Die Erfahrung hat gezeigt, dass sich die Tätigkeit so mancher öffentlicher Verwalter nicht wesentlich von den sattsam bekannten Praktiken der ‚Arisierer' des verflossenen Regimes unterscheidet." Diesen Verhältnissen sollte „ein Riegel vorgeschoben werden", u.a. durch die Androhung von Verwaltungsstrafverfahren, siehe: Begründung zum Verordnungsentwurf vom 14.8.1945, ÖStA, BKA, GZ 40, Zl. 40.674–2a/1946, Kt. 43.

56 Karl Renner, KRP 24, 15.8.1945, 266. Renner forcierte die Bildung einer eigenen Stelle, zu diesem Zeitpunkt möglicherweise noch in der Annahme, dass dieses Ressort der SPÖ zufallen würde.

57 Der Alliierte Rat beauftragte die Regierung am 18.12.1945, das Verwaltergesetz aufzuheben, zu den Einwänden der jeweiligen Besatzungsmacht siehe: ÖStA, BMVS, Zl. 10.062–1/1946, Kt. 2.

58 ÖStA, BMHW, GZ 133, Zl. 21.499/1945, Kt. 35.

59 Waldbrunner, Bericht, 9 (wie Fn. 6).

60 Siehe dazu: Bericht des Stellvertretenden Generalsekretärs der Sektion Gewerbe der Kammer für Handel, Gewerbe und Industrie, Grünwald an den Parteivorstand der SPÖ, 13.8.1945, ÖStA, Bundesministerium für Handel und Wirtschaft (BMHW), GZ 133, Zl. 97.746/1947, Kt. 404.

und Gewerbebetrieben an die Länder – ein Vorschlag, den er für sich reklamierte[61] – zu parieren. Druck auf das Verwalterressort und die Forderung nach einer Reorganisation kam aber auch von der ersten Länderkonferenz vom 24. bis zum 26. September 1945. Der Beschluss, ein „Staatsamt zur Sicherung, Verwaltung, Planung und Verwertung öffentlicher Vermögenswerte" zu schaffen, stellte auch die Kompetenzen betreffend die öffentlichen Verwaltungen zur Disposition. Zwischen den Regierungspartnern entspann sich in der Folge eine heftige Auseinandersetzung um diese Frage. Waldbrunner monierte anlässlich der ersten Besprechung des Gesetzesentwurfes für das neue Staatsamt, dass keiner der in den jeweiligen Ministerien zuständigen der SPÖ angehörigen Unterstaatssekretäre den Beratungen zugezogen worden sei und er selbst einer Kompetenzabgrenzung nicht zustimmen könne, ohne etwa zu wissen, „welche Einflussmöglichkeiten die einzelnen Staatsämter auf die Bestellung der öffentlichen Verwalter weiter haben werden".[62] In der geplanten Konzentration der Zuständigkeit im Staatsamt für Vermögenssicherung und Wirtschaftsplanung, dessen Leitung Vinzenz Schumy[63] übertragen worden war, ortete er einen Versuch, die Einflussmöglichkeiten des sozialistischen Regierungspartners auf ein unverbindliches Konsultationsverfahren zu beschränken. Staatssekretär Schumy bestand denn auch auf der alleinigen Zuständigkeit seines Staatsamtes, räumte aber ein, dass den anderen, fachlich zuständigen Staatsämtern „eine Ingerenz in Bezug auf die Person, die geeignete fachliche Qualifikation" gegeben werden müsse und die Mitwirkung der Kammern und der Gewerkschaften zu sichern sei. Im Unterschied zu der laut Eduard Heinl mit Waldbrunner getroffenen Vereinbarung, wonach nur die Kontrolle, nicht jedoch die Bestellung der öffentlichen Verwalter durch das neue Staatsamt erfolgen sollte[64], stellte Schumy unmissverständlich klar: „Wenn also in Hinkunft öffentliche Verwalter bestellt werden – selbstverständlich nach rein sachlichen Gesichtspunkten –, so gehört das in eine Hand."[65]

Noch vor den Wahlen hatte sich abgezeichnet, dass die ÖVP die Kompetenzen betreffend die öffentlichen Verwalter der alleinigen Zuständigkeit der von Waldbrunner kontrollierten Abteilung 7 zu entziehen beabsichtigte. Bei der Auseinandersetzung ging es nicht nur um die Frage parteipolitischer Einflussnahme auf die Industrie, sondern auch darum, ob die öffentlichen Verwaltungen als Vorgriff auf kommende Sozialisierungen gehandhabt werden könnten und bis zu welchem Grad sie als Instrument staatlicher Wirtschaftsplanung Eingriffe in die Eigentumsrechte privater Unternehmen rechtfertigten.

61 Waldbrunner, Bericht 9 (wie Fn. 6). Wichtig war aus der Sicht Waldbrunners, dass die Industriebetriebe – in Hinblick auf die geplanten Verstaatlichungen – im Zuständigkeitsbereich des Staatsamtes blieben.

62 KRP, 37, 6.11.1945, 225/226.

63 Vinzenz Schumy, Abgeordneter der ÖVP, war Obmann des ehemaligen Landbundes gewesen.

64 KRP, 37, 6.11.1945, 227.

65 Ebd., 226. Das Gesetz über die Errichtung des Bundesministeriums für Vermögenssicherung und Wirtschaftsplanung wurde erst am 1. Februar 1946 verabschiedet.

Die öffentliche Verwaltung der Saurer-Werke AG – fehlgeschlagene Sozialisierung?

Anlass für schärfste Proteste der Industriesektion der Handelskammer bildete das Vorgehen des Unterstaatssekretariats im Fall der Saurer-Werke AG, eines der bedeutendsten Unternehmen der österreichischen Automobilindustrie. Vordergründig ging es um die Frage, ob die Einsetzung eines öffentlichen Verwalters gerechtfertigt war. Das Unterstaatssekretariat argumentierte, dass das Unternehmen aufgrund der hohen Verschuldung an das Deutsche Reich als „Deutsches Eigentum" zu betrachten sei.[66] De facto handelte es sich um einen Konflikt zwischen einerseits dem Unterstaatssekretariat, das im Hinblick auf geplante Sozialisierungen versuchte die Kontrolle über wichtige Unternehmen zu behalten und hierbei wenig Verständnis für (frühere) Eigentümer zeigte, und andererseits den Vertretern der Industrie, die auf eine rasche Wiedereinsetzung der Eigentümer in ihre Besitzrechte pochten und eine Sozialisierung keinesfalls zulassen wollten.

Noch während des Krieges, im Dezember 1944, war Walter Hitzinger, ein enger Freund Waldbrunners aus Studientagen und Mitstreiter im sozialistischen Studentenverband[67], in den Vorstand der Saurer-Werke AG berufen worden, nachdem einer der Mehrheitsaktionäre, Alfred Radio, wegen Wirtschaftsspionage angezeigt worden war. Hitzinger, der während der nationalsozialistischen Herrschaft als technischer Leiter der Steyr-Daimler-Puch AG und später technischer Direktor und Vorstandsmitglied der Flugmotorenwerke Ostmark eine steile Karriere gemacht hatte, wurde im Juli 1945 nach seiner Rückkehr nach Wien mit Zustimmung Waldbrunners in seiner Funktion als Vorstandsvorsitzender der Firma Saurer bestätigt. Die Mehrheitsaktionäre Alfred und Gaston Radio versuchten ihrerseits, die Verfügungsberechtigung über das Unternehmen wieder zurückzuerlangen.[68] Hitzinger, der offenbar nicht gewillt war, seine Position als Generaldirektor abzugeben, war sich der Unterstützung seitens des Unterstaatssekretariats sicher. Waldbrunner hatte Hitzinger für seine Pläne zur Konzentration der österreichischen Autoindustrie gewinnen können und sah, trotz dessen Involvierung in das NS-Wirtschaftssystem, keinen Grund, ihn von einer führenden Position in der Industrie

66 Siehe dazu: Brusatti, Margarétha, 131 (wie Fn. 10).

67 Walter Hitzinger, Jahrgang 1908, hatte wie Waldbrunner an der Technischen Universität Wien studiert und 1935 eine Stelle als Konstrukteur bei den Steyr-Daimler-Puch-Werken angetreten, siehe: Who is who in Austria 1959/60, hrsg. von Stephen S. Taylor, Zürich 1961, 222; weiters: Heinz Fischer, Karl Waldbrunner, in: Herbert Dachs/Peter Gerlich/Wolfgang C. Müller (Hrsg.), Die Politiker. Karrieren und Wirken bedeutender Repräsentanten der Zweiten Republik, Wien 1995, 578–585.

68 Gegen die Bestätigung Hitzingers als Vorstandsvorsitzender des Unternehmens opponierte auch Richard Krasser, einer der Gesellschafter der Firma J. Rohrbacher GmbH (Wagen-, Karosserie- und Waggonfabrik, fertigte Aufbauten für Lastkraftwagen der Firma Saurer, die Anteile an dem Unternehmen besaß). Krasser hatte sich im Sommer 1945 bei Staatssekretär Heinl über die vermeintliche Bestellung von Hitzinger zum öffentlichen Verwalter der Saurer-Werke (i.e. die Bestätigung Hitzingers als Vorstandsvorsitzenden) beschwert und diesbezüglich auch bei Eugen Margarétha vorgesprochen, siehe: Besprechungsnotiz Eugen Margarétha, 22.7.1945 und 2.8.1945, Institut für Zeitgeschichte (IfZG), Nachlass Eugen Margarétha, Mappe 13, Kt. 907.

auszuschließen. Im Gegenteil, Waldbrunner berief Hitzinger zum Vorsitzenden des Produktionsausschusses für die Automobilindustrie und nominierte ihn als Vizepräsident in den Beirat der Industriesektion der Wirtschaftskammer. Alfred und Gaston Radio wiederum, selbst der Nähe zum Nationalsozialismus beschuldigt[69], planten die Abberufung Hitzingers. Mit Hilfe einer Schweizer Gruppe[70] wurde ein neuer Aufsichtsrat bestellt, der Alfred und Karl Radio, den Sohn von Gaston Radio, zum Vorstand wählte, Hitzinger unter Verweis auf das Wirtschaftssäuberungsgesetz (StGBl. 160/1945, 22.9.1945) abberief und dessen engste Mitarbeiter kündigte. Am 19. Oktober informierte Karl Radio Staatssekretär Heinl über die Übernahme der Geschäftsführung. Daraufhin ließ Waldbrunner, ohne die ansonsten übliche Rücksprache mit der Industriesektion der Handelskammer, Rudolf Trimmel[71] zum öffentlichen Verwalter des Unternehmens bestellen und dieser wiederum setzte Hitzinger als Werksdirektor ein. Als Karl Radio am Sonntag, dem 20. Oktober, in den Betrieb wollte, wurde ihm der Zutritt nur mittels Passagierschein gewährt. Auf diese Eskalation des Konfliktes folgten eine Reihe von Besprechungen zwischen den Beteiligten – der Gewerkschaft der Metallarbeiter und den Betriebsräten einerseits und der Industriesektion der Handelskammer bzw. den Vertretern des Unternehmens andererseits. Keine Rolle spielte dabei die Frage der Beteiligung des Unternehmens an dem vom Sonderreferat für die Wiederingangsetzung der Industrie entwickelten gemeinsamen Produktionsprogramm der Autoindustrie, welches auch die Industriesektion der Kammer befürwortete.[72] Die zentralen Fragen betrafen die künftige Geschäftspolitik und die betriebliche Führung des Unternehmens. Während die Unternehmensvertreter eine mit der öffentlichen Verwaltung eingeleitete Sozialisierung befürchteten, sahen Gewerkschaft und Betriebsräte in der öffentlichen Verwaltung eine Garantie für die Wahrung österreichischer Interessen gegenüber einer möglichen Übernahme des Betriebs durch ausländisches Kapital. Sie verlangten einen Nachweis, dass sich die Aktien des Unternehmens zu 100 Prozent in österreichischer Hand befänden. Den Brüdern Radio wurde vorgeworfen, sie hätten das Unternehmen in der „kritischen Zeit" alleinegelassen und ausgezeichnete Beziehungen zur NSDAP gepflogen, Gaston Radio besitze die italienische Staatsbürgerschaft, sein Sohn Karl sei in einem Naheverhältnis zur SA gestanden. Einer Abberufung des öffentlichen Verwalters könne aus diesen Gründen nicht zugestimmt werden.[73]

69 Ab Juli 1944 beschäftigten die Saurer-Werke KZ-Häftlinge, für die auf dem Werksareal ein Nebenlager des KZ Mauthausen eingerichtet worden war, siehe dazu: http://www.doew.at/frames.php?/thema/saurerwerke/exenberger.html (letzter Zugriff 2.10.2006)

70 Vermutlich das Stammhaus, das 1941 sein Aktienpaket (33 %) an den österreichischen Saurer-Werken auf Druck der NS-Behörden abgeben hatte müssen.

71 Rudolf Trimmel war wie Waldbrunner Absolvent der Technischen Hochschule Wien und während des Krieges in den Flugmotorenwerken Ostmark beschäftigt, später u.a. Generaldirektor der Simmering-Graz-Pauker, Direktor bei den Austrian Airlines, siehe: Who is who in Austria 1959/60, 532/533 (wie Fn. 67).

72 Siehe: Besprechungsnotiz Margarétha, 24.10.1945, Institut für Zeitgeschichte (IfZG), Nachlass Eugen Margarétha, Mappe 13, Kt. 907.

73 Besprechungsnotiz Margarétha, 13.12.1945, ebd.

Eugen Margarétha, Verhandlungsführer für die Industriesektion der Kammer, empört über Hitzinger, „diese(n) Vertrauensmann der Nazi und notorische(n) Kriegsverlängerer“[74], und den „von Waldbrunner in einem Gewaltstreich eingesetzte(n) öffentliche(n) Verwalter Trimmel“, nahm dessen Bestellung zum Anlass für eine gezielte Offensive gegen Waldbrunner. In einer schriftlichen Intervention forderte er von Staatssekretär Heinl, „dass man *diesen* (Hvh. i. Orig.) Sozialisierungsmethoden, die von Herrn Unterstaatssekretär Waldbrunner und seinem Anhang auf kaltem Wege (!) versucht werden, maßgebenden Ortes auf das Schärfste entgegentreten muss“.[75] Einer offenen Konfrontation ging er zu diesem Zeitpunkt jedoch aus dem Weg. Den auf die Abberufung des öffentlichen Verwalters Trimmel drängenden Aktionären Radio empfahl er, „dass wir die Sache ausreifen lassen bis nach den Wahlen“.[76] Da in der Folge aber wegen der Aussetzung des Verwaltergesetzes durch die Alliierten eine autonome Entscheidung der österreichischen Behörden über die Aufhebung einer öffentlichen Verwaltung nicht mehr möglich war, prolongierte sich die Angelegenheit und erst Mitte Juni 1946 beschied die zuständige britische Militärverwaltung auf Abberufung des öffentlichen Verwalters.[77] Die Arbeitnehmervertreter hatten der „Rückgabe“ des Unternehmens an die privaten Eigentümer bereits im Jänner 1946 bei den von Karl Maisel, Obmann der Metallarbeitergewerkschaft und enger Freund Waldbrunners, geführten Verhandlungen zugestimmt.[78] Für den Betriebsrat war maßgeblich, dass das Unternehmen in österreichischem Besitz bleiben und die Arbeitsplätze erhalten würden.

Der Fall Saurer-Werke zeigt exemplarisch die grundsätzlichen Diskrepanzen zwischen Waldbrunners Verständnis der öffentlichen Verwaltungen als Instrument zur Implementierung planwirtschaftlicher Organisation und Verstaatlichung der Schlüsselindustrien und dem Interesse der Industrie auf eine rasche Restauration der durch öffentliche Verwaltungen eingeschränkten privatwirtschaftlichen Eigentums- und Verfügungsrechte. Wendepunkt in dieser Auseinandersetzung war der Herbst 1945: Ausschlaggebend war dabei aber nicht nur die Verschiebung der politischen Machtverhältnisse (Länderkonferenz, Nationalratswahlen) und die Formierung unternehmerischer Gegenwehr, sondern auch die Stärkung des „rechten“ Flügels innerhalb der SPÖ um Adolf Schärf, der erkannt hatte, dass die Durchführung der Verstaatlichung nur auf Basis eines Kompromisses mit der ÖVP möglich sein würde.[79]

74 Brusatti, Margarétha, 132 (wie Fn. 10), Eintragung vom 28.10.1945.

75 Eugen Margarétha, Sektion Industrie und Bergbau der Kammer für Handel, Gewerbe, Industrie, Geld- und Kreditwesen von Wien und Niederösterreich, an Staatssekretär Heinl, 24.10.1945, ÖStA, Bundesministerium für Handel und Wiederaufbau (BMHW), Zl. 32.707–4/1945, Kt. 37.

76 Brusatti, Margarétha, 138 (wie Fn. 10), Eintragung vom 18.11.1945; auch: Besprechungsnotiz Margarétha, 15.11.1945, Nachlass, Mappe 13. Trotz der Empfehlung Margaréthas brachten die Radios Ende November bei Staatssekretär Schumy, der die Agenda Öffentliche Verwaltung übernehmen sollte, einen Antrag auf Abberufung des öffentlichen Verwalters ein, wenn auch mit der Bitte, mit der Bearbeitung noch bis zur definitiven Übergabe der öffentlichen Verwaltungen an das neue Staatsamt zuzuwarten, siehe: Besprechungsnotiz Margarétha, 22.11.1945, ebenda.

77 Besprechungsnotiz Margarétha, 18.6.1946, IfZG, Nachlass Margarétha, Mappe 14, Kt. 907. Siehe auch: ÖStA, AdR, BMVS, 10.297–1/1946, Kt. 4.

78 Besprechungsnotiz Margarétha, 9.1.1946, ebd.

79 Siehe dazu: Weber, Kalter Krieg, 22–28, 72–78 (wie Fn. 19).

Gegenwind, Enttäuschung und Rückzug

Die offensive Vorgangsweise bei der Bestellung von öffentlichen Verwaltern war Gegenstand massiver Angriffe, die von verschiedenen Seiten gegen Waldbrunner und dessen Ressortführung erhoben wurden. Neben Julius Raab, dem Repräsentanten des Unternehmerflügels in der ÖVP, drängte insbesondere die Wirtschaftskammer auf eine Entmachtung Waldbrunners. Letzteres war mit der Verschiebung der Kompetenzen für öffentliche Verwaltung in den Bereich des neuen Staatsamtes für Vermögenssicherung und Wirtschaftsplanung de facto bereits Anfang Oktober 1945 fixiert.[80] Eugen Margarétha hatte diesbezüglich mit der schriftlichen Intervention in der Angelegenheit Saurer-Werke im StA-IGHV bei Eduard Heinl nachgesetzt. Ende Oktober 1945 startete die Creditanstalt-Bankverein eine Kampagne gegen die von der Treuhand AG Rois & Wihrheim im Auftrag Waldbrunners angeordneten Prüfungen ihrer unter öffentlicher Verwaltung stehenden Konzernunternehmen. Sie verweigerte die Herausgabe von Unterlagen und forderte in schriftlichen Einsprüchen der von ihr kontrollierten Betriebe eine Außerkraftsetzung der Prüfbescheide.[81] Keinesfalls wollte man dem SPÖ-geführten Unterstaatssekretariat einen Zugriff auf Unternehmensdaten gewähren. „In besonders energischer Weise gegen das bestehende Verhältnis (des StA-IGHV mit der Treuhand-AG Rois & Wihrheim, d. A.) Stellung genommen"[82] hatte auch die „Vereinigung Österreichischer Wirtschaftstreuhänder". Der dem ÖVP-Wirtschaftsbund angehörige Interessenverband unter Leitung von Ernst Robetschek[83] intervenierte namens der kurz davor gegründeten und vom Österreichischen Wirtschaftsbund dominierten „Österreichischen Kammer der Wirtschaftstreuhänder" Anfang November bei Staatssekretär Heinl gegen die Treuhand-AG Rois & Wihrheim und forderte wenige Wochen später in einer Resolution die Unterbindung der „einseitigen, parteipolitischen Bevorzugung" des StA-IGHV bei der Vergabe von Prüfaufträgen und eine Verteilung „rein nach fachlichen Gesichtspunkten".[84] Dieser Position schloss sich

80 Besprechungsnotiz Margarétha, 1.10.1945, Nachlass, Mappe 13.

81 ÖStA, AdR, BMVS, Zl. 60.416–6/1946, Kt. 680, darunter die Semperit Gummiwerke AG, die Samum Vereinigte Papier-Industrie KG, die Erste Wiener Hotel AG, die Phoebus-Werke AG, die Siemens Werke AG, die Stölzle AG, die Guntramsdorfer Druckfabrik AG, die Schoeller-Bleckmann-Stahlwerke AG.

82 Information betreffend die Angelegenheit des Übereinkommens mit der Treuhand-Arbeitsgemeinschaft Rois-Wihrheim, o.D., ÖStA, AdR, BMVS, Zl. 61.074–6/1946, Kt. 681.

83 Ernst Robetschek, Mitglied des Wirtschaftsbundes und ab 1945 ÖVP-Gemeinderat, war Mitbegründer und Präsident der Kammer der Wirtschaftstreuhänder; als Geschäftsführer der Allgemeinen Treuhandgesellschaft Wien erhielt er vom Bundesministerium für Vermögenssicherung und Wirtschaftsplanung auch eigene Prüfaufträge für öffentliche Verwaltungen.

84 Österreichische Kammer der Wirtschaftstreuhänder an Staatssekretär Eduard Heinl, 10.11.1945, ÖStA, AdR, BMVS, Zl. 2.095–Pr./1945, Kt. 2458; Vereinigung österreichischer Wirtschaftstreuhänder im Rahmen des Österreichischen Wirtschaftsbundes an das StA-IGHV, 13 12.1945, ÖStA, AdR, BMVS, Zl. 60.269–6/46, Kt. 680, gefordert wurde die Koordinierung der Prüfungen durch die ÖVP-Interessenvertretung der Wirtschaftstreuhänder; in einer Besprechung mit dem Bundesministerium für Vermögenssicherung betonte Robetschek als Vertreter des ÖVP-Wirtschaftsbundes nochmals explizit, dass „keinesfalls (…) zugelassen werden dürfe", dass das Ressort Öffentliche Verwalter einem anderen Ministerium abgetreten werde – gemeint war ein Verbleib der Kompetenzen im Handelsministerium unter Waldbrunner, siehe: Gedächtnisprotokoll, Besprechung 20.12.1945, BMVS 60.342–6/1946, Kt. 680.

die Wirtschaftskammer mit einem Medienbericht an, in dem Waldbrunner direkt angegriffen wurde.[85] Ein Anfang 1946 im Ministerium verfasster Referentenbericht sah diese Angelegenheit zwar differenzierter und bezeichnete den Abschluss des Vertrages mit der Treuhand-AG als eine im zeitlichen Kontext der Dringlichkeit des Problems entsprechende Lösung, „die wohl nicht als ideal anzusprechen war, aber immerhin den Vorteil hatte, überhaupt eine Lösung zu sein".[86] Schumy hatte aber bereits Ende November per Weisung die, von der Treuhand-AG Rois & Wihrheim avisierten, Prüfungsbescheide aussetzen lassen und die Einziehung der Vollmacht der Treuhand-AG in die Wege geleitet.[87]

Waldbrunner, solcherart zur Persona non grata erklärt, versuchte vor der Bildung des neuen Kabinetts noch möglichst viele Entscheidungen zu treffen und auch parteiintern Verständnis für seine Anliegen zu erwirken. Trotz des für die SPÖ enttäuschenden Wahlergebnisses und einer deutlich geschwächten Position drängte er darauf, bei den Parteienverhandlungen die Wirtschaftsressorts für die SPÖ zu beanspruchen. Von der Besetzung dieses Ministeriums hänge – wie er in einem Brief an Renner und Schärf betont – ab, „ob wir einen Einfluss in der industriellen und gewerblichen Wirtschaft auf lange Sicht uns schaffen können, ob wir imstande sind, eine Planung für diesen Sektor der Wirtschaft durchzusetzen, und ob wir schließlich imstande sein werden, die Sozialisierung der wichtigsten Schlüsselstellungen in die Tat umzusetzen".[88] Mit diesem Anspruch hatte Waldbrunner auch seine persönliche Anwartschaft auf das Ministeramt angemeldet. Dass dies unrealistisch war und die Parteiführung bei den Verhandlungen andere Präferenzen als die von Waldbrunner mit Nachdruck geforderten Sozialisierungen hatte, ließ Renner in seinem Antwortschreiben deutlich erkennen: „Wir haben das Handelsministerium gefordert, begreiflicherweise vergebens, da die anderen nach dem Ausgang der Wahlen überall die erste Hand haben. Positive Ergebnisse auf dem Sozialisierungsgebiet sind nicht zu erzielen – selbst wenn sie vom Ministerium aus angestrebt werden, ist es sicher, dass sie bei einer Abstimmung im Parlamente fallen. (…) Es bleibt nichts übrig, als bei den nächsten Wahlen zu siegen (…)."[89]

Durch die politischen Konstellationen, die Widerstände gegen seine Person in seinem Wirkungsbereich eingeschränkt und auch innerparteilich in der Defensive, entschied sich Waldbrunner, seine Funktionen im Staatsamt zurückzulegen. Bereits Anfang Dezember wurde seine Berufung als außerordentlicher Gesandter nach Moskau vorbereitet, eine Alternative, die für ihn, wie Adolf Schärf treffend formu-

85 Überprüfung der öffentlichen Verwalter. Sind die Treuhänder für österreichische Interessen richtig ausgewählt?, in: Die Wirtschaft. Österreichs Industrie, Handel, Gewerbe, Finanzen, Nr. 8/1945, 16.12.1945, 3.
86 Information Übereinkommen Treuhand AG, BMVS 61.074–6/1946, Kt. 681.
87 ÖStA, AdR, BMVS, Zl. 2.145–Pr/1945, Kt. 2458.
88 Waldbrunner an Staatskanzler Renner und Staatssekretär Schärf, 5.12.1945, Kopie, dankenswerterweise zur Verfügung gestellt von der Stiftung Bruno Kreisky Archiv.
89 Karl Renner an Waldbrunner, 8.12.1945, Kopie, dankenswerterweise zur Verfügung gestellt von der Stiftung Bruno Kreisky Archiv.

lierte, „ein Opfer" bedeutete.[90] Trotz dieser Vorentscheidung setzte sich Waldbrunner in den Parteienverhandlungen um die künftige Ressortverteilung vehement dafür ein, in der Agenda Öffentliche Verwaltung weiterhin Einflussmöglichkeiten für die SPÖ zu sichern. Für die Zeit bis zur Berufung nach Moskau trat er am 20. Dezember 1945 noch die ursprünglich mit Franz Rauscher[91] besetzte Position des Staatssekretärs im Bundesministerium für Vermögenssicherung an, wohl auch, um selbst noch Einfluss auf die Neugestaltung des von den Alliierten aufgehobenen Verwaltergesetzes nehmen zu können. Anstelle von Schumy war nun Peter Krauland sein parteipolitisches Gegenüber im Ministerium. Krauland, bis zu seiner Berufung als Minister, Generalsekretär der Sektion Geld- und Kreditwesen der Wirtschaftskammer und als solcher auch mit Fragen der öffentlichen Verwaltung – unter anderem mit dem Fall Saurer-Werke[92] – beschäftigt, war entschlossen, den Einfluss der SPÖ in diesem Bereich zurückzudrängen.

Bei den Beratungen um die Kompetenzabgrenzung des Ministeriums für Vermögenssicherung und Wirtschaftsplanung versuchte Waldbrunner erfolglos, eine alleinige Zuständigkeit des Krauland-Ministeriums für öffentliche Verwalter zu verhindern und den betroffenen Ministerien – wie bis dahin – ein Mitspracherecht in Fragen der Verwalterbestellungen zu sichern. Eugen Margarétha, einer der schärfsten Gegner von Waldbrunner und dessen Sozialisierungsplänen, konnte zufrieden feststellen: „Das Krauland-Ministerium (…) arbeitet mit Hochbetrieb trotz aller Hindernisse und Angriffe." Erleichtert über den bevorstehenden Weggang Waldbrunners nach Moskau, musste er jedoch nochmals dessen Gestaltungswillen zur Kenntnis nehmen: Der Staatssekretär habe bei den Verhandlungen um das Verwaltergesetz versucht, „noch rasch ein paar Kuckuckseier in das Nest zu legen".[93] Margarétha spielte damit auf die von Waldbrunner geforderte Verankerung einer verpflichtenden Anhörung der Kammern bei Weisungen des Ministeriums an die öffentlichen Verwalter und die neuerlich vorgeschlagene Bildung einer eigenständigen Prüfungsgesellschaft an.[94] Diese Forderungen wurden nicht mehr in das neue Verwaltergesetz aufgenommen, Waldbrunner setzte jedoch durch, dass der von Krauland im Alleingang ausgearbeitete Entwurf im Ministerrat unter Einbindung der Interessenverbände – Arbeiterkammer, Handelskammer, Landwirtschaftskammer – und der beteiligten Ministerien neuerlich verhandelt werden musste.

90 MRP, 48, 3./4.12.1946, 81.

91 Franz Rauscher, Gewerkschaftsfunktionär, Nationalrat und Zentralsekretär der SPÖ, war von 28.3.1946 bis 11.1.1947 der Nachfolger Waldbrunners im Ministerium.

92 Besprechungsnotiz Margarétha, 28.7.1945, a.a.O. (wie Fn. 33); als „Schwiegersohn Krassers" (gemeint ist Richard Krasser, Geschäftsführer der J. Rohrbacher GmbH) hatte sich Krauland selbst Ende Mai 1945 bei Eugen Margarétha für eine Stelle als öffentlicher Verwalter beworben, siehe: Besprechungsnotiz, 27.5.1945.

93 Brusatti, Margarétha, 162 (wie Fn. 10).

94 Karl Waldbrunner, Gesichtspunkte für die Ausarbeitung eines neuen Gesetzes über die Bestellung von öffentlichen Verwaltern und öffentlichen Aufsichtspersonen, o.D. (1946), Kopie, freundlicherweise zur Verfügung gestellt von Manfred Zollinger.

Bei den turbulent verlaufenden Verhandlungen im parlamentarischen Ausschuss kamen nochmals die grundlegenden Differenzen sowohl den planwirtschaftlich, lenkungsorientierten Ansatz als auch die strategisch-politische Besetzungspraxis Waldbrunners betreffend zum Tragen.[95] Deutlich wurde aber auch, dass Waldbrunner diesbezüglich innerhalb der eigenen Reihen nur mehr bedingt Unterstützung fand. Margarétha, scharfer Beobachter der Debatte, differenzierte in seinen Tagebuchnotizen zwischen den kompromissbereiten Sozialdemokraten einerseits und Waldbrunner andererseits, der „alle möglichen politischen Vorteile bei diesem Gesetz für die Linkssozialisten herauszuschinden“ versucht habe.[96] Die Verabschiedung eines neuen Verwaltergesetzes erfolgte schließlich erst im Herbst 1946, nachdem die Alliierten neuerlich ihre Zustimmung verweigert hatten und erst im Juni ein weiterer Gesetzesvorschlag eingebracht worden war. Auch im neuen Gesetz war das Mitspracherecht der Arbeitnehmervertretung verankert. Mit der Bestellung einer neuen Leitung für die Abteilung „Öffentliche Verwalter und öffentliche Aufsichtspersonen“ (Franz Stangelberger), der Auflösung des Vertrages mit der Treuhand AG Rois & Wihrheim und der Einrichtung einer eigenen Kontrollabteilung[97] gelang es Krauland, das Kräfteverhältnis innerhalb des Ministeriums eindeutig zugunsten der ÖVP zu verschieben. [98] Diesem Zweck hatte auch der Versuch gedient, Gehart, den von Waldbrunner 1945 eingesetzten Leiter der Abteilung „Öffentliche Verwalter“, mit einer in der Zeitschrift „Die Wirtschaft“ veröffentlichten Anschuldigung wegen angeblicher Missachtung ministerieller Anordnungen zu diskreditieren.[99] Durch das Mitspracherecht der Arbeitnehmervertretung, welches auf den unter Waldbrunners maßgeblicher Mitarbeit entstandenen Erstentwurf 1945 zurückging, war jedoch gesichert, dass die „Andersgläubigen“, wie Minister Heinl die Vertreter von SPÖ (und KPÖ) bezeichnete[100], trotz der neuen Konstellationen Einfluss auf die Bestellung der Führungspositionen in öffentlich verwalteten Betrieben nehmen konnten.

Waldbrunner muss diese Vorgänge im Ministerium als Provokation empfunden haben. Rückblickend bedauerte er, „dass wir nicht stark genug waren, dieses Ministerium mit einem Sozialisten zu besetzen. Der heutige Minister (gemeint ist Peter Krauland, d. A.) ist ein Mann der ÖVP und ein offener Feind sozialistischer Planwirtschaft.“[101] Er selbst musste seine Funktion als Staatssekretär im Bundesministerium für Vermögenssicherung und Wirtschaftsplanung per 28. März 1946 zurücklegen, um seine Stelle als a.o. Gesandter in Moskau anzutreten. Aus heutiger Sicht erscheint es nicht verwunderlich, dass dies nur ein „diplomatisches Zwischen-

95 Siehe auch: Böhmer, Wer konnte, 52–54 (wie Fn. 26).
96 Brusatti, Margarétha, 157/158 (wie Fn. 10), Eintrag 2.2.1946.
97 Die Abteilung wurde im Herbst 1946 eingerichtet und Ernst Schloissnigg, einem Funktionär einer Wiener ÖVP-Bezirksgruppe, unterstellt, dazu: ÖStA, AdR, BMVS, 8.961–Präs./1946, Kt. 2478.
98 Siehe dazu: Böhmer, Wer konnte, 40/41, 62–67 (wie Fn. 26), Leiter der Kontrollabteilung war Ernst Schloissnigg; die Liquidation der Treuhand-AG Rois & Wihrheim erfolgte im November 1946 – bis dahin waren etwa 120 Betriebe geprüft worden.
99 Die Wirtschaft, 17.3.1946; siehe auch: MRP, 13, 19.3.1946, 364 und 15, 4.4.1946, 425.
100 Brusatti, Margarétha, 103 (wie Fn. 10).
101 Waldbrunner, Sozialisierung, 198 (wie Fn. 12).

spiel"[102] sein sollte. Waldbrunners vorrangiges Interesse galt der österreichischen Industriepolitik. Seit November 1945 ausgestattet mit einem Nationalratsmandat und seit Dezember auch Mitglied des Parteivorstandes (ab Oktober 1946 in der Funktion eines Zentralsekretärs), konnte er die unter seiner Ägide als Unterstaatssekretär initiierte Industriepolitik parteiintern und in den Verhandlungen um die Verstaatlichungsgesetze weiterführen. Dabei agierte er nicht, wie ihm Zeitgenossen wie Margarétha vorwarfen, als dogmatischer linker Ideologe, sondern als Realpolitiker: machtbewusst, mit dem Ziel eines wirtschaftlichen Wiederaufbaus mit sozialistischer Handschrift vor Augen.

Der Revolutionäre Sozialist als Machtpolitiker

Die Zuschreibung „dogmatischer, machtbewusster Sozialist" – ein Bild, welches Heinz Fischer als Resultat der Wahlkämpfe und politischen Auseinandersetzungen um Waldbrunners Leitung der verstaatlichten Industrie bezeichnet[103] – war Karl Waldbrunner nicht erst in der Zeit als Verkehrs- und Verstaatlichtenminister zuteil geworden. Bereits in den ersten Monaten seiner Tätigkeit im Handelsministerium hatten seine Kontrahenten das Feindbild des bösen Sozialisten gezeichnet.[104] Damals noch dem linken Flügel ehemaliger Revolutionärer Sozialisten zugerechnet, profilierte sich Waldbrunner durch entschiedenes Einbringen der wirtschafts- und gesellschaftspolitischen Interessen der SPÖ und der Gewerkschaften in die von der ÖVP und den konservativen Eliten beanspruchte Domäne Industriepolitik. Der tiefere Grund für die mit besonderer Verve erhobenen Vorwürfe gegen ihn lag vermutlich auch darin, dass er Politik nicht aus dem retrospektiv stets bemühten „Geist der Lagerstraße" sah, sondern die Rekonstruktion der österreichischen Wirtschaft gezielt für die Schaffung und Verteidigung sozialistischer Einflusssphären in der Industrie nutzen wollte. Bei der historischen Bewertung dieser Politik ist der zeitgenössische Kontext zu berücksichtigen – der damals nur wenige Jahre zurückliegende autoritäre „Ständestaat" mit einer auf die Zerschlagung der Gewerkschaften und der sozialistischen Organisationen gerichteten Politik, die im Nationalsozialismus geendet hatte. Auch für das erste Jahr Waldbrunners im Staatsamt trifft die, auf seine Zeit als Verstaatlichtenminister bezogene, Einschätzung von Herbert Krejci zu, wonach Waldbrunner „dämonisiert" wurde, seine Politik aber „Ausdruck eines äußerst pragmatischen politischen Denkens" und als solche wichtig für den raschen Aufbau der Industrie gewesen sei.[105] Die Angriffe gegen Waldbrun-

102 Fischer, Waldbrunner, 580 (wie Fn. 67).

103 Fischer, Waldbrunner, 584 (wie Fn. 67).

104 Eduard Heinl hatte ihn gegenüber Vertretern der US-Militäradministration als einen „aggressive left-wing Socialist" bezeichnet, siehe: Edgar N. Johnson/Paul R. Sweet (OSS), Interview with Eduard Heinl, 27.8.1945, in: Rathkolb (Hrsg.), Gesellschaft, 139–140, 140 (wie Fn. 14).

105 Zeitzeugenbericht Prof. Herbert Krejci, ehemaliger Generalsekretär der Österreichischen Industriellenvereinigung, in: Susanne Kirchner/Fritz Weber (Hrsg.), Die ersten 10 Jahre .. Der gesellschafts- und wirtschaftspolitische Diskurs in der Besatzungszeit, Wien 2005, 55–65, 63/64.

ners Personalpolitik sind im Kontext der Konkurrenz zwischen den traditionellen, konservativen österreichischen Industrieeliten und dem Bestreben der SPÖ und der Gewerkschaften zu sehen, im Rahmen staatlicher Industrieverwaltung einen Anteil an den leitenden Funktionen einzufordern. Die personelle Rekonstruktion im Bereich der Wirtschaft ist aber auch als eine Frage des Umgangs mit den Wirtschafts- und Bildungseliten der NS-Zeit zu bewerten. Waldbrunner betrachtete die Besetzung von Posten in der Industrie mit von der SPÖ nominierten Kandidaten (Frauen kamen in diesem Zusammenhang de facto nicht vor) als eine Funktion seines programmatischen Ziels der Verstaatlichung und der Demokratisierung der Wirtschaft. Neben der Besetzung leitender Positionen in den staatlichen Behörden und Wirtschaftsverbänden mit der SPÖ nahestehenden Personen dienten vor allem die öffentlichen Verwaltungen als Instrument einer sozialistischen Infiltrationsstrategie. An Renner und Schärf schrieb Waldbrunner Anfang Dezember 1945: „Meiner Meinung nach steht oder fällt mit diesem personellen Einfluss in unserer Wirtschaft auch die Frage der Sozialisierung." Überzeugt, dass „(e)ine Sozialisierung vom grünen Tisch aus, gegen den Willen der wirtschaftlichen Intelligenz des Landes, (…) von vorneherein zum Versagen verurteilt"[106] sei, verteidigte er seine offensive Besetzungspolitik. Er hoffte auf die Gewinnung der Angestellten und des höheren Managements für eine moderne Industriepolitik, ein Ansatz, der auch im Kontext seiner beruflichen Sozialisation zu verstehen ist.

Schon bei der Besetzung des Staatssekretariats griff Waldbrunner auf Kontakte aus Studienzeiten zurück. Einer davon war, wie oben bereits erwähnt, Raimund Gehart, ein Freund aus der Akademischen Legion, den er als Abteilungsleiter mit der Agenda „Öffentliche Verwaltung" betraute. Es ist eines „der krassen Missverständnisse", wie Bruno Kreisky schreibt, dass das „als politische Protektionswirtschaft bezeichnet wurde".[107] Ziel war vielmehr, die Dominanz der ÖVP und des Cartell-Verbandes in der staatlichen Bürokratie zu brechen. Auch bei der Rekrutierung von Fachleuten, die Waldbrunner als öffentliche Verwalter und später als Organe der verstaatlichten Betriebe einsetzte, „erwies es sich als großer Vorteil, dass er so viele Ingenieure aus der Studienzeit her kannte und sie ihren Fähigkeiten entsprechend einsetzen konnte".[108] Dass dies mitunter auch Leute waren, die, selbst wenn sie nicht die NSDAP-Mitgliedschaft besessen hatten, aufgrund ihrer Positionen in der NS-Wirtschaft und ihrer Nähe zum Nationalsozialismus diskreditiert waren, zeigen die oben erwähnten Beispiele Josef Carl Rois und Walter Hitzinger. Angesichts des gravierenden Mangels an Fach- und Führungskräften im Nahebereich der SPÖ mussten, um die zahlreichen Besetzungen in seinem Sinn vornehmen zu können, auch Personen außerhalb des Spektrums der SPÖ rekrutiert werden. Waldbrun-

106 Waldbrunner an Renner und Schärf, 8.12.1945.

107 Bruno Kreisky, Einer der Stillen im Lande, in: Arbeiter-Zeitung, 31.10.1984. Gehart war bis 1945 in leitender Stellung in der Industrie (Firma Kapsch & Söhne), ging 1950 wieder zurück in die Wirtschaft als Vorstandsmitglied der Perlmooser Zementwerke A.G. und Vorsitzender des Aufsichtsrates des Hypotheken- und Kreditinstitutes; im April 1953 wechselte er neuerlich in das Handelsministerium.

108 Rosenzweig, Zeit bis 1945, 29 (wie Fn. 3).

ner beklagte sich beispielsweise, dass er – wegen Mangels an Fachkräften aus den eigenen Reihen – bei der Post nicht, wie geplant, Personalbesetzungen hatte vornehmen können.[109] Da die österreichischen Wirtschaftseliten aus der Zeit vor 1938 vorwiegend dem konservativen Lager zuzurechnen waren, stellte sich in Hinblick auf den geplanten Austausch zwangsläufig auch die Frage nach der Integration ehemaliger Nationalsozialisten. Waldbrunner argumentierte – ohne auf die in diesem Zusammenhang relevante NS-Thematik explizit einzugehen – mit der Existenz einer neuen Schicht leitender Angestellter im „Hochkapitalismus", die als „neue Bundesgenossen"[110] gewonnen werden könnten. Durch Unterstützung bei ihrer Karriere sollten diese Fachleute an die SPÖ gebunden und für eine Politik der Verstaatlichung interessiert werden, eine Strategie, die – das war Waldbrunner bewusst – nur so lange funktionieren würde, als die SPÖ an der Macht war. Im Rückschluss musste der „Einfluss in den Unternehmungen unserer Wirtschaft" durch eine entsprechende politische Position der SPÖ im Staat abgesichert sein, da „die Intelligenzkreise" bei Verlust dieser Position wieder „von uns abrücken" würden und „sich aus Gründen der Existenzsicherung und Befriedigung ihres Geltungstriebes zum Mächtigeren bekennen werden".[111] Eine der Konsequenzen, die Waldbrunner aus den Erfahrungen im Staatsamt für Industrie zog, war die Gründung des Bundes Sozialistischer Akademiker (BSA) im Mai 1946.[112] Die Politik der Öffnung der SPÖ vor allem gegenüber den technischen Bildungseliten – eingeschlossen jene, die durch ihre Nähe zum Nationalsozialismus (minder-)belastet waren – war aus seiner Perspektive ein Erfolg: „Durch unsere positive Wirtschaftspolitik haben wir viele Fachleute gewinnen können, die keine Sozialisten sind, die aber einsehen, dass der Wiederaufbau (...) nicht (...) ohne Lenkung und Planung in den wichtigsten Sektoren unserer Wirtschaft" zu erreichen ist.[113] Im politischen Kräftespiel der ersten Nachkriegsmonate hatte er sich mit dieser Vorgangsweise zunächst aber ins Abseits manövriert.

Entnazifizierung hatte sich für Waldbrunner in erster Linie als eine wirtschaftspolitische Kategorie dargestellt. Dass „kein großes Interesse an einer tiefer gehenden Entnazifizierungspolitik"[114] bestand und moralische Aspekte wie auch Eigentumsrechte – etwa die Frage des Vermögensentzugs – nur bedingt eine Rolle spielten,[115]

109 Waldbrunner, Bericht, 19 (wie Fn. 6).

110 Waldbrunner, Sozialisierung, 198 (wie Fn. 12).

111 Waldbrunner an Staatskanzler Renner und Staatssekretär Schärf, 5.12.1945, Kopie, dankenswerterweise zur Verfügung gestellt von der Stiftung Bruno Kreisky Archiv.

112 Wolfgang Neugebauer/Peter Schwarz, Der Wille zum aufrechten Gang. Offenlegung der Rolle des BSA bei der gesellschaftlichen Reintegration ehemaliger Nationalsozialisten, hrsg. vom Bund sozialdemokratischer AkademikerInnen, Intellektueller und KünstlerInnen (BSA), Wien 2005, 29; die Öffnung gegenüber ehemaligen NationalsozialistInnen wirkte sich, wie die Studie ergeben hat, vor allem nach 1949 aus.

113 Waldbrunner, Sozialisierung, 198 (wie Fn. 12).

114 Oliver Rathkolb, Die „Nazi-Frage". Antisemitismus und „braune Flecken" in der österreichischen Nachkriegsgesellschaft, in: Das Jüdische Echo, Oktober 2001, 137–147, 145, zit. nach: Neugebauer/Schwarz, Aufrechter Gang, 306–312 (wie Fn. 112).

115 Vertreter der US-Militäradministration berichten nach einem Interview mit Waldbrunner, dieser habe den Eindruck vermittelt, „(v)irtually all Austrian engineers (...) favour a planned economy and are completely indifferent to abstract questions of ownership". Johnson u.a., Interview, 122 (wie Fn. 14).

zeigte auch die Handhabung der öffentlichen Verwaltungen, allerdings nicht nur in der Zeit des Unterstaatssekretariats. Bei der Besetzung der Verwalterposten in der Großindustrie galt die Verhinderung der Rückkehr der radikal antisozialistischen Manager der Zwischenkriegszeit als prioritär gegenüber einer konsequenten Entnazifizierung. Im Bereich der kleineren und mittleren Unternehmen hatten bei der Entscheidung über die Einsetzung bzw. Bestellung eines öffentlichen Verwalters im Zweifelsfall soziale und wirtschaftliche Argumente – wie das Verhalten der Unternehmensleitung gegenüber der Belegschaft, Akzeptanz der Gewerkschaften als Partner, fachliche Qualifikation des Managements und Betriebserfolg (= Sicherung der Arbeitsplätze) – Vorrang gegenüber Fragen des Eigentums und des Vermögensentzugs.[116] Die von Waldbrunner auf Wunsch der sozialistischen Vertreter der Gewerbesektion der Industrie geforderte Möglichkeit des Erwerbs des betreuten Unternehmens durch die öffentlichen Verwalter schloss vom NS-Vermögensentzug betroffene Vorbesitzer mit ein.[117] Maßgeblich war aus der Sicht Waldbrunners und vor allem der Gewerkschaften die Re-Nationalisierung der Industrie, eine Überführung der in deutschem Besitz befindlichen Unternehmen in österreichische Hände.[118] In diesem Sinne ist nicht nur der massive Widerstand gegen Veräußerungen des „Deutschen Eigentums" an das Ausland zu sehen, eine Strategie, die Teile der ÖVP, anstelle der von Waldbrunner forcierten Sozialisierung, mit dem Argument vorgeschlagen hatten, auf diese Weise ausländisches Kapital für den Wiederaufbau nach Österreich zu bringen.[119] Aus der Perspektive einer auf Re-Nationalisierung der Industrie setzenden Politik rechtfertigte sich auch ein rigoroser Umgang mit entzogenem Vermögen, eine Position, die in der österreichischen Nachkriegsgesellschaft durchaus mehrheitsfähig war.

Positionen halten – Fortsetzung der Politik mit anderen Mitteln

Selbst wenn sich Waldbrunners Hoffnungen auf die Leitung des Wirtschaftsressorts in der neuen Regierung zerschlagen hatten, mit seiner Arbeit als (Unter-)Staatssekretär im Staatsamt für Industrie und im Bundesministerium für Vermögens-

116 Böhmer, Wer konnte, 60 (wie Fn. 26), stellt fest, dass bei der Bestellung von öffentlichen Verwaltern in der Regel das von der SPÖ geführte „Staatssekretariat (...) die politische Einstellung der Betriebsbesitzer wesentlich kritischer als das (dem ÖVP-Minister unterstehende, d. A.) Politische Referat (prüfte)".

117 Karl Waldbrunner, Gesichtspunkte, 2 (wie Fn. 94); siehe auch: Sektion Gewerbe der Kammer für Wien und Niederösterreich, Grünwald, stv. Vorsitzender, an den Parteivorstand der Sozialistischen Partei Österreichs, 13.8.1945, Kopie, dankenswerterweise zur Verfügung gestellt von der Stiftung Bruno Kreisky Archiv.

118 Hollerer, Verstaatlichung, 85 (wie Fn. 11), zitiert in seiner Studie Anton Benya, der über Waldbrunner berichtete, dass „eine seiner Hauptsorgen (...) die Sicherung des (später) so genannten ‚deutschen Eigentums' für die österreichische Wirtschaft" war.

119 Stegu kritisierte die ÖVP in der „Arbeiter-Zeitung", 29.9.45, wegen ihres „Wunderglaube(ns), (...) dass irgendwo in England oder Amerika Kapitalisten sitzen, die nur darauf warten, in Österreich ihr Geld anzulegen oder ihre Waren gegen Kredit absetzen zu können". Zur Forderung der ÖVP siehe: Brusatti, Margarétha, 131 (wie Fn. 10).

sicherung hatte er den Grundstein nicht nur für seine weitere Karriere gelegt. In den wenigen Monaten war es ihm gelungen, die sozialistischen Positionen in der Industriefrage darzustellen und die SPÖ als Faktor in der Industriepolitik nachhaltig zu verankern. Die öffentlichen Verwaltungen hatten ihm dabei, deklariertermaßen, als Instrument gedient, um in Hinblick auf spätere Sozialisierungen zu agieren. Zwar war er bei seinem Weggang Ende März 1946 weit davon entfernt, die Dominanz der ÖVP im Management der für die Verstaatlichung vorgesehenen Bereiche gebrochen zu haben, dennoch stand für ihn fest, dass „uns ein so großer Einfluss in der Wirtschaft zugefallen (ist), wie wir ihn nie zuvor gehabt haben. (...) Das Wichtigste wird sein, dass wir uns von den Positionen, die wir nun erworben haben, nie mehr verdrängen lassen, sondern sie im Gegenteil Schritt für Schritt weiter ausbauen."[120] Dies tat Waldbrunner, indem er seine Aktivitäten auf parlamentarischer Ebene, bei den Verhandlungen um die Verstaatlichungsgesetze, fortsetzte und sich innerparteilich positionierte, um seinen Anliegen stärkeren Nachdruck zu verleihen. Nach seiner Rückkehr aus Moskau Ende 1946 gründete er einen „Industrieausschuss" in der SPÖ, eine Art Parallelstruktur zum Handels- bzw. Vermögensministerium, dem neben anderen auch Gehart, Rauscher und Stegu angehörten.[121] Auf diese Weise schuf er die strukturellen Voraussetzungen für ein von der SPÖ geführtes Wirtschaftsressort, welches den industriellen Wiederaufbau auf Basis der verstaatlichten Industrie in planwirtschaftliche Bahnen lenken sollte. Als Waldbrunner 1949 neuerlich eine Regierungsfunktion als Bundesminister für Verkehr und verstaatlichte Betriebe annahm, konnte Otto Probst, wie Waldbrunner Zentralsekretär der SPÖ, daher mit Recht behaupten, dass dieses Ministerium „ja seine (Waldbrunners, d. A.) ureigene Schöpfung" war.[122]

Dass Waldbrunner nun seine Vorstellungen einer staatlichen Kontrolle und Lenkung der Schlüsselindustrien umsetzen konnte, hatte mit den veränderten innen- und außenpolitischen Konstellationen zu tun. Angesichts der sowjetischen Ansprüche auf das „Deutsche Eigentum" hatte die ÖVP weitgehenden Verstaatlichungen zugestimmt[123] und die SPÖ konnte, nach Zugewinnen bei den Wahlen 1949, ihren Anspruch auf verstärkten Einfluss im verstaatlichten Sektor mit mehr Nachdruck einfordern. Die ersten Ansätze einer politisch-strategischen Konzeption für ein Verstaatlichtenministerium, aber auch das Fachwissen für die Leitung dieses Ressorts gingen auf das kurze, aber intensive Jahr Waldbrunners als (Unter-)Staatssekretär von April 1945 bis März 1946 zurück.

120 Waldbrunner, Referat am Parteitag 1948, zit. nach: Anton Benya, Entstehung und Entwicklung der verstaatlichten Industrie, in: Festschrift, 55–81, 72 (wie Fn. 3).

121 Die erste Sitzung fand am 25.11.1946 statt, siehe: Verein für Geschichte der Arbeiterbewegung (VGA), SPÖ-Archiv, Waldbrunner VI, Mappe Industrieausschuss, PN 8/81.

122 Otto Probst, Zentralsekretär der SPÖ, in: Festschrift für Karl Waldbrunner, 113–125, 120 (wie Fn. 3). Die Agenden für die verstaatlichten Betriebe hatte bis dahin das Bundesministerium für Vermögenssicherung und Wirtschaftsplanung inne.

123 Siehe hiezu: Hollerer, Verstaatlichung, 82–105 (wie Fn. 11).

Robert Stöger

Die verstaatlichte Industrie in der Zweiten Republik

Vorbemerkungen[1]

In der österreichischen innenpolitischen Diskussion der Jahrzehnte nach dem Zweiten Weltkrieg wurden unter „Verstaatlichter“ primär jene 1946 per Gesetz ins Eigentum des Bundes übertragenen Industrieunternehmen verstanden, die später in der ÖIAG zusammengefasst und von dieser in den letzten zwanzig Jahren auch privatisiert wurden. Karl Waldbrunner trug als Bundesminister für Verkehr und verstaatlichte Betriebe zwischen 1949 und 1956 für sie die politische Verantwortung. Ein Überblick über die Entwicklung dieses Sektors, der gemeint ist, wenn im Folgenden über „verstaatlichte Industrie“ oder „VI“ gesprochen wird, bis in die jüngste Vergangenheit ist Schwerpunkt dieses Beitrags.

Vom Ersten und Zweiten Verstaatlichungsgesetz der Jahre 1946 und 1947, die für das wirtschaftliche und soziale Selbstverständnis der Zweiten Republik mindestens ebenso konstituierend waren wie Staatsvertrag und Neutralität für ihr politisches, betroffen waren auch drei Großbanken (politische Zuständigkeit 1949 bis zur Privatisierung: Bundesministerium für Finanzen) mit ausgedehnten industriellen Beteiligungen, die zusammen 70 Prozent der Umsatz- und Beschäftigtenzahlen der VI erreichten[2], sowie der größte Teil der Elektrizitätswirtschaft. Für Letztere lag die politische Verantwortung ebenfalls beim Ressort von Karl Waldbrunner, der noch bis zu seinem Rückzug aus Regierungsfunktionen im Jahr 1962 als Bundesminister für Verkehr und Elektrizitätswirtschaft amtierte.

Auf diese Bereiche kann im Rahmen dieses Artikels nicht näher eingegangen werden. Es soll lediglich erwähnt werden, dass die verstaatlichten Banken nach 1987 schrittweise zur Gänze privatisiert worden sind[3] und aus CA-BV, ÖLB und Zentralsparkasse die Bank Austria Creditanstalt entstanden ist. Parallel dazu wurden auch ihre Beteiligungen an Industrieunternehmen, zu denen österreichische Paradebetriebe wie Steyr-Daimler-Puch und Semperit gehörten, veräußert.

1 Ich bedanke mich bei Oskar Grünwald und Ferdinand Lacina, die mir als Zeitzeugen wertvolle Informationen zur Verfügung stellten, sowie bei Alexander Mazurkiewicz und Eva Nechwatal für wertvolle fachliche Hinweise.

2 Gertrud Gugerell, Bankengruppen und Industriebeteiligungen der verstaatlichten Banken, in: Arbeitsgemeinschaft der Österreichischen Gemeinwirtschaft (Hrsg.), Die österreichische Gemeinwirtschaft, Wien 1982, 429–440, 436–437; Elisabeth Beer/Brigitte Ederer, Industriepolitik der österreichischen Banken, in: Wirtschaft und Gesellschaft (1987) 3, 353–370.

3 Den Schlusspunkt bildete der aufsehenerregende Kauf der CA-BV durch die Bank Austria 1996. Alexander van der Bellen, Bankenstrukturen und Politik: Der CA-Verkauf und seine Folgen, in: Andreas Khol/Günther Ofner/Andres Stirnemann, Österreichisches Jahrbuch für Politik 1996, Wien/München 1997, 313–330.

In der E-Wirtschaft kam es hingegen zwar zu einer Reihe von Teilprivatisierungen, am Verbundkonzern und seinen Tochtergesellschaften sowie an den Unternehmen der Länder und der Gemeinden besteht aber nach wie vor ein Mehrheitseigentum der öffentlichen Hand, das teilweise sogar verfassungsrechtlich abgesichert ist.[4] Die gravierendste Änderung der Rahmenbedingungen in diesem Sektor bildete dagegen – der Wettbewerbs- und Binnenmarktpolitik der EU entsprechend – die Liberalisierung des jahrzehntelang strikt regulierten Strommarktes in Österreich, die mit Oktober 2001 wirksam wurde.[5]

Der Neubeginn 1945 und die Verstaatlichungsgesetze 1946 und 1947

Im Jahr 1945 sah man sich in Österreich nicht nur mit umfangreichen Zerstörungen als Folge kriegerischer Handlungen konfrontiert, sondern auch mit der Tatsache, dass ein großer Sektor der Wirtschaft als „Deutsches Eigentum" von den Alliierten, in erster Linie von der sowjetischen Besatzungsmacht, als Rückführung von im Krieg seitens des Deutschen Reiches beschlagnahmten Vermögenswerten sowie als Kriegsentschädigung beansprucht wurde. Der Versuch, dieses in österreichischer Verfügungsgewalt zu behalten und die weit verbreitete Skepsis darüber, ob sich genügend privates Kapital finden würde, um den notwendigen Wiederaufbau in die Wege leiten zu können, bildeten unter den Parlamentsparteien den Grundkonsens für die folgenden Verstaatlichungsmaßnahmen.

Auf Seiten der SPÖ – und auch der KPÖ – kamen auch demokratiepolitische Überlegungen dazu, da man weite Teile des Großkapitals bezichtigte, in der Zwischenkriegszeit Faschisten und Nationalsozialisten unterstützt zu haben. Daher wurden schon im Sommer 1945 auf Kundgebungen von Belegschaften und Gewerkschaftsfunktionären in Wien und im obersteirischen Industriegebiet weitgehende Verstaatlichungsmaßnahmen gefordert. Ein Anknüpfen an die Ideen der Sozialisierungsbewegungen nach dem Ersten Weltkrieg[6] fand jedoch nur sehr beschränkt statt. Ein Fortführen realer Ergebnisse aus dieser Zeit war praktisch unmöglich, da kaum ein sozialisierter Betrieb die 1920er-Jahre überlebt hatte.

---

4 Walther Fremuth, Die Elektrizitätswirtschaft in Österreich, in: Verband der Öffentlichen Wirtschaft und Gemeinwirtschaft Österreichs (Hrsg.), Öffentliche Wirtschaft und Gemeinwirtschaft in Österreich. Grundlagen – Entwicklungen – Dimensionen. Das Handbuch, Wien 1992, 187–214.

5 Andreas Veigl, Der Markt für Elektrizität in Österreich, in: Ewald Nowotny/Christoph Parak/Ronald Scheucher (Hrsg.), Handbuch der österreichischen Energiewirtschaft, Wien 2004, 27–42, 27–32. – Abgesehen davon, dass diese Betriebe bereits in der Ersten Republik wie auch schon vor 1918 zur Gänze in staatlichem Eigentum standen und Infrastruktur-, aber keine Industrieunternehmen sind, unterschied sich ihre Organisationsform auch grundsätzlich von den durch die Verstaatlichungsgesetze erfassten Unternehmen. Als Bundesbetriebe bildeten Bahn und Post formal bis 1992 bzw. 1996 Teile der Bundesverwaltung, ihre Generaldirektionen waren Sektionen des Verkehrsministeriums und ihre Mitarbeiter öffentlich Bedienstete.

6 Nach wie vor das Standardwerk dazu ist: Erwin Weissel, Die Ohnmacht des Sieges. Arbeiterschaft und Sozialisierung nach dem Ersten Weltkrieg in Österreich, Wien 1976.

Mit dem im Nationalrat einstimmig am 26. Juli 1946 beschlossenen Ersten Verstaatlichungsgesetz wurde die Übernahme der Eigentumsanteile von rund einem Fünftel der industriellen Kapazitäten des Landes in Form von 70 Unternehmen, v.a. des Bergbaues, der Grundstoff- und der Metall verarbeitenden Industrie sowie dreier Großbanken, durch den österreichischen Staat festgelegt. In einem weiteren Schritt wurde der überwiegende Teil der Elektrizitätswirtschaft durch das Zweite Verstaatlichungsgesetz vom 26. März 1947 in öffentliches Eigentum (Verbundgesellschaft, Landesgesellschaften mit Bundesbeteiligung sowie Sondergesellschaften) übergeleitet.[7] Industriebetriebe und Banken wurden zunächst dem Bundesministerium für Vermögenssicherung und Wirtschaftsplanung unterstellt. Die Frage ihrer Organisationsform blieb zugunsten von rasch erzielten konkreten Ergebnissen in den Parteienverhandlungen ungeklärt, sie wurden daher vorerst von öffentlichen Verwaltern geleitet. Bemerkenswert an dieser Periode sind die Ansätze zur Schaffung einer wirtschaftlichen Rahmenplanung unter prominenter Einbeziehung der verstaatlichten Betriebe und die Tatsache, dass dies unter dem ÖVP-Minister Peter Krauland geschah.[8]

Das „Königreich Waldbrunner" – die VI als Trägerin des Wiederaufbaus

Die erste von zahlreichen Änderungen in der übergeordneten politischen Struktur und Zuständigkeit der VI fand nach den Nationalratswahlen 1949 statt, als das Krauland-Ministerium und mit ihm die wirtschaftlichen Planungsstäbe aufgelöst wurden. Der Bankenbereich wurde dem Bundesministerium für Finanzen unterstellt, in dessen Kompetenz er bis zur vollständigen Privatisierung verblieb. Die Energiewirtschaft und die verstaatlichten Industriebetriebe dagegen wurden dem neugeschaffenen Bundesministerium für Verkehr und verstaatlichte Betriebe unter der Leitung von Karl Waldbrunner zugeteilt.

Seine Ära gilt allgemein als Blütezeit der VI, und diese wurde mit ihrer Produktion von Grundstoffen und Vormaterialien zur Trägerin der Wiederaufbaukonjunktur, von der wiederum ihr Umsatzwachstum gespeist wurde.[9] Ein genauerer Blick relativiert jedoch den Mythos[10]. Nachdem 1951 die Mittel aus ERP-Krediten, die der Grundstoffindustrie bevorzugt zugeteilt wurden[11], deutlich abnahmen, sanken die

7 Renate Deutsch, Chronologie eines Kampfes. Geschichte der Verstaatlichung in Österreich, Teil I, Wien 1978, 80–84.

8 Siegfried Hollerer, Verstaatlichung und Wirtschaftsplanung in Österreich (1945–1949), handelswissenschaftliche Diss., Wien 1974, 130–248.

9 Edmond Langer, Die Verstaatlichungen in Österreich, Wien 1966, 254–308.

10 Die Exportquote, die Felix Butschek als Indikator für die erfolgreiche Entwicklung der VI anführt, lag zwar mit Werten um die 33 Prozent kontinuierlich über der der Gesamtindustrie, wies aber keine überdurchschnittlich hohen Steigerungsraten auf. Felix Butschek, Wirtschaft im 20. Jahrhundert Wien 1985, 186–187.

11 Zu ERP-Mitteln und VI: Kurt Tweraser, The Marshall Plan and the Reconstruction of the Austrian Steel Industry 1945–1953, in: Günter Bischof/Anton Pelinka/Dieter Stiefel (Hrsg.), The Marshall Plan in Austria (Contemporary Austrian Studies 8), New Brunswick 2000, 290–322.

Investitionen in der VI sogar real und konnten erst nach 1956 an das Wachstumsniveau der Gesamtwirtschaft anschließen. Im Rezessionsjahr 1952, als die österreichische Industrie ihre Belegschaften kurzfristig um mehr als 12 Prozent reduzierte, wurde die VI allerdings erstmals als Instrument der Arbeitsmarktpolitik eingesetzt und hielt den Beschäftigtenstand.

Beschäftigte in der VI											
Jahr	1951	1952	1955	1960	1967	1970	1975	1980	1985	1990	1995
Beschäftigte in 1.000	86,6*)	86,3*)	123,3	130,9	113,8	103,1	116,8	113,9	102,2	83,2	16,9

*) ohne USIA

Quellen: Edmond Langer, Die Verstaatlichungen in Österreich, Wien 1966; ÖIAG-Geschäftsberichte

Mit der Eingliederung der vom Ersten Verstaatlichungsgesetz zwar formal erfassten, aber bis 1955 unter sowjetischer Verwaltung stehenden USIA-Betriebe im östlichen Österreich wurde die VI schlagartig um ein Viertel vergrößert. Wie weit diese Unternehmen, die zu einem guten Teil als Sanierungsfälle anzusehen waren, einen unmittelbaren Gewinn bedeuteten, ist jedoch zumindest umstritten. Dazu kam, dass Gesellschaften aus den USA und Großbritannien ihre Ansprüche aus der Zeit vor 1938 geltend machten und daher Teile der lukrativen Erdölschürfrechte und die Raffinerie Lobau nicht an die Republik gingen.

Mit dem „Königreich Waldbrunner" war auch die Institutionalisierung des Einflusses von ÖVP und SPÖ – der berühmt-berüchtigte „Proporz" – auf die VI verbunden. Das Koalitionsabkommen von 1953 sah die Errichtung einer „Paritätischen Kommission" von ÖVP und SPÖ im Verstaatlichtenministerium vor, die sich „mit dem organisatorischen Aufbau und der personellen Besetzung der leitenden Organe der verstaatlichten Unternehmungen zu beschäftigen" hatte. Es wurde ausdrücklich festgelegt, dass die Befugnisse dieser Kommission „nicht auf Gesetz, sondern auf dieser Parteienvereinbarung" beruhen.[12] Das System der öffentlichen Verwalter, das im Vergleich zu privatrechtlich begründeten Gesellschaftsorganen einen direkteren Zugriff auf die Betriebe ermöglichte, wurde in der Amtszeit Waldbrunners nur sehr vorsichtig zurückgedrängt.

Ein Versuch, in der verstaatlichten Industrie auch eine gegenüber der Privatwirtschaft qualitativ neue Form in den Beziehungen zwischen Eigentümern und Belegschaften zu finden, war der 1950 von Minister Waldbrunner ins Leben gerufene „Sozialbeirat für die verstaatlichte Industrie".[13] In diesem überbetrieblichen Gremium, das vorerst bis 1956 fungierte und 1959 in erweiterter Form reaktiviert wurde,

12 Vereinbarung zwischen der Österreichischen Volkspartei und der Sozialistischen Partei Österreichs anlässlich der Regierungsbildung, zit. nach Langer, Verstaatlichungen, 119 (wie Fn. 9).

13 Ebd., 466–468 (wie Fn. 9)

saßen je 50 Prozent Vertreter der Eigentümerseite (nach Koalitionsproporz zusammengesetzt) und 50 Prozent Vertreter der Beschäftigten (nach den Ergebnissen der Betriebsratswahlen). Es besaß Empfehlungsrecht und befasste sich mit sozialpolitischen Angelegenheiten, etwa mit der „Erstattung von Gutachten und Vorschlägen über Fragen der Sozial- und Personalwirtschaft", mit „allen Fragen, die mit der Ausbildung in der verstaatlichten Industrie in Verbindung stehen", oder mit den „Fragen der psychologischen Betriebsführung, des Arbeitsfriedens, der Arbeitsfreude, der Produktivität der Arbeit und der Heranziehung der Arbeiter und Angestellten zur Mitsprache und zur Mitverantwortung in den verstaatlichten Betrieben".[14]

Die 1960er-Jahre – erste Wolken am Himmel

Nach einer Verschiebung des politischen Kräfteverhältnisses zugunsten der ÖVP in den Nationalratswahlen 1956 wurde das „Königreich Waldbrunner", nicht ohne stillschweigende Duldung von Teilen der SPÖ-Spitze, zerschlagen und die Kompetenzen für den verstaatlichten Sektor weiter aufgesplittert. Waldbrunner als Bundesminister für Verkehr und Elektrizitätswirtschaft blieb nur noch die Zuständigkeit für E-Wirtschaft, Bahn und Post; die Führung der VI wurde formal der gesamten Bundesregierung zugeteilt, die diese mit dem Bundesgesetz vom 11. Juli 1957 der Superholding Industrie- und Bergbauverwaltungs-Ges.m.b.H. (IBV) übertrug. Deren Funktion sollte in der treuhändigen Verwaltung der Anteile der Republik, in der Koordinierung der einzelnen Unternehmen und in der Reorganisierung des gesamten Bereichs der verstaatlichten Industrie bestehen. In ihren Gesellschaftsorganen, die von der Bundesregierung beschickt wurden, herrschte Einstimmigkeitsprinzip. Der „Proporz" wurde darüber hinaus erstmals dadurch gesetzlich festgeschrieben, dass bei der Bestellung der Führungsfunktionen „das Kräfteverhältnis und die Vorschläge der im Nationalrat vertretenen politischen Parteien" zu berücksichtigen seien.[15]

Die IBV konnte die ihr zugedachte Rolle nur zu einem kleinen Teil erfüllen. Es gelang zwar weitgehend, das System der öffentlichen Verwalter aufzulösen und Organisationsformen nach privatrechtlichem Gesellschaftsrecht einzuführen. Eine wirkliche Konzernierung nach produktionstechnischen und fachlichen Kriterien konnte nur in Ansätzen verwirklicht werden, indem durch Reorganisationsmaßnahmen die Zahl der Unternehmungen merkbar verringert wurde und wenigstens die Voraussetzungen für eine koordinierte Konzernverwaltung durch die Vereinheitlichung des Rechnungs- und Meldewesens geschaffen wurden.[16] In dieser Phase versuchte die ÖVP erste Reprivatisierungsmaßnahmen durch die Ausgabe von „Volksaktien" durchzusetzen, war damit aber nur bei den verstaatlichten Banken

14 Geschäftsordnung des Sozialbeirates, zit. nach Langer, Verstaatlichungen, 569–570 (wie Fn. 9).

15 Ebd., 129–130 (wie Fn. 9). Der vollständige Text des Koalitionsabkommens 1956 findet sich bei Manfried Rauchensteiner, Die Zwei. Die Große Koalition in Österreich 1945–1966, Wien 1987, 545–549.

16 Langer, Verstaatlichungen, 134–135 (wie Fn. 9).

erfolgreich. Der so gut wie fixierte Verkauf von Anteilen an der VÖEST, den Stickstoffwerken, Elin, Schoeller-Bleckmann und Böhler wurde durch den Ausgang der Nationalratswahlen 1959, die wieder die SPÖ stärkten, verhindert.

Diese Änderung des politischen Kräfteverhältnisses hatte de facto nicht zur Wiedererstarkung des sozialistischen Einflusses auf die VI geführt. Die Auflösung der IBV entsprach sogar dem Wunsch der ÖVP; der nun politisch zuständige SPÖ-Vizekanzler Bruno Pittermann wurde auf die im Aktienrecht festgelegten Rechte eines Vertreters des Hauptaktionärs beschränkt und war als Repräsentant der gesamten Bundesregierung an die einstimmigen Beschlüsse des Ministerrats gebunden. Die Sozialisten ließen sich darüber hinaus in den Koalitionsverhandlungen auch noch de facto das Stimmrecht der Belegschaftsvertreter in den Aufsichtsräten der Unternehmen abkaufen. Dafür wurde der „Proporz" mit aus heutiger Sicht skurril anmutenden Bestimmungen weiter gefestigt. Im Koalitionspakt wurde etwa ausdrücklich festgehalten, dass in den Unternehmen jeweils „roten" Aufsichtsratsvorsitzenden „schwarze" Vorstandsvorsitzende und umgekehrt zu entsprechen hätten. Auch der Einfluss in den verstaatlichten Banken wurde in diesem Sinne („schwarze" Creditanstalt und „rote" Länderbank) geregelt.[17] Trotz einer formalen Unabhängigkeit der Unternehmensleitungen, die auch nach der Auflösung der IBV erhalten bleiben sollte, wurden über die informellen Kanäle der Beeinflussung der Manager sowie über den Einfluss der Betriebsräte bundes-, aber auch landes- und regionalpolitische Anliegen an die verstaatlichte Industrie herangetragen und mussten von dieser berücksichtigt werden.

Das „Rekonzernierungsgesetz" aus dem Jahre 1960 setzte die von der IBV begonnene Konzentration und Konzernbildung fort und stellte zum Teil die Konzerne, wie sie vor dem Ersten Verstaatlichungsgesetz bestanden hatten, wieder her. Weiter gehende Versuche, wie sie Vizekanzler Pittermann mit seinem Vorschlag zur Bildung von „Produktionsgemeinschaften" unternommen hatte, versandeten allerdings in Meinungsverschiedenheiten zwischen den Koalitionsparteien.

Dabei wäre die Zeit bereits reif für neue Weichenstellungen gewesen. Zwar florierten die meisten Betriebe und Flaggschiffe wie die VÖEST in Linz entwickelten sich zu österreichischen Paradeunternehmen. Anfang der 1960er-Jahre hatte die VI mit über 130.000 Beschäftigten einen absoluten und relativen (mehr als ein Fünftel der gesamten österreichischen Industrie) Rekord erreicht und auch die Exportquote war mit über 36 Prozent in lichte Höhen geklettert.

17 Langer, Verstaatlichungen, 134–135 (wie Fn. 9). Wie rigide der Proporz in den Führungsetagen der verstaatlichten Industrie gehandhabt wurde, zeigt ein Blick auf die Zusammensetzung der Vorstände nach parteipolitischer Zugehörigkeit. Mit Stand vom 10. August 1964 stellten Volkspartei und SPÖ jeweils sieben Vorstandsvorsitzende und jeweils drei von deren Stellvertretern (nicht in allen Unternehmen existierte die Position des stellvertretenden Vorstandsvorsitzenden). Von den restlichen Vorstandsmitgliedern besaßen 22 ein Parteibuch der ÖVP, 21 ein solches der SPÖ, nur zwei ließen sich keiner Partei zuordnen.

Anteil der VI an der österreichischen Industrie

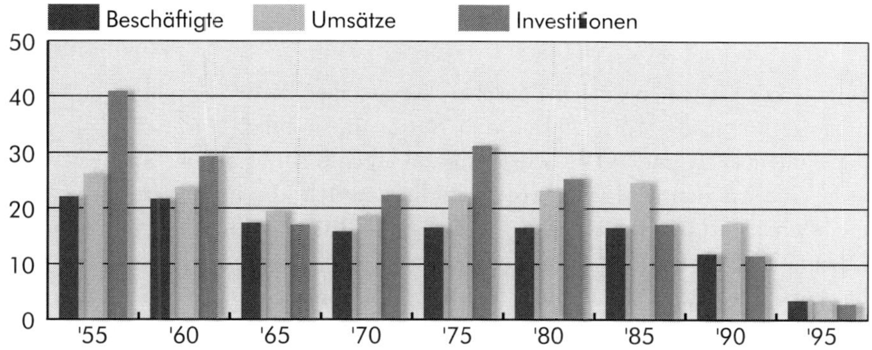

Quellen: Eigene Berechnungen auf Basis von ÖIAG-Geschäftsberichten; Langer, Verstaatlichungen; Felix Butschek, Vom Staatsvertrag zur EU. Österreichische Wirtschaftsgeschichte von 1955 bis zur Gegenwart, Wien 2004

Das konnte jedoch nicht darüber hinwegtäuschen, dass die Grundstoffkonjunktur der Nachkriegsjahre sich ihrem Ende näherte und damit die VI als der Rohstoff- und Vormateriallieferant der österreichischen Wirtschaft doppelt in ihrer Substanz berührt wurde – durch die allgemeinen Rahmenbedingungen und durch die ihr aufgezwungene Politik. Die Investitionen hatten zwar in der zweiten Hälfte der 1950er-Jahre wieder deutlich zugenommen und waren kontinuierlich über 10 Prozent des Umsatzes gelegen,[18] gerade als aber erhöhter Bedarf zur Umstellung auf neue Produktionen gegeben war, wurden die Mittel deutlich gekürzt. Ein zum Zwecke der Sanierung der ehemaligen USIA-Betriebe eingerichteter Investitionsfonds konnte nicht einmal in diesem Sektor durchschlagende Wirkung erzielen.

Bei der Verfolgung dieser wenig vorteilhaften Strategie arbeiteten sich die Koalitionsparteien gegenseitig in die Hände. Die ÖVP, die dem Gedanken einer VI stets skeptisch gegenübergestanden war, verweigerte den Umstieg auf Finalprodukte und bestand obendrein auf einer Subventionierung der (privaten) Nachfolgeindustrien durch niedrige Grundstoffpreise. Im Zuge dessen erhielten auch Unternehmen in zukunftsträchtigeren Branchen als der Grundstoffindustrie, wie ÖMV oder Elin, nicht die notwendige Rückendeckung und Unterstützung durch den Eigentümer.[19] Die SPÖ, an sich guten Willens gegenüber der VI, versperrte durch die Weigerung der Inanspruchnahme des Aktienmarktes einen möglichen Ausweg aus der Misere.[20] Dazu kamen die Krise des Kohlebergbaus, der bei steigendem Gesamtenergiebedarf an einem Nachfragerückgang wegen der Hinwendung zu anderen Energieträgern litt, und das Virulentwerden von Altlasten aus

18 Langer, Verstaatlichungen, 257–260 (wie Fn. 9).

19 Robert Stöger, Die Verstaatlichtendiskussion in der SPÖ 1945–1970, phil. Diss., Wien 1988, 99.

20 Butschek, Wirtschaft, 188–189 (wie Fn. 10). Zur verordneten Preispolitik: Eduard März, Die Preispolitik der österreichischen Gemeinwirtschaft, in: Eduard März (Hrsg.), Österreichische Wirtschaft zwischen Ost und West, Wien 1965, 76–78.

der USIA-Zeit, manifestiert in der Schließung der Lokomotivfabrik „Rax-Werke" in Wiener Neustadt. Strukturkonservatives Denken gerade in Unternehmen, in denen der größte Reformbedarf bestand, taten ein Übriges.

Statt neuer Strategien in den Betrieben kam es aber wieder einmal zu einer Reorganisation an der Spitze. Nach den Nationalratswahlen 1966 schuf die nunmehr allein regierende ÖVP wiederum ein eigenes Ministerium für die VI und griff auch auf den Gedanken einer Holding zurück, die in Gestalt der „Österreichischen Industrieverwaltungsgesellschaft" (ÖIG) mit Bundesgesetz vom 16. Dezember 1966 (mit den Stimmen der Sozialisten beschlossen) geschaffen wurde. Diese übernahm die treuhändige Verwaltung der Anteile des Staates an der Verstaatlichten. Eine straffere Führung und konsequentere Durchführung von Strukturreformen scheiterte an Richtungskämpfen in der ÖVP. Daran konnte auch Staatssekretär Josef Taus nichts ändern, dessen für einen ÖVP-Politiker untypische Bemühungen um die VI über Parteigrenzen hinweg anerkannt waren. Gleichzeitig legte der konjunkturelle Abschwung des Jahres 1967 die Schwachstellen in Teilen der VI bloß. Besonders in der Stahlproduktion hatte die österreichische Industrie schon zu dieser Zeit ernste Probleme, die nur durch einen nochmaligen Boom in den frühen 1970er-Jahren kurzfristig übertüncht werden konnten. Ein bei der Unternehmensberatungsgesellschaft Booz, Allen & Hamilton in Auftrag gegebenes Gutachten sprach schon damals u.a. vom notwendigen Abbau von mehr als 10.000 Beschäftigten in diesem Sektor.[21]

Aufgrund der geringen Effizienz der ÖIG versuchte die ÖVP noch in derselben Legislaturperiode eine Novellierung des ÖIG-Gesetzes mit dem erklärten Ziel, die Eigentumsrechte auch formell an die Holding-Gesellschaft zu übertragen und damit weitgehende Möglichkeiten für Privatisierungen zu schaffen. Der Widerstand der SPÖ führte schließlich zu einem Kompromiss in Gestalt der Gründung der „Österreichischen Industrieverwaltungs-AG" (ÖIAG) im Jahre 1969, der zwar die staatlichen Anteile an den Betrieben übertragen wurden, die aber kein Weisungs- und Durchgriffsrecht gegenüber den Unternehmen bekam. Ihre wesentlichen Befugnisse betrafen damit jene des Aktionärs in den Hauptversammlungen der Unternehmen und die Zustimmung zu Vorstandsbestellungen sowie in der Finanzierungsfunktion.[22] Die Veräußerung von Anteilen, Unternehmungen und Unternehmensteilen sowie Kapitalbeschaffungsmaßnahmen, bei denen Anteilsrechte an Außenstehende gelangten, konnten nur mit Zweidrittelmehrheit im Aufsichtsrat und mit Zustimmung des Hauptausschusses des Nationalrates geschehen. Damit wurde erstmals die Verstaatlichung verfassungsrechtlich abgesichert. Der Parteienproporz wurde formell

21 Booz, Allen & Hamilton International, Bericht über die Reorganisierung der verstaatlichten Stahlindustrie, Düsseldorf 1968, in: Margit Scherb, Die negativen Auswirkungen des Internationalisierungsprozesses auf Kleinstaaten. Dargestellt am Beispiel der verstaatlichten österreichischen Eisen- und Stahlindustrie, phil. Diss., Wien 1979, 142.

22 Oskar Grünwald, Die verstaatliche Industrie, in: Arbeitsgemeinschaft der Österreichischen Gemeinwirtschaft (Hrsg.), Die österreichische Gemeinwirtschaft, Wien 1982, 223–240, 226–230.

nur mehr für den Aufsichtsrat der ÖIAG festgeschrieben. Als Ausdruck der Erkenntnis der Notwendigkeit der Reorganisation des gesamten verstaatlichten Bereiches und speziell des Eisen- und Stahlsektors erhielt die ÖIAG bei ihrer Gründung den Auftrag, eine branchenmäßige Strukturierung der verstaatlichten Betriebe innerhalb von vier Jahren durchzuführen.[23]

Die verstaatlichte Industrie in der Ära Kreisky

Instrument zur Umsetzung einer wirtschaftspolitischen Maxime

Die Übernahme des Regierungsvorsitzes durch Bruno Kreisky nach seinem Wahlsieg im Jahr 1970 brachte auch für die verstaatlichte Industrie neue Rahmenbedingungen. Zum einen ging die politische Zuständigkeit wieder an das Bundeskanzleramt zurück und sollte dort bis Ende 1984 bleiben. Zum anderen wurde die Holding ÖIAG in dieser Form bis 1986 beibehalten.

Der Übergang zu mehr Stabilität und Kontinuität in den Metastrukturen bedeutete eine klare Wendung zum Besseren gegenüber den 25 Jahren zuvor, als durchschnittlich alle fünf Jahre – oder fünfmal in sieben Legislaturperioden – Änderungen in der politischen Zuständigkeit und/oder im nachgeordneten Organisationsgefüge vorgenommen worden waren[24]. Wichtiger als dieses formale Faktum war jedoch, dass nunmehr erstmals die SPÖ nicht nur den zuständigen Minister für die Verstaatlichte stellte, sondern die politische Alleinverantwortung für diesen Sektor übernommen hatte – und das für mehr als eineinhalb Jahrzehnte.[25] Wenn sie sich auch – wie in vielen anderen Fragen – schon lange von austromarxistischen Sozialisierungskonzeptionen zugunsten der Programmatik einer linken Volkspartei verabschiedet hatte[26], war sie doch in ihren weltanschaulichen Grundlagen wie in ihren wirtschaftspolitischen Vorstellungen in der österreichischen politischen Landschaft der Anwalt einer starken VI[27]. Durch ihre zahlreichen Mitglieder unter Managern, Betriebsräten und Belegschaften bestand auch eine organisatorische und personelle Verflechtung mit den Unternehmen, wie sie keine andere Partei aufweisen konnte. Vitale Interessen von nennenswerten Teilen des Parteiapparates und die innerpar-

23 Ferdinand Lacina, Verstaatlichung in Österreich, in: Wirtschaft und Politik. Festschrift für Fritz Klenner, Wien 1976, 267–282, 272.

24 Insider, wie etwa der ehemalige ÖIAG-GD Grünwald und der ehemalige Verstaatlichtenminister Lacina relativieren jedoch die Bedeutung des Überbaus und weisen auf die De-facto-Teilautonomie und Verantwortung des Managements der einzelnen Betriebe hin. Oskar Grünwald und Ferdinand Lacina im persönlichen Gespräch am 31. August 2006 bzw. 1. September 2006.

25 Angesichts der realen Kräfteverhältnisse und der Kompetenzverteilung in der SPÖ-FPÖ-Koalition der Jahre 1983–86 sowie der Interessenlage der FPÖ kann dieser Abschnitt wohl problemlos miteinbezogen werden. Erst in der Großen Koalition nach 1987 stellten sich die Dinge wieder anders dar, auch wenn die SPÖ den Kanzler und die für die VI und auch für die verstaatlichten Banken zuständigen Minister stellte.

26 Dazu: Stöger, Verstaatlichtendiskussion (wie Fn. 19).

27 Der KPÖ, die sich in dieser Haltung im Grundsätzlichen nicht von der SPÖ unterschied, fehlte schlicht die politische Potenz, um eine solche Rolle spielen zu können.

teilichen Machtpositionen, die zumindest die Betriebsratsobleute der großen Betriebe besaßen und die Linie der Partei beeinflussen konnten, leiteten sich daraus quasi automatisch ab.

Darüber hinaus war, im Unterschied zur Pittermann-Zeit, die Verstaatlichte ab 1970 auch tatsächlich Chefsache, also dem Bundeskanzler selbst unterstellt – und zwar einem Bundeskanzler, der gewillt und fähig war, die VI als wirtschafts- und beschäftigungspolitisches Instrument einzusetzen.[28] Dass dies ambivalente Auswirkungen auf die Betriebe hatte, sollte sich jedoch später zeigen. Einerseits wurden sie erstmals in eine industriepolitische Strategie integriert, die diesen Namen auch verdiente, und es gab keine Behinderungen mehr durch eine Kanzlerpartei, die in großen Teilen der Existenz einer VI reserviert gegenüberstand. Ähnlich wie in den 1950er-Jahren erlebte die VI in den frühen 1970er-Jahren eine Investitionsoffensive, dieses Mal nicht grundstoffzentriert, sondern im Sinne einer Neuorientierung in Richtung Finalindustrie. Nachdem im ÖIAG-Konzern der Anteil der Investitionen am Umsatz in den 1960er-Jahren bei etwa 7,5 Prozent gelegen war, stieg er zwischen 1970 und 1974 auf deutlich über 10 Prozent. Er lag bis in die 1980er-Jahre hinein stets über dem Durchschnitt der österreichischen Industrie und übertraf diesen in manchen Jahren um 50 Prozent.[29] Andererseits war es gerade der Einsatz der VI als ein Instrument (neben vielen anderen[30]) zur Erreichung nationaler und oft auch regionaler Beschäftigungsziele, der ungünstige Rahmenbedingungen und strukturelle Probleme verschärfte und damit zu dem betriebswirtschaftlichen Desaster der 1980er-Jahre beitrug.

Unter der Alleinregierung der SPÖ wurden bald gravierende Änderungen in der Konzernstruktur vorgenommen. Die wichtigsten davon betrafen die Gründung einer gemeinsamen Petrochemie-Gesellschaft von ÖMV und Chemie Linz AG, die Fusionierung der Kommerzstahlproduzenten VÖEST in Linz und Alpine-Montan im steirischen Donawitz (1973), der Edelstahlproduzenten Böhler in Kapfenberg, Schoeller-Bleckmann in Ternitz und Styria in Judenburg (1975) zu den Vereinigten Edelstahlwerken (VEW) und in weiterer Folge deren Einverleibung in den Stahlkonzern der VÖEST-Alpine (VA) sowie die Buntmetallfusion (1973), also den Anschluss der Kupferhütte Brixlegg und der Wiener Metallwerke an die Vereinigten Metallwerke Ranshofen-Berndorf (VMW). Diese entsprachen dem Auftrag des ÖIAG-G 1969, aber auch der wirtschaftspolitischen

---

28 Exemplarisch für diese Haltung: Erklärung des Bundeskanzlers vor dem Nationalrat am 6. Juni 1979, in: Maximilian Gottschlich/Oswald Panagl/Manfried Welan, Was die Kanzler sagten. Regierungserklärungen der Zweiten Republik 1945–1987, Wien 1989, 252–253.

29 Felix Butschek, Vom Staatsvertrag zur EU. Österreichische Wirtschaftsgeschichte von 1955 bis zur Gegenwart, Wien 2004, 116–117. Diese Daten sind der WIFO-Datenbank entnommen. Wilhelmine Goldmann kommt auf anderer Datenbasis zu noch höheren Investitionsanteilen am Umsatz. Wilhelmine Goldmann, Verstaatlichte Industrie, in: Kammer für Arbeiter und Angestellte für Wien (Hrsg.), Materialien zu Wirtschaft und Gesellschaft (1987) 35, 37–54, 47–48.

30 Fritz Weber/Theodor Venus (Hrsg.), Austrokeynesianismus in Theorie und Praxis (Stiftung Bruno Kreisky Archiv Studienreihe 1), Wien 1993.

Linie der SPÖ.[31] Für ihre betriebswirtschaftliche und konzernpolitische Sinnhaftigkeit gibt es sowohl starke Pro- als auch Kontra-Argumente.[32] In der Praxis tauchten jedenfalls auf Grund der Inkompatibilität der Unternehmenskulturen und des teilweise offenen Unwillens von Management und Belegschaften der einzelnen Betriebe, im Rahmen der neuen Strukturen zu kooperieren, eine Reihe von Problemen auf. Dies und die im Zuge der Fusionierungen abgegebenen Standortgarantien beschränkten das Lukrieren von Synergieeffekten.[33]

So vorteilhaft sich die politischen Rahmenbedingungen in dieser Phase zu präsentieren schienen, so schwierig wurden nach dem Erdölschock von 1973 und dem endgültigen Ende der weltweiten Nachkriegskonjunktur die allgemeinen wirtschaftlichen. Gerade für die Betriebe der VI kam verschärfend und letztlich entscheidend die Strukturkrise in jenen Bereichen hinzu, in denen sie nach wie vor vorrangig engagiert waren, also Stahl und andere Grundstoffe, aber auch Starkstrommaschinen und Bergbau. Die sich daraus ergebenden Probleme und Anpassungserfordernisse wurden zwar nicht negiert[34], aber in ihrer Tragweite vollkommen unterschätzt. Umstrukturierungsmaßnahmen wurden schon aus diesem Grund zu spät und zu oberflächlich eingeleitet.[35] Weder die Betroffenheit von der Krise an sich noch ihre Unterschätzung waren jedoch charakteristisch für die österreichische VI allein. Diese Periode war weltweit gekennzeichnet vom Entstehen von Industriefriedhöfen, von Massenentlassungen und Unternehmenssterben in den „alten" Industrien. Entscheidend dafür waren in erster Linie nicht die Eigentumsverhältnisse, sondern die Branche, in der die jeweiligen Betriebe tätig waren.

Die spezifischen Verhältnisse in der VI verschärften jedoch die Krise. Das Festhalten an der Maxime der Erhaltung von Arbeitsplätzen, sei es durch Schaffung von innerbetrieblichen Ersatzarbeitsplätzen, durch neue Produktionen oder durch schlichtes Nicht-Exekutieren betriebswirtschaftlich notwendiger Kündigungen, verschlechterte die Performance der Unternehmen weiter.[36] Von nicht

31 Rede des Bundeskanzlers vor der Hauptversammlung der ÖIAG am 9. September 1971, in: Gottschlich/Panagl/Welan (Hrsg.), Kanzler, 218 (wie Fn. 28).

32 Butschek bemängelt etwa, dass verlustbringende Betriebe florierenden „umgehängt" wurden. Butschek, Staatsvertrag, 115 (wie Fn. 29). Lacina wirft die Frage auf, wieweit die Unternehmensfusionen die Holding-Konstruktion konterkariert haben. Ferdinand Lacina im persönlichen Gespräch am 1. September 2006. Grünwald dagegen nennt Argumente wie economy of scales, Branchenbereinigung, koordinierte Marktbearbeitung und Ähnliches als Gründe für die Notwendigkeit der Maßnahmen. Grünwald, Industrie, 234 (wie Fn. 22).

33 Oskar Grünwald, Die Verstaatlichte Industrie in der Ära Kreisky, in: Fritz Weber/Theodor Venus (Hrsg.), Austrokeynesianismus in Theorie und Praxis), Wien 1993, 118–128, 121.

34 Einen Überblick über die Sanierungsbemühungen noch vor dem Wendepunkt Intertrading-Skandal im November 1985 gibt: Arbeitsgemeinschaft der österreichischen Gemeinwirtschaft (Hrsg.), Wir sind auf dem richtigen Weg. Der Beitrag der verstaatlichten Industrie zur neuen Struktur der österreichischen Wirtschaft (Schriftenreihe der Gemeinwirtschaft), Wien 1985.

35 Oskar Grünwald im persönlichen Gespräch am 31. August 2006.

36 Wilhelmine Goldmann, Verstaatlichten-Politik in der Ära Kreisky, in: Fritz Weber/Theodor Venus (Hrsg.), Austrokeynesianismus in Theorie und Praxis, Wien 1993, 129–134, 132–133. Dennoch war der Beschäftigtenstand in der Verstaatlichten zwischen 1982 und 1986 um über 13 Prozent und damit deutlich stärker als in der übrigen Industrie gesunken. Verband der Öffentlichen Wirtschaft und Gemeinwirtschaft Österreichs (Hrsg.), Öffentliche Wirtschaft, 220 (wie Fn. 4).

geringer Bedeutung war dabei auch die starke Position der mit einem meist sehr kurzfristig angelegten Überlebensinstinkt ausgestatteten und damit strukturkonservativen Betriebsräte, die über ihre parteipolitischen Drähte zum obersten Eigentümervertreter einen Einfluss erlangen konnten, der deutlich über den von Belegschaftsvertretern selbst in traditionell gewerkschaftlich gut organisierten Betrieben und Branchen hinausging. Dieser war in erster Linie bei der (zeitweiligen) Sicherung der Arbeitsplätze wirksam, weniger bei Einkommen und Sozialaufwendungen. Der Personalaufwand pro Beschäftigtem lag in der VI 1981 um 9 Prozent über dem Durchschnitt aller Aktiengesellschaften. Angesichts der brancheninternen Bedingungen wie Schicht- und Erschwerniszulagen für Stahlarbeiter ist dies keine signifikante Abweichung.[37]

In der rückblickenden Analyse wird oft die Frage diskutiert, wie weit Investitionskapital in großen Mengen fehlalloziert wurde. Wilhelmine Goldmann spricht in diesem Zusammenhang davon, dass „Überinvestieren und (die) Disziplinlosigkeit des Managements, Investitions- und Budgetpläne nicht einzuhalten" die „Hauptwurzel der tiefen Krise" der VI gebildet hätten.[38] Der ehemalige ÖIAG-Generaldirektor Oskar Grünwald streitet dies nicht vollkommen ab, sieht jedoch mit Ausnahme der Spätphase der VA keinen signifikanten Unterschied im Ausmaß der Fehlallokationen in der VI gegenüber vergleichbaren anderen Unternehmen. Er konzediert aber Fälle von „furchtbaren Fehlern" des Managements.[39] Ferdinand Lacina verweist auf die Stellung von „unsinkbaren Schiffen", welche die Betriebe der VI lange Zeit innegehabt hatten, und auf die einer solchen Situation inhärente Neigung teilweise überheblicher Geschäftsleitungen, Über- und Fehlinvestitionen zu tätigen.[40]

Fehlverhalten von Managern ist, wie zahllose Beispiele beweisen, kein Spezifikum von Unternehmen im öffentlichen Eigentum. Das Thema führt jedoch wieder zu einem Dauerbrenner in der öffentlichen Diskussion um die VI, nämlich zur Art der Besetzung von Führungspositionen und der politischen Einflussnahme darauf, oder – populärer ausgedrückt – zum „Proporz". Dieser wurde zwar in der Kreisky-Ära merkbar gelockert (Stichwort: „Blutgruppe 0", der etwa der langjährige ÖIAG-Generaldirektor Franz Geist angehörte), dennoch blieb der Einfluss der politischen (Groß-)Parteien aufrecht. Da man aber entgegen oft reproduzierten Vorurteilen nicht davon ausgehen darf, dass Zugehörigkeit zu einer politischen Partei automatisch fachliche Inkompetenz bedeutet, muss die Frage nach dem Gewicht dieses Aspekts am Scheitern der VI weiterhin unbeantwortet

37 Manfred Eder, Personalaufwand in verstaatlichten Betrieben, in: WISO Wirtschafts- und sozialpolitische Zeitschrift des ISW der AK und des BFI für Oberösterreich, 9 (1986) 2, 69–74.

38 Goldmann, Verstaatlichten-Politik, 129–134, 133 (wie Fn. 36). Tatsächlich war der große Investitionsschub bereits in der ersten Hälfte der 1970er-Jahre erfolgt, wenn auch bis 1982 noch ein überdurchschnittliches Niveau beibehalten wurde.

39 Oskar Grünwald im persönlichen Gespräch am 31. August 2006.

40 Ferdinand Lacina im persönlichen Gespräch am 1. September 2006.

bleiben.[41] Interessant wäre auch eine Analyse der Personalrekrutierung auf den mittleren und unteren Führungsebenen.

Von 1974 an begannen sich jedenfalls die betrieblichen Erfolgskennzahlen der verstaatlichten Industrieunternehmen zu verschlechtern und auch die Eigenkapitalquote nahm ab. Auffallend an der Entwicklung und kennzeichnend für die Konzernphilosophie war, dass dies bei beträchtlichen und weit über dem Durchschnitt der Industrie liegenden Umsatzsteigerungen geschah.[42] Ab Anfang der 1980er-Jahre eskalierte die Situation. Die größten Verluste erwirtschaftete dabei der Mischkonzern VA-AG, der gerade in Geschäftsbereichen außerhalb des Grundstoffsektors wie dem Anlagenbau oder mit Ölspekulationen seines Handelshauses Intertrading[43] erfolglos agierte und allein im Jahr 1985 ein Unternehmensergebnis von –11,8 Milliarden Schilling auswies. Aber auch Chemie Linz, Elin und VEW schrieben in jener Zeit jeweils kumulierte Verluste in Milliardenhöhe. Lediglich ÖMV, AMAG und Simmering-Graz-Pauker AG (SGP) bilanzierten positiv.[44]

Der Saldo der Kapitalflüsse zur ÖIAG (Kapitalzufuhr durch den Eigentümer + öffentliche Zuschüsse + Kapitalaufnahmen – Dividendenzahlungen an den Eigentümer – Schuldentilgungen) war zu Anfang positiv und konnte noch einige Jahre fast im Gleichgewicht gehalten werden (kumuliert bis 1976: 1,1 Milliarden Schilling). Nach einer ersten größeren Kapitalaufnahme im Jahr 1978 nahmen ab 1981 die Zuflüsse dramatische Ausmaße an und bewegten sich zwischen 2,3 und 7,2 Milliarden Schilling jährlich.[45]

41 Lacina führt in diesem Zusammenhang weniger reale Abhängigkeit als Mangel an Zivilcourage der Manager, egal welcher Provenienz, in der Konfrontation mit den Eigentümervertretern an und weist darauf hin, dass sich ein Politiker es leisten könne, einmal einen widerspenstigen Manager abzusetzen, jedoch nicht am laufenden Band. Im persönlichen Gespräch am 1. September 2006.

42 Goldmann, Verstaatlichte Industrie, 40–46 (wie Fn. 36).

43 Im Anlagenbau sticht das Desaster Stahlwerk Bayou (USA) hervor, das der VA geschätzte 7 Mrd. öS gekostet haben dürfte. Der Verlust der Intertrading belief sich 1985 auf 4,0 Mrd. öS. Ines Kastil, Von der Verstaatlichung zur Privatisierung – Untersuchung eines wirtschaftstheoretischen und wirtschaftspolitischen Paradigmenwechsels am Beispiel Österreichs, sowi. Diss., Wien 2006, 210, 213.

44 Andrea Itzlinger/Rudolf Kerschbamer/Alexander van der Bellen, Der ÖIAG-Konzern: Wirtschaftliche Performance und strukturelle Reformen (Forschungsberichte des Ludwig Boltzmann Instituts für ökonomische Analysen wirtschaftspolitischer Aktivitäten 8805), Wien 1988, Tabelle 6. Zur wirtschaftlichen Performance der VI auch: Helmut Preslmaier, Ausgewählte Unternehmen des ÖIAG-Konzerns aus betriebswirtschaftlicher Sicht, in: WISO Wirtschafts- und sozialpolitische Zeitschrift des ISW der AK und des BFI für Oberösterreich, 9 (1986) 2, 47–68.

45 ÖIAG, Geschäftsberichte 1971–1985, eigene Berechnungen. Technisch erfolgte die Kapitalzufuhr in der Form, dass die ÖIAG Anleihen und Kredite aufnahm und die Republik Österreich die Verpflichtung übernahm, diese aus dem Bundesbudget zu refundieren. Dazu kamen noch Direktzuschüsse in der Höhe von 1 Mrd. öS zum Zwecke der Restrukturierung der Edelstahlindustrie.

Kapitalzufuhr* an den ÖIAG-Konzern 1972–1986

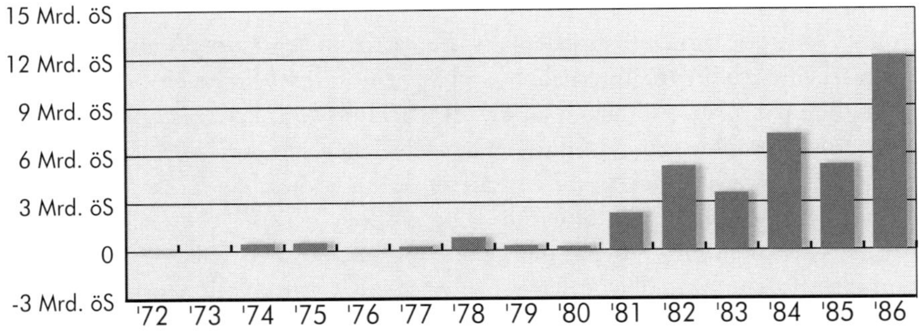

Quelle: Eigene Berechnungen auf Basis der ÖIAG-Geschäftsberichte

* Nettokapitalzufuhr = Aufnahmen auf Kapitalmarkt + Kapitalerhöhungen + öffentliche Zuschüsse – Dividendenzahlungen an Bund – Schuldentilgungen

Auch ohne die spektakulären Milliardenverluste der Intertrading war die VI also „pleite“, wie es der neu ernannte ÖIAG-Generaldirektor Hugo-Michael Sekyra auf einer Betriebsversammlung ausdrückte, der mit diesem Ausspruch in die österreichische Zitatengeschichte einging. Wenn sie auch nicht entscheidend waren, so warf deren Bekanntwerden im November 1985 ebenso publikumswirksam wie die Äußerungen Sekyras ein Schlaglicht auf die Verhältnisse in der VI. Dass diese Entwicklungen Wasser auf die Mühlen aller Gegner des wirtschaftspolitischen Kurses der für die VI verantwortlichen SPÖ waren und zusätzliche Schubkraft für die im neuen Zeitgeist liegenden Forderungen nach „Mehr privat – weniger Staat“[46] bildeten, muss wohl nicht eigens erwähnt werden. Im Trommelfeuer der Privatgutachten über die quasi naturgesetzliche Neigung des öffentlichen Sektors zu unternehmerischem Scheitern[47] blieb für ein nüchternes Abwägen der Krisenursachen und Zukunftsstrategien wenig Raum. Dennoch – oder gerade deshalb – war klar, dass einschneidende Schritte zu veranlassen waren und eine neue Ära zu beginnen hatte.

46 So der Titel einer Publikation von J. Hawlik und W. Schüssel. Diese stellt die VI noch nicht in den Mittelpunkt von Privatisierungsvorschlägen, sondern konzentriert sich auf „klassische“ öffentliche, vor allem kommunale Dienstleistungen. Zwei Jahre später jedoch und in einer wesentlich umfangreicheren Arbeit messen die beiden Autoren der VI bereits zentralen Stellenwert in ihren Ambitionen bei. Johannes Hawlik/Wolfgang Schüssel, Mehr privat – weniger Staat, Wien 1983 bzw. dies., Staat laß nach, Wien 1985.

47 Einen Überblick über die Flut von meist auf sehr simplen Erklärungsmustern beruhenden Stellungnahmen liefert von der Position des vorgeblich ideologiefreien Anhängers der freien Marktwirtschaft: Ralph Vallon, Der heilsame Schock. Die verstaatlichte Industrie im Spannungsfeld zwischen Politik und Ökonomie, phil. Diss., Wien 1996.

Radikaler Kurswechsel nach fundamentalem Schock – der verstaatlichte Sektor zu Beginn der Ära Vranitzky

Noch in der Zeit der Koalitionsregierung von SPÖ und FPÖ wurde das ÖIAG-Gesetz 1986 beschlossen, das neben der Umbenennung auf „Österreichische Industrieholding AG" eine Reihe von gravierenden strukturellen Änderungen mit sich brachte. Die im Grundsätzlichen wohl wichtigsten: zum einen die Abkehr von der Vorgabe, dass die VI auch volkswirtschaftliche Interessen zu verfolgen habe. Die betriebswirtschaftlichen Erfordernisse der Unternehmen sollten von nun an im Mittelpunkt stehen, politischer Einfluss auf Managemententscheidungen und Personalbestellungen tabu sein. Parallel dazu erhielt die ÖIAG weiter gehende Befugnisse, als ihr im Jahr 1970 zugestanden worden waren, vor allem das Recht zu verbindlichen Richtlinien für die Unternehmen, mit denen sie nun einen Konzern bildete.[48]

Zum anderen wurde mit dem Wegfall der Zustimmung des Hauptausschusses des Nationalrats zu Unternehmensveräußerungen erstmals seit der „Volksaktien"-Ausgabe der 1950er-Jahre Privatisierung zu einer echten Option der österreichischen Verstaatlichtenpolitik. In dieser Phase, in der zuerst einmal Restrukturierung und Sanierung auf der Tagesordnung standen, wurden zwar noch keine konkreten Konzepte und schon gar keine Aufträge zu Privatisierungen entwickelt, jedoch schon im Arbeitsübereinkommen der neuen Regierungskoalition zwischen SPÖ und ÖVP von Anfang 1987 wurde die Überprüfung „sämtliche(r) Unternehmen der ÖIAG-Gruppe auf ihre Kapitalmarktfähigkeit mit dem Ziel, den österreichischen Kapitalmarkt zur Aufbringung zusätzlichen Kapitals zu nutzen", festgeschrieben. Es wurde auch ein neues Finanzierungsgesetz vereinbart, in dem „letztmalig die Finanzierung jener Unternehmen gesichert (werde), die ohne zusätzliche Mittel der öffentlichen Hand in ihrer Existenz bedroht" wären, sowie die Notwendigkeit von „Eigenleistungen" der Unternehmen zu Sanierungsmaßnahmen formuliert.[49]

Die erste große Privatisierungsmaßnahme der neustrukturierten ÖIAG, die im Sommer 1987 vorbereitet wurde, bildete die Börsenplatzierung von vorerst 15 Prozent der Aktien der ÖMV AG im Wert von 1,4 Milliarden Schilling, die bis Ende 1989 auf 30 Prozent ausgeweitet wurde. An größeren Transaktionen folgten 1992 der Verkauf von 26 Prozent der Simmering-Graz-Pauker-Verkehrstechnik AG an Siemens sowie die Börsenplatzierung von 49 Prozent der VA-Eisenbahnsysteme AG, die im Jahr darauf mehrheitlich privatisiert wurde. Mit der Austria Microsystems-AG wurde im Juli 1993 das erste verstaatlichte Unternehmen mehrheitlich an private Eigentümer abgegeben. Die Nachfrage nach den Aktien der ÖIAG-Unter-

48 Kastil, Verstaatlichung, 139–141 (wie Fn. 43).

49 Bundespressedienst (Hrsg.), Arbeitsübereinkommen zwischen der SPÖ und der ÖVP über die Bildung einer gemeinsamen Bundesregierung für die Dauer der XVII. Gesetzgebungsperiode des Nationalrats vom 16. Jänner 1987, Wien 1987, 56.

nehmen war mehr als zufriedenstellend, und damit wurde auch das implizite Ziel der Übung, nämlich die Belebung des österreichischen Kapitalmarktes und speziell des Börsenplatzes Wien, erreicht. [50]

Die Konzernunternehmen wurden vorerst in fünf, dann sieben Branchenholdings (Aluminium, Erdöl, Stahl, Chemie, Bergbau, Elektro, Maschinen) zusammengefasst. 1989 wurde die Austrian Industries (AI) gegründet, in die die Branchenunternehmen – mit Ausnahme von Bergbau – der mit den zur Liquidierung anstehenden Altlasten versehenen Hülle der alten VA und einiger kleinerer Unternehmen eingegliedert wurden. Dazu wurden weitgehende Umstrukturierungs- und Sanierungsmaßnahmen auf Unternehmensebene ergriffen: Auflassung von unrentablen Standorten und Produktionslinien, Straffung der Produktions- und Vertriebsstruktur, Verkäufe von Anlagen, Unternehmen und Beteiligungen. Zum neuen Konzept gehörte auch eine forcierte Internationalisierung durch Auslandsbeteiligungen, etwa die Übernahme der schwedischen Uddeholm-Gruppe durch Böhler. Die Beschäftigten hatten ihren Anteil daran in Form von Streichung oder Kürzungen von Sozialleistungen und einem bemerkenswerten Personalabbau zu tragen. Allein in den Jahren bis 1992, als es noch keine nennenswerten Firmenverkäufe gab, sank die Zahl der Belegschaftsmitglieder im ÖIAG-Konzern um ein Viertel auf unter 78.000.[51] Diese Maßnahmen waren auch der Grund für die teilweise sehr heftigen Proteste der direkt Betroffenen, deren politische Heimat zum überwiegenden Teil die SPÖ war. Dies hatte Auswirkungen auch auf die Grundsatzdiskussionen in der Partei. Obwohl es durchaus fundierte Skepsis gegenüber der neuen Linie und ein Festhalten an herkömmlichen Ansichten über die Rolle einer verstaatlichten Industrie in Österreich gab, setzte sich relativ rasch die betriebswirtschaftlich und später an (Teil-)Privatisierungen orientierte pragmatische Regierungslinie durch.[52] Personeller Ausdruck dafür war nicht zuletzt die Übernahme von Regierungs- und Parteivorsitz durch Franz Vranitzky.

Mit einer wiedererstarkten Konjunktur und besonders der Erholung des weltweiten Stahlmarktes im Rücken zeigte sich der Erfolg dieser Maßnahmen bald. 1990 betrug das Ergebnis der gewöhnlichen Geschäftstätigkeit der ÖIAG-Gruppe 3,05 Milliarden Schilling, der Cashflow 14,9 Milliarden Schilling. In dieser Periode stieg auch die jahrelang rückläufig gewesene Investitionsquote wieder an, wenn auch bei weitem nicht mehr auf die Werte der Frühzeit und der 1970er-Jahre.[53] Die Exportquote erreichte sogar Rekordwerte.

50 Erich Becker/Karl Hollweger, ÖIAG: Von der Staatsholding zum Privatisierungsspezialisten, in: Zeitschrift für Gemeinwirtschaft (1996) 1, 41–65, 42–45.

51 Dieter Stiefel, Fifty Years of State-Owned Industry in Austria, 1946–1996, in: Pier Angelo Toninelli (Hrsg.), The Rise and Fall of State-Owned Enterprise in the Western World, Cambridge 2000, 237–252, 248.

52 Kastil, Verstaatlichung 141–145, 171–173 (wie Fn. 43).

53 Verband der Öffentlichen Wirtschaft und Gemeinwirtschaft Österreichs (Hrsg.), Öffentliche Wirtschaft, 221–223 (wie Fn. 4).

Investitions- und Exportquoten in der VI

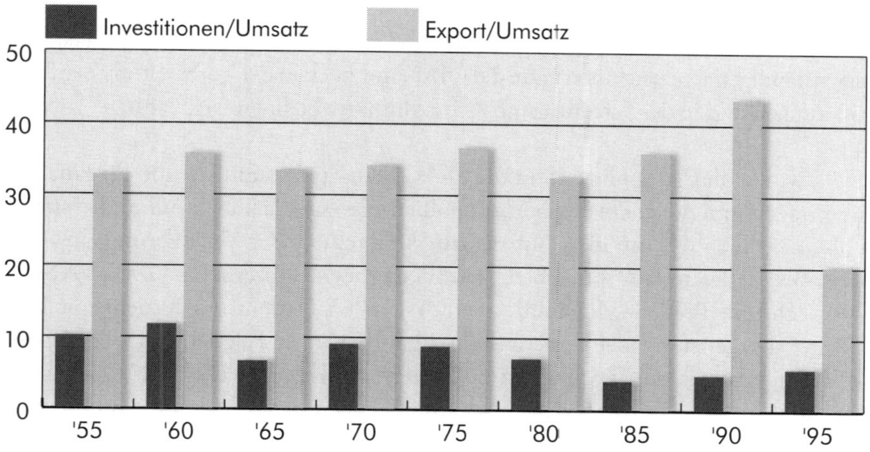

Quellen: Langer, Verstaatlichungen; Butschek, Staatsvertrag zur EU; ÖIAG-Geschäftsberichte; eigene Berechnungen.

Die Zeit der ungetrübten Freude sollte jedoch bald zu Ende sein. Die Währungsturbulenzen des Jahres 1992, das Umschlagen der deutschen Wiedervereinigungskonjunktur in eine europaweite Rezession, verbunden mit dem Auftauchen osteuropäischer Billigkonkurrenz, verschlechterte wiederum die Rahmenbedingungen und damit auch die Ertragslage im Konzern.

Endgültig auf Privatisierungskurs – die Weichenstellung des Jahres 1993

Der Fehlschlag des „Neuen Konzernentwicklungsprogramms" des Aluminiumkonzerns AMAG – einer Internationalisierungsstrategie mit Verlagerung der energieintensiven Aluminiumherstellung in Länder mit billigerem elektrischem Strom, verbunden mit dem Erwerb und der Errichtung von neuen Standorten in der Weiter- und Endverarbeitung – erreichte zwar nicht die Dimensionen des VA-Debakels im Jahrzehnt zuvor, schuf aber immerhin einen Finanzierungsbedarf von 4 Milliarden Schilling.[54] Er gab den Anstoß zu einer Strategieänderung. Priorität hatte nun nicht mehr die Erhaltung eines lebensfähigen (teilprivatisierten) staatlichen Mischkonzerns. Mit dem ÖIAG-Gesetz von 1993 wurden vielmehr die Weichen auf Strukturbereinigung und konkrete Vorgaben für Privatisierungen gestellt. Es löste die AI und die ÖIAG als Konzernholding auf und verpflichtete sie, die ihr unmittelbar gehörenden Anteile an industriellen Unternehmungen in „angemessener Frist mehrheitlich" abzugeben.

54 Martina König, Die Geschichte der Aluminiumindustrie in Österreich unter besonderer Berücksichtigung des Werkes Ranshofen (Linzer Schriften zur Sozial- und Wirtschaftsgeschichte 26), Linz 1994, 268–277.

Darüber hinaus räumte das Gesetz für den Fall der wirtschaftlichen Zweckmäßigkeit die Möglichkeit zur Abgabe einzelner Betriebe ein. Damit verbunden war aber der Auftrag, „Bedacht zu nehmen, dass österreichische Industriebetriebe und industrielle Wertschöpfung (...) erhalten bleiben".[55] Weisungsrecht gegenüber den nunmehr eigenständigen Unternehmen hatte die ÖIAG nur noch in der Vorbereitung der Privatisierungen und in der Schaffung möglichst günstiger Bedingungen dafür.

1996 wurde die Zuständigkeit für die ÖIAG dem Bundesministerium für Finanzen übertragen und die ehemaligen Monopolbetriebe Austria Tabak AG und Österreichische Salinen AG mit dem Auftrag zur Vorbereitung der Veräußerung eingegliedert. Bis zu diesem Jahr waren bereits in allen großen Konzernen – OMV, VA Stahl, VA Tech und Böhler-Uddeholm – mindestens 65 Prozent des Aktienkapitals an Private abgegeben worden – meist in Streubesitz. Nur im Fall der OMV erwarb mit IPIC ein strategischer Investor fast 20 Prozent des Kapitals. Die AMAG war sogar zu 100 Prozent verkauft worden.[56] Unternehmen wurden jedoch nicht nur über die Börse, sondern auch direkt an in- und ausländische Käufer übertragen.

1998 erfolgte die Eingliederung weiterer Unternehmen in die ÖIAG. Ebenfalls mit Privatisierungsaufträgen verbunden war 1998 die Übertragung der Anteilsrechte des Bundes an Staatsdruckerei und Dorotheum (jeweils 100 Prozent), während das für die Bundesanteile an AUA (51,9 Prozent) und Flughafen Wien (17,4 Prozent) nicht galt. Damit war die ÖIAG endgültig von einer „Staatsholding zum Privatisierungsspezialisten"[57] geworden.

Obwohl in dieser Periode die bis dahin weitestgehenden Privatisierungen in der österreichischen Geschichte stattfanden, ja die Restrukturierung und weitgehende Privatisierung des verstaatlichten Sektors zu einem Kennzeichen der Ära Vranitzky wurde[58], unterschied sich die Politik der ÖIAG bis zum Jahr 2000 in wesentlichen Punkten von der Philosophie der ab 2000 amtierenden Bundesregierungen. Der wichtigste davon war das Festhalten an Minderheitsbeteiligungen an bedeutenden Industrieunternehmen wie VA Stahl, VA Tech oder Böhler-Uddeholm im Sinne einer Politik des strategischen Eigentums und der Erhaltung der Standortqualität über „Headquarter".[59] Ausgangspunkt dafür war die Überlegung, dass im Inland potente institutionelle Investoren zu dünn gesät waren, um auch die Herausbildung österreichischer Aktionärskerne gewährleisten zu können.[60] In diesem Sinne war im Regierungsübereinkommen vom März 1996 die Rede davon, den „erfolgreiche(n) Privatisierungskurs der letzten

55 ÖIAG-G 1993 zit. nach Ewald Nowotny, Privatisierungen in Österreich – Ursachen und Folgen, in: Zeitschrift für Gemeinwirtschaft (1996) 3, 38–49, 42.
56 ÖIAG, Bericht 1994–1999. Privatisierung. Beteiligungsmanagement. Neue Aufgaben, Wien 2000.
57 So der Titel des Aufsatzes von Becker/Hollweger (siehe Fn. 50).
58 Peter Rosner/Alexander Van der Bellen/Georg Winckler, Economic and Social Policy of the Vranitzky Era, in: Günter Bischof/Anton Pelinka/Ferdinand Karlhofer (Hrsg.), The Vranitzky Era in Austria (Contemporary Austrian Studies 7), New Brunswick 1999, 136–164, 137.
59 Dazu: Oskar Grünwald, Österreichisches strategisches Eigentum sinnvoll und möglich?, in: Zukunftsforum Österreich (Hrsg.), Strategisches Eigentum für Österreichs Zukunft, Wien 2002, 169–190.
60 Becker/Hollweger, ÖIAG, 62–65 (wie Fn. 50).

Jahre (...) zügig fortzusetzen, wobei auf die Wahrung österreichischer Interessen (...) Bedacht zu nehmen ist"; echte Privatisierungsaufträge wurden aber mit Ausnahme für die Bank Austria und die Creditanstalt keine erstellt, sondern es wurde lediglich von „Börseneinführungen" und „Prüfung von Anteilsveräußerungen" geredet.[61]

Der Letzte dreht das Licht aus – ÖIAG und Privatisierungen seit dem Jahr 2000

Diese Überlegungen wurden von der neuen ÖVP-FPÖ-Regierung in einer ihrer ersten legistischen Maßnahmen, dem ÖIAG-Gesetz vom Februar 2000, modifiziert. Ihm lag die wörtlich in der Regierungserklärung von Bundeskanzler Schüssel formulierte Philosophie zugrunde, dass sich „der Staat (...) konsequent von Tätigkeiten und Kosten trennen (müsse), die nicht zu seinen Kernaufgaben gehören".[62] Die Idee von inländischen Kernaktionären und der Erhaltung der Headquarter im Lande sowie der Rolle, die dabei die öffentliche Hand unter den spezifischen Bedingungen in Österreich zu spielen hat, wurde gegenüber ideologischen Motiven und der Lukrierung von zusätzlichen Einnahmen zum Zweck der Erstellung ausgeglichener Budgets unwichtig. Nunmehr wurden konkrete Aufträge zu 100-prozentigen Privatisierungen bzw. zur Abgabe aller Bundesanteile formuliert. Diese betrafen vorerst nicht die noch verbliebenen Betriebe der „klassischen" VI, sondern die oben aufgezählten seit 1996 hinzugekommenen Unternehmen sowie die mit der Post- und Telekombeteiligungsverwaltungsgesellschaft gemeinsam mit der Post und Telekom Austria eingegliederte Postsparkasse.

Die Regierungskoalition sah sich dafür heftiger Kritik ausgesetzt[63]. Die nunmehr oppositionelle SPÖ hatte zwar in den 1990er-Jahren auch programmatisch die Frage des Eigentums an Wirtschaftsunternehmen in den Hintergrund gedrängt und spricht in ihrem gültigen Parteiprogramm von 1998 lediglich von „Sicherstellung österreichischer Entscheidungszentren in wichtigen Industrie- und Dienstleistungsunternehmen".[64] Sie kritisierte aber gerade die Maßnahmen der Regierung Schüssel als Gefährdung dieses Prinzips.[65] Darüber hinaus sah sie durch die konkrete Abwicklung wesentliche Zielsetzungen nicht verwirklicht – in erster Linie durch zu hohe Kosten und zu geringe Erlöse – und hielt weiterhin am Konzept des öffentlichen Kernaktionärs fest.[66]

61 Bundespressedienst (Hrsg.), Koalitionsübereinkommen zwischen der Sozialdemokratischen Partei Österreichs und der Österreichischen Volkspartei. Wien, am 11. März 1996, Wien 1996.

62 Regierungserklärung (9. Februar 2000), http://www.bka.gv.at/site/3354/default.aspx, 13.

63 Miron Passweg, Privatisierung in Österreich – Bleibt die ÖIAG als Kernaktionär für österreichische Schlüsselunternehmen erhalten?, in: Kammer für Arbeiter und Angestellte für Wien (Hrsg.), Fusionen und Übernahmen 2000. Wettbewerbsbericht der AK Wien, Teil 2 – Wettbewerbs- und Wirtschaftspolitik, Wien 2001, 6–13.

64 SPÖ Grundsatzprogramm 1998, http://www.spoe.at/online/page.php?I=100260, 8–11.

65 Kastil, Verstaatlichung, 183–185 (wie Fn. 43).

66 Johann Moser, ÖIAG – eine vertane Chanche, in: Andreas Khol/Günther Ofner/Günther Burkert-Dotollo/Stefan Karner, Österreichisches Jahrbuch für Politik 2005, Wien/München 2006, 593–614.

Die endgültig letzte Runde für die verstaatlichte Industrie in Österreich leitete 2003 das Programm der Regierung Schüssel II ein, in dem nun neben jener von Postbus AG und Telekom Austria auch die „weitere vollständige Privatisierung (100 Prozent) von Böhler-Uddeholm, VA Technologie AG, Voest Alpine AG, (...) (und) Österreichische Bergbauholding AG" als anzustreben deklariert wird. Für die Post AG sollte ein strategischer Partner gesucht werden.[67] Nachdem diese Maßnahmen mittlerweile durchgeführt worden sind – zum Teil, wie im Falle der VA, begleitet von heftiger öffentlicher Aufregung –, hält die Republik Österreich seit dem Jahr 2005 nur noch Anteile an einem einzigen vom Ersten Verstaatlichungsgesetz 1946 erfassten Unternehmen, nämlich an der Ölgesellschaft OMV.[68]

Zusammenfassung

Die Struktur der österreichischen Wirtschaft war jahrzehntelang von einem im Vergleich zu den meisten anderen OECD-Ländern überdurchschnittlich hohen Anteil an öffentlichem Eigentum an Industrieunternehmen geprägt. Ausgehend von den Verstaatlichungen des Jahres 1946 als Ausdruck der Notwendigkeiten der unmittelbaren Nachkriegszeit war die VI als Produzentin von Grundstoff- und Vormaterialien zu Preisen unter dem Weltmarktniveau die Trägerin der Wiederaufbaukonjunktur und leistete darüber hinaus mit überdurchschnittlich hohen Exporten einen signifikanten Beitrag zur Stabilisierung der Leistungsbilanz des Landes.

Nach dem OECD-weiten Ende der Grundstoffkonjunktur in den 1960er-Jahren wurde unter den ÖVP-SPÖ-Koalitionen und der Alleinregierung der SPÖ eine grundlegende Umorientierung der Produktion und Restrukturierung der Unternehmenslandschaft in der VI versäumt, beides konnte nach 1970 nur unvollkommen nachgeholt werden. Die im Gefolge des Ölschocks von 1973 und des endgültigen Endes der Wiederaufbaukonjunktur in den späten 1970er-Jahren auftretende Krise der Schwerindustrie und ihr verwandter Produktionen traf daher die österreichische VI besonders. Sie teilte dieses Schicksal mit zahlreichen Privatunternehmen in anderen Ländern, denen gemeinsam war, in denselben Branchen mit ähnlichen Formen der Unternehmensorganisation tätig zu sein und in vielen Fällen ebenfalls gewaltige Mittel der öffentlichen Hand in Anspruch zu nehmen.

Wenn die österreichische VI auch nicht primär deshalb in jene Krise schlitterte, die ihr Ende einläutete, weil sie verstaatlicht war, so war dennoch charakteristisch, dass in ihr Strukturen im Management, in der Position der Belegschaftsvertreter, im Verhältnis zum Eigentümer, in der Exponiertheit gegenüber öffentlichen Debatten

67 Regierungsprogamm (28. Februar 2003), http://www.bka.gv.at/site/3354/default.aspx, 38.

68 Die aktuellen Beteiligungen der ÖIAG bestehen aus OMV (31,5 %), Austrian Airlines AG (39,7 %), Telekom Austria AG (25,39 %), Österreichische Post AG (51 %) sowie GKB-Bergbau GmbH (100 %). http://www.oiag.at/asp/beteiligungen.asp, Stand: August 2006.

usw. bestanden, die typisch für Unternehmen im Eigentum der öffentlichen Hand sind und diese Krise entscheidend verstärkten.

Beide Aspekte sind untrennbar mit der Geschichte der VI verbunden. Der Letztere wurde aber in der öffentlichen Diskussion sehr oft als der entscheidende, wenn nicht sogar als der einzig ausschlaggebende dargestellt. Dies wurde dadurch erleichtert, dass über das Ausmaß der betriebswirtschaftlichen Misserfolge sehr klare und eindeutige Informationen vorlagen, während der volkswirtschaftliche Nutzen der Tätigkeit dieser Betriebe weit schwerer zu quantifizieren ist und in der Diskussion teilweise sogar negiert wurde. Letzterer ist auch kaum isoliert nur für die VI zu berechnen, sondern kann nur im Rahmen einer Gesamtbilanz der österreichischen Volkswirtschaft beurteilt werden. Dass diese in den Jahrzehnten nach dem Zweiten Weltkrieg in Summe und unter Einbeziehung der wichtigen makroökonomischen Indikatoren (Wachstum, Beschäftigung, Verteilung, Stabilität) im Vergleich der OECD-Staaten sehr positiv ausgefallen ist, darf als bekannt vorausgesetzt werden.

Ein simpler Vergleich von Kosten, die der Republik Österreich für Sanierungsmaßnahmen in der VI entstanden sind, mit den Einnahmen aus Privatisierungen ergibt folgendes Bild: Aus dem Bundesbudget flossen zwischen 1981 und 1990 rund 4,4 Milliarden Euro in die Betriebe [69], während sich die Erlöse aus Privatisierungen von Unternehmen, die bereits vor 1993 Töchter der ÖIAG waren, auf nicht ganz 3 Milliarden Euro beliefen.

Privatisierungserlöse des Bundes

Unternehmen	Erlös Euro/Mio.
ÖIAG-Töchter Stand 1993	2.520,0
Telekom Austria	4.104,6
PSK	1.289,9
Austria Tabak	1.281,2
Bank Austria	570,4
Sonstige	409,1
Gesamt ÖIAG seit 1994	**10.174,2**

ÖIAG-Töchter vor 1993 *)	ca. 350,0
Verstaatl. Banken vor 1993 **)	140,0

*) Eigene Schätzung auf Basis ÖIAG, Bericht 1994–1999, 16–17
**) Reinbert Schauer, Privatisierung in Österreich – Stand der Entwicklung und wirtschaftliche Hintergründe, in: VÖW (Hrsg.), Öffentliche Wirtschaft und Gemeinwirtschaft in Österreich. Wien 1992, 77–89

Quelle: http://www.oiag.com/asp/download_ir.asp?xmlid=3, Stand 1. September 2006

69 Verband der Öffentlichen Wirtschaft und Gemeinwirtschaft Österreichs (Hrsg.), Öffentliche Wirtschaft, 220 (wie Fn. 4).

Mit der Zäsur im Jahr 1986 wurde vorerst versucht, die VI mit einschneidenden Maßnahmen zu sanieren, ohne das öffentliche Eigentum an ihr in der Substanz zu anzutasten. Nach 1993 wurde forciert privatisiert, dabei jedoch die Funktion der öffentlichen Hand als Kerneigentümer an einer Reihe von Unternehmen aufrechterhalten. Erst nach dem Jahr 2000 wurde diese Philosophie aufgegeben und – mit einer Ausnahme – alle Industriebeteiligungen der Republik Österreich abgegeben.

Der Prozess der Privatisierung der österreichischen VI verlief vor dem Hintergrund einer zunehmenden Internationalisierung der österreichischen Wirtschaft und eines grundlegenden Strukturwandels vor allem in der Industrie. Gleichzeitig hatte ein wirtschaftspolitischer Paradigmenwechsel eingesetzt, in dessen Zuge eine Verringerung des staatlichen Einflusses auf die Wirtschaft propagiert wurde. All dies hat in der Zwischenzeit dazu geführt, dass auch in weniger krisengeschüttelten Bereichen als der österreichischen VI öffentliches Eigentum an Wirtschaftsunternehmen aufgegeben oder zumindest deutlich reduziert wurde. Insofern ist also die große Krise der 1980er-Jahre nicht als Ursache, sondern lediglich als Auslöser für das Ende des historischen Experiments verstaatlichte Industriebetriebe in Österreich zu betrachten.*

* Der Autor ist stellvertretender Leiter der Abteilung „Volkswirtschaftliche Angelegenheiten und OECD" im Bundeskanzleramt. Der Artikel gibt seine persönliche Meinung wieder.

Oskar Grünwald

Fundamente des modernen Industriestaates in Österreich

In der Zeit, in der ich in der verstaatlichten Industrie tätig war, lag die Ministertätigkeit von Karl Waldbrunner schon fast 15 Jahre zurück und von ihm war nur mehr wenig die Rede. Bemerkenswert ist allerdings, dass Bruno Kreisky in seiner Festrede bei der 25-Jahr-Feier der verstaatlichten Industrie die Rolle von Waldbrunner besonders hervorhob. Dieser habe „erkannt, dass Österreich seinen Menschen nur steigenden Wohlstand zu sichern vermag, die österreichische wirtschaftliche Lebensfähigkeit nur dann außer Streit gestellt werden könne, wenn unser Land über eine kraftvolle Grundstoffindustrie verfügt". Ihm sei es „in erster Linie zu verdanken, dass die Fundamente des modernen Industriestaates in Österreich gelegt wurden".[1] Diese Feststellung hat Kreisky bei der parlamentarischen Beratung des Stahlfusionsgesetzes im Jahre 1973 wiederholt. Große Verdienste um die verstaatlichten Betriebe schrieb Kreisky bei diesen Anlässen auch noch zwei anderen Politikern zu, nämlich Bruno Pittermann und Reinhard Kamitz. Darüber hinaus fällt mir keine Begebenheit ein, bei der auf Waldbrunner Bezug genommen worden ist.

Das ist das eine. Geht man nun etwas gründlicher vor und liest nach, was Waldbrunner selbst zu Fragen der Verstaatlichung gesagt hatte, dann findet man programmatische Feststellungen, die auch für die Entwicklung in den 1970er-Jahren Geltung hatten. Ein paar Schlüsselstellen aus Reden von Waldbrunner: „Verstaatlichung als Weg zur sozialistischen Wirtschaft" (1947) oder – in späteren Jahren pragmatischer formuliert – „verstaatlichte Industrie als Instrument des Staates zur Schaffung einer selbstständigen, möglichst starken und krisenfreien Wirtschaft" (1951), „Mitwirkung durch das Betriebsrätegesetz" (1948), „Österreich hat einen ungeheuer großen Investitionsbedarf" (1948), „Unternehmen in früheren Rechtsformen verblieben" (1951), „Bestellung der Organe einvernehmlich in einer paritätischen Kommission der beiden Regierungsparteien" (1951), „Betriebsegoismus ist unerträglich" (1953), „Gegner prinzipiell gegen den Besitz der Allgemeinheit" (1951).[2]

Im Folgenden möchte ich zeigen, dass alle diese Fragen noch 20 und 30 Jahre später aktuell waren. Beginnen möchte ich mit der gesellschaftspolitischen Rolle der Verstaatlichung. Es besteht wohl kein Zweifel, dass auf sozialistischer Seite die Verstaatlichung nicht nur als durch die Umstände der unmittelbaren Nachkriegszeit gebotene Eigentumsklärung und -sicherung gesehen wurde, sondern auch als Realisierung der jahrzehntealten Sozialisierungsideen. Es ist deshalb erstaunlich,

---

1 Bruno Keisky, Reden, Band II, Wien 1981, 157.
2 Alle Zitate nach Anton Benya, Entstehung und Entwicklung der Verstaatlichten Industrie (1946–1956), in: Festschrift für Karl Waldbrunner zum 65. Geburtstag, Wien 1971, 55–82, 67–79.

dass in vielen Darstellungen der Verstaatlichungsgeschichte immer nur von den zerstörten Anlagen, den unklaren Besitzverhältnissen und dem drohenden Zugriff der Besatzungsmächte die Rede ist. Waldbrunner selbst sagte: „Die Vergangenheit hat gezeigt, dass es für die Allgemeinheit nicht gleichgültig ist, wer Herr über die wichtigsten Rohstoffe Eisen und Kohle, über das Erdöl und die Wasserkräfte ist, in wessen Besitz sich die großen Kreditunternehmen oder die Eisenwerke des Landes befinden."[3] Es war die Sozialisierungsdebatte der 1920er- und 1930er-Jahre, die im Jahre 1946 die Haltung der Sozialisten bestimmte, ebenso wie die reale und schmerzliche Erfahrung mit österreichischen Großunternehmen, die als militante Gegner der Arbeiterbewegung Heimwehrverbände finanzierten und schließlich zusammen mit anderen Kräften die Selbstständigkeit Österreichs unterminiert hatten.

Die Verstaatlichte war also von allem Anfang an für die Sozialisten etwas Besonderes: Die Gewerkschaften wurden nicht behindert, die Betriebsräte waren dort stärker als in Privatbetrieben, politisch Gleichgesinnte saßen in Vorständen und Aufsichtsräten, der Wiederaufbau und Ausbau der Unternehmungen wurde auch als politische Aufgabe gesehen, die Identifikation mit den Firmen war sehr stark. Im selben Maße, wie die Sozialisten diesen Sektor als ihre politische und wirtschaftliche Errungenschaft betrachteten, war dieser Bereich für das bürgerliche Lager das große Feindbild und schärfste Angriffe wurden gegen das „Königreich Waldbrunner" gestartet. Es blieb aber nicht bei der grundsätzlichen Ablehnung, auch in der praktischen Politik wurden den verstaatlichten Unternehmungen Hindernisse in den Weg gelegt. Zum Beispiel wurde der ÖMV lange die Schaffung eines Vertriebsnetzes verweigert. Erst als die Belegschaft auf die Straße ging, mit dem von der ÖVP nominierten Generaldirektor an der Spitze des Demonstrationszuges, wurden die staatseigenen Tankstellenketten Martha und ÖROP (später ELAN) an die ÖMV übertragen. Der oft diskutierte stärkere Vorstoß der Verstaatlichten in die Finalindustrie war für die ÖVP immer ein rotes Tuch.

In dieser Hinsicht bestand übrigens ein großer Unterschied zur Lage in anderen Ländern wie Italien oder Spanien, wo ein großer Staatsanteil in der Wirtschaft von allen politischen Lagern akzeptiert war. Aber auch in Deutschland oder den Niederlanden waren Beteiligungen der öffentlichen Hand selten Gegenstand politischer Auseinandersetzungen. An dieser Stelle soll ausdrücklich hervorgehoben werden, dass sich ein Politiker der ÖVP bemühte, ein unverkrampftes und positives Verhältnis zur verstaatlichten Industrie herzustellen, nämlich Josef Taus, der damalige Vorsitzende des ÖIAG-Aufsichtsrates. Die grundsätzliche Ablehnung der Verstaatlichung hinderte die ÖVP aber niemals, die ihr nach dem Proporzsystem zustehenden Positionen zu besetzen.

Wenn Waldbrunner von einer einvernehmlichen Bestellung der Organe sprach, so war natürlich dieses System gemeint, das für die ersten 20 Jahre galt, meiner

3 Zit. nach Benya, Entstehung, 77 (wie Fn. 2).

Ansicht nach wegen des großen Misstrauens zwischen den politischen Lagern eine gewisse Berechtigung hatte und oft mit der Nominierung des Managements in 50:50-Joint-Ventures verglichen wurde, wo meist die Partner je einen der Geschäftsführer stellen. Entscheidend war aber der Umstand, dass in die Vorstände Fachleute bestellt wurden und diese zum überwiegenden Teil aus den Unternehmen oder aus der gleichen Branche kamen. Kreisky brach mit diesem starren System. Er schuf die Kategorie „Blutgruppe Null“, das waren parteiungebundene Manager, zum Teil nach Österreich zurückgeholt, wie Franz Geist, Generaldirektor der ÖIAG, Kurt Kirchner, Generaldirektor der SGP (Simmering-Graz-Pauker), oder Ernst Fuhrmann, Vorsitzender des Aufsichtsrates der Voest-Alpine. Später wurde das Nominierungsrecht der Parteien für den ÖIAG-Aufsichtsrat und damit indirekt für alle ÖIAG-Töchter (nach dem Verhältnis der im Parlament vertretenen politischen Parteien hieß es bis dahin im Gesetz) überhaupt gestrichen, aber SPÖ-Minister achteten immer darauf, dass die großen politischen Gruppen in den Kontrollgremien vertreten waren – sehr zum Unterschied von der Praxis der späteren ÖVP-FPÖ-Regierungen.

Wenn Waldbrunner die Bedeutung des Betriebsrätegesetzes hervorhob, so galt diese Haltung auch für die 1970er-Jahre. Die Rolle der Betriebsräte wurde von der Eigentümerseite voll anerkannt, bedeutende Schritte wurden mit ihnen ausführlich beraten, Vorstände und Aufsichtsräte bemühten sich in allen Fällen mit großer Geduld um vernünftige Kompromisse und einstimmige Beschlüsse. Beginnend mit dem neu geschaffenen Stahlkonzern wurde die Zahl der Belegschaftsvertreter in den Aufsichtsräten von zwei Delegierten auf ein Drittel erhöht. Insbesondere Kreisky gab den Gewerkschaftern und den Betriebsräten durch seine Vorgangsweise ein großes Gewicht. Nach gründlichen Vorberatungen in den Unternehmungen und in der ÖIAG lud er nämlich bei den ganz großen Fragen Finanz- und Handelsminister, seinen Staatssekretär, Vorstände der ÖIAG, Vorstände und Zentralbetriebsräte der betroffenen Unternehmungen, ÖGB-Präsident Anton Benya und Vertreter der betroffenen Gewerkschaften zur entscheidenden Aussprache ein. Dann wurde in dieser Runde berichtet, diskutiert und entschieden – im Falle der Stahlindustrie für die „Große Lösung“ –, und alle waren praktisch daran gebunden, wobei überdies alle Branchenfusionen noch gesetzlich geregelt wurden. Man mag einwenden, dass damit die Organverantwortung eingeschränkt oder aufgehoben wurde – aber ich meine, dass schwierige und heiß umkämpfte Maßnahmen wie die Stahlfusion oder die Schließung des Kohlenbergbaus Fohnsdorf in den Unternehmensorganen auf enorme Widerstände gestoßen wären. Eine andere Frage ist natürlich, ob eine so extrem konsensuale Politik später in den Jahren der Stahlkrise nicht manche notwendigen Anpassungsmaßnahmen verzögert hat.

Sollten gleichartige Betriebe eines Eigentümers zusammenarbeiten oder in Konkurrenz zueinander treten? Noch vor Waldbrunners Ministerschaft gab es die Kohlenholding und die Eisenholding, Waldbrunner bemühte sich um Koordinierung, unter Pittermann wurden Arbeitsgemeinschaften gebildet, aber letztlich blieb es immer ein „Wasch mir den Pelz und mach mich nicht nass". Nach außen wurde meist Einigkeit demonstriert, im Innenleben versuchte jeder unberührt von der Tätigkeit der Schwesterunternehmen seinen eigenen Weg zu gehen. Kleinere und größere Konflikte gab es im Edelstahlbereich, zwischen ÖMV und Chemie Linz und zwischen VÖEST und SGP. Jeder, der in Konzernen tätig war, weiß, dass es sich hier um ein Dauerthema handelt. Ein Konzernbetrieb beginnt eine Produktion, ein anderer hätte für dieses Produkt die bessere technische Ausrüstung, ein dritter verweist auf seine niedrigeren Arbeitskosten, etc., etc. Die meisten derartigen Differenzen zwischen den vorher sehr selbstständig agierenden Firmen wurden durch die Stahlfusion in den Vorstand der VÖEST-Alpine verlagert und dort leichter gelöst als von einer Holding. Die ursprünglich getrennten Wege von ÖMV und Chemie Linz in der Petrochemie wurden über Auftrag der ÖIAG in einer gemeinsamen Gesellschaft zusammengeführt. Dabei ist festzuhalten, dass eine solche Koordinierungstätigkeit nicht immer leicht ist. Sie stößt auf einen verständlichen und positiv zu wertenden Betriebspatriotismus, oft verbunden mit einer sehr starken lokalen und regionalen (oberösterreichischen oder steirischen) Verwurzelung. Ein solcher Patriotismus kann aber leicht zum Betriebsegoismus mutieren, vor dem schon Waldbrunner warnte und der auch Kreisky einigen Ärger bereitete. Nicht ohne Grund kritisierte dieser dieses Phänomen in einem Interview im Jahre 1975 mit den folgenden Worten: „Man muss (...) auch verstaatlichte Unternehmen fusionieren, konzentrieren, man ballt mehr Macht zusammen. (...) Aber dadurch entstehen mächtige Gebilde, bei denen die Gruppe der Manager und die Vertreter der Beschäftigten ihre Macht ineinander verschmelzen. Beide denken und handeln so, als ob das Werk ihnen gehören würde."[4]

Wenn Waldbrunner ausdrücklich auf die Beibehaltung der früheren Rechtsformen als Aktiengesellschaften oder Gesellschaften mit beschränkter Haftung zu sprechen kam, so ist dies nicht als nebensächliche, weil rein formale, Angelegenheit zu sehen. Erstens hatte man damit im Jahre 1946 die Durchführung der Verstaatlichung wesentlich einfacher und leichter gestaltet als in anderen Ländern, etwa Großbritannien, wo man Branchen verstaatlicht hat. Nun umfassten die historisch gewachsenen Stahlfirmen meist auch Bergbaubetriebe, Gießereien, Schmieden, Maschinenfabriken, Kraftwerke, verschiedene Hilfsbetriebe usw. Das Auseinanderdividieren von quasi teilverstaatlichten Unternehmungen in den verstaatlichten Teil und den privat verbleibenden Teil dauerte Jahre, die finanzielle Abgeltung wurde ungeheuer kompliziert. Zum Zweiten darf man diesen Hinweis von Waldbrunner als eine Absage an die Schaffung einer neuen Rechtsform verstehen, wie sie in der Sozialistischen Partei wiederholt diskutiert wurde und wie sie der Abgeordnete Karl Czernetz noch 1955 forderte.[5] Meiner Meinung nach war es eine glückliche Lösung, die bekannten Rechtsformen beizubehalten. Jeder weiß, wie eine AG funktioniert, es gibt dazu eine jahrzehntealte Literatur und Entscheidungen der Gerichte.

4 Playboy vom 8. August 1975, 33–34.
5 Benya, Entstehung, 80–81 (wie Fn. 2).

Hätte man eine neue Rechtsform kreiert, hätte das alles neu beginnen müssen. Es wäre sicherlich zu Meinungsverschiedenheiten und Konflikten gekommen, wichtige Beschlüsse wären möglicherweise über Monate oder Jahre blockiert gewesen. (In der Telekom-Regulierung, in der ich einige Jahre tätig war, hieß es wiederholt: Das Gesetz ist neu, alle rennen zu Gericht, es gibt noch keine Judikatur, wir warten auf Entscheidungen.)

Waldbrunner galt zu Recht als Vertreter eines zügigen Ausbaus der E-Wirtschaft und der Industrie. Stolz berichtete er im Jahre 1953 von Großinvestitionen in Donawitz, bei der VÖEST, bei Böhler und im Köflacher Revier.[6] Und an anderer Stelle würdigte er die Leistung der Direktoren und Ingenieure, die technisch ganz neue Wege gingen, und verwies auf die Umstellung des Verhüttungsprozesses in der Eisen- und Stahlindustrie, die Großgeneratoren der Elin für Kaprun und die dortigen Staumauern, die damals zu den größten der Welt zählten. Betrachtet man die Zahlen für die Investitionstätigkeit der verstaatlichten Industrie in den 1970er- und 1980er-Jahren, dann könnte man sagen, dass auch damals eine Ausbaupolitik im Sinne Waldbrunners gemacht wurde. Bedeutende Schritte waren u.a. der Bau des Großhochofens in Linz, der Ausbau des Stahlwerks ebendort, die Spezialisierung auf die Schienenerzeugung in Donawitz, die Forcierung des Schmiedebereiches bei Böhler, der Bau der Pipelines durch die ÖMV und der Einstieg in das Gasgeschäft, nicht zuletzt die enorme Kapazitätsausweitung in der Petrochemie. Diese Maßnahmen haben sich als langfristig richtig und marktgerecht erwiesen und die Zukunft der Unternehmen auch in privatisierter Form und in den kritischen Augen der Investmentbank-Analysten gesichert.

Mit dem Ausbruch der Stahlkrise änderten sich die Rahmenbedingungen, es kamen „turbulente Zeiten“[7]. Vorerst wurden die Auswirkungen dieser gewaltigen Strukturänderung noch unterschätzt, die Wirtschaftspolitik in Brüssel und in Wien, die Organisationen der Stahlindustrie und die Unternehmen glaubten noch an einen kurzfristigen Rückschlag, an ein konjunkturelles Tief, dem wie schon oft zuvor bald wieder ein Hoch folgen sollte. Ausgehend von diesen Vorstellungen wollten die Unternehmungen dieses Tief „durchtauchen“ und die Belegschaften im Wesentlichen halten. In der verstaatlichten Industrie war natürlich der Druck von unten auf die Sicherung der Arbeitsplätze besonders groß, aber auch oben war die Bereitschaft zu einer solchen Politik vorhanden. In der Folge kam es zu großen Verlusten und erheblichen Hilfen der öffentlichen Hand. In Ländern mit traditionell privater Stahlindustrie wie Belgien und Luxemburg musste der Staat im Zuge seiner Rettungsmaßnahmen sogar als Aktionär einspringen. Schließlich kamen die Regierungen und die Unternehmungen zur Auffassung, dass einschneidende Maßnahmen unumgänglich seien: Betriebsschließungen und eine Verringerung der Belegschaften in vorher nicht vorstellbarem Ausmaß. Um es kurz zu machen: In

6 Benya, Entstehung, 77–78 (wie Fn. 2).

7 Peter Ferdinand Drucker, The Age of Discontinuity. Guidelines to our Changing Society, New York 1969. Dt.: Die Zukunft bewältigen. Aufgaben und Chancen im Zeitalter der Ungewissheit, Düsseldorf 1969.

Europa verschwanden hunderttausende Arbeitsplätze in dieser Industrie, dutzende Standorte wurden stillgelegt, gleichzeitig wurde modernisiert, reorganisiert und fusioniert, und im Ergebnis stieg die Arbeitsproduktivität auf das Fünffache. In allen europäischen Ländern konnte diese Situation nur mit gewaltigen Staatshilfen bewältigt werden, in Österreich wurden die Verluste voll der Verstaatlichung zugerechnet und führten zu einem nachhaltigen Imageverlust dieses Sektors, wiewohl die OMV und die Chemie Linz, die Betriebe der Elin und der SGP diese schwierigen Jahre im Wesentlichen gut bewältigt hatten.

Mit dem Börsengang der OMV in den späten 1980er-Jahren begann die Zeit der Kapitalmarktorientierung und einer ihr entsprechenden Strategie. Diese verlangt vom Management die Konzentration auf wenige Sparten und das Abstoßen oder Schließen von Bereichen mit geringen Marktanteilen. „Wenn du nicht zu den größten drei der Branche im eigenen Land, in Europa, am besten weltweit gehörst, gib besser auf!", ist das Motto der Berater und der Analysten. Das führt dazu, dass über die Landesgrenzen hinaus investiert wird und manche namhafte österreichische Firmen schon mehr Menschen außerhalb Österreichs beschäftigen als im eigenen Land. Wenn Pittermann vor vierzig Jahren von einer Nationalindustrie gesprochen hat, so ist heute nur mehr internationales Agieren möglich. Gesamtwirtschaftliches Denken postulierte Waldbrunner für die verstaatliche Industrie, die Steigerung des Shareholder-Value ist heute das Ziel der Unternehmungen.

Fritz Weber

Österreichs Sozialisten auf dem langen Marsch zum Keynesianismus

Von der Endkrise des Kapitalismus zum Stabilisierungsschock von 1952/53

Aus heutiger Sicht scheint der Weg, den die gesamte westeuropäische und mit ihr die österreichische Arbeiterbewegung in den letzten 125 Jahren durchgemacht hat, mit einer gewissen inneren Logik, ja vielleicht sogar Vernunft, begabt. Nicht nur die sozialdemokratischen, auch die großen kommunistischen Parteien haben sich Schritt für Schritt zu Reformparteien entwickelt, die die Existenzberechtigung des Kapitalismus zumindest nicht mehr in Frage stellen, sondern nur noch seine bessere und – wenn man so will – gerechtere und auf Vollbeschäftigung zielende Verwaltung anstreben. Insoferne darf man eine ironische und ihrer Zeit vorauseilende Bemerkung, die der immer etwas undogmatische kommunistische Ökonom Theodor Prager 1953 auf die SPÖ münzte, durchaus verallgemeinern: Der Partei, meinte er, habe „seit der Weltwirtschaftskrise der 30er-Jahre selbst der Schein jeder einigermaßen geschlossenen Theorie" gefehlt und sie habe in ihrer wirtschaftspolitischen Argumentation „von der Hand in den Mund" leben müssen. Mit der „etwas verspäteten Entdeckung Keynes'" durch die Sozialisten habe im Nachhinein eine theoretische Begründung erfahren, „was seit 1945 gewissermaßen die instinktive Wirtschaftspolitik" (der SPÖ, F. W.) gebildet habe.[1]

Prager vereinfachte, aber er traf den Kern der Sache. Der Transformationsprozess der sozialdemokratischen Parteien begann schon lange vor dem Ersten Weltkrieg. Zum ersten Mal manifest wurde er im Erscheinen *reformistischer* Strömungen in der *Belle Epoque*, die dem blutigen Gemetzel in den Schützengräben des ersten industriellen Krieges so trügerisch vorausging. Nicht zufällig fiel diese Innovation in die Zeit eines säkularen ökonomischen Aufschwungs, den Eduard März als „zweite Gründerphase" in der wirtschaftlichen Entwicklung Österreichs bezeichnet hat.[2]

Die neue, unrevolutionäre und realitätskonformere Politik, die von den Reformisten angestrebt wurde, fand ihre konsequente und ultimative Ausformung in Mitteleuropa – zum Unterschied von England und den skandinavischen Ländern, wo sie schon sehr viel früher einsetzte – jedoch erst nach 1945. Überall war

1 Theodor Prager, Ein Ökonom der Monopole und der Rechtssozialisten, in: Weg und Ziel 3/1953, 169 und 180.

2 Eduard März, Bankpolitik in der Zeit der großen Wende 1913–1923 Am Beispiel der Österreichischen Creditanstalt für Handel und Gewerbe, Wien 1981, 21.

diese Veränderung verbunden mit der Einsicht in die Notwendigkeit der Formulierung konkreter wirtschaftspolitischer Ziele. Der Zwang dazu ergab sich zum ersten Mal in den Jahren zwischen 1918 und 1938, als – zumindest in Europa – mehr Krise als Wachstum herrschte und die Arbeitslosenzahlen permanent hoch waren, weit höher als vor 1914. Rückblickend erweist sich insbesondere die Weltwirtschaftskrise als historische Wasserscheide. Die Frage der *Arbeitsbeschaffung* entzweite die aus der Gewerkschaftsbewegung kommenden Reformökonomen (wie Fritz Tarnow und Wladimir Woytinsky) und die orthodoxen sozialistischen Marxisten (wie Rudolf Hilferding und Otto Bauer). Mochten Hilferding und Bauer auch eine unmittelbare revolutionäre Umgestaltung der Gesellschaft nicht mehr anstreben, so waren sie doch genug marxistisch geschult, um meinen zu können, dass man der Krise des Kapitalismus mit dem Mittel einer – wie sie dachten „inflationären" und „künstlichen" – Wiederbelebung durch Kreditschöpfung für öffentliche Arbeiten nicht beikommen könne.

Bei dieser Auseinandersetzung ging es gar nicht mehr um die alte Alternative reformistisch oder revolutionär, sondern um die noch ältere Frage, die schon David Ricardo und Robert Malthus voneinander getrennt hatte: Ob der Staat in Zeiten einer Wirtschaftskrise beschäftigungspolitische Gegenmaßnahmen setzen sollte oder ob auf lange Sicht die Krise durch systemimmanente Stabilisatoren von selbst überwunden und „volle Beschäftigung"[3] wiederhergestellt werden könnte.

Den Sieg trugen – historisch gesehen – jene davon, die sich unter der Losung der *Vollbeschäftigung* zusammenfanden. Dieser Begriff und der Gedanke der *Konjunkturpolitik* tauchen – beeinflusst von den Erfahrungen des schwedischen Experiments der 1930er-Jahre und den theoretischen Einsichten des englischen Ökonomen John Maynard Keynes – in den Schriften des österreichischen sozialdemokratischen Exils zum ersten Mal im Zweiten Weltkrieg auf.[4] Die Radikalität der Alternative, die hier zur Disposition stand, hat wohl kaum ein anderer so früh und offen zur Sprache gebracht wie der österreichische Gewerkschafter Johann Schorsch, der zu Anfang der 1930er-Jahre in engem Kontakt zu Woytinsky stand: Er warf kurz nach dem 12. Februar 1934 der Führung der Sozialdemokratie das Fehlen einer „positiven Einstellung zur Krisenlösung" vor und beklagte, dass die Partei bis zum Schluss an der „privatkapitalistischen Formel von Angebot und Nachfrage" festgehalten habe. Und er warf – als Lehre aus dem Sieg des Faschismus – die Frage auf, ob die Arbeiterbewegung „in der weiteren Entwicklung der Volkswirtschaft dauernd nur als Zuschauer fungieren" könne.[5]

3 Fritz Tarnow, siehe meinen Aufsatz: Zwischen Marx und Keynes, in: Wolfgang Maderthaner/Helmut Gruber (Hrsg.), Chance und Illusion. Labor in Retreat, Wien/Zürich 1988, 69–81, in dessen Anhang auch Fritz Tarnows im schwedischen Exil entstandener Artikel mit dem Titel „Volle Beschäftigung" abgedruckt ist.

4 Siehe ebd., 87–96. Zu Schweden siehe Klaus Misgeld, Die „Internationale Gruppe demokratischer Sozialisten" in Stockholm 1942–1945, Bonn/Bad Godesberg 1976.

5 Internationales Institut für Sozialgeschichte (Amsterdam), Bestand: International Federation of Trade Unions, Nr. 157 (Johann Schorsch), Bericht über Österreich.

Zur Fortsetzung dieser Debatte war unter den Bedingungen der Illegalität in Österreich nach 1934 kein Platz.[6] Erst im Exil setzte nach 1938 die Diskussion über Fragen der Wirtschaftspolitik wieder ein. Es ist schwer zu entscheiden, wer dabei die Position der Minderheit einnahm und wer die Mehrheit repräsentierte. Doch war es – auf lange Sicht – die von Johann Schorsch vertretene Tendenz, die nach 1945 den endgültigen Sieg über die Anhänger einer planwirtschaftlichen Umformung des Kapitalismus davontrug. Die Losungen *Planwirtschaft* und *Verstaatlichung* beherrschten – zumindest im Bereich des Programmatischen – jedoch noch lange das wirtschaftspolitische Feld.

Das Ende der planwirtschaftlichen Ambitionen wurde mit der erfolgreichen Stabilisierung des Schilling in den Jahren 1952/53 eingeläutet, die unter den Auspizien des so genannten Raab-Kamitz-Kurses einer von vielen Sozialisten für unmöglich gehaltenen Renaissance des Kapitalismus unter dem Banner der *sozialen Marktwirtschaft* mit der neokorporativistischen Beimengung der Sozialpartnerschaft den Weg bahnte. Die Kursänderung in der Politik, die sich 1952 anbahnte, drängte die Sozialistische Partei – aber auch jene Politiker in der Österreichischen Volkspartei, die seit 1945 die Politik im bürgerlich-bäuerlichen Lager formuliert hatten – gleichsam von einem auf den anderen Tag in die Defensive.

Unter den sozialistischen Wirtschaftsexperten spielte damals Karl Waldbrunner eine führende Rolle. Auf ihn, einen geradezu begnadeten Pragmatiker mit einem siebenten Sinn fürs realpolitisch Mögliche, und seine wirtschaftspolitischen Argumente soll am Ende dieses Beitrages eingegangen werden.

Der lange Weg zur Realpolitik

Um die Bedeutung des Bruchs mit der marxistischen Tradition herauszuarbeiten, ist es notwendig, einen kurzen Blick zurück ins 19. Jahrhundert zu werfen. War der Marxismus je eine praktische Bewegung im unmittelbaren Sinn des Wortes? Brachte er die von der Arbeiterbewegung des ausgehenden 19. Jahrhunderts ersehnte „wissenschaftliche" Gebrauchsanweisung zur (revolutionären) Umgestaltung der kapitalistischen Industriegesellschaft? Eher gerann er zu einer geradezu religiösen Endzeiterwartung. In der Metapher vom *letzten Gefecht*, das in Broschüren und Liedern der Arbeiterbewegung beschworen wurde, drückte sich die chiliastische Hoffnung auf eine nahe *Endkrise* des kapitalistischen Systems aus, in deren Gefolge der Übergang zum Sozialismus stattfinden würde.

Wann dieser Zeitpunkt eintreten würde, war unklar. Fest stand nur, dass der Kapitalismus selbst dazu verdammt war, die „materiellen" Voraussetzungen für die neue

6 Eine der wenigen Bezugnahmen findet sich in einer Glosse des Zentralorgans der illegalen Gewerkschaft aus dem Sommer 1935, wo unter dem Titel „Wo eine Arbeiterregierung regiert, sinkt die Arbeitslosigkeit" kurz über die Arbeitsbeschaffungspolitik in Schweden berichtet wurde. Dokumentationsarchiv des österr. Widerstands (DÖW), Inv.-Nr. 4023/1: Die Gewerkschaft Nr. 6/7, Juni/Juli 1935.

Gesellschaft zu schaffen. „Mit Riesenschritten", schrieb zum Beispiel der Führer der österreichischen Sozialdemokratie Victor Adler, „eilt die alte Gesellschaft der Erfüllung ihrer Geschicke entgegen. (...) Vervollkommnung der Produktionsmittel; (...) dabei Verschärfung der Klassengegensätze; (...) Geschäftsstockungen, die zur festen Institution geworden, kennzeichnen unsere Zeit als der Reife nahe."[7]

Dieses allgemein akzeptierte Vorurteil bezüglich des Zusammenbruchs des kapitalistischen Systems, das sich bei Victor Adler in dem Satz von der „letzten Stunde" verdichtete, in der die kapitalistische Ordnung „ganz von selbst" zusammenbrechen werde, „ohne dass man sozusagen dabei nachzuhelfen brauchte"[8], brachte Rosa Luxemburg dazu, in ihrer Schrift über „Sozialreform oder Revolution" Eduard Bernstein deshalb Verrat an den Prinzipien des Marxismus vorzuwerfen, weil er es gewagt hatte, zu behaupten, der Kapitalismus „gehe nicht einem allgemeinen wirtschaftlichen Krach entgegen". Mit der Aufgabe der „Theorie des kapitalistischen Zusammenbruchs" habe er, schrieb Luxemburg wörtlich, einen „Eckstein des wissenschaftlichen Sozialismus" aus dem Theoriegebäude herausgebrochen und sei so auf seine abschüssige reformistische Bahn geraten.[9]

Der Marxismus als unpraktische Theorie wirtschaftspolitischen Handelns

Die Metapher vom nahen Zusammenbruch des Kapitalismus war eine der vielen Leerformeln, die an die Stelle der Beantwortung jener Fragen traten, die Marx' unvollendetes ökonomisches Hauptwerk offengelassen hatte. Der Marxismus versagte – kurz gesagt – dort, wo er mit dem Anspruch konfrontiert wurde, Anleitung oder doch zumindest zuverlässiges Koordinatensystem des täglichen Handelns zu sein. Zwischen der Analyse des Marktgeschehens und der (wirtschafts-)politischen Sphäre klaffte eine Vermittlungslücke, die mit durchaus kontroversen Vorstellungen ausgefüllt werden konnte, die von den Polen Reform bis Revolution, vom *Arzt am Krankenbett des Kapitalismus* bis zum Geburtshelfer der sozialistischen Gesellschaft reichte.

Am besten zogen sich Marxisten wie Karl Kautsky aus der Affäre, die vorgaben, keine „Rezepte für die Garküche der Zukunft" verbreiten zu wollen.[10] Solche utopischen Skizzen überließ man bürgerlichen Ökonomen wie dem Italiener Enrico Barone, die sich den Kopf darüber zerbrachen, wie eine sozialistische Planwirtschaft funktionieren könnte.[11]

7 Victor Adler, Ziel und Weg, in: Victor Adlers Aufsätze, Reden und Briefe, hrsg. vom Parteivorstand der Sozialdemokratischen Arbeiterpartei Deutsch-Österreichs, Wien 1922–29, IV. Heft, 89. (Herv. v. Verf.)
8 Protokoll des Internationalen Arbeiterkongresses zu Paris vom 14. bis 20. Juli 1889, Nürnberg 1890, 45.
9 Rosa Luxemburg, Sozialreform oder Revolution?, in: Politische Schriften, Leipzig 1969, 15. (Herv. v. Verf.)
10 Karl Kautsky, Die soziale Revolution II: Am Tage nach der sozialen Revolution, Berlin 1902.
11 Enrico Barone, Il ministerio della produzione nello stato colletivista, in: Giornale degli economisti, 37 (1908), 267–293 und 391–414.

Während viele, die beanspruchten, Marxisten zu sein auf den Zusammenbruch des Kapitalismus warteten, waren die Anhänger des Reformismus schon vor 1914 zu der Überzeugung gelangt, dass der Weg der attentistischen „Naturgesetzanbeter, die sich auf Bergsturz und Überschwemmung verlassen“[12], prekär sei. Wenn der Reformismus auch keine Veranlassung sah, in einer Zeit der Prosperität über realpolitische Eingriffe in den Markt nachzudenken, so war er doch gedanklich bereits in die Nähe jenes Weges geraten, auf den die gesamte Sozialdemokratie nach 1918 unter dem Zwang der Verhältnisse gedrängt werden sollte: Er war zur Erkenntnis gekommen, dass die Sozialdemokratie zu wichtigen Tagesfragen praktische Lösungsvorschläge erarbeiten müsse.

Da sich der kapitalistische Patient in den letzten beiden Jahrzehnten vor dem Ersten Weltkrieg bester Gesundheit erfreute, galt das Hauptaugenmerk – neben der Erringung des allgemeinen Wahlrechts – vor allem dem Bereich der Sozialpolitik und dem Engagement in kommunalpolitischen Fragen. Victor Adler hatte das – in weiser Voraussicht des Kommenden – schon 1887 das „Vergessen des Ziels durch kurzsichtige Hingabe an die augenblicklichen Bestrebungen“ genannt.[13] Von dieser Gefahr war man im Bereich der Wirtschaftspolitik weit entfernt: Es kann als symptomatisch angesehen werden, dass die sozialdemokratischen Parteiprogramme vor 1914 zu wirtschaftspolitischen Fragen im engeren Sinn überhaupt nicht Stellung bezogen.

Wirtschaftspolitik trotz Marx. Der Marxismus als Theorie der wirtschaftlichen Modernisierung

Reformisten, Attentisten und revolutionäre Linke konnten sich auf die Formel einigen, dass „die unerlässliche Voraussetzung des Wachstums der Sozialdemokratie“ in der „Entwicklung der Industrie“ zu suchen sei.[14] Modernisierung, nicht Revolutionierung war der Kern des so verstandenen Marxismus. Die Sozialdemokraten betrachteten sich selbst – auch wenn sie keinen praktischen Einfluss hatten – als die wahren Vertreter des Industrialismus, da sie – frei von kapitalistischen Partikularinteressen – dazu ausersehen schienen, das Gesamtinteresse der Industrie zu wahren. Einsatz für die Modernisierung und Klassenkampf schienen eins: Je rasanter sich der Kapitalismus entwickelte, desto besser für die Arbeiter.

In diesem Modernisierungsbündnis zwischen den Entscheidungsträgern der Arbeiterbewegung und den fortschrittlichen Industriellen lagen bereits die tieferen

12 Karl Renner, Marxismus, Krieg und Internationale, Stuttgart 1917, 59.

13 Adler, Ziel und Weg, 91 (wie Fn. 7).

14 Österreichischer Metallarbeiter vom 25. November 1897. Ausdrücklich wurde die traditionelle Industrieförderung, bei der sich der Staat damit begnüge, die Hindernisse der Entwicklung der Industrie aus dem Weg zu räumen, als unzureichend bezeichnet und eine Politik gefordert, bei welcher der Staat „die Bedingungen ihrer (der Industrie, d. Verf.) Entwicklung mit allen Mitteln sich zu schaffen bemüht“.

Wurzeln für die Politik der Sozialpartnerschaft nach 1945. In den Köpfen der sozialistischen Intellektuellen war der Marxismus vor 1914 zu einer Theorie der Industrialisierung herangereift, die der Arbeiterschaft Teilhabe an der Wohlstandsvermehrung im Ausmaß der Produktivitätssteigerung zubilligte.

Freilich finden sich – verstreut und zwischen den Zeilen zu lesen – auch schon vor 1914 Ansätze einer positiven Wirtschaftspolitik, am klarsten wohl in der Ablehnung des Schutzzolls.[15] Aus dem so genannten Koerber-Plan, der zu Anfang des 20. Jahrhunderts große öffentliche Infrastruktur-Investitionen zur Ankurbelung der Konjunktur vorsah, flossen Ideen in die sozialistischen Vorschläge zur Vermeidung der in der Zeit der Übergangswirtschaft nach dem Ersten Weltkrieg in der Donaumonarchie zu erwartenden Arbeitslosigkeit ein.[16] Diese bereits in die Zwischenkriegszeit hinüberragenden Ideen bilden das erste Exempel bewussten wirtschaftspolitischen Engagements der österreichischen Sozialdemokratie.

Nicht zufällig waren es die sozialdemokratischen Politiker, die nach dem Ende des Ersten Weltkrieges in Österreich zukunftsweisende Projekte wie die Elektrifizierung der Eisenbahnen und den Ausbau der Elektrizitätswirtschaft initiierten.[17] Alle diese Vorhaben hatten – auch wenn vorübergehend von der *Sozialisierung* der Elektrizitätserzeugung die Rede war – weniger mit genuin sozialistischen Zielsetzungen zu tun als mit Modernisierung. Bald aber traten an deren Stelle so prosaische Probleme wie die Bekämpfung der Hyperinflation, die Beseitigung der Arbeitslosigkeit oder der Ausgleich der Handelsbilanz.

Vom Automatismus zum Interventionismus: Antworten auf die Probleme der Zwischenkriegszeit

Die im Vergleich mit der Periode vor 1914 starke Involvierung von Sozialisten in industrie- und wirtschaftspolitische Belange sollte über die ganze Zwischenkriegszeit hinweg aktuell bleiben. Sowohl Gemäßigte wie Radikale mussten sich zum Nachdenken über realpolitische Eingriffe bereitfinden, bei denen die Vermittlung zum sozialistischen Endziel nur noch schwer zu erkennen war. Beiden wurde über kurz oder lang die Notwendigkeit bewusst, positive wirtschaftspolitische Initiativen zu setzen, für die in den Lehrbüchern des Marxismus wie im gesamten geistigen Arsenal der Sozialdemokratie keine Vorlagen zu finden waren.

15 Vgl. Karl Renner, Referat am Gewerkschaftskongress 1913, abgedruckt in: Georg Fischer/Peter Rosner, Politische Ökonomie und Wirtschaftspolitik im Austromarxismus, Wien 1987, 76–84.
16 Siehe Emmy Freundlich, Zur Frage der Übergangswirtschaft, in: Der Kampf 11 (1918), 116–122.
17 März, Bankpolitik, 504–520 (wie Fn. 2).

Dies führte zuerst zu nachfragetheoretischen Überlegungen, wie sie im 19. Jahrhundert von den Vertretern der Unterkonsumtionstheorie, wie Malthus oder Sismondi, angestellt worden waren. Die Forderung nach Erhöhung des Lohnanteils, wie sie in der Rationalisierungsdebatte der späten 1920er-Jahre von gewerkschaftlicher Seite erhoben wurde[18], war die Vorstufe all jener Programme, in denen zu Anfang der 1930er-Jahre die Losung der *Arbeitsbeschaffung* ausgegeben wurde.

Grundsätzlich blieben aber staatliche oder kommunale Defizite auch in der Arbeiterbewegung verpönt. Der Weg des *Roten Wien* beruhte zwar vor allem auf der Bündelung individueller Nachfragesplitter zu konzentrierter öffentlicher Nachfrage. Da aber diese Politik im Wesentlichen auf die Umverteilung durch Steuereinnahmen baute, wirkte sie prozyklisch, d.h. gerade dann, wenn ihr Einsatz am dringendsten war, waren die finanziellen Mittel am rarsten.[19]

Hier ist nicht der Platz, die Frage zu diskutieren, ob die hartnäckige Ablehnung der Arbeitsbeschaffung durch Otto Bauer, Rudolf Hilferding und kommunistische Ökonomen in Mitteleuropa aus den Erfahrungen der Inflation zu erklären sei oder ob dies auf spezifische marxistische Denkdefekte zurückzuführen sei. Auf jeden Fall glaubten die marxistischen ähnlich den liberalen Ökonomen an die ehernen Gesetze der Marktwirtschaft.[20] Daher konnten staatliche Eingriffe und geldpolitische Manipulationen durch „inflationistische Kreditausweitung"[21] auch nach ihrer Ansicht die Krise nur verschlimmern.

Dass neben der Idee einer sanften Deflation und der verbalradikalen Beschwörung von Verstaatlichung und Planung bis 1933 innerhalb der Arbeiterbewegung kein *dritter Weg* eingeschlagen wurde, ist Teil der politischen Tragik dieser Zeit. Die Amalgamierung von Tages- und Zukunftsinteresse gelang mit dem Anwachsen der Arbeitslosigkeit immer weniger. Das kurzfristige Interesse an der Sicherheit des schnöden Arbeitsplatzes begann die schöne Vision des sozialistischen Zukunftsstaates zu verdrängen. Schutzlos waren die sozialistischen Arbeiter in Deutschland (und später in Österreich) der nationalsozialistischen Arbeitsbeschaffungs-Demagogie ausgeliefert. Erst *nachdem* der Faschismus in Deutschland gesiegt hatte, waren Marxisten wie Otto Bauer – aus politischen Gründen, nicht aus wirtschaftspolitischer Einsicht – bereit, die von gewerkschaftlicher Seite ausgegebene Parole der Arbeitsbeschaffung zu akzeptieren („Arbeit für 200.000").[22]

---

18 Vgl. Wilhelm Ellenbogen, Weltkrise und Wirtschaftskrise in Österreich, Wien 1931, insbesondere 27f.

19 Vgl. Maren Seliger/Karl Ucakar, Wien. Politische Geschichte 1740–1934, Teil 2, Wien/München 1985.

20 Diese Frage wird diskutiert in: Fritz Weber, Von der Utopie der Freiheit zum Reich der Notwendigkeit. Warum die westeuropäische Sozialdemokratie keynesianisch wurde, in: Theodor Bergmann/Jürgen Rojahn/Fritz Weber (Hrsg.), Die Freiheit der Andersdenkenden. Rosa Luxemburg und das Problem der Demokratie, Hamburg 1995, 41–58.

21 Otto Bauer, Zwischen zwei Weltkriegen? Die Krise der Weltwirtschaft, der Demokratie und des Sozialismus, Bratislava 1936, 85.

22 Siehe Ulrike Weber-Felber, Wege aus der Krise: Freie Gewerkschaften und Wirtschaftspolitik in der Ersten Republik, Wien/Zürich 1990.

Auf dem Weg zu Keynes

Wie vor 1914 spielten auch in der Zwischenkriegszeit Leitsätze zur Wirtschaftspolitik in den Programmen der österreichischen Sozialdemokratie keine Rolle. Wirtschaftspolitische Eingriffe wurden – mit Ausnahme der rasch zur Episode degradierten Sozialisierungsaktion von 1919 – auch von den Sozialisten als Ausnahmeerscheinung angesehen. Dazu genügt es, das Linzer Programm von 1926 mit den Aussagen des Parteiprogramms von 1958 zu konfrontieren. Nur in Letzterem kommt der Auseinandersetzung mit der Trias Planung, Wirtschaftslenkung und Vollbeschäftigung ein eminenter Stellenwert zu.[23]

In den rund 30 Jahren, die zwischen den beiden Programmen lagen, hatten sich die Welt wie die Sichtweise der Welt durch die österreichischen Sozialisten und Gewerkschafter radikal verändert. Dazwischen lagen die traumatischen Erfahrungen der Weltwirtschaftskrise und des Faschismus und – für einen Teil der Betroffenen – die neuen Einsichten und Erkenntnisse, die sie im Exil in den westlichen oder skandinavischen Demokratien hatten gewinnen können.[24]

Die Geschichte der wirtschaftspolitischen Innovationen der Arbeiterbewegung in den Jahren nach 1929 ist gut dokumentiert.[25] Sowohl in Deutschland als auch in Österreich ging das Umdenken in der Wirtschaftspolitik von den Gewerkschaften aus. Am klarsten hat wohl Wladimir Woytinsky die neue Alternative benannt: „Die Einlullung der Arbeiterschaft mit der sozialistischen Zukunftsmusik muss durch eine Wirtschaftspolitik abgelöst werden, die sich die Regulierung der Wirtschaft, Bekämpfung der Depressionskräfte, Vorbeugung der Krise zum Ziel setzt."[26]

Nach der „keynesianischen Wende" von 1933[27] („Arbeit für 200.000") kehrte Otto Bauer rasch wieder zu seinen ursprünglichen Ansichten zurück, die sich stark an der Theorie der Langen Wellen der Konjunktur orientierten. In der berühmten Studie „Zwischen zwei Weltkriegen?" ist viel von den unabänderlichen Gesetzen des Kapitalismus die Rede; das Wort Arbeitsbeschaffung kommt auf den 355 Seiten des Buches nur ein einziges Mal vor – in Anführungszeichen gesetzt, als so genannte Arbeitsbeschaffung im Gefolge der Aufrüstung im Deutschen Reich. Weder der WTB-Plan der deutschen Gewerkschaften noch der amerikanische New Deal oder die neue Konjunkturpolitik der schwedischen Sozialdemokraten werden darin erwähnt.[28]

23 Parteiprogramm der SPÖ 1958, in: Von der Klassengesellschaft, 86–89. Siehe auch den entsprechenden Abschnitt (In Vorbereitung auf das Parteiprogramm) in: Fritz Weber (Hrsg.), Nichts als Pragmatismus. Österreich zwischen Rekonstruktion und Restauration 1945–1966 (Sozialistische Bibliothek 2/3), Wien 2000, 188ff, insbesondere den darin (232–238) abgedruckten Aufsatz von Eduard März/Philipp Rieger/Eugen Veselsky, Der Programmentwurf und die österreichische Wirtschaft (Zukunft 2/1958).

24 Siehe Weber, Zwischen Marx und Keynes, 81–96 (wie Fn. 3).

25 Siehe Weber-Felber, Wege aus der Krise (wie Fn. 22); Michael Schneider, Das Arbeitsbeschaffungsprogramm des ADGB, Bonn/Bad Godesberg 1975.

26 Zit. nach Schneider, Arbeitsbeschaffung, 73 (wie Fn. 25).

27 Eduard März/Maria Szecsi, Otto Bauer als Wirtschaftspolitker, in: Wirtschaft und Gesellschaft 10 (1984), 1, 61–77, 72–73.

28 Vgl. Otto Bauer, Zwischen zwei Weltkriegen? (wie Fn. 21)

Überhaupt maß die in die Illegalität gedrängte Arbeiterbewegung dem Thema Arbeitsbeschaffung und Konjunkturpolitik in den späten 1930er-Jahren – verständlicherweise – keine allzu große Bedeutung zu. Doch gibt es aus dieser Zeit ein Dokument aus dem sozialdemokratischen Exil, das eine andere Sprache spricht: In Adolf Sturmthals 1937 erschienenem Buch „Die große Krise“ wurde die unorthodoxe Konjunkturpolitik in Schweden (zum Unterschied von der Aufrüstung im Dritten Reich) als „echte“ Arbeitsbeschaffung bezeichnet.[29] Am Rande sei erwähnt, dass Sturmthal in einem zweiten Buch, „The Tragedy of European Labour“, auch Ideen entwickelte, die einer Vorwegnahme der *Sozialpartnerschaft* gleichkamen.[30]

Am frühesten scheinen die Ideen eines „kreativen Reformismus“[31] bei den nach Schweden Geflüchteten auf fruchtbaren Boden gefallen zu sein, wo in Gestalt der „Internationalen Gruppe demokratischer Sozialisten“ ein Forum geschaffen worden war, in dem mitteleuropäische Sozialisten wie Bruno Kreisky und Willy Brandt sowie der Mitverfasser des WTB-Plans, der deutsche Gewerkschafter Fritz Tarnow, mit ihren schwedischen Gesinnungsfreunden zusammentrafen. Verstaatlichung, Planung und „deficit spending“ verschmolzen hier zu einer – freilich nicht immer widerspruchsfreien – Einheit. Die Grundrichtung war allerdings klar: Sie lautete – um noch einmal den bereits erwähnten Artikel Fritz Tarnows zu zitieren – „volle Beschäftigung“.[32]

Im Sommer 1943 veröffentlichte das sozialistische *Austrian Labor Committee* in den USA ein Wirtschaftsmanifest mit dem Tiel „Österreichs Wirtschaftsprobleme nach Hitlers Sturz“. Obgleich in dem Dokument viel von Sozialismus, Planwirtschaft und Verstaatlichung die Rede war, stand im Vordergrund die „Politik der Vollbeschäftigung“. Ausdrücklich wurde auf Keynes verwiesen: Staatliche Defizite befruchteten – „zu produktiven, Wert und Arbeit schaffenden Ausgaben und Investitionen verwendet“ – die Wirtschaft.[33] Auch in London, wo eine starke sozialistische Gruppe existierte, zu der unter anderem Karl Ausch (später Generalrat der Oesterreichischen Nationalbank) gehörte, scheint die Diskussion gegen Kriegsende auf die keynesianische Richtung eingeschwenkt zu sein, allerdings mit einem starken Akzent auf Verstaatlichung und Wirtschaftsplanung.[34]

Bei den amerikanischen wie englischen Exilgruppen war die keynesianische Perspektive verbunden mit der Vorstellung einer gemischten Wirtschaft, in deren Rahmen ein starker verstaatlichter Sektor Wirtschaftsplanung und Vollbeschäftigung garantieren würde.[35] Noch auf dem Parteitag der SPÖ im Herbst 1948 outete sich – wie man heute sagen würde – Ausch als Anhänger der Planwirtschaft und sprach

29 Adolf Sturmthal, Die große Krise, Zürich 1937. Sturmthal war seit 1925 Sekretär Friedrich Adlers bei der Zweiten Internationale in Zürich gewesen.

30 Ders., The Tragedy of European Labour 1918–1939, London 1944, 5–7.

31 Ebd., 19.

32 Weber, Zwischen Marx und Keynes, 92–95 (wie Fn. 3).

33 Austrian Labor Information (ALINF) Nr. 16/17, Juli/August 1943.

34 Weber, Zwischen Marx und Keynes, 90–92 (wie Fn. 3).

35 Siehe DÖW, Inv.-Nr. 4393. Karl Ausch, Die neue Wirtschaft im neuen Österreich, September 1945.

sich für die Beibehaltung gewisser Lenkungsmaßnahmen aus. „Wir wissen heute noch nicht", meinte er, „wie eine Wirtschaftspolitik der Vollbeschäftigung überhaupt mit dem Preismechanismus (...) gelenkt werden kann." Die Erfahrungen der letzten Zeit legten den Schluss nahe, dass diese Frage „keineswegs mit Ja zu beantworten" sei.[36]

Nach 1945 wiederholte sich – gleichsam auf einer „höheren" Ebene – das Muster der Zwischenkriegszeit: In den Gewerkschaften vermochten sich die Keynesianer weitaus früher durchzusetzen als in der Sozialistischen Partei. Während etwa der Österreichische Gewerkschaftsbund bereits zu Anfang der 1950er-Jahre Broschüren wie „Keynes' neue Wirtschaftslehre" herausgab[37], stand das Aktionsprogramm der SPÖ von 1947 dem Linzer Programm von 1926 noch weitaus näher als dem Parteiprogramm von 1958. Im Zentrum standen Begriffe wie Planung und Verstaatlichung. Vollbeschäftigung wurde in der Regel als Ergebnis der Existenz des verstaatlichten Wirtschaftssektors gesehen, nicht als Resultat antizyklischer Konjunkturpolitik.

Es ist im Blick zurück nicht einfach und auch nicht sinnvoll, in den ersten Nachkriegsjahren Keynesianer, Anhänger der Verstaatlichung und Proponenten der Wirtschaftsplanung streng voneinander zu scheiden. Wie bei den Ideen, die in der Emigration diskutiert wurden, bilden die drei Strömungen eine Einheit, bei der die *Akzente* verschieden gesetzt waren. Erst im Verlauf des Wiederaufbaus entwickelten sich die Meinungen aus-, ja gegeneinander. Sturmthal maß der Inflationsproblematik für die Zeit nach dem Krieg keine Bedeutung zu; Ausch war schon in London ein Gegner des – wie er es nannte – „Preischaos".[38] Anders verhielt es sich bei jenen Sozialisten, die in Österreich verblieben waren oder – wie Waldbrunner – in der Sowjetunion gelebt hatten. Sie kannten Keynes – wenn überhaupt – wohl nur vom Hörensagen.

In den ersten Nachkriegsjahren war für keynesianische Experimente wenig Spielraum. Im Vordergrund standen zunächst die Beseitigung des Schutts und die Wiederingangsetzung der Produktion und des Verkehrs, danach die Sicherung der unmittelbaren Lebensbedürfnisse der Bevölkerung, die Beschaffung der Rohstoffe für die Steigerung der Produktion und – vor allem – die Bekämpfung der Inflation. Erst mit der Währungsstabilisierung von 1952, dem restriktiven Budgetkurs von Finanzminister Kamitz und der rigorosen Kreditdrosselung durch die Oesterreichische Nationalbank[39] konnte sich der keynesianische (Gegen-)Standpunkt stärker profilieren.

36 Protokoll des Parteitages der SPÖ (PTP) 1948, Wien o.J, 107.

37 Karl Forchheimer, Keynes' neue Wirtschaftslehre, Wien 1952. Im Vorwort des Verfassers hieß es lapidar: Keynes' Lehren „zielen auf dauernde Vollbeschäftigung ab (...). Ihre Anwendung liegt also im Interesse der Arbeiterschaft (...)" (7)

38 Weber, Zwischen Marx und Keynes, 92 (wie Fn. 3).

39 Die wirklich treibende Kraft hinter dieser Rückkehr zu orthodoxen Maßnahmen war die amerikanische Marshallplanbehörde. Siehe Hans Seidel, Österreichs Wirtschaft und Wirtschaftspolitik nach dem Zweiten Weltkrieg, Wien 2005, 337–340.

Wirtschaftspolitik zwischen Plan und Markt

In dieser Situation – den Jahren zwischen 1945 und 1953 – profilierte sich Karl Waldbrunner. Gewiss war er kein Theoretiker, aber aus seinen Äußerungen und Aufsätzen kann doch ein mit Elementen von Theorie angereicherter Kontext rekonstruiert werden. Karl Waldbrunner betrat 1945 als „Quereinsteiger" die politische Bühne[40] und spielte als sozialistischer Wirtschaftsfachmann von Anfang an eine wichtige Rolle. Dabei verfügte er über keine volkswirtschaftliche Ausbildung im engeren Sinn. In den 1930er-Jahren war er Kraftwerksingenieur in der Sowjetunion, während des Zweiten Weltkriegs in einem niederösterreichischen Stahlwerk beschäftigt gewesen. 1945 rief ihn Karl Renner nach Wien, wo er rasch Karriere machte. In welchem Ausmaß Waldbrunner – wie andere Sozialisten[41] – von Otto Bauers Sozialisierungsgedanken[42] beeinflusst war, kann nicht genau gesagt werden. Doch deuten einige seiner Äußerungen in diese Richtung. „Die Gemeinwirtschaft ist vor allem dazu da", sagte er im Rahmen einer Funktionärsschulung, „die Bedürfnisse des Volkes zu decken, wobei versucht wird, Methoden anzuwenden, die rationeller (…) sind als die der Privatwirtschaft; dabei darf nicht übersehen werden, dass beide Wirtschaftsformen ja denselben Marktgesetzen unterworfen sind."[43] Das ist ein Gedanke, der sich aus Otto Bauers Sozialisierungsschriften durchaus herausdestillieren ließe.[44]

Hier ist nicht der Ort, um Waldbrunners Verstaatlichungspolitik zu diskutieren noch um die allgemeine Linie der SPÖ zu beschreiben.[45] Schon in den ersten Jahren nach 1945 bildeten sich im Zusammenhang mit den Lohn-Preis-Abkommen vor-sozialpartnerschaftliche Strukturen heraus. Und mit dem Übergang zu klassischer Stabilisierungspolitik sowie mit dem Raab-Kamitz-Kurs 1952/53 war klar, dass der Weg in Richtung Marktwirtschaft unumkehrbar geworden war. Im Folgenden sollen die Stellung Karl Waldbrunners im wirtschaftspolitischen Diskurs innerhalb der SPÖ und die Argumente der Keynesianer einander gegenübergestellt werden.

Die SPÖ trat nach dem Krieg unter Hinweis auf die Erfahrungen der 1930er-Jahre für Verstaatlichung, Planung und Vollbeschäftigung ein. Was darunter genau zu verstehen sei, war nicht ausgemacht, aber auch nicht unbedingt entscheidend: Zwischen radikaler Rhetorik und Tagespolitik klaffte schon früh ein nicht unbeträcht-

---

40 Siehe den Beitrag von Ulrike Felber in diesem Band.

41 Vgl. Anton Proksch, Wie steht es mit der Verstaatlichung?, Arbeiter-Zeitung, 27.10.1946; Franz Rauscher, Die Sozialisierung und die öffentliche Wirtschaft (Zukunft 4/1946), in: Weber, Nichts als Pragmatismus, 126–130 (wie Fn. 23).

42 Siehe Eduard März/Fritz Weber, Verstaatlichung und Sozialisierung nach dem Ersten und Zweiten Weltkrieg – Eine vergleichende Studie, in: Wirtschaft und Gesellschaft, 4 (1978), 2, 115–141.

43 Waldbrunner in einer Funktionärsschulung 1954, zit. nach Christian Broda, Karl Waldbrunner – Intellektueller, Sozialist, Mensch, in: Festschrift für Karl Waldbrunner zum 65. Geburtstag, Wien 1971, 139–153, 148.

44 Vgl. auch Karl Waldbrunner, Sozialisierung und Verstaatlichung – wie und wie weit, in: Zukunft 2/1952, 36–42.

45 Siehe dazu: Fritz Weber, Der Kalte Krieg in der SPÖ. Koalitionswächter, Pragmatiker und Revolutionäre Sozialisten 1945–1950, Wien 1986.

licher Widerspruch. Als Beispiel dafür mag das *Aktionsprogramm* dienen, das am Parteitag 1947 beschlossen wurde und an dessen Formulierung Karl Waldbrunner maßgeblichen Anteil hatte. In den leitenden Grundsätzen des Programms wurde betont, dass es „keine Rückkehr zum kapitalistischen System der Vorkriegszeit" geben könne. Die „arbeitenden Massen" würden die Entbehrungen des Wiederaufbaus nur auf sich nehmen, wenn „Garantien für den Aufbau einer sozialistischen Gesellschaftsordnung" bestünden. Planung und Lenkung der Produktion wurden als unabdingbar bezeichnet, „Planwirtschaft" und „kapitalistische Wirtschaft" als unversöhnliche Gegensätze dargestellt. Die 1946 verstaatliche Industrie sollte „durch volle Betriebsdemokratie zur Sozialisierung weiterentwickelt werden".[46]

Wenige Tage nach dem Parteitag berichtete die der ÖVP nahestehende „Wiener Tageszeitung", dass in der SPÖ maßgebliche Kreise auf eine „Reaktivierung der Marktwirtschaft (...) unter sozialistischer Fahne" hinarbeiteten.[47] Es ist gut möglich, dass der Artikel bloß einen journalistischen Bezug zu Äußerungen wie jener herstellte, die Alfred Migsch am Parteitag gemacht hatte, wo er – in Anspielung auf das Ausmaß der österreichischen Verstaatlichung – gesagt hatte: „Sie (die Gemeinwirtschaft, F. W.) ist uns ein ökonomisches und nicht allein ein politisches Prinzip. Was wir (...) erreichen wollen und müssen, ist eine billige Güterproduktion, und wir werden uns nicht mit einem Verteilungsapparat und einem Produktionsapparat, der auf dem Boden der Privatwirtschaft volkswirtschaftlich viel ökonomischer organisiert werden kann, belasten."[48]

Waldbrunners wirtschaftspolitische Ideen

Gehörte Waldbrunner zu denen, die von der „Tageszeitung" gemeint waren? Waldbrunner war kein Theoretiker. In der „Zukunft" meldete er sich selten zu Wort. Und wenn er es tat, so nahm er in der Regel zu praktisch-strategischen Fragen Stellung. Seine Beiträge weisen ihn als einen Politiker aus, der eine klare Vorstellung von der Notwendigkeit dessen hatte, was Kurt W. Rothschild einmal die „Politik der Modifikation des prinzipiell kapitalistischen Wiederaufbaus" genannt hat.[49] In einem Aufsatz aus dem Jahr 1948 grenzte er sich zwar von einer zentralen Planwirtschaft ab, sprach sich aber ganz klar dafür aus, dass „die wichtigsten (planerischen, F. W.) Maßnahmen auch nach dem Aufhören einer durch die Not bedingten Bewirtschaftung" fortgeführt werden müssten, „vor allem die Kreditlenkung, die Lenkung unseres Außenhandels und der wichtigsten Zweige unserer Landwirtschaft und Indus-

46 Aktionsprogramm der SPÖ, in: Von der Klassengesellschaft zur sozialen Demokratie. Die österreichische Sozialdemokratie im Spiegel ihrer Programme 1889–1978, Wien o.J., 65–68.
47 K.K., Debatte über die dritte Kraft. Wiener Tageszeitung, 5.11.1948.
48 PTP 1947, 161.
49 Kurt W. Rothschild, Wurzeln und Triebkräfte der österreichischen Wirtschaftsstruktur, in: Wilhelm Weber (Hrsg.), Österreichs Wirtschaftsstruktur gestern – heute – morgen, Bd. 1, Berlin (West) 1961, 129.

trie". Als Ziele für Zukunft definierte er „die Stärkung der Gemeinwirtschaft" und „die Planung und Lenkung der lebenswichtigen Sektoren unserer Wirtschaft".[50]

In einem zweiten Aufsatz präzisiert er seinen Standpunkt. Der Aufbau der Wirtschaft sei für ihn „undenkbar ohne fortschreitende Stärkung der Gemeinwirtschaft und einer sozialistischen Planwirtschaft, die sich frei zu machen weiß von den Methoden einer kriegsbedingten Zwangswirtschaft. (...) Die Bewirtschaftung von Gebrauchsgütern und Lebensmitteln länger als unbedingt notwendig kann niemals eine Forderung der Sozialisten sein. Die Entwicklung würde über uns hinweggehen (...)" Das „übergeordnete Planen, nicht das Bewirtschaften" sei Voraussetzung des Wiederaufbaus.[51]

Ziel des Planens sei es, Fehlinvestitionen wie nach 1918, die sich bei einem privatwirtschaftlich verfassten Wiederaufbau unvermeidlich ergäben, zu vermeiden. Eine indikative, auf die Lenkung der Investitionen zielende Politik nach dem Vorbild des eben anlaufenden Marshallplans hielt er – in Verbindung mit der „Rationalisierung" (= Modernisierung) der Wirtschaft – für geeignet, Österreich lebensfähig zu machen und dauernde „Vollbeschäftigung" herzustellen.[52] Vollbeschäftigung definierte er – durchaus im Einklang mit Otto Bauers Idee der Sozialisierung – nicht als Arbeitsplatzsicherung um jeden Preis. Sie bedeute, schrieb er, „nicht die zwangsweise Beschäftigung gewisser Kategorien von Arbeitskräften entgegen dem wirtschaftlich gerechtfertigten Bedarf. Weder die Betriebe der Privatwirtschaft noch die der öffentlichen Hand dürfen mit unnötigen Arbeitskräften belastet werden."[53] Aber schon wenige Jahre später sah er sich veranlasst, eine Ausnahme von dieser Regel zu akzeptieren: Im Jahr der Stabilisierungsrezession, 1952, ging die Beschäftigung in der verstaatlichten Industrie – und zwar bewusst gesteuert – nur um 0,3 Prozent zurück, während sie sich in der Industrie insgesamt um 12,3 Prozent verringerte.[54]

Wenn Vollbeschäftigung in diesem Kontext auch als mittelfristiges Ziel erscheint, das sich nach der „Normalisierung" der Wirtschaft einstellen würde, so war Waldbrunner (und mit ihm die SPÖ) im Jahr 1952 durchaus bereit, sich mit dem neuen Finanzminister Reinhard Kamitz anzulegen, der mit einem rigiden Sparkurs eine „klassische" Stabilisierungspolitik in die Wege leiten wollte, die vor allem auch bereits bewilligte öffentliche Investitionen traf. Die dafür vorgesehenen Beträge wurden gebunden, von der SPÖ geforderte Steuererhöhungen, mit deren Hilfe die Investitionen finanziert werden sollten, zurückgestellt.[55]

50 Karl Waldbrunner, Sozialisierung und Planwirtschaft in Österreich, in: Zukunft 7/1948, 197–199, Zitate 198–199.

51 Ders., Aufbau der österreichischen Wirtschaft, in: Zukunft 11/1948, 326–330, Zitat 327.

52 Ebd., 326–329.

53 Ebd., 326.

54 Ferdinand Lacina, Verstaatlichung in Österreich, in: Wirtschaft und Politik. Festschrift für Fritz Klenner, Wien 1976, 277.

55 Karl Waldbrunner, Erfolgreicher Kampf für die Stabilisierung der österreichischen Wirtschaft, in: Zukunft 5/1952, 133–135.

Hinter diesem Vorschlag zur konjunkturellen Gegensteuerung standen aber nicht keynesianische Überlegungen im engeren Sinn des Wortes. Vielmehr handelt es sich um eine durch historisches Wissen geschärfte Variante jenes Denkens, das sich schon in der Reaktion der Sozialdemokraten auf die „Genfer Sanierung" nach dem Ersten Weltkrieg gezeigt hatte. Das Wiener Wohnbauprogramm der 1920er-Jahre war auch eine Antwort auf das mit der Stabilisierung verbundene Ansteigen der Arbeitslosigkeit. Die 1952 ins Auge gefasste Finanzierung der öffentlichen Arbeiten durch Steuererhöhungen reflektiert gewiss die Erfordernisse einer Situation, in der die österreichische Währung noch immer inflationären Gefahren (und damit Budgetdefiziten) ausgesetzt schien, aber sie war auch Ausfluss einer grundsätzlichen Einstellung zum ausgeglichenen Budget: „Die wichtigste Voraussetzung der Währungsstabilität", schrieb Waldbrunner, „ist ein ausgeglichenes Staatsbudget." Und als Prinzipien sozialistischer Wirtschaftspolitik nannte er – neben dem „Vermeiden von Fehlinvestitionen" – explizit „Währungsstabilität; ausgeglichenes Staatsbudget".[56]

Das hörte sich doch ganz anders an als das, was die sozialistischen Ökonomen während des Krieges im fernen Amerika geschrieben hatten, nämlich, „dass staatliche Defizite, zu produktiven, Wert und Arbeit schaffenden Ausgaben verwendet, die Wirtschaft befruchten. Die neue Finanzpolitik wird also vor dem Defizit nicht zurückschrecken dürfen, sondern von vornherein damit rechnen müssen, die Zeit der großen wirtschaftlichen Umstellung (nach dem Krieg, F. W.) mit einer Politik der Investitionen für den Wiederaufbau der zerstörten (...) Städte zu beginnen."[57] Wenn man „ängstlich bemüht" sei, „Inflation zu vermeiden, ist die Gefahr groß, dass man Deflation fördert. Und Deflation ist die Mutter der Massenarbeitslosigkeit."[58]

In Waldbrunners Programm war mehr von jener Mischung aus marxistischer und klassischer Budgetlehre der Zwischenkriegszeit enthalten, die Bauer und Hilferding zur Zeit der Weltwirtschaftskrise gegen die Arbeitsbeschaffung ins Treffen geführt hatten, als von Keynes. Aber die neue Strategie war geläutert durch die Erfahrungen der Weltwirtschaftskrise. „Selbstredend wollen auch die Sozialisten keine inflationistische Lösung", hieß es bei Waldbrunner, „aber ebenso wenig eine Deflation, wie sie mit ihren schrecklichen Auswirkungen in den 30er-Jahren noch jedem in Erinnerung ist. Auf das wäre das Programm des Herrn Finanzministers Dr. Kamitz (das Einsparungen von 1,1 Milliarden Schilling vorsah, F. W.) (...) hinausgelaufen."[59]

Anders ausgedrückt: Die von Waldbrunner angestrebte Politik war vernünftig, aber nicht keynesianisch. Später hat er denn auch seine scharfen Auseinandersetzungen mit Reinhard Kamitz in den Jahren 1952 und 1953 relativiert. „Jeder von uns",

56 Waldbrunner, Erfolgreicher Kampf, 133 (wie Fn. 55).
57 Österreichs Wirtschaftsprobleme nach Hitlers Sturz.
58 Adolf Sturmthal, Währung und Wiederaufbau in Österreich, in: ALINF 34, 1.2.1945.
59 Waldbrunner, Erfolgreicher Kampf, 134 (wie Fn. 55).

erklärte er Mitte der 1970er-Jahre, „erkannte die Notwendigkeit starker wirtschaftlicher Fortschritte; nur setzten wir die Schwerpunkte anders; er auf die produktiven Investitionen in der Wirtschaft, ich auf die ‚Infrastruktur'. Wir (...) waren, glaube ich, in der Grundüberlegung nicht so weit auseinander. (...) Als größten Kompromiss möchte ich das zehnjährige Investitionsprogramm 1952 bis 1962 nennen, das die Grundlage für (...) öffentliche Investitionen (Elektrifizierung der Bahn, Modernisierung der Post) gewesen ist."[60]

In Waldbrunners Brief an den Parteivorsitzenden der SPÖ Adolf Schärf aus dem Februar 1953 wird eher auf Personalfragen in der Regierung und auf konkrete Bedürfnisse des Verstaatlichtenressorts als auf wirtschaftsstrategische Zielvorgaben eingegangen. Nur „die arbeitsschaffenden Investitionen bei den Staatsbetrieben" kommen vor. Sie „müssen wieder aufleben", schrieb Waldbrunner, „wobei allerdings auf meinen seinerzeitigen Vorschlag einer weitgehenden Bedeckung durch Anleihen zurückgegriffen werden kann."[61] Das entsprach durchaus auch den Finanzierungsvorstellungen des Finanzministers.

Ein Positionspapier Benedikt Kautskys vom Februar 1953

Waldbrunner war nicht der Einzige, der über Aufforderung Schärfs angesichts vorgezogener Neuwahlen seine wirtschaftspolitische Position präzisierte. Benedikt Kautsky, der 1958 zum stellvertretenden Generaldirektor der Creditanstalt-Bankverein avancieren sollte, legte ein Papier vor, das ebenfalls den späteren Kompromiss Waldbrunners mit Kamitz logisch vorwegnahm. Kautsky erkannte ganz klar die *generelle Richtung* der wirtschaftlichen Entwicklung, die allen planwirtschaftlichen Ideen auf Dauer den Boden entziehen würde. Auf der anderen Seite vertrat er – von der Weisheit des Heute aus betrachtet – einen allzu optimistischen Standpunkt, was die Zukunftsperspektiven einer radikal-interventionistischen sozialistischen Alternative in der Wirtschaftspolitik betraf.

Am Beginn seines Papiers setzte er sich mit der internationalen Lage und dem davon bestimmten währungs- und wirtschaftspolitischen Spielraum Österreichs auseinander. (Als bekannt vorausgesetzt wird, dass Österreich durch die Teilnahme am *Marshallplan* eine nachhaltige ökonomische wie politische *Westorientierung* in die Wege geleitet hatte.) Kautsky konstatiert, dass „(die) zukünftige Wirtschaftspolitik Österreichs (...) de(m) grundlegenden Wandel in der internationalen Wirtschafts-

60 Seidel, Österreichs Wirtschaft, 496ff (wie Fn. 39); Fritz Diwok/Hildegard Koller, Reinhard Kamitz. Wegbereiter des Wohlstands, Wien/München/Zürich/Innsbruck 1977, 69 und 122f. Das Buch besteht aus zwei Teilen. Das Zitat stammt aus Teil I; ich beziehe mich im Folgenden immer nur auf Teil II (Koller), der mit 97 beginnt.

61 Bruno Kreisky Archiv (BKA), Bestand Karl Waldbrunner, Box 8: Karl Waldbrunner an Adolf Schärf vom 18.2.1953.

politik" Rechnung zu tragen haben werde, der sich – nach den planwirtschaftlichen Interventionen der Nachkriegszeit – in Richtung „einer weitgehenden Stabilisierung und einer Lockerung der Devisenbewirtschaftung", mithin einer „Konvertibilität der Währung(en)" entwickle.[62]

Weiter hieß es in Kautskys Stellungnahme: „Dass der Staatshaushalt in Ordnung gehalten werden muss, unterliegt heute wohl keinem Zweifel. (...) Das Problem für Österreich besteht (...) darin, *auf der Grundlage einer stabilen Währung und eines stabilen Budgets* die größtmögliche Beschäftigung zu sichern."[63] Dazu sei unter den konkreten Bedingungen „in erster Linie der Staat berufen". Kautsky trat für Kreditlenkung ein und schlug zur Erreichung eines Zustandes der Vollbeschäftigung eine Reihe von Maßnahmen, unter anderem „Förderungsmaßnahmen für den Export", vor.

Ausdrücklich warnte er aber vor kreditpolitischen Experimenten wie der Deckung staatlicher Defizite mit Hilfe kurzfristiger Kreditoperationen und polemisierte dabei gegen keynesianische Argumente: „Die vielfach vertretene Anschauung, dass ein Ausgleich des Budgets nur im Laufe mehrerer Jahre notwendig sei, mag an sich richtig sein, ist aber auf Österreich nicht anwendbar. Eine solche Politik kann in Schweden oder den Vereinigten Staaten betrieben werden, wo Defizite durch (...) Rückgriffe auf den Kapitalmarkt gedeckt werden können; sie (...) ist in Österreich undurchführbar, weil infolge des Nichtfunktionierens des Kapitalmarkts jede solche Bedeckung des Defizits durch einen Rückgriff auf die Notenbank erfolgt und daher die Notenpresse neuerlich in Bewegung setzt."[64]

Dennoch sei unter den konkreten Bedingungen zur Milderung der Arbeitslosigkeit in erster Linie der Staat berufen. Ähnlich wie Reinhard Kamitz schlug Kautsky vor, die Prioritäten der staatlichen Investitionstätigkeit in einem Investitionsplan zusammenzufassen, der allerdings bei ihm andere Gewichte haben sollte: „Den Ausbau von Autobahnen halte ich für vollkommen verfehlt", schrieb er. Vielmehr sollten der Wohnungsbau, der Ausbau der Wasserkräfte und die „Ausgestaltung der Bundesbahnen" an erster Stelle stehen. Und wenn er in dem Papier davon sprach, dass es an der Zeit sei, „mit der Durchführung einer echten Planwirtschaft in Österreich zu beginnen", dann war damit gemeint „dass von jetzt ab öffentliche Investitionen langfristig geplant werden".[65]

Zusammenfassend liefen seine Vorschläge darauf hinaus, „dass auf Grundlage einer stabilen Währung und eines stabilen Budgets durch Heranziehung neuer Einnahmen eine aktive Investitionspolitik betrieben wird, die gleichzeitig auf Jahre hinaus

62 BKA, Bestand Karl Waldbrunner, Box 8: Papier ohne Autor und Titel vom Februar 1948. Den Hinweis, dass dieses Dokument von Benedikt Kautsky stammt, verdanke ich Manfred Zollinger.
63 Ebd.
64 Ebd.
65 Ebd.

planmäßig zu regeln ist, um eine ständige Beschäftigung für die verstaatlichte Industrie, darüber hinaus jedoch für die gesamte Industrie zu sichern".[66]

Einige Monate später unterbreitete Benedikt Kautsky seine Vorschläge in einem Artikel in der „Zukunft" einer breiteren Öffentlichkeit. Im Zentrum stand auch hier ein „längerfristiges öffentliches Arbeits- und Investitionsprogramm". Dieses würde, argumentierte er, „unserer Konjunktur und Beschäftigung eine starke Stütze verleihen, deren sie in den Zeiten der Umstellung auf die Konkurrenzwirtschaft des Weltmarktes in hohem Maß bedarf".[67] Diese Idee war nicht neu; sie findet sich schon in der Exildiskussion, in dem Pamphlet „Österreichs Wirtschaftsprobleme nach Hitlers Sturz" und in Karl Auschs Broschüre „Die Neue Wirtschaft im neuen Österreich", die im September 1945 in London herauskam. In dieser „Diskussionsgrundlage über Planwirtschaft und Sozialismus" wurden öffentliche Investitionen auf dem Gebiet des Wohnungsbaus, des Ausbaus der Wasserkräfte, des Straßenbaus, der Bereitstellung der Infrastruktur für den Fremdenverkehr und der Elektrifizierung der Bundesbahnen als „Hauptpfeiler der neuen Wirtschaft" bezeichnet.[68]

In der Debatte von 1953 warnte Benedikt Kautsky davor, „künstliche Operationen durchzuführen, die das Funktionieren eines Kapitalmarktes nur vortäuschen, während sie in Wirklichkeit die Festlegung kurzfristiger Mittel auf einige Jahre bedeuten (...)"[69] Kautsky begründete seine Vorschläge, die sich wesentlich weiter an die Marktwirtschaft annäherten als die Waldbrunners, durch den Rückgriff auf einen sehr individuellen Fundus von ökonomischer Theorie. „Unsere Forderungen laufen", schrieb er, „(...) im Wesen (...) darauf hinaus, unsere Wirtschaft möglich elastisch zu gestalten und von den Hemmnissen zu befreien, die ihr die Absperrungspolitik der letzten Jahre auferlegt hat." Dies sei jedoch nicht als Rückkehr zum Liberalismus misszuverstehen: „Namentlich unter dem Einfluss des Neoliberalismus ist der Gegensatz zwischen Sozialismus und Kapitalismus so hingestellt worden, als ob Marktwirtschaft und Planwirtschaft ein unvereinbarer Gegensatz seien. Das ist ein *fundamentaler* (...) Irrtum."[70] In seinem Plädoyer für den freien (Welt-) Markt holte er historisch weit aus und pries die „internationale Arbeitsteilung", die sich im 19. Jahrhundert herausgebildet hatte, als eine Art von naturwüchsiger „Planwirtschaft", die durch das Wirken der Nationalstaaten beinahe zerstört worden wäre. „Wenn der Staat", argumentierte er mit Blick auf die beiden Weltkriege und die dazwischen liegende Zeit, „mit außerwirtschaftlichen Zwecken in die Gestaltung der Produktion und der Preis- und Kostenniveaus eingreift, so wird damit die internationale Arbeitsteilung weitgehend aufgehoben. (...) *Die Anhänger der kreditpolitisch orientierten Vollbeschäftigungstheorien* haben die Grundbedingungen

66 BKA, Bestand Karl Waldbrunner, Box 8.
67 Benedikt Kautsky, Aktuelle Wirtschaftsfragen, Zukunft 12/1953, 225.
68 DÖW, Inv.-Nr. 4393: Karl Ausch, Die neue Wirtschaft im neuen Österreich, London September 1945. Zitate 4.
69 Kautsky, Aktuelle Wirtschaftsfragen, 332 (wie Fn. 67).
70 Ebd., 334. (Herv. im Orig.)

der internationalen Produktion und ihrer Verteilung nach dem Gesichtspunkt der möglichst niedrigen Kosten (…) übersehen.“[71]

In seinem Theorie-Tornister war offensichtlich ebenso wenig Platz für keynesianische Ideen wie für planwirtschaftliche Eingriffe, auch wenn er – in Anspielung auf das Budget 1954, das nach dem Sparbudget 1953 eine Reihe von arbeitsplatzschaffenden Investitionen vorsah – meinte, „(v)om Rückzug des Staates aus der Wirtschaft, wie ihn Doktor Kamitz in Anlehnung an neoliberalistische Gedankengänge bei seinem Antritt forderte, bis zu seinem Budget 1954 ist ein weiter Weg (…)“[72] Die Verhandlungen aber, die Kamitz den „weiten Weg“ geebnet hatten, waren auf sozialistischer Seite von Karl Waldbrunner geführt worden. In einer Gesprächsnotiz von Oskar Helmer über eine Zusammenkunft mit Reinhard Kamitz heißt es: „(D)ie von uns geforderte Investitionspolitik, die von ihm während der Budgetberatung abgelehnt wurde, wurde nun (…) in den so genannten Kamitzplan übernommen. (…) Was die Investitionen betrifft, so ist er zu jedweder Arbeitsbeschaffung zu haben. Die Beträge hierfür müssten allerdings im Anleihewege aufgebracht werden. Das Budget muss ausgeglichen sein und die Investitionsleistungen können nicht durch die laufenden Einnahmen bestritten werden. Dr. Kamitz erklärte sich bereit, über Investitionsfragen mit Waldbrunner (…) zu sprechen, um ein gemeinsames Investitionsprogramm zu erstellen.“[73]

Dem ist nur noch hinzuzufügen, dass im Budget von 1954 Investitionen auch aus dem laufenden Budget finanziert wurden[74] und dass 1958 – beim Übergreifen einer von Amerika ausgehenden Rezession auf Europa – ein Budgetdefizit durch das Wirkenlassen automatischer Stabilisatoren und erhöhte Ausgaben aus dem außerordentlichen Budget bewusst in Kauf genommen wurde.[75] Ob man das keynesianisch nennen möchte oder nicht[76], und ob Kamitz sich – ebenso grundsätzlich wie Waldbrunner – der Idee des ausgeglichenen Budgets verpflichtet fühlte[77], spielt dabei keine entscheidende Rolle. Was zählt, ist das Ansteigen der Finanzschuld des Bundes von 9 Prozent (1957) auf 12,3 (1958) und 14,7 Prozent im Jahr 1959.[78]

71 Kautsky, Aktuelle Wirtschaftsfragen, 335 (wie Fn. 67).

72 Ebd., 332.

73 BKA, Bestand Waldbrunner, Box 8: Oskar Helmer an Karl Waldbrunner, 9.3.1953

74 Alois Brusatti/Karl Bachinger, Österreichs Wirtschaft in der Zweiten Republik, in: Alois Brusatti/Karl Gutkas/Erika Weinzierl (Hrsg.), Österreich 1945–1970. 25 Jahre Zweite Republik, Wien/München 1970, 247.

75 Koller, Kamitz, 122–123 (wie Fn. 60). Dementsprechend machte der Anteil der öffentlichen Investitionen an den gesamten österreichischen Investitionsausgaben in diesen beiden Jahren jeweils 17,3 Prozent aus, während er in den dazwischen liegenden Jahren niedriger war.

76 Roman Sandgruber legt besonderen Wert auf die Feststellung, dass es sich um „unfreiwilliges“ deficit spending, nicht aber um keynesianische Politik gehandelt habe. Siehe Roman Sandgruber, Ökonomie und Politik. Österreichische Wirtschaftsgeschichte vom Mittelalter bis zur Gegenwart, Wien 1995, 470.

77 Koller, Kamitz (wie Fn. 60), betont auf der einen Seite, dass Kamitz kein Keynesianer gewesen sei, zeigt ihn aber andererseits als Anhänger einer aktiven Konjunkturpolitik. 105, 122–23 und 148–163.

78 Ebd., 145.

Andere Stimmen zur Wirtschaftspolitik – die frühen Keynesianer in der SPÖ

Wer aber waren innerhalb der SPÖ die keynesianischen Gegenspieler von Akteuren und Ansichten, die sich noch immer stark an dem marxianisch-ricardianischen Gleichklang orientierten, der in der Zeit der Weltwirtschaftskrise begraben worden zu sein schien? Erstaunlicherweise zählte Bruno Kreisky (noch) nicht zu ihnen. Seine an Schärf gesandten Vorschläge lassen in der Tendenz ähnliche Gedankengänge erkennen wie die Kautskys und Waldbrunners. Er schlug die Bildung eines *Ministeriums für öffentliche Arbeiten und Investitionen* vor, das die Kompetenzen des ERP-Büros – dieses Büro sei in den Jahren davor, argumentierte er, „eigentlich das einzige überministerielle Planungsamt des Landes gewesen" –, den Wohnbau und das staatliche Beschaffungswesen in sich vereinigen sollte, und stellte die rhetorische Frage: „Wäre (…) es nicht zweckmäßig, für die nächste Regierungsperiode die Reorganisierung der Wirtschaftstätigkeit des Staates und die Verwirklichung einer stärkeren Rahmenplanwirtschaft anzustreben? Denn nur eine solche im Verein mit der Verstaatlichung kann zu einer dauernden und durchgreifenden Strukturveränderung der österreichischen Wirtschaft führen."[79]

Bruno Kreisky war damals von seiner „austrokeynesianischen" Position der 1970er-Jahre noch weit entfernt. Dennoch lassen sich gewisse Elemente seines späteren Denkens, wie z.B. die Strukturpolitik, bereits erkennen, auch in der Bemerkung, es bleibe auf alle Fälle „die unabweisliche Pflicht des Staates, von sich aus alles zu veranlassen, um ein maximales und ausgeglichenes Beschäftigungsniveau zu erreichen". Denn der *öffentlichen Investitionstätigkeit* komme in Österreich ein „auf die Konjunkturlage viel nachhaltigerer Effekt" zu als anderswo.[80]

Benedikt Kautsky hatte seinem insgesamt auf „planwirtschaftliche" Perspektiven angelegten Papier Bemerkungen beigefügt, die darauf hindeuten, dass er gewisse „keynesianische" Lektionen gelernt hatte, unter anderem die, „dass Vollbeschäftigung und Prosperität nicht ohne Weiteres miteinander übereinstimmen müssen. Ebenso wie es eine gute Konjunktur geben kann, ohne dass alle Arbeiter Beschäftigung finden, kann auch künstliche Vollbeschäftigung erzeugt werden, ohne dass ihr eine entsprechende dauernde Konjunktur zugrunde liegt." Dem fügte er den Nachsatz hinzu: „Will man für dauernde gute Beschäftigung sorgen, so muss man (…) für regelmäßige Konjunktur sorgen (…)" [81] Dies deckte sich im Wesentlichen mit Woytinskis Vision einer durch „Konjunkturausgleich" „konjunkturlos" gewordenen Gesellschaft" aus den 1930er-Jahren.[82]

---

79 BKA, Bestand Waldbrunner, Box 8: Bruno Kreisky an Adolf Schärf, 20. Februar 1953.

80 Ebd. (Herv. i. Orig).

81 Ebd.

82 Zit. n. Schneider, Arbeitsbeschaffung, 65 (wie Fn. 25).

Viel deutlicher als Waldbrunner hatte sich Stefan Wirlandner, einer der frühen Verfechter des Keynesianismus innerhalb der SPÖ, in seinem Referat auf dem Zweiten Bundeskongress des ÖGB Anfang Oktober 1951 von der Idee einer umfassenden Planung verabschiedet und darauf hingewiesen, dass sich in einer kapitalistischen Marktwirtschaft Vollbeschäftigung grundsätzlich auch mit Hilfe einer keynesianischen Wirtschaftspolitik herstellen ließe.[83] Wirlandner war der Erste, der 1946 in der „Zukunft" überhaupt den Namen Keynes mit der Bemerkung ins Spiel brachte: „Wenn die Banken in der Lage sind, von sich aus Kredite, das heißt Kaufkraft zu schaffen, so ist das wirtschaftspolitisch deshalb interessant, weil sich dadurch Möglichkeiten für eine aktive ‚Konjunkturpolitik' ergeben."[84]

Auch in der Notenbankfrage vertrat er die moderne Ansicht, dass „der Zwang zur Bildung und Haltung von Reserven der übrigen Finanzinstitute bei der Nationalbank" zur Konjunktursteuerung wirkungsvoller sei als der Diskontsatz. „Statt alles zu versuchen, die Notenbank durch Deckungsbestimmungen in ihrer Kreditpolitik zu hemmen, sollte sie (...) veranlasst werden, ihre Geld- und Kreditpolitik so zu führen, dass dadurch die wirtschaftliche Stabilität des Landes gesichert wird."[85]

1948 nahm er – wiederum als Erster – zum absehbaren Ende der Bewirtschaftungsmaßnahmen in Österreich Stellung. Er verband damit die negative Perspektive der „Zerschlagung aller Instrumente, die der Wirtschaftslenkung dienen könnten". Ein „gewisses Mindestmaß an Dirigierung" sei aber für „die Sicherung und Aufrechterhaltung des Zustandes der Vollbeschäftigung" notwendig. Dazu bedürfe es sowohl der Lenkung des Arbeitsmarktes als auch einer Beeinflussung der Investitionen und der Festlegung eines „Minimums der Investitionsrate".[86] Danach scheinen sich seine hochgesteckten Erwartungen rasch verflüchtigt zu haben[87], auch wenn er im Generalrat der Nationalbank einen zähen Kampf gegen die Hinwendung zu einer klassischen Stabilisierungspolitik und die damit verbundenen Diskontsatzerhöhungen führte.

Die schärftste und schonungsloseste Analyse der wirtschaftlichen Situation und ihrer politisch-strategischen Konsequenzen im Jahr 1953 legte Karl Ausch vor, der damals zusammen mit Wirlandner als sozialistischer Vertreter in den Generalrat der Oesterreichischen Nationalbank delegiert war.[88]

83 Seidel, Österreichs Wirtschaft, 487 (wie Fn. 39).

84 Stephan (später: Stefan) Wirlandner, Die Kreditschöpfung als Faktor der Einkommensbildung, in: Zukunft 7/1946, 18–21, Zitat 18. Eine allgemeine Würdigung von Keynes findet sich bei Peter Anders, Marx und Keynes (Zukunft 1/1948), in: Weber, Nichts als Pragmatismus, 143–149 (wie Fn. 23).

85 Ders., Die Zukunft unserer Notenbank, in: Zukunft 1/1947, 12.

86 Ders., Vor der „NEP", in: Zukunft 6/1948, 176–177.

87 Siehe ders., Währungsstabilisierung und Investitionspolitik, in: Zukunft 3/1952, 84–87.

88 BKA, Bestand Waldbrunner, Box 8: Ungezeichneter Brief an Adolf Schärf vom 21.2.1953. Der Hinweis darauf, dass der Verfasser erst seit kurzem Mitglied des Generalrats der Nationalbank sei, weist Karl Ausch als Verfasser aus, der zum ersten Mal im Dezember 1952 an einer Generalratssitzung teilgenommen hatte.

„Die Kriegs- und Bedarfsbedeckungswirtschaft", schrieb er an Adolf Schärf, „ist überwunden, und mit ihr fallen praktisch – (...) unter Berücksichtigung der politischen Machtverhältnisse – auch die direkten Lenkungsmaßnahmen in der Wirtschaft weg. Damit verlieren aber auch eine Reihe wichtiger Machtpositionen, die die Partei, die Gewerkschaften oder die Kammern in den letzten Jahren innehatten, (...) ihre bisherige Bedeutung." In der letzten Zeit sei immer deutlicher geworden, „dass die Wirtschaft in Zukunft von anderen Faktoren entscheidend beeinflusst werden wird, und zwar in erster Linie durch die Finanz- und Kreditpolitik".

In Österreich stünden sich aber, ausgeprägter als anderswo, „zwei einander entgegenstehende Auffassungen über eine zweckmäßige Kreditpolitik" gegenüber: „Es ist der bekannte Antagonismus zwischen der auf den Lehren Keynes' fußenden Finanzpolitik, wie sie in den sozialistisch regierten Ländern praktiziert wurde und wird, und der so genannten klassischen Finanz-, Währungs- und Kreditpolitik, die (...) von den österreichischen Regierungen während der 30er-Jahre und dann im Ständestaat verfolgt wurde. So bescheiden meine bisherigen Erfahrungen im Generalrat der Nationalbank auch sind, glaube ich doch mit Sicherheit sagen zu können, dass dieser Geist in der Nationalbank noch sehr lebendig ist." Die maßgeblichen Funktionäre der Bank „können nun einmal über die Schranken der Lehren, die sie aufgenommen haben, nicht hinaus. Für sie ist ein schön ausbalanciertes Staatsbudget, ein nach den klassischen Regeln bedeckter Banknotenumlauf (...) das Um und Auf einer jeden Finanz- und Währungspolitik, und sie sind bereit, die arbeitende Bevölkerung einen entsprechend hohen Preis dafür zahlen zu lassen. Wir bekämpfen diese Politik seit etwa einem Jahr ebenso, wie wir sie in den 30er-Jahren bekämpft haben."[89]

Bis zu Beginn des Jahres 1952 hätten „alle diese Fragen in der Tagespolitik keine oder nur eine untergeordnete Rolle gespielt. Im Zusammenhang mit der Aufrechterhaltung der Vollbeschäftigung war es nur interessant, ob genügend Rohstoffe, Kohle, elektrischer Strom, maschinelle Einrichtungen usw. vorhanden waren; die Finanzierung der Vollbeschäftigung hat (...) keine Schwierigkeiten bereitet: Geld und Kredit waren ausreichend vorhanden."[90]

Für der Situation nach der Stabilisierung der Währung schlug der Autor „zur Wiedergewinnung beziehungsweise Aufrechterhaltung einer wenigstens annähernden Vollbeschäftigung" im Ausmaß einer durchschnittlichen Arbeitslosenrate von 5 bis 6 Prozent die „Aufstellung eines elastischen öffentlichen Investitionsprogrammes" vor, das „in Zusammenarbeit des Bundes, der übrigen größeren öffentlichen Körperschaften, der verstaatlichten Betriebe, der Bundesbahn und der Verbundgesellschaft ausgearbeitet werden (müsste). (...) In dieses Investitionsprogramm müsste (...) auch die gesamte Wohnbautätigkeit eingeschlossen werden, da diese (...) ein

89 BKA, Bestand Waldbrunner, Box 8: Ungezeichneter Brief an Adolf Schärf vom 21.2.1953.
90 Ebd.

wirksames Mittel zur Bekämpfung der Arbeitslosigkeit darstellt." Das Investitionsprogramm sollte auf mindestens drei Jahre hinaus geplant werden und müsste „das Kernstück eines mit der ÖVP zu vereinbarenden Arbeitsprogramms" sein. [91]

Es ist hier nicht der Platz, darüber zu spekulieren, inwieweit sich unser Autor, ein expliziter Keynesianer, in der Einschätzung der wirtschaftspolitischen Ambitionen der ÖVP und der Nationalbank irrte, oder ob die SPÖ stark genug war, ihre Vorstellungen von Beschäftigungspolitik in die Koalitionsregierung einzubringen. Die Arbeitslosigkeit ging jedenfalls – auch infolge der Umsetzung des von Kamitz mitgetragenen zehnjährigen Investitionsprogramms – im Lauf der 1950er-Jahre rasch zurück. Vollbeschäftigung im emphatischen Sinn des Wortes wurde allerdings erst am Ende der 1960er-Jahre erreicht.

Die nächste große Herausforderung an die Beschäftigungspolitik kam nach der Erdölpreiskrise von 1973. Sie wurde von der sozialistischen Alleinregierung unter Bruno Kreisky mit austrokeynesianischen Methoden gelöst. Die theoretischen Grundlagen dafür waren in den innerparteilichen Diskussionen der 1960er-Jahre gelegt worden.[92] Der lange Marsch zum Keynesianismus war (vorerst) an seinem Ende angekommen.[93] Im Parteiprogramm von 1978 war nur noch lapidar von der „Nutzung aller konjunkturpolitischen Möglichkeiten im nationalen Bereich" die Rede, welche an die Seite international abgestimmter Maßnahmen zur Krisenbekämpfung treten sollte.[94]

Dass dieses Ende nur ein vorläufiges war, kann hier nur konstatierend gestreift werden, ebenso die Vermutung, dass Parteien, die sich als Interessenvertretung der Arbeitenden verstehen, wohl auch in Zukunft eine Nähe zu einer Politik der Vollbeschäftigung haben werden oder haben werden müssen.

91 BKA, Bestand Waldbrunner, Box 8: Ungezeichneter Brief an Adolf Schärf vom 21.2.1953.
92 Siehe Weber, Nichts als Pragmatismus, 264–305 (wie Fn. 23)
93 Siehe Fritz Weber/Theo Venus (Hrsg.), Der Austro-Keynesianismus in Theorie und Praxis, Wien 1993.
94 Das neue Programm der SPÖ (Sozialistische Politik 8), Wien 1979, 22.

Wolfgang Maderthaner

Fordistische Wohlfahrtsstaatlichkeit in Österreich

Die „dienstbare" Wirtschaft

Die 1929 mit aller Vehemenz einsetzende Weltwirtschaftskrise hat die modernen, industriell entwickelten Gesellschaften dramatisch destabilisiert. Die tief greifenden ökonomischen (und psychologischen) Umwälzungen der Krisenjahre betrafen alle Schichten und Klassen und haben, unter den Bedingungen von sozialer Unsicherheit, Massenarbeitslosigkeit und existenziellem Elend, zu einer wesentlichen Veränderung des politischen wie kulturellen Mechanismus geführt. Das von der kapitalistischen Moderne nicht eingelöste Versprechen, die soziale und kulturelle Integration über Massenkonsum sicherzustellen, hat insbesondere im mittleren und südlichen Europa zur Aufkündigung eines vordem weithin akzeptierten Gesellschaftsvertrages geführt. Ein gegen den Fortschrittsglauben des 19. Jahrhunderts gerichteter Antimodernismus mischte sich mit machtvollen Ressentiments gegen das demokratisch-liberale Prinzip. An die Stelle liberaler Gesellschaftsutopien traten auf Totalität und säkulare Erlösung gerichtete Zivilreligionen, die demokratische durch autoritäre Gesellschaftsvisionen ersetzten und im Faschismus in eine Katastrophe globalen Ausmaßes mündeten.[1]

Die auf die traumatischen Zerstörungen und Opfer des Zweiten Weltkrieges folgende Periode der ökonomischen und sozialen Rekonstruktion, die in ein so genanntes *Wirtschaftswunder* und die lange Zeit nicht hinterfragte Hegemonie keynesianistischer Wirtschaftskonzeptionen mündete, ist häufig (und wohl nicht zu Unrecht) als eine von den zentralen politischen Instanzen bewusst und strategisch gesetzte Konsequenz interpretiert worden: Als eine notwendige, gesamtgesellschaftliche „Lehre" aus den desatrösen Dysfunktionalitäten einer anarchisch-regellosen, aller Interventionen und Regulierungen weitgehend enthobenen kapitalistischen Ökonomie. Einige wesentliche, auf die spezifisch österreichische Situation abgestimmte Charakteristika dieser Entwicklung hat Karl Waldbrunner auf zwei internationalen Kongressen der Gemeinwirtschaft in der ersten Hälfte der 1950er-Jahre umrissen.[2] Unabhängig von der jeweiligen Semantik, ob nun von Nationalisierung, Verstaatlichung oder Sozialisierung die Rede gewesen sei, die am schwersten betroffenen europäischen Volkswirtschaften hätten aus dem ökonomischen und po-

1 Wolfgang Maderthaner/Lutz Musner, Textures of the Modern. Viennese Contributions to Cultural History and Urban Studies, in: Cultural Studies 16 (6) 2002, 863–876, 870.

2 Karl Waldbrunner, Die Bedeutung der Staatsunternehmen für die Errichtung und Erhaltung der Wirtschaftsdemokratie, in: Die Zukunft VI/1953, 168–170, sowie Ders., Die verstaatlichte Industrie bringt einen höheren Lebensstandard, in: Die Zukunft X/1955, 284–286. Die folgenden referierenden wie wörtlichen Zitate sind diesen beiden Beiträgen entnommen.

litischen Zusammenbruch nach Kriegsende eine prinzipielle Schlussfolgerung gezogen: die *Demokratisierung* der lebenswichtigen Schlüsselindustrien. Die leitende Intention dahinter sei unzweifelhaft der zügige Wiederaufbau, die Rationalisierung und Modernisierung dieser durch die Kriegsereignisse besonders schwer getroffenen Industrien gewesen, „um die gesamte Wirtschaft leistungsfähiger und krisenfester zu machen". Die sachliche Begründung für deren strukturelle Reorganisation im Rahmen umfassender staatlicher Planung leite sich aus der notwendigen Überwindung ihrer „in der Vergangenheit so verhängnisvollen Krisenempfindlichkeit" ebenso her wie aus der daraus folgenden Notwendigkeit der „Schaffung einer gesunden, krisenfreien Wirtschaftsverfassung, die Vollbeschäftigung gewährleistet".

Als primäres Ziel einer solchen Wirtschaftsverfassung hat Waldbrunner die „Aufgabe, der Allgemeinheit zu dienen", festgemacht, die Steigerung des allgemeinen Lebensstandards und die möglichst weitgehende Etablierung sozialer Sicherheit. Es müsse eine Wirtschaftspolitik realisiert werden, die der „Allgemeinheit, und besonders den wirtschaftlich Schwächeren, Schutz und Sicherheit vor der Willkür und den Ansprüchen einzelner wirtschaftlich Starker einigermaßen gewährleistet". Voraussetzung dafür ist einerseits die ständige wirtschaftliche Expansion, andererseits eine möglichst gleichförmige und gerechte Verteilung des Sozialprodukts. Freilich seien den ökonomischen Reglementierungen und staatlichen Interventionen „bei der Kompliziertheit des modernen Wirtschaftslebens" enge, gleichsam natürliche Grenzen gesetzt, deren Überschreitung notwendig gegenteilige Effekte nach sich ziehen müssten. Hier das „richtige Maß" zu finden und eine entsprechende Balance zwischen den konfligierenden gesellschaftlichen Interessenslagen herzustellen, sei demnach das eigentliche Ziel einer (Wirtschafts-)Politik, der es „um die materiellen Grundlagen des gesamten Volkes ebenso wie um seinen sozialen und kulturellen Fortschritt" zu tun ist.

Karl Waldbrunner hat damit, aus der programmatischen Sicht des Verstaatlichten-Ministers, zentrale Momente einer emergenten, in den frühen 1950er-Jahren bereits deutlich konturierten Organisationsform des Wirtschaftslebens und entsprechender wirtschaftspolitischer Prinzipien formuliert, die wir seitdem als *fordistische Regulation* anzusprechen gewohnt sind. Die umfassende Etablierung sozialer Sicherheit, Planungseingriffe seitens des regulierenden Staates (bei grundsätzlicher Akzeptanz marktwirtschaftlich-kapitalistischer Formen durch alle relevanten gesellschaftlichen Kräfte) sowie kontinuierliches Wirtschafts- und Beschäftigungswachstum sind signifikante Merkmale eines *Akkumulationsregimes*, das sich insgesamt durch Massenproduktion und, erstmals in der Geschichte, Massenkonsumption standardisierter Güter und Dienstleistungen ebenso wie durch weitgehende Normierung von Arbeitsorganisation und Arbeitsabläufen auszeichnet. Andererseits kann der *Fordismus* als qualitativ neue Vergesellschaftsform gelten, die ein umfassendes soziales Regelwerk, ein komplexes Ensemble von lebensweltlichen Praxen, Sozialbeziehungen und Formen der Reproduktion impliziert.

Fordismus – ein universelles Modell?

Tatsächlich hatte sich nach dem Zweiten Weltkrieg ein Akkumulationsregime herausgebildet, das eine einzigartige Wachstumskonstellation, eine beispiellos kontinuierliche und gleichmäßig verlaufende Expansionsphase des Kapitalismus etablierte und, bei all seinen unterschiedlichen lokalen und nationalen Ausdifferenzierungen, in den westlichen Industrieländern hegemonialen Status erlangte. Heutzutage assoziieren wir mit dieser Konstellation ein Produktions- und Regulationssystem, das zugleich Wachstums- und Profitraten, wohlfahrtsstaatliche Strukturen, Vollbeschäftigung und gesamtgesellschaftlichen Konsens herzustellen imstande war. Für Europa verbinden wir damit in erster Linie den Nachkriegsboom des Wiederaufbaus und des Wirtschaftswunders, eine gut drei Jahrzehnte währende, durch die politisch-kulturelle 68er-Revolte nur kurz, wenn auch heftig irritierte Phase der Prosperität, Stabilität und des gesellschaftlichen Interessensausgleichs. Den Maximen einer technisch-bürokratischen Rationalität entsprechend, folgte dieses Akkumulationsregime spezifischen Logiken: jenen der Größe, der metrischen Zeit, der Hierarchie.

Es ist zugleich aber mehr und bezeichnet ein umfassendes *soziales* Regulationssystem, eine Gesamtheit von Lebenszusammenhängen, ein komplexes Ensemble von Alltags- und Sozialbeziehungen, Arbeits- und Produktionsweisen. Dieses Ensemble impliziert eine neue Ästhetik, die strikte Orientierung an der technokratischen Moderne, einen stabilen Wertekanon ebenso wie die Schaffung der Rahmenbedingungen für die (möglichst umfassende) Konsumation standardisierter Massengüter sowie eine dementsprechende Herausbildung weitgehend homogener, gleichförmiger Lebensstile. Als sein Motor sollte sich die umfassende Umstrukturierung der Beschäftigungsverhältnisse im Zuge der Verallgemeinerung der Lohnarbeit und eine sozio-professionelle, streng hierarchisierte Gliederung und Schichtung der Arbeitskraft erweisen. Parallel zur tendenziellen Verallgemeinerung der Lohnarbeit (und der damit verbundenen Integration von ehedem an der Peripherie des Kapitalismus angesiedelten Schichten) verläuft der Aufstieg von hoch bürokratisierten Großunternehmen, öffentlichen Einrichtungen zur Verwaltung der kollektiven Infrastruktur sowie der Institutionen der Sozialbürokratie und der Kapitalzirkulation. Die hierarchische Schichtung, die diese Unternehmen und Institutionen gemäß ihrer bürokratisch-rationalen Eigenlogik unter ihren Arbeitnehmern herstellten, schuf sowohl eine Homogenisierung in den Verhaltensweisen als auch neue soziale/kulturelle Identifikationen und Zugehörigkeiten. Die bürokratische Rationalität definiert den Rahmen und die Gesetze dieser Zugehörigkeit: regelmäßiges Einkommen, Beschäftigungssicherheit und -kontinuität, Aufstiegsmobilität und Lebensarbeitszeit.[3]

3 Eine umfassende Analyse aus makroökonomischer Sicht bietet David Harvey, The Condition of Postmodernity. An Enquiry into the Origins of Cultural Change, Cambridge MA/Oxford 2000 [1990], 125 ff.

Der Regulationsmodus dieses Akkumulationsregimes wird üblicherweise als *Fordismus* bezeichnet. Die Marktmechanismen – so der allgemeine, aus den Erfahrungen der 1930er-Jahre hergeleitete Konsens – hatten durch soziale Vermittlungen ergänzt, gesteuert oder, wo nötig, auch ersetzt zu werden. Die Dynamik des Kapitals ist in dieser durch die Erinnerungslast der Großen Depression begründeten Sichtweise ebenso sehr gigantische Produktivkraft wie zugleich blinde Macht. Sie ermangelt sowohl des Prinzips der Selbstbeschränkung wie einer Orientierung, die die fiktive Annahme einer immerwährenden Akkumulation Realität werden lassen könnte. Oder anders ausgedrückt, die Dynamik des Kapitals vermag aus sich heraus menschliche Energien in Bewegung zu setzen und in Wachstum zu transformieren, nicht jedoch aus widersprüchlichen und konfliktgeladenen Einzelinteressen einen Gesamtzusammenhang herzustellen. Um die Dynamiken der kapitalistischen Eigenbewegung zu steuern und die Produktivkräfte in geregelte Bahnen zu lenken, muss der Kapitalismus, seinem innersten Wesen nach ebenso sehr Schöpfer wie Zerstörer, in restringierende Strukturen eingebettet werden. Diese gehen aus der Einrichtung gesellschaftlicher Institutionen hervor, die ihrerseits durch einen soziokulturell sanktionierten Wertekanon legitimiert sind. In diesem Sinn sind Arbeitsrecht, kollektivvertragliche Lohnvereinbarungen, soziale Transferleistungen etc. *institutionalisierte Kompromisse*. Sie entstehen nicht aus einer spontanen Bewegung des Kapitals, sondern aus einer Institutionalisierung des Lohnverhältnisses. Der fordistische Regulationsmodus ist demnach das Ergebnis der Institutionalisierung von ökonomischen Beziehungen.

Die Akkumulation des Kapitals wird aber auch in einem allgemeineren Sinn reguliert, nämlich durch die mit der vollen Ausbildung der Arbeitsgesellschaft einhergehende Integration der Arbeiterschaft in das Innerste der Zirkulation, was als eine duale Bewegung, als Folge einer doppelten Mobilität zu sehen ist: jene der Arbeitnehmer selbst und jene ihrer Konsumweisen. Durch die umfassende Integration der Lohnarbeiterschaft und die Eroberung sozialer Rechte wurden ebenso (Massen-)Märkte geöffnet wie der Zugang zu produzierten Gütern hergestellt. Dies mündet in eine folgenreiche historische Ironie: In seiner Gesamtheit wird nunmehr das Kapital (nicht zuletzt zur Realisierung monetärer Profite) von den Märkten des Massenkonsums der Lohnarbeitenden abhängig.[4]

Nun hatten sich insbesondere in Kontinentaleuropa innerhalb dieses in seinen Grundzügen unbestrittenen Kontextes doch recht deutlich abweichende ökonomische und politische Kulturen in einer Vielzahl von lokalen Ausdifferenzierungen entwickelt. Das wohlfahrtsstaatliche Modell der skandinavischen Sozialdemokratie etwa rückte den Staat als sozusagen dritten Vermittler in das Zentrum einer

4 Die hier referierten „leading and organizing principles" eines gleichsam ideellen (somit stark am amerikanischen Modell orientierten) Fordismus/Keynesianismus werden vor allem von der um Michel Aglietta und Alain Lipietz gruppierten französischen Schule der Regulation beschrieben und analysiert. Vgl. Michel Aglietta, Ein neues Akkumulationsregime. Die Regulationstheorie auf dem Prüfstand, Hamburg 2000; Ders., A Theory of Capitalist Regulation, London 1979; Jacques Donzelot/Denis Meuret/Peter Miller/Nikolas Rose, Zur Genealogie der Regulation. Anschlüsse an Michel Foucault, Mainz 1994; sowie Robert Boyer/Yves Saillard (Hrsg.), Regulation Theory. The State of the Art, London/New York 1995.

auf Kollektivvertragsverhandlungen basierenden Regulation der Einkommen. Das westdeutsche, in gewisser Hinsicht auch das (nord-)italienische Modell einer sozial abgefederten Marktwirtschaft zielte auf die Stärkung von Mittelbetrieben und eine enge regionale Kooperation von öffentlichem und privatem Sektor. Der österreichische Weg einer *Mischökonomie* aus verstaatlichtem Grundstoffsektor und privater, kleinteilig organisierter Konsumgüterproduktion forcierte, nach einer Phase des über Lohn-/Preisabkommen staatlich verordneten Zwangssparens, eine mit fordistischen Elementen durchsetzte Politik des wirtschaftlichen und sozialen Korporationismus und der Institutionalisierung gesellschaftlichen Interessensausgleichs in Form der *Sozialpartnerschaft*.[5] Wie unterschiedlich die regionalen Ausprägungen fordistischer Regulation aber immer auch gewesen sein mögen, so sind ihnen doch einige zentrale Bestimmungsmerkmale gemein. Der eigentliche Kern der Regulation verweist auf ein überregionales, grundlegendes Prinzip, nämlich die Herstellung einer Kohärenz zwischen expansiver Produktivität, Realisierung von Surplus-Profiten, Steigerung der Realeinkommen und Stabilität ihrer Verteilung. Darin, in der Erzielung sozial verträglicher Kompromisse zwischen antagonistischen, gleichwohl unlöslich aneinander gebundenen Kräften, erwies sich die eigentliche Effizienz fordistischer Regulation. Die sukzessive Anhebung des Lebensstandards der Lohnarbeitenden sollte sich als kompatibel mit der Beständigkeit der Profitrate, mit einer regelmäßigen Kapitalakkumulation erweisen.

Dazu tritt ein weiteres Moment, das hohes Investitionsniveau, allgemeine Ausweitung der Beschäftigung, Stabilität der Beschäftigungsstrukturen sowie niedrige Arbeitslosigkeit inkludiert und letztlich der Dynamik der Nachfrage geschuldet ist. Die tendenzielle Umverteilung der Erträge, der Produktivitätsfortschritte resultierte in Massenkonsum und endogenem Wachstum. Dies hat den technischen Fortschritt beschleunigt, ihm Antrieb, Orientierung und Regelmäßigkeit gegeben. Eine dynamische Wechselwirkung zwischen gesellschaftlicher Nachfrage und technischem Fortschritt garantiert dieses langfristig währende Wachstum und begründet die eigentümliche Widerstandsfähigkeit des Akkumulationsregimes gegenüber Rezessionen und konjunkturellen Einbrüchen. Aufgabe des (intervenierenden) Staates war es, die Konjunktur so nahe wie möglich am Vollbeschäftigungsniveau zu regulieren. Die Wirtschaftspolitik sah ihre Aufgabe in der Herstellung und Aufbereitung der allgemeinen Rahmenbedingungen für die Gesamtheit der ökonomischen Akteure sowie in der Verbesserung der Kalkulierbarkeit jenes Umfeldes, in dem diese Akteure tätig wurden: Einrichtung der allgemeinen Produktionsgrundlagen, flankierende Maßnahmen zur Akzeleration des technischen Fortschritts, Minimierung kollektiver Risiken im Finanzsektor, Beförderung der Einkommensgerechtigkeit. Letzteres wird zum symbolischen Leitmotiv, zur konstitutiven Dimension und zum zentralen

5 Zu dieser spezifisch österreichischen Form des gesellschaftlichen Interessenausgleichs siehe Heinz Kienzl (Hrsg.), Wirtschafts- und Sozialpartnerschaft. Gestern – heute – morgen, Wien 2005; sowie Ferdinand Karlhofer/Emmerich Tálos (Hrsg.), Zukunft der Sozialpartnerschaft, Wien 1999; vgl. auch Alois Guger, Corporatism: Success or Failure? Austrian Experiences, in: Jukka Pekkarinen/Matti Pohjola/Bob Rawthorn (Hrsg.), Social Corporatism: A Superior Economic System?, Oxford 1992, 338–362.

Topos fordistischer Regulation. Indem soziale wie kulturelle Ausgrenzung minimiert werden, stellt sich eine breite Identifizierung mit dem „Gemeinwesen“ ebenso her wie eine nachhaltige Bindung an die Logiken der kapitalistischen Ökonomie. Die breite Streuung der Einkommen und eine (wenn auch unvollkommene und asymmetrische) Gleichförmigkeit in ihrer Verteilung fördert die Entwicklung von Märkten des Massenkonsums und begünstigt dieserart eine umfassende Modernisierung der Lebens- und Arbeitsweisen, einen tiefgreifenden Wandel kultureller Praktiken.[6]

Wirtschaftswunder

Der wirtschaftliche Wiederaufbau nahm seinen Ausgang von einem absoluten Tiefstand der industriellen und der gewerblichen Produktion. Noch im August 1946 hatte etwa, nach Erhebungen des Instituts für Wirtschaftsforschung, ein Viertel der 1.600 Wiener Betriebe die Produktion nicht aufgenommen, weitere 46 Prozent konnten ihre Kapazitäten bloß zur Hälfte ausschöpfen. Die offiziellen Zuteilungen vermochten 1945/46 gerade einmal ein Drittel des aktuellen Versorgungsbedarfs der Wiener Haushalte abzudecken.[7] Im Frühjahr 1946 brachen infolge der Ernährungskrise soziale Unruhen aus. Die Energiekrise des folgenden Winters zeitigte verheerende Folgen, die über das gesamte Jahr 1947 die industrielle Produktion des Landes – die lediglich 55 Prozent des Vergleichswerts von 1937 erreichte – ernsthaft gefährdeten.[8] Die Kriegsschäden hatten in den östlichen Landesteilen noch dramatischere Dimensionen angenommen als im Westen. Das industrielle Zentrum Wiener Neustadt war zur Gänze zerstört, die urbane und ökonomische Infrastruktur Wiens massiv getroffen worden.[9] Verschärft wurde die Situation durch Demontage

6 Vgl. Wolfgang Maderthaner, Mangelökonomie und fordistische Rekonstruktion: Wien im Wiederaufbau, in: Ders., Kultur Macht Geschichte. Studien zur Wiener Stadtkultur im 19. und 20. Jahrhundert, Wien 2005, 247–259, 250–251.

7 Gerhard Meißl, Ökonomie und Urbanität. Zur wirtschafts- und sozialpolitischen Entwicklung im 20. Jahrhundert und zu Beginn des 21. Jahrhunderts, in: Peter Csendes/Ferdinand Opll (Hrsg.), Wien. Geschichte einer Stadt. Band 3: Von 1790 bis zur Gegenwart, Wien/Köln/Weimar 2006, 651–737, 667.

8 Fritz Weber, Wiederaufbau zwischen Ost und West, in: Reinhard Sieder/Heinz Steinert/Emmerich Tálos (Hrsg.), Österreich 1945–1995. Gesellschaft, Politik, Kultur, Wien 1995, 68–79, 76. Das Vergleichsjahr 1937 war ein ausgesprochenes Krisenjahr. Selbst gegenüber dem absoluten Konjunkturtiefpunkt 1933 muss von einem drastischen Rückgang des Konsumniveaus ausgegangen werden. Die Löhne beispielsweise in der Wiener Metallindustrie waren gegenüber 1931 zwischen 5 und 10 %, im Baugewerbe um durchschnittlich 30 % gefallen. Das Masseneinkommen unterschritt mithin das Niveau von 1913, das Bruttoinlandsprodukt lag bei nur 91 % dieses Jahres. Zur Wirtschaftspolitik des autoritären Staates insgesamt siehe Gerhard Senft, Im Vorfeld der Katastrophe. Die Wirtschaftspolitik des Ständestaates. Österreich 1934–1938, Wien 2002.

9 Maderthaner, Mangelökonomie (wie Fn. 6), 252. Durch die Kampfhandlungen hatte Wien ein Viertel seiner Bausubstanz verloren, 90.000 Wohnungen waren zerstört, 270.000 Menschen obdachlos geworden. Gas- und Stromerzeugung waren zum Erliegen gekommen, die Kanalisation war nahezu vernichtet, die beinahe 2.000 km des Rohrnetzes der Wasserversorgung wiesen 3.500 Volltreffer und 4.000 sonstige Leitungsschäden auf. Neben den Produktionsanlagen waren auch die Verkehrsbetriebe, die die Hälfte ihres Wagenparks eingebüßt hatten, funktionsunfähig. Alle sieben Bahnhöfe waren ausgebrannt, die Gleise von Bomben zerstört, Waggons und Lokomotiven zersplittert und verkohlt, die Hauptwerkstätten Simmering und Floridsdorf bloße Ruinen. 15 Donau- und Donaukanalbrücken waren gesprengt. Neues Leben war akut gefährdet: Im Herbst des Jahres 1945 starben von 1.000 Lebendgeburten 192.

von noch intakten Produktionsanlagen und den Abtransport von Rohstoffen und Halbfertigwaren (deren Wert dem der gesamten Warenausfuhr Österreichs im Jahr 1937 entsprach), wofür die russische Besatzungsmacht verantwortlich zeichnete. Es fehlte an Nahrungs- und Transportmitteln, an Rohstoffen, Energie, Wasser und Wohnraum. Wien und Niederösterreich hatten 60 Prozent der Kapazität im Eisen- und Stahlbau sowie 70 Prozent in der Maschinenbauindustrie eingebüßt.[10]

Ein Jahrzehnt später hatte Wien seine traditionelle Rolle als Produktions- und ökonomisches Steuerzentrum wiedererlangt; die Wiener und mit ihr die gesamtösterreichische Wirtschaft befand sich in einer Phase eines stürmischen Booms. Wirtschaftsplanerische und sozialpolitische Maßnahmen sowie internationale Finanzhilfe in Gestalt des European Recovery Programs (Marshallplan) zeichneten dafür verantwortlich, dass bereits Anfang der 1950er-Jahre an das Wirtschafts- und Wohlfahrtsniveau der Zeit unmittelbar vor dem Ersten Weltkrieg angeschlossen werden konnte. 1949 überschritt das Bruttonationalprodukt erstmals und dauerhaft die Werte von 1913 respektive 1937. Der für 1937 mit 100 angenommene Gesamtindex der österreichischen Industrieproduktion betrug 1954 im Jahresdurchschnitt 193,7, der Produktionsindex der Eisenhütten lag bei 263,5, der der Metallhütten bei 589,6.[11]

Die Verstaatlichung der Grundstoff- und Schwerindustrie sowie der Energieunternehmen sollte nicht nur drohenden Enteignungen durch die Alliierten vorbeugen, sondern auch Klein- und Mittelbetriebe mit kostengünstigen Vorprodukten beliefern und dieserart marktstimulierend wirken. Die Lenkung der verstaatlichten Industrie wie auch die Zuteilung öffentlicher Finanzhilfen und Subventionen wurden durch Partei- und Staatseliten quer durch die politisch-ideologischen Lager vorgenommen. Bis 1955 waren mehr als 10 Milliarden Schilling investiert worden; etwa 40 Prozent dieser Mittel kamen aus Krediten, die einem Fonds der Schillingerlöse aus der Marshall-Hilfe entnommen und von einer staatlichen Kommission zentral verteilt wurden. In Verstaatlichte, Wasserkraftwerke und Eisenbahnen flossen insgesamt 60 Prozent aller Marshallplan-Mittel (die insgesamt die Kosten der reparationsähnlichen Leistungen an die Sowjetunion jedenfalls kompensierten); damit war eine von beiden Seiten forcierte „Wirtschaftsplanung“ und die Bevorzugung des Investitionsgütersektors gegenüber dem Konsumgütersektor ebenso festgeschrieben wie eine bereits durch den Nationalsozialismus initiierte industrielle Schwerpunktverlagerung in den Westen des Landes.[12]

Die 1950er-Jahre waren so durch eine über diese Lager hinweg konsensuale, angebotsorientierte und nachfragestimulierende, mithin „keynesianistische“ Wirtschaftspolitik gekennzeichnet, eine Politik der öffentlichen Investitionen, der Förderungen von Kreditmaßnahmen und Exportwirtschaft (u.a. Exportrisikohaftung 1954,

10 Weber, Wiederaufbau (wie Fn. 8), 74.
11 Waldbrunner, Die verstaatlichte Industrie (wie Fn. 2), 285.
12 Weber, Wiederaufbau (wie Fn. 8), 77.

Exportfinanzierungssystem ab 1960) bei gleichzeitiger, von den Gewerkschaften als wirtschaftliche Notwendigkeit akzeptierter Lohnzurückhaltung. Erstmals legte der Staat mehrjährige Investitionsprogramme zur Konjunkturbeschleunigung und Stabilisierung des Vollbeschäftigungsniveaus auf. Durch die Gewährung zinsenfreier Steuerkredite für Unternehmen wurden direkte Investitionsbegünstigungen geschaffen und weitere Wachstumsimpulse gesetzt. Flankierende Steuerreformen hatten das Ziel, die kleinen Einkommen und damit die Konsumfähigkeit breiter Arbeitnehmerschichten anzuheben sowie Kleinbetrieben durch Senkung der Gewerbesteuer höhere Gewinnspannen zu garantieren.[13]

Ab 1953 lag das durchschnittliche jährliche BNP deutlich über dem Schnitt der europäischen OECD-Staaten, von 1953 bis 1962 wuchs das reale Bruttoinlandsprodukt um 70,4 Prozent, 1960 war das BIP beinahe doppelt so hoch wie 1913.[14] Diese außergewöhnliche, im Rahmen der OECD nur von Deutschland übertroffene Wirtschaftsdynamik lief parallel mit einer bislang ungekannten Expansion des Sozialen. In seinem 1998 erschienenen Essay „The Corrosion of Character“[15] argumentiert Richard Sennett, die fordistische Moderne sei im Wesentlichen dadurch gekennzeichnet, dass sie die Menschen in klar definierte, bürokratisch-rationale Strukturen eingebunden habe. Das Leben sei so kalkulierbar und verständlich geworden, die Menschen hätten das Gefühl gehabt, „Autor“ ihres Lebens zu sein, und daraus ein hohes Maß an Selbstwert und Identität abgeleitet. Eben solchen Logiken folgten die Sozialpolitik und die Implementierung breit gestreuter sozialer Sicherheit. Referenzpunkt sozialstaatlicher Sicherung ist das nunmehr zur Norm gewordene, vollzeitliche, kontinuierliche, arbeits- und sozialrechtlich erfasste „Normalarbeitsverhältnis“; ihre Basis sind Vollbeschäftigung, permanentes Wirtschaftswachstum, Währungs- und Preisstabilität, vermittelt und verstetigt im Wege der Mechanismen der Sozialpartnerschaft.[16]

In der Tat konnte, in Analogie zur (west-)deutschen Entwicklung, von einem Wirtschaftswunder gesprochen werden, das die Lebenszusammenhänge und die Lebensvollzüge immer breiterer Schichten zu erfassen und zu strukturieren begann. Dessen Ausgangspunkt und Voraussetzung war eine *Ökonomie des Mangels* und des Überlebens, der schieren Subsistenzsicherung gewesen. Diese Ökonomie des Mangels korrelierte, für die Rekonstruktion von Wirtschaft und Gesellschaft von ebensolcher Signifikanz, mit einer Politik der Amnesie. Im Zuge der Neubestimmung

---

13 Felix Butschek, Vom Staatsvertrag zur Europäischen Union. Österreichische Wirtschaftsgeschichte von 1955 bis zur Gegenwart, Wien/Köln/Weimar 2004, 38 ff.

14 Ebd., 29; Fritz Weber, „Erbe“ des Nationalsozialismus, Wiederaufbau und wirtschaftspolitischer Diskurs in Österreich 1945–1955, in: Susanne Kirchner/Fritz Weber (Hrsg.), Die ersten 10 Jahre. Der gesellschafts- und wirtschaftpolitische Diskurs in der Besatzungszeit, Wien 2005, 13–20, 15.

15 Richard Sennett, The Corrosion of Character. The Personal Consequences of Work in New Capitalism, New York 1998.

16 Emmerich Tálos, Vom Siegeszug zum Rückzug. Sozialstaat Österreich 1945–2005, Innsbruck/Wien/Bozen 2005, 20–25. Das ASVG von 1955, das die bisherige sozialpolitische Entwicklung kodifizierte und die volle, d.h. die pflichtgemäße Kranken-, Unfall- und Pensionsversicherung aller unselbstständig Erwerbstätigen vorsah, geht ganz in diesem Sinn von 45 Beitragsjahren bis zum regulären Pensionsantritt aus.

der österreichischen Identität als „erstes Opfer" des Faschismus wurde dessen terroristische, mörderische Dimension aus dem öffentlichen Bewusstsein verdrängt, blieb allerdings subkutan virulent und konfigurierte eine politikskeptische und auf das Hier und Jetzt reduzierte Arbeits- und Alltagskultur. An die traumatischen Leerstellen des Verdrängten wurden Konsumwünsche und -sehnsüchte gesetzt: Ansatzpunkt für die Entwicklung einer breitenwirksamen Konsum- und Warenkultur im Gefolge einer Politik der staatlichen Regulation, ökonomischen Planung und sozialen Kooperation. Zu ihrer vollen Ausbildung gelangte eine fordistisch organisierte und regulierte Wohlfahrtsstaatlichkeit schließlich in der Ära Kreisky.[17]

Man wird die kreiskysche Moderne und die in ihr angelegten politischen und kulturellen Potenziale nur dann kritisch würdigen können, wenn man ihre Logik in den Kontext tendenziell global wirksamer Regimes ökonomischer Regulation stellt und darin den Begriff des Politischen zu verorten versucht. Das Spezifische am österreichischen Fordismus/Keynesianismus ist allerdings der Umstand, dass er seine eigentliche Blüte erst nach der weltweiten Energie- und Finanzkrise von 1973/74 erreicht, zu einer Zeit also, da dieses spezifische Akkumulationsmodell in seinem internationalen Kontext bereits massiv erschüttert ist. Ironischerweise kommt die österreichische Variante des Fordismus – also die Strategie, dessen weltweite Krise eben durch fordistische Mittel zu bekämpfen – erst dadurch zu ihrer vollen Entfaltung (wie auch zu ihrem zeitverzögerten Ende in den 1980er-Jahren). Diese Ironie hat freilich eine materielle Basis, die unausgeschöpften Modernisierungspotenziale der österreichischen Wirtschaft. Diese nachholende wirtschaftliche Modernisierung korreliert mit einem gesellschaftspolitischen Reformschub und erhält eben von dort ihre politisch-kulturelle Legitimation. Die damit bewirkte kontingente Engführung von Wirtschaft, Politik und Kultur verdichtet sich zu einer Konstellation, die – international beachtet – als *österreichischer Weg* für ein Jahrzehnt hegemonialen Status erreicht.

17 Vgl. Wolfgang Maderthaner/Siegfried Mattl/Lutz Musner/Otto Penz, Die Ära Kreisky und die Folgen. Fordismus und Postfordismus in Österreich, Wien 2006.

Susanne Dermutz

Sozialdemokratische Bildungspolitik

in den ersten Jahrzehnten der Zweiten Republik

Karl Waldbrunner war als SPÖ-Minister für Verkehr und Elektrizitätswirtschaft und als Präsident des Bundes Sozialistischer Akademiker Mitglied des Verhandlungskomitees für die 1962 verabschiedeten Schulgesetze. Dieses „Schulgesetzwerk" (ein in sich geschlossenes System von acht Gesetzen) bildet nach wie vor die rechtliche Basis und die grundlegende Struktur für das Bildungswesen[1] in der Zweiten Republik. Gleichzeitig mit den Schulgesetzen wurde 1962 das Verhältnis Schule-Kirche-Staat mit dem Konkordat geregelt und mit der Verfassungs-Novellierung die Zentralisierung der Schulgesetzgebung beim Bund sowie die Zweidrittelmehrheits-Bindung für Schulgesetze beschlossen. Alle diese Gesetze hängen zusammen und sind an die geänderte Position der SPÖ zur Kirche, an das Abgehen der SPÖ von ihrer essenziellen Forderung nach Einführung der Gesamtschule[2] und an das SPÖ-Interesse an der Institutionalisierung der Kompromiss-Politik geknüpft.

Meine These lautet: Für die Bildungspolitik der Zweiten Republik ist mit diesen Gesetzes-Beschlüssen 1962 der Rahmen eingegrenzt worden, in dem wesentliche Entwicklungen und Entscheidungen möglich sind. Dem Ergebnis der Bildungspolitik ab Mitte bzw. Ende der 1950er-Jahre bis 1962 kommt deshalb bis heute eine hohe Bedeutung zu, auch für die Bildungspolitik der SPÖ in der gesamten Zweiten Republik. Die Muster der Entscheidungsfindung und die Konservierung des traditionell hierarchisch gegliederten Schulwesens sind 1962 grundgelegt und in den folgenden Jahrzehnten ausgeformt worden.

Mit den 1962 beschlossenen, in eineinhalbjährigen Parteienverhandlungen erarbeiteten Schul-Gesetzen wurde die erste Phase der gesetzlich ungeregelten Verhältnisse des österreichischen Schulwesens beendet – allerdings erst 17 Jahre nach dem Beginn der Zweiten Republik und 7 Jahre nach dem Staatsvertrag. Diese überaus lange Zeit, die für die (Wieder-)Herstellung verbindlicher gesetzlicher Grundlagen sowie für die organisatorische (Neu-)Gestaltung des Schulwesens beansprucht wurde, hatte mit den aus der Ersten Republik stammenden bildungspolitischen Gegensätzen zwischen den beiden Lagern SPÖ und ÖVP zu tun und mit der machtvollen Position der katholischen Kirche in Schulfragen. Erst die Änderung des Schulprogramms der SPÖ Mitte der 1950er-Jahre und die Annäherung zwischen SPÖ und katholischer Kirche haben die massiven Gegensätze aufgelockert und ein konsensuales Klima für die Schulgesetze 1962 vorbereitet.

1 Mit Ausnahme der Universitäten und des landwirtschaftlichen Schulwesens.

2 Die Bezeichnungen für die gemeinsame Schule der Sekundarstufe I variieren: „Einheitsschule", später „Mittelschule", „einheitliche" oder „neue Mittelschule", „gemeinsame Schule der 10- bis 14- bzw. 15-Jährigen" und „Gesamtschule". Ich verwende in diesem Artikel die gegenwärtig im deutschen Sprachraum verwendete Bezeichnung „Gesamtschule"; auch, um nicht zu verwirren, denn „Mittelschule" wurde bis 1962 die heutige allgemeinbildende höhere Schule (AHS) genannt.

Ich konzentriere meine Ausführungen auf diese zwei Phasen der Bildungspolitik, die etwa zehnjährige Pattstellung und die Entwicklungen bis zur Verabschiedung der Gesetze des Jahres 1962. Ins Zentrum der Argumentation stelle ich erstens die Institutionalisierung der „Bildungspartnerschaft“[3], an deren Zustandekommen die SPÖ wesentlichen Anteil hatte, und zweitens das differenzierte Schulsystem der Sekundarstufe I. Abschließend verweise ich auf deren Verfestigung während der SPÖ-Alleinregierung.

Zwei Phasen der Bildungspolitik: von unvereinbaren Gegensätzen zum „gütlichen Einvernehmen“

1. Phase: Restauration und Gegenpositionen

Nach dem Kriegsende stand die Restaurierung der österreichischen Schulen im Zentrum. Für die Wiederaufnahme des Unterrichts waren die LehrerInnen vor Ort initiativ geworden, die räumliche wie materielle Situation war katastrophal. Die Hauptverantwortung für den Wiederaufbau lag wegen der unterschiedlichen bildungspolitischen Auffassungen sowohl der Landespolitiker wie der Besatzungsmächte bei den Ländern. Das Schulsystem der austrofaschistischen Diktaturperiode konnte sich in dieser ersten Phase in beträchtlichem Ausmaß halten, trotz Kundmachungen und Teillösungen des Unterrichtsministeriums. Eine gesetzliche Regelung war vordringlich, denn die Rechtsunsicherheit war mehr als verwirrend.

Diese erste Phase der Bildungspolitik war ab 1945 bis zur Mitte bzw. dem Ende der 1950er-Jahre von einer starken ideologischen Polarisierung in zwei Lager (ÖVP, Kirche, katholische LehrerInnen und SPÖ, ÖGB, sozialistische LehrerInnen) bestimmt, die auf den traditionellen Gegensätzen der Ersten Republik basierten. Diese betrafen die Subventionierung der katholischen Privatschulen, die Ausbildung der LehrerInnen, das gegliederte oder einheitliche Schulsystem in der Sekundarstufe I und die Koedukation. Die Polarisierung dominierte die Parteienverhandlungen ab 1945/46 sowie die 1948 veröffentlichten Gesetzesentwürfe und hielt bis Ende der 1950er-Jahre an.

2. Phase: von der Annäherung zum Kompromiss 1962

Die SPÖ änderte ab Mitte der 1950er-Jahre ihre Taktik und Programmatik und leitete den Wandel von der „Klassen- zur Volkspartei“[4] ein. Für die Auflockerung der bildungspolitischen Gegenpositionen war der Verzicht der SPÖ auf die Forderungen nach Einführung der „Allgemeinen Mittelschule“ (= Gesamtschule) und auf die LehrerInnen-Bildung an Hochschulen bedeutsam. Statt der Gesamtschule wurde im Schulprogramm 1955 und im Parteiprogramm 1958 die „differenzierte Organisation

3 Vgl. Susanne Dermutz, Bildungspartnerschaft. Historische Entwicklung und Merkmale des bildungspolitischen Systems in Österreich, in: Österreichische Zeitschrift für Politikwissenschaft (1983) 1, 19–33 und Susanne Dermutz, Der österreichische Weg: Schulreform und Bildungspolitik in der Zweiten Republik, Wien 1983.

4 Kurt Skalnik, Parteien, in: Erika Weinzierl/Kurt Skalnik (Hrsg.), Österreich. Die Zweite Republik. Band 2, Graz/Wien/Köln 1972, 197–228, 218.

der Mittelstufe“ mit der „Förderung des Mittelschulstudiums begabter Kinder durch öffentliche Stipendien“ gefordert.[5] Mit der beginnenden Ausrichtung der SPÖ als Volkspartei bahnte sich eine geänderte Einstellung zur katholischen Kirche und zur Gültigkeit des Konkordats von 1933 an. Nach den Nationalratswahlen 1959 wurde die SPÖ zur stimmenstärksten und nur aufgrund der Wahlarithmetik nicht zur mandatsstärksten Partei. Innerhalb der ÖVP gelangten die Eliten zur Erkenntnis, dass eine uneingeschränkte Durchsetzung ihrer bildungspolitischen Forderungen wegen der parlamentarischen Mehrheitsverhältnisse nicht möglich sei.[6]

Mit dem Aufgeben der bildungspolitischen Gegenpositionen der SPÖ, ihrer Annäherung an die katholische Kirche und der Kompromissbereitschaft der ÖVP war die zweite Phase der Bildungspolitik eingeleitet. Dieser Periode kommt wegen der Ausbildung der grundlegenden Merkmale der Bildungspolitik sowie des Schulsystems eine sehr große Bedeutung für Form und Inhalt künftiger Entscheidungsfindungen zu.

Erstens zeigt sich die bildungspolitisch machtvolle Stellung der katholischen Kirche, mit der die SPÖ in der Zweiten Republik noch öfters Einigung oder Übereinstimmung erzielen sollte, um (bildungs-)politische Entscheidungen durchsetzen bzw. verabschieden zu können. (Kapitel II)

Zweitens wurde die während der gesamten Zweiten Republik charakteristische Konsenspolitik in Bildungsfragen entwickelt und sichergestellt. Sie ist unmittelbar vor der parlamentarischen Verabschiedung des Schulgesetzwerkes 1962 durch Abänderung der Bundesverfassung und Einführung der „Zweidrittelmehrheit“ für Schulgesetze institutionalisiert worden. Diese Konsenspolitik hat im System der Bildungspartnerschaft als das entscheidende Muster der Bildungspolitik der Zweiten Republik seine Ausformung gefunden. (Kapitel III und V)

Drittens ist die Tradierung des hierarchisch gegliederten Schulsystems in dieser zweiten Phase grundgelegt und konserviert (Kapitel IV) und darauf basierend in den 1970er-Jahren effektiviert (Kapitel V) worden.

Von den bildungspolitischen Gegensätzen der SPÖ mit der katholischen Kirche bis zum Kompromiss im Konkordat und den Schulgesetzen 1962

Das Konkordat von 1933 bestimmt, dass „das katholische Schulwesen in Österreich gefördert und damit auch die Voraussetzung für die Entwicklung der öffentlichen katholisch-konfessionellen Schule geschaffen werden soll“.[7] Diese Forderung wurde schon in der Ersten Republik von der SPÖ als Angriff auf die seit 1869/70 bestehende interkonfessionelle Ausrichtung des Schulwesens in den so genannten

5 SPÖ-Programm 1958, 25 und 26. Das Schulprogramm wurde am Parteitag 1955 als Teil des Kulturpolitischen Aktionsprogramms beschlossen und im Parteiprogramm 1958 übernommen.
6 Dermutz, Bildungspartnerschaft, 21 (wie Fn. 3).
7 Hermann Schnell, Bildungspolitik in der Zweiten Republik, Wien/Zürich 1993, 63.

„Simultanschulen" verstanden. Im Austrofaschismus wurde wegen der engen Verbindung des politischen Katholizismus mit dem Ständestaat die Zielsetzung der sittlich-religiösen (neben der vaterländischen und sozial-volkstreuen) Erziehung zum Gesetz, die Inhalte von der katholischen Kirche vorgegeben.[8]

Im Jahr 1952 forderten die österreichischen Bischöfe mit Bezug auf das Konkordat 1933 die Einrichtung öffentlicher katholisch-konfessioneller Schulen. Damit wurde eine langjährige bildungspolitische Kontroverse initiiert, die Thema vieler Schriften, Parteitagsreden und politischer Aktionen war.[9] Der SPÖ-Landeshauptmann-Stellvertreter Franz Popp z.B. warnte: „Wir müssen uns klar darüber sein, dass das die Zertrümmerung des öffentlichen Schulwesens (...), in Wirklichkeit den Kulturkampf in Permanenz bedeuten würde, die Aufspaltung der Jugend in der frühesten Kindheit nach Klassen, nach Religionen oder gar nach politischen Bekenntnissen."[10]

Mit dem beginnenden Wandel der SPÖ zur Volkspartei einerseits und andererseits mit der Anerkennung der Bemühungen des gemäßigten Sozialismus um eine sozialere Gesellschaftsordnung seitens der Kirche sowie deren Distanzierung vom politischen Katholizismus war eine Lockerung der Gegensätze zwischen SPÖ und Kirche eingeleitet worden. Nach Gesprächen mit Vertretern der Kirche signalisierte der SPÖ-Bildungspolitiker Max Neugebauer[11] auf dem SPÖ-Parteitag 1959 einen Kompromiss: „Solange die katholische Kirche die katholische Bekenntnisschule gefordert hat, waren wir Sozialisten gegen (...) jedwede Verhandlung. Heute steht man auf dem Standpunkt: keine Aufspaltung der Schule, aber dafür die konfessionellen Privatschulen mit staatlichen Mitteln subventionieren."[12]

Für die damals noch immer ausstehenden Regelungen des Schulwesens hatte die Verabschiedung des Konkordats 1960 große Wirkung. Gleich im Anschluss daran wurden Ende 1960 Parteienverhandlungen aufgenommen und ein Jahr später lag der Entwurf für ein Schulgesetz-Paket vor. Davon wurden jene Gesetze, die die katholische Kirche betrafen, laut Max Neugebauer „zum integrierenden Bestandteil".[13] Schließlich „musste zuerst das Verhältnis Kirche und Staat geregelt werden, denn die Kirche hat seit dem Gesetz 1868 großen Einfluss auf das private Schulwesen und saß gewissermaßen als dritter Partner am Verhandlungstisch".[14] Die Forderungen der katholischen Kirche konzentrierten sich auf die Sicherung des Rechts der Religionserteilung und des Religionsunterrichts als Pflichtfach in allen Schulen und auf die

8 Schnell, Bildungspolitik, 22 (wie Fn. 7).

9 Im Burgenland z.B. wurde für die Wiedereinführung der öffentlichen katholischen Schulen 1952 eine Unterschriftenaktion durchgeführt, die den „Schulkampf" steigerte. Schnell, Bildungspolitik, 63 (wie Fn. 7).

10 Ebd., 64.

11 SPÖ-NR-Abgeordneter 1945–1966, Präsident des Stadtschulrates Wien 1960–1969, Obmann der Kinderfreunde und des Sozialistischen LehrerInnenvereins.

12 Schnell, Bildungspolitik, 64 (wie Fn. 7).

13 Max Neugebauer, Schulwesen, in: Erika Weinzierl/Kurt Skalnik (Hrsg.), Österreich. Die Zweite Republik. Band 2, Graz/Wien/Köln 1972, 323–345, 331.

14 Ebd., 328.

staatliche Subventionierung der katholischen Privatschulen. Die bildungspolitischen Kontroversen um die Subventionierung der Privatschulen wurden mit dem Konkordat 1962 beendet. Den Forderungen der katholischen Kirche ist entsprochen worden: Die Kirche hat das Recht zur Erteilung von Religionsunterricht (ist Pflicht für alle katholischen SchülerInnen) an allen öffentlichen/mit Öffentlichkeitsrecht ausgestatteten Schulen, die Religionslehrer an öffentlichen Schulen bezahlt der Staat. Die Kirche hat das Recht zur Einrichtung und Führung von Schulen aller Art (Privatschulen mit Öffentlichkeitsrecht), 60 Prozent der 1961/62[15] erforderlichen LehrerInnen-Dienstposten werden vom Staat zugewiesen und bezahlt. Vertreter der katholischen Kirche haben das Recht zur Mitgliedschaft in den Kollegien der staatlichen Schulbehörden.[16] Damit wurde die letzte Hürde für die umfassende Regelung der Schulen ausgeräumt.

Mit dem Schulgesetzwerk 1962 blieben der katholischen Kirche nicht nur die alten LehrerInnen-Bildungsanstalten mit dem neu geschaffenen Schultyp der Musisch-pädagogischen Realgymnasien erhalten. Durch die Einrichtung von Pädagogischen Akademien ist die Zuständigkeit der Kirche für die LehrerInnen-Bildung auch auf den tertiären Bildungssektor ausgeweitet und von einer für die Gesamtschule erforderlichen einheitlichen LehrerInnen-Bildung Abstand genommen worden.

Institutionalisierung der Bildungspartnerschaft

Das Schulgesetzwerk 1962 ist eindeutig das Ergebnis des Ende 1960 konstituierten Parteienkomitees. Das parteipolitische Monopol der Eliten im Verhandlungs- und Entscheidungsprozess, an dem nur höchste Parteien-Vertreter beteiligt waren, und die Kompromissfindung waren einzigartig: „Insgesamt macht eine Analyse des Verlaufs dieser letzten Phase vor der schließlichen Neuordnung der österreichischen Schule deutlich, dass nicht neue pädagogische Konzepte, sondern pädagogisch verbrämte Forderungen partei- und gesellschaftspolitischer Art dem Kompromiss zugrunde lagen, Forderungen, die entsprechend der machtpolitischen Konstellationen gegeneinander ausgehandelt wurden."[17] Ein kurioses Beispiel dafür war die Verknüpfung der Positionen für oder gegen Koedukation mit der ein- oder zweiklassigen Hauptschule: Ob die Einteilung der SchülerInnen in die Klassenzüge vor oder nach der Trennung nach Geschlechtern erfolgen solle, führte zu stundenlang diskutierten Kontroversen und einer komplizierten gesetzlichen Regelung.[18] Die Kompromisse des Schulgesetzwerkes 1962 beruhen auf einem Austausch von Zugeständnissen der beiden Parteien und lassen kaum eine gemeinsame Suche nach optimalen Lösungen erkennen.[19]

15 Später wurde die Subventionierung auf 100 Prozent erhöht.
16 Schnell, Bildungspolitik, 66 (wie Fn 7).
17 Detlev Glowka, Schulreform und Gesellschaft in Österreich 1947–1972, in: Saul B. Robinsohn u.a., Schulreform im gesellschaftlichen Prozess. Band II, Stuttgart 1975, 303–423, 340.
18 Schnell, Bildungspolitik, 142 (wie Fn. 7).
19 Glowka, Schulreform, 340–342 (wie Fn. 17).

Deutlichen Kompromisscharakter tragen

- die Regelungen für das katholische Schulwesen: Statt den von der Kirche geforderten „öffentlichen katholisch-konfessionellen Schulen" sind die katholischen Privatschulen mit Öffentlichkeitsrecht bei staatlicher Subventionierung der erforderlichen LehrerInnen-Dienstposten eingerichtet und Vertreter der Kirche zu Mitgliedern der staatlichen Schulbehörden gemacht worden.

- das Konzept des Polytechnischen Lehrgangs: Die ÖVP wollte das neunte Pflichtschuljahr als 5. Schulstufe der Volksschule realisiert haben. Die SPÖ verlangte das neunte Pflichtschuljahr organisatorisch in die Pflichtschule integriert und inhaltlich am Ziel der Berufsvorbereitung ausgerichtet. Die SPÖ hat sich durchgesetzt, auch selbstständige „Polytechnische Lehrgänge" sind vorgesehen.

- die Zweizügigkeit der Hauptschule und die Koedukation: Die ÖVP setzte sich generell für eine einzügig geführte Hauptschule mit Geschlechter-getrenntem Unterricht ein. Die ÖVP gab der SPÖ-Forderung nach zweizügigen Hauptschulen nach, nicht aber nach Einführung der Koedukation. Als „Kompromiss" wurde den Mädchen des 1. Klassenzugs die Wahlmöglichkeit zwischen Geometrischem Zeichnen und Hauswirtschaft eingeräumt. Ein weiterer Kompromiss in der Kontroverse zwischen ein- *oder* zweizügigen Hauptschulen hat zur Möglichkeit der Einrichtung von ein- *und* zweizügigen Hauptschulen mit besonders komplizierten Regelungen und beträchtlichen Einschränkungen für den Zugang zur Hauptschule geführt.

- die LehrerInnen-Ausbildung an Pädagogischen Akademien: Für diese Vereinbarung gaben beide Lager nach: Die ÖVP gab die Forderung nach Verlängerung der bestehenden Ausbildung auf sechs Jahre an LehrerInnen-Bildungsanstalten auf, die SPÖ verzichtete auf die Ausbildung an Hochschulen. Dem Kompromiss, hochschulähnliche Akademien zu gründen, lag die Zustimmung der SPÖ zur Errichtung der kirchlichen Pädagogischen Akademien zugrunde.

- das Musisch-pädagogische Realgymnasium: Es ist im Zuge des Tauschverfahrens als neuer Schultyp kreiert worden, gleichsam als ein „Nebenprodukt" der Auseinandersetzungen um die LehrerInnen-Bildung: Dieser Schultyp entstand aus dem Interesse, die vorhandenen Einrichtungen der LehrerInnen-Bildungsanstalten als „Zubringer" zu den neuen Pädagogischen Akademien weiterzuführen und vor allem auch der Kirche zu belassen.

Die von der kleinen Gruppe der parteipolitischen Eliten getroffenen Entscheidungen und Kompromisse erfuhren deutliche Missbilligung und Kritik, wie sich der SP-Bildungspolitiker Neugebauer erinnert: „Der Kampf in den eigenen Reihen war der schlimmste. Leicht wurde das Wort Verrat ausgesprochen, insbesondere in den Kreisen der Lehrer. Davon könnte der ÖVP-Abgeordnete ebenso ein Lied singen wie der Verfasser dieser Zeilen. Der Kirche ging es nicht besser."[20] Die nicht an den Verhandlungen beteiligten oder über deren Fortgang uninformierten Interessengruppen der beiden Lager konnten die in nur knapp zwei Jahren realisierte Konfliktregelung des „gütlichen Einvernehmens"[21] nicht nachvollziehen. Die KritikerInnen griffen in den Diskussionen und Stellungnahmen zu den Gesetzes-Entwürfen auf die gegensätzlichen Forderungen der ersten bildungspolitischen Phase zurück. Die politischen Eliten aber hatten die Normen der Konfliktregelung internalisiert, die Max Neugebauer 1962 mit nachdrücklichen Worten legitimiert hat: „Es gab nur zwei Möglichkeiten: Einen Weg des Kompromisses zu finden oder alles zu belassen, wie es ist. Darum muss man den Weg des Kompromisses gutheißen, der zwar nicht alles, aber für jeden einiges bringt."[22] Diese Erfahrungen der politischen Eliten mit den Auseinandersetzungen innerhalb des eigenen Lagers wurden sieben Jahre später mit der Einbindung der konfliktfähig organisierten Gruppierungen in die „Schulreformkommission" wirksam. (Kapitel V)

Die politische Kultur der Proporzdemokratie wurde, im Unterschied zur Ersten Republik und zur ersten Phase der Bildungspolitik, zwischen 1960 und 1962 durchgesetzt. Während sich der grundlegende Gegensatz der politisch-weltanschaulichen Lager bei der Begutachtung der Gesetzesentwürfe und bei der Kritik der relevanten Gruppen an ihren Eliten zeigte, wurde dieser Gegensatz durch Verklammerung der Eliten und durch die kompromisshafte Einbindung ihrer Forderungen erstmals aufgehoben. Die Konfliktregelung „im gütlichen Einvernehmen" als das charakteristische Merkmal der Kompromiss-Entscheidung der Proporzdemokratie[23] war in wenigen Jahren gelungen. Es mag nicht unwesentlich sein, dass zur Zeit der Verhandlung und Verabschiedung der Schulgesetze auch die Sozialpartnerschaft ihre Ausformung erfahren hat.

Die politische Kultur der Proporzdemokratie hat mit der Verfassungsgesetz-Novelle vom 18. Juli 1962 eine Legalisierung erfahren, die die künftige Bildungspolitik als Bildungspartnerschaft institutionalisiert und auf Jahrzehnte festgeschrieben hat. Erforderlich war die Novellierung der Bundesverfassung von 1929 wegen der unklaren Rechtslage über die Kompetenzen von Bund und Ländern auf dem Gebiet des Bildungswesens. Mit der Novellierung 1962 kommt dem Bund die generelle Kompetenz zu, ausgenommen sind nur die ausdrücklich zugunsten der Länderkompetenz angeführten Angelegenheiten. Mit dieser gesetzlichen Regelung ist die bildungspolitisch folgenreiche Zweidrit-

20 Max Neugebauer, Das Schulgesetzwerk 1962, in: Freie Lehrerstimme (1962) 1, 2.
21 Gerhard Lehmbruch, Proporzdemokratie. Politisches System und politische Kultur in der Schweiz und in Österreich, Tübingen 1967.
22 Neugebauer, Schulgesetzwerk, 2 (wie Fn. 20).
23 Lehmbruch, Proporzdemokratie (wie Fn. 21).

telmehrheit bei Verabschiedung von Angelegenheiten der Schulbehörden, Schulpflicht, Schulorganisation, Privatschulen und des Verhältnisses von Schule und Kirche bzw. Religionsgemeinschaften und des Religionsunterrichts beschlossen worden.

Anlässe für die Zweidrittelmehrheits-Bindung sind der Parlamentsrede von Max Neugebauer zu entnehmen, die sein SPÖ-Parteikollege Hermann Schnell zusammenfasst: „Der lange Stellungskrieg auf dem Gebiete des Schulwesens hatte zu einer Versteinerung der Grundsätze geführt (...). Max Neugebauer (...) schilderte dann den letzten Akt vor der Beschlussfassung, als kleine, aber lautstarke Gruppen auf Seite der ÖVP sich jedes Mittels bedienten, um das Gesetzeswerk zu Fall zu bringen, sodass man nicht wusste, ob dieses Spiel nicht noch als Tragödie der Schulgesetzgebung enden sollte."[24] Die Kritik der politisch relevanten Gruppierungen am Gesetzesentwurf, innerhalb wie zwischen den beiden Lagern, und die lange Phase der Stagnation hatten die Zentralisierung der Kompetenzen beim Bund und die Zweidrittelmehrheitsbindung befördert. Der wesentliche Hintergrund für die Zweidrittelmehrheitsbindung aber war das Misstrauen zwischen den beiden Großparteien, das trotz der Einigung der Eliten nicht geschwunden war. Max Neugebauer berichtet: „Man stellte Überlegungen an, wie man das Grundsätzliche der Schulgesetze sichern könne, um nicht durch Zufallsmehrheiten wichtige, für das ganze Volk bedeutende Einrichtungen des Schulwesens zu ändern, vor allem, wenn sich Schwierigkeiten der Durchführung ergäben. (...) Das gegenseitige Misstrauen der Regierungsparteien war immer noch vorhanden; so billigte man einen Vorschlag des damaligen Justizministers (der SPÖ, S. D.) Broda."[25]

Ein großer Teil der Rede von Max Neugebauer befasste sich auch mit dem Verhältnis von Schule und Kirche. Dieses bildet einen weiteren Baustein für das Schulgesetzwerk, die Zweidrittelmehrheit und den bildungspolitischen Grundkonsens der beiden Lager, denn: Die Bildungspartnerschaft ist Teilergebnis der Entschärfung der Konkordatsfrage, Teilergebnis der Verträge von 1960 und 1962 und somit der Aufhebung des historischen Konflikts zwischen SPÖ und der Kirche/ÖVP.
Die Festschreibung der Bildungspartnerschaft über die Legalisierung der Konfliktregelung ist zudem auch das Ergebnis der Stärke der ÖVP im Jahr 1962. Die ÖVP war relative Mehrheitspartei im Parlament mit gewohnheitsrechtlicher Führungsfunktion in der Großen Koalition, stellte den Unterrichtsminister und verfügte de facto über das Unterrichtsministerium, dominierte sieben von neun Landesschulratspräsidenten und hatte durch das Bündnis mit der Kirche und die mehrheitlich der ÖVP nahestehenden LehrerInnen-Organisationen eine merkbare Vorrangstellung im Kräfteverhältnis der Großparteien.

Die 1962 geschaffene Bildungspartnerschaft, neben der Sozialpartnerschaft die zweite Institutionalisierung der Proporzdemokratie während der Großen Koaliti-

24 Schnell, Bildungspolitik, 125–126 (wie Fn. 7).
25 Neugebauer, Schulwesen, 333 (wie Fn. 13).

on, hat diese ebenso erfolgreich wie stabil überlebt. Die Bildungspartnerschaft ist als gesellschaftspolitisch defensive Bildungspolitik erfolgreich konservativ, politisch effektiv und paradox. Sie sichert die Stabilität und Tradierung des Schulsystems, schafft durch Überhöhung der jeweiligen bildungspolitischen Forderungen die Mobilisierung der AnhängerInnen des jeweiligen Lagers und die Bindung ihrer Loyalität, die durch den Ämter-Proporz im Bildungssystem zusätzlich abgesichert wird. Die Bildungspartnerschaft garantiert die starke Polarisierung der Gegensätze in ideologisch-weltanschauliche Lager („Versäulung") und gleichzeitig deren institutionalisierte Verklammerung (insbesondere über die Zweidrittelmehrheit). Sie gewährleistet die Durchsetzung von Interessen der Lager (durch Junktimierung, Packelei, sachfremde Lösungen nach dem „typisch österreichischen Kompromiss" wie z.B. die so genannten „Gesamtschulversuche an Hauptschulen") auf höchster legistischer Ebene, gebunden an den Entscheidungsmechanismus des Parlaments. Gleichzeitig ist eine Politik der „Windstille"[26] möglich sowohl durch die Einbindung konfliktfähig organisierter Gruppierungen in die Entscheidungsvorbereitung (Schulreformkommission, Kapitel V) wie durch Defensive bei unvereinbaren Gegensätzen (z.B. differenziertes versus integriertes Schulsystem) und der Abwehr der Kritik an diesen Vorgängen.[27]

Die Effektivierung der Auslese durch Differenzierung der Schultypen

Die Änderung des dreigliedrigen Bildungssystems durch Einführung der Gesamtschule und die damit verbundene einheitliche LehrerInnen-Bildung wurde von der SPÖ überraschend frühzeitig aufgegeben.

Diese 1955 und 1958 beschlossene Aufhebung der bildungspolitischen Kernforderung verlangt nach Erklärung. Eine findet sich in den Unstimmigkeiten über die Gesamtschule innerhalb des SPÖ-Lagers. Die Forderung nach ihrer Einführung wurde nicht von allen Gruppierungen mitgetragen. In ihrer Parlamentsrede zu den Schulgesetzen 1962 bezeichnete es die SPÖ-Abgeordnete und spätere Schulsprecherin Stella Klein-Löw als Aufgabe der Mittelschule/= AHS, „unter den vielen tausenden von jungen Menschen hunderte zu suchen und zu finden (...), die besonders gern lernen, die besonders gut denken, die in ihrem ganzen menschlichen Habitus für die Forschung und Wissenschaft geeignet, nein für Forschung und Wissenschaft geboren und herangewachsen sind".[28] Der SP-Bildungspolitiker Hermann Schnell sieht darin „sogar ziemlich deutlich eine elitäre Bildungsauffas-

26 Anton Pelinka, Windstille. Klagen über Österreich, Wien/München 1985.

27 Die Veröffentlichung der Analyse von Peter Gstettner und Horst Rumpf, Was verändern unsere Schulversuche? durfte in der offiziellen Zeitschrift „Erziehung und Unterricht" und mein Buch „Der österreichische Weg" (Fn. 3) durfte im SPÖ-Verlag „Jugend & Volk" nicht erscheinen. Siehe Peter Gstettner/Horst Rumpf, Was verändern unsere Schulversuche?, in: Österreichische Zeitschrift für Politikwissenschaft 3 (1974) 2, 223–256 und in: Susanne Dermutz/Peter Gstettner/Peter Seidl (Hrsg.), Schulreform – die Kritik geht weiter, Wien 1986, 113–136.

28 Schnell, Bildungspolitik, 126 (wie Fn. 7).

sung" und resümiert, „dass dieses Anliegen der sozialistischen Bildungspolitik (die Einführung der Gesamtschule, S. D.) weder in den Parteienverhandlungen noch in den parlamentarischen Beratungen ernsthaft vorgebracht wurde oder eine Rolle spielte".[29] Andererseits hatte noch 1959 der 4. Bundeskongress des ÖGB, der die Bildungspolitik der SPÖ unterstützte, beschlossen: „Mit der Errichtung von Schulen für alle 10- bis 14-Jährigen, in denen die Kinder mit besonderen Maßnahmen ihren Fähigkeiten entsprechend gefördert werden, kann die gesamte Allgemeinbildung gehoben und die Entscheidung für die Auslese zum weiterführenden Studium auf das vierzehnte oder fünfzehnte Lebensjahr verschoben werden."[30]

Meines Erachtens ist für die SPÖ zudem ihr Wandel zur Volkspartei und die Ausrichtung an der WählerInnen-Stimmenmaximierung entscheidend gewesen. Die Interessen jener gesellschaftlichen Gruppierungen, die sich für ihre Kinder weitgehend sozial homogene Gruppierungen wünschen und sich einen Aufstieg über die höhere Bildung über die Langform der AHS erwarten, werden mit der Gesamtschule nicht unmittelbar erfüllt. Aus dieser Perspektive betrachtet ist es durchaus nicht überraschend, dass die Gesamtschulen in den Verhandlungen und Parlamentsdebatten 1962 keine Rolle spielten. Die SPÖ war zwar stimmen-, aber noch nicht mandatsstärkste Partei gewesen.

Anstelle der Gesamtschule hatte sich die SPÖ mit Erfolg für die Zweizügigkeit der Hauptschulen eingesetzt. Die Dreigliedrigkeit des Schulsystems der Sekundarstufe I (Volksschul-Oberstufe – Hauptschule – Mittelschule = AHS) ist 1962 nicht nur erhalten, vielmehr ist deren Selektionsfunktion deutlich verbessert worden. Die Einführung der Zweizügigkeit der Hauptschulen und zugleich die Einführung der Sonderschulpflicht (die rasch zu einem beträchtlichen Ausbau des Sonderschulwesens geführt hatte) ergab genau genommen eine „Feinsortierung" der SchülerInnen. Zehnjährige konnten ab 1962 je nach „Begabung" durch Zuweisung in die Sonderschule, Volkschul-Oberstufe, Hauptschule 1. Klassenzug, Hauptschule 2. Klassenzug oder Mittelschul-(= AHS-)Unterstufe noch „genauer" differenziert werden.

Zur Ausformung der „Bildungspartnerschaft" und des ungerechten Selektionssystems während der SPÖ-Alleinregierung 1970–1983

In meiner eingangs formulierten These führe ich aus, dass die Muster der Entscheidungsfindung und die Konservierung des traditionell hierarchisch gegliederten, frühzeitig sozial selektiven Schulwesens in den auf das Schulgesetzwerk folgenden Jahrzehnten ausgeformt worden sind. Auf zwei dafür maßgebliche Entwicklungen

29 Schnell, Bildungspolitik, 126 (wie Fn. 7).
30 Ebd., 111.

unmittelbar vor und während der SPÖ-Alleinregierung (1970–1983) verweise ich abschließend in gebotener Kürze: die Einrichtung erstens der Schulreformkommission 1969 und zweitens der Leistungsgruppen in den Hauptschulen 1982.[31] Die Schulreformkommission geht auf die Initiative der SPÖ und ihre Reaktion auf die Bildungskrise der 1960er-Jahre zurück.

Einen Hintergrund bilden die bereits erwähnten Auseinandersetzungen um die Schulgesetze 1962 innerhalb wie zwischen den beiden Lagern. In die Schulreformkommission wurden die relevanten mobilisierten Gruppen beider Lager (und Lehrstuhlinhaber der Pädagogik) organisatorisch integriert und damit die bildungspolitisch konfliktfähigen Interessen auf der außerparlamentarischen Ebene in die bildungspartnerschaftliche Kompromisspolitik des Parlaments eingebunden. Das politische System der Bildungspartnerschaft ist 1969 auch außerhalb der parlamentarischen Ebene ausgeformt worden. Während der Periode der „Schulversuche zur Schulreform" (von der Vorschule bis zur Sekundarstufe II) gewann die Schulreformkommission an Bedeutung. Diese Phase der von den politischen Eliten so genannten „Bildungsreform in kleinen Schritten" ist von der bildungspartnerschaftlichen Konfliktregelung des „gütlichen Einvernehmens" gezeichnet. In den Novellen zum Schulorganisations-Gesetz, in den Beschreibungen[32] und Analysen[33] dieser Periode sind viele Beispiele für das Junktimieren und die sachfremden Tauschverfahren sowie das taktierende Aufschieben von Entscheidungen (z.B. über die Aufnahmsprüfung in die AHS und das 13. Schuljahr) zu finden. Die parteipolitischen Eliten hatten diese Muster internalisiert: Selbst bei Bundesgesetzen mit einfacher Mehrheit wie dem Schulunterrichtsgesetz „suchte Unterrichtsminister Fred Sinowatz (SPÖ, S. D.) auch in den Fragen den Konsens, in denen gegensätzliche politische Auffassungen bestanden".[34]

Somit kommt der SPÖ durch ihren Einsatz für die Zweidrittelmehrheit 1962 und für die Einsetzung der Schulreformkommission 1969 schwergewichtig das Verdienst an der parlamentarischen und außerparlamentarischen Institutionalisierung der Bildungspartnerschaft in der Zweiten Republik zu.

Trotz der durch sozioökonomische Maßnahmen[35] erhöhten Bildungschancen während der SPÖ-Alleinregierung 1970–1983 wird diese bildungspolitische Periode als „Jahrzehnt der Nicht-Reformen" charakterisiert.[36]

Auch wenn sich die Bemühungen um Schulreformen und Schulentwicklung nicht auf die Einführung der Gesamtschule einengen lassen, so kommt dieser Frage

31 Ausführlich in Dermutz, Der österreichische Weg (wie Fn. 3).
32 Schnell, Bildungspolitik (wie Fn. 7).
33 Dermutz, Der österreichische Weg (wie Fn. 3).
34 Schnell, Bildungspolitik, 261 (wie Fn. 7).
35 Wie Befreiung von Gebühren, kostenlose Schulbücher, freie Schulfahrten, Schulbeihilfen usw.
36 Susanne Dermutz/Bernhard Rathmayr/Peter Seidl, Die Reform selbst in die Hand nehmen!, in: Susanne Dermutz/Peter Gstettner/Peter Seidl (Hrsg.), Schulreform – die Kritik geht weiter, Wien 1986, 19–23, 20.

wegen der Gestaltung einer sozial gerechten, leistungsfreundlichen, die Stärken der SchülerInnen fördernden Struktur des Schulsystems dennoch großes Gewicht zu.

Auch wenn sich die Definition der Gesamtschule zunächst nur auf die Negation der Aufteilung der SchülerInnen in die getrennten Bildungseinrichtungen AHS-Unterstufe – Hauptschule – Sonderschule bezieht, sind zugleich Fragen der Bildungsaufgaben, inhaltlichen und sozialen Zielsetzungen des Lernens sowie der innerorganisatorischen Gestaltung bedeutsam und in den Reformprozess zu integrieren.

Auf die Forderung nach Einführung der Gesamtschule kann nicht verzichtet werden.

Obwohl die SPÖ die Gesamtschule im Bildungsprogramm 1969 wiederentdeckt hat, ist diese Forderung bis dato nur ein programmatisches, aber nicht realisiertes Ziel geblieben. Die so genannten „Gesamtschul-Versuche" an Hauptschulen[37] wurden ohne Beteiligung der AHS-Unterstufe und ohne Beteiligung der Sonderschulen durchgeführt. Das nach mehr als zehn Schulversuchs-Jahren 1982 in die Hauptschulen übernommene Differenzierungs-System der Leistungsgruppen macht die „Feinsortierung" der SchülerInnen um ein Vielfaches wirkungsvoller als die 1962 auf Wunsch der SPÖ durchgesetzte Zweizügigkeit der Hauptschulen.

Dieses Scheitern der Struktur-Reform und damit die Beibehaltung der frühzeitigen, leistungsfeindlichen sowie ungerechten sozial bedingten Selektion der SchülerInnen ist auf die politische Kultur der „Bildungspartnerschaft" zurückzuführen. Die Gesamtschul-BefürworterInnen – die nicht nur im Lager der SPÖ zu finden sind – haben sich in keiner Phase der Zweiten Republik in dieser gesellschaftspolitisch entscheidenden Frage der Struktur-Reform gegen die Ziele der konservierenden und traditionalistischen Bildungspolitik durchgesetzt. Und außerdem: Die Ausrichtung der Bildungspolitik an den Interessen aufstiegsorientierter gesellschaftlicher Gruppierungen mit der Befürwortung des hierarchisch gegliederten Selektions-Systems findet sich wie schon 1962 auch 2001 innerhalb der SPÖ wieder: So bezeichnete z.B. Susanne Brandsteidl, SPÖ, in einem Interview aus Anlass der Übernahme ihres Amtes als Präsidentin des Stadtschulrates Wien – eine einflussreiche und machtvolle Position mit dem Erbe Otto Glöckels – die Forderung nach Gesamtschulen als „anachronistisch".[38]

Eine bildungspolitische Neuausrichtung der SPÖ allein durch die Abschaffung der Zweidrittelmehrheit im Jahr 2005 kann in Anbetracht der bildungspolitischen Kultur, die sich in der Zweiten Republik über Jahrzehnte gefestigt hat, nicht erwartet werden. Speziell für die Änderung der defizitären, hierarchisch differenzierenden, sozial ungerechten und leistungsfeindlichen Struktur des österreichischen Schulsystems wäre ein mutiger Neubeginn erforderlich.

37 Susanne Dermutz, Wie es zu den Hauptschulversuchen gekommen ist. Oder: Gesamtschulen waren nie vorgesehen, in: Schulheft (1980) 20, 33–39 und (2001) 102, 100–107.

38 Michael Sertl, Schulhefte = Gesamtschulhefte, in: Schulheft (2001) 102, 7–17, 9.

Oliver Rathkolb

Anmerkungen zur Europapolitik der SPÖ 1945–1972

Utopien über die Neuordnung Europas in der Nachkriegszeit (1941/42–1944/45–1947/48)

Bereits Ende 1941 hatte einer der führenden Köpfe des sozialdemokratischen Exils, der Journalist Oscar Pollak, das Manuskript für eine Broschüre fertig gestellt, die 1942 unter dem Titel „Underground Europe Calling" erscheinen sollte.[1] Die Grundthese Pollaks, der damals das Pseudonym Oscar Paul verwendete, lautete, dass „eine demokratische und fortschrittliche, eine liberale und sozialistische Organisation Europas, das aus der europäischen Revolution hervorgeht",[2] entstehen werde – als unmittelbare Folge einer umfassenden nationalen und sozialen Revolution nach dem Ende des Zweiten Weltkrieges. Die „sozialistische Alternative" sollte als „dritte Kraft" den Antagonismus zwischen dem Stalinismus und dem angloamerikanisch-kapitalistischen Block auflösen. Österreich sollte daher nur kurzfristig wiederentstehen, um à la longue in einem größeren sozialistischen Europa aufzugehen.

Es lässt sich leicht nachweisen, dass sich hinter diesen Utopien Pollaks eine Reihe von Argumenten aus der sozialdemokratischen Programmatik der Zwischenkriegszeit und davor ungebrochen wiederfinden. Besonders stringent ist der Konnex mit Anschluss-Ideologien, die letztlich auch in Richtung eines sozialistischen Europas zielten. Zwar wurde diese alte „Sehnsucht nach Deutschland" nicht mehr offen angesprochen, war aber subkutan durchaus noch vorhanden.

So ist es auch erklärbar, dass derartige Vorstellungen nicht bei allen sozialdemokratischen Exilgruppen Anerkennung fanden. Die österreichischen Sozialdemokraten in Schweden unter dem Vorsitz Bruno Kreiskys hatten sich bereits vor der Moskauer Erklärung vom 1. November 1943 auf einen „Österreich-nationalen" Kurs, d.h. auch auf eine dauernde Wiedererrichtung der Republik, geeinigt.[3] In der kleinen „Stockholmer Internationalen" verteidigte Kreisky diesen Mehrheitsbeschluss selbst gegen persönliche und politische Freunde unter den deutschen Sozialdemokraten wie Willy Brandt. Die eher pragmatisch bis rechte Nachkriegsführung um

1 Karl Stuhlpfarrer, Die österreichischen Sozialisten und die Vision der „Dritten Kraft" nach dem Zweiten Weltkrieg, in: Heinz Gärtner/Günter Trautmann (Hrsg.), Ein dritter Weg zwischen den Blöcken? Die Weltmächte, Europa und der Eurokommunismus, Wien 1985, 129–140, 129.

2 Stuhlpfarrer, Die österreichischen Sozialisten, 130 (wie Fn. 1).

3 Oliver Rathkolb/Irene Etzersdorfer (Hrsg.), Der junge Kreisky. Schriften, Reden, Dokumente 1931–1945, Wien 1986, 271.

Adolf Schärf und letztlich auch Karl Renner hatte sich (im offenen Gegensatz zu deutschen Widerstandsgruppen, die den „Anschluss" perpetuieren wollten) ebenfalls auf die volle Souveränität Österreichs festgelegt – wenngleich unter konservativeren Rahmenvorstellungen als die Österreicher in Schweden.

Während Friedrich Adler konsequent (bis über 1955 hinaus) die ursprünglichen sozialdemokratischen Vorstellungen der Verwirklichung eines integralen Sozialismus in einem sozialistischen Europa heftig verteidigte,[4] erkannte Pollak bereits 1946 (nachdem er Mitte 1945 als einer der wenigen von der Parteiführung nach Österreich zurückgerufen worden war), dass die erhoffte sozialistische Revolution völlig utopisch war und auf allen Ebenen – auch auf der nationalen – stecken geblieben war. Zwar versuchte er noch auf dem SPÖ-Parteitag 1947 sein Konzept der „dritten Kraft" über den europäischen Rahmen[5] hinaus zu erweitern, doch für „internationalen Sozialismus" dieser Prägung hatte die Parteispitze kein Verständnis[6]. Im offenen Gegensatz dazu strebte Julius Deutsch, nominell der Leiter der Auslandssektion, nach einer „Außenpolitik (…), die andere europäische Kleinstaaten, etwa die Schweiz und Schweden, betreiben."[7] Während Deutsch Pollak eher mit pragmatischen Argumenten „bekämpfte", kritisierte der damals Gerade-noch-Zentralsekretär Erwin Scharf die Proponenten der „dritten Kraft"-These von links, „da sie den Sowjetsozialismus und den amerikanischen Kapitalismus auf dieselbe Ebene stellten".[8]

Im Top-Level-Decision-Making setzten sich aber in der Praxis auf Regierungsebene weder Deutsch (der von Schärf in massivster Weise aus der Parteispitze gedrängt wurde), dessen Neutralitätsideen nur kurz Resonanz finden sollten, noch Scharf (der aus der Partei ausgeschlossen wurde) durch. Abgesehen davon, dass die SPÖ als Juniorpartner in der täglichen außenpolitischen Praxis in jener Zeit nur geringen bis keinen Einfluss hatte, stellte sich für den starken und kompromisslosen Mann in der SPÖ, Vizekanzler Adolf Schärf, das „europäische Problem" nur als eines von untergeordneter Bedeutung dar. Wesentlich wichtiger schienen ihm der Abschluss eines Staatsvertrages und der Abzug der Alliierten zu sein. Spätestens ab 1948/49, mit dem Einsetzen einer weltweiten, sowjetisch initiierten, aber anfangs parteienüberspannenden Friedensoffensive wurde auch der Terminus „Neutralität" peinlichst von SPÖ-Funktionären vermieden, um sich mit Nachdruck von dieser von Kommunisten dominierten Friedensbewegung (die aber anfangs durchaus auch unabhängige bzw. bürgerliche Aktivitäten umfasste) zu distanzieren.[9]

4 Julius Braunthal, Victor und Friedrich Adler. Zwei Generationen Arbeiterbewegung, Wien 1965, 320.
5 Grundlegend zum gesamten Integrationskontext: Michael Gehler, Der lange Weg nach Europa. Österreich von Paneuropa bis zum EU-Beitritt, 2 Bände, Innsbruck 2002.
6 Stuhlpfarrer, Die österreichischen Sozialisten, 133 (wie Fn. 1).
7 Ebd., 134; Oliver Rathkolb, Sozialistische Außenpolitik(er) in Österreich 1945 bis 1959, in: Erich Fröschl/Maria Mesner/Helge Zoitl (Hrsg.), Die Bewegung. Hundert Jahre Sozialdemokratie in Österreich, Wien 1990, 499–514, 506.
8 Stuhlpfarrer, Die österreichischen Sozialisten, 136 (wie Fn. 1).
9 Rathkolb, Sozialistische Außenpolitik(er), 508 (wie Fn. 8).

Sozialistische „Großeuropäer" – zwischen Europhorie und pragmatischer Integrationspolitik

Vergleicht man Statements ehemaliger sozialistischer Außenminister der frühen 1980er-Jahre wie von Erwin Lanc oder Leopold Gratz,[10] so wird man feststellen, dass sie beide – wie viele andere ihrer Alterskategorie und Parteisozialisation – mit Enthusiasmus Europa-Ideen begrüßt hatten.[11] Diesen Typus aus der „Europa-beseelten" sozialistischen Jugendbewegung, die auch betont anti-kommunistisch agierte, verkörperte auch der junge Nationalratsabgeordnete Peter Strasser, als er im Dezember 1953 im Parlament davon sprach, „dass Österreich sich als europäischer Staat betrachtet (…), dass unser Land solidarisch mit den Völkern Europas ist. Es sind dies Symbole unserer Haltung, aber über diese Symbole hinaus hat Österreich in den vergangenen Jahren auch bereits praktisch mit den Völkern Europas und mit europäischen Einrichtungen zusammengearbeitet. Österreich ist Mitglied der OECE [= OEEC/Organisation for European Economic Cooperation] (…) und (…) seit 1951 auch Mitglied – Mitglied mit einem sonderbaren Status – der Straßburger Konsultativversammlung des ‚Conseil de l'Europe'."[12] An dieser Stelle sollte darauf hingewiesen werden, dass diese Europhorie durchaus als bewusste Abwehr des Kommunismus und Stalinismus im Kalten Krieg zu sehen ist.

Doch bereits 1952, ein Jahr, nachdem Österreich auf Initiative des sozialistischen Vorsitzenden der Straßburger Europaversammlung, Paul-Henri Spaak, diesen seltsamen „Beobachterstatus" erhalten hatte (den ÖVP- und SPÖ-Abgeordnete paritätisch ausübten[13]), stellte sich der führende SPÖ-Parlamentarier Bruno Pittermann offen gegen Tendenzen der 1952 gegründeten Montanunion, sich zu einem festen Staatenbund zusammenzuschließen. Pittermann sah in der künftigen „Europäischen Gemeinschaft für Kohle und Stahl" die Gefahr „einer Zweiteilung Europas (…), das Gegenteil von dem, was den Gründern der Europabewegung und des Straßburger Europarates vorschwebte".[14]

Schon 1951 hatte Pittermann, der ebenso den „bürgerlichen Einfluss auf die Integration" kritisierte, mit allem Nachdruck und im Namen der SPÖ für ein „Groß-Europa, das die Zusammenfassung aller demokratischen Staaten zum europäischen Staatenbund ist", votiert und gegen „jeden Versuch einer Aufspaltung in regionale oder konfessionelle Gruppen, in ein Klein-Europa"[15] Stellung bezogen.

---

10 Interview mit Erwin Lanc und Leopold Gratz in „Zeitzeugen", ORF, FS 2, 1990; Protokolle des Nationalrates der Republik Österreich, 24. Sitzung, VII. G.P., 8. Dezember 1953, 873.

11 Protokolle des Nationalrates der Republik Österreich, 24. Sitzung, VII. G.P., 8. Dezember 1953, 873.

12 Martin Hehemann, Die SPÖ und die Anfänge der europäischen Integration bis zur Gründung der EFTA, Magisterarbeit, Münster 1990, 97.

13 Siehe dazu zuletzt Michael Gehler, Vom Marshall-Plan bis zur EU. Österreich und die europäische Integration von 1945 bis zur Gegenwart, Innsbruck 2006, 45–94.

14 Hehemann, Die SPÖ und die Anfänge der europäischen Integration, 97 (wie Fn. 12).

15 Ebd.

Derartige Statements signalisierten aber keineswegs einen akkordierten Partei-Konsens über Art und Umfang der Teilnahme Österreichs an der europäischen Integration. Zwar hielt sich in den 1950er-Jahren die Parteispitze um Schärf, Innenminister Oskar Helmer und später (seit 1953) den Staatssekretär im Bundeskanzleramt, Auswärtige Angelegenheiten, Bruno Kreisky merklich in der Debatte zurück; umso engagierter diskutierte die „zweite und dritte" Funktionärslinie.[16] Karl Ausch und Karl Czernetz äußerten sich bereits 1953 relativ positiv über die Auswirkungen der „Europäischen Gemeinschaft für Kohle und Stahl" (EKGS). Intern musste sich die SPÖ, die auch den Minister für die verstaatlichte Industrie, Karl Waldbrunner, stellte, mit dieser Frage sehr wohl auseinandersetzen – vor dem Hintergrund der Konkurrenzfähigkeit des österreichischen Stahlexports bzw. der Einfuhr der benötigten Rohstoffe wie Kohle und Schrott.

Der junge dynamische Staatssekretär Kreisky bemühte sich um einen Interessenausgleich, um einerseits die Sowjetunion nicht zu brüskieren und damit die an sich schon geringeren Chancen auf einen Staatsvertragsabschluss noch weiter zu minimieren, andererseits aber vorhandene ökonomische außenwirtschaftliche Zwänge zu berücksichtigen. ÖGB-Experten wie der volkswirtschaftliche Referent Heinz Kienzl hingegen setzten bereits 1955 – trotz Lippenbekenntnissen zu politischen Rücksichten – auf einen Sonderstatus Österreichs bei der Montanunion („quasi als stiller Gesellschafter"[17]).

Im Zusammenhang mit der Diskussion über eine Vollmitgliedschaft Österreichs beim Europarat hatten sich die „Europa-Bewegten" um Peter Strasser im Nationalrat durchgesetzt und selbst gegen den Willen von ÖVP-Außenminister Leopold Figl (aber auch Bundeskanzler Julius Raab) den Druck in Richtung Vollmitgliedschaft verstärkt. In dieser Frage war sich die SPÖ einig, da die Souveränitätsfrage nicht thematisiert wurde. Selbst auf parlamentarischer Ebene war die SPÖ in diesem Bereich wesentlich aktiver als die ÖVP.

Noch während bzw. unmittelbar nach dem Abschluss des Staatsvertrages 1955 – die Alliierten standen noch im Lande – begannen erste mediale Versuchsballons zu steigen (vor allem von Karl Czernetz lanciert) in Richtung einer Mitgliedschaft Österreichs bei der EGKS. Manche – vor allem aus dem Bereich der Gewerkschaften – deuteten nur ihre Sympathie an; Czernetz hingegen machte sich gemeinsam mit dem ÖVP-Abgeordneten Barthold Stürgkh vor der Beratenden Versammlung des Europarates dafür stark, dass „Österreich den Weg von Straßburg nach Luxemburg gehen werde. Seine Neutralität verpflichtete Österreich nicht, dieser Organisation fernzubleiben."[18]

Gerade in der Neutralitätsfrage zeigte sich hingegen Staatssekretär Kreisky betont vorsichtig und ließ 1957 keinen Zweifel darüber aufkommen, dass ein Beitritt zur Montanunion unter Rücksichtnahme auf die immerwährende Neutralität aufgrund

16 Hehemann, Die SPÖ und die Anfänge der europäischen Integration, 97 (wie Fn. 12).
17 Ebd., 101.
18 Ebd., 105.

der geopolitischen und militärstrategischen Rahmenbedingungen nicht möglich sei. Was Kreiskys Meinungsbildungsprozess betraf, spielten ideologische Grundpositionen (wie im Zusammenhang mit der Einschätzung des Schuman-Plans als bürgerlich-kapitalistisch dominiert; Kritik am Kartellcharakter der Montanunion etc.) kaum eine Rolle – wohl aber wirtschaftstheoretische Grundtendenzen bzw. makro- und mikroökonomische Einschätzungen. Kreisky stand voll und ganz hinter der offiziellen Linie des „Außenamts“, das im Juni 1956 offiziell erklärt hatte, dass „im Hinblick auf den politischen Status Österreichs an einen Beitritt zum gemeinsamen Markt derzeit nicht gedacht werden kann“.[19] Ohne hier näher auf Details einzugehen, manifestierte sich eine deutliche Kontinuität in der Prioritätensetzung des Ballhausplatzes: Der Beitritt zur UNO erschien wichtiger und politisch machbarer zu sein als die Erlangung einer Vollmitgliedschaft bei der Montanunion. Auch der Beitritt zum Europarat, den Bundeskanzler Raab eher skeptisch duldete, hatte hier Vorrang. Raabs außenpolitische Hauptziele waren prinzipiell auf die Verbesserung der Beziehungen zur Sowjetunion und die Verringerung der Ablöseforderungen der UdSSR gerichtet, um Neutralität und Staatsvertrag zu festigen.

Zwischen Freihandelszone und Beitritt zur EWG

Flügelkämpfe um eine einheitliche integrationspolitische Linie 1957–1959[20]

Bereits unmittelbar nach der Unterzeichnung der Verträge über die Errichtung eines Gemeinsamen Marktes sowie über die Gründung der Europäischen Atomgemeinschaft (EURATOM), die am 25. März 1957 im Kapitol in Rom unterzeichnet worden waren, begann der in außenpolitischen Angelegenheiten immer mehr an Dominanz innerhalb der SPÖ-Entscheidungsgremien gewinnende Staatssekretär Kreisky Argumente gegen eine Eingliederung in die „klein-europäische“ Lösung der Sechs zu suchen. Im Folgenden soll dieser Thesen- und Faktenkatalog für eine Rede Kreiskys skizziert werden, um die Bandbreite der Themenbereiche exakter darstellen zu können:

„1. Gründe für die wirtschaftliche Integration (Produktionsrückstände gegenüber USA und UdSSR aufzuholen; Außenhandelsanteil zu steigern; Automation, Atomwirtschaft; Forschung.

2. Grundlegende Ideen für gemeinsamen Markt‚Vorstufe zur politischen Integration‘, (…) wäre die These von der Integration, sosehr man sie verstehen muss, 100 Prozent richtig, dann wären alle kleinen Staaten in einer katastrophalen Lage. Das Gegenteil ist richtig (Beispiel: Schweiz, Schweden, Holland, Belgien).

19 Florian Weiß, „Auf sanften Pfoten gehen“: Die österreichische Bundesregierung und die Anfänge der westeuropäischen Integration 1947–1957, Magisterarbeit, München 1989, 153.

20 Vgl. dazu zuletzt Thomas Ratka, Selbst- und Fremdperzeptionen der österreichischen „Sonderweg-Strategie“ in der europäischen Integration 1957–1972, phil. Diss., Wien 2004.

(...) Erfolgreiche wirtschaftspolitische Zusammenarbeit der europäischen Völker (Überwindung des (...) Bilateralismus) durch OEEC und EPU (...) Letztes Ziel der Integration der Montanunionstaaten ist Schaffung eines politisch und militärisch geeinten Europas (...) Durch gemeinsamen Markt entsteht Diskriminierungsregelung für alle anderen Staaten. Überwindung durch Errichtung einer Freihandelszone in Europa und durch besondere wirtschaftliche Maßnahmen für die Außenseiter (...)

Die Erkenntnis ist wichtig, dass man die Integration Europas wirtschaftlich und nicht politisch beginnen könne.

(...) Gemeinsamer Markt sehr wichtig, weil Österreich 49,9 Prozent im Jahr 1956 in die Länder des gemeinsamen Marktes exportiert hat. Allerdings auch über 50,6 Prozent importiert
(...) weitere Probleme: Angleichung der Wirtschaftspolitik der beteiligten Länder, Landwirtschaftsproblem
(...) gemeinsamer Zolltarif = Gefahr des Protektionismus; Abseitsstehen unseres Landes hat Nachteile (...) gilt für Skandinavien, Schweiz, Österreich (...) Freihandelszone hat keine politischen Zielsetzungen, daher mit unserer Neutralitätspolitik voll vereinbar.

(...) unterentwickelte Länder. Wir müssen bereit sein zu einem gewissen Maß von internationaler Solidarität und dürfen nicht übersehen, dass die europäische Integration nicht alles ist und jedenfalls nicht die internationale ökonomische Integration hindern darf (Europa ist nicht genug).
(...) Ein Schweizer Politiker hat einmal gesagt: ‚Die Schweiz kann mit Europa allein nicht leben!' Zur europäischen Integration ist zu sagen: ‚Europa kann mit Europa allein nicht leben'."[21]

Kreiskys Argumentationskatalog beweist, dass für den SPÖ-Staatssekretär keineswegs isoliert nur neutralitätsrechtliche Aspekte wichtig waren, sondern auch ökonomische und geopolitische. Als der „Think-Tank", der hinter Kreiskys Thesen stand und seine Argumente belegte, ist im neutralitätsrechtlichen Bereich die Völkerrechtsabteilung im Bundeskanzleramt, Auswärtiges Amt zu nennen. Das heißt, dass die innerparteiliche Diskussion der SPÖ zunehmend von Expertengutachten beeinflusst wurde, die Kreisky in die Diskussion einbrachte. Im wirtschaftspolitischen Teil basierten Kreiskys Informationen nicht nur auf Ergebnissen parteinaher Think-Tanks wie der Wiener Arbeiterkammer oder des ÖGB, sondern eigentlich primär auf Informationen eines der wenigen als Sozialisten deklarierten Diplomaten, Fritz Kolb. Als Mitglied der österreichischen Delegation bei der „Hohen Behörde" versuchte er bereits im Februar 1957 Kreisky zugunsten einer Freihandelszonenlösung und gegen einen EWG-Beitritt zu beeinflussen.[22] Auch an Schärf

21 Stiftung Bruno Kreisky Archiv, Staatssekretär Kreisky, Mappe: Europäische Integration.
22 Hehemann, Die SPÖ und die Anfänge der europäischen Integration, 120 (wie Fn. 12).

und Waldbrunner berichtete Kolb direkt. Anfang 1958 wurde die SPÖ von Kreisky und Waldbrunner endgültig auf eine Linie in Richtung Freihandelszone gebracht. Sonderwünsche der ÖVP, die bei einer Freihandelszone Ausnahmeregelungen für die Landwirtschaft und einzelne Industrie- bzw. Handelsbereiche forderte, wurden zwar propagandistisch abgelehnt, blieben aber bestehen. So half es nichts, wenn Ausch gegen die „zünftlerischen Fesseln" schrieb und Alfred Migsch im Nationalrat im Zusammenhang mit einer Freihandelszone gegen die Verkartellisierung und für „den freien Wettbewerb" sprach.[23]

Im Zuge des Diskurses über die OEEC-interne Gründung einer Freihandelszone (Maudling Committee) forderten der AK-Experte Stefan Wirlandner und der ÖGB-Mann Kienzl Sonderregelungen zum Schutz von Arbeitsplätzen. Der Vizepräsident des ÖGB, Franz Olah, seinerseits übernahm protektionistische Argumente von der österreichischen Industriellenvereinigung, ohne wie die AK einen Sozialfonds als Ausgleich zu fordern.

Nach dem Scheitern der Freihandelszone auf Ebene des Maudling Committees Ende November 1958 verstärkte sich der innerparteiliche Diskurs. Die Arbeiterkammer wollte die sofortige Aufnahme von bilateralen Verhandlungen Österreichs mit der EWG, wohingegen Kolb an der Freihandelszonenlösung festhielt bzw. ein gemeinsames Vorgehen der Skandinavier, Briten, Schweizer und Österreicher forcierte. Kreisky unterstützte diese Lösung, Kolb modifizierte aber Anfang 1959 dessen Hintergrundpapiere zu einer „Kleinen Freihandelszone" der „Six-Non-Six" – Schweden, Dänemark, Norwegen, Schweiz, Großbritannien und Österreich sowie Portugal.[24] Sowohl gegen die Arbeiterkammer als auch gegen den ÖVP-Handelsminister Fritz Bock hat sich Kreisky für ein koordiniertes Vorgehen der Nicht-EWG-Staaten und gegen einen Alleingang ausgesprochen. Diese Linie wurde auch Anfang 1959 vom SPÖ-Parteivorstand akzeptiert.

Ein letzter Versuch der Lobby um Wirlandner und Kienzl, sich nicht bei den „Six-Non-Six" zu engagieren, wurde von Kreisky heftig kritisiert. Inzwischen hatte sich aber Olah, der innerparteilich mittlerweile deutlich an Macht zugelegt hatte, demonstrativ hinter Kreisky gestellt und alle Ansätze einer „stillen" Koalition zwischen Österreichischer Industriellenvereinigung, Arbeiterkammer in Wien und ÖGB, doch noch „ein Schlupfloch" gegen die Gründung der EFTA einzubauen, verhindert.

Auch der neue SPÖ-Parteivorsitzende Pittermann hatte in diesen Diskurs eingegriffen, wenngleich mit unterschiedlichen Argumenten. Indem er seine bereits 1951 umschriebenen ideologischen Vorbehalte schärfer formulierte und akzentuierter präsentierte, beendete er letztlich auch diese Debatte.[25] Nach den erfolgreichen Nationalratswahlen

23 Hehemann, Die SPÖ und die Anfänge der europäischen Integration, 124 (wie Fn. 13).

24 Arno Einwitschläger, The Austrian Socialist Party and the Question of the European Integration, European University Institute, Florence 1987, 15.

25 Stephan Hamel, Die Geschichte der österreichischen Integrationsbestrebungen 1961–1972, Magisterarbeit, Wien, 1986, 7.

1959 gestärkt, sah Pittermann die EWG als „Bürgerblock“, in den Österreich hineinmanövriert werden sollte. Der Kartellkapitalismus habe die EWG gegründet, um seine europäische Position zu sichern. Während des Parteitages im selben Jahr kam es noch zu einer heftigen Kontroverse zwischen dem EWG-Anhänger Czernetz und anderen sowie Pittermann; inwieweit es sich hier um eine Rollenteilung mit Kreisky, der sich in der Frage damals kaum exponierte, handelte, lässt sich nicht sagen: Tatsache bleibt, dass Kreiskys und Pittermanns Argumentationskriterien wesentlich andere, aber auf dasselbe Ziel ausgerichtet waren und sich letztlich nicht voneinander unterschieden.

Integrations-Frage als Bewährungsprobe für die Neutralität[26]

Ohne auf die Integrationsverhandlungen 1959/60–1965, die Gründung der EFTA etc.[27] en detail einzugehen, soll ein zentrales Argument bei all diesen Gesprächen analysiert werden. Bereits vor 1959 wurde deutlich spürbar, dass sich innerhalb der SPÖ die Position Kreiskys durchsetzte, die primär auf die politische „Verträglichkeit“ einer EWG-Annäherung oder -Assoziierung ausgerichtet war und hier vor allem den Status der immerwährenden Neutralität gewahrt wissen wollte.

Durch eine simple ideologietheoretische Brille betrachtet, führte diese Konstellation zu dem verblüffenden Ergebnis, dass beispielsweise der „volkswirtschaftliche“ Wortführer der Wiener Arbeiterkammer eher auf der Linie des ÖVP-Handelsministers Bock in Richtung einer unilateralen Lösung mit der EWG argumentierte. Innerhalb der SPÖ hatten diese Diskussionen des Jahres 1959 kaum mehr Wirksamkeit, da Außenminister Kreisky genügend Überzeugungskraft besaß, um die massiven sowjetischen Interventionen gegen eine zu enge Bindung Österreichs an die EWG richtig zu deuten und auch plausibel zu machen bzw. in die Parteiargumentationslinie einzubringen. Dies traf auch auf grundsätzliche völkerrechtliche Vorbehalte neutralitätsrechtlicher Natur zu. 1961/62 wurden somit zahlreiche Rechtsgutachten des Leiters der Völkerrechtsabteilung des 1959 wiederbegründeten Außenministeriums, Rudolf Kirchschläger, innerhalb der SPÖ akzeptiert und stark vereinfacht in der politischen Praxis vertreten.

Selbst hinsichtlich einer unilateralen Assoziierung Österreichs mit der EWG zeigte sich Kreisky 1961 bei einem Off-the-record-Briefing für österreichische Botschafter skeptisch: „(…) In dieser Welt voller Gefahren bedürfe Österreich einer Orientierung. Diese

26 Grundlegend Gehler, Vom Marshall-Plan, 75–114 (wie Fn. 13).

27 Rosemarie Atzenhofer, Österreichische Integrationspolitik seit 1948. Zwischen EG-Diktat und dem Streben nach Unabhängigkeit, in: Margit Scherb/Inge Morawetz (Hrsg.), Der Un-Heimliche Anschluß. Österreich und die EG, Wien 1988, 75–82; Hans Mayrzedt, Österreich und die handelspolitische Spaltung Westeuropas (1957–1972). EWG und EFTA als getrennte Integrationssysteme, in: Waldemar Hummer (Hrsg.), Österreichs Integration in Europa 1948–1989. Von der OEEC zur EG, Wien 1990, 49–60.

Orientierung, dieser Kompass, sei die Neutralitätspolitik. Die Schweiz und Schweden haben diese Politik mit Erfolg angewendet. Wenn auch kein Zweifel darüber bestehen könne, dass dieser Kompass nicht immer und überall Erfolg verbürge (...).

Als Ergebnis dieser Erkenntnis ergebe sich, dass man bereit sein müsse, die Neutralität auch als Richtschnur der Politik zu verwenden und sich die Neutralitätspolitik nicht als eine unangenehme und Österreich aufgezwungene Maxime vorzustellen (...).

Sollte es zur Teilnahme Österreichs an der EWG kommen, so werde gegenüber sowjetischen Einwänden keineswegs eine Klausel in einem bilateralen Vertrag ausreichen. Eine solche Klausel werde nicht mehr nützen als ein Feigenblatt. Für die UdSSR gelte, dass sie sich wohl bewusst sei, verhindern zu können, dass aus Deutschland wieder ein Staat von 70 Millionen werde, der Europa beherrschen könne. (...) Diese russische Haltung lege Österreich die Pflicht auf, sich seine Schritte in der Integrationsfrage genau und natürlich ohne Befassung der russischen Seite zu überlegen. (...) Natürlich werde Österreich auch bestrebt sein, in dieser Frage eine maximale Koordination mit den anderen Staaten Westeuropas herzustellen (...).“[28]

Da sich die EFTA aufgrund des versuchten britischen Alleingangs, um in die EWG aufgenommen zu werden, vorerst keineswegs als geeignetes Instrument für eine „großeuropäische Lösung“ erwies, setzte Kreisky auf ein koordiniertes Vorgehen der Neutralen gegenüber der EWG. Damit stieß er aber auf heftigen Widerstand bei EWG-Strategen wie Walter Hallstein und bei den USA. Das State Department informierte anlässlich eines Besuches von Bundeskanzler Alfons Gorbach und Außenminister Bruno Kreisky bei Präsident John F. Kennedy (1962), dass die Aufnahme Neutraler eine politische Verwässerung der politischen und militärischen Unionsziele nach sich ziehen würde: „(...) Austrian Foreign Minister Kreisky, who has largely been responsible for the Austrian position on ‚association‘ and on the tactic of solidarity with the Swiss and Swedes (...).“ [29]

Auch im Zuge der folgenden integrationspolitischen Diskussion in Österreich – so beispielsweise in der Auseinandersetzung mit einem engagierten EWG-Befürworter wie dem Ökonomen Franz Nemschak – vertraten Kreisky und die SPÖ strikt neutralitätskonforme Ansichten. Vor allem nach dem Tod von Julius Raab begannen sich innerhalb der ÖVP wieder die Neutralitätsskeptiker und EWG-Befürworter zu artikulieren, wohingegen die SPÖ genau die umgekehrte Entwicklung vorzuweisen hatte: 1954/1955 in den entscheidenden Phasen der Neutralitätskonzeption höchst zurückhaltend, skeptisch bis ablehnend, was die Neutralität für Österreich betraf, in den 1960er-Jahren immer mehr auf der Linie des Außenministers zugunsten einer unbedingten Rücksichtnahme auf neutralitätsrechtliche Bestimmungen im Zusammenhang mit Integrationsfragen.

28 Stiftung Bruno Kreisky Archiv, Wien, Außenminister Kreisky, Projektmaterial BMWF.

29 L.B. Johnson Presidential Library, Austin (Texas), Briefing Material for the Visit of the Austrian Chancellor (File: Austria), May 1, 1962.

Hinsichtlich ideologischer Traditionen zeigte die „Sozialpartnerschaft", wie die Konkordanz der Interessen der Österreichischen Industriellenvereinigung und der Experten der Arbeiterkammer Wien und des ÖGB beweisen, konkrete „Auswirkungen". Da der pragmatische politische Stil Kreiskys auch Nicht-Partei-Expertenmeinungen in den Entscheidungsprozess einbrachte, gewannen beispielsweise völkerrechtliche, aber auch wirtschaftspolitische Expertisen aus dem Außenministerium zunehmend an Bedeutung. Letztlich wurden dadurch sozialpartnerschaftliche Argumente von „Staatsinteressen" überlagert.

Kreisky zeigte sich sehr positiv von De Gaulle'schen Überlegungen über ein „L'Europe de l'Islande à Istanbul et de l'Atlantique à l'Oural" eingenommen, ohne dessen Ablehnung Großbritanniens zu teilen.[30] Auch gegenüber Präsident Kennedy zitierte er 1963 Charles De Gaulle, da „Europa keine Einheit darstelle. Man könne vielleicht von einem ‚Europe des Patries' und einem ‚Europe des Affaires' sprechen" [31] – abgesehen von der wirtschaftlichen Integration im Rahmen der EWG. Ähnlich wie De Gaulle versuchte Kreisky wegen der Sechser-Konzentration in Westeuropa die Beziehungen zu den osteuropäischen Nachbarn im Sinne konkreter Entspannungspolitik auszubauen und auch die außenpolitischen Perspektiven über Europa hinaus zu erweitern. Gerade in dieser höchst schwierigen Phase der Anpassungsprobleme der Nicht-EWG-Mitglieder an die wirtschaftlichen Folgen der klein-europäischen Integration entwickelte die Außenpolitik des Kleinstaates Österreich mit dem Kristallisationspunkt seiner immerwährenden Neutralität eine aktive und engagierte Außenpolitik.[32]

Europäische Integrationspolitik aus der Opposition in die Regierungsverantwortung, 1966–1983[33]

Die EWG-Priorität der Österreichischen Volkspartei wurde bereits vor dem großen Wahlsieg 1966 und der folgenden ÖVP-Alleinregierung sichtbar. Zum Unterschied von seinen „großen" Vorgängern Leopold Figl und Julius Raab betrachtete Bundeskanzler Josef Klaus „die Teilnahme am europäischen Einigungswerk" keineswegs als zweit- bis drittrangig. Schon als Salzburger Landeshauptmann hatte er sich für einen deutlichen Pro-EWG-Kurs starkgemacht. Als Bundeskanzler setzte er seit 1964 den kontinuierlichen EWG-Kurs seines Vorgängers Gorbach fort und unterstützte vor allem die primär ökonomisch argumentierende Fraktion um Handelsminister Fritz Bock. So wurde bereits in Wien ein kompletter Entwurf für einen Integrationsvertrag fertig gestellt, noch ehe die Gespräche mit Brüssel begonnen hatten.

30 Bruno Kreisky, Im Strom der Politik. Der Memoiren zweiter Teil, Berlin 1988, 189.
31 Stiftung Bruno Kreisky Archiv, Wien, Außenminister Kreisky, Mappe USA.
32 Ebd., Korrespondenz Kreisky-Nenning, 1959.
33 Siehe dazu vor allem Gehler, Vom Marshall-Plan, 123–166 (wie Fn. 13).

Der überzeugte „(West-)Europäer“ Klaus intensivierte die politische Diskussion in Richtung EWG nach seinem Wahlsieg 1966. Unter besonderem Hinweis auf eine Trennung von Neutralitätspolitik und Neutralitätsrecht wurde mehr politische Flexibilität signalisiert. Auch in der Frage der EFTA-Mitgliedschaft signalisierte die Regierung Klaus ihre Bereitschaft, diese aufzugeben, falls sich ein Arrangement mit der EWG abzeichnete, und entsprach damit einem alten französischen Wunsch. Der Außenminister der Regierung Klaus, Lujo Tončić-Sorinj, hingegen setzte eher die alte Kreisky-Idee fort, durch ein Sonderabkommen mit der EWG letzten Endes gemeinsam mit den anderen Neutralen eine Große Freihandelszone etablieren und überdies die Neutralität sichern zu können. Auch in diesem Punkt lag Tončić-Sorinj auf der Linie Kreiskys hinsichtlich der besonderen institutionellen Stellung Österreichs im Falle von Entscheidungen, die nicht im Rahmen der normalen EWG-Institutionen getroffen werden könnten. Tončić-Sorinj hoffte, dass Brüssel keine „maximalistische Lösung aufzudrängen suche, die Österreich politische Schwierigkeiten bereiten würde, sondern nach einer minimalistischen Lösung strebe“. Die neuerliche Kompetenzerweiterung des Handelsministeriums in Integrationsfragen zu Lasten des Außenministeriums reduzierte jedoch seine realpolitische Funktion im Entscheidungsprozess erheblich.

Inzwischen hatte sich die SPÖ-Kritik am Integrationskurs der Regierung Klaus verstärkt, und auch der ehemalige Außenminister Kreisky kritisierte die neuerliche Schwächung der Kompetenzen des Außen- zugunsten des Handelsministeriums und die uneinheitliche Linie der Integrationspolitik in der Außenrepräsentation (so sprach Außenminister Lujo Tončić-Sorinj in London von den „Brüsseler Theologen“ und dem Himmelreich EWG, eine These, die keineswegs in Brüssel goutiert wurde).

Der sowjetische Staatspräsident Nikolai Podgorny hatte bei einem Staatsbesuch im November 1966 seinerseits die großen Bedenken der Sowjetunion vor einer Stärkung des wirtschaftlichen Einflusses Deutschlands durch eine EWG-Assoziierung Österreichs artikuliert, da dadurch das Gleichgewicht der Kräfte in Zentraleuropa verändert werden würde. Immerhin näherte er sich aber einem Vorschlag George Balls (John F. Kennedys Under Secretary of State im State Department, zuständig für Europa-Fragen) aus dem Jahr 1962, nur einen Handelsvertrag abzuschließen – eine Variante, die aus Sicht der österreichischen Seite zu wenig Profit beinhaltete.

Während die technischen Gespräche nach acht Verhandlungsrunden seit April 1965 und nach drei Kommissionsberichten im Juni 1967 in eine wichtige Phase kamen, wurde plötzlich deutlich, dass sich innerhalb der EWG-Mitglieder grundsätzliche Widerstände gegen ein Österreich-Arrangement formierten. Unmittelbar nach dem Podgorny-Besuch in Wien, über den der französische Außenminister genau informiert worden war, begannen die französischen Vertreter seit Anfang Dezember 1966 die Verhandlungen mit Österreich zu bremsen bzw. sogar zu verzögern. Im Mai 1967 erwähnte der französische Außenminister Maurice Couve de Murville bei einem Besuch des EWG-Maximalisten Bock die erstmals von der Sowjetunion gegenüber Frankreich offiziell deponierte Ablehnung „jeglicher Art von Assoziationsvertrag zwischen Österreich und der EWG". Frankreich machte deutlich, dass nunmehr der „Vertrag besonderer Art", den Österreich als Exposé vorgelegt hatte, auch unter dem Gesichtspunkt der geopolitischen Verträglichkeit mit dem Staatsvertrag geprüft werden müsste. Ganz offensichtlich wollte Frankreich keinerlei Friktionen mit der Sowjetunion über die Österreich-Frage riskieren. Dazu kam die Sorge, dass im Falle eines EWG-Arrangements vor allem Deutschland profitieren und überdies eine positive „kleine Lösung" für Österreich Präjudizwirkung für die neuerlichen Verhandlungen mit Großbritannien haben könnte. Insgesamt zeigte sich Frankreich 1967 eher ablehnend gegenüber den zahlreichen Konzessionsansuchen neuer beitrittswilliger Staaten. Anlässlich eines Staatsbesuches von Premierminister Georges Pompidou im September 1967 wurde offen dargelegt, dass selbst bei einer Wiederaufnahme der Verhandlungen der bisherige Vertragsentwurf und die zahlreichen österreichischen Vorbehalte nicht mit dem EG-System in Einklang zu bringen seien.

Ein weiterer Verzögerungsgrund lag in der zunehmend Österreich-feindlichen Haltung der italienischen Regierung als Folge des Südtirolproblems und der Terrorakte Südtiroler Aktivisten. Italien, das bereits im Mai 1964 Widerstände gegen eine Assoziierung Österreichs angemeldet und diese mit dem politischen Status Österreichs, der eine politische Union Europas verhindere, begründet hatte, begann nun gänzlich zu blocken. Nachdem der Versuch gescheitert war, ähnlich wie für die Kennedy-Administration Österreichs Assoziierungswunsch auf ein einfaches Handelsabkommen zu reduzieren, legte die italienische Regierung am 29. Juni 1967 in Luxemburg die Karten auf den Tisch: „Die italienische Regierung hat durch ihren Vertreter im EGKS-Ministerrat am 29. Juni sowie durch ihren ständigen Vertreter im Ausschuss der ständigen Vertreter in Brüssel am 28. Juni Erklärungen abgeben lassen, denen zufolge sie sich dem Beginn von Verhandlungen und präliminaren Kontakten zwischen der EGKS und der Bundesregierung so lange widersetze, bis sie imstande sein wird festzustellen, dass das österreichische Hoheitsgebiet nicht für die Organisation von Terrorakten auf italienischem Hoheitsgebiet und als Zufluchtsstätte für die Terroristen gebraucht werde."[34]

Diese Verknüpfung der Südtirol-Frage (bzw. des Bombenterrors einzelner Südtiroler) mit dem EWG-Kurs der Regierung Klaus sollte bis zur „Paketlösung" und dem „Operationskalender" 1969 andauern. Erst am 8. Dezember 1969 wurden diese Vorbehalte zurückgezogen.

Nunmehr waren selbst die größten Europhoriker in der Regierung Klaus gezwungen, „Zwischenlösungen" zu suchen, wobei vor allem Zollreduktionen und ein präferentielles Handelsabkommen angepeilt wurden. Seit Anfang 1968 verfolgte nach einer Regierungsumbildung die Regierung Klaus notgedrungen aufgrund der Zwänge des italienischen Vetos einen realistischen EWG-Kurs.

34 Weisung des Bundesministeriums für Handel, Gewerbe und Industrie an die Österreichischen Botschaften Paris, Den Haag, Brüssel und Luxemburg, 4.7.1967, ÖStA, AdR, BMfHGI, Sektion II, Karton 7484, AV 70.255–I/4/67 (60.003/67), http://zis.uibk.ac.at/quellen/oe-eu/kap2/dokumente.html (30. September 2006).

Der neue Außenminister Kurt Waldheim, der überdies auch mit der leitenden Verhandlungskompetenz in Integrationsfragen ausgestattet worden war, versuchte diese neue „Politik der kleinen Schritte" in die Praxis umzusetzen. Ende 1968 wurden französische Vorschläge zum konkreten Abbau von Handelsdiskriminierungen (Zollsenkungen bis zu 30 Prozent in drei Etappen) bzw. Übereinkommen auf dem Agrarsektor gegenüber interessierten europäischen Nicht-EWG-Staaten wie Österreich und der Schweiz durchaus positiv akzeptiert, da sich die allgemeine kritische Wirtschaftslage und die Zollschranken der EWG negativ auf die österreichischen Exporte auswirkten und keine „große Lösung" in Sicht war.

Kurt Waldheim versuchte überdies seit 1968 als Außenminister, die klassische „enge" Interpretation der österreichischen Neutralität als strikt militärische nach Schweizer Muster dahingehend den internationalen Entwicklungen anzupassen, dass darunter auch die aktive Mitwirkung an internationalen Entspannungsbemühungen sowie die Teilnahme an weltumspannender Zusammenarbeit subsumiert werden konnte. In dem Zusammenhang wurde auch die Stärkung der österreichischen Außenpolitik als Sicherheitspolitik propagiert. Beide Elemente sollten in der Ära Kreisky ihre deutlichste Ausgestaltung erfahren.

Immerhin konstatierte selbst die Vereinigung Österreichischer Industrieller eine durch die „bessere innereuropäische Streuung des österreichischen Außenhandels" positiv zu bewertende Umorientierung der Handelsströme von der EWG hin zur EFTA und dem RGW (Rat für gegenseitige Wirtschaftshilfe, auch COMECON). Nach den teilweise hitzigen Debatten seit 1963 beruhigte sich die innerösterreichische Diskussion in Integrationsfragen zunehmend.

Vom „Brückenschlag" EG-EFTA (1972) und seinen Folgewirkungen zur EG-Diskussion ohne Vorwarnung

Mit der Konferenz der Staats- bzw. Regierungschefs der EG-Mitgliedstaaten in Den Haag am 1./2. Dezember 1969 erhielt die Gemeinschaft einen neuen Integrationsschub mit der Öffnung der EG gegenüber den Beitrittsanträgen Großbritanniens, Dänemarks, Irlands und Norwegens. Die Regierung Klaus stellte unmittelbar darauf einen Antrag auf Wiederaufnahme der Verhandlungen und erste Kontaktgespräche fanden bereits zwischen dem 18. und 19. Dezember 1969 in Brüssel statt. Die eigentlichen Gespräche wurden jedoch erst im November 1970 begonnen und fanden fast gleichzeitig mit den Verhandlungen der übrigen Mitglieder der Rest-EFTA – Schweiz, Schweden, Island, Portugal sowie Finnland – statt. An dieser Stelle sollte darauf hingewiesen werden, dass ganz offensichtlich die E(W)G „Alleingänge", wie sie Österreich mehrmals versucht hatte, keineswegs schätzte, sondern letztlich die Österreich-Frage mit einem allgemeinen Integrationsschub verband. Diese Lehre kann aus der Geschichte der Integrationsbemühungen seit Ende der 1950er-Jahre zweifelsfrei gezogen werden.

Ein weiterer wichtiger Aspekt im Zusammenhang mit der gesamten Integrationsdebatte bezüglich Österreich ist die Tatsache, dass realpolitisch ein enger Zusammenhang zu den internationalen Rahmenbedingungen, d.h. zum Kalten Krieg und den jeweiligen Entspannungsphasen, gegeben ist. Bereits 1967 hatte Bruno Kreisky eine „Drei-Phasen-Theorie" entwickelt, die er in weiterer Folge als Regierungschef mehrmals wiederholte, dass „von einer solchen Entspannung (...) auch das Maß der Teilnahme Österreichs an einer weiteren europäischen Integration abhängig sein werde" und sich unter diesem Aspekt potenziell eine „dritte Phase der Möglichkeiten Österreichs, an der europäischen Einigung teilzunehmen", abzeichne. Zuerst sollten die Handelsdiskriminierungen gemildert und in einer zweiten Phase ein Freihandelsabkommen geschlossen werden. Tatsächlich waren sowohl die EG-internen als auch die internationalen Rahmenbedingungen Anfang der 1970er-Jahre integrationsfreundlich, sodass die seit 1970 amtierende sozialistische Alleinregierung unter Bundeskanzler Kreisky 1972 die alte Idee eines „Brückenschlags" aus den 1960er-Jahren verwirklichen konnte. Trotz der 1969 seitens der EG projektierten Wirtschafts- und Währungsunion bis spätestens 1980 konzentrierten sich Kreisky und seine Minister nicht nur auf ein Interimsabkommen mit der EG, sondern auch auf ein Globalabkommen zwischen EG und EFTA. Dieser 1972 realisierte Brückenschlag, der in erster Linie eine Freihandelszonenlösung darstellte, wurde auch von der Sowjetunion akzeptiert. In diesem Sinne hatte sich auch die Neutralitätspolitik als überaus flexibel erwiesen.

Die Gesamtbewertung der EWG-EFTA-Entwicklungen in den 1960er- und frühen 1970er-Jahren muss davon ausgehen, dass eine isoliert ökonomische Analyse bzw. Interpretation der Integrationsschritte bzw. Integrationsziele keineswegs zielführend ist. Die Horrorszenarien ökonomischer Experten, dass eine Nichteinbindung Österreichs in die EWG zu wirtschaftlichen Katastrophen führe, trafen keineswegs zu, da die EWG selbst nicht in der Lage war, ihren ökonomischen Integrationsdruck nach innen gegen außen zu erhöhen. Gleichzeitig gelang es ab 1972, die Zollschranken und Kontingentsbeschränkungen zwischen EG und EFTA abzubauen, sodass seit Juli 1977 in diesem Bereich des Industriegüterverkehrs keine Beschränkungen bestanden. Aufgrund der temporären Abschottung und der EFTA-Gründung stieg der Anteil der Exporte in EFTA-Staaten von 11,6 Prozent (1959) auf mehr als 28 Prozent (1970). Österreichische Exportanteile in EWG-Staaten sanken im selben Zeitraum von 49,3 Prozent auf 38,7 Prozent. Im Importbereich wirkte sich diese Diversifizierung nicht so deutlich aus: Der EWG-Importanteil sank von 57,2 Prozent 1959 auf 55,9 Prozent 1970, der EFTA-Anteil stieg von 11,7 Prozent auf 19,6 Prozent. Inwieweit das Wachstum bei einer EWG(EG)-Assoziierung im Vergleich zu den Wachstumsimpulsen aus dem EFTA-Bereich hätte gesteigert werden können, ist rechnerische Spekulation. Tatsache ist, dass zwischen 1972 und 1991 als Folge des Freihandelsabkommens Österreich Wachstumsgewinne von 0,24 Prozent pro Kopf erzielte und gegenüber den EG-Mitgliedern Belgien, BRD, Frankreich, Italien, Luxemburg, Niederlande einen Wachstumsvorsprung von durchschnittlich 0,12 Prozent erreichte.

Ein Blick auf die Integrations-Meilensteine im Rahmen der EG in den 1970er-Jahren beweist, dass zwar 1969/1970 auf der politischen Grundlage des so genannten Davignon-Berichts eine formlose, aber regelmäßige Abstimmung der Außenpolitik durch Treffen der Außenminister der EG-Staaten durchgesetzt wurde, ein konkreter Trend in Richtung politischer Union jedoch unterblieb. Wesentlich wichtiger im Sinne europäischer Außen- und Sicherheitspolitik ist hingegen die Konferenz für Sicherheit und Zusammenarbeit in Europa (KSZE) seit 1973 zu bewerten. Trotz begrenzter völkerrechtlicher Verpflichtung in den Schlussakten von Helsinki sollten die drei großen Themen („Körbe") der KSZE (Friedenssicherung, wirtschaftliche Zusammenarbeit, Menschenrechte) große Auswirkungen auf die Oppositionsbewegungen in Osteuropa und der Sowjetunion haben. Der politische und moralische Druck, der aus dem KSZE-Prozess heraus zum Fall des Eisernen Vorhanges beigetragen hat, war wesentlich größer als der entsprechende Beitrag der EG. Daran änderte auch die Phase II der Europäischen Politischen Zusammenarbeit 1974 mit der Gründung des Europäischen Rates (Staats- und Regierungschefs) etc. nichts.

Nach Erweiterung der EG 1972 in eine Neuner-Gemeinschaft durch Beitritt Großbritanniens, Dänemarks und Irlands (Norwegens akkordierte Aufnahme scheiterte an einem Referendum) und dem Abschluss eines Freihandelsabkommens mit der „Rest-EFTA" schien auch der ökonomische Integrationsprozess zu einem Abschluss bzw. relativen Stillstand zu kommen. Insofern zeigte der Kopenhagener Gipfel 1973 mit einer Absichtserklärung, bis Ende der 1970er-Jahre eine politische Union zu errichten, keinerlei praktischen Folgen. Die wirtschaftlichen Turbulenzen des Ölpreisschocks 1974/1975 taten ihr Übriges, um eine Integrationsdiskussion in Österreich gar nicht mehr aufkommen zu lassen. Selbst als Griechenland (1975), Portugal und Spanien (1977) Aufnahmeanträge stellten, gab es keinerlei tief greifende Diskussionen in diese Richtung. Wohl fanden „stille" Integrationsschritte zwischen EG und EFTA statt, die sich auf wissenschaftlich-technische Fragen bezogen, doch einen massiven Einigungstrend prophezeite damals niemand.

Selbst gegen Ende der Ära Kreisky 1983 dachten weder Politologen noch Völkerrechtler oder Politiker von SPÖ oder ÖVP an eine „Neuauflage" der Integrationsdiskussion der 1960er-Jahre. Als Diktum galt überdies ohne Widerspruch, „dass die Diskussion um die Vereinbarkeit der Integrationsvereinbarungen mit dem Neutralitätsstatus als erledigt betrachtet werden darf".[35] Bemerkenswert ist, dass die von Kreisky bereits 1967 und Anfang der 1970er-Jahre postulierte Drei-Phasen-Theorie, die einen neuerlichen Integrationsschub bei steigender internationaler Entspannung beinhaltete, erst wieder Ende 1985 – im konkreten Fall seitens der ÖVP durch Andreas Khol – belebt wurde.

35 Außenpolitik und Demokratie in Österreich. Ein Handbuch, Wien 1983.

Helmut Pech

Gesichter einer Zentralbank

Ein Streifzug durch den Normenwandel

Einleitung

Dieser Beitrag versucht zu zeigen, dass die Veränderung der Zentralbanktechnik und der geldpolitischen Instrumente sowie die Rolle der Zentralbank in der Gesellschaft aus dem Entwicklungsniveau der Zivilisation (verstanden als Beherrschung des Instinktiven durch das Rationale) und dem damit verbundenen Normensystem erklärt werden können. Er beschäftigt sich vor allem mit zwei Normensystemen, nämlich dem System einer wirtschaftspolitisch aktiven Zentralbank und dem vom Netzdialog und den Informationsansprüchen der Öffentlichkeit geprägten System. Aus einer solchen „reflektierenden" Geschichtsauffassung lässt sich ein objektiver Erkenntnisgewinn ableiten, in diesem Fall ein neuer Zugang zum Verständnis (aber auch zum Selbstverständnis) von Zentralbanken. Auf eine auch nur einigermaßen vollständige chronologische Sicht der Ereignisse und Entscheidungen sowie auch auf die Rolle maßgebender Persönlichkeiten wird verzichtet. In diesem Zusammenhang sei auf die einschlägige Literatur verwiesen.[1]

Das Zusammenspiel von Funktion und Form, von Aufgaben und maßgebenden Ordnungsprinzipien der Zentralbanken ist ein interessantes, aber bisher recht wenig beachtetes Kapitel der Geld- und Währungsgeschichte. Diese Ordnungsprinzipien, oder besser: Normen, beschreiben die Art und Weise, wie „gelebt und gehandelt" werden soll, um ein gegebenes Ziel zu erreichen, und zwar jeweils im Umfeld bestimmter Werte, die den kulturellen Rahmen ausmachen.

Die Gelegenheit, auf Aspekte der österreichischen Währungspolitik unter besonderer Berücksichtigung der 1970er-Jahre einzugehen, also auf jene Periode, in der Karl Waldbrunner Erster Vizepräsident der Oesterreichischen Nationalbank (OeNB) war, bietet einen außergewöhnlich attraktiven Rahmen für eine derartige Betrachtung. Denn in keinem anderen Währungsraum war die „Gestalt", die Normenwelt einer Zentralbank, in einer so deutlichen Form von ihrem Einfluss auf die Wirtschaftspolitik geprägt. Historisch gesehen war die „Notenbank" (auch: Emissionsbank bzw. Zentralnotenbank im Fall der alleinigen „Bank der Banken" in einem Währungsraum) eine erwerbswirtschaftlich orientierte Geschäftsbank mit dem staatlich verliehenen Recht der Banknotenausgabe.

1 Hannes Androsch, Die politische Ökonomie der österreichischen Währung von 1760 bis 1984 vor dem Hintergrund der internationalen Entwicklung, Wien 1985; Helmut Pech, Eine Chronologie der Geschichte des Schilling, in: Klaus Liebscher (Hrsg.), Vom Schilling zum Euro, Beiträge zur Zeitgeschichte der österreichischen Wirtschaftspolitik und der Oesterreichischen Nationalbank, Wien 2002, 401–413; Volkswirtschaftliches Büro der OeNB, Chronik der Währungspolitik, Wien o. J. (unveröffentlichtes Manuskript), Kopie im Besitz des Verfassers.

In diesem Beitrag wird der Begriff „Zentralbank" verwendet. Dahinter steht die Vorstellung einer vom Staat mit „Währungspolitik" betrauten Institution. Im Laufe des 19. Jahrhunderts wandelte sich die zunächst erwerbswirtschaftliche Normenwelt der (Zentral-)Notenbanken aufgrund von zahlreichen Weisungen und Vorschriften, die auf gesetzlichen Ermächtigungen beruhten, in ein behördliches System, das von einer bürokratischen Normenwelt gekennzeichnet war. Die „währungspolitisch" tätige Zentralbank konnte dann aber – freilich auf Grundlage einer bürokratischen Struktur – mehr oder weniger intensiv als aktives Element der Wirtschaftspolitik operieren. Auch damit war ein spezifisches Normensystem verbunden. Heute dagegen betonen Zentralbanken ihre Funktionen als „Dienstleister", sie agieren „im öffentlichen Interesse" und sie stellen die Anliegen ihrer „Kunden und Partner" in den Mittelpunkt ihrer Öffentlichkeitsarbeit. Mit dieser Kundenorientierung ist wieder eine andere, neue Normenwelt verbunden. Denn sie ist ableitbar aus einem Zivilisationsniveau, das auf einem Netzdialog als Grundlage der Kommunikation beruht, und aus den sich daraus ergebenden Informationsansprüchen der Öffentlichkeit (Bürgernähe).

Die wirtschaftspolitisch aktive Zentralbank

Voraussetzungen und historische Bezüge

Die österreichische Wirtschaftspolitik der 1970er-Jahre gestaltete sich zum Paradebeispiel einer auf mehrere makroökonomische Ziele abzielenden „Verstetigungsstrategie", im Gegensatz zur „Prioritätenstrategie", die vorrangig auf nur ein Ziel – etwa die Vollbeschäftigung – ausgerichtet ist. Der von Hans Seidel gegen Ende der 1970er-Jahre (und damit eigentlich schon ex post) geprägte und von ihm selbst durchaus skeptisch gesehene Begriff „Austro-Keynesianismus" war ein recht attraktives Etikett für die wirtschaftspolitische Diskussion. Zugrunde lag ihr die Idee, eine restriktive Währungspolitik (letztlich über die D-Mark-Orientierung des Schilling) mit einer konsensorientierten, sozialpartnerschaftlichen Einkommenspolitik und einem expansiven Nachfragemanagement der öffentlichen Hand zu kombinieren. Auf diese Weise seien Preisstabilität, optimale Beschäftigung, Kontrolle des Kostenauftriebs bzw. internationale Wettbewerbsfähigkeit und daher auch eine zumutbare Position der Leistungsbilanz erreichbar gewesen, nämlich insbesondere nach dem ersten Ölpreisschock (1973).

Skeptisch zu beurteilen war in der Tat der Gedanke, man hätte mit dieser spezifischen Lösung des Assignment-Problems (Zuordnung makroökonomischer Instrumente zu wirtschaftspolitischen Zielen) ein neues, praktikables Modell der Wirtschaftspolitik entdeckt. Für die OeNB war aber die damit verbundene Beschäftigungstherapie für Ökonomen recht angenehm. Sie war schon damals darauf eingestellt, die Währungspolitik als langfristiges, die Erwartungen stabilisierendes Element zu betrachten und den expansiven Teil des „Austro-Keynesianismus“ als temporäres Phänomen zu sehen. Tatsächlich leitete die Bundesregierung – vor dem Hintergrund von Glaubwürdigkeits-Problemen der Währungspolitik – im Jahr 1987 die Budgetkonsolidierung ein, abgesehen davon, dass schon vorher im Rahmen verschiedener Stabilisierungspakete entsprechende Beiträge des Bundeshaushalts geleistet wurden.

Im Grunde war die wechselkursorientierte Politik der OeNB ein pragmatisch entstandenes Gebilde. Das war wohl vor allem darauf zurückzuführen, dass die „professionelle“ Ökonomie immer mehr von einer praxisbezogenen Soziologie der kommerziellen Beziehungen zu Aussagesystemen tendierte, die gegen die Erfahrung (insbesondere auch gegen die Erfahrungswelt der organisierten Gruppeninteressen) immunisiert wurden und einen ausgesprochen kasuistischen Charakter annahmen. Bestimmte Hypothesen waren allerdings zur theoretischen Untermauerung sehr wohl notwendig, wie die Theorie optimaler Währungsräume, das Tugendkreisszenario als Wirkungsmechanismus von Wechselkurs-Preisspiralen und jene strukturelle Inflationstheorie, die als „skandinavisches Modell der Inflation“ bekannt geworden ist.

Dieser Pragmatismus brachte übrigens den einen oder anderen österreichischen Ökonomen regelrecht „auf die Palme“, obwohl – das sei hier dankbar vermerkt – Erich Streissler in einem Vortrag festgestellt hatte: „Was kann die Geldpolitik von der modernen Geldtheorie lernen? Kurz und bündig lautet die Antwort auf diese Frage: Nichts, leider nichts!“[2] Unverantwortlich, grundsätzlich falsch, blamabel und dumm sei die billige, offizielle Notenbanklinie, die damit verbundene Argumentation und das „Quatschwort Hartwährungspolitik“, so in einem (allerdings privaten) Schreiben[3]. Aber keine einzige der damals behaupteten negativen Folgen ist eingetreten, auch nicht die befürchtete Verschiebung der Faktorallokation vom „exponierten“ zum „geschützten“ Sektor, eine damals noch mögliche Differenzierung.

Der Vorwurf einer fehlenden „Politikevaluierung“ war – nebenbei bemerkt – in keiner Weise gerechtfertigt. Sie war allerdings, methodisch gesehen, mit voller Absicht recht primitiv, denn sie bediente sich der simplen deskriptiven Wirtschaftsstatistik. Vor allem war es die Analyse der Globalbilanz des Bankensystems, der Leistungsbilanzsalden, der Arbeitsmarkt- und Einkommensstatistiken, der Preisindizes, der Volkswirtschaftlichen Gesamtrechnung, der Budgetdaten und ausgewählter Industriebilanzen, die laufend ein Bild darüber ermöglichte, ob das „System“ im Gleichgewicht war oder ob sich ein wirtschaftspolitischer Handlungsbedarf abzeichnete. Eine persönliche Bemerkung sei in diesem Zusammenhang angebracht. Stephan Koren hat mich in seiner Funktion als Präsident der OeNB ermutigt, die publizistische Auseinandersetzung mit den Kritikern und Skeptikern der damaligen

2 Erich Streissler, Geldpolitik und moderne Geldtheorie (unveröffentlichtes Manuskript), 1. Kopie im Besitz des Verfassers.
3 Kopie im Besitz des Verfassers.

Währungspolitik zu führen. Er war daran interessiert, die meisten dieser Probleme schon im Vorfeld des Direktoriums und Generalrates gelöst zu wissen. An dieser Stelle kann auch auf einen Artikel verwiesen werden, der die Währungspolitik auf Grundlage eines Organigramms beschreibt[4] und auf einer ganz ähnlichen Denkweise beruht, wie vor kurzem Alan Blinder und Ricardo Reis einen Aspekt des „Greenspan Standard" beschrieben haben: „(...) he sees the economy as in a state of constant flux, and he sees the central bank as constantly in learning mode".[5]

Die eigentliche pragmatische Wurzel der OeNB-Wechselkursstrategie lag ohne Zweifel im österreichischen System der Sozialpartnerschaft, das eine aktive Einkommenspolitik ermöglichte. Daraus ließ sich der Schluss ziehen, dass eine wettbewerbsverbessernde Einkommenspolitik auf Grundlage einer vergleichsweise niedrigen Inflationserwartung machbar war und dass eine solche Vorgehensweise eher erfolgreich sein konnte, als bereits eingetretene (nämlich durch den Inflationsimport von Abwertungen bedingte) Preissteigerungen lohnpolitisch zu kompensieren. Hinsichtlich der Preis-, Kosten- und Einkommenseffekte des Wechselkurszieles waren daher – freilich unter der Voraussetzung einer geeigneten Ankerwährung – positive Wirkungen auf die internationale Wettbewerbsfähigkeit zu erwarten.

Ebenso wie die Sozialpartnerschaft ist aber als institutionelle Voraussetzung der Zentralbank-Stellenwert im Gesamtsystem der wirtschaftspolitischen Entscheidungsträger zu nennen. In beiden Fällen beruhte die entscheidungstheoretische Konzeption auf dem Vorrang der Konsenslösung vor der Konfliktlösung. Aus den OeNB-Statuten (Nationalbankgesetz 1955, BGBl. 184) war das durch die geforderte Präsenz maßgebender Interessengruppen im Generalrat und auch durch andere gesetzliche Formulierungen ersichtlich. So einerseits die Pflicht der Zentralbank zur „Bedachtnahme" auf die Wirtschaftspolitik der Bundesregierung (Par. 4) und zugleich die Bestimmung, dass der Bund selbst keine Maßnahmen treffen dürfe, „die geeignet sind, die Bank an der Erfüllung der ihr obliegenden Verpflichtungen zu hindern" (Par. 41/2).

Die Einordnung wesentlicher Teile der Wirtschaftspolitik (die ja in regelmäßigen Abständen Gegenstand von Wahlkämpfen waren) in die Zwänge einer langfristig ausgerichteten währungspolitischen Strategie war – rückblickend gesehen – ein erstaunliches Phänomen. Es liegt nahe, auf eine Tradition zu verweisen, die bis auf die Gründung der OeNB zurückgeht. Jedenfalls war diese Gründung als Folge eines Staatsbankrotts (1811) und nach den Finanzkrisen der Napoleonischen Kriege zustande gekommen. In einer solchen Konstellati-

4 Helmut Pech, Zum Konzept der österreichischen Geld- und Währungspolitik, in: Finanznachrichten 44 (1979),1–7.

5 Alan S. Blinder/Ricardo Reis, Understanding the Greenspan Standard, Paper prepared for the Federal Reserve Bank of Kansas City symposium, The Greenspan Era: Lessons for the Future, Jackson Hole, Wyoming, August 25–27, 2005 (unveröffentlichtes Manuskript), 9. Kopie im Besitz des Verfassers.

on war der Ruf nach einer vom Staat unabhängigen Zentralbank verständlich. Im Paragraph 1 des Patents vom 1. Juni 1816 hieß es dann auch: „(...) es soll von nun an nie mehr die Ausfertigung eines neuen Papiergeldes mit Zwangswerth und Zwangsumlauf, oder irgend eine Vermehrung des gegenwärtig im Umlauf befindlichen Statt haben (...)“[6]

Ganz anders lässt sich die Situation beispielsweise in England beschreiben. Abgesehen davon, dass die Bank of England das Licht der Welt (1694) im Kontext eines dringenden staatlichen Geldbedarfes erblickt hatte (Krieg Wilhelms III. gegen Frankreich), war dort ein völlig anderes „demokratiepolitisches“ Verständnis vorherrschend, das bis vor wenigen Jahren in der politischen Realität relevant war. Eine präzise Formulierung dieser Thematik findet sich – 179 Jahre nach der Gründung der Bank of England – bei Walter Bagehot, wenn er die Rolle des Finanzministers in der Geldpolitik darstellt: „He is, on finance, the natural exponent of the public opinion of England. And it is by that opinion that we wish the Bank of England to be guided.“[7]

Die erwähnte österreichische Tradition lässt sich auch auf die kaiserliche Verordnung vom 21. September 1899 übertragen (RGBl. Nr. 176), mit der die auf Gold basierende Kronenwährung endgültig als alleiniges gesetzliches Zahlungsmittel eingeführt wurde. Sie war zwar schon mit dem Gesetz vom 2. August 1892 (RGBl. Nr. 126) in Kraft getreten, aber es bestand Annahmezwang für die umlaufenden Zahlungsmittel im Verhältnis 1 Gulden = 2 Kronen. Außergewöhnlich an dieser Verordnung, die auch das Privilegium der Oesterreichisch-Ungarischen Bank verlängerte, war Artikel 56 der neuen Statuten. Er ermächtigte die Bank zu devisenpolitischen Operationen. Dass es im späteren Verlauf gelungen ist, aufgrund dieser Ermächtigung den Außenwert der Kronenwährung trotz erheblicher wirtschaftlicher Probleme mit nur geringen Schwankungen auf der Goldparität zu halten, war eine international anerkannte Leistung mit Vorbildcharakter, der erste Schritt auf dem Weg zu einer wechselkursorientierten Strategie sozusagen.

Per 8. August 1911 wurde das Zentralbankprivileg wieder verlängert (RGBl. Nr. 157), und nun fand sich im Artikel 1 der Statuten der Auftrag an die Bank, „bei sonstigem Verlust ihrer Privilegien“ mit allen ihr zu Gebote stehenden Mitteln den Paritätswert der Kronenwährung gegenüber anderen Währungen aufrechtzuerhalten.

6 Sr. k. k. Majestät Franz des Ersten politische Gesetze und Verordnungen für die Österreichischen, Böhmischen und Galizischen Erbländer, 44, Wien 1816, 190. Eine ausführliche Darstellung des österreichischen Währungsrechts findet sich in: Alfred Schwarzer/Walter Csoklich/ Walter List, Das österreichische Währungs- und Devisenrecht einschließlich Nationalbankgesetz, ERP-Fonds-Gesetz, Geldmarkt-Schatzscheingesetz und anderer die österreichische Notenbank berührender Rechtsvorschriften und internationaler Abkommen sowie der Kundmachungen und Mitteilungen zum Devisengesetz, Wien 1987; und in: Othmar Bachmayer, Die Geschichte der österreichischen Währungspolitik (Schriftenreihe der Österreichischen Bankwissenschaftlichen Gesellschaft), Wien 1960, XII.

7 Walter Bagehot, A description of the money market, New York 1962 (Nachdruck der Originalausgabe von 1873), 55.

Eine erstaunlich breite Palette

Es ist in diesem Rahmen nicht möglich, die wirtschaftspolitischen Aktivitäten der OeNB in den 1970er-Jahren auch nur einigermaßen vollständig zu beschreiben. Einige markante Fälle sollen aber im Folgenden behandelt werden. Grundsätzlich ging es darum, vor dem Hintergrund des zunehmend liberalisierten Kapitalverkehrs die internationale Glaubwürdigkeit einer Währungspolitik zu sichern, die im Gegensatz zu den herrschenden geldtheoretischen Überzeugungen stand. Diese beruhten auf dem Gedanken der Optimalität einer regelgebundenen Geldmengenpolitik und dem gesamtwirtschaftlichen Wirkungsmechanismus der von der Zentralbank kontrollierbaren „monetären Basis" (die unmittelbar aus der Zentralbankbilanz ableitbar war).[8] Zweifel waren aber schon an dieser Stelle angebracht, also unabhängig von den Problemen der Interpretation breit definierter Geldmengengrößen, die (markt-) zinstragende Elemente enthielten. So konnten die Kreditunternehmungen[9] einen Zufluss von Zentralbankgeld zum Beispiel durch Tilgung ihrer Zentralbankverschuldung oder durch die Schaffung kurzfristiger Forderungspositionen im Ausland zum Aufbau potenzieller Liquiditätsreserven verwenden, die den Bremsweg liquiditätspolitischer Restriktionen der Zentralbank beträchtlich verlängerten.

Bereits während der Krise des Bretton-Woods-Systems waren in Österreich die Weichen für eine wechselkursorientierte Währungspolitik gestellt worden, nämlich mit der im Gefolge massiver internationaler Devisenspekulationen per 10. Mai 1971 erfolgten Schillingaufwertung gegenüber dem US-Dollar (um 5,05 Prozent). Hinsichtlich des weiteren Weges sei auf die in Fußnote 1 zitierte Literatur verwiesen. In zunehmendem Maße entwickelte die OeNB nunmehr die Palette ihrer wirtschaftspolitischen Interventionen, ein Prozess, der im Frühjahr 1980 abgeschlossen war (worauf weiter unten noch eingegangen wird).

Ein wichtiger Bereich der wirtschaftspolitischen Zentralbankaktivität stand in Zusammenhang mit der Geschäftstätigkeit der österreichischen Banken und mit der Frage einer wettbewerbsfähigen Bankenstruktur. Die OeNB informierte die Banken laufend über Entwicklungen, die zwar aus Sicht des Einzelinstituts unbedenklich waren, die aber aufgrund der Globalanalyse des Bankensystems zu einem Problem für die Währungspolitik werden konnten. Die Banken wurden aufgefordert, bestimmte Aktivitäten einzubremsen (beispielsweise die Refinanzierung langfristi-

8 Helmut Pech, Zur Entstehung währungspolitischer Strategien, in: Klaus Liebscher (Hrsg.), Vom Schilling zum Euro. Beiträge zur Zeitgeschichte der österreichischen Wirtschaftspolitik und der Oesterreichischen Nationalbank. Festschrift für Adolf Wala zum 65. Geburtstag, Wien 2002, , 111–123, 114–117; Georg Albrecht/Helmut Pech, Einige Überlegungen zum Spannungsfeld zwischen monetärer Theorie und Praxis, in: Werner Clement/Karl Socher (Hrsg.), Empirische Wirtschaftsforschung und monetäre Ökonomik, Berlin 1979, 161–176, 161–165.

9 Die Begriffe „Kreditunternehmung" bzw. „Kreditapparat" sowie damit zusammenhängende Wortverbindungen wurden übrigens durch das Kreditwesengesetz 1979, BGBl. 63, Artikel II, durch die Worte „Banken" bzw. „Bankwesen" ersetzt. Sie werden im Folgenden unabhängig von dieser juristischen „Zäsur" verwendet. Amüsant ist, dass der Gesetzgeber offenbar vergessen hat, diese Bestimmung auf den Titel des Gesetzes selbst anzuwenden.

ger Schillingkredite mit kurzfristigen D-Mark-Verbindlichkeiten) oder zu unterlassen, sie wurden mit potenziellen Sanktionen der OeNB konfrontiert (so im Fall der unten noch beschriebenen „Limes-Kreditpolitik“) und gegebenenfalls überzeugt, Genlemen's Agreements abzuschließen.

Der gesamte österreichische Finanzmarkt hatte – und das lässt sich auch historisch begründen – erhebliche Probleme im Umgang mit kompetitiven Prozessen, also mit dem Wettbewerb auf freien Märkten. Zwei Gründe seien hier genannt: die Herkunft der österreichischen Banken aus Kundengruppen-Universalbanken und ihre traditionell hohen Industriebeteiligungen. Die vom Wettbewerb und von gesellschaftspolitischen Veränderungen erzwungene Umstellung zu Universalbanken, die über die traditionelle Kundengruppe hinaus praktisch alle potenziellen Bankkunden ansprechen, hatte – im Gefolge eines ruinösen Wettbewerbs, der auf Kosten der Substanz keine oder nur minimale Marktanteilgewinne brachte – die Ertragskraft der Banken massiv geschwächt. Gegen Mitte der 1970er-Jahre wiesen nur japanische Banken, die aber wegen ihrer Einbindung in Handelshäuser ganz anders zu beurteilen waren, im internationalen Vergleich niedrigere Eigenmittelquoten auf. Dieser Wettbewerb brachte zuweilen seltsame Blüten hervor. So die massive Begebung eigener Emissionen (um auch auf diesem Sektor den Marktanteil zu verbessern), mit deren Erlösen Kredite an die öffentliche Hand finanziert wurden (!). In diesem Umfeld spielte die OeNB eine maßgebende Rolle beim Entstehen einer neuen Bankengesetzgebung mit dem vorrangigen Ziel, die Eigenmittelposition (Haftkapital) der Banken nachhaltig zu verbessern (Kreditwesengesetz 1979).

Ein wichtiger Komplex war auch die zunehmende Problematik einer österreichischen Exportfinanzierung, die Schillingkredite an (ausländische) Importeure auf den internationalen Finanzmärkten, also in Fremdwährung, refinanzierte. Die Rücksichtnahme auf das Länderrisiko bei solchen Transaktionen war ein erfolgreich umgesetztes Anliegen der auf die Glaubwürdigkeit ihrer Währungspolitik bedachten Zentralbank.

Bemerkenswert war die Praxis der „Stabilisierungspakete“ (erstmals im November 1972), die auf Grundlage der von den Interessengruppen akzeptierten Wechselkursorientierung Maßnahmen der Budget-, Preis-, Einkommens- und Kreditpolitik umfasste und somit Regierung, Sozialpartner und Zentralbank um einen Tisch versammelte.[10] Im Rahmen der Kreditpolitik wurden damals die traditionellen, auf die Passivseite der Bankbilanzen abstellenden Kreditkontrollabkommen als zu wenig effizient betrachtet (zulässige Kreditplafonds wurden aus dem Zuwachs der Verpflichtungen ermittelt). Zusätzlich kam es (als Teil des Stabilisierungspakets) zu einer aktivseitigen Kreditkontrolle, also zu einer maximal zulässigen Ausweitung der Direktkredite an inländische Nichtbanken („Limes“), bei deren Überschreitung als Sanktion die Kürzung bzw. Verweigerung der Zentralbank-Refinanzierung

10 Vgl. dazu Androsch, Politische Ökonomie, 84–106 (wie Fn. 1).

angedroht wurde, eine sehr wirkungsvolle Bestimmung. Im Juli 1977 ergänzte – wegen der zunehmend passiven Leistungsbilanz – ein eigener „Limes" für Kredite an unselbstständig Erwerbstätige und Private diese Form der Kreditkontrolle. Das ganze System (aktiv- und passivseitige Kreditkontrolle) entwickelte sich zu einem bürokratischen Moloch, war aber mittelfristig gesehen sehr effizient (im Laufe des Jahres 1981 wurde es – mit Ausnahme des „Sonderlimes" für Kredite an unselbstständig Erwerbstätige und Private – abgeschafft). Die theoretische Komponente der Limes-Kreditpolitik war das Modell der Kreditschöpfung durch das Bankensystem. Die aktivseitige Kreditkontrolle unterbrach notwendigerweise den Kreislauf von Kreditschöpfung und Sichteinlagenbildung, sie wirkte demnach direkt auf den Kreditschöpfungsmultiplikator und war vom Kreditapparat aus eigener Kraft nicht zu beeinflussen. Ihr allerdings erheblicher Nachteil hätte – bei längerfristiger Anwendung – in einem unerwünschten Einfrieren der Marktanteilsstruktur bestanden.

Bemerkenswert ist weiters, dass diese „kooperative" Wirtschaftspolitik auch fortgesetzt wurde, als die wechselkurspolitischen Zwänge in ausgesprochenen Problemphasen (wie die Ölpreisschocks und die schon angeführte starke Passivierung der Leistungsbilanz) vor allem von den Sozialpartnern viel Verständnis abverlangten. Die Konsensbereitschaft blieb auch erhalten, als die OeNB zu Jahresanfang 1980 gezwungen war, wegen der destabilisierenden Folgen des zweiten Ölschocks (rentabilitätsorientierte Devisenabflüsse, die etwa ein Drittel der Währungsreserven ausmachten, steigende Inflationserwartung und rasch aufgeschaukelte internationale Zinsbewegungen) ihre bisherige autonome Niedrigzinspolitik aufzugeben und von diesem Zeitpunkt an das Zinsniveau der Ankerwährung D-Mark als Maßstab zu betrachten.

Dennoch war man bestrebt, den Inflationsimport und den dadurch ausgelösten kosteninflatorischen Impuls einzudämmen. Durch den im Vergleich zu den Handelspartnern geringeren Preisauftrieb in Österreich war eine real-effektive Abwertung des Schilling entstanden, die im Herbst 1979 im Zuge einer (letztmaligen) autonomen Anhebung des Schillingkurses gegenüber der D-Mark um 1,5 Prozent und durch eine unveränderte Schilling-D-Mark-Relation anlässlich des Realignments im Europäischen Währungssystem (Aufwertung der DM um 2 Prozent, Abwertung der Dänen-Krone um 3 Prozent) rückgängig gemacht werden sollte. Hannes Androsch, der unmittelbar politisch Verantwortliche für das Geschehen (die Unabhängigkeit der OeNB in der Durchführung und Abwicklung setzte ja die Rücksichtnahme „auf die Wirtschaftspolitik der Bundesregierung" voraus und daher deren volle Unterstützung für das Wechselkurskonzept) führt dazu aus: „Die österreichische Hartwährungspolitik fand nunmehr auch die prinzipielle Zustimmung der Bundeskammer, der Vereinigung Österreichischer Industrieller und der Präsidentenkonferenz der Landwirtschaftskammern Österreichs als eine Politik im österreichischen Gesamtinteresse."[11] Man könnte auch zusammenfassen: Das auf einem Wechselkursziel beruhende wirtschaftspolitische Konzept einer kleinen, offenen Volkswirtschaft war nunmehr „ausgereift".

11 Androsch, Politische Ökonomie, 110 (wie Fn. 1).

Wichtig war auch die aktive Rolle der OeNB bei Reformen des Kapitalmarktes. Im Laufe der 1970er-Jahre zeichneten sich fundamentale Veränderungen auf den internationalen Finanzmärkten ab. Dazu gehörten Deregulierung und Liberalisierung, wesentliche Fortschritte bei der Technologie der Kommunikation, größere Amplituden der Zinsbewegungen, die Entwicklung von Finanzinstrumenten zur Absicherung von Wechselkurs- und Zinsänderungsrisken (aber auch zu spekulativen Zwecken) und die Spannungen der „internationalen Verschuldungskrisen". Das Management von Risken, die Steuerung von monetären Vermögensbeständen bzw. von Verbindlichkeiten auf der Grundlage moderner Clearing- und Abwicklungssysteme waren Phänomene, die von Zentralbanken kurze Entscheidungswege und entsprechend effiziente Instrumente verlangten. Eine adäquate Antwort auf diese Herausforderungen war vor allem der Ausbau des Offenmarkt- und Swapgeschäftes. Darüber hinaus war davon auszugehen, dass ein qualitatives Defizit des Kapitalmarktes gegenüber vergleichbaren ausländischen Finanzmärkten zu einer latenten Abwanderung von Teilen der Geldvermögensbildung führen könnte, gleichzeitig aber Kapitalimporte in Form von Veranlagungen ausländischer Investoren in Schillingpapieren ausblieben. Die Folge dieser Verknappung der Inlandsliquidität wären unerwünschte Zinssteigerungen gewesen. Neben den bereits erwähnten Impulsen für die Bankengesetzgebung und für die Diskussion um ein wettbewerbsfähiges Bankensystem brachte die OeNB daher – in enger Zusammenarbeit mit der Kontrollbank – Reformvorschläge für den österreichischen Kapitalmarkt aufs Tapet.

Schließlich soll noch auf einen Aspekt eingegangen werden, nämlich auf die so genannte „selektive Geldschöpfung" zugunsten der Export- und Investitionsfinanzierung. Sie sollte als Beitrag zur „monetären Strukturpolitik" verstanden werden. Auslösend dafür war das von der Bundesregierung im Jahr 1976 beschlossene „Programm zur Erhaltung der Vollbeschäftigung und zur Förderung des Strukturwandels". Die damaligen Überlegungen werden im Folgenden etwas näher beleuchtet. Erstens sind sie typisch für die Normenwelt der wirtschaftspolitischen Feinsteuerung (ebenso wie die oben bereits angeführte „Limes-Kreditpolitik" als Instrument der Leistungsbilanz-Verbesserung oder die Idee einer Schillingaufwertung, um eine real-effektive Abwertung zu kompensieren). Zweitens kann damit gezeigt werden, welche Überlegungen die OeNB in diesem Fall (aber prinzipiell auch bei allen anderen das währungspolitische Konzept tangierenden Ereignissen und Maßnahmen) anzustellen hatte, und drittens ist darüber kaum Literatur verfügbar.

Als selektiv wurde eine zentralbankgeldwirksame Maßnahme dann angesehen, wenn sie gezielt nur bestimmten Banken bzw. bestimmten Verwendungen zukam. Die seit 1976 eingeführten selektiven Zentralbankgeld-Dotierungen wurden über Offenmarktgeschäfte abgewickelt, und zwar zugunsten der Kontrollbank AG, des Exportfonds und der Investitionskredit AG. Dazu kamen im Rahmen der „Normalrefinanzierung" (Eskont- und Lombardkredite der Zentralbank) die Exportwechsel mit unbedingter Rediskontzusage der OeNB. Die Wechselbürgschaft der Republik Österreich ersetzte eine allenfalls fehlende Bonität des Exporteurs.

Das währungspolitische Konzept mit seinem Wechselkursziel bedeutete den Verzicht auf eine aktive Geldmengenpolitik, d.h., die Geldmenge des Schilling-Währungsraumes wurde endogen bestimmt. Bezogen auf die engste Geldmengendefinition, also auf die „monetäre Basis" (Zentralbankgeld), war die Konsequenz: Die OeNB hatte keinen Einfluss auf das Niveau, sondern nur auf die Struktur dieser statistischen Größe, somit auf die Auslands- bzw. Inlandskomponente. Bei der Auslandskomponente handelte es sich um den Ankauf von (volkswirtschaftlich gesehen: verdienten oder geborgten) Devisen, im Rahmen der Inlandskomponente stellte die OeNB durch die Refinanzierung (Eskont und Lombard) sowie mit expansiven Offenmarktgeschäften Zentralbankgeld zur Verfügung.

Nun beliefen sich die selektiven Offenmarktgeschäfte der OeNB Anfang 1977 noch auf 0,7 Milliarden Schilling, aber es war klar, dass die damit verbundenen Zinssubventionen Begehrlichkeiten weckten, wobei der „gute Zweck" einer monetären Strukturpolitik zunächst ein schwer widerlegbares Argument war. Und so kam es eben dazu, dass im Jahr 1986 allein die selektiven Offenmarktgeschäfte die Größenordnung von 13 Milliarden Schilling erreichten und der selektive Anteil der Zentralbankgeldversorgung über die Inlandskomponente (einschließlich eskontierter ERP-Wechsel (European Recovery Program)) auf fast 40 Prozent angestiegen war.

Für die Währungspolitik war das eine problematische Situation. Die Geldmengenvorstellung der OeNB war – bei gegebener Wechselkurspolitik – von den zinspolitischen Erfordernissen abhängig, wobei der für die Erfüllung der Mindestreserve-Verpflichtungen erforderliche Bedarf an Zentralbankgeld gleichsam ein „festes Datum" war. Um abgesehen von leistungsbilanzbedingten Devisenbewegungen rentabilitätsorientierte Devisenabflüsse zu verhindern (und um gleichzeitig keinen zusätzlichen Druck auf den Schilling-Außenwert zu erzeugen), musste die OeNB – wie erwähnt seit dem Frühjahr 1980 – das inländische Geldmarkt-Zinsniveau in etwa auf der Höhe des D-Mark-Geldmarktes halten. Zahlreiche, kurzfristig wirksame Maßnahmen die Struktur der Zentralbankgeld-Dotierung betreffend waren notwendig. So wurden ab Mai 1981, der durch eine besonders hohe Zentralbankgeldnachfrage gekennzeichnet war, den Kreditunternehmungen D-Mark-Devisenswapoperationen angeboten, um einen unnötig hohen Zinssatz auf dem Schilling-Geldmarkt zu vermeiden (sie gaben den Banken absolute Sicherheit hinsichtlich des Wechselkurs-Risikos). Weitere Beispiele für den einschlägigen Ideenreichtum sind Veränderungen der ausnützbaren Refinanzierungs-Plafonds der Banken im Eskont- und Lombardgeschäft und der Pönalesätze für die Unterschreitung des Mindestreserve-Solls. Grundsätzlich ging es darum, der OeNB einen ausreichenden Freiheitsgrad der Inlandskomponente zu sichern, um kurzfristige Interventionen auf dem Geldmarkt zu ermöglichen.

Die Auslandskomponente der Geldschöpfung war dazu nicht geeignet. Probleme ergaben sich schon aus der schwierigen Koordinierung von Leistungsbilanzprognose und Kapitalimportbewilligungen sowie auch aus der Tatsache, dass maßgebende Kapitalimporte (nämlich jene des Bundes und der Kontrollbank – Letztere für

Zwecke der Exportfinanzierung) auch bei gutem Willen aller Beteiligen nicht ausreichend auf die währungspolitischen Erfordernisse abgestimmt werden konnten.

In der OeNB wurden seit Anfang der 1980er-Jahre interne Studien erstellt, die auf dieses Thema eingingen.[12] Aus währungspolitischer Sicht ging es somit vor allem um die bedrohliche Immobilisierung der Inlandskomponente. Es musste darauf verwiesen werden, dass beim selektiven Verfahren ein Rückzug von Zentralbankgeld, das de facto in langfristigen Finanzierungen veranlagt war, ohne Gefährdung der Rentabilität dieser Finanzierungen nicht möglich war. Das war gleichbedeutend mit einer Dauerrefinanzierungs-Verpflichtung. Diese Argumente setzten sich schließlich durch. Die letzte Dotierung im Rahmen der selektiven Geldschöpfung wurde Mitte 1986 (zugunsten des Exportfonds) vorgenommen, und es kam dann zu einem „geordneten Rückzug" der OeNB, nachdem auch die OECD (1984/85, 1985/86) das System der Zinsstützungen im Zusammenhang mit dem zu wenig effizienten Kapitalmarkt und negativen Auswirkungen auf den Wettbewerb der Banken kritisiert hatte. Tatsächlich war es der Investitionskredit AG gelungen, mit einer OeNB-Refinanzierung in Höhe des Dreieinhalbfachen ihres Eigenkapitals den Marktanteil an den gesamten von den österreichischen Banken vergebenen Industriekrediten innerhalb von zehn Jahren zu verdoppeln (auf über 10 Prozent).

Wie diese Geschichte zeigt, fand die wirtschafts- (in diesem Fall die struktur-)politische Rolle der OeNB dort ihre Grenze, wo es auf längere Sicht zu einer Gefährdung der eigentlichen Mission, also der auf das Wechselkursziel abgestellten Strategie, kam. Um eine Strategie ging es in der Tat, also um einen Begriffsinhalt, der Elemente wie „Kunst und Lehre" zur Durchsetzung eines Machtpotenzials vermittelt und so gesehen im Widerspruch zur Idee eines wissenschaftlich formulierten Kausalzusammenhangs und daher zur Vorstellung steht, „ein konsistentes theoretisches Gebilde ließe sich lückenlos" in die Praxis übertragen.[13]

Die kundenorientierte Zentralbank

Die in der Einleitung angedeutete Begründung für den aktuellen Normenwandel, somit das Erreichen eines Zivilisationsniveaus, das auf einem Netzdialog als Grundlage der Kommunikation beruht, und die sich daraus ergebenden Informationsansprüche der Bürger, hat maßgebende Konsequenzen für die Zentralbank. Die folgende Analyse bezieht sich in erster Linie auf die europäische Situation. Sie ist nur zu einem geringen Teil als Beschreibung eines Ist-Zustandes gemeint, sondern weit mehr als ein Betrachten des Sein-Sollens.

12 Helmut Pech, Zur Frage der selektiven Geldschöpfung (unveröffentlichtes Manuskript, ein Teil davon wurde in der Wochenschrift „Finanznachrichten" publiziert), Kopie im Besitz des Verfassers; Georg Albrecht: Anmerkungen zur selektiven Geldschöpfung der Notenbank (unveröffentlichtes Manuskript), Kopie im Besitz des Verfassers; Büro für Refinanzierung, Notenbank und selektive Exportfinanzierung (unveröffentlichtes Manuskript) Kopie im Besitz des Verfassers.

13 Pech, Entstehung, 111 (wie Fn. 8).

Geldpolitik und staatliche Souveränität

Für den Euroraum und damit auch für die OeNB ergibt sich aus dem aktuellen Normenwandel eine spezifische Problematik durch das Fehlen einer außer Streit gestellten, stabilen politischen Zielfunktion, also einer konkreten Gestalt der staatlichen Souveränität. Das führt auf den ersten Blick zu einem gewissen Dilemma. Einerseits sollte das Zentralbanksystem die Kundenorientierung im Interesse seines Selbstverständnisses und auch vor dem Hintergrund einer auf Stabilität bedachten Geldpolitik über die bisher gewohnten Grenzen hinausführen. Andererseits schreibt die europäische institutionelle Arbeitsteilung, die sich auch in den Zentralbank-Statuten niederschlägt, eine Konzentration auf das eigentliche Ziel der Preisstabilität vor.

Folgt man jedoch den hier angestellten Überlegungen, dass wir es nunmehr mit einer fundamentalen Veränderung der Art und Weise zu tun haben, wie in modernen Gesellschaften mehr oder weniger relevante Meinungen gebildet, transportiert und ausgetauscht werden, dann löst sich das Dilemma wohl auf. Bestimmte Inhalte, die eindeutig „jenseits der Geldpolitik" liegen, rücken in unmittelbare Nähe der existenziellen Interessen einer langfristig orientierten Zentralbank.

Die Geldhoheit gehört spätestens seit der Staatsrechtslehre von Jean Bodin („Les six livres de la république", Paris 1583) zum Katalog der staatlichen Souveränitätsrechte. Mit anderen Worten: Die Zentralbank kann sich nur „wohlfühlen" in einem ebenso wohldefinierten Umfeld staatlicher Souveränität. Ohne ein solches Umfeld steht ihre Existenz, das heißt ihr auf den Währungsraum ausgerichtetes Streben nach monetärer Stabilität, auf tönernen Füßen. In einer solchen Konstellation und unter den heutigen Bedingungen wird die Frage des hoheitlichen Rahmens zu einem Thema für die kundenorientierte Zentralbank. Voraussetzung dafür ist eine Analyse der Situation.

Sie wird davon auszugehen haben, dass auf dem Gebiet der hoheitlichen Organisationen strukturelle Veränderungen unverkennbar sind. Gemeinsam ist ihnen ein Autarkieverlust, der sich mit der Ausbreitung und Verdichtung internationaler Kooperationen und den sich daraus ergebenden vertraglichen Verpflichtungen im Rahmen internationaler Organisationen (sowohl staatlicher als auch privater Natur) erklären lässt. Die relative Kompetenz der politisch-administrativen Zentralen geht zurück zugunsten einer Netzwerkstruktur, die jede Form der Pluralisierung begünstigt, bis hin zur Wiederbelebung der sprachlichen Vielfalt und der damit verbundenen ethnisch-kulturellen Eigenarten. Das alles sind keine Hypothesen, sondern unbestreitbare Wirklichkeiten, aus denen sich ein immanenter Druck in Richtung der politischen Selbstorganisation kleinerer Einheiten mit eigener Steuerbasis ergibt.

Bezogen auf die europäische Situation und vor dem Hintergrund des oben behandelten Begriffs der kundenorientierten Zentralbank und ihres Bedarfs an einer „wohldefinierten staatlichen Souveränität", folgt zwingend, dass die Frage der Entstehung dichter föderaler Strukturen als Voraussetzung einer demokratiepolitisch durchsetzbaren politischen Union verstanden und in diesem Sinn auch diskutiert werden muss.

In diesem Zusammenhang sei darauf verwiesen, dass vor dem Eintritt in die Währungsunion einige Zentralbanken, vor allem die Deutsche Bundesbank und die Oesterreichische Nationalbank, immer wieder auf die Notwendigkeit einer politischen Union verwiesen haben. Das Europäische System der Zentralbanken (ESZB) aber ging offenbar – unter Berücksichtigung der vertraglich festgeschriebenen wirtschaftspolitischen „Arbeitsteilung" – davon aus, dass die Währungsunion als solche einen permanenten Druck in Richtung einer politischen Union erzeuge und dass die politischen Entscheidungsträger der EU diesem Druck – mehr oder weniger zögernd – nachgeben würden. Damit verbunden dürfte die Annahme gewesen sein, dass die zeitliche Dynamik dieses Prozesses ausreiche, um die europäische Integration nicht zu gefährden. Der „Verfassungsvertrag" hätte in eine solche Argumentation eingeordnet werden können.

Diese Sichtweise gehört aber eindeutig der Vergangenheit an. Schon nach wenigen Jahren Erfahrung mit der Währungsunion zeigt sich: Das ESZB ist zunächst mit bestimmten ordnungspolitischen Problemen konfrontiert, die sich aus den verschiedenen wirtschaftspolitischen Zuständigkeiten und den daraus resultierenden Schwächen der Koordination des Integrationsprozesses ergeben. Die Motive für die Reform des Stabilitäts- und Wachstumspakts waren dafür ein Beispiel.

Eine öffentlich zugängliche Meinungsbildung der Zentralbank zu diesem Thema, aber auch zu den Lohnfindungsprozessen und den Finanzierungsproblemen der sozialpolitischen Systeme im Euroraum, zum Außenwert des Euro bzw. zu den Leistungsbilanzsalden, zur Lage der Finanzmärkte bzw. zur Finanzmarktaufsicht und zur notwendigen Intensität der Steuerharmonisierung: All das ist wegen der erwähnten Schwächen der Koordination im Euroraum wesentlich komplexer als im nationalen Kontext, aber im Grunde traditionelle Zentralbank-Analyse sowie Öffentlichkeitsarbeit mit dem Ziel, die wirtschaftspolitischen Rahmenbedingungen der Geldpolitik zu beurteilen und problematische Tendenzen zu diagnostizieren.

Aber nun kommen – im Gegensatz zu den früheren demokratiepolitischen Erfahrungen der ESZB-Zentralbanken – der oben angeführte Strukturbruch der die hoheitlichen Organisationen bestimmenden Kräfte und die weitgehende Vernachlässigung der sich daraus ergebenden Thematik in der öffentlichen Diskussion dazu. Dass die Währungsunion auf Grundlage eines ausschließlich marktwirtschaftlichen Regelwerkes auf tönernen Füßen steht, wird niemand bestreiten. Daran ändert auch die im Vergleich zu historischen Vorläufern wesentlich leistungsfähigere Problemlösungskultur nichts. Daher müsste es im dringenden Interesse der die „wohldefinierte staatliche Souveränität" benötigenden Zentralbank sein, dieses Thema wieder aufzunehmen – „moral suasion" der kundenorientierten Zentralbank, jenseits der Geldpolitik zwar, aber letztlich ihre Voraussetzung.

Aufgrund der oben angestellten Überlegungen ergibt sich, dass auf kommunaler und regionaler Ebene im Rahmen einer Föderalismusreform alle Selbstbestimmungspotenziale (einschließlich der damit verbundenen Steuerbasis) ausgenützt werden müssen, bevor eine politische Union mit einheitlicher, etwa nach dem Muster des ESZB organisierter, Außen- und Sicherheitspolitik sowie einem zentralisierten Transfersystem mit unionsweiter Steuerbasis umgesetzt werden kann. Das würde eine erhebliche Stärkung der Kommunen und Länder bedeuten, und zwar zu Lasten der bisherigen Zentralregierungen. Aber nur ein solcher Schluss und kein anderer ist aus der gesellschaftspolitischen Diagnose des „Netzdialogs als Grundlage der Kommunikationsstruktur" und seinen Folgen zu ziehen. Dass die vorherrschende ökonomische Theorie der Integration den politisch-institutionellen Rahmen ausklammert, sei hier nur am Rande erwähnt.

Es geht also um die Anpassung der bestehenden politisch-institutionellen Strukturen an den im Wesentlichen technologisch bestimmten „Zeitgeist", der auf vermehrte Selbstbestimmungsansprüche der Bürger hinausläuft. Es ist einsichtig, dass in demokratischen Systemen die Politik den Zeitgeist auf Dauer nicht dominieren kann. Nach der hier vertretenen Meinung ist die Notwendigkeit einer grundlegenden Reform der Kompetenzen hoheitlicher Organe nicht zu vermeiden, wenn die europäische Integration auf Dauer Erfolg haben soll. Und das europäische Zentralbanksystem müsste diesen Prozess einfordern, wenn möglich auf Grundlage einer gemeinsamen Erklärung des Rats der Europäischen Zentralbank (EZB), denn letztlich geht es um seine vitalen Interessen.

Wissensvermittlung

Aus den Informations- und Selbstbestimmungsansprüchen moderner Gesellschaften lässt sich ein anderes Thema ermitteln, das für die kundenorientierte Zentralbank jenseits der Geldpolitik von Interesse sein sollte, nämlich die Frage der Wissensvermittlung. In den Unternehmensleitbildern der Zentralbanken gibt es dafür auch deutliche Hinweise, so in jenem der OeNB die Absicht zu einer „offensiven Informationspolitik" und zu „gezielter Wissensvermittlung". In diesem Beitrag wird versucht, Argumente für ein systematisches ökonomisches Bildungskonzept zu diskutieren und auch zu begründen, weshalb Zentralbanken als Anbieter solcher Leistungen berufen sind.

Die Motivation für konkrete Initiativen auf dem Gebiet der ökonomischen Bildung ergibt sich aus dem in Industrie- und Dienstleistungsgesellschaften anerkannten Nachholbedarf an Bildungsinvestitionen vor dem Hintergrund der Konzeption einer „knowledge society" mit wissensbasiertem Wachstum. In Europa hat die „Lissabon-Strategie" (März 2000) diese Ideen programmatisch formuliert, in Österreich ist die Forderung nach „lebensbegleitendem Lernen" seit 1990 in den jeweiligen Regierungsprogrammen enthalten.

Bildungsinvestitionen betreffen sowohl die professionelle Ausbildung als auch gesellschaftliches Basiswissen. Die hier besprochenen Ideen zur ökonomischen Bildung beziehen sich ausschließlich auf den Sektor „Basiswissen". Angebote von Basiswissen sind keine Teilmenge der staatlichen Bildungspolitik. Sie ergänzen, aber sie ersetzen nicht. Zentralbanken als Projektbetreiber können daher keine Probleme mit dem Thema „Zentralbankfinanzierung der öffentlichen Hand" haben.

Der Zusammenhang von Basiswissen und wirtschaftlicher Entwicklung wird – seit 1992 – von der OECD analysiert, die Bereitschaft zu über das konventionelle Bildungsangebot hinausgehenden Initiativen verzeichnet seither – international gesehen – einen deutlichen Aufschwung. In den USA bietet der „Educate America Act" (2000) eine gesetzliche Grundlage für einschlägige Vorhaben.

Ökonomische Bildung (verstanden als Beitrag zum gesellschaftlichen Basiswissen) lässt sich begründen mit der technologisch und ökonomisch bedingten, ungemein raschen Zunahme der (auch internationalen) Arbeitsteilung. Sie verstellt geradezu systematisch den Blick auf die Funktionsweise des „Systems", also auf makroökonomische Zusammenhänge, aber auch auf bestimmte betriebswirtschaftliche Funktionen. Das auf ökonomischem Gebiet bestehende Bildungsvakuum erhöht die Unsicherheit und damit auch die Eintrittswahrscheinlichkeit von kollektivem Fehlverhalten. Es hat dann negative Auswirkungen auf die gesamtwirtschaftliche Produktivität. In demokratiepolitischer Sicht ist weiters die höhere Anfälligkeit für so genannte „populistische" Strömungen zu nennen.

Im Folgenden werden jene Argumente vorgestellt, die für ein Engagement von Zentralbanken auf dem Gebiet der ökonomischen Bildung sprechen. Für die Euro-Zentralbanken ist allein schon durch den Wegfall der alleinigen geldpolitischen Autorität ein Anreiz gegeben, andere Themen aufzugreifen, sofern sie im weiteren Sinn stabilen währungspolitischen Verhältnissen dienen. Am Beispiel der Federal Reserve Bank of Minneapolis kann gezeigt werden, wie sich im Rahmen des US-Zentralbanksystems ein regionales Institut einen komparativen Vorteil auf dem Sektor „ökonomische Bildung" verschafft hat und dadurch im gesamten System eine Vorbildwirkung erreicht. Die dortigen Ideen und Überzeugungen sind im folgenden Zitat zusammengefasst, das einem Beitrag des Präsidenten der FED-Minneapolis, Gary H. Stern, in der Quartalspublikation „The Region" (September 2004) entnommen ist: „I would argue that we continue and, indeed, redouble our efforts to build economic and financial literacy; we will all benefit from the success of such efforts in terms of improved economic performance."

Grundsätzlich ist auf die Rolle der Zentralbank als „Institution der Panikkontrolle" zu verweisen. Ein Begriff, den Walter Bagehot in seiner bereits erwähnten Beschreibung des Londoner Geldmarktes geprägt hat und der in modernen, also an keinen Realwert anknüpfenden Währungssystemen umso bedeutsamer ist. Damit werden die oben dargestellten Überlegungen zum „kollektiven Fehlverhalten" gleichsam zentralbankrelevant. Eine langfristig orientierte, glaubwürdige und zeitkonsistente Geldpolitik ist in einem Umfeld mit höherem Schwellenwert für kollektives Fehlverhalten (das bis hin zur Panik reichen kann) effizienter umsetzbar. Gleichzeitig ist nochmals auf den Zusammenhang von ökonomischem Bildungsniveau und gesamtwirtschaftlicher Produktivität zu verweisen, den auch das oben angeführte Zitat von Gary H. Stern betont.

Dass die einzelnen Euro-Zentralbanken nur einen Teil des Währungsraumes abdecken bzw. über keine eigenständige geldpolitische Autorität verfügen, ist kein Ausschließungsgrund für ein einiges Engagement. Die genannten Effekte (höherer Schwellenwert für kollektives Fehlverhalten, positiver Beitrag zur gesamtwirtschaftlichen Produktivität) sind sowieso nicht seriös quantifizierbar, aber die Zusammenhänge mit dem gesellschaftlichen Basiswissen haben eine stringente Logik. Darüber hinaus geht es um die Vorbildwirkung und um die Rechtfertigung für optimale gesellschaftliche bzw. sozialpsychologische Grundlagen einer stabilitätsorientierten Geldpolitik.

Ein weiteres Faktum ist in der Tatsache zu sehen, dass so manche andere Anbieter von ökonomischer Bildung entweder unmittelbar oder mittelbar (über ihre Sponsoren) bestimmte Gruppeninteressen vertreten, wogegen moderne Zentralbanken vom Gesetzgeber einen unabhängigen Status erhalten haben und außerdem per Definition einen ausgewogenen Blick auf das „Ganze" haben sollten.

Ein im Wesentlichen philosophisches Argument könnte gegen ein verstärktes Engagement in ökonomischer Bildung, verstanden als Beitrag zum gesellschaftlichen Basiswissen, ins Treffen geführt werden, nämlich die Kritik an der durchgängigen „Ökonomisierung des Alltags" (Jürgen Habermas), also an der „Eindimensionalität" der Ziele, aber auch der Wünsche und Hoffnungen. Aber das ist leicht zu widerlegen (nicht die Habermas-Hypothese, sondern ihre Anwendung als Argument gegen ökonomische Bildung). Denn mit einem höheren ökonomischen Bildungsstand und mit geringerer Unsicherheit müsste der Spielraum für die kulturellen Formen des Kontemplativen eher zunehmen.

Global-Player-Bewusstsein

Ein weiterer Aspekt, der die kundenorientierte (europäische) Zentralbank betrifft, ergibt sich aus der internationalen Rolle des Euro. Die EZB bzw. das ESZB tragen den Global-Player-Anspruch der EU ohne Zweifel mit. Dann stellt sich aber die Frage, ob eine überwiegend konstatierende Funktion der Zentralbank hinsichtlich der internationalen Rolle des Euro ausreicht, um diesem Anspruch gerecht zu werden, ob also das ESZB das damit verbundene Bewusstsein ihrer „Kunden" (in diesem Fall der Bürger des Währungsraumes) mit einer solchen Position optimal motiviert.

Ein sehr spezifisches Thema betrifft in diesem Zusammenhang die Schaffung eines Euro-Segments auf dem Ölmarkt. Ein Integrationsraum mit „Global-Player-Anspruch" benötigt integrierende Elemente zum Aufbau sowie zur Festigung eines Identitätsgefühls der Bürger, das Voraussetzung ist, auch mit temporären Belastungen und Spannungen fertig zu werden. Die europäische Währung ist jedenfalls ein unverzichtbarer Teil der Identität in einem durch pluralistische Koexistenz gekennzeichneten System. Die kundenorientierte Zentralbank kann zur Stärkung dieser Identität und daher zur Europaidee nachhaltig beitragen, wenn sie die internationale Rolle des Euro durch Initiativen zum Aufbau eines Euro-Segments auf dem Ölmarkt unterstützt. Dass der über den Wechselkursmechanismus bzw. über Ankerwährungs-Strategien erweiterte Euroraum eine weltwirtschaftlich relevante Größenordnung darstellt, wird niemand bestreiten. Ebenso wenig aber ist zu bestreiten, dass die europäische Identität in keiner Weise gefördert wird, wenn die nach wie vor wichtigste Energierohstoff-Quelle in einer Fremdwährung notiert wird.

Angesichts der zunehmenden internationalen Segmentierung des Ölmarktes wäre ein Euro-Segment nicht einmal ein Paradigmenwechsel, sondern lediglich ein nächster, logischer Schritt. Und eben wegen dieser Segmentierung sowie wegen des dann zusätzlich aktiven Wettbewerbsfaktors hätte das vordergründige Argument einer (derzeit) dämpfenden Wirkung von Euro-Kursgewinnen auf den in Euro ausgedrückten Ölpreis keine Gültigkeit. Für die Marktteilnehmer im Euroraum würde ein Euro-Segment auf dem Ölmarkt wechselkursbedingte Preisrisiken ausschalten und damit Kurssicherungskosten vermeiden.

Beiträge zur kollektiven Ethik

Schließlich soll noch ein überwiegend wirtschaftsphilosophischer Themenbereich behandelt werden. Er betrifft die kundenorientierte Zentralbank hinsichtlich ihres in erster Linie intern wirksamen und daher für die Mitarbeiter relevanten Selbstverständnisses, in der Folge aber grundsätzlich in ihrer Funktion als makroökonomisch tätige Institution und bezüglich der damit verbundenen externen Wirkungen.

Politisch aktive hoheitliche Organisationen leiden in Demokratien – bedingt durch Wahltermine – an einer chronischen Verkürzung von Prioritäten. Ihr Zielkatalog ist alles andere als stabil. Dagegen sind Zentralbanken von einer Art globalen professionellen „Kollegialität" im Dienst einer gemeinsamen Aufgabe gekennzeichnet. Unterschiedliche geldpolitische Strategien und differierende Ansichten zum Stellenwert einzelner Instrumente ändern nichts am Grundsätzlichen. Die Zentralbanken sind weiters notwendigerweise langfristig orientiert und ebenso notwendigerweise haben sie – unabhängig von ihrer Bezogenheit auf den eigenen Währungsraum – bei liberalisierten Finanzmärkten einen globalen Maßstab zu berücksichtigen.

Nun sind die in diesem Beitrag als „Zeitgeist" beschriebenen Phänomene (einschließlich der Globalisierungsfolgen) beobachtbar, analysierbar und auch einer Urteilsbildung zugänglich. Dahinter aber ist schon jetzt etwas „angelegt" (durchaus im Sinn der aristotelischen „Entelechie" – also einer zielgerichteten Entwicklungsfähigkeit), das vorerst nur in elitären Zirkeln und in abseits des Mainstreams erscheinenden Publikationen aufscheint. Nämlich die Gedanken einer notwendigen, globalen, politisch-ethischen Kultur sowie eines kooperativen Netzwerkes, „das Schritt für Schritt durch Elemente von globaler Staatlichkeit ergänzt wird"[14].

Man kann nicht verlangen, dass sich Zentralbanken an einer solchen Diskussion aktiv beteiligen. Aber auch unbewusst sind sie – wegen der oben erwähnten spezifischen institutionellen Eigenschaften – ein Teil dieser „zielgerichteten Entwicklungsfähigkeit". Dies schon deshalb, weil die globale professionelle Kollegialität im Dienst einer gemeinsamen Aufgabe, die als stärkstes Fundament die Idee der Stabilisierung enthält, ohne Zweifel Teil einer universellen politisch-ethischen Kultur ist. In diesem Sinn sind Zentralbanken gleichsam kraft ihrer Existenz ein potenzieller Beitrag zum Setzen kollektiv-ethischer Rahmenbedingungen. Und so gesehen sind sie – bezogen auf eine breit definierte Öffentlichkeit – auch kundenorientiert. Diese ethischen Inhalte dienen zwar letztlich auch der Rationalität ökonomischer Optimierungsprozesse. Aber im Gegensatz zu anderen Institutionen (wie Wirtschaftsunternehmen) erzeugen sie nicht ständig neue, interessenbedingte Begründungen, sie haben keinen Bedarf, Teile ihrer moralischen Rechtfertigung, die nun einmal jede Institution (bis hin zur Waffenproduktion) braucht, zurechtzurücken und so in die Richtung von „Ideologien" abzuwandern. Insofern haben Zentralbanken als Institutionen schon eine besondere und einzigartige Qualität, wenn es um den Beitrag zu einer globalen kollektiv-ethischen Kultur geht.

14 Erich Kitzmüller/Herwig Büchele, Das Geld als Zauberstab und die Macht der internationalen Finanzmärkte, Wien 2004, 440.

Erinnerungen an Karl Waldbrunner

Gespräche mit Zeitzeugen

geführt von Walter Fend und Manfred Zollinger
in der Zeit zwischen Juni und Oktober 2006

Um den Beiträgen optimale Authentizität zu verleihen und die Person Waldbrunners aus möglichst verschiedenen, unter anderem auch unter sehr persönlichen Blickwinkeln darzustellen, wurden folgende Interviews im Originalton publiziert.[1]

Wahrnehmungen zur Person

Karl Waldbrunner war ein sehr disziplinierter und grundsatztreuer Politiker mit klaren politischen Vorstellungen. Er war natürlich geprägt durch seine Jugendzeit und durch seine Erlebnisse in der Ersten Republik und der Zeit zwischen 1934 und 1938. (…) Karl Waldbrunner ist politischen Auseinandersetzungen nicht ausgewichen. Er hat seinen Standpunkt mit Konsequenz und Geradlinigkeit vertreten und hat Respekt gefunden. Ich glaube, dass Bundeskanzler Raab und auch andere Politiker im Lager der ÖVP erkannt und geschätzt haben, dass er ein geradliniger Politiker, ein integrer Politiker, ein Politiker mit fachlichen Qualitäten und mit Handschlagqualität ist. Insofern gehörte er sicher zu diesem politischen Gerüst von Persönlichkeiten, die am Aufbau der Zweiten Republik maßgeblich beteiligt waren. Man kann das vielleicht ein kleines bisschen vergleichen mit der Rolle des um fünf Jahre jüngeren Hermann Withalm, der dann Generalsekretär der ÖVP war. Withalm war auch als „der eiserne Hermann" bekannt, war ein harter und geradliniger Politiker, hat aber trotzdem oder gerade deshalb im anderen Lager Respekt genossen. Daher ist es richtig, zu sagen, dass Waldbrunner zum Kreis jener Politiker in den Reihen der SPÖ und ÖVP gehörte, die wussten, was sie wollen, die ihre politischen Ziele nicht tarnten, aber in entscheidenden Punkten auch kompromissfähig und konsensfähig waren und daher zu den Stützen der Blütezeit der Koalition, vor allem in den 1950er-Jahren und frühen 1960er-Jahren, gehörten.

Heinz Fischer

Wir sind aufgewacht nach einer Diktatur. Das Verhältnis der Österreicher zur Nazi-Diktatur war ein sehr problematisches. Es gab die überzeugten Anti-Faschisten und es gab die vielen Mitläufer, die dann immer auf der Siegerseite standen. Bei Waldbrunner musste man keine Angst haben, dass jemand kratzt und sagt, „aha, der war auch dabei" oder „er hat es nur irgendwie vertuscht".

Eduard Harant

1 Transkription Ulrike Wallner

Er war ja ein Techniker. Und das hat natürlich auch seine Persönlichkeit geprägt. Er war durch seinen Aufenthalt in Russland auch anders als jene, die dageblieben sind, nämlich mit einer gewissen internationalen Kenntnis ausgezeichnet. In seiner Sachlichkeit, die er ausstrahlte, und in seiner Pragmatik, die notwendig war, war er natürlich auch ein Kind der Arbeiterbewegung der 1920er- und 1930er-Jahre, mit dem Enthusiasmus in der programmatischen Sicht.

Fred Sinowatz

Er war streng, aber loyal. Und er war ein Parteisoldat im guten Sinne. Er war auch nicht sehr kompromissbereit in grundsätzlichen, wichtigen Fragen. (...) Er war ein Mann der Tat. Er hat nicht viel herumphilosophiert und herumpolemisiert, sondern was er gesagt hat, hatte auch Hand und Fuß. (...) Er war keiner, der den Leuten nachgelaufen ist, er war kein Populist.

Er war ein sehr strenger Vorsitzender im Klub und wir haben ihn alle sehr respektiert. Wenn die Rednerliste festgelegt war, gab es keine Diskussionen. Einige Male wollten wir ausbrechen und meinten, es sei schon so oft darüber gesprochen worden. – „Der Klubvorstand hat beschlossen, dass der Meier und der Huber heute dazu reden, und dabei bleibt es." Aber es hat uns auch imponiert.

Alfred Ströer

Wenn ihm der Kragen platzte, dann konnte er sich furchtbar ärgern, war sozusagen im Moment ganz echauffiert, und im nächsten Moment war ihm das schon wieder peinlich, dass er sich so aufgeregt hatte. Aber wenn er sich geärgert hat, hat er sich geärgert. (...) Ich persönlich habe es nur einmal erlebt, wie sein Chauffeur ihn sozusagen „versetzt" hat. Er kam da aus einem Gebäude und der Chauffeur mit Dienstwagen war nicht da. Da ist er zur nächsten Polizei gegangen und hat seinen Chauffeur und seinen Dienstwagen als verlustig gemeldet. Als er dann wieder zurückkam, waren Chauffeur und Dienstwagen da. Der hat dann natürlich seine Dauerkopfwäsche bekommen. Er „durfte" zuerst einmal zur Polizei fahren und sich als wiedergefunden melden.

Wolfgang Messeritsch

Er war eine sehr markante Persönlichkeit, unerhörte Autorität ausstrahlend. Wir haben ihn sehr respektiert. Ich will nicht sagen, dass wir Angst vor ihm hatten, aber er war eine sehr bedeutende Persönlichkeit. (...) Das war ein Mann, wenn er was gesagt hat, dann hat es „hing'haut". Da gab es keine Widerrede. Wir haben es manchmal als junge Ärzte versucht, aber ich gebe zu, mit null Erfolg. Er war außerdem ein unerhörter Pragmatiker. Ich hatte so den Eindruck, dass er ein sehr real denkender Politiker war.

Karl Waldbrunner war eine sehr dominante Figur, das muss man schon sagen. Eine Persönlichkeit. Und die Schwarzen haben ihn ja zu Recht gefürchtet. Den konnte man nicht „ums Haxl haun".

Er hat nur gearbeitet, denke ich. Seine persönlichen Interessen hat er nicht wahrgenommen. Die stellte er immer hintan. Er war ein Vollblut-Politiker, was er gar nicht so beabsichtigt hat.

Kurt Steyrer

Er war kein Mann, der Bonmots ausgeschüttet hat. Er war die personifizierte Skepsis. – In der Art: „Das müsst ihr euch überlegen." – „Muss das sein?" Dadurch hat er Kreisky zur Weißglut gebracht, das war ein wunder Punkt. – „Muss das sein, Bruno? Ich weiß nicht, hast du das wirklich überlegt?"

Peter Jankowitsch

Er ging einen geraden Weg. (…) Er war ein sehr intellektueller Mensch, der versucht hat, ein gewisses Niveau – nicht nur wirtschaftlich, sondern in jeder Weise – zu hegen.

Martha Kyrle

Er war ein äußerst sympathischer Mensch. Nach außen hin galt er als sehr verschlossen und eher nicht zugänglich. Aber wenn es einem gelungen ist, so ein Fenster zu ihm zu öffnen, dann war er da. Er war eine beispielgebende Persönlichkeit.

Eduard Harant

Er war natürlich eine hochangesehene Persönlichkeit. Da ist man nicht hingegangen und hat ihm auf die Schulter geklopft und gesagt: „Karli, wie geht's?" Er hat es immer verstanden, Distanz zu halten. Er war mit den Genossen per du, selbstverständlich, so wie wir alle. Aber er wehrte sozusagen diese Brüderlichkeit sehr geschickt ab. Es gibt ja Leute, die das penetrant machen.

Josef Staribacher

Also diese Leutseligkeit, die Schulter-Klopf-Methode, die hat er nicht praktiziert. Aber die Frage, ob er arrogant oder unnahbar war – nein, das war er nicht. (…)

Waldbrunner war ein harter Verhandler. Er hat gewusst, was er will. Er war schwer auf einen Kompromiss einzustimmen, aber den politischen Gegner hat er respektiert als einen, der so wie er die andere Position ausfragt.

Hubert Pfoch

Aus der Sicht des kleinen Funktionärs war Waldbrunner für mich immer eine ein wenig unnahbare Gestalt, die durch klare Aussagen bestochen hat, durch eine unerhörte Analysefähigkeit im Umgang mit politischen Fragestellungen. Er strahlte persönliche Integrität aus und war ein durch und durch uneitler Mensch. (…) Als wir uns in den letzten drei, vier Jahren seines Lebens immer wieder getroffen haben, waren die Art, wie er etwas wahrgenommen hat, und die Art und Weise, wie er dann die Problemlage erörterte, das eigentlich große Erlebnis für mich.

Er war in Zeiten großer Wirrnisse ein Mann, der den Blick und den Kurs zu bewahren versuchte, der immer verlässlich war und an den Erhalt und die Fortentwicklung geachtet hat, der nicht dazu beigetragen hat, durch aufgeregtes Verhalten den Wirbel noch größer zu machen, sondern der mit viel Überblick, Besonnenheit und Verantwortungsbewusstsein für eine Richtung gesorgt hat.

Brückenbauer ist in meiner Interpretation jemand, der nicht Gegensätze kultiviert, sondern Wege zueinander zu schaffen versucht. Mit seiner, im modernen Sprachgebrauch würde man sagen coolen, Zugangsweise zu den Dingen, mit allem Überblick und aller Sachlichkeit war er einer, der durch die Art seines Wirkens, durch seine Sachbezogenheit und durch sein Verantwortungsbewusstsein viel dazu beigetragen hat, dass im Staat so manche Klippe überbrückt werden konnte.

Karl Lausecker

Mit zwei Begriffen möchte ich ihn charakterisieren: Er war ein Macher-Typ – jemand, der etwas durchsetzt – und zweitens natürlich ein technokratisch denkender Mensch mit sehr rationalen Vorstellungen. Nur soll man das heutzutage nicht verurteilen. Die gesamte Frage Gemeinwirtschaft, Verstaatlichung der Grundstoff-Industrie war ja damals ein Thema, das unmittelbar nach dem Krieg auch bei den bürgerlichen Parteien zum Teil außer Streit gestanden ist.

Er war ein harter Mann, aber er hat, glaube ich, großes Ansehen genossen, weil er wusste, was er wollte. Ich meine, er war ein klar profilierter Mann. Er war nicht verwaschen, wie das heutzutage ist. Er hatte eben Grundsätze. Und andere hatten auch Grundsätze. Dann musste man halt schauen, dass man nicht zu viele Grundsätze in die Politik hineinbringt, sondern dass man sagt, das geht und das geht nicht.

Er war ja nicht „everybody's darling". (...) Ich hatte bei Waldbrunner immer das Gefühl, er wollte mehr geachtet und gefürchtet als beliebt sein. Er hat gewusst, dass Liebe in der Politik allein nicht zählt. Man muss vor jemandem Respekt haben.

Herbert Krejci

Als Minister der Verstaatlichten, eines solchen Ministeriums, war er ein Pate. Das kann man ruhig sagen. Er wird keine „mafiosen" Sachen gemacht haben, ganz im Gegenteil, weil er viel zu gescheit und sicherlich auch zu seriös war. Aber es ging trotzdem alles in die Richtung, die er sich vorstellte.

Karl Waldbrunner jun.

Waldbrunner war schon ein König von der Persönlichkeit her. (...) Er hat gewusst, was Macht ist und wie sie zu gebrauchen ist. Aber nie für sich persönlich. Diese Politiker damals waren persönlich wahnsinnig bescheiden.

Eduard Harant

Karl Waldbrunner war an und für sich ein sehr strenger Chef, das muss man sagen, und er hat ganz einfach verlangt, dass sich jeder hundertprozentig einsetzt und dass man nichts vergisst. Auf der anderen Seite war er ein sehr gütiger Mensch. Er hat keinen Geburtstag eines Mitarbeiters vergessen. Jeden Geburtstag habe ich einen

Brief bekommen, egal ob er in Wien war oder nicht auch die Sekretärinnen. So streng er war, so gütig war er im zwischenmenschlichen Bereich oder im Verkehr mit seinen Mitarbeitern. Nur Fehler hatte er nicht gerne. Hat man irgendetwas vergessen, war das schrecklich. Da war er sehr streng. Auf der anderen Seite war er auch ein Ratgeber. (...) Er war überhaupt nicht nachtragend, auch wenn ich einen Fehler gemacht habe. Dann sagte er mir das so, dass ich das niemals vergessen habe. Man muss sich ja vorstellen, er hatte diese Augenbrauen und ein strenges Gesicht. Aber am nächsten Tag war wieder alles vorbei.

Er war ein sehr charismatischer Stratege. Wenn der den Raum betreten hat, dann hat das jeder gemerkt. Er war eine Respektsperson sondergleichen und galt ein bisschen auch als unnahbar, was er aber, glaube ich, nicht war.

Karl Waldbrunner hat natürlich, wenn es um die Durchsetzung von Interessen gegangen ist, auch Konflikte nicht gescheut. Was nicht bedeutet, dass, wenn ein Konflikt ausgetragen war, daraus dann nicht eine sehr stabile und nachhaltige, gute Beziehung geworden ist. Das gab es in der Nationalbank auch. Er hatte mit Koren sicherlich am Anfang zwei, drei Konflikte, aber dann war das eine sehr gute Zusammenarbeit.

Er war immer glänzend vorbereitet und hat in der Regel das, was er sich vorgenommen hat, auch durchgesetzt. Er war, ich würde sagen sowohl Stratege und Visionär, aber auch ein Pragmatiker.

Adolf Wala

Er hatte auch seine Schwächen, wie wir alle. Aber er hat seine Intelligenz gepaart mit Intuition und Konstruktivität. Das war eine Mischung, an der man nicht vorbeigekommen ist. Er hatte so das Gespür dafür, was notwendig ist. Er hatte die Intelligenz, es umzusetzen, und er hatte dieses Konstruktive, es durchzuziehen.

Martha Messeritsch

Er war sicher niemand, der in die Massen hineingegangen ist und Hände geschüttelt hat. (...) Er war kein Mann der Öffentlichkeit. Er gab keine Pressekonferenzen. Ich kann mich nicht erinnern, Waldbrunner irgendwo im Fernsehen gesehen zu haben, auch nicht im Radio gehört. An Parteitagen natürlich, da hat er seine Reden gehalten. Er hat eben die Öffentlichkeit nicht so genützt wie Kreisky, der natürlich mit allen Journalisten dauernd im Gespräch war, den man anrufen konnte Tag und Nacht. Aber wahrscheinlich hatte keiner die Telefonnummer von Waldbrunner.

Peter Jankowitsch

Natürlich war er im Wahlkampf und trat als Funktionär auf. Natürlich hatte er seine Verbindungen zu den Funktionären. Aber es war unübersehbar, dass eine gewisse Distanz bei ihm gewünscht wurde, sie auch eingehalten wurde und dass er diesen Populismus, der heute in der Politik durch die mediale Situation erzwungen wird, nicht mitgemacht hat. Er war dadurch eine Quelle der Sachlichkeit und konnte dann die Kraft aufbringen, diese Sachlichkeit auch beizubehalten. (...) Der Unterschied zu heute war der, und der ist bei Waldbrunner ganz besonders zum

Ausdruck gekommen, dass diese Politiker nicht nach den medialen Erfordernissen, sondern sehr selbstständig argumentiert und agiert und sich dabei auch nicht gescheut haben, eine Position gegen die landläufige Meinung einzunehmen. Karl Waldbrunner war einer, der gar keinen Wert auf eine besondere Ausstrahlung in der Öffentlichkeit gelegt hat.

Fred Sinowatz

Kreisky war ein Politiker, der das Bad in der Menge liebte. Waldbrunner war sicher nicht sehr interessiert daran. Seine Stärke waren Betriebsversammlungen, ÖGB-Veranstaltungen, Kongresse, BSA-Tagungen. (...) Kreisky war gern mit Leuten beisammen. Der war gerne in allen Schichten der Bevölkerung. Na, Waldbrunner kann ich mir auf den diversen Partys nicht vorstellen.

Alfred Ströer

Ich habe Waldbrunner immer in Erinnerung, dass er das hatte, was man in den Journalistenkreisen einen „Sager" nennt. Er war immer zitabel. Er wusste, dass man eine Idee, ich möchte sagen öffentlichkeitswirksam verkaufen muss – nicht im negativen Sinn, sondern ich muss sie unters Volk bringen. (...) Waldbrunner hat sich eher auf selektive Äußerungen begrenzt, aber die sind dann gesessen. Da sagte man „das war wieder typisch Waldbrunner" und hat so auch ein Feindbild aufgebaut.

Herbert Krejci

Zu den Journalisten hatte er, wie alle Intellektuellen, ein teilweise geteiltes Verhältnis, nicht negativ in dem Sinne. Er hat sich gedacht, „mein Gott, wenn der sich ein bisschen vorher interessiert hätte und was gelesen hätte, bräuchte er mich jetzt nicht so blöd zu fragen". Das hat er nie gesagt, sich aber manchmal sicher gedacht.

Josef Staribacher

Er hatte auch in Nicht-Wahlkampf-Zeiten nur jedes zweite Wochenende mit der Familie und übernachtete sonst oft genug im Ministerium oder war eben auswärts. (...)

Als Kind ist mir immer schon aufgefallen, dass mein Großvater doch schon so alt ist und immer noch arbeitet. Das hat ihn unterschieden von den anderen Großvätern. Die letzte Sitzung, glaube ich, 14 Tage vor seinem Tod hat er noch mitgemacht. Da war er sicherlich ganz stark der Idee verhaftet, bis zuletzt seinen Beitrag zu leisten.

Wolfgang Messeritsch

Er pflegte Freundschaften im kleinen Kreis, und man sagte uns, dass er sogar sehr gesellig sein könnte. Er war immer ziemlich schroff und kalt. Ich habe ihn ja nie so richtig lachen gehört. Aber man sagte, im kleinen Kreis und unter seinen Freunden war er durchaus gesprächig und freundlich und lachte. Aber er hatte keinen großen Bekanntenkreis.

Alfred Ströer

Familienausflüge, Schwammerl suchen und Beeren pflücken, das waren tiefe Erinnerungen für mich. Für einen sechs-, sieben-, achtjährigen Buben ist das schon etwas, dass er sehr oft mit dem Vater in die Berge gegangen ist, zum Beispiel auf die Rax und auf den Schneeberg. Es ist nicht nur einmal vorgekommen, dass er mich dann zumindest ein Stück des Weges zurückgetragen hat. Ich war immer sehr stolz, weil ich schon Bergsteigen konnte, aber die Mama nicht, weil sie zu Hause bei der kleinen Schwester geblieben ist. Die hat das sicher schon vor mir gekonnt, weil sie eine Schweizerin ist und mit meinem Vater vor meiner Geburt bereits auf dem Säntis[2] war.

Karl Waldbrunner jun.

Er wollte ja Förster werden. (...) Zu Hause hat er gern im Garten gearbeitet. Das war diese Förster-Geschichte. Er hat sich immer gern im Garten beschäftigt und mich natürlich dabei auch ein bisschen geplagt, weil ich ihm sozusagen die Hilfsdienste leisten musste.

Karl Waldbrunner jun.

Für meinen Vater hatten Bücher einen Riesenstellenwert. Mein Vater kaufte sehr viele Bücher dann antiquarisch, als er das Geld nach und nach hatte. Ich könnte mir vorstellen, dass er jeden Schilling, den er irgendwo erübrigen konnte, dort investiert hat. Weihnachtsgeschenke waren immer Bücher. (...) Ich habe ihn nie Belletristik lesen gesehen. Das einzige Buch, das in diese Richtung ging, war die Autobiographie von Gandhi. (...) Zum 65. Geburtstag bekam er einen 13- oder 15-bändigen Brockhaus. Da ist er die nächsten Jahre mit zwei Bänden in den Urlaub gefahren und hat die im Urlaub gelesen.

Er hat sehr gerne fotografiert und gefilmt. Er hat schon als junger Mann, in Russland, fotografiert und selbst entwickelt. (...)

Er hatte auch unter Künstlern Freunde. Er war zum Beispiel sehr engagiert und daran beteiligt, dass damals das Theater an der Wien unter Kutschera ein Musical-Theater wurde.

Martha Messeritsch

Briefmarkensammeln. Das war das ganz große Hobby. Dann Münzensammeln und Lesen. Ich erinnere mich auch, dass er mir die griechischen Heldensagen schenkte, so gegen Ende der Volksschule, Anfang der Mittelschule, um sie dann sofort selbst zu lesen. (...) Er hatte natürlich viele politische Bücher. Er bildete sich eigentlich bis ins hohe Alter weiter. Klassische Literatur, aber sonst eben politische Literatur. Romane und dergleichen eigentlich nicht. (...) Ich habe noch zum Teil so alte Aufnahmen von Dienstreisen nach Russland, Persien usw. Da filmte er immer, auch in der Familie. Das war ihm ein großes Anliegen. Er hat dann auch, damals war das ja aufwendig, die Super-8-Filme selbst zusammenge-

2 Höchster Berg der Ostschweiz

klebt. Dreimal im Jahr oder so hat man sich das dann angetan und auch irgendeinen Film angeschaut mit knatterndem Projektor und verdunkeltem Zimmer.

Er hatte ein ungeheures Informationsbedürfnis. Er hörte sich, wenn er zu Hause war, zwei- dreimal am Nachmittag, im Abstand von zwei Stunden oder so, immer die Nachrichten an. Und am Abend läutete regelmäßig das Telefon. Da hat er sich eben mit Regierungskollegen oder sonst jemandem ausgetauscht. (...)

Er war immer auf der Höhe der Zeit. Die Super-8-Kamera, später mit Ton, und den allerersten Videorekorder hatte er auch sofort, um die Mondlandung aufzuzeichnen. Da war er immer sehr interessiert und hat auch keine „Bedienungsschwächen" aufgewiesen. Er hatte die technischen Dinge wirklich im Griff.

Wolfgang Messeritsch

Wenn ich wirklich ein Problem hatte, dann bin ich zu ihm gegangen. Ich habe von ihm auch nie eine Verurteilung erlebt. Er sagte mir nur: „Kind, überleg dir das, ob das gescheit ist."

Er hat natürlich unter seiner Armut und Jugend – und vor allem unter der Diskriminierung, die damit zusammenhing – sein ganzes Leben zwar nicht gelitten, aber sagen wir so: Er hat es nicht vergessen. Als zum Beispiel mein Sohn im Kindergarten und der Volksschule war, hat er gesagt: „Zieh ihn anständig an. Man wird nach seinem Aussehen beurteilt." Da wurde mir bewusst, wie sehr er in seiner Schule darunter gelitten haben muss. Er erzählte mir einmal, dass in der Mittelschule, das muss so in der Sechsten oder Siebten gewesen sein, da einmal ein Mathematik-Beispiel war, das keiner konnte. Und er hat es gewusst. Der ganze Kommentar des Professors war: „Na ja, auch ein blindes Huhn findet einmal ein Korn."

Martha Messeritsch

Mein Vater hat mir sicherlich immer die Stange gehalten. Er hat ohne Verzweiflung mein ewiges Studium finanziert, ohne mich zu beschimpfen, zu enterben oder irgendwelche Drohungen auszusprechen.

Ich kann mich erinnern, dass er selbst gesagt hat, ein schüchterner Bub gewesen zu sein – „Dieser schüchterne Bub, der ich war".

Karl Waldbrunner jun.

Er hatte sicher eine Vorbildfunktion, die Ruhe, mit der er an die Dinge herangegangen ist, sehr bedacht und strategisch. Ich glaube, er hat immer sehr viel nachgedacht. Vorbildfunktion hatte er auch, weil er fleißig war.

Die menschliche Wärme, die war spürbar. Ich glaube auch, dass er immer das Bemühen hatte, etwas zum Positiven zu verändern für die Menschen. Er hatte immer diesen gestalterischen Willen.

Er war schon sehr lieb, aber auch sehr bestimmt. Da musste gerechnet werden, bevor ans Fahrradfahren zu denken war. Er war sowieso der Meinung, dass von uns viel zu wenig verlangt wird in der Volksschule, und hat immer für Lernferien gesorgt. (…)

Die Beziehung war eine ganz, ganz enge und innige und ich möchte keinen Tag missen. Er hat sich wirklich viel mit mir beschäftigt. Wir haben nicht nur gelernt. Wir haben sehr viel Karten gespielt, Canasta, stundenlang. Er hat es eigentlich immer geschafft und auch die Geduld aufgebracht, mich als Einzelkind zu beschäftigen, was ja gar nicht so leicht ist. (…)

Er half mir immer mit meiner Modelleisenbahn. Da ist er noch im hohen Alter auf der Platte herumgeklettert und hat die Schienen angeschraubt. Wenn zum Beispiel der Trafo kaputt war, dann hat er den auch noch mit 70 aufgeschraubt und sich die Spulen angeschaut.

Meine leibliche Großmutter hat mir erzählt, dass sie einmal mit ihm mitgefahren ist, in irgendeinem Auto. Und da sagte sie zu ihm: „Also, wie du fährst, da habe ich Angst." Da hat er nur gesagt: „Ja, ich habe ja selber Angst." Und das war es dann auch schon. Er hatte immer das Glück, Chauffeure zu haben. Er führte im Prinzip ein recht beschauliches Leben, er ging weder extravagant essen, noch hat er Extremsportarten oder außer Spazierengehen irgendwelche Sportarten betrieben. Er hat auch ein diszipliniertes Leben geführt: kein Rauchen, wenig Alkohol, vielleicht ein Gläschen hier und da, aber eigentlich nie alleine.

Wolfgang Messeritsch

Er hat sich sehr viel mit seinem Enkel beschäftigt. Und ansonsten war er ein Mann, der ganz gern in ein Konzert oder in die Oper gegangen ist. Er verbrachte seine Urlaube auch nicht spektakulär, sondern da war er am Fuschlsee.

Adolf Wala

Als er (Adolf Schärf) im Sterben lag, hab ich gesagt: „Wen willst du sehen?", und da hat er gesagt: „Nur den Karl." Das war also sein letzter Wunsch.

Martha Kyrle

Politisches Wirken

Ihnen ist ja sicher bewusst, dass 1934 sowohl er als auch sein Vater auf den Barrikaden gewesen wären, wenn er nicht in Russland gewesen wäre und sein Vater nicht 1933 gestorben wäre. Die Großmutter hat immer gesagt: „So unglücklich ich war, dass mein Sohn in Russland ist und dass der Vater, mein Mann, tot ist, aber in dem Moment war ich glücklich, dass beide nicht da waren." Sie hätte sie nicht halten können.

Martha Messeritsch

Karl Waldbrunner war ja vorher schon so etwas wie „das Gewissen der Partei", als das man ihn immer bezeichnet hat.

Adolf Wala

Er hatte einen sehr stabilisierenden Einfluss auf die SPÖ. Seine Wortmeldungen in Sitzungen des Parteipräsidiums oder der Parlamentsfraktion hatten großes Gewicht, und ich glaube, man kann sagen, er hat in einer sehr analytischen und langfristigen Weise gedacht. Wenn er bei einem Problem zu einer Lösung kam, dann hat er auch sehr verlässlich und berechenbar an dieser Lösung festgehalten. Im Positiven kann man das als Handschlagqualität bezeichnen. Manche haben auch eine gewisse Starrheit oder zu geringe Flexibilität aus diesen Eigenschaften herausgelesen. Aber ich habe die Berechenbarkeit und das analytische Denken von Waldbrunner sehr, sehr geschätzt.

Heinz Fischer

Er war ein ganz wichtiger Mann in der SPÖ und wurde geschätzt und geachtet, zum Teil auch gefürchtet. Denn wenn er etwas vorhatte, dann versuchte er mit allen Mitteln, das natürlich auch durchzusetzen.

Alfred Ströer

Er hat seine Regierungsfunktionen sicherlich sehr erst genommen. Aber für ihn war, glaube ich, das Hauptanliegen immer, dass die Partei ordentlich funktioniert, dass sie gut geführt wird, dass sie eine ordentliche Verankerung im Land hat. Seine große Liebe war eigentlich die Partei.

Er hat sich auf die traditionellen Kräfte der SPÖ und die Gewerkschaft gestützt. (...) Das waren die Techniker, die Ingenieure, andere waren die Juristen und die Philosophen. Otto Tschadek z.B., der dann Justizminister war, war so eine ganz andere Nummer. Auf die hat sich Waldbrunner also weitgehend gestützt. Eine wirkliche Hausmacht in dem Sinne hatte er ja komischerweise nicht, außer dem BSA.

Peter Jankowitsch

Ich glaube, er spielte damals eine sehr dominante Rolle innerhalb der Partei. Im BSA hat er aber die Diskussionen zugelassen, auch zum Teil gefördert.

Kurt Steyrer

Er war von den ersten Tagen an in der Partei in einer ganz wesentlichen Position. Und das ist er geblieben. Er hat bei den maßgeblichen Entscheidungen, die auch in personeller Hinsicht gefällt werden mussten, führend mitgewirkt.

Er hatte ganz sicher auch Einfluss auf die inhaltliche Orientierung der Partei. Schon allein dadurch, dass er den BSA, der damals eine besondere Rolle spielte, zu führen hatte.

Fred Sinowatz

Sicherlich war er ein Proponent der intellektuellen Linken, aber er war nicht auf dieser Linie, die Pittermann viel besser spielen konnte, dieses Joviale. (...) Er sagte immer: „Es ist wichtig, dass wir Positionen besetzen, und wenn wir Positionen besetzen, müssen wir auch entsprechende Fachleute haben. Wir können keine Positionen besetzen, weil das ein guter Genosse ist und es sich verdient – da geht die Partei zugrunde, auch die Idee –, sondern wir müssen schauen, dass Leute, die ein gewisses Niveau haben, aber vor allem entsprechende Fachvoraussetzungen mitbringen, dass wir die in Positionen bringen." Das hat er, glaube ich, sehr dezidiert, sehr geschickt und sehr systematisch gemacht, wie es halt für den „Inscheniir" – wie er immer gesagt hat – üblich war.

Josef Staribacher

Ich erinnere mich an ein Gespräch, als ich gesagt habe, „na gut, aber wenn dann unsere Leute in diese Positionen (Anm.: in der Nationalbank) kommen und so viel Geld verdienen" – ich war damals ja ein Junger und habe mir gedacht, die verdienen da so viel Geld –, „sollten die nicht verzichten?" Da hat er gesagt: „Schauen Sie, wir wollen hier etwas bewegen. Und wenn wir etwas bewegen wollen, dann müssen wir in die Positionen kommen, müssen wir in die Institutionen kommen, um eben gewisse Dinge zu erleben. Und wenn die Leute gut sind, dann steht ihnen das Gehalt genauso zu wie den Schwarzen, wie den anderen."

Er hat auch sehr oft korrigierend eingegriffen. Ich erinnere nur an die Geschichte, als die ÖVP im Jahr 1966 die absolute Mehrheit hatte. (...) Es gab damals das Angebot, zwei oder drei Sozialdemokraten sollten, obwohl es eine absolute Mehrheit gab, in die Regierung eintreten, was ja damals Kreisky wollte. Der damalige stellvertretende Vorsitzende der Partei Karl Waldbrunner hat das Ganze als nicht sehr zielführend bezeichnet, weil er meinte, wir können nicht eine Regierungsfraktion und eine Oppositionsfraktion haben. Er erreichte mehr oder weniger, dass die SPÖ in Opposition ging, was ja eigentlich dann der Grundstein für die Entwicklung in den 1970er-Jahren war. Also da hat er schon ganz entscheidend in die Innenpolitik eingegriffen.

Adolf Wala

Ich glaube, Waldbrunner hat die Funktion des Parteivorsitzenden nicht angestrebt. Hätte er sie angestrebt und wäre dann die Frage zu beantworten gewesen: Pittermann oder Waldbrunner? Da wäre wahrscheinlich der Waldbrunner gewählt worden, obwohl er nicht diese ausgleichende Haltung zustande gebracht hätte wie Pittermann und Kreisky.

Hubert Pfoch

Dass nach Adolf Schärf nach dessen Wahl zum Bundespräsidenten im Jahr 1957 Bruno Pittermann als Parteivorsitzender gewählt wurde, war zunächst nicht völlig unbestritten. Da gab es interessante Diskussionen. Aber Waldbrunner wäre nicht die Alternative zu Bruno Pittermann gewesen. Er war in dieser Zeit im Zentrum heftiger Auseinandersetzungen. Er hatte die Verantwortung für die verstaatlichte Industrie, man kritisierte das so genannte „Königreich Waldbrunner" und da hatte Bruno Pittermann eindeutig bessere Voraussetzungen, zum Parteivorsitzenden gewählt zu werden. Damit war der Vorsitz für zehn Jahre besetzt und nach Pittermanns Rücktritt im Jahr 1967 wollte Waldbrunner selbst nicht. Da haben ihm manche zugeredet zu kandidieren. Ich konnte da selbst manche Gespräche im kleinen Kreis beobachten, wo Funktionäre der SPÖ auf Waldbrunner einredeten, er möge als Kandidat für das Amt des Parteivorsitzenden antreten. Waldbrunner hat das aber eindeutig und dezidiert abgelehnt. Ich glaube, er wollte sich das einerseits gesundheitlich nicht antun, er war damals 61 und war sich auch im Klaren, dass er im beginnenden Medienzeitalter mit Nachteilen zu kämpfen gehabt hätte. Er redete zwar mit in der Frage, wer Parteivorsitzender werden sollte, aber er hat sich selbst von Anfang an aus dem Rennen genommen.

Heinz Fischer

Das war der Wunsch von einigen und, sagen wir, von uns Jungen, zum Beispiel. Wenn er es gewollt hätte, hätte er es durchgesetzt kraft seiner Macht in den Betrieben. Das hat er nicht gemacht, weil die Partei ganz anders ist als ein Ministerium und ein Wirtschaftsbetrieb. Mag sein, dass ihm die Schläue fehlte und dass er zu viel Charakter hatte. (...) Da ähneln sich die Schicksale von Waldbrunner und Olah. Beide wurden plötzlich zu mächtig. Und gleichzeitig, glaube ich, wurden beide zu müde, um zu kämpfen. Denn beide hätten gekonnt, wenn sie gewollt hätten.

Eduard Harant

Es war ja ein furchtbares Empfindungsdesaster in der Sozialistischen Partei. So haben wir Funktionäre es erlebt, als 1966 die Wahl verloren gegangen ist. Es reichte jedenfalls nicht mehr und dann bildete die ÖVP nach den Versuchen, noch eine Koalition zustande zu bringen, die Alleinregierung. Das hat in der Sozialistischen Partei bei vielen Leuten entweder Zorn oder Niedergeschlagenheit hervorgerufen. Er sagte, sich an diese schwierige Zeit erinnernd, dann selbst, dass ihm da beinahe eine Rolle zugefallen wäre, denn er wurde gebeten, als Kandidat zur Verfügung zu stehen, wenn Pittermann abtritt. Er war sich bewusst, wie unendlich schwierig das von der Sache her war. (...) Da sagte er mir, er hätte eine gewissenhafte Durchuntersuchung vornehmen lassen und in sich selber hineingehorcht. Er kam dann zur Auffassung, dass es eigentlich nicht in seiner Verantwortung liege, eine solche

Aufgabe zu übernehmen, der er aufgrund seines Alters und der gesundheitlichen Befindlichkeit nicht mehr gewachsen sein könne.

Karl Lausecker

1966 gingen die Wahlen verloren und ein Schuldiger musste gefunden werden, das war der Parteivorsitzende Pittermann. (...) Die Partei war in einer Krise und es kam zum Parteitag 1967. (...) Karl Waldbrunner wäre sofort gewählt worden. Er hat aber abgelehnt. Und die Partei war in einem Dilemma. Die Gewerkschaft, der Wortführer war Benya, hat offen gegen Kreisky argumentiert und laut Parteistatut hatte die Fraktion Sozialdemokratischer Gewerkschafter 50 Delegierte, Kreisky hatte aber schon damals eine starke Gruppe in den Ländern. Die Gewerkschafter unter Führung von Benya wollten ihn nicht, sondern Waldbrunner. Nun hat Waldbrunner abgesagt. Und jetzt kam es zu einem Dilemma. Um Kreisky fernzuhalten „erfand" man einen gewissen Hans Czettel.[3]

Alfred Ströer

Die schwierigste Phase zwischen Waldbrunner und Kreisky, soweit ich das beobachten konnte, war Mitte der 1960er-Jahre. Da war zunächst einmal 1964 der Konflikt um Franz Olah, als Waldbrunner und Kreisky absolut nicht übereinstimmende Auffassungen hatten, weil Waldbrunner Olah gegenüber viel strenger war als Kreisky. Das war eine echte Meinungsverschiedenheit. Unmittelbar darauf das Jahr 1966 nach der Wahlniederlage der SPÖ, als Kreisky um (fast) jeden Preis die Koalitionsbeteiligung der SPÖ oder die Koalition mit der ÖVP retten wollte. Waldbrunner hatte hier viel klarere Vorstellungen, was geht und was nicht geht, und war durchaus entschlossen, den Weg in die Opposition zu unterstützen, wenn nicht ein Mindestmaß an Zusagen gegenüber der SPÖ zustande käme. Das war auch eine Meinungsverschiedenheit. Wieder ein Jahr später die Frage der Nachfolge von Bruno Pittermann, als Waldbrunner nicht zu den Unterstützern Kreiskys der ersten Stunde zählte, sondern eher (so wie Anton Benya) nach anderen Lösungen suchte. Also drei Meinungsverschiedenheiten in den drei Jahren. Kreisky aber war in dieser Hinsicht wirklich klug und wusste, dass seine Chancen bei den Wahlen des Jahres 1970 deutlich reduziert wären, wenn es ihm nicht gelingt, mit führenden Personen wie Benya und Waldbrunner und auch anderen entstandene Meinungsverschiedenheiten zu überwinden. Das ist ihm sowohl im Bezug auf Benya als auch im Bezug auf Waldbrunner gelungen, im Jahr 1970 haben die beiden schon an einem Strang gezogen, die Wahl von Waldbrunner zum Präsidenten des Nationalrates ist mit voller Unterstützung Kreiskys über die Bühne gegangen und die Minderheitsregierung von Kreisky hatte die volle Unterstützung von Waldbrunner. Was ich vorhin geschildert habe, dieses interessante Zusammenwirken zwischen dem geerdeten Waldbrunner und dem so flexibel denkenden Kreisky hat dann gut funktioniert, sie haben sich in idealer Weise ergänzt.

Heinz Fischer

3 Hans Czettel war 1964 bis 1966 Innenminister.

Ich habe besonders das Zusammenwirken zwischen Bruno Kreisky und Karl Waldbrunner interessant gefunden, die einander sehr respektierten, ohne deswegen besonders enge persönliche Freunde gewesen zu sein, soweit ich das beurteilen konnte. Aber sie haben einander sehr respektiert und in fantastischer Weise ergänzt. Denn dort, wo Bruno Kreisky voller Ideen war und die eindrucksvolle Fähigkeit hatte, auf jede neue Situation mit neuen Ideen und Antworten zu reagieren, war Waldbrunner derjenige, der die weniger realisierbaren Ideen gleich ausfilterte und sich auf das Realisierbare, Konkrete, Machbare konzentrierte. Dort, wo umgekehrt Karl Waldbrunner vielleicht zu sehr in überkommenen Kategorien gedacht hat, hat Bruno Kreisky Phantasie und neue Ideen und unorthodoxe Antworten hinzugefügt. So war das Duo Waldbrunner/ Kreisky oder Kreisky/Waldbrunner etwas Faszinierendes für mich. Ich habe immer wieder erlebt, dass, wenn wichtige Entscheidungen zu treffen waren oder wichtige Weichenstellungen Ende der 1960er- oder in den früheren 1970er-Jahren vorzunehmen waren, sich Kreisky und Waldbrunner zusammensetzten. Und die Lösungen, die aus einem Gespräch zwischen Kreisky und Waldbrunner entstanden sind, waren meistens sehr gute Kombinationen der Denkweise des einen und des anderen.

Alfred Ströer

Die Politik, die er verfolgt hat, und jene, die Kreisky verfolgt hat, waren ja diametral verschieden. Waldbrunner war sozusagen der Mann der klassischen, alten Sozialdemokratie – auch ein bisschen ähnlich wie Schärf. Er stützte sich auf die traditionellen Kräfte der Sozialdemokratie, während Kreisky immer versuchte, in neue Bereiche vorzustoßen, auch taktisch viel wendiger war als Waldbrunner. Sie haben sich zum Teil dann gegenseitig blockiert. Waldbrunner konnte natürlich den Aufstieg von Bruno Kreisky nicht verhindern, was er sicher liebend gerne getan hätte. Er war dann aber sozusagen ein Korrektiv im Parteivorstand, in verschiedenen Gremien. Lange Zeit war Kreisky auch als Parteivorsitzender nicht stark genug, um sich gegen Waldbrunner und seine oft sehr bedächtige, sehr bremsende, sehr vorsichtige Art durchzusetzen.

Peter Jankowitsch

Soweit ich das gesehen habe, war das Verhältnis Kreisky-Waldbrunnner doch von Respekt gekennzeichnet. Also das war immer sehr ordentlich und Waldbrunner erkannte natürlich an, das ist jetzt der Parteivorsitzende, das ist der Chef. Er hat ihm nur manches Mal auch zugeredet: „Du musst an das denken … und du musst auch an das denken." Er kritisierte sicherlich einige Dinge. Ich sage jetzt einmal, wenn Kreisky Androsch seine Anzüge oder so etwas vorgeworfen hat, dann hat Waldbrunner gesagt, „naja, also auch der Herr Kreisky lässt sich ja die Schuhe bei einem Maßschuster machen, die sind ja auch nicht so billig, und er wohnt ja auch nicht so unbescheiden in einer Villa da in der Armbrustergasse …"

Adolf Wala

Kreisky sagte einmal, er schätze drei Personen in der Partei ganz besonders: Waldbrunner, Hertha Firnberg und Anton Benya, trotz allem.

Ich hatte nie den Eindruck, dass er sich persönlich irgendwie vordrängte. Er sagte nur einmal zu Pittermann, als die Stelle des Zweiten Präsidenten des Nationalrates durch den Abgang von Franz Olah frei wurde, dass er genug hätte. Er hätte 13 Jahre schwer gearbeitet. Er hat sich selber dann angeboten. Aber die Entscheidung ist im Klub gefallen. Die hat er natürlich sehr gerne angenommen und ist dann Zweiter Präsident im Nationalrat geworden.

Alfred Ströer

Es ist ja eine der Tatsachen auch der Parteigeschichte, dass Kreisky zusammen mit verschiedenen anderen, darunter Felix Slavik und Olah, Pittermann als Parteivorsitzenden vorgeschoben haben, um zu verhindern, dass es Waldbrunner wird. Er wäre natürlich sehr gerne Parteivorsitzender geworden. (…) Er ist eigentlich nie in die wirklich höchsten Funktionen der Partei und des Staates gerückt, und ich weiß auch durch das letzte Gespräch viel später, dass er bitter enttäuscht darüber war, dass 1974 nicht er gefragt wurde, ob er Bundespräsident werden wolle, sondern Kirchschläger. (…) Kreisky wollte eine Persönlichkeit präsentieren, die ihm zwar nahesteht, aber die keinen sozialdemokratischen Stempel hat und nicht so ein „Urgestein" war wie Waldbrunner. Er wollte sozusagen mit Kirchschläger, den er ja schon zum Außenminister gemacht hatte, die Öffnung signalisieren.

Peter Jankowitsch

Im Jahr 1974 hat Bruno Kreisky eindeutig von Anfang an Rudolf Kirchschläger forciert. Dafür gab es viele Gründe, und die Namen, die 1974 intern noch genannt wurden, waren Präsident Benya, der das aber ablehnte, und Theodor Kery, der burgenländische Landeshauptmann, der dann aber auch nicht der Nominierung von Rudolf Kirchschläger als Präsidentschaftskandidat im Wege stehen wollte. Zuvor, nach dem Tod von Adolf Schärf, war der Wiener Bürgermeister und Landeshauptmann Franz Jonas ein sehr populärer Kandidat aus der Sicht der SPÖ, und da hatte es auch keine Ambitionen von Waldbrunner gegeben.

Heinz Fischer

Einer der Gründe, dass er sich dann wirklich zurückgezogen hat (Anm.: 1971), war, dass er 65 wurde und Kreisky zu ihm in den Parlamentsklub kam und sagte: „Genosse Waldbrunner, du wirst doch nicht ausscheiden. Wir brauchen dich." – „Nein, das mache ich nicht", sagte er. „Ich bleibe nicht und drei Monate später ist der Nächste 65. Und ich sag dann, ich bin zwar geblieben, aber du musst gehen. Ich nicht." Und er hat mir damals einmal gesagt: „Ich gehe, denn wenn ich bleibe, spalte ich die Partei." Es ist so vieles in dieser Zeit passiert, dass er sich zurückgezogen hat. Er sagte: „Ich habe nicht mein Leben lang für diese Organisation und für diese Grundsätze gearbeitet, dass ich jetzt die Partei spalte."

Martha Messeritsch

Das Problem, das die anderen mit Waldbrunner hatten, war, dass er Diplomingenieur war. Man hat gesagt, na gut, wenn da jetzt ein Techniker kommt, der hatte mit der verstaatlichten Industrie zu tun, da werden wir es nicht schwer haben, der wird das nicht verstehen. Das war insofern falsch, als sich Präsident Waldbrunner schon nach dem Krieg gern mit allen Problemen, die die Notenbank betroffen haben, vertraut gemacht hat und in all diesen Ausschüssen gesessen ist. Daher kannte er die Entwicklung der gesamten Geschichte der Notenbank natürlich auch.

Adolf Wala

Waldbrunner hatte in der Mitgliedschaft große Zustimmung. Es war auch entscheidend, dass er Kräfte der Basis mit eingebracht hat in seinen Argumenten, wenn es im Parteivorstand um viele Dinge gegangen ist.

Hubert Pfoch

Er war nicht einer, der sagte, „ein kleiner Sektionsleiter, der soll mich in Ruhe lassen". Das hat es bei ihm nicht gegeben. (…) Er hatte zu den Betriebsräten immer den besten Kontakt. Es konnte jeder zu ihm kommen.

Waldbrunner war sich der Stärke der Gewerkschaftsbewegung genau bewusst. Als Minister hat er das dann am stärksten gespürt, weil die Eisenbahnergewerkschaft eine mächtige Gewerkschaft war, die auch immer versucht hat, in gutem Einvernehmen mit ihm zu reden. Ich kann mich nicht erinnern, dass er große Schwierigkeiten mit der Gewerkschaftsbewegung gehabt hätte, weder mit den Eisenbahnern, mit denen er den engsten Kontakt hatte, geschweige denn mit dem Gewerkschaftsbund.

Josef Staribacher

Er war immer mit Betriebsräten, mit Gewerkschaftsfunktionären bis ganz oben in engstem Kontakt. Ich habe nie erlebt, dass da irgendein Missverständnis oder ein Konflikt bestand. (…) Meisel und Waldbrunner waren sehr oft beisammen, auch beim Mittagessen. Da wurde große Politik gemacht. Das waren die großen alten Herren: Helmer, Waldbrunner, Karl Meisel; und dann erst sind andere dazugekommen wie Benya. Waldbrunner war ein Freund, ein wirklicher Freund der Gewerkschaft.

Seine Beziehung zur Jugend, zu den Jugendorganisationen war nicht sehr intensiv. Das hat er dann dem Kreisky überlassen, der den Kontakt suchte.

Alfred Ströer

Soweit ich das absehen konnte, hatte er sehr gute Beziehungen zu den jüngeren Funktionären, auch in Wien natürlich und vor allem zu denen, die beim Verband der Sozialistischen Studenten waren, wo er ja unmittelbaren Kontakt durch den BSA hatte. Zu Leuten wie Leopold Gratz und denen, die damals in diesem Alter gewesen sind und in Wien waren.

Fred Sinowatz

Er sagte immer, wenn man die Sozialistische Jugend nicht beeinflusst, führt und lenkt und ihr hilft, dann geht es mit der Partei schief.

Josef Staribacher

Dann war vor allen Dingen seine starke Stellung in der Bundesregierung. Er war sicher neben Schärf einer der stärksten Minister. Die ÖVP ist damals herumgerannt mit dem Slogan „Königreich Waldbrunner".

Peter Jankowitsch

1950 wurde er Präsident (Anm.: des BSA). Da war die Allmacht des CV erdrückend. Das war auch nicht gut für das politische Klima, und so gesehen hat er sehr bewusst vor allem seine Ingenieure in der verstaatlichten Industrie als Speerspitze gegen den CV eingesetzt.

Kurt Steyrer

Er war für den Ausgleich. Er hat ja jahrelang in der Koalition gewirkt. Er war bei den Koalitionsverhandlungen entscheidend dabei.

Alfred Ströer

Waldbrunner selbst hatte Niveau und sein Niveau hätte Aussagen wie „das schwarze Gesindel" nie ertragen. Das hätte es bei ihm nicht gegeben. Er hat den politischen Gegner hart attackiert, sachlich, gar keine Frage, aber formal war es immer in Ordnung.

Josef Staribacher

Ökonomie und res publica

Sein Image für das Wirtschaftliche war exzellent, das ist gar keine Frage. Erstens hatte die Sozialdemokratische Partei nicht gerade einen Überschuss an Wirtschaftsexperten. (...) Waldbrunner war für die Partei, als sie in die Regierung gekommen ist und die Wirtschaft mitgetragen hat – auch mitmachen hat müssen –, natürlich von größerer Bedeutung als in der Ersten Republik. In der Ersten Republik, von der Illegalität ganz zu schweigen, war das ja wesentlich anders als in der Zweiten Republik. Da trug Waldbrunner wesentlich dazu bei, (...) weil er sehr nachdrücklich sagte: Die Zeiten der Ersten Republik sind vorüber. Und die Zeiten der Partei der Ersten Republik – so heroisch sie gewesen sind – haben leider dazu geführt, dass wir geschickt wurden – im wahrsten Sinne des Wortes – und alles das, was wir errungen hatten, verloren gegangen ist. Und das darf halt nicht mehr sein. Und da darf man jetzt nicht sagen, so, da hauen wir auf den Tisch, die anderen müssen nachgeben. Da muss man sich zusammensetzen, muss zu Lösungen kommen und muss Lösungen finden, die wir noch akzeptieren können.

Josef Staribacher

Wenn man ihn gefragt hätte, damals, wäre es eine Selbstverständlichkeit gewesen, dass er sich zur Sozialdemokratie bekannt hätte, sich als Teil der Sozialdemokratie und als eine Führungspersönlichkeit der Sozialdemokratie gefühlt hätte. Das schließt nicht aus, dass er in seiner Tätigkeit darüber hinaus (...) für den Staat und für die res publica gewissermaßen seine Vorstellungen einbrachte und über die Grenzen einer Parteipolitik hinaus agiert hat.

Fred Sinowatz

Ich habe die Erste Republik nur als Kind erlebt. Ich wusste um die Entzweiung und um den Hass, der den Staat in der Ersten Republik zerstört hat. Für mich war das ab April 1945 ein Erlebnis, wie es damals in der Partei selbstverständlich war, dass sich das nicht wiederholen darf. Es hat sich in den Jahren nach 1945 auch auf der Vis-à-vis-Seite, in der Österreichischen Volkspartei, diese Einsicht breit gemacht, sodass sie gewusst haben: Was immer man in der parteimäßigen Auseinandersetzung gegenüber dem anderen zu gewinnen versucht oder verlieren kann, der Staat darf nicht Schaden daran nehmen. Dafür stand Schärf, dafür stand Waldbrunner, dafür standen viele, natürlich Renner an erster Stelle. Da gibt es eine ganze Ahnengalerie auch von der ÖVP her. Also da war Waldbrunner ein Proponent, nicht, weil er hier andere überzeugen hätte müssen, sondern weil er ein unentbehrlicher Mitträger kraft seiner Sachkenntnis und kraft seines Durchblicks gewesen ist.

Karl Lausecker

Das Ziel Waldbrunners war es, den Aufbau des kriegszerstörten Landes voranzubringen, dem Land eine starke Infrastruktur zu geben, in Form von Bahn und Post und Energiewirtschaft und allem anderen, was zu einer leistungsfähigen Infrastruktur dazugehört. Er hat eben auch seine sozialdemokratischen Prägungen nicht versteckt. Er war für starke Gewerkschaften, er war für einen starken Staat, einen leistungsfähigen Staat und er hat auch in den politischen Überbau des Landes, für Forschung und Entwicklung, für die Universitäten, viele Anstrengungen investiert.

Heinz Fischer

Ein Pragmatiker mit Visionen sozusagen.

Alfred Ströer

Er war ein pragmatischer Visionär. Er hat immer gesagt: „Es hat ja gar keinen Sinn, wenn man da irgendeinem Gehirngespinst nachrennt, auch wenn es noch so schön ist. Wir müssen schauen, wie wir hinkommen."

Josef Staribacher

Waldbrunner war sicher der Letzte, der sich mit Spekulationen beschäftigt hat, wie es weitergeht, wie es im Jahr 2000 ausschaut. Er war ein sehr pragmatischer Mensch, der die Gegenwart gut geordnet haben wollte. Er wollte, dass in seiner Partei Ordnung herrscht und vor allem Ruhe. Ruhe war für ihn sehr wichtig und dass man auf einem gewissen Weg weitergeht. Er war ein exemplarischer Verwalter und sicher ein sehr guter Minister. Aber dass er versucht hätte, große Zukunfts-Parteiprogramme zu entwerfen – da glaube ich nicht, dass es ihn wahnsinnig interessiert hat. Alle Parteiprogramme der letzten Jahre aus dieser Zeit tragen eigentlich den Stempel von Bruno Kreisky. Kreisky war ein großer Programm-Schreiber. Waldbrunner hat da meines Wissens wenig Interesse gezeigt.

Peter Jankowitsch

Ich möchte den Ausdruck fundamentalistisch nicht gebrauchen, aber er hatte gewissermaßen etwas Missionarisches. Diese Idee, dass Vergemeinschaftung, Vergesellschaftung, Planwirtschaft uns über die schwierigen Zeiten hinweghelfen wird. Er war auf der anderen Seite dann bereit, in der Koalition jene Konzessionen zu machen, die für eine Zusammenarbeit von zwei differenzierten Lagern notwendig sind. Insofern war er, ich möchte sagen ideologisch fixiert, aber in der Tagespolitik auch pragmatisch, wenn es darauf angekommen ist. Und er war ein sehr wortgewaltiger Verfechter. Waldbrunner ist nicht zu denken ohne die starken Äußerungen, die er von sich gegeben hat.

Herbert Krejci

Die Politik Waldbrunners war von linken Überlegungen geleitet, also damals Gemeineigentum und Verstaatlichung. Dies ist immer wieder zum Ausdruck gekommen, bei allem, was diskutiert wurde.

Hubert Pfoch

Er war ein dominanter, hervorragender Minister mit exzellentem Fachwissen und vor allem mit einer wirklich aufrechten sozialdemokratischen Gesinnung. Das muss man immer hervorheben. Er war ein ausgesprochen aufrechter Sozialdemokrat. Er war sicherlich einer, der für die Arbeiterschaft und für die diversen arbeitenden Menschen ein Herz hatte. Das ist für mich überhaupt das wesentliche Merkmal Waldbrunners gewesen, dass er ein Arbeitervertreter war, also damals die Grundidee der Sozialdemokratie verkörperte.

Kurt Steyrer

Er gehörte zu dieser Gruppe, die schon aus den Erfahrungen Russlands heraus ganz deutlich die Trennung zwischen Demokratie und Kommunismus – wie soll ich sagen – nicht nur verstanden, sondern betont hat.

Als man meinte, die Kommunisten dürfe man nicht ärgern, hat er so wie mein Vater (Anm.: Adolf Schärf) sehr deutlich gesagt: „Mit denen wollen wir nichts zu tun haben." Es gab andere, die das gar nicht so verstanden, wie zum Beispiel der Außenminister Gruber, der meinte, der Osten gehört ja auch irgendwie zu uns.

Martha Kyrle

Er hat in der Zeit, die heute nicht mehr stark in Erinnerung ist, mit zum Widerstand gegen die damaligen in Ostösterreich befindlichen kommunistischen Zentren in den USIA-Betrieben[4] beigetragen (...) Waldbrunner hat, ohne diesen blinden Antikommunismus zu vertreten, eine starke demokratische Einstellung in der Partei und in Österreich vermittelt.

Fred Sinowatz

Ich kann mich noch an diesen Satz von ihm erinnern: „Wenn die VÖEST einmal zusperrt, dann gibt es die große Arbeitslosigkeit, und das darf nie sein. Da hängen sehr viele Talschaften mit ihren Bürgern wirtschaftlich dran."

Eduard Harant

Es hat ihn sehr getroffen, dass man ihm die Verstaatlichte weggenommen hat, (...) und dass man ihm immer vorgeworfen hat, er will Russland in Österreich einführen mit der Verstaatlichung.

Martha Messeritsch

Er war natürlich auf der Arbeitnehmerseite, gar keine Frage, und er war eben ein Anhänger einer sehr starken Rolle des Staates in der Wirtschaft. Er hat tatsächlich die verstaatlichte Industrie mitaufgebaut. Er war nicht der Einzige, das waren auch die Ingenieure in der VÖEST. Die hat er eingesetzt, die hat er gestützt und zum Teil gekannt aus dem VSSTÖ[5], aus dieser ganzen Techniker-Runde, die es damals gegeben haben muss vor 1934. Er war der Meinung, dass hier der Staat eine wesent-

4 USIA – Upravljenije Sovjetskim Imuschtschestvom v Avstriji, Verwaltung des sowjetischen Eigentums in Österreich bis 1955.

5 VSSTÖ – Verband Sozialistischer StudentInnen

liche Rolle hat. Damals wurde ja nicht so über die Marktwirtschaft geredet wie jetzt. Aber er war ein Anhänger einer gemischten wirtschaftlichen Ordnung, wo neben einer sehr starken staatlichen Ebene die Privatwirtschaft stand. Er wollte nicht alles verstaatlichen, aber er hätte wahrscheinlich große Skepsis gegen die jetzige Privatisierungswelle – „wir verkaufen die VOEST oder die Post“ – an den Tag gelegt. (...) Er würde sich sicher mehrmals im Grabe umdrehen, weil er glaubte, das sei einer der Standpfeiler der Wirtschaft und der österreichischen Wirtschaft im Besonderen.

Peter Jankowitsch

Waldbrunner war dadurch, dass er die Verstaatlichte vertreten und die Rolle des Staates in der Wirtschaft betont hat – das ist ja heute fast schon unvorstellbar –, auch einer von denen, die die Sozialpartnerschaft mitbegründet haben. Er stand also auf der Seite jener, die den starken Staat wollten. Und zwar einen Staat, der imstande ist, nicht nur in sozialer Hinsicht die Weichen zu stellen, sondern auch in den wirtschaftlichen Vorstellungen, in der gesamten Entwicklung des Staates – also etwas, das ganz gegen den Neoliberalismus von heute geht.

Fred Sinowatz

Es war ungeheuer wichtig, dass er die Existenz der verstaatlichten Industrie und damit auch des „Deutschen Eigentums“ gerettet hat. Aber das war damals (...) auch ein politisches Übereinkommen aller Parteien.

Kurt Steyrer

Diese Kritik, dass Waldbrunner Exponent einer halbbolschewistischen Verstaatlichungspolitik war, die trägt ja bitte nicht. Die Verstaatlichung in Österreich, daran möchte ich erinnern, war auch vonseiten der ÖVP eine Selbstverständlichkeit in der illusionären Hoffnung, dass man die Betriebe, die die Russen unter dem Titel „Deutsches Eigentum – USIA“ in einen Komplex mit eigenem Werkschutz, eigenen Geschäften und so weiter umgewandelt hatten, für Österreich retten könne, wenn man sie verstaatlicht. Die Verstaatlichung der Großbanken war damals ebenfalls eine Selbstverständlichkeit, damit war der indirekte Einfluss über die riesigen Industrieimperien der Großbanken gesichert. Man soll heute nicht so tun, als ob das sinistre Absichten gewesen wären, sondern das waren Grundsatzbeschlüsse, die auch von der ÖVP vollinhaltlich mitgetragen wurden.

„Das Königreich Waldbrunner“, das so stark angegriffen wurde, hatte natürlich auch sehr bürgerliche Generaldirektoren. Überall in den Vorstandsetagen waren ja nicht nur Sozialisten, sondern auch die ÖVP. Und selbstverständlich hat es dort auch Spenden an Parteien und Organisationen gegeben. (...)

Kamitz sagte sich damals, wenn ich in einer Koalition zusammenarbeite, dann (...) kriege ich meinen Teil an der Wirtschaftspolitik, steuerliche Entlastung, Korrektur des Währungskurses, alles das, was einkommenssteuermäßig, wettbewerbsmäßig nicht nur für die Wirtschaft, die Industrie zu Buche schlägt, sondern auch für den kleinen Steuerzahler; aber ich muss dem sozialistischen Partner auch etwas geben als Finanzminister, seine Infrastruktur-Politik finanziell abfedern, Ausbau der Bundesbahn, der Straßen und so weiter. Und das war Waldbrunners Anliegen und so hat diese Koalition funktioniert. Man kann eigentlich sagen, dass das Experiment Raab-Kamitz auch ein Experiment Kamitz-Waldbrunner war, das positiv ausgegangen ist.

Das System Kamitz-Waldbrunner funktionierte selbstverständlich auch durch die Abfederung der Sozialpartnerschaft, weil vieles dort vorbesprochen wurde, weil man die jeweilige Klientel vorbereitete.

Herbert Krejci

Ich glaube, dass er für diese großen Strukturveränderungen, also die Elektrifizierung der Eisenbahn, Bahnhöfe, dann natürlich auch die Verbundgesellschaften und alles, was mit Elektrizität zusammenhängt, große, maßgebliche Impulse gesetzt hat. Er hatte die Qualität, überall die richtigen Leute an die richtigen Positionen zu setzen.

Adolf Wala

Er hat die Stahlindustrie aufgebaut und die industrielle Basis Österreichs erweitert. Die VÖEST und die anderen Betriebe, das war eigentlich sein Werk, dass aus dem etwas geworden ist.

Er war der Verstaatlichten- und Verkehrsminister und hat die Elektrifizierung der Bundesbahn vorangetrieben, was man heute ja lächerlich findet, dass das damals überhaupt diskutiert wurde. Die ÖVP sagte: „Nein, das brauchen wir nicht. Wir bauen Autobahnen." Da war der Kampf Schiene gegen Straße. Waldbrunner war die Schiene, die ÖVP war die Straße. (…) Waldbrunner war eben der Mann der Bundesbahn, der meinte: „Die Straßen schön und gut, aber zuerst muss die Bundesbahn elektrifiziert werden."

Peter Jankowitsch

Für uns war wichtig, dass wir die Eisenbahnschienen haben. Für uns war damals wichtig, dass er ein eigenes Telefonnetz, die Eisenbahn-Telefone, die nicht der Zensur unterlagen, aufbaute, weil die [Anm.: die Alliierten] gar nicht wussten, dass es das gibt. Dadurch konnte die Bundesregierung über die Bahnhofstelefone der Bahnhofsvorstände anderswohin telefonieren. Das war für uns damals wahnsinnig wichtig, dass man offen sprechen konnte. (…)

Wir haben ihm zu verdanken, dass das Eisenbahnwesen funktionierte, dass die Leute dort arbeiten konnten, arbeiten durften. Heute unvorstellbar. Die Eisenbahn war damals ein Verkehrsmittel, das noch funktioniert hat. Heute fragt niemand, wieso es funktioniert hat. Denn auch das Eisenbahnwesen war, wenn Sie wollen, eine Auslegungssache. – Ist es österreichischer Besitz oder Teil der Deutschen Reichsbahn? Da hat ihm Österreich viel mehr zu verdanken, als je dokumentiert wurde.

Eduard Harant

Er hat zum Beispiel den öffentlichen Verkehr, der später ein großes Thema geworden ist, forciert. Die erste wirkliche Schnellbahn, die in Wien gefahren ist, geht auf die 1950er-Jahre unter Karl Waldbrunner zurück. Wenn wir heute Taktverkehre und Verkehrsverbund sagen, mit einem Fahrschein in einem ganzen Verbundraum jedes Verkehrsmittel benützen können, so war die Vorstufe, dass überhaupt einmal Ressourcen entstanden sind. Und die ersten wirklichen Schritte dahin waren die Schnellbahnen, die auf seine Zeit zurückgehen.

Karl Lausecker

Die Schnellbahn wurde 1957, glaube ich, gebaut und eröffnet.[6] Die hat er in seinem Weitblick gegen den ärgsten Widerstand der Wiener Landesregierung durchgezogen. Er sagte, wir haben das ganze Schienennetz, wir haben die Bahnhöfe. Wir müssen nur herrichten und wir haben eine tolle Nahverbindung. Die Gemeinde Wien hat damals gesagt, wenn du glaubst, dass du es machen musst, dann mach es. Uns interessiert das nicht. Er meinte damals, wenn die Gemeinde Wien nicht mitzieht, hau ich ihnen den Krempel hin. Er hatte damals doch so viel Rückhalt, dass sie das nicht riskiert haben.

Martha Messeritsch

Ich habe eigentlich nur einmal eine quasi politische Frage gestellt. Und zwar habe ich wahrscheinlich im Radio oder im Auto vom Staatsdefizit gehört. Da fragte ich ihn, warum das denn so ist, dass sich der Staat immer mehr verschuldet, denn wir müssen ja auch alle mit dem Geld auskommen. Er hat geschmunzelt und gesagt: „Wenn das nur so einfach zu beantworten wäre."

Wolfgang Messeritsch

Wenn man mit den jungen Leuten Schulungen macht, muss man schauen, dass sie was dazulernen, dass sie weiterkommen, und kann nicht sagen: „So, Freunde, holt die rote Fahne und wir marschieren und jetzt machen wir die Revolution …" So geht es halt nicht. Daher war er natürlich ein bedeutender Bildungspolitiker.

Josef Staribacher

In der Zeit, als wieder die Schulpolitik und die Bildungspolitik, auch die Kulturpolitik eine gewisse Rolle spielten – das war eigentlich gleich unmittelbar nach 1945, weil hier ja existenzielle Fragen im Vordergrund standen –, war es Karl Waldbrunner, der als Kulturpolitiker und Bildungspolitiker sich zu Wort gemeldet hat und bei den programmatischen Überlegungen auf diesem Gebiet führend dabei war.

(…) Die Aktivität auf diesem Gebiet ist nicht immer ganz ernst genommen worden, aber das ist aus der Zeit her verständlich. Wenn man mit den unmittelbaren Nöten und Sorgen zu tun hat, dann treten die kulturellen Vorstellungen in den Hintergrund. (…) Er war eigentlich in der Partei der Politiker, der auf diesem Gebiet als Erster tätig gewesen ist.

Fred Sinowatz

---

6 Den Auftrag erteilte Waldbrunner 1954.

Wir hatten natürlich 1945 das Problem, dass die intellektuelle Basis der SPÖ sehr ausgedünnt war. Das war einerseits der Verlust der jüdischen Intelligenz durch die Nazi-Konzentrationslager und die Vernichtungsmaschinerie. Manche hatten ja noch das Glück, wegzukommen, und man hat sie sich nach dem Zweiten Weltkrieg gar nicht so sehr wieder zurückgewünscht, das muss man ja auch sagen. Dann sind natürlich 1934 viele Sozialdemokraten zu den Nazis gegangen, die dann reumütig, wenn sie minderbelastet waren, wieder zurückgekommen sind. Da hat er – ich glaube, sehr richtig – versucht, eine Gegengewichtung zum CV zu schaffen. Das ist ihm sicherlich gelungen.

Kurt Steyrer

Die Akademiker waren natürlich nie sehr populär in der Partei als solche. (…) Das hat lang gedauert. (…) Da hat Waldbrunner die Wege geebnet für Akademiker, dass sie akzeptiert wurden und dass man sie als vollwertige Mitglieder der sozialdemokratischen Familie ansah. Heute ist es kein Thema mehr, aber damals war es das sicherlich. Dass dann er, und nicht irgendein „narrischer" Universitätsprofessor, den BSA führte, hat dem Ganzen sicherlich eine gewisse Legitimität gegeben.

Damals im VSSTÖ war natürlich der Anteil der Studenten, die nicht aus irgendwelchen besitzenden Schichten gekommen sind, sehr klein. Das war etwas, das er zu ändern versucht hat durch Stipendien, durch diese WIHAST-Studentenheime, die auch auf ihn ein bisschen zurückgehen. Er hat versucht, diese ganze Parallelgesellschaft, die sich die Arbeiterbewegung aufgebaut hatte, ein bisschen zu erhalten. Er kümmerte sich darum, dass nicht verloren geht, was man sich hier parallel zur bürgerlichen Gesellschaft aufgebaut hat, also die großen Organisationen der Arbeiterbewegung.

Peter Jankowitsch

Erst in den späteren Jahren hat sich herausgestellt, dass er sich auch den Schulfragen und Fragen der Universität gewidmet hat. Er war ganz entscheidend mit Hertha Firnberg, mit der er auch befreundet war, an der Universitätsreform beteiligt. Sein Slogan war: „Mehr Kinder aus Arbeiter- und Bauernfamilien an die hohen Schulen."

Alfred Ströer

Damals hat es noch die Studien- und Schulgebühren gegeben, und das war ihm natürlich ein Anliegen, dass das abgeschafft wird.

Martha Messeritsch

Vermächtnis

Bei den wirklich hervorragenden Wiederaufbauleistungen in einem zerstörten Land nach Krieg und Faschismus, zerstört sowohl in ideeller als auch in materieller Form, hat Waldbrunner in jeder Position, in der er tätig war, eine Politik verfolgt, die heute zwar nicht mehr die Signatur von Waldbrunner trägt, aber dennoch da ist.

Hubert Pfoch

Sein Erbe sind seine sehr maßgeblichen Beiträge zur Stabilität der Zweiten Republik, zum Funktionieren der großen Koalition in der Wiederaufbauphase des Landes. Im Besonderen manifest geblieben sind die industriellen Aufbauleistungen. Die Aufbauleistungen im Bereich der Österreichischen Bundesbahnen, der Kraftwerke, der Industriebetriebe wie VÖEST, Chemie Linz und andere sowie die Elektrifizierung der Bundesbahnen sind ganz besonders eng mit dem Namen von Karl Waldbrunner verbunden. Aber auch Anstöße im Bereich der Hochschulreform, der Bildungsreform sind von Waldbrunner ausgegangen, und er hat auch Beiträge dazu geleistet, dass die Neutralität Österreichs wirklich nicht als eine ideologische Neutralität, sondern als ein außenpolitisches Konzept geradlinig verfolgt wurde, denn er hat sich auch für internationale Fragen sehr interessiert.

Heinz Fischer

Österreich ist ein hochindustrialisiertes Land und die Basis damals waren die Stahlindustrie und die ganzen Zulieferer. Hätte man daran nicht eisern festgehalten und das irgendwie damals schon „verklopft" oder nicht weiterentwickelt, dann hätten wir all das heute nicht. Er ist sozusagen einer der Architekten des modernen, industriellen Österreich. (...) Die SPÖ verdankt ihm sicher ein gutes Maß ihrer inneren Stabilität. Dass es solche Leute wie ihn heute nicht mehr gibt, ist eine andere Geschichte. Er war ein stabilisierendes Element in einer damals schon sehr bewegten Parteienlandschaft. Auf der staatlichen oder auf der gesamtösterreichischen Ebene würde ich sagen, dass er eine der Grundlagen für die heutige industrielle Basis im Land, die öffentlichen Verkehrsmittel und was es nicht alles gibt, gelegt hat. Das trägt den Stempel Karl Waldbrunners.

Peter Jankowitsch

Etwas, das vielleicht heute als eine Selbstverständlichkeit gilt, aber es nicht gewesen ist, nämlich dieser Widerstand, der geistige und konkrete Widerstand gegen die durch die Besatzungsmacht gefährliche Frage des Kommunismus. Das Zweite ist natürlich sein wirtschaftliches Engagement, die Rolle des Staates in der Frage des wirtschaftlichen Engagements. Das ist nicht nur die verstaatlichte Industrie. Das war genauso die Eisenbahn. Das war die Frage des Verkehrs insgesamt. (...) Das Dritte war seine konkrete Tätigkeit in der Partei, in den vielen Funktionen, die er innehatte.

Fred Sinowatz

Ich glaube, eine der wesentlichen Eigenschaften Waldbrunners war, dass er ein pragmatischer Sozialdemokrat war, der vor allem die Grundwerte der Sozialdemokratie, die humanistischen Grundwerte damals persönlich vertreten und gelebt hat. (...) Er war eine sehr klar definierte Persönlichkeit. Wer mit Waldbrunner sprach, wusste, wer ihm da gegenübersitzt. Der Charakter war relativ dominant, sagen wir. Sicherlich ein pragmatischer Sozialdemokrat, der die Grenzen sah und der vor allem auch Handschlagqualität hatte. (...) Es täte der Sozialdemokratie gut, wenn sie wieder solche Persönlichkeiten hätte. Dann hätten wir keine so große Angst um die Personalnöte der Sozialdemokratie.

Kurt Steyrer

Das Verständnis für die Wirtschaft (...) auch innerhalb der Partei. Er hat damals die Wirtschaftsfragen innerparteilich offenbar erklärt.

Martha Kyrle

Im Grunde genommen war seine wichtigste Tätigkeit sicherlich die in der Sozialistischen Partei und der Regierung als Verkehrsminister, wo er ja jene Voraussetzungen geschaffen hat, auf denen andere aufbauend die heutigen Strukturen geschaffen haben.

Adolf Wala

Wenn es nicht Menschen und Funktionäre gäbe, die sich als Diener des Staates oder einer Aufgabe verstehen, dann könnte es keinen Fortschritt geben. Waldbrunner war der selbstlose Funktions- und Verantwortungsträger, ohne den das Weiterbewegen nicht möglich gewesen wäre. Da mögen dann zündende Ideen dazukommen, da mögen dann Zeitsprünge dazukommen, noch und noch, aber wenn da nicht jemand ist, der die Brücke bauen hilft, kann nichts drüberfahren.

Karl Lausecker

Das frage ich mich oft: Was bleibt eigentlich? Vom Einzelnen vielleicht nichts, ein paar, die ihn kennen, erinnern sich gelegentlich, die, die ihn nicht kennen, lernen über ihn in den Parteigeschichten oder in den Kursen – „Ah, der Waldbrunner, das war der Verstaatlichten-Minister", und so weiter, können ihn natürlich nie richtig einschätzen, sollen es wahrscheinlich auch gar nicht, denn die Zeit war damals eigen, die kommt nicht wieder. Wenn was kommt, kommt was anderes und man braucht andere Leute. Man wird immer Waldbrunner-Typen brauchen und es wird immer Waldbrunner-Typen geben. Aber so, wie Waldbrunner ab 1945 und in den 1950er-Jahren agiert hat, glaube ich, kann heute kaum einer agieren.

Josef Staribacher

InterviewpartnerInnen

Dr. Heinz Fischer, geb. 1938, Jurist; 1971–83 und 1987–2004 SPÖ-Abgeordneter zum Nationalrat, 1983–87 Bundesminister für Wissenschaft u. Forschung, 1990–2002 Erster Präsident des Nationalrats, 2002–2004 Zweiter Präsident des Nationalrats. 1978 Universitätsdozent für Politikwissenschaft (Innsbruck), seit 1993 Universitätsprofessor; 2004 Wahl zum Bundespräsidenten.

KR Eduard Harant, geb. 1930, Verleger.

Dr. Peter Jankowitsch, geb. 1933, Jurist; 1983–86, 1987–90 und 1992/93 SPÖ-Abgeordneter zum Nationalrat, 1986–87 Bundesminister für auswärtige Angelegenheiten, 1990–92 Staatssekretär im Bundeskanzleramt, 1993–98 Botschafter bei der OECD in Paris.

Prof. Herbert Krejci, geb. 1922, 1980–92 Generalsekretär der Österreichischen Industriellenvereinigung (IV); Journalistische Tätigkeiten u.a. beim US-Nachrichtendienst, „Kurier" und der IV. Lehrbeauftragter und Universitätslektor für Public Relations an der Wirtschaftsuniversität Wien, Aufsichtsratsvorsitzender der Verbundgesellschaft und der VA Technologie AG.

Dr. Martha Kyrle, Ärztin, Tochter von Bundespräsident Adolf Schärf; 1957–65 infolge des Todes der Mutter Begleiterin des Präsidenten bei Staatsbesuchen; Ehrenpräsidentin von „Rettet das Kind" und Präsidentin des österreichischen UNICEF-Komitees.

Karl Lausecker, geb. 1928, 1969–73 SPÖ-Abgeordneter zum Wiener Landtag und Mitglied des Wiener Gemeinderats, 1973–83 Abgeordneter zum Nationalrat, 1973–77 Staatssekretär im Bundeskanzleramt, 1977–84 Bundesminister für Verkehr.

Martha Messeritsch, Tochter von Karl Waldbrunner.

Mag. Wolfgang Messeritsch, geb. 1966, Enkel von Karl Waldbrunner.

Hubert Pfoch, geb. 1920, Obmann der Sozialistischen Jugend Wien, 1949 Mitglied des Wiener Gemeinderates, 1969 Stadtrat für Hochbau, 1973–78 Wiener Vizebürgermeister, 1979–84 Erster Präsident des Wiener Landtages; Ehrenpräsident des Dokumentationsarchivs des Österreichischen Widerstandes.

Dr. Fred Sinowatz, geb. 1929, Historiker; 1961–78 Landesparteisekretär der SPÖ Burgenland, 1961–66 Abgeordneter zum Burgenländischen Landtag, 1964–66 Präsident des Burgenländischen Landtags, 1966–71 Landesrat für Kultur; 1971–83 Bundesminister für Unterricht und Kunst, 1971–83 und 1986–88 Abgeordneter zum Nationalrat; 1981–83 Vizekanzler und 1983–86 Bundeskanzler.

Dr. Josef Staribacher, geb. 1921, Stein- und Offsetdrucker, Diplomvolkswirt; 1936 Politische Freiheitsstrafen, 1939–40 KZ Buchenwald; bei ÖGB und Arbeiterkammer tätig, 1961–83 SPÖ-Abgeordneter zum Nationalrat, 1970–83 Bundesminister für Handel, Gewerbe und Industrie.

Dr. Kurt Steyrer, geb. 1920, Arzt; 1975–83 Abgeordneter zum Nationalrat, 1981–85 Bundesminister für Gesundheit und Umweltschutz; 1986 Präsidentschaftskandidat der SPÖ; 1987–88 Abgeordneter zum Wiener Landtag und Mitglied des Wiener Gemeinderats.

Prof. Alfred Ströer, geb. 1920, Werkzeugmacher, Externistenmatura, Studium der Staatswissenschaften; 1939–45 Gestapohäftling, 1959 Gewerkschaftssekretär, 1966–72 SPÖ-Abgeordneter zum Nationalrat, Vorsitzender des Sozialdemokratischen Freiheitskämpferbundes.

Adolf Wala, geb. 1937, seit 1965 in der Oesterreichischen Nationalbank (OeNB), 1973 Vorstand des Büros des Ersten Vizepräsidenten (Karl Waldbrunner), 1988 Generaldirektor der OeNB, 1998 Präsident der OeNB; 2004 Präsident der Gesellschaft für Europapolitik.

Dr. Karl Waldbrunner, geb. 1935, Sohn von Karl Waldbrunner.

Herausgeber, Autorinnen und Autoren

Hannes ANDROSCH, Dr. rer. oec., ausgebildeter Wirtschaftsprüfer und Steuerberater, 1970–81 Bundesminister für Finanzen, 1974–81 Stellvertretender Parteivorsitzender der SPÖ, 1976–81 Vizekanzler, 1981–88 Generaldirektor der CA, anschließend Berater der Weltbank und Gründung der AIC Androsch International Management Consulting GmbH; heute als Industrieller tätig (www.androsch.com).

Anton PELINKA, seit 1990 Wissenschaftlicher Leiter des Instituts für Konfliktforschung in Wien, 1975–2006 o. Univ.-Prof. für Politikwissenschaft an der Universität Innsbruck, seit 2006 Professor of Political Science an der Central European University Budapest.

Manfred ZOLLINGER, Dr. phil., Historiker, derzeit Lehrbeauftragter am Institut für Wirtschafts- und Sozialgeschichte der WU Wien; im Rahmen des Waldbrunner-Projekts wissenschaftlicher Mitarbeiter am Institut für Konfliktforschung.

Günther CHALOUPEK, Dr. iur., M.A., Leiter der Abteilung Wirtschaftswissenschaft und Statistik der Arbeiterkammer Wien.

Susanne DERMUTZ, Ass.-Prof.in, Universität Klagenfurt/Institut für Erziehungswissenschaft und Bildungsforschung. Arbeitsschwerpunkte: Frauen- und Geschlechterforschung, Schulreform und Bildungspolitik.

Ulrike FELBER, Dr. phil., Historikerin, Universitätslektorin und Ausstellungskuratorin; Forschungen und Publikationen zur Wirtschafts-, Kultur- und Zeitgeschichte Österreichs.

Walter J. FEND, Mag., 1994–97 und seit 2003 wissenschaftlicher Mitarbeiter am Institut für Konfliktforschung; 1998–2003 Mitglied der OSZE-Mission in Kroatien.

Oskar GRÜNWALD, Dkfm. Dr., 1970–2001 Vorstandsmitglied, Vorstandsvorsitzender der ÖIAG und Aufsichtsratsvorsitzender der OMV, 1997–2002 Mitglied der Telecom-Control-Kommission, seit 2001 Mitglied der Übernahmekommission; Honorarprofessor an der TU Wien.

Wolfgang MADERTHANER, Dr. phil., Univ.-Doz., Beamter des Wiener Stadt- und Landesarchivs, wissenschaftlicher Leiter des Vereins für Geschichte der Arbeiterbewegung (VGA) in Wien; Herausgeber der Wiener Studien zur Historischen Kulturwissenschaft.

Helmut PECH, Dkfm. Dr., Chefökonom der Oesterreichischen Nationalbank a.D., Konsulent.

Oliver RATHKOLB, habilitierter Zeithistoriker, Dr. phil. und Dr. iur. an der Universität Wien; Leiter des neu gegründeten Ludwig Boltzmann-Instituts für Europäische Geschichte und Öffentlichkeit (http://ehp.lbg.ac.at); Universitätsprofessor auf Zeit am Institut für Zeitgeschichte, Universität Wien, bis 2007; seit 2004 Herausgeber der Fachzeitschrift „Zeitgeschichte".

Robert STÖGER, Dr. phil., stellvertretender Leiter der Abteilung „Volkswirtschaftliche Angelegenheiten und OECD" im Bundeskanzleramt.

Fritz WEBER, Universitätsdozent mit permanenter Lehrtätigkeit am Institut für Wirtschafts- und Sozialgeschichte an der Wirtschaftsuniversität Wien; Veröffentlichungen zur Wirtschafts-, Zeit- und Kulturgeschichte.

Personenregister

Fotonachweis:

Privatsammlung Martha Messeritsch: 145, 146 o., re.; 147, 148, 149 re., 151; Nachlass Waldbrunner: 16, 44, 143,146 u.; 149 o. (F. Blaha) & u., 150, 152, 153, 154, 155, 156 157, 158, 159, 160, 161, 164, 165, 168, 169, 170, 171, 172, 173 u., 174, 176, 177, 178, 179 o., 181 u., 182, 183, 186, 344; BSA: 162, 163, 166, 167, 173 o., 175; Imagno: 153 (NB) u., 179 u. (B. Pflaum); VGA: 181 o. (J. Klinger), 184 (W. Henisch); Privatsammlung H. Fischer: 180

Die Umsetzung dieses Buchprojektes, für das auch der Nachlass von Karl Waldbrunner erstmals wissenschaftlich aufgearbeitet wurde, erfolgte mit Unterstützung von

Androsch International Management Consulting GmbH
AIC

Böhler Uddeholm
materializing *visions*

Casinos Austria
Machen Sie Ihr Spiel

österreichische
Lotterien

OeNB
Oesterreichische Nationalbank

Porr

Verbund

Offen für neue Horizonte. VIE Vienna International Airport

voestalpine
EINEN SCHRITT VORAUS.